国家社科基金
后期资助项目

当代锻炼心理学
理论建构与实践探索

Theoretical Construction and Practical Exploration
of Contemporary Exercise Psychology

杨 剑 等著

北京师范大学出版集团
北京师范大学出版社

国家社科基金后期资助项目
出版说明

　　后期资助项目是国家社科基金设立的一类重要项目，旨在鼓励广大社科研究者潜心治学，支持基础研究多出优秀成果。它是经过严格评审，从接近完成的科研成果中遴选立项的。为扩大后期资助项目的影响，更好地推动学术的发展，促进成果的转化，全国哲学社会科学工作办公室按照"统一设计、统一标识、统一版式、形成系列"的总体要求，组织出版国家社科基金后期资助项目成果。

全国哲学社会科学工作办公室

目 录

第一部分 沿革

1 锻炼心理学的沿革 …………………………………………… (3)

第二部分 核心领域

2 锻炼行为理论模型 …………………………………………… (45)
3 动机与体育锻炼 ……………………………………………… (83)
4 认知与体育锻炼 ……………………………………………… (109)
5 人格与体育锻炼 ……………………………………………… (135)
6 自尊与体育锻炼 ……………………………………………… (163)
7 焦虑、抑郁与体育锻炼 ……………………………………… (191)
8 积极情绪体验与体育锻炼 …………………………………… (228)

第三部分 实践探索

9 体育锻炼与热环境 …………………………………………… (251)
10 体育锻炼与脑神经机制 ……………………………………… (289)
11 建成环境与体力活动 ………………………………………… (359)
12 久坐行为与身心健康 ………………………………………… (418)

第四部分 聚焦前沿

13 体育锻炼与药物依赖 ………………………………………… (493)
14 青少年户外运动与近视防治 ………………………………… (498)
15 体育锻炼与脑科学技术应用 ………………………………… (501)
16 人格特质与基因的关系 ……………………………………… (504)

后 记 ……………………………………………………………… (508)

第一部分
沿革

1　锻炼心理学的沿革

随着社会的发展，经济水平和医疗水平不断提高，由饮食不健康和体育锻炼不足导致的非传染性疾病成为个体死亡的主要原因，并在很大程度上造成了全球的疾病负担。电脑与互联网技术对人际交流方式的冲击、现代化进程的加速使当今人类的生活方式发生了巨大的改变。毫不夸张地说，久坐已成为世界各国关注和担忧的健康与社会问题，并日益成为一种新的"流行病"。近年来，美国体育学界新兴的一个研究领域"身体活动流行病学研究"（research of physical activity epidemiology）便是一个很好的例证。随着经济的不断发展，缺乏身体锻炼的程度也不断增加。在一些国家，随着交通模式的变化、技术的先进程度的加大和城市化进程的不断加快，不积极进行身体锻炼的程度可高达70%。因此，增强身体锻炼，以及促进个体的健康状况得到了广泛的关注。针对身体锻炼，世界卫生组织相继颁布了《饮食、身体活动与健康全球战略》《关于身体活动有益健康的全球建议》等。在我国，《"健康中国2030"规划纲要》《全民健身计划（2021—2025年）》的颁布使得全民健身成为热门的研究领域。

随着人们生活水平的提高和生活方式的转变，体育相关学科的研究逐步细化，出现了锻炼心理学这一学科。锻炼心理学研究与运动心理学研究、体育心理学研究一起构成了心理科学在体育领域的应用研究。锻炼心理学关注体育锻炼与心理健康之间的关系，探寻体育锻炼与心理健康相互作用的规律，通过体育锻炼来调整人们的心理状态，促进人们的心理健康，从而使人们能够做出更健康和更积极的行为。锻炼心理学的诞生与发展汇聚了人类对健康生活方式的向往和追求，反映了人们开始追求身心全面健康发展的价值趋向。运动心理学的研究对象主要是运动员和教练员，探究的是运动员和教练员的各种心理现象和活动规律，主要的研究目的是提高运动训练的效果和竞技比赛成绩。体育心理学的研究对象主要是学生和学校体育教师，探究的是学生和学校体育教师在学校体育教学活动中的各种心理现象和活动规律。这三门学科分别应对不同的研究领域，且在研究上又存在一定的联系：它们的研究对象都参与身体活动，研究内容都包括人在锻炼过程中的心理现象，研究方法基本相同。综上所述，锻炼心理学、运动心理学和体育心理学这三个研究领域既有相似之处又有区别。本章主要对锻炼心理学的发展历程进行系统综述和分析，对这一学科的主要内容及其背景进行详细介绍，并对其研究进展、未来发展做出总结。

1.1 锻炼心理学的诞生与发展

锻炼心理学的相关研究最早可追溯到公元前4世纪，而锻炼心理学作为一门学科出现则要从20世纪70年代算起，距今已有几十年的发展历程。进入21世纪以来，国际锻炼心理学取得了长足的发展，这一发展不仅体现为研究数量急剧增加，而且体现为研究的深度和广度有所提高，从最开始的基础研究深入大样本的流行病学研究。在这期间，我国在这一领域的研究取得了飞跃式的发展。无论是研究的质量、内容和数量，还是研究的方法和对象都发生了巨大的变化。

1.2 国外锻炼心理学的发展简史

1.2.1 萌芽期

从19世纪80年代到20世纪60年代，锻炼心理学处于萌芽状态，还未以一门学科的形式出现。1884年，里格尔（Rieger）最早公开发表了运动心理学的相关研究。[1] 1897年，特里普利特（Triplett）完成了世界上第一个运动心理学实验研究，同年在《美国心理学杂志》上发表了该研究成果。特里普利特先是从美国自行车联合会获得的自行车比赛记录数据中发现了一个有趣的现象：当同他人比赛或有许多观众在场时，自行车选手的运动表现会好于平时的训练（社会促进效应）。因此，他推测，与对手一同竞赛或有许多观众在场能够促进运动员潜能的释放，而这种潜能在日常训练中并不会得到释放。但并不是所有的运动员都能够体验到竞争的社会促进效应，因为有些运动员所处的良性竞争环境会遭到破坏，他们受到过度刺激，出现躯体性紧张或僵化，以致表现失常。随后，特里普利特采用了比较严格的实验室研究验证了他的研究假设，证实了今天被称为"社会促进"的现象。特里普利特也是第一位观察到竞赛焦虑引起负面效应的学者。

20世纪之后，运动心理学发展史上一个里程碑的事件是格里菲斯(Griffith)于1925年在美国建立了第一个运动心理学实验室，并对运动员的心理现象进行了系统研究。由于对运动心理学的发展做出了巨大贡献，格里菲斯被誉为"美国运动心理学之父"。[2]格里菲斯早期的研究兴趣主要集中于运动心理技能、运动表现及人格研究，编写了《教练心理学》和《运动心理学》两本专著。他还是美国第一位运动心理学咨询师，在受聘于芝加哥的一家棒球俱乐部期间，为运动队队员提供了心理咨询服务，并应用多种动作测试和心理量表探究每个运动员当时的心理状态、能力和心理潜能。

第二次世界大战爆发后，运动心理学研究几乎处于停滞状态。第二次世界大战结束后，运动心理学研究开始逐渐增多，当时的体育运动心理研究也以运动心理学为主。[4]由于战争给人们造成了巨大的创伤，人们越来越注重心理健康和生活质量。欧美学者研究的对象开始从竞技运动员转向普通人群，锻炼心理学的相关研究成果开始呈现。[3]

20世纪60年代，国际运动心理学学会与北美运动和身体活动心理学会是运动心理学领域两个具有里程碑意义的学会。1968年召开的国际运动心理学会会议上出现了锻炼心理学的相关研究。1967年，北美运动和身体活动心理学会成立，该学会将其研究领域界定为3个方面：锻炼与运动心理学、动作技能的学习与控制、运动表现。此外，其他国家的运动心理学会也创建了较为典型的实验室。[5]例如，1960年，日本体育学会成立了运动心理学分会；1961年，德国组建了运动心理学研究所；1963年，苏联体育科学研究所组建了运动心理学实验室；1967年，美国健康、体育、娱乐和舞蹈联合会成立。

19世纪80年代到20世纪60年代，国外锻炼心理学的学科思想处于萌芽阶段，发展较为缓慢。这可能主要因为以下两个方面。第一，由于20世纪早期西方社会文明步入了飞速发展的阶段，电子计算机技术改变了人类的生活方式和价值观。当时的社会普遍注重智力活动而轻视体力活动，体育锻炼所具有的促进心理健康的功能被人们忽视，探究锻炼心理学的学者较少，学科的发展受到阻滞。第二，生物医学模式在一定程度上阻碍了当时锻炼心理学的发展。该模式将身体和心理割裂开来，认为身体不适都与生理过程有关，相关研究仅限于解剖学和生理学，与大脑研究没有关联。这种排他性的生理学研究思想普遍存在于当时的研究中。

1.2.2 诞生和发展期

锻炼心理学在20世纪70年代作为一门分支学科出现。美国锻炼心理学的早期发展在一定程度上代表了国际锻炼心理学的发展，几位研究者的学术成果成为20世纪70年代锻炼心理学诞生和发展的标志。例如，1971年，斯科特(Scott)编著了《锻炼变革》；1973年，哈里斯(Harris)编写了《体育概论：体力活动促进身心健康的基本原理》，其中锻炼行为理论与模型、动机研究、体育锻炼与主观幸福感、体育锻炼与人格等内容一直沿用至今。[6]一些运动心理学会议举办了锻炼心理学专场报告，一些大学、院所也相继举办了锻炼心理学会议。与此同时，西方社会已逐渐开始注重疾病的预防和健康生活方式的形成。人的健康观念发生了变化，人们在追求身体健康的同时，也十分关注自身的心理健康。学界的生物—心理—社会研究模式也逐步取代了以前的单纯的生物医学模式，这极大地推动了锻炼心理学的发展。[7][8]

20世纪80年代，美国应用运动心理学会和美国心理学会第47分会成立。1985年，席尔瓦(Silva)组织成立了美国应用运动心理学会，其学术期刊中刊登了较多锻炼心理学的应用性研究报告。美国心理学会第47分会是目前美国"最年轻"的锻炼和运动心理学专业学会。这两个学会的成立对锻炼心理学的发展起到了十分重要的作用。1988年，北美运动和身体活动心理学会主办的学术期刊《运动与锻炼心理学杂志》刊登了大量的锻炼心理学研究成果。此外，如《身体活动心理学》《锻炼坚持性对健康的作用》《锻炼心理学：体育锻炼对心理过程的影响》等锻炼心理学界的多部专著相继问世。这些变化都表明了锻炼心理学越来越受到学界的重视。[9]

20世纪90年代，锻炼心理学的发展出现了新的变化，主要表现为以下几个方面。①注重锻炼心理效益的研究。许多学者探究了科学的体育锻炼对情绪状态、自我概念、整体自尊、身体自尊、应激反应、认知、身体意象、主观幸福感及生活质量等的影响。例如，国际运动心理学会于1993年以"运动与心理幸福"为专题发表了一期文章，这些研究重点表现了不同类型的运动对精神病症状的治疗作用、"流畅感觉"的体验以及运动对精神病患者的干预效果等，在一定程度上表明了国际研究对心理的影响以及心理效应的持续关注。[10]②开始关注锻炼心理学人才的培养、任职标准和行业资格认证。例如，美国应用运动心理学会于1991年颁布了会员职业培训要求、锻炼和运动心理学家的资格标准。1995年，美国应用运动心理学会和美国奥林匹克委员会合作共同承担为有资质的锻炼和运动心理学家颁发资格证的工作。国际上的一些锻炼心理学会对锻炼心理学人才的培养设置了明确的课程、实习要求，对任职标准、职业培训及资格认证等也提出了明确要求。

1.2.3 高速发展期

进入21世纪以来，国外锻炼心理学取得了长足发展，研究数量急剧增加，研究方法也呈现多样化趋势，如综述性研究、元分析、调查研究、准实验研究及实验研究等。目前，国际上专业性运动和锻炼心理学学术期刊的数量逐渐增多，期刊质量也明显提高。例如，《应用运动心理学杂志》《运动与锻炼心理学杂志》等均刊登了最新的锻炼心理学研究成果。国际锻炼心理学会举办的学术会议为各国锻炼心理学研究者的交流、探讨及合作提供了较好的平台。一系列的变化都极大地推进了锻炼心理学研究的发展。[11]

21世纪以来，美国应用运动心理学会注重心理学理论知识在竞技运动和大众锻炼中的应用。[12] 2010年，美国应用运动心理学会创办了《运动心理学行为研究杂志》；2013年，美国应用运动心理学会会议的主题是"终身体育和锻炼促进心理健康"。同时，美国应用运动心理学会还编撰了《应用运动心理学研究生课程导论》，以期为攻读运动和锻炼心理学专业的研究生提供支持，以此更好地了解课程设置。2011年，美国心理学第47分会创办了《运动锻炼与表现心理学》(*Sport, Exercise and Performance Psychology*)期刊，随后发表了大量的相关研究成果。[13]

近十几年来，欧洲锻炼心理学研究取得了非常大的突破。2000年，欧洲运动心理学会推出了《运动和锻炼心理学》，为欧洲学者的成果展示提供了一个较好的平台。加拿大成立的心理技能学习和运动心理学会采取了各种措施来促进锻炼心理学的发展，如每年定期举办学术会议，建立会员交流平台等。澳大利亚锻炼心理学的研究一直处于良性发展的状态。南太平洋地区运动心理学会的成立也极大地促进了该国锻炼心理学的发展。同时，澳大利亚规范了锻炼心理学专业课程的设置，锻炼心理学专业硕士生和博士生的培养人数快速增加。[14]

1.3 国内锻炼心理学的发展简史

1.3.1 萌芽期(1950—1990年)

对比国外锻炼心理学的发展，我国锻炼心理学的发展相对落后。

20世纪50年代发展初期出现了一些有关锻炼心理学的研究,但由于受到国际竞技运动发展趋势和国家体育发展战略的影响,锻炼心理学并没有脱离运动心理学。大多数研究的侧重点都聚焦在竞技运动员和教练员身上,很少关注大众健身锻炼心理。例如,1979年成立的中国心理学会体育运动心理专业委员会和1980年成立的中国体育科学学会运动心理专业委员会都主要致力于运动选材、体育竞技比赛成绩的提高、损伤后的心理康复等内容的研究。这为我国竞技运动成绩的提高起到了极大的推动作用,带来了良好的社会效益。此外,在各届奥运会和各种世界大赛中取得的优异成绩也体现出当时的研究主流是竞技运动心理学。[15]总之,国际运动心理学发展的趋势、国内竞技体育发展的"举国体制"、较低的国内经济和生活水平及国民身体锻炼需求等因素是形成此种局面的主要原因。

1.3.2 缓慢发展期(1991—1999年)

我国的"举国体制"使运动心理学快速发展,"全民健身计划"则使锻炼心理学快速发展。我国锻炼心理学的研究在20世纪90年代进入缓慢发展阶段。1995年,《全民健身计划纲要》在全国范围内的推广显著推进了全民健身事业的发展。季浏和姒刚彦对国外锻炼心理学研究的引入开启了我国锻炼心理学研究的新篇章。1996年,中国体育科学学会运动心理专业委员会在北京体育师范学院(首都体育学院的前身)召开的"全民健身的心理学意义和心理学指导研讨会"极大地推动了我国锻炼心理学研究的发展。20世纪90年代,我国锻炼心理学的研究数量呈增长趋势。20世纪80年代中后期,大多数研究介绍锻炼心理学的相关原理、功能等。20世纪90年代有关心理健康方面的成果逐渐增多。但是,当时的研究多是描述性的,一些准实验研究对各种变量的控制也并不严格,因此这种研究只能在一定程度上揭示锻炼中的心理现象。

1.3.3 繁荣发展期(2000年至今)

进入21世纪之后,我国锻炼心理学的研究进入繁荣发展期。虽然研究开始的时间稍晚于国外,但随着近年来经济水平的提高、全民健身活动的推广,大众体育事业发展良好,国内进行体育锻炼的人明显增多,一切有利的条件都推动着锻炼心理学的发展。锻炼心理学的研究范围不断扩大,涌现了一大批高水平的研究成果,研究的数量不断增多,研究的学术会议、研究方法、实验控制、教材的编写、统计分析软件的应用等都取得了明显的进步。

在学科建设方面，锻炼心理学也开始有了自己的"一席之地"，国内锻炼心理学在教材著作编写方面取得了明显的进步。季浏[16]率先关注到体育锻炼与心理健康的重要性，组织学者编写了《体育锻炼与心理健康》；司琦[17]编写了《锻炼心理学》；李京诚等人[18]编写了《锻炼心理学》；杨剑等人[19]编写了《身体锻炼与心理健康》；陈作松等人[20]编写了《锻炼心理学》；杨剑[21]编写了《锻炼心理学》。这些成果著作已成为我国锻炼心理学的代表作，也成为学生了解锻炼心理学知识的参考书籍。此外，其人才建设也受到越来越多的关注，华东师范大学、武汉体育学院等院校在20世纪90年代中期开始培养相关研究方向的研究生，华东师范大学开始进行锻炼心理学研究方向博士生人才的培养，北京体育大学、上海体育学院、武汉体育学院等院校也相继进行了高端人才培养，为锻炼心理学的发展奠定了基础。

在研究内容方面，锻炼心理学的研究主要涉及锻炼的心理健康效应。近期，越来越多的学者把焦点放在了运动与脑功能的研究上，周成林、殷恒婵的研究团队在运动与脑认知功能研究方面取得了骄人的成绩，发表了大量关于体育锻炼与认知功能的研究成果。同时，锻炼心理学在研究方法上也取得了一定的进步，研究者开始采用质性研究与量化研究相结合的方法，提高了研究的质量以及研究的信效度。[22][23]此后的研究应注意质性研究与量化研究相结合、积极创新研究方法等方面的问题。

在学术会议方面，亚洲及南太平洋地区运动心理学会国际学术大会于1999年在武汉体育学院召开，中国自该学会成立一直都作为主要成员参与并组织各种交流活动，为锻炼心理学的推广做出了贡献。2013年7月，中国北京体育大学首次承办了世界运动心理学大会，中国学者姒刚彦担任协会主席，此次大会以"和谐生活，追求卓越"（Harmony and Excellence in Sport and Life）为主题，汇集了大量锻炼心理学的研究成果，包括身体活动或锻炼的动机与干预、身体活动或锻炼的心理效应等。[24]2000年之后的每届全国体育科学大会都设有锻炼心理学专题报告，特别是第十届全国体育科学大会，有关锻炼心理学方面的研究尤其受到了学者的广泛关注。全国体育锻炼与心理健康学术会议中报告的研究内容涉及锻炼与自我概念、大学生群体和超重、锻炼动机理论模型、锻炼的情绪效益等。值得一提的是，2015年12月举办的第四届全国体育锻炼与心理健康学术会议促进了身体锻炼心理研究成果的交流和学术研究的深化。[25]

纵观我国锻炼心理学的发展,从无到有直至与国际接轨,在这个过程中,我国锻炼心理学的研究取得了丰富的理论成果。然而,由于受研究水平、技术手段等的制约,我国锻炼心理学的发展稍晚于国外,发表的研究大多借鉴了国外的研究成果,经历了引进、移植、消化、创新的过程,创新性的研究成果相对较少。随着我国社会经济的高速发展、全民健身观念的不断深入、大众体育事业的持续繁荣、体育人口的不断增长,我国锻炼心理学的发展将日益蓬勃。锻炼心理学工作者积极探索、不辞辛劳,为我国锻炼心理学的快速发展付出了大量心血。相信在不久的将来,我国锻炼心理学的研究会取得更加丰硕的成果,受到更多国内外学者的广泛关注。

1.4 锻炼心理学研究的可视化分析

本部分国外研究文献的统计自 1985 年开始,国内研究文献的统计自 1995 年开始,主要是因为相对于国外锻炼心理学的诞生和发展而言,我国的锻炼心理学发展有些滞后。在 20 世纪 50 年代发展初期,国内出现了一些有关锻炼心理学的研究,但受到国际竞技运动发展趋势和国家体育发展战略的影响,当时绝大多数学者的研究重点聚焦在竞技运动员心理的研究上,很少关注大众健身锻炼心理的研究。因此,20 世纪 90 年代,我国锻炼心理学的研究处于缓慢发展阶段。1995 年,国家颁布了《全民健身计划纲要》,显著推进了全民健身事业的发展。季浏教授和姒刚彦教授将国外锻炼心理学的研究引入中国,开启了我国锻炼心理学研究的新纪元。

1.4.1 国际锻炼心理学的研究

1.4.1.1 国际锻炼心理学的研究现状分析

(1)文献信息量的统计分析

通过统计分析 1985—2016 年的 25 本核心期刊研究成果,了解国际锻炼心理学研究的发展状况以及发展速度。如图 1-1 所示,在这个时期,锻炼心理学领域的文献量基本呈上升的发展趋势。

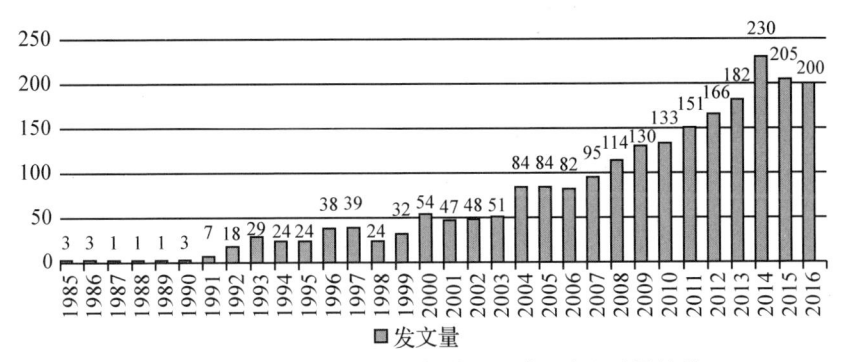

图 1-1　1985—2016 年国际锻炼心理学研究文献量统计

图 1-1 显示，国际锻炼心理学在 20 世纪 90 年代以前的相关研究很少，处于初步发展阶段；20 世纪 90 年代至 21 世纪处于缓慢发展阶段；进入新千年以后呈现出发展与波动相结合的特点。2000—2016 年共有文献 2056 篇，每年的发文量均值都达到约 121 篇。从年份的分布来看，1985—1990 年没有任何发展，1991—2005 年处于波动状态，而 3 个较为突出的波动年份是 1993 年、1996 年和 2000 年。研究数量在 2006—2016 年逐渐增加，最高峰出现在 2014 年，国际锻炼心理学处于快速发展阶段。研究数量在 2015 年以后出现了下降，在 2016 年仍未形成一个稳定的发展趋势，处于一个波动调整期。整体来看，这一研究阶段已经相对较为成熟，是一个历史突破期，后期很有可能出现新的研究领域。

（2）核心作者分布

对文献的统计分析结果显示，1985—2016 年发表锻炼心理学相关成果的有 398 人，其中有 116 位作者只发表了 1 篇，有 72 位作者发表了 2 篇，有 52 位作者发表了 3 篇，有 136 位作者发表了 4～9 篇，有 22 位作者发表了 10 篇以上（见图 1-2）。经过统计分析得出，发表 10 篇以上的作者主要分布在澳大利亚、加拿大、英国和美国。

（3）期刊分布

图 1-3 显示，有 7 本期刊的载文量超过 100 篇，*Journal of Sport & Exercise Psychology* 313 篇，位居第一；*Medicine and Science in Sports and Exercise* 303 篇，位居第二。有 6 本期刊的载文量小于 30 篇，这些期刊发文量少是因为它们的年刊量有限，如只有 17 篇的 *International Review of Sport and Exercise Psychology*，此刊每年只有 12 篇论文。*Journal of Exercise Science & Fitness* 13 篇，排名末位（与另一期刊并列），此刊年发文量也很少，每年仅 19 篇。总体来看，本研究选取的 25 本国际期刊的影响力都很大。

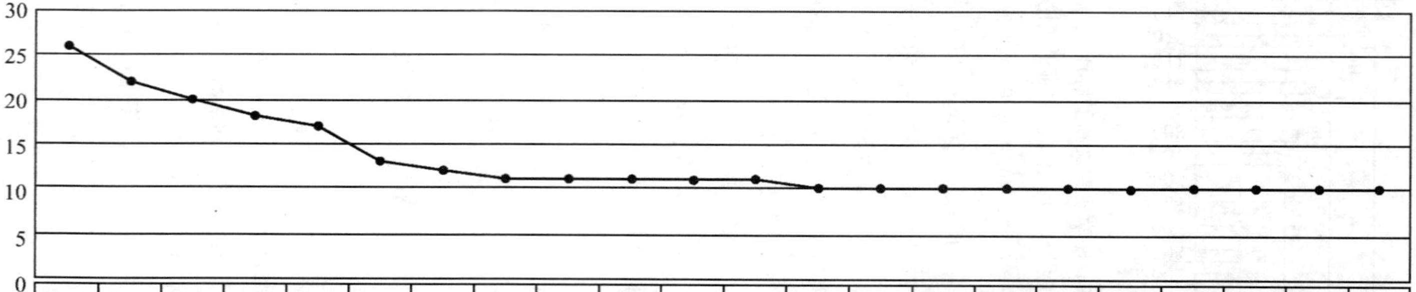

作者	Kerry S. Courneya, University of Alberta	Ryan E. Rhodes, University of Victoria	Catherine M. Sabiston, University of Toronto	Martin S. Hagger, University of Nottingham	Ronald C. Plotnikoff, University of Newcastle	Hausenblas H.A., University of Florida	Martyn Standage, University of Bath	Bess H. Marcus, University of California	Bradley J. Cardinal, Oregon State University	David E. Conroy, Pennsylvania State University	David Markland, Bangor University	Philip M. Wilson, Brock University	Craig R. Hall, Western University	Filip Boen Katholieke, Universiteit Leuven	James A. Dimmock, University of Western Australia	James F. Sallis, University of California	Courneya K.S., University of Alberta	Magnus Lindwall, University of Gothenburg	Neville Owen, The University of Queensland	Paul D. Loprinzi, Bellarmine University	Stuart J.H. Biddle, Loughborough University	Wendy J. Brown, The University of Queensland
数量	26	22	20	18	17	13	12	11	11	11	11	11	10	10	10	10	10	10	10	10	10	10

图 1-2 国际锻炼心理学研究核心作者分布（文献量≥10）

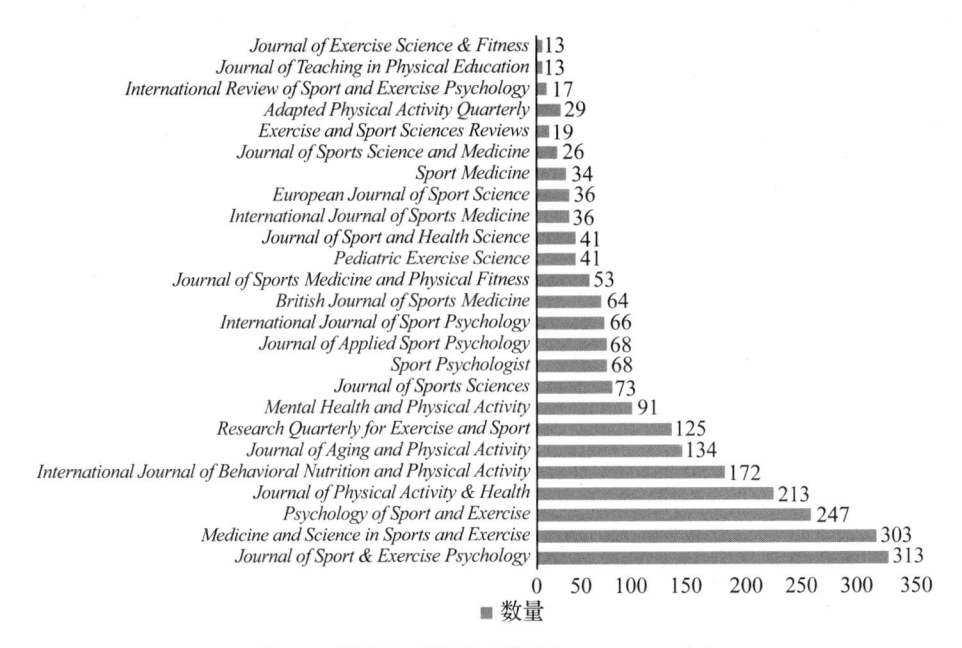

期刊	数量
Journal of Exercise Science & Fitness	13
Journal of Teaching in Physical Education	13
International Review of Sport and Exercise Psychology	17
Adapted Physical Activity Quarterly	29
Exercise and Sport Sciences Reviews	19
Journal of Sports Science and Medicine	26
Sport Medicine	34
European Journal of Sport Science	36
International Journal of Sports Medicine	36
Journal of Sport and Health Science	41
Pediatric Exercise Science	41
Journal of Sports Medicine and Physical Fitness	53
British Journal of Sports Medicine	64
International Journal of Sport Psychology	66
Journal of Applied Sport Psychology	68
Sport Psychologist	68
Journal of Sports Sciences	73
Mental Health and Physical Activity	91
Research Quarterly for Exercise and Sport	125
Journal of Aging and Physical Activity	134
International Journal of Behavioral Nutrition and Physical Activity	172
Journal of Physical Activity & Health	213
Psychology of Sport and Exercise	247
Medicine and Science in Sports and Exercise	303
Journal of Sport & Exercise Psychology	313

图 1-3　锻炼心理学研究期刊(1985—2016 年)

(4)国家和机构分布

在知识图谱网络中起连接作用大小的度量是中心性,圆环宽度越宽其中心性越大,是联系其他文献节点的枢纽。[26]由分析数据可知,所选文章一共包含 65 个国家,美国共有 935 篇,发文量排名第一。加拿大有 345 篇,发文量排名第二。中国排在第 7 位,共发表 52 篇,占总发文量的 2.2%。研究结果表明,不同的语言,是造成我国的发文量落后于国外的原因之一。为此,提高研究者的语言水平、创新思维等是我国锻炼心理学走上国际舞台的有效途径之一。

发文机构的研究结果显示,国际锻炼心理学的研究主要集中于高校。从发文的数量看,发文量多的有阿尔伯塔大学、伯明翰大学、宾夕法尼亚州立大学等。

1.4.1.2　国际锻炼心理学研究热点分析

通过对文章的研究关键词或主题词的频次进行提炼,得出这一研究领域的热点问题。[27]

(1)高频关键词与热点聚类

通过分析得出国际锻炼心理学研究的高频关键词(见图 1-4),以及国际锻炼心理学研究的高中心性关键词(见图 1-5)。图 1-4 显示,exercise(锻炼)共出现 1039 次,排名第一;physical-activity(体育活动),排名第二。这两个关键词在很多时候可以通用,但也有差异。在积极状态下，两者均可以对我们的身心健康带来好的效果。图 1-6 显示，cardiovascular-disease(心血管疾病)的中心性值为 1.14，位居高中心性关键词的榜首，排在其后的是 health promotion(健康促进)，中心性值为 1.12。统计结果显示，有 11 个关键词的中心性值居于 0.5～1；mood(心情)、stress(压力)、aging(成熟)等的中心性值最低，为 0.16。

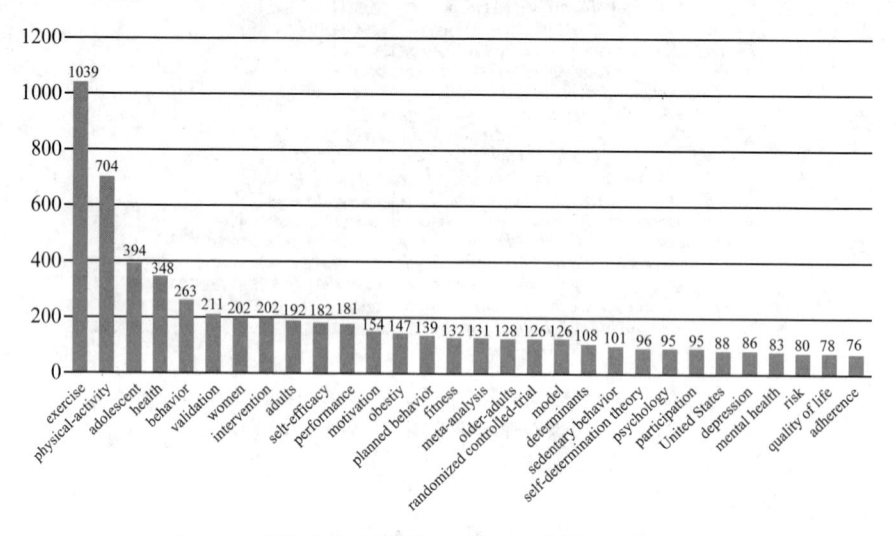

图 1-4 国际锻炼心理学研究的高频关键词(前 30 位)

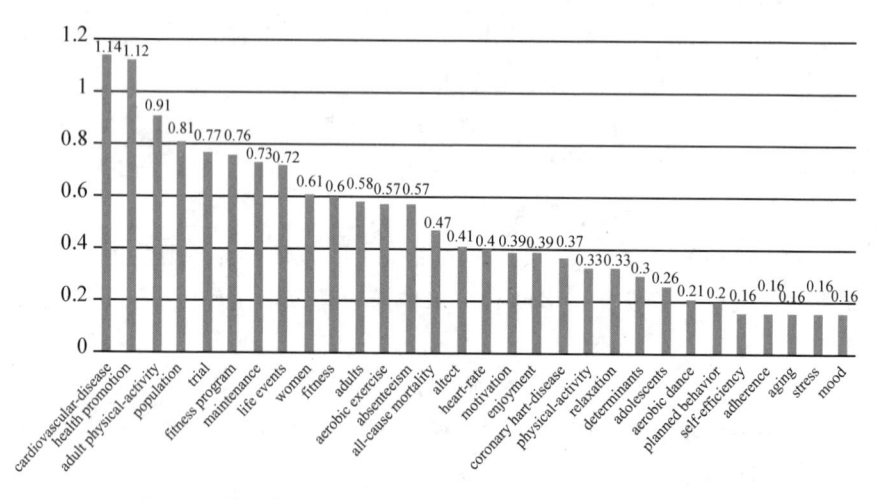

图 1-5 国际锻炼心理学研究的高中心性关键词(前 30 位)

图 1-6 显示，研究的热点人群主要集中在青少年、成人和女性上；而研究的热点方法有我们常用的元分析、问卷调查、干预研究等。

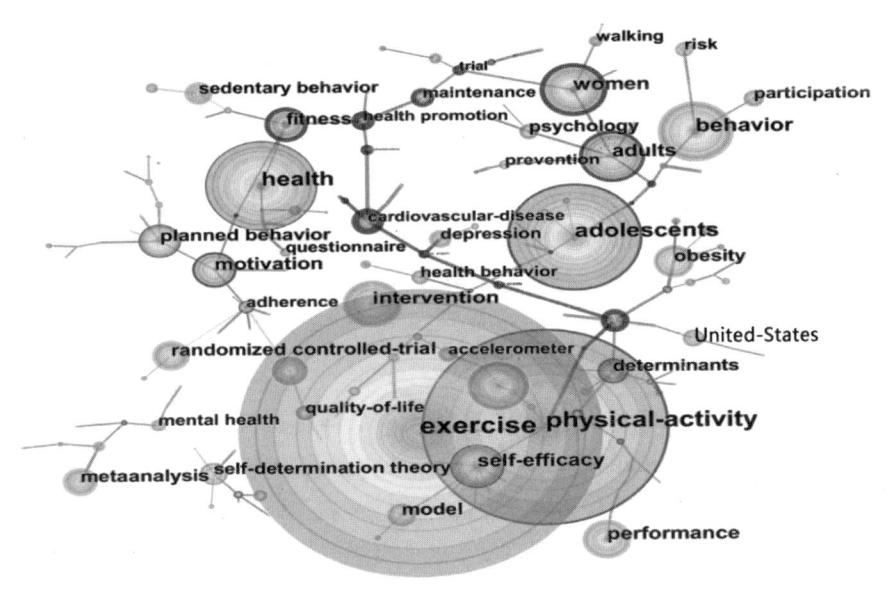

图 1-6　国际锻炼心理学研究热点聚类视图

元分析是对多个研究结果进行统计分析的一种方法。元分析一直都是这个领域常用的分析方法，如海恩(Heyn)等人[28]采用元分析针对体育锻炼对老年人认知障碍和痴呆症的影响进行了研究。问卷调查是我们常用的数据调查和收集的方法。如果想通过调查研究来分析一些现象，一般我们采用问卷调查的方法来进行。[29]干预研究需要经过多种类型的时间数列设计达到最终目的。设计的内容包括样本的选择、被试的分配、实验组与控制组的兼顾前后测的使用等。克拉夫特(Craft)等人[30]进行了一项锻炼对女性抑郁症状的干预研究。研究结果表明，运动项目与减少抑郁症状相关，能够增加体育锻炼的参与度。阿齐赞(Azizan)等人[31]针对行为和锻炼计划对社区老年人抑郁和生活质量的影响进行了准实验研究。研究认为，行为和锻炼方案相结合的方式对老年抑郁症和生活质量有很好的效果。

研究的热点内容包括心血管疾病、肥胖、动机、久坐行为等。心血管疾病患者是体育锻炼中的一类特殊群体，需要在专业人员的陪同下进行锻炼，要科学合理地安排锻炼时间、内容等。21 世纪较为严峻的公共卫生问题就是肥胖，2014 年的调查显示 5 岁以下超重或肥胖的儿童很多都在亚洲。个体在体育锻炼活动目标、愿望与运动环境等因素的作用下所产生的对体育锻炼的内部需求，被称为锻炼动机。锻炼动机受多种因素的影响，包括生理因素、心理因素以及社会因素等。长期保持坐姿或者躺姿、能量消耗≤1.50METs（代谢当量），被称为久坐行为。例如，长期不动地坐着看电视、手机、上网等都是久坐行为。这种行为能够导致心血管疾病的发生，也会导致肥胖和颈椎病、腰椎病等多种疾病的发生，也有研究认为长期的久坐行为会增加死亡的风险。科学合理的理论基础是我们正确认识以及有效促进健康的重要基础和前提条件。[32] 锻炼心理学研究领域常研究的理论模型有计划行为理论、自我决定理论等。通过对这些理论的研究，我们能够知道自己为什么参与锻炼以及为什么不愿意参与锻炼，帮助我们科学地分析和预测锻炼行为。

（2）研究热点时区分析

通过时区视图，我们可以更直观地观察国际研究的动态变化情况。图1-7显示了国际锻炼心理学研究进程的主题演进路径。国际锻炼心理学研究的热点从最早关注运动表现、运动参与、体育活动等逐渐向久坐行为、肥胖、行为理论、生活方式、心肺适能等方面过渡。

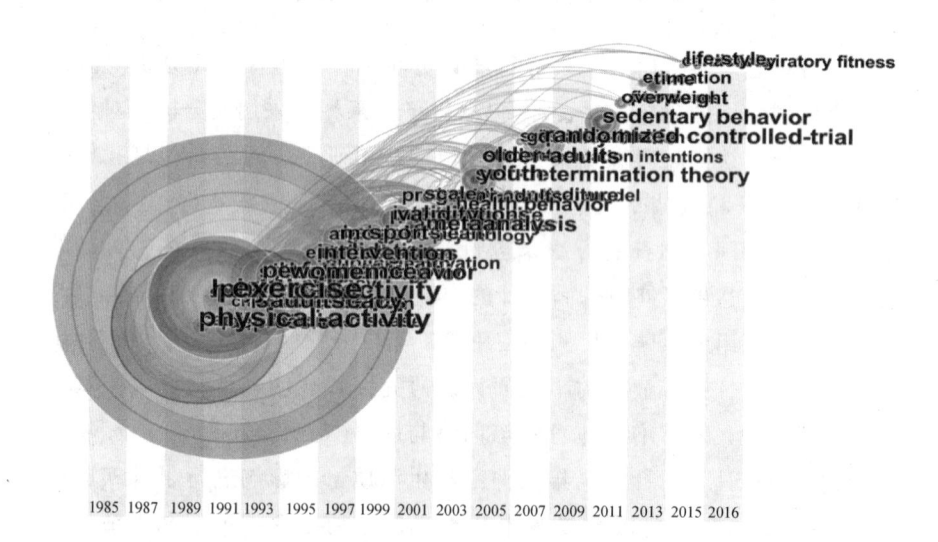

图1-7　国际锻炼心理学研究热点时区可视化图谱

1.4.1.3　国际锻炼心理学的研究前沿分析

（1）前沿聚类分析

文献共被引矩阵中的文献及其施引文献中使用的凸显词或凸显词的聚类体现了研究的前沿。如表1-1所示，国际锻炼心理学文献共被引网络共形成 21 个聚类。

表 1-1　国际锻炼心理学聚类结果总结表

聚类号	聚类规模	轮廓值	年份	聚类号	聚类规模	轮廓值	年份
0	65	0.678	1995	11	16	1	1981
1	58	0.76	1991	12	14	0.963	1986
2	51	0.839	2005	13	13	1	1984
3	48	0.726	2000	14	12	1	1980
4	44	0.954	2010	15	12	1	1982
5	33	0.928	1987	16	11	1	1985
6	30	1	1985	17	11	0.956	2002
7	30	0.961	1992	18	7	0.992	1989
8	29	0.828	1999	19	6	1	1988
9	22	0.931	2005	20	5	0.985	1995
10	20	1	1983				

图 1-8 显示，在这 21 个聚类中，有 13 个相互关联的聚类。这 13 个聚类分别是聚类 0(♯0)"preference"，聚类 1(♯1)"behavioral risk factor surveillance system"，聚类 2(♯2)"helping overweight women"，聚类 3(♯3)"physical activity"，聚类 4(♯4)"sedentary behavior"，聚类 5(♯5)"usefulness"，聚类 7(♯7)"goal perspective"，聚类 8(♯8)"autonomous exercise regulation"，聚类 9(♯9)"physical activity"，聚类 12(♯12)"health promotion aspect"，聚类 17(♯17)"genetic factor"，聚类 18(♯18)"active women"，聚类 20(♯20)"exercise dependence"。其中包含 65 篇文章的是聚类 0(♯0)，也是最大的一个聚类，通过 MI 算法得到了身体锻炼这个标签，通过 TFIDF 算法得到了 preference 聚类标签。在这些聚类中，2000 年发表的《老年人参与有组织活动与非有组织活动的社会心理决定因素之间的差异》[33]一文的引用率最高。

聚类 1(♯1)有 58 篇文献，2000 年布朗森(Brownson)发表的《用行为危险因素监测系统测量体力活动》的引用率最高。1995 年佩特(Pate)等人发表的《体育活动与公共卫生：来自美国疾病控制与预防中心和美国运动医学院的建议》[34]的引用率最高。

聚类 2(♯2)有 51 篇文献，2010 年萨比斯顿(Sabiston)等人发表的《身体相关自我意识情绪在促进女性身体活动中的作用》的引用率最高。

聚类3（#3）有48篇文献，2001年比德尔（Biddle）等人[35]发表的《运动与锻炼心理学研究方法：定量与定性问题》的引用率最高，有1篇高被引。聚类4（#4）有44篇文献，2016年扬格（Younger）等人[36]发表的《急性中度运动不会减弱与久坐有关的心脏代谢功能》的引用率最高。聚类5（#5）有33篇文章，1994年戈丹（Godin）[37]发表的《合理行为理论和计划行为理论——锻炼促进作用》的引用率最高。聚类6（#6）有30篇文献，1990年杜达（Duda）[38]发表的《运动与运动心理学中的跨文化研究》的引用率最高。

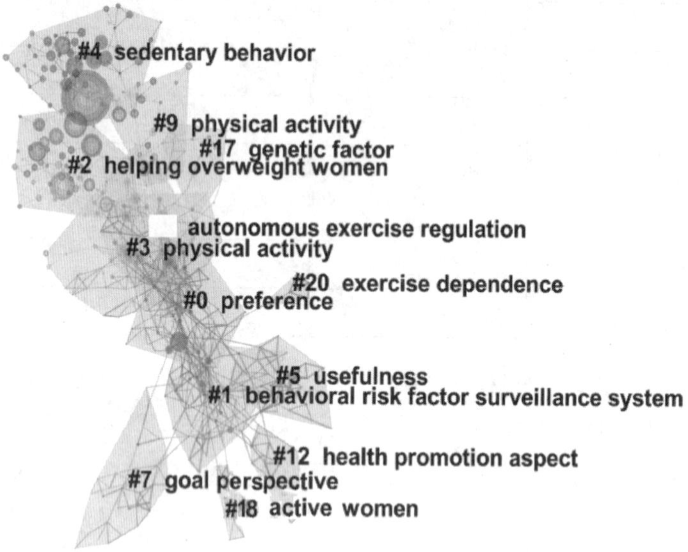

图1-8　国际锻炼心理学聚类视图

（2）前沿术语分析

图1-9显示，代表1985年到2016年这一领域影响力较大的研究主题的关键词一共有35个。从一开始出现至今为止的关键词，被认为是前沿研究内容。从2016年持续至今的有久坐行为、时间、加速度计、体力活动不足以及心理健康5个关键词，认可这些是前沿研究内容。这几个关键词之间有着密切的联系，久坐也是体力活动不足的一个重要表现，同时也会导致肥胖等健康问题。不良的生活方式会对个体的生活质量产生很大的影响，严重影响个体身心健康的发展。在当前的众多研究中，很多都采用了加速度计进行测量，这已经成为国际研究的焦点。总体来看，这些前沿关键词密切关联，目的都是促进个体身心健康的发展。

关键词	年份	强度	开始	结束	1985－2016
sedentatry behavior	1985	10.8319	2013	2016	
fitness	1985	9.5374	1991	2001	
older adults	1985	7.0684	2001	2004	
self-determination theory	1985	6.7121	2010	2014	
time	1985	6.1383	2014	2016	
planned behavior	1985	6.1267	2006	2009	
transtheoretical model	1985	6.0405	2001	2010	
aging	1985	5.7907	1997	2005	
accelerometer	1985	5.7433	2011	2016	
reasoned action	1985	5.7428	2001	2009	
adherence	1985	5.494	1992	2002	
motivational readiness	1985	5.3804	1994	2007	
theoty of planned behavior	1985	5.3727	2005	2010	
overweight	1985	5.1664	2012	2013	
scale	1985	5.0313	2001	2007	
coronary heart-disease	1985	4.7845	1991	2007	
inactivity	1985	4.4733	2014	2016	
trial	1985	4.318	1995	2003	
self-efficacy	1985	4.2635	2005	2006	
depression	1985	4.1027	2013	2014	
public-health	1985	4.0293	1996	2001	
eating disorders	1985	4.021	1998	2003	
activity patterns	1985	4.0033	2002	2005	
physically-active	1985	3.9488	1999	2000	
construct-validity	1985	3.9352	2001	2007	
cardiovascular-disease	1985	3.934	2010	2013	
attitude	1985	3.8765	1994	2006	
intervention	1985	3.7447	2008	2009	
health behavior	1985	3.6782	2002	2003	
behaviors	1985	3.6008	2009	2011	
diagnosis	1985	3.5827	2008	2010	
task	1985	3.5739	1994	1998	
stress	1985	3.5719	1991	2001	
mental-health	1985	3.5428	2014	2016	
performance	1985	3.5074	1994	1995	

图 1-9　1985－2016 年国际锻炼心理学突发性关键词

1.4.2　国内锻炼心理学的研究

1.4.2.1　国内锻炼心理学研究现状分析

（1）文献信息量统计分析

如图 1-10 显示，20 世纪 90 年代，我国研究的速度相对缓慢。在 1995 年共有 14 篇相关研究成果，在 2000 年出现了一个历史转折点。进入 2000 年以后，相关研究一直持续不断地向前推进发展，研究成果也与日俱增。到 2009 年出现了研究数量的最高峰，达到 82 篇，其中增长速度最快的是 2002 年、2008 年这两年。2009 年之后的发展处于波动发展的阶段，其中 2012 迎来了新的低潮，仅发表 44 篇相关成果。

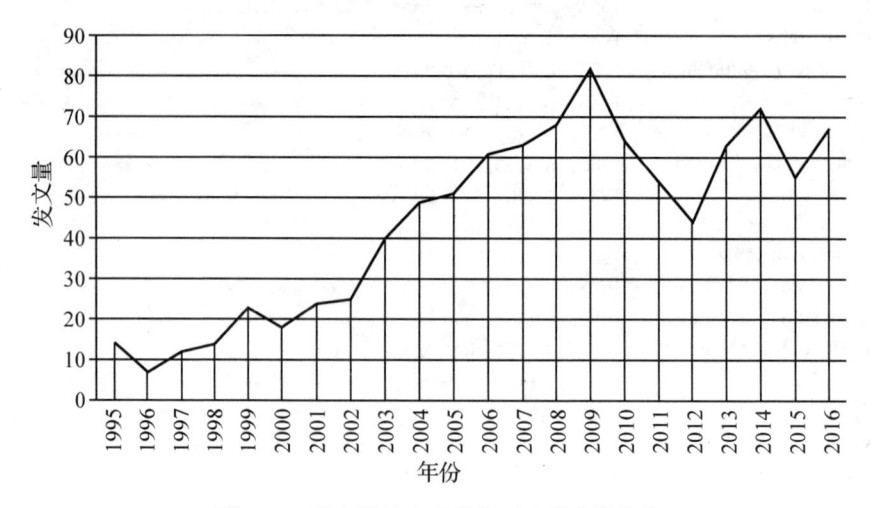

图 1-10　国内锻炼心理学期刊文献增长趋势

总体来看，我国的锻炼心理写研究从 1995 年到 2016 年呈现波动增长的态势，在 2009 年出现了一个历史转折点，使我国的研究图谱呈现冰山状。

本研究对全国体育科学大会、全国心理学学术会议、全国运动心理学学术会议及全民健身科学大会会议的相关论文成果进行了分析。图 1-11 显示，研究成果最为丰富的是全国体育科学大会，由四年一届改为两年一届的全国体育科学大会是我国当前体育学术领域规模较大、成果内容较为丰富的一种会议，这一会议汇聚了全国体育科研工作者的智慧和劳动成果，也展示了我们体育人的智慧结晶，包括各种体智能穿戴设备，各种高科技产品都会在这一大会上进行展示，其锻炼心理学的研究成果越发丰富（研究主题丰富、研究内容全面、研究技术不断创新）。这一学科的研究与发展受到了体育学科的高度关注，也反映了这些年来锻炼心理学工作者在一领域所做出的努力和贡献，让这个学科得到了同行的认可、专家的高度认同、学者的高度赞扬。

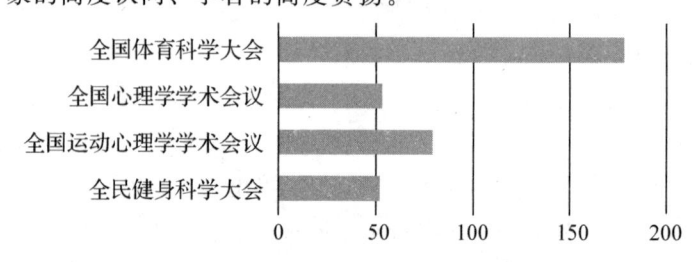

图 1-11　国内锻炼心理学会议论文分布图

全民健身科学大会自2009年召开第一届会议开始,到2016年召开的大会中,相关研究成果共有52篇,占14%。虽然占比较少,但相对于整个发展来说,随着我国对健康事业的高度重视,相关研究未来会更加丰富。在全国心理学学术会议中,也有很多锻炼心理学的研究成果出现,从中国知网记录的第8届到第17届会议中,有53篇锻炼心理学文章,占统计数据的15%。

(2)核心作者分布

通过对相关研究成果在10篇以上的作者进行分析(见图1-12、表1-2)发现,该领域的研究专家主要有季浏、毛志雄、杨剑、颜军等。在这些研究专家中,以季浏教授为主的团队的相关研究成果最为丰富,排在第一位。

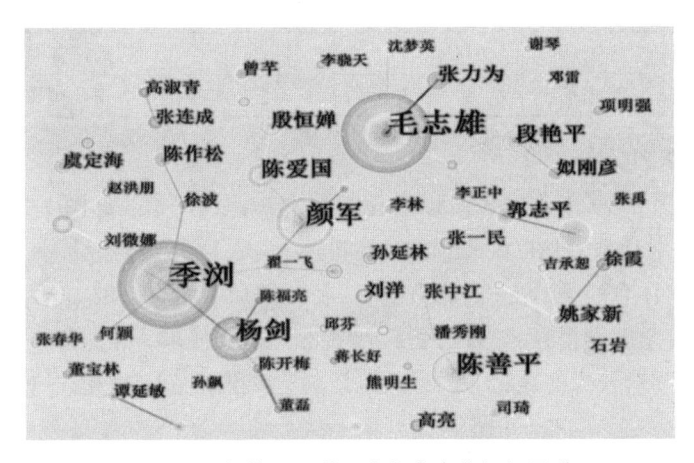

图1-12 锻炼心理学研究代表人物知识图谱

表1-2显示,发文量超过10篇(包括10篇)的一共有14位作者,发表的成果总数量为289,平均每个人能达到20篇。就作者来看,季浏教授的研究成果最多,一共发表了52篇相关研究成果,《身体锻炼心理学的研究现状和未来方向》是其在1997年发表的最早的一篇文章。从第一作者看,发表最多的是杨剑教授,一共发表了14篇相关研究成果。其次是有13篇相关成果的陈善平。从所属机构来看,这14位都是高校教师,表明高校仍然是锻炼心理学研究的重要场所。

表1-2 锻炼心理学学科论文10篇以上的作者情况

序号	作者	论文数	第一作者论文数	所属机构
1	季浏	52	2	华东师范大学
2	毛志雄	47	10	北京体育大学
3	颜军	30	8	扬州大学

续表

序号	作者	论文数	第一作者论文数	所属机构
4	杨剑	26	14	华东师范大学
5	陈善平	25	13	西安交通大学
6	黄志剑	17	7	武汉体育学院
7	陈爱国	14	4	扬州大学
8	段艳平	13	9	武汉体育学院
9	方敏	12	11	安徽师范大学
10	周成林	11	3	上海体育学院
11	殷恒婵	11	4	北京师范大学
12	张力为	11	2	北京体育大学
13	姚家新	10	1	天津体育学院
14	郭志平	10	3	湖北师范学院

（3）期刊分布

1995—2016年共发表锻炼心理学研究成果873篇（见图1-13），《北京体育大学学报》排在第一位，一共刊登了152篇相关研究成果。排在第二位的是《体育科学》，一共刊登了93篇相关研究成果，排在第三位的是《武汉体育学院学报》，一共刊登了78篇相关研究成果。在体育类核心期刊中，研究相对较少的是《体育文化导刊》，一共刊登了15篇相关研究成果。

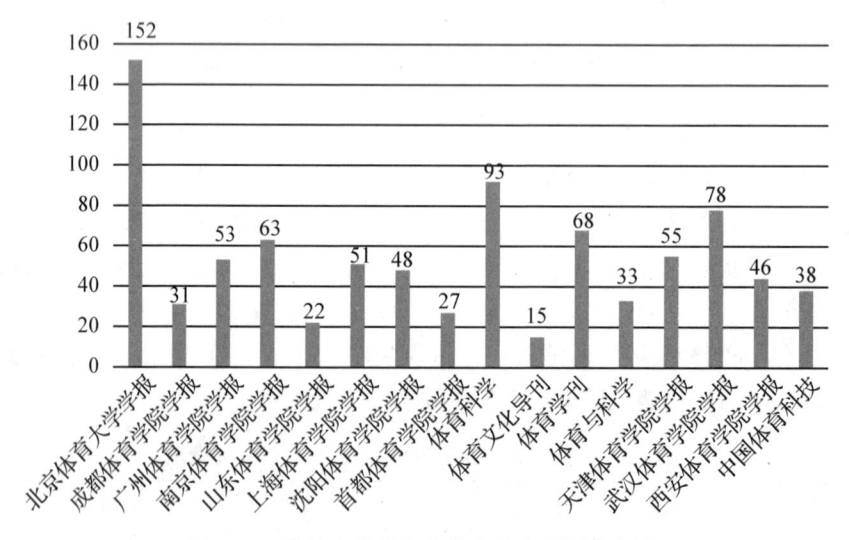

图1-13 锻炼心理学研究体育核心期刊分布图

相关研究成果也刊登在心理学类期刊上面（见图1-14），《心理科学》刊登的相关研究成果最多，占比46%；其次是《心理学报》，占比21%。除此之外，还有两个期刊，《中国运动医学》以及《中国学校卫生》也刊登了相关研究成果。在 20 年左右的时间里，《中国运动医学》刊登了 17 篇相关研究成果，而《中国学校卫生》更胜一筹，一共刊登了 57 篇相关研究成果。

图 1-14　锻炼心理学研究心理学核心期刊分布图

整体来看，《北京体育大学学报》《体育科学》《武汉体育学院学报》是体育类刊登相关研究成果最多的三个期刊。《心理科学》《心理学报》是心理学类刊登相关研究成果最多的两个期刊。除此之外，发表相关研究成果较多的一个期刊是《中国学校卫生》。

(4) 研究机构分布

如图 1-15 所示，本研究对发文量超过 15 篇（包括 15 篇）的研究机构进行了统计分析。通过分析发现，排在第一位的是华东师范大学体育与健康学院，一共发表了 52 篇相关研究成果，排在第二位的是发表了 49 篇相关研究成果的北京体育大学，排在第三位的是发表了 41 篇相关研究成果的扬州大学体育学院。单从机构所属的学校看，排在第一位的是北京体育大学，一共发表了 65 篇相关研究成果，排在第二位的是华东师范大学，排在第三位的是扬州大学。

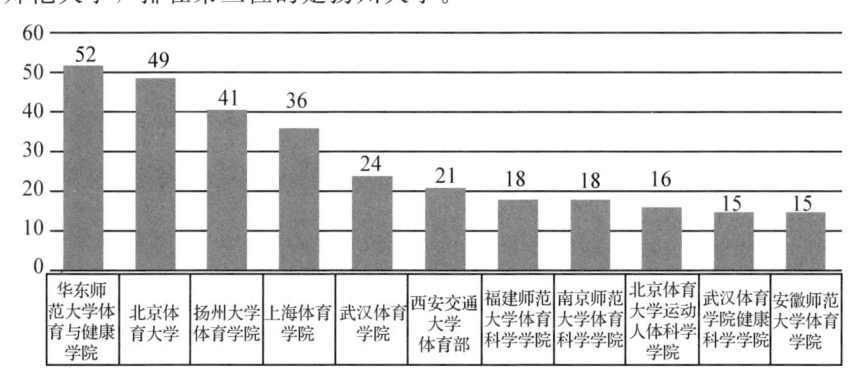

图 1-15　高产机构情况统计（部分）

整体来说，我国对锻炼心理学的研究主要集中在高校，不管是研究的结构还是研究的数量，华东师范大学和北京体育大学都是排在前两位的高校，这两所学校对锻炼心理学的研究成果最为丰硕。

1.4.2.2 国内锻炼心理学的研究热点分析

(1)高频关键词与热点聚类

利用 Cites pace Ⅲ 软件系统对 1335 篇相关研究进行统计分析。时区分割选择 1995—2016 年，单个时间分区的长度设为 2 年。通过运行软件，聚类分析方法选择最小生成树算法进行，通过系统分析得到了如图 1-16、图 1-17 和图 1-18 所示的结果。

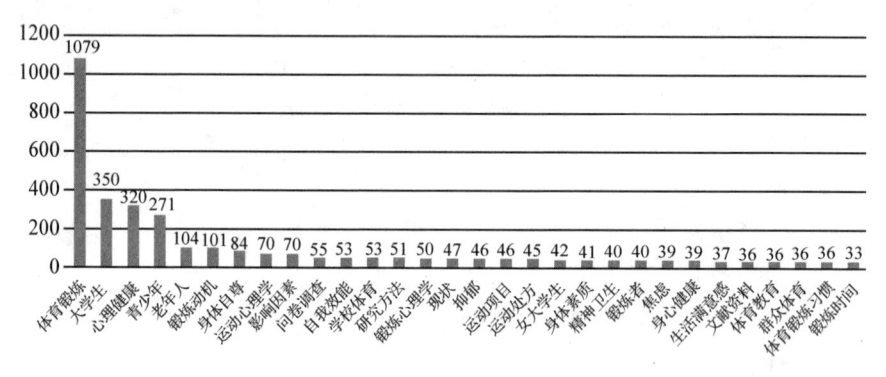

图 1-16 国内锻炼心理学研究高频关键词(前 30 位)

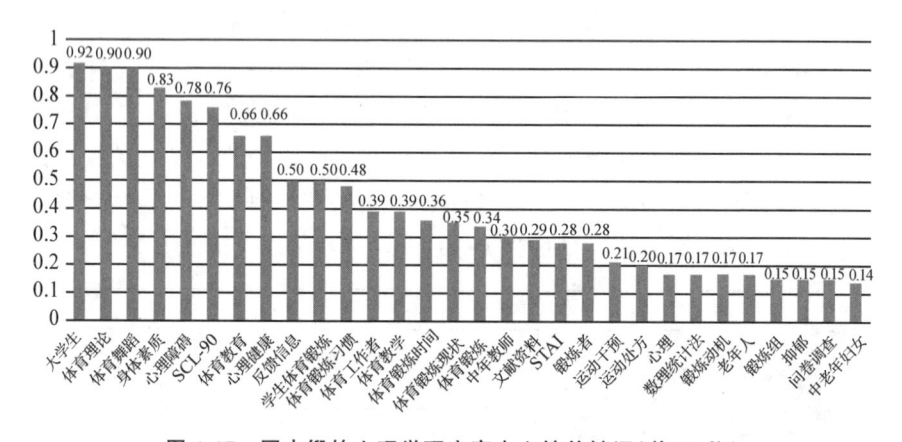

图 1-17 国内锻炼心理学研究高中心性关键词(前 30 位)

从图 1-18 中可以看出，最大的一个节点是"体育锻炼"。此外，还有 3 个突出关键词，即"心理健康""大学生""青少年"。同时，通过运动软件计算中心性，可以得到在整个网络中起关键作用的节点。计算节点的中介中心性，可以挖掘出在整个网络中起主要作用的关键节点。

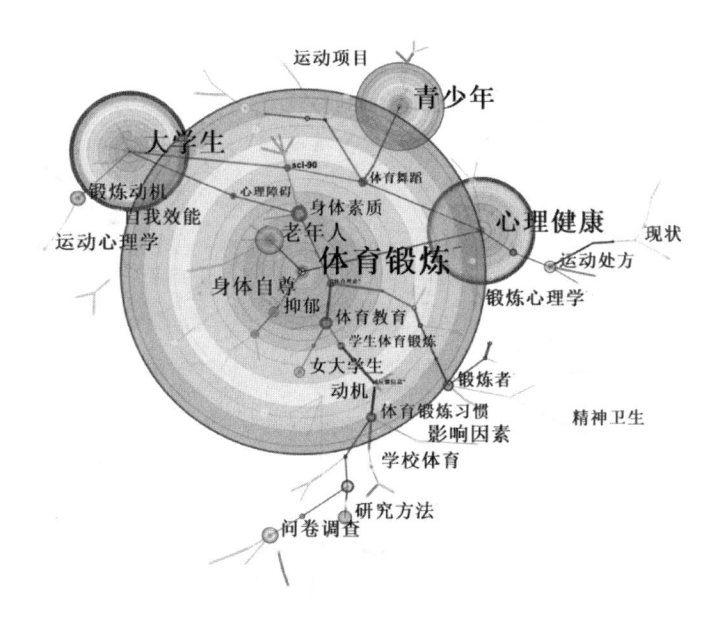

图 1-18 国内锻炼心理学研究热点聚类视图

(2) 研究热点时区分析

通过软件系统分析关键词和主题词，查看 1995 年到 2016 年的研究热点的变化情况，得到了相关研究的时区变化图谱（见图 1-19）。从图 1-19 可以看出我国相关研究的主题演进的变化路径，自 1995 年以来我国相关研究的动态变化与内容热点之间存在千丝万缕的关系。

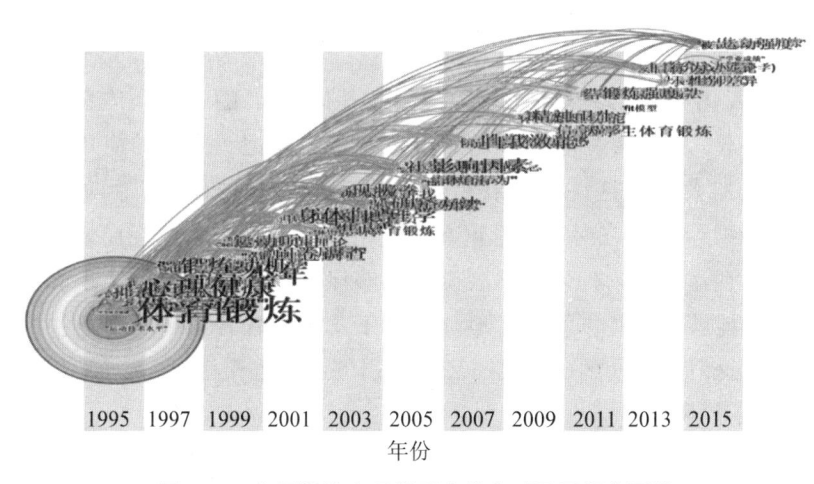

图 1-19 中国锻炼心理学研究热点时区可视化图谱

图 1-19 显示，我国相关研究热点经历了从早期的身体素质等研究向注重身心健康发展方面过渡的阶段。研究的主要对象一直都比较关注青少年、大学生以及老年人。通过分析可以看出，这几个研究对象一直都是该领域的主要研究对象，从始至今一直保持着对这些人群的研究。而这一领域研究的主题内容一直离不开心理健康这一重要的内容，研究的方法也不断丰富和完善，存在越来越多的多样化方法的研究。近年来，该领域出现了一个中介作用的研究，受到越来越多学者的关注和青睐，如由盛建国等人发表的《体育锻炼对中学生心理健康的影响：自我效能感的中介作用》一文，该研究对一千多名学生采用量表调查研究的方式，进行相关测量，并验证了中介作用。[39]

总体来看，中国锻炼心理学的研究重点逐渐拓展。研究主题多样化，研究内容不断丰富，学科本身所关注的注重人的健康全面发展，是使该学科不断向好发展的一个内因。正是因为这些不断丰富的主题、内容和方法等，这个学科才不断发展、不断丰富、不断完善，逐渐成为一个独立的学科体系。

1.4.2.3　国内锻炼心理学的研究前沿分析

图 1-20 显示，在这二十几年间能够代表这一领域的，且受关注度较高的、影响力较大的、一直持续发展的关键词主要包括 9 个，即"自我决定理论""干预研究""体育锻炼行为""中介作用""中介效应""学生""精神卫生""执行功能""认知功能"。这些关键词代表了这一领域的前沿研究。

（1）自我决定理论

20 世纪 80 年代，美国心理学家爱德华（Edward）等人提出了自我决定理论，这是一种表述动机过程的理论。这一理论的早期研究主要是在竞技体育、学校体育以及实验室方面的应用研究，随着群众体育的不断发展和兴起，很多专家学者开始对锻炼过程中的这一理论的应用产生兴趣，开始加大了对这一理论在锻炼心理学领域中的研究。例如，2014年，丁维维等人[40]在对这一理论在促进中学生锻炼行为的应用情况的研究中，发现这一理论行为的预测模型能够促进中学生更加规律地参与锻炼，而且能够在某些方面很好地解释基于我国教育背景下的中学生的锻炼行为，这对于后期的研究具有较好的引领和示范作用。

（2）干预研究

2014 年开始出现的关键词之一是"干预研究"。所谓干预研究，就是指为了达到后期的效果，而采用通过一些运动手段来进行干预的研究。例如，王军等人[41]为了研究体育锻炼对焦虑和抑郁的影响，采用问卷调

关键词	年份	强度	开始	结束	1995—2016
心理健康	1995	9.6265	1998	2006	
学生	1995	7.9776	2012	2016	
锻炼行为	1995	7.0484	2009	2012	
青少年	1995	6.6022	2012	2014	
体育锻炼行为	1995	6.2099	2011	2016	
锻炼	1995	5.4164	1999	2004	
精神卫生	1995	4.8811	2012	2016	
心理效应	1995	4.7416	1997	2005	
运动心理学	1995	4.4629	2008	2009	
身心健康	1995	4.3602	2000	2006	
运动处方	1995	4.0854	1996	1999	
影响	1995	4.0457	2002	2006	
自我决定理论	1995	4.0446	2012	2016	
干预研究	1995	3.9562	2014	2016	
执行功能	1995	3.9509	2012	2016	
中学生	1995	3.8567	2008	2010	
现状	1995	3.7979	2009	2010	
身体活动	1995	3.5803	2013	2014	
体育教学	1995	3.4732	1997	2002	
锻炼时间	1995	3.464	2010	2011	
大学生	1995	3.3695	2005	2006	
锻炼态度	1995	3.3159	2008	2010	
中介作用	1995	3.27	2013	2016	
认知功能	1995	3.2556	2014	2016	
中介效应	1995	3.2539	2012	2016	
心理活动	1995	3.158	2001	2005	

图 1-20　1995—2016 年国内锻炼心理学突发性关键词

查法对大一学生进行了问卷调查，比较了不同方式的隔网对抗练习干预对学生焦虑和抑郁的效果。结果发现，这一研究能够在不同方面对大学生的焦虑和抑郁水平起到改善作用。在这些研究项目中，对抑郁效果最好的一个项目就是排球运动，而对焦虑改善效果最好的是持拍单打这一运动方式。

(3)体育锻炼行为

这里所提出的体育锻炼行为主要是指一种具体的行为方式,即为了达到体育锻炼的目的而进行的方式。刘传海等人[42]针对运动类 APP 对体育锻炼行为促进和体育习惯养成的影响进行了研究,并认为运动类 APP 的不断推广,会影响人们的体育锻炼行为,而这种影响是积极正向的影响,能够促进人们更好地锻炼习惯的养成。

(4)中介作用和中介效应

2012 年开始出现"中介效应"这一关键词,2013 年开始出现"中介作用"这一关键词,这两个关键词都一直延续到 2016 年。在这一领域的研究中,中介作用和中介效应的差异并不显著,基本上代表了同一个意思,都是指因变量是通过一个中间变量影响的。2015 年,王振等人[43]对拖延行为与大学生体育锻炼动机之间的关系进行了研究,验证了自我效能在其中的中介作用。该研究主要采用问卷调查量表对大学进行调查,一共调查了 1070 名大学生。结果发现,不同性别的大学生的锻炼动机和自我效能感存在差异,拖延行为在锻炼动机和自我效能感研究中具有负向预测作用,而自我效能感在拖延行为的基础上对锻炼动机具有正向预测效应,因此,拖延行为在解释锻炼动机时具备部分中介效应。该研究结果在某种程度上能够为大学生制订体育锻炼决策提供一定的启发。

(5)学生

图 1-20 显示,始于 2012 年的"学生"这一关键词,主要是针对中、大学生的相关研究来进行的。付文灿[44]探索了体育锻炼在心理应激层面上对大学生身心健康的影响,研究结果表明,大学生体育锻炼与心理应激、身心健康有关。刘海燕等人[45]的研究发现,运动不仅能直接影响人的心理健康,而且还能起到间接促进的作用,主要通过情绪以及自我效能来改善。任艳峰等人[46]于 2014 年采用中学生心理健康量表对潍坊市的 852 名初中生进行了问卷调查研究。结果发现,有一种可以有效预防儿童青少年心理健康问题的方式,那就是改变生活方式,如多动少坐。

(6)精神卫生

2012 年开始出现的关键词之一是"精神卫生",伴随社会的不断发展,各种精神健康以及心理卫生等问题不断凸显。为此众多研究者开始尝试探究能够改善及缓解这种状况的方式——体育锻炼。陈开梅等人[47]为了探究不同的课外体育锻炼方式对大学生的自卑心理能产生什么影响,采用教育实验的方式,对大学生进行 16 周的实验干预。结果发现集体性的项目比个体项目对于学员的自卑心理有良好的改善作用。在锻炼过程中，这种集体性的项目能够增强个人的自信心，提高他们的社会交往能力，并且锻炼效果更加显著，也能够使个体更好地释放内心的负担及压力。总体来说，单个人的锻炼会使个体容易产生孤独和无助的感觉，进而导致他容易产生较强的自卑心理。而这种团队合作的形式能够减轻个体的自卑心理，改善不良的心理状态，促进积极性的情绪体验。[48]

(7)执行功能和认知功能

所谓认知功能，是指人脑加工、存储和提取信息的能力，即人们对事物的构成、性能与他物的关系、发展动力、发展方向及基本规律的把握能力。执行功能指有机体对思想和行动进行有意识控制的心理过程。执行功能是一种复杂的认知功能，是指个体的许多认知加工过程的协同操作，包括计划、控制冲动、工作记忆、抑制以及动作产生和监控等一系列功能。[49]在当前的研究中，对这两个与体育锻炼之间关系的研究众多。例如，殷恒婵等人[50]采用武术+跳绳和花样跑步两种运动干预方案对小学生执行功能各个维度的效果及其随时间变化的特征进行分析。结果发现，小学生执行功能的改善受这两种方案的作用效果相同，而且时间越长，其干预的效果更加突出。当前关于认知功能的研究，其研究人群主要以老年人为主。一项对老年人认知功能的研究综述论述了太极拳锻炼对老年人认知功能的影响。研究发现，老年人的认知功能改善与体育锻炼有关，老年人适宜参加太极拳这种类型的运动，而且这种运动还能延缓老年人的认知功能衰退速度，促进他们的身体健康。[51]

整体来看，"自我决定理论""干预研究""体育锻炼行为""中介作用""中介效应""学生""精神卫生""执行功能""认知功能"研究是我国锻炼心理学研究的主要前沿话题。

1.4.3 国内外锻炼心理学研究的对比分析

1.4.3.1 国内外锻炼心理学研究现状的对比分析

(1)文献信息的对比分析

从图1-21中可以看到，国际上在这一领域研究的发文量呈现的增长态势更为明显，我国在这一领域的研究基本上呈稳步增长的趋势，我国的研究数量比国际研究的数量要少。在早期，我国与国外研究的差距相对来说比较小，但是国外的研究数量自2004年开始逐渐增加，导致我们与国外的差距越来越大。整体来看，无论是国际研究还是我国的

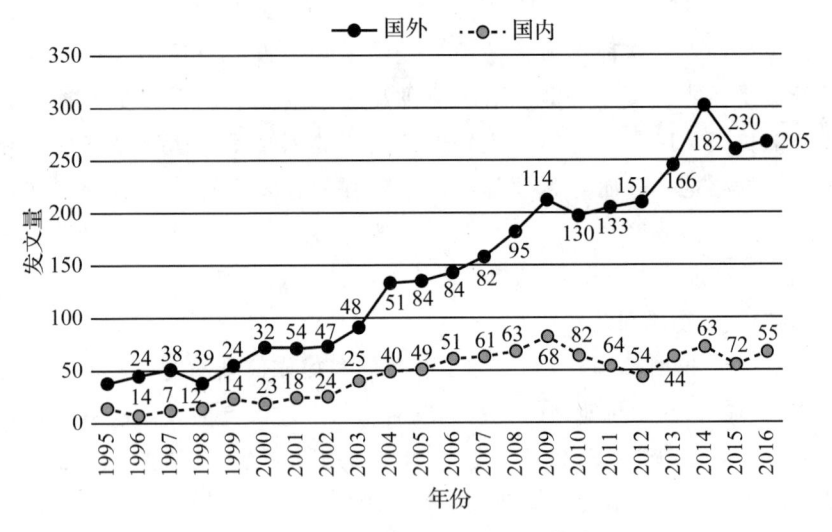

图 1-21　国内外锻炼心理学文献量对比

研究,都在不断发展和进步,而且一直持续关注这一学科的发展。为了缩小与国外研究的差距,我国在这一领域仍然需要加大研究力度,尤其是当前的国内环境,为锻炼心理学的发展提供了良好的契机和平台。

(2)期刊的对比分析

从表 1-3 中可以看到,我国在这一领域的研究排在前 10 位的期刊一共发表了 718 篇相关研究成果,占比 74%,国外一共刊登了 1739 篇相关研究成果,占比 76%。国内外这 20 本期刊代表了当前锻炼心理学研究的主流期刊,也是这一领域研究的核心期刊,这可以为想在这一领域做出成果的研究者提供一定的参考意见,未来在投稿过程中可以更有针对性地选择投稿期刊。

表 1-3　国内外锻炼心理学文献来源出版物分布(前 10 位)

排名	来源出版物		刊出数量		百分比	
	国际	中国	国际	中国	国际	中国
1	Journal of Sport & Exercise Psychology	北京体育大学学报	313	152	13.59%	15.67%
2	Medicine and Science in Sports and Exercise	体育科学	303	93	13.16%	9.59%
3	Psychology of Sport and Exercise	武汉体育学院学报	247	78	10.73%	8.04%

续表

排名	来源出版物		刊出数量		百分比	
	国际	中国	国际	中国	国际	中国
4	*Journal of Physical Activity & Health*	体育学刊	213	68	9.25%	7.01%
5	*International Journal of Behavioral Nutrition and Physical Activity*	南京体育学院学报	172	63	7.47%	6.49%
6	*Journal of Aging and Physical Activity*	中国学校卫生	134	57	5.82%	5.88%
7	*Research Quarterly for Exercise and Sport*	天津体育学院学报	125	55	5.43%	5.67%
8	*Mental Health and Physical Activity*	广州体育学院学报	91	53	3.95%	5.46%
9	*Journal of Sports Sciences*	上海体育学院学报	73	51	3.17%	5.26%
10	*Sport Psychologist*	沈阳体育学院学报	68	48	2.95%	4.95%

(3)研究作者的对比分析

通过对比分析发现，凯瑞(Kerry)一共有26篇相关研究成果，排在国际锻炼心理学研究者的第一位。而在我国季浏教授以52篇的数量排在我国这一研究领域的第一位。通过分析发现，国际上一共有22位作者发表的数量大于等于10篇，而我国有14位作者。就研究团队来看(见图1-22)，凯瑞领衔的国际研究团队是这个领域研究中最为著名的，我国的研究团队主要以季浏教授为主，团队包括该领域研究的核心关键人物，如杨剑、颜军、殷恒婵等。整体来看，国际研究的研究团队更为稳固，合作更为广泛，我国研究相对较弱，我国未来可以借鉴国际经验进行相关研究。

(4)研究机构的对比分析

从表1-4中可以看出，无论是国内这一领域研究还是国际研究，主要的研究机构都是高校。国内这一领域的研究的主要机构有北京体育大学和华东师范大学等，而国际这一领域的研究机构主要有阿尔伯塔大学和昆士兰大学等。表1-4中列出的这些研究高校，可以为想要在这一领域出国深造的学生提供一定的参考借鉴，有助于他们更好地选择适合本专业发展的留学机构。

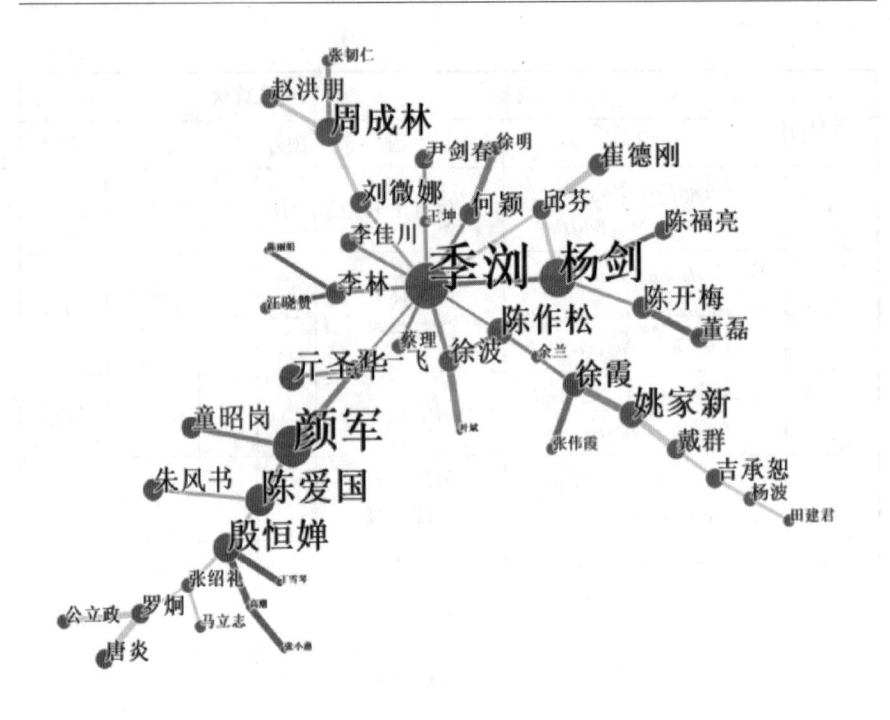

图 1-22　国内外锻炼心理学作者对比图

表 1-4　国内外锻炼心理学研究机构分布表(前 10 位)

排名	研究机构 国际	研究机构 中国	文献数量 国际	文献数量 中国	百分比 国际	百分比 中国
1	阿尔伯格大学	北京体育大学	71	65	3.08%	4.87%
2	昆士兰大学	华东师范大学	37	52	1.61%	3.90%
3	南卡罗来纳大学	扬州大学	37	41	1.61%	3.07%
4	伯明翰大学	上海体育学院	36	36	1.56%	2.70%
5	宾夕法尼亚州立大学	武汉体育学院	35	24	1.52%	1.80%
6	埃克塞特大学	西安交通大学	32	21	1.39%	1.57%
7	拉夫堡大学	福建师范大学	30	18	1.30%	1.35%
8	西安大略大学	南京师范大学	30	18	1.30%	1.35%
9	俄勒冈州立大学	武汉体育学院	28	15	1.22%	1.12%
10	亚利桑那州立大学	安徽师范大学	26	15	1.13%	1.12%

1.4.3.2　研究热点的对比分析

通过对国内外锻炼心理学的研究热点进行对比分析(见表 1-5),发现国内外的研究热点主要有研究对象、研究方法以及研究内容方面的差异。国内的研究对象主要针对老年人、大学生和青少年。国际这一领域的研究对象除了老年人和青少年这一固定群体之外,还对成人这一群体进行了大量研究。在成人群体中,又特别关注了女性方面的研究,表明与国内研究相比,国外研究更加关注女性这一群体,而国内较国外更加关注大学生这一群体。造成这种差异的原因最有可能是文化背景的差异。当然,可能也存在一些其他原因,这有待进一步研究和验证。

表 1-5　国内外锻炼心理学研究领域高频关键词(前 30 位)

序号	国际高频关键词	频次	中国高频关键词	频次
1	exercise(锻炼)	1039	体育锻炼	1079
2	physical-activity(体育活动)	704	大学生	350
3	adolescent(青少年)	394	心理健康	320
4	health(健康)	348	青少年	271
5	behavior(行为)	263	老年人	104
6	validation(有效性)	211	锻炼动机	101
7	women(女性)	202	身体自尊	84

续表

序号	国际高频关键词	频次	中国高频关键词	频次
8	intervention（干预）	202	运动心理学	70
9	adults（成人）	192	影响因素	70
10	self-efficacy（自我效能）	182	问卷调查	55
11	performance（运动表现）	181	自我效能	53
12	motivation（动机）	154	学校体育	53
13	obesity（肥胖）	147	研究方法	51
14	planned behavior（计划行为）	139	锻炼心理学	50
15	fitness（体能）	132	现状	47
16	meta-analysis（元分析）	131	抑郁	46
17	older-audlts（老年人）	128	运动项目	46
18	randomized controlled-trial（随机对照试验）	126	运动处方	45
19	model（模型）	126	女大学生	42
20	determinants（决定因素）	108	身体素质	41
21	sedentary behavior（久坐行为）	101	精神卫生	40
22	self-determination theory（自我决定理论）	96	锻炼者	40
23	psychology（心理学）	95	焦虑	39
24	participation（参与）	95	身心健康	39
25	United States（美国）	88	生活满意感	37
26	depression（抑郁）	86	文献资料	36
27	mental healty（心理健康）	83	体育教育	36
28	risk（风险）	80	群众体育	36
29	quality of life（生活质量）	78	体育锻炼习惯	36
30	adherence（依赖）	76	锻炼时间	33

通过对比国内外在这一领域的研究方法可知，元分析和实验研究是国际上在这一领域经常采用的研究方法，而文献资料和问卷调查法是国内研究者在一领域更加关注的研究方法。国际锻炼心理学常采用元分析和实验研究这两种方法，这不断被我国研究者接受，研究也越来越多。

对比国内外的研究内容，青少年的身心发展特点以及动机、久坐、抑郁等是国际学者在这一领域的主要关注点，而我国学者在这一领域更加集中在关注心理健康、身体自尊等方面。国际学者在这一领域的研究更加注重以问题为导向，注重解决现实问题为出发点，同时也注重多学科的交叉融合，研究更为细致和严谨。而我国在这一领域的研究相对来说更为宏观，对这一领域的实证研究很少，很少能以问题为导向进行相关研究，导致我们的理论研究成果不能指导实践应用。未来我们在这一领域的研究应多以问题为导向，从解决问题的角度出发，更好地将理论研究应用于实践中，从而更好地促进我国国民的健康发展。

综合国内外研究热点可以发现，锻炼心理学的行为理论和模型作为学科研究内容的基础，持续受到研究者的关注，而研究热点主要涉及的内容可以概括为动机因素、认知因素、人格因素、自尊因素、焦虑与抑郁因素、积极情绪体验因素等方面，围绕锻炼行为理论与模型以及各因素展开论述，能够系统、完整地呈现当代锻炼心理学研究的核心议题。研究热点中涉及的运动表现、生活质量、肥胖、久坐等内容，涵盖了全球范围内非传染性疾病导致的普遍现象，相关研究尚处于实践探索阶段，可以概括为基于体育锻炼中的人体感觉、集体效能、脑神经机制、建成环境、久坐行为等热点问题。因此，从核心议题出发，兼顾实践探索研究才能全面把握锻炼心理学领域内的研究热点内容。

1.4.3.3 研究前沿的对比分析

从表 1-6 中可以看出，本研究对国内外研究前沿的分析主要从前沿术语这一维度出发，国内外关于这一领域的前沿比较具有较大的差异。

表 1-6 国内外锻炼心理学的研究前沿对比

排名	国内的前沿术语	国际的前沿术语
1	学生	sedentary behavior(久坐行为)
2	体育锻炼行为	time(时间)
3	精神卫生	accelerometer(加速度计)
4	自我决定理论	inactivity(活动不足)
5	干预研究	mental health(心理健康)
6	执行功能	
7	中介作用	
8	认知功能	
9	中介效应	

首先，从前沿研究的关键词数量可以看出，国际上在这一领域的前沿术语有5个，而我国在这一领域的前沿术语有9个。国际上在一领域的研究紧随时代和社会的发展，所研究的内容也体现了当前社会发展所导致的问题，很明显的是以问题为导向进行的相关研究，这种研究也能更好地为现实事件提供指导意见。我国在这一领域更加注重认知功能以及心理卫生健康等方面的研究，在一定程度上比较符合我国的社会发展规律，但研究过于宏观，在锻炼心理学研究多元化发展的现实背景下，研究者开始关注体育锻炼与药物成瘾戒断、青少年户外运动与近视防治、脑科学及其技术的应用、人格特质与基因的关系等新的研究主题，为未来如何更好地研究这一领域描绘了一个新的图景，未来国内应进行更符合社会发展规律、更实用的研究。[52]

1.5　锻炼心理学未来的发展方向

近些年，锻炼心理学研究已经从早期的运动参与、体育活动表现等逐渐向久坐行为、健康促进等方面过渡。主要表现在以下几个方面。

1.5.1　注重跨人群的锻炼心理效益研究

不同年龄、性别以及职业的人群，其心理健康水平存在差异，仅强调心理健康或情绪维度等内容，不能满足他们的需要。在当前锻炼心理学的研究中，许多学者将研究聚焦于青少年或老年人。然而，锻炼心理学研究的最终目的是促进不同人群的身心健康。因此，今后的研究重点应侧重不同人群的锻炼心理效益。例如，探究体育锻炼如何促进特定人群（如警察、消防人员、国家高级科研人员、出租车和公交车司机等）产生积极的心理效益，这将为通过体育锻炼改善不同人群的不良心理状态提供科学的实践依据。

1.5.2　重视锻炼心理学理论与方法的应用

锻炼心理学强调为大众身心健康服务，为了更好地建设这一学科，我们应该注重加强这一学科的应用建设。在科研工作方面，应该以问题为导向，切实做到理论成果为实践所应用，增强这一学科的社会影响力，从而为更好地建设这一学科提供平台和环境。就当前的研究来看，当前锻炼心理学的理论研究还比较薄弱，迫切需要研究者深入研究体育锻炼与身心健康关系的关键性问题，丰富锻炼心理学学科的理论体系，为锻炼心理学的学科发展打下坚实的基础。研究方法主要以量化研究、横向研究为主，所以今后在锻炼心理学研究中要注重质性研究与量化研究、横向研究与纵向研究相结合，以促进该学科的建设和发展。

1.5.3 研究内容更加广泛

锻炼心理学作为一门年轻的学科，随着社会的发展和科研水平的提高，其研究内容方面还有很大的发展空间。锻炼心理效益是当前锻炼心理学最为主要的研究内容，也是亟待解决的重要问题。今后锻炼心理学研究必须先深入研究机制。此外，锻炼心理学在临床和体育医学、健康心理学、康复学、预防医学、心理学管理、咨询心理学、营养学等领域中有着直接的实际应用。总之，随着研究领域的不断扩大和应用性的不断增强，锻炼心理学的研究内容将会越来越广泛。

1.5.4 测量工具趋向本土化

西方国家早期锻炼心理学领域的研究要领先于国内。无论是质性研究和量化研究，还是横向研究和纵向研究大都是由国外传入的，国内学者大部分都是在此基础上稍做改动，甚至原版套用国外的测量工具，很少顾及我国的实际情况。这显然是存在问题的，不仅没考虑到我国的实际情况，而且忽略了社会文化价值观在东西方国家中存在的巨大差异，造成了研究结果的显著差异。因此，在我国锻炼心理学未来的发展中，编制本土的测量工具将是研究发展的需求，也是锻炼心理学研究进步的体现。我国学者在量表研制中应注意提供更多的信效度参数，努力提升研究的质量。

1.5.5 学科队伍力争专业化

高水平、超一流的学术团体能够加快这一学科的建设和发展。为了更好地提高学术研究水平，研究者应建设和完善当前的学科队伍，使其尽快发展成一支有一流水平和一流团队的双一流专业学科队伍。同时应注重吸收、借鉴多学科的优势和理念，加强学科队伍的跨学科交流平台的建设，促进多学科的融合交叉，更好地将这一领域的研究从理论与实践双重角度进行发展，更好地发展学科队伍，提高学术水平，为大众健康提供更科学的、更专业的以及更完善的服务体系。

整体来看，国内外这一领域的研究都在不断发展和完善，研究成果日益丰硕，研究内容不断丰富和深入，也更加注重多学科的交叉合作。这为更好地发展这一学科提供了优势环境和平台。未来研究应注意以问题为导向，加强应用实践性研究，将更多的理论成果应用于实践，更好地为实践服务，让大众能够在这一学科发展的成果下，体验到锻炼带给他们的乐趣和益处。

参考文献

[1]Rejeski, W., & Thompson, A.: "Historical and conceptual roots of exercise psychology", In Peter Seraganian: *Exercise Psychology: The Influence of Physical Exercise on Psychological Process*, John Wiley, & Sons, Inc, 1993.

[2]Acevedo, E. O.: *The Oxford Handbook of Exercise Psychology*, Oxford University, 2012.

[3]Burton, D., & Raedeke, T. D.: *Sport Psychology for Coaches*, Human Kinetics, 2008.

[4]Tenenbaum, G., Eklund, R. C., & Kamata, A.: *Measurement in Sport and Exercise Psychology*, Human Kinetics, 2012.

[5]Lane, A.: *Sport and Exercise Psychology*, Hodder Education, 2008.

[6]Buckworth, J., & Dishman, R. K.: *Exercise Psychology*, Human Kinetics, 2002.

[7]Mellalieu, S., & Hanton, S.: *Contemporary Advances in Sport Psychology*, Routledge, 2015.

[8]Acevedo, E. O., & Ekkekakis, P.: *Psychobiology of Physical Acitvity*, Human Kinetics, 2006.

[9]季浏,罗伯特·J.科克比:《身体锻炼心理学的研究现状和未来方向》,《天津体育学院学报》1997年第3期。

[10]李薇:《锻炼心理学的研究现状与发展走向》,《首都体育学院学报》2005年第1期。

[11]Hagger, M., & Chatzisarantis, N.: *The Social Psychology of Exercise and Sport*, Oxford University, 2005.

[12]Eklund, R. C., & Tenenbaum, G.: *Encyclopedia of Sport and Exercise Psychology*, Sage Reference, 2014.

[13]Buckworth, J., Dishman, R. K., O'Connor, P. J., et al.: *Exercise Psychology*, Human Kinetics, 2013.

[14]Andersen, N. B., & Hanrahan, S. J.: *Doing Exercise Psychology*, Human Kinetics, 2015.

[15]周成林,赵洪朋:《改革开放30年我国体育锻炼促进心理效益

取得的突破与问题》,《首都体育学院学报》2009年第3期。

[16]季浏:《体育锻炼与心理健康》,上海,华东师范大学出版社,2006。

[17]司琦:《锻炼心理学》,杭州,浙江大学出版社,2008。

[18]李京诚:《锻炼心理学》,北京,高等教育出版社,2009。

[19]杨剑,季浏,陈福亮:《身体锻炼与心理健康》,上海,华东师范大学出版社,2014。

[20]陈作松,徐霞:《锻炼心理学》,北京,高等教育出版社,2015。

[21]杨剑:《锻炼心理学》,上海,华东师范大学出版社,2016。

[22]李佳川,季浏:《我国锻炼心理学学科建设与发展》,《体育学刊》2007年第6期。

[23]姒刚彦:《当代锻炼心理学研究》,《体育科学》2000年第1期。

[24]陈福亮,杨剑,季浏:《锻炼心理效应研究的内容、进展、机制及走向》,《武汉体育学院学报》2015年第6期。

[25]杨剑,季浏,陈福亮:《锻炼心理学的历史演进轨迹》,《成都体育学院学报》2016年第4期。

[26]刘则渊,陈悦,侯海燕等:《科学知识图谱:方法与应用》,北京,人民出版社,2008。

[27]邱均平,温芳芳:《近五年来图书情报学研究热点与前沿的可视化分析——基于13种高影响力外文源刊的计量研究》,《中国图书馆学报》2011年第2期。

[28]Heyn, P., Abreu B. C., & Ottenbacher, K. J.: "The effects of exercise training on elderly persons with cognitive impairment and dementia: A meta-analysis", *Archives of Physical Medicine And Rehabilitation*, 2004.

[29]Wands, K., Merskey, H., & Hachinski, V. C., ct al.: "A questionnaire investigation of anxiety and depression in early dementia", *Journal of the American Geriatrics Society*, 1990.

[30]Craft, L. L., Freund, K. M., & Culpepper, L., et al.: "Intervention study of exercise for depressive symptoms in women", *Journal of Women's Health*, 2007.

[31]Azizan, A., & Justine, M.: "Effects of a behavioral and exercise program on depression and quality of life in community-dwelling older adults: A controlled, quasi-experimental study", *Journal of Geron-*

tological Nursing，2016.

［32］毛荣建，晏宁，毛志雄：《国外锻炼行为理论研究综述》，《北京体育大学学报》2003 年第 6 期。

［33］Deforche，B.，& Bourdeaudhuij，D. I.："Differences in psychosocial determinants of physical activity in older adults participating in organised versus non-organised activities"，Journal of Sports Medicine and Physical Fitness，2000.

［34］Pate，R. R.，Pratt，M.，& Blair，S. N.，et al.："Physical activity and public health：A recommendation from the centers for disease control and prevention and the American college of sports medicine"，The Journal of the American Medical Association，1995.

［35］Biddle，S. J. H.，Markland D.，& Gilbourne，D.，et al.："Research methods in sport and exercise psychology：Quantitative and qualitative issues"，Journal of Sports Sciences，2001.

［36］Younger，A. M.，Pettitt，R. W.，& Sexton，P. J.，et al.："Acute moderate exercise does not attenuate cardiometabolic function associated with a bout of prolonged sitting"，Journal of Sports Sciences，2016.

［37］Godin，G.："Theories of reasoned action and planned behavior"，Medicine & Science in Sports & Exercise，1994.

［38］Duda，J. L.，& Allison，M. T.："Cross-cultural analysis in exercise and sport psychology：A void in the field"，Journal of Sport and Exercise Psychology，1990.

［39］盛建国，高守清，唐光旭：《体育锻炼对中学生心理健康的影响：自我效能感的中介作用》，《中国体育科技》2016 年第 5 期。

［40］丁维维，毛志雄：《自我决定理论在中学生锻炼行为促进领域的应用》，《北京体育大学学报》2014 年第 5 期。

［41］王军，谢翔：《不同隔网对抗体育项目对大学生焦虑抑郁干预效果分析》，《中国学校卫生》2016 年第 1 期。

［42］刘传海，王清梅，钱俊伟：《运动类 APP 对体育锻炼行为促进和体育习惯养成的影响》，《南京体育学院学报（社会科学版）》2015 年第 3 期。

［43］王振，胡国鹏，蔡玉军等：《拖延行为对大学生体育锻炼动机的影响：自我效能感的中介效应》，《北京体育大学学报》2015 年第 4 期。

［44］付文灿：《大学生体育锻炼心理应激与身心健康的关系》，《中国学校卫生》2016年第9期。

［45］刘海燕，孔庆祥，吴新雷：《大学生运动情绪自我效能感与心理健康之间的关系》，《中国学校卫生》2010年第7期。

［46］任艳峰，王素珍，高尚等：《潍坊市初中生静坐和锻炼时间与心理健康的关系》，《中国学校卫生》2014年第7期。

［47］陈开梅，盛岗，董磊等：《大学生课外体育锻炼方式对自卑心理的干预研究》，《中国学校卫生》2016年第3期。

［48］项明强：《体育自主性支持与青少年课外锻炼之间关系：基本心理需要的中介作用》，《体育与科学》2014年第2期。

［49］Carlson, S. M., Moses, L. J., & Hix, H. R.: "The role of inhibitory processes in young children's difficulties with deception and false belief", *Child Development*, 1998.

［50］殷恒婵，陈爱国，马铮等：《两种运动干预方案对小学生执行功能影响的追踪研究》，《体育科学》2014年第3期。

［51］梁东梅，唐文清，骆聪等：《太极拳锻炼促进老年人认知功能的研究综述》，《体育学刊》2014年第4期。

［52］戴圣婷：《基于知识图谱的锻炼心理学研究热点与前沿分析》，华东师范大学，2017。

第二部分
核心领域

2 锻炼行为理论模型

个体或群体的行为总是有迹可循的,人们参加体育锻炼受生理、心理、行为、环境等多重因素的影响。因此,为了探究人们锻炼行为的规律,预测锻炼行为的发生和改变的轨迹,研究者构建了锻炼行为理论模型。锻炼行为理论模型的相关研究最早源于 20 世纪 50 年代对健康行为理论的研究。随着研究的深入,研究者通常需要不同水平上的多重干预,选择、利用特定类型的行为改变策略,锻炼行为理论模型开始丰富起来。

目前,随着社会的发展、环境的变化、技术手段的更新,原有理论的不足之处日益凸显,适应环境变化的新概念、新策略、新兴理论也日趋完善,弥补了原有理论的缺陷与不足。锻炼行为理论的产生是一个动态的发展过程,从最初的健康信念模型到当下的社会生态学模型,锻炼行为理论体系正在逐步完善。本专题将从个体层面、群体层面、组织或整体层面出发,对当前的锻炼行为理论模型进行阐述,分析锻炼行为促进进程,梳理锻炼行为的研究脉络。

2.1 基于个体层面的理论模型

2.1.1 健康信念模型

2.1.1.1 健康信念模型简介

信念是人们坚持相信的观念,而健康信念则是信念的一个组成部分。健康信念是人们坚持相信的健康生活观念,它包括个人在关于什么是健康、影响健康的因素、增进健康的方法等问题上所坚持的看法。[1]由于健康信念和健康行为存在密切联系,并非简单的几个因素就能进行预测的,因此研究者将各种因素加以整合,形成结构化的模型。健康信念模型是与预防性健康行为有关的、提出最早的理论模型之一。

健康信念模型认为,人们会理性地预测消极的健康结果,并且希望避免这样消极的健康结果,或者降低此种消极的健康结果的影响,而个体采取预防或控制疾病行为的可能性,取决于个体对健康威胁的感知以及对采取预防性健康行为益处和障碍的感知。在该模型中,个体对疾病威胁的感知受年龄、性别、种族、社会阶层等变量的影响(见图2-1)。

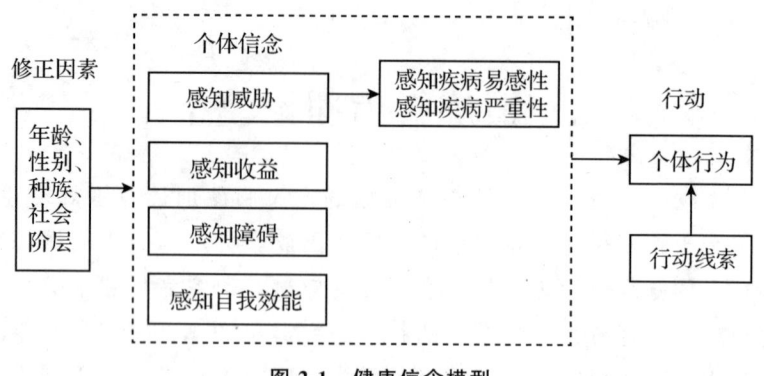

图 2-1 健康信念模型

健康信念模型中涉及的个体信念包括四种，分别是感知威胁、感知收益、感知障碍和感知自我效能。感知威胁包括感知疾病易感性和感知疾病严重性。其中，感知疾病易感性是指个体对患某种疾病可能性的主观认识，感知疾病严重性则是指个体对某种状况及其后果严重性的主观认识。总体来看，感知威胁主要来自对医疗、临床后果(如死亡、残疾和疼痛)以及可能的社会后果(如工作条件的改变、对家庭生活的影响和社会关系的改变)的感知。感知收益是指采取建议行动后所能达到的降低疾病危险率与严重性的功效。感知障碍是指参与行动过程中存在哪些障碍因素，与无锻炼行为的相关性较高。通常情况下，影响个体参与锻炼的障碍因素有动机缺乏、资金不足、时间缺乏和身体不适等。

2.1.1.2 健康信念模型的测量

在体育领域，于志华等人[2]根据心理测验的编制原则和健康信念模型，编制了锻炼健康信念量表第一版，通过系列分析编制了锻炼健康信念量表第二版。该量表的41个条目属于不同的6个维度，具有一定的结构效度，各分量表的内部一致性信度基本达到了心理测量学的要求。罗琳等人[3]编制了由易患性、运动益处、健康动机等7个分量表构成的健康信念量表。戴霞等人[4]编制的大学生体质健康信念量表包括24个条目共5个分量表，经检验具有较好的内部一致性信度及重测信度。谢红光[5]基于健康信念模型指出体质健康信念量表具有较好的信度和效度。维拉尔(Villar)等人[6]指出运动健康信念量表是一种经过验证的量表，可用于测量运动量。虽然基于健康信念模型编制的量表众多，但到目前为止，国内外的测量工具仍然缺乏一致性，繁多的测量量表反而给研究结果之间的比较带来了困难。

2.1.1.3　健康信念模型与体育锻炼

(1)对健康信念模型与锻炼行为之间的关系的验证研究

对于任何一个行为变化理论模型,我们都应该问这样一个问题:它是如何帮助我们预测行为变化的?以往的研究有许多是关于健康信念模型各个变量的用途的。

侯赛尼(Hosseini)[7]以 224 名中年女性为调查对象,运用健康信念模型探究影响中年女性体力活动的因素。研究结果表明,体育活动的持续时间与感知收益和感知自我效能呈微弱的正相关,与感知障碍呈弱相关。回归分析还表明,在所有健康信念模型结构中,只有自我效能结构对行为有独立的影响。罗斯塔曼(Rostamain)等人[8]为了研究青少年女孩的观察性学习和健康信仰与身体活动之间的关系,对 11~19 岁的 400 名学生进行了横断面研究。研究结果显示,感知障碍、观察性学习和自我效能水平与各方面的身体活动水平有关。此外,休闲时间的身体活动水平依赖感知威胁的强度。阿尔-尤瓦特(Ar-Yuwat)等人[9]进行了一项横断面研究,使用健康信念模型探讨小学生身体活动的决定因素。该研究共选出 123 名小学生,发现小学生的活动水平受到感知障碍的显著影响,然而,活动并未受到暗示行动和感知收益的影响。感知收益、感知障碍和体育活动提示没有性别差异。卡里姆(Karimi)等人[10]对 265 名 10~12 年级的女学生进行了调查研究,使用 SPSS 20.0 进行数据分析后发现感知自我效能与身体活动行为呈显著正相关,而感知敏感度和感知障碍与体力活动行为呈负相关,感知疾病严重性和感知收益与体力活动行为无显著相关。于志华[11]采用文献资料法、问卷调查法、专家访谈法和数理统计法对健康信念与体育锻炼行为的关系进行了分析,探讨了健康信念对体育锻炼的坚持性、锻炼强度、锻炼频率、每次锻炼的时间等因素的影响。研究结果表明,该群体的健康信念对体育锻炼的坚持性、锻炼强度、锻炼频率、每次锻炼的时间都有显著影响。罗(Lo)等人[12]对平均年龄为 49.3 岁的 132 名中国香港成年人的调查研究发现,在多元回归分析中,运动与感知障碍之间存在显著差异。对 433 名成年人的调查分析后,比德尔等人[13]发现锻炼者与不锻炼者在心血管健康有关的健康信念、知识和归因等方面存在很大差异。具体而言,锻炼者具备更多心血管方面的知识、更强的锻炼动机和控制感,为维持他们的心血管健康做出了更多的努力,而不锻炼者面对一般疾病和心脏疾病时则会更脆弱。另一项研究得出了与比德尔相似的结果,锻炼者对锻炼控制有更强的信念,而不锻炼者面对自身的健康时则更脆弱。扬茨(Janz)和贝克尔(Becker)[14]对46项研究进行元分析后指出,许多研究显示感知障碍、感知收益,以及感知疾病易感性在预测与健康有关的行为中非常有效。海塞尔(Kasser)等人[15]以3884名多发性硬化患者为被试,评估其健康信念,并检查健康信念与身体活动行为之间的关系,发现在控制残疾水平对身体活动的显著影响后,自我效能和感知收益仍然是健全的运动预测指标。莫(Mo)等人[16]通过使用健康信念模型发现自我效能与高体育活动显著相关,感知障碍与低体育活动水平显著相关,体力活动与高健康认知、低健康需求显著相关。高俊俊[17]采用横断面调查方法,选取中青年冠心病患者作为研究对象,通过健康行为与健康信念的相关性分析表明健康信念与健康行为总分及各维度均呈正相关,相关系数为0.117~0.811。对98名平均年龄约为50岁的约旦心肌梗死患者进行的一项研究发现,健康动机和感知障碍和运动参与显著相关。[18]

(2)应用健康信念模型进行锻炼干预研究

健康信念模型对锻炼行为的预测作用得到了诸多验证,在此基础上许多学者进行了试验干预研究来探讨基于健康信念模型促进锻炼行为的有效性。沙菲安(Shafieian)等人[19]选取90名初孕孕妇进行实验研究,考察健康信念对锻炼行为的促进作用。被试被分为实验组和对照组,每组45人。实验组接受基于健康信念模型的身体活动教育,对照组接受牙齿健康教育。在孕中期,再次评估健康信念模型的结构和身体活动的持续时间。数据分析显示,教育后实验组的感知疾病易感性/严重性和感知收益水平以及吸引性体育活动水平均显著增加。达武迪(Davudi)[20]对200多名老年人进行了一项准实验研究,通过对实验组干预以及数据对比得出,应用健康信念模型进行锻炼干预是增加老年人体力活动的有效方法。雷扎普(Rezapour)等人[21]以80名学生为被试进行了一项准实验研究。实验组的学生在6个月内接受了健康教育程序训练。通过对比两组数据发现,实验组的干预促进了锻炼行为的发生。

在对非健康人群开展的研究中,高用知等人[22]选取髋关节置换患者作为被试探讨健康信念模式教育对髋关节置换患者康复功能锻炼的影响。被试被随机分为观察组和对照组,对照组患者接受常规健康教育,观察组患者在常规健康教育的基础上运用健康信念模式接受有针对性的健康教育,比较两组患者对康复功能锻炼的依从性、髋关节功能、护理满意度。结果显示,观察组患者的康复功能锻炼的依从性、髋关节功能及护理满意度均优于对照组患者。叶晶等人[23]选取74名糖尿病患者进行实验研究,探讨健康信念模式在帮助社区糖尿病危险人群改善运动锻炼行为中的作用。结果发现,健康信念模式对帮助社区糖尿病危险人群建立良好的运动锻炼行为有促进作用。葛冬妮[24]为了分析融入健康信念的健康教育方式对提高慢性阻塞性肺疾病稳定期患者的呼吸功能锻炼的依从性的效果,选取了患者48例,并随机分为对照组和实验组,每组各24例。对照组接受常规护理,实验组接受融入健康信念的健康教育护理,5个月后对两组患者进行调查统计,分析两组患者的呼吸功能锻炼的依从性和护理满意度。结果发现,实验组患者的呼吸功能锻炼的依从性和护理满意度均明显高于对照组。

总体而言,健康信念模型与锻炼之间关系的研究主要集中在动机、信念、态度以及健康信念模型各组成因素与锻炼之间的关系上。目前国外针对健康信念模型研究关注的群体较多,国内大多数以学生和青年人群为研究对象,而且主要研究体质健康信念,因此研究结论很难被推广。此外,国内外进行的横向研究较多,纵向研究相对不足,因此有必要对那些有能力参加一定强度锻炼的群体展开研究,争取采用纵向研究,得出更为有效的结论。

2.1.1.4 对健康信念模型的评价

健康信念模型在护理学、预防及康复医学等相关领域发挥着重要作用,为我们理解和预测人们的锻炼行为提供了一种新的视角,但是对于人类锻炼行为的预测相对有限。健康信念模型作为一种社会心理模型,未能充分考虑到环境和社会准则等因素对锻炼行为转变的作用。同时,健康信念测量缺乏一致性,虽然有多种测量工具可以增加模型的效度,但是这样加大了研究结果之间进行比较的难度。关于健康信念模型在锻炼行为研究中的应用,争议颇多,其主要原因是人们参加锻炼的目的并不仅仅停留在增进健康、降低患病风险的层面上,而是不加验证地将医学领域的模型生搬硬套到锻炼行为的研究中,考虑得不够周到。但也应当指出,健康信念模型主要关注的是人们对疾病的感知,其最初并不是用于研究锻炼行为的。由于这个模型以预防性健康行为为研究中心,而获取健康只是人们进行锻炼的原因之一,因此用该模型预测锻炼行为,研究结果就可能会出现不一致。健康信念模型为健康行为领域提供了一些重要变量。通过研究该理论模型,我们可以了解到更多的锻炼行为信息。

2.1.2 合理行为理论和计划行为理论

2.1.2.1 合理行为理论和计划行为理论简介

(1)合理行为理论

合理行为理论(见图 2-2)由美国学者菲什宾(Fishbein)和阿詹

(Ajzen)[25]提出,强调认知对个体社会行为产生、改变的重要作用。该理论认为人们的行为通常都是理性的,他们在做决定之前会考虑行为所带来的结果,因此被称为合理行为理论。该理论中的锻炼意向是个体实际行为最好的预测变量,而行为态度和主观规范共同决定了个体的锻炼意向。

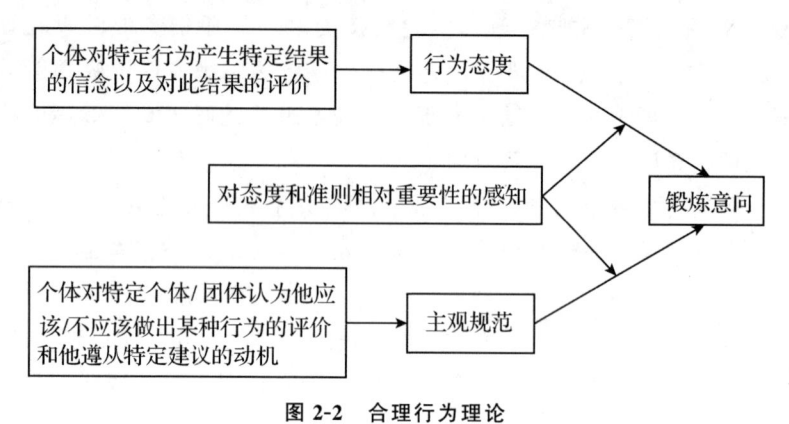

图 2-2 合理行为理论

(2)计划行为理论

合理行为理论的提出为解释、预测行为提供了很好的理论支持,得到了众多学者的关注并被应用到现实生活中。然而,研究发现合理行为理论存在一定的局限性:行为的产生并非完全依赖个体的锻炼意向,还依赖执行行为的能力和条件,即行为控制。也就是说,合理行为理论能够较好地预测可控情境下发生的行为,而对于超出控制范围的行为,即使有再强的锻炼意向,个体也很难完成。所以,阿詹[26]在原有理论模型的基础上增加了"行为控制感"这一变量,形成了新的理论模型——计划行为理论(见图 2-3)。行为控制感是指个体感知到的执行行为的难易程度,受控制信念和知觉强度两个因素的影响。

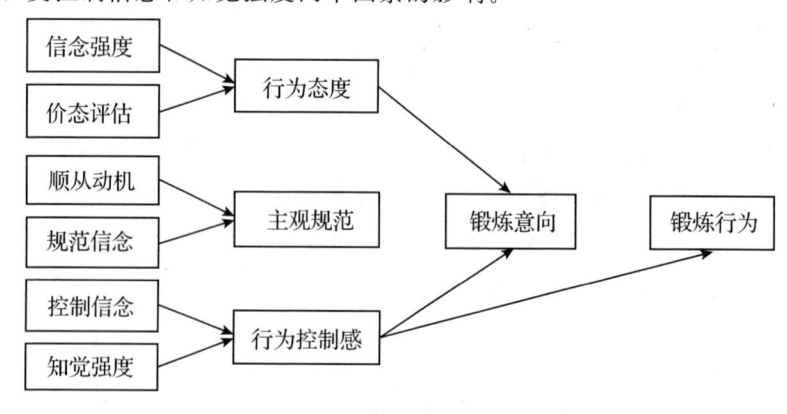

图 2-3 计划行为理论

2.1.2.2 合理行为理论和计划行为理论的测量

目前,学者通常以问卷和量表为调查合理行为理论和计划行为理论相关内容的主要研究方法。阿詹等人编制了计划行为理论量表。锻炼态度分量表包括 2 个工具性态度项目和 3 个情感性态度项目。主观规范分量表和锻炼意图分量表各包括 3 个项目。2008 年,我国学者胡艳引进、翻译了李克特 6 级量表,并对其语言等值性、内容效度和测量等值性进行了考察。

除此之外,在对上海市 7~15 岁少年儿童闲暇时间进行的中高强度体力活动水平的研究中,康茜自行设计了调查问卷。该问卷由阿詹的李克特 6 级量表发展而来,并结合我国少年儿童的身心特点进行了调整。

2.1.2.3 合理行为理论和计划行为理论与锻炼行为

合理行为理论和计划行为理论自被提出以来,得到了国内外学者的广泛关注和研究。我国的相关研究相较于国外起步较晚,最早的研究当属李京诚[27][28]于 1999 年发表的两篇文章。它们初步对模型进行了介绍,并应用该模型对大学生的锻炼行为展开了研究,预测了大学生的锻炼行为以及探讨了行为发生的机制。自此以后,合理行为理论和计划行为理论引起了国内学者的关注。到 2007 年前后,相关研究达到鼎盛时期。目前,国内外已得到了众多研究成果,呈现出实验对象全面化、研究方法多样化、研究内容复杂化和研究结果深入化的现状。

(1)不同的研究方法

在早期研究中,研究者常常采用回溯性研究设计,即凭借调查对象的回忆来测量过去某段时间的锻炼行为,但由于回溯性研究的主观性太强,个体的行为态度和主观规范很可能随着时间的变化而变化,并且对以往行为态度的回忆或社会支持的感知产生常常会受到当前各种复杂因素的干扰,具有很强的局限性。因此,在后续研究中,回溯性研究逐渐被弃用,前瞻性研究、纵向研究、元分析等方法被更多地应用。普罗特尼科夫(Plotnikoff)等人[29]进行了 15 年的追踪研究来探讨计划行为理论的适用性。结果显示,计划行为理论能较为有效地长期预测锻炼行为。邓斯(Downs)等人[30]对 111 篇关于合理行为理论和计划行为理论的文献进行元分析后,同样肯定了合理行为理论和计划行为理论对锻炼行为的解释、预测作用,并指出研究者可以根据这两种模型结构提出干预措施。

(2)不同的研究对象

为了探究合理行为理论和计划行为理论的普适性,人们应用这两种理论对不同的人群展开了研究,其中包括大学生、儿童、妇女、老年人和病人等不同的人群。我国学者李京诚[28]基于合理行为理论、计划行为理论、社会认知理论对大学生的锻炼行为进行了研究。结果表明,行为态度对锻炼意向有显著影响;行为控制感显著提高了对锻炼意向的预测水平。艾哈迈迪(Ahmadi)等人[31]基于计划行为理论对398名妇女进行了研究,发现行为控制感、锻炼意向对身体活动有直接影响;行为态度、主观规范和行为控制感对身体活动有间接影响。锻炼意向和行为控制感预测了6%的身体活动行为差异。布雷内斯(Brenes)等人[32]考察了计划行为理论对老年人锻炼行为的预测效果。该研究以105名老年人为研究对象,在实验前两周完成各变量的测量,对被试的锻炼情况进行纵向追踪调查,但结果显示仅有行为控制感能够预测锻炼行为和锻炼意向。

(3)锻炼促进干预研究

凯利(Kelley)等人[33]基于计划行为理论随机抽取门诊355位65岁以上的老年人作为被试,通过发放健康生活手册进行干预来分析健康促进干预方法的效果。被试被随机分为健康生活手册的干预组和满意度问卷调查的控制组。前测以问卷的形式进行,研究者两周后进行电话回访,分别对被试的认知和行为变化情况进行评估。结果显示,干预组被试的行为控制感、锻炼意向、锻炼行为显著提高。希尔(Hill)等人[34]选取503名中学生作为被试,并对其进行3周的实验干预。通过实验前后数据分析的对比发现,与对照组相比,实验组所报告的锻炼行为、锻炼意向、行为态度和行为控制感均显著提高;调解分析表明干预对运动的影响部分由锻炼意向和行为控制感介导。

(4)扩展模型与锻炼行为研究

李业敏[35]对山东省和辽宁省的两所普通高校的352名大学生进行了问卷调查,讨论了在计划行为理论中计划、自我效能及社会支持这三个变量对锻炼意向和锻炼行为的解释与预测力,以及它们在从锻炼意向到锻炼行为过程中的作用。结果显示,计划行为理论中的变量共解释锻炼意向方差的47.3%,共解释锻炼行为方差的28.3%;行为控制感的预测行为的效果不显著。加入计划、自我效能和社会支持后解释锻炼意向方差提高到了60%,比原预测提高了12.7%。锻炼行为的预测提高了13.1%,达到41.4%。为了探讨行动计划在行为中的作用,方敏[36]对中学生的研究发现,行动计划在锻炼意向和锻炼行为之间起完全中介作用;行为控制感直接影响行动计划,且影响锻炼意向对行动计划和锻炼行为的预测力;整合的计划行为理论模型可显著提高锻炼行为的解释力。张文娟等人[37]为探讨青少年体育活动意向与锻炼行为的影响因素,对选取的447名青年进行了实测研究。结果表明，在加入了行为控制感和情绪之后，对锻炼行为的解释力为41.7%，提高了6.7%。

为了提高模型的解释性、预测性，除了在原有模型的基础上加入其他变量(如自我认同、行动控制、行动计划、自我效能等)之外，还有学者将合理行为理论和计划行为理论与其他理论结合，构建新的理论模型，从而提高模型的解释力。沈梦英[38]通过将计划行为理论与健康行为程式模型进行整合，得到了一个新的整合模型。通过对锻炼行为整合模型结构的检验发现，锻炼行为整合模型的合优度令人满意，并且可以有效地对我国成年人的锻炼行为做出解释。

2.1.2.4 合理行为理论和计划行为理论未来的研究方向

目前有关合理行为理论和计划行为理论的研究非常多，包括模型对锻炼行为的预测检验、应用模型对锻炼行为的干预以及在模型基础上对新的调节变量、中介变量乃至独立变量的探讨。然而在众多研究中，还存在一些有待解决的问题，未来的研究可以从以下几个方面展开。

在研究方法上，未来的研究可以将多种研究方法相结合，从而让研究结果更具有说服力。除此之外，研究者常常采用问卷调查的方法获取相关数据，该方法的主观性较强，未来可以考虑使用一些测量工具。

在研究对象上，现有的理论模型对特殊人群的研究相对较少，尤其对残疾人的研究。由于残疾人的行为活动常常会受到身体条件的限制，行为控制感可能会弱一些，因此有必要增加对残疾人的研究，这对合理行为理论和计划行为理论的普适性具有重要意义。

在研究内容上，目前，我国很少有研究者运用合理行为理论和计划行为理论对锻炼行为进行干预。国外已有的干预研究只得到了干预手段可以促进锻炼行为的简单结论，没有考察计量效应以及何时产生效果，效果会维持多久等，未来的研究可以进一步深入探讨这些问题。探讨新的调节变量、中介变量乃至独立变量是未来研究的趋势，研究者可以从多个方面去考量，如执行功能等。除此之外，还可以将合理行为理论和计划行为理论与其他现有的理论模型结合，弥补单一理论的不足，从而构建一个更具有解释力、预测力的完美模型。

2.1.3 自我决定理论

2.1.3.1 自我决定理论简介

动机是人类大部分行为的基础，也是心理学界长期探讨的热点话题。在动机研究的历史中，涌现了诸多理论和派别，如成就动机理论、归因理论、社会学习理论、驱力理论、人本主义理论及建构主义理论等。这些理论或派别从不同的视角对人类行为的动机进行了研究。在此期间，人类行为的内部动机和外部动机，以及两者之间的关系受到了研究者的广泛关注。早期的探索常常独立地使用内部动机或外部动机来解释人类行为。然而，后期的理论与实践研究发现，这样的假设根本无法恰当地解释人类行为。同时，越来越多的学者发现，内部动机和外部动机并不是两个相互独立的维度，人类行为的动机处于一个无动机到外部动机，再到内部动机的连续体上。基于此种理论假设，德西(Deci)和瑞恩(Ryan)[39]提出了自我决定理论。自我决定理论促进了动机理论的发展，同时在学校和家庭教育、管理、医疗、损伤康复及锻炼和运动诸多领域都得到了进一步验证和应用，尤其是对体育教师、体育教练员、家长等更具实际意义。

自我决定理论包括四个分支理论：有机整合理论、基本需要理论、认知评价理论及因果定向理论。这四个分支理论相互联系，辩证地对自我决定如何影响行为进行了阐述。

2.1.3.2 自我决定的测量

自我决定的测量不仅反映了研究者对自我决定理论中有关概念的界定和结构的理解，而且为进一步确定自我决定理论中各变量之间的相关关系奠定了理论基础。自我决定的测量大体存在两种取向：第一是根据自我决定的不同组成部分和相关因素有针对性地进行测量；第二是从一般个性水平对自我决定进行直接测量。

韦迈尔(Wehmeyer)等人[40]在研究中指出，自我决定结构的建构主要包括自我观察、目标设置和实现、积极的自我效能和结果期待、自我意识等，并且认为自我决定的每一种组成成分都可以成为自我决定的测量内容。例如，艾伯里(Abery)等人[41]根据与自我决定相关的各种技能或行为的联系程度，编制了具有良好信效度的自我决定技能评价量表。古达斯(Goudas)等人[42]编制了因果控制点知觉量表来测量学生体育运动中的行为调节。沈彩霞[43]在国内外学者的基础上编制了上网时的心理需要满足量表以及日常生活心理需要满足量表。

持另一种测量取向的研究者通过理论和实践研究，也编制了具有良好信效度的自我决定测量量表。沃尔曼(Wolman)等人[44]编制了自我决定量表。霍夫曼(Hoffman)和菲尔德(Field)[45]编制了自我决定观察量表。在锻炼心理学研究中，学者常用的测量内外部锻炼动机的量表和问卷有很多。例如，斯丹迪奇(Standage)等人[46]采用问卷调查法探索学生(平均年龄为12.14岁)参与体育运动时表现出来的自我决定能力，问卷包括需求支持的措施、需求满足、动机、积极和消极影响、任务挑战和集中等方面的内容。穆兰(Mullan)等人[47]基于有机整合理论编制了锻炼行为调节问卷，该问卷包括不同的分量表，共有四个维度：外部调节、内摄调节、认同调节和内部调节。2004年，又有学者在此基础上增加了四种无动机的测量。[48]李(Li)[49]基于多维度内外部动机理论模型对锻炼动机进行定性和定量评估，编制了锻炼动机量表。该量表包括三种内部动机(学习、经验感知、胜任)、四种外部动机(外部调节、整合调节、认同调节和内摄调节)和无动机三大维度。

2.1.3.3 自我决定理论与锻炼行为

自我决定理论自被提出以来便得到了众多学者的关注，目前已有诸多关于该理论的研究。

(1)对自我决定理论的验证性研究

为了验证自我决定理论是否能在一定程度上有效地解释我国文化背景下中学生的锻炼行为，丁维维等人[50]采用结构方程模型对371名高中生(年龄：16.5±2.5岁)进行了基于自我决定理论的结构检验。结果发现，满足个体的自我感、能力感和归属感，能够提高个体锻炼的自主型动机并促进外部动机内化，进而促进个体锻炼行为的产生。福捷(Fortier)等人[51]发现自我决定理论对锻炼行为的预测具有积极作用。同样，帕特里克(Patrick)等人[52]通过研究发现自我决定理论具有独特的优势，能够有效地预测个体的锻炼行为。为了验证该模型的普适性，布鲁克斯(Brooks)[53]以211名慢性肌肉骨骼疼痛患者为被试，探究自我决定理论对该人群锻炼行为的预测作用。结果发现，自我决定理论可以解释慢性肌肉骨骼疼痛患者锻炼行为的56%，为模型的有效性提供了有力证据。当然，任何一个理论模型都存在一定的不足，也有学者就自我决定理论模型存在的不足，对其进行完善，进而将其运用到学生的体育锻炼行为中。例如，靳明等人[54]的研究指出自我决定理论能够较好地影响青少年体力活动，体力活动自我支持的社会环境感知可以直接和间接影响青少年体力活动。他将建成环境感知加入模型后，自我决定理论对青少年体力活动的解释力提高。这一研究拓展了自我决定理论的模型，明晰了体力活动水平的影响因素。还有学者将自我效能理论和自我决定理论结合，构建了一个综合的锻炼行为预测模型。该模型结合了两者的优点，从而更有效地预测锻炼行为。[55]另有学者以自我决定理论为基础，加入了目标冲突与目标互利两个变量，构建了一个适用于大学生群体的锻炼行为理论模型。结果发现，多重目标的干预可以有限地提升大学生参与锻炼的水平。

(2)基于自我决定理论对锻炼行为影响因素的研究

付桂芳等人[56]基于自我决定理论对体育锻炼者进行了调查,在此基础上构建了城市居民体育锻炼的动机路径模型。结果显示,自主型动机与自主支持、基本心理需求、锻炼意向呈正相关,外部调节与前述各变量均呈负相关,而内摄调节与前述各变量无显著相关。锻炼意向受到自主支持的正向影响,同时也受到基本心理需求、自主型动机和基本心理需求×自主型动机三个中介变量的间接影响。宋天亮[57]通过分析发现大学生体育锻炼能力需要的满足可有效预测其锻炼量。薛锋[58]采用改编的量表进行运动动机和锻炼行为的测量,结果发现,大学生参加运动的动机得分最高的是认同调节,其余依次为外部调节、内部动机、无动机。认同调节和内部动机与锻炼时间、锻炼强度、锻炼频率和运动量呈显著正相关,而外部调节和无动机则与锻炼时间、锻炼强度、锻炼频率和运动量呈显著负相关。内部动机和认同调节能够积极预测锻炼行为的各个方面,外部调节对锻炼强度具有显著的负向预测作用,无动机对锻炼强度和锻炼频率具有显著的负向预测作用。李云峰[59]采用纵向研究探讨锻炼目标内化对高职生锻炼行为(近期锻炼和锻炼坚持)的作用及其途径。结果发现,锻炼目标内化对高职生近期锻炼和锻炼坚持具有正向的预测作用。在这一作用途径中,锻炼目标内化的解释力最高,其次是锻炼自我决定动机,近期锻炼和锻炼坚持的解释力最低。孙延林等人[60]以初中生为研究对象,考察在目标定向、行为调节、能力知觉和体育活动参与情况上的年龄差异和性别差异。结果表明,初中生在上述各变量中均存在显著的性别差异,男生锻炼的自我决定程度更高,自我决定动机和能力知觉水平也更高。陈福亮等人[61]的研究指出学生在体育课上知觉到的老师提供的自主支持感能够预测3种心理需要的满足情况,而心理需要满足可预测学生的体育课锻炼动机,其中以能力需要满足的预测效果最为明显;体育课锻炼动机对学生的课外锻炼行为、锻炼意向及情绪体验同样具有预测作用。盛圆圆[62]在对不同性别大学生的调查中发现,男大学生的认同调节动机可以预测锻炼频率,内部动机可以预测锻炼持续时间;女大学生的认同调节动机可以预测锻炼频率,内部动机能够预测锻炼持续时间,内摄调节能够预测锻炼强度。奇科特·洛佩斯(Chicote-López)等人[63]对1150名青少年的调查研究发现,内部动机和外部动机能显著预测锻炼行为和锻炼意向。在对非健康人群的研究中,希利(Healey)[64]对137名2型糖尿病患者的调查研究发现,自主型动机与锻炼行为和感知能力均有积极关系。科波宁(Koponen)[65]以2866名2型糖尿病患者为被试，探讨了自我决定模型变量对2型糖尿病患者参与锻炼行为的影响。结果发现，自主型动机是锻炼行为最主要预测因素。感知的自主支持(来自医生)通过自主型动机与患者的锻炼行为相关联。

2.1.3.4　自我决定理论未来的研究方向

自我决定理论突破了传统的动机二元划分方法，将动机看作一个从无动机到外部动机，再到内部动机逐渐变化的连续体，为我们深入理解人类的动机提供了一种新的视角。但人类的锻炼行为较为复杂，自我决定论的观点并不能与实际的锻炼行为完全符合。结合已有的研究成果，有些方面还需进一步探究。

首先，继续验证锻炼中的自主支持情境促进动机内化的机制以及心理需要、动机内化以及幸福感之间关系的内在机制，进一步探索身体锻炼行为干预措施的可行性和有效性。其次，验证由无动机转化为外部动机的锻炼行为，或外部动机转化为内部动机的影响因素、时间进程。最后，继续探索身体锻炼的自我决定理论在我国文化背景下的适用性，展开自我决定动机与相关变量之间关系的实证研究，进一步验证在该理论的指导下锻炼动机的激发与锻炼行为干预的实践应用价值。

2.1.4　跨理论模型

2.1.4.1　跨理论模型简介

跨理论模型是由普罗查斯卡(Prochaska)创立的。跨理论模型的内容框架由变化阶段、均衡决策、变化过程和自我效能四个部分构成(见图2-4)。变化阶段是该模型的核心组织结构，变化过程则是指有利行为改变的认知和行为活动。变化阶段和变化过程代表行为改变的两个维度，均衡决策和自我效能贯穿行为改变中，是影响行为改变的重要因素。

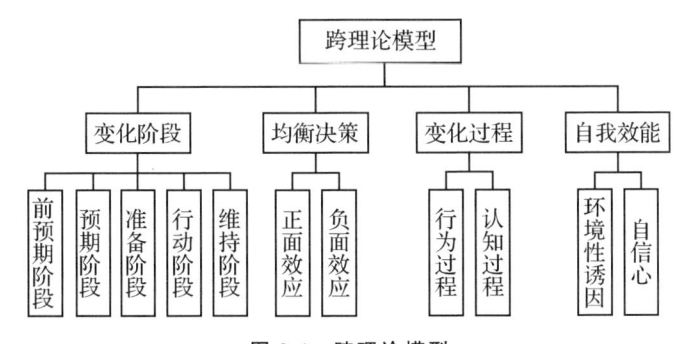

图2-4　跨理论模型

2.1.4.2 跨理论模型的测量

1992年,马库斯(Marcus)等人开发了测量变化阶段的锻炼行为变化阶段分量表(见表2-1)。国内学者司琦对锻炼行为变化阶段分量表进行了本土化的修订与检验,方敏等人[66]采用多群组验证性因子分析对量表的性别等值性进行了检验。

表 2-1　锻炼行为变化阶段分量表

锻炼变化阶段
1. 请指出下列哪一种叙述与你现在的锻炼水平最为接近:
A. 是,我锻炼,并且已经坚持了6个月以上。(维持阶段)
B. 是,我锻炼,但没有坚持6个月以上。(行动阶段)
C. 我偶尔参与一些锻炼,并打算从下个月开始进行有规律地锻炼。(准备阶段)
D. 不,我不锻炼,但考虑在6个月之内开始有规律地锻炼。(预期阶段)
E. 不,我不锻炼,在今后6个月之内也没有要开始锻炼的想法。(前预期阶段)

2.1.4.3 跨理论模型与锻炼行为

跨理论模型最初就是在综合多个理论的基础上发展而成的,因此不免有学者将跨理论模型与其他理论模型的构成变量联系起来进行考究。考内亚(Courneya)[67][68]将跨理论模型与健康信念模型结合,以全新的视角探究两个理论模型的相关关系。研究指出,与处于预期阶段的人群相比,处于前预期阶段人群的感知疾病易感性水平更低;处于预期阶段人群的感知疾病易感性水平又低于处于准备阶段、行动阶段及维持阶段的人群;处于准备阶段、行动阶段及维持阶段人群的感知疾病易感性并没有统计学差异。考内亚等人[69]在一项持续3年的纵向追踪研究中,以131名平均年龄60岁的老年人为被试,探究了计划行为理论、阶段变化模型与锻炼行为之间的关系。研究者间断地采用量表测量计划行为理论中的各构成变量。结果表明,计划行为理论中的各构成变量是被试锻炼阶段发生变化的良好预测变量,处于不同阶段的被试的行为态度、行为控制感及锻炼意向存在差异,通常处于高位阶段的被试的行为态度水平、行为控制感水平及锻炼意向水平要高于处于低位阶段的被试。司琦等人[70]应用跨理论模型探究了学生的锻炼行为。研究指出,对锻炼益处、锻炼弊端、变化过程因素的感知能成功预测听力残疾学生锻炼行为从预期阶段向准备阶段的转变。

一些纵向研究结果也显示，跨理论模型似乎更适合对锻炼行为阶段方向变化的预测，而难以预测锻炼行为向具体某一阶段的转变。尼格(Nigg)等人[71]开展的以加拿大高中生为研究被试，持续3年的纵向跟踪研究结果显示，跨理论模型在预测高中生锻炼行为方向性转变中的效果较好，但无法对被试的锻炼行为具体转变到哪个阶段进行有效预测。

在干预研究中，徐莉等人[72]将抽取的学生分为对照组和干预组，运用跨理论模型对干预组不同阶段的学生进行有针对性的干预。结果发现，有针对性的干预对转变中小学生的节假日久坐行为有显著作用，但对教学日久坐行为的改变效果不明显。郭文等人[73]以跨理论模型为基础，制定认知行为干预措施，以考察干预措施对体质健康突出问题的大学生锻炼行为的影响效果。结果表明，该干预措施有助于提高健康突出问题的大学生的锻炼行为水平。实施干预后，实验组在锻炼阶段、锻炼益处感知、锻炼乐趣、规律性锻炼行为等方面要好于对照组，但在锻炼障碍感知维度上，两组被试的差异不显著。杨剑等人[74]以阶段变化理论模型为基础，采用类试验研究法，对小学生实施基于体育锻炼的阶段变化模型干预。结果发现，实验干预能够有效提高肥胖小学生的自我效能及自尊水平，强化其锻炼动机，使其控制体重。基于此，多数国内学者肯定了基于跨理论模型制定的认知行为干预措施的有效性。

基于跨理论模型制定的锻炼行为干预策略对促进锻炼行为向高位阶段的发展起到了积极的推动作用。博克(Bock)等人[75]的研究指出，与接受普通大众性的锻炼行为干预措施的被试组相比，接受根据跨理论模型制定的锻炼行为干预措施的被试组表现出更高的锻炼活动水平。但布里瑟尔(Blissmer)和麦考利(McAuley)[76]的研究指出，接受普通大众性的锻炼行为干预措施的被试组和接受根据跨理论模型制定的锻炼行为干预措施的被试组在锻炼活动水平上并没有表现出统计学差异。

造成此种研究结论相矛盾的原因可能是干预措施或策略的匹配问题，在比较基于跨理论模型制定的锻炼行为干预措施和普通大众性的锻炼行为干预措施的效果时，如果基于跨理论模型制定的干预措施不能准确地与对应锻炼阶段的人群相匹配，那么再有效的干预措施也得不到理想的干预效果。例如，将适合准备阶段人群的干预措施实施到前预期或预期阶段的人群中，或将适合预期阶段人群的干预措施实施到行动阶段的人群中。此外，如果普通大众性的锻炼行为干预措施恰好适合被试人群，其实验的干预效果也可能要好于基于跨理论模型制定的锻炼行为干预措施。针对干预措施的匹配性问题，维拉塞尔(Velicer)等人[77]认为,当变化阶段和干预策略不匹配时,个体的退出率就会升高。如果某个人处于预期阶段,但干预策略主要适用于维持阶段的人群,而不是预期阶段的人群时,该个体在干预措施实施后,退出锻炼的可能性就会增加。我们不能简单地用前预期阶段策略来干预行动阶段的个体,并期望他们坚持遵守这种干预措施,继续进行锻炼。

2.1.4.4 跨理论模型未来的发展方向

随着研究的不断深入,锻炼行为理论研究从行为解释逐渐过渡到行为干预,从影响行为的认知因素逐渐丰富到环境、社会准则等因素,从个体单方面的研究逐渐扩展到全方位多方面的研究,凸显了锻炼行为理论模型运用策略的转变,形成了研究与实践相结合的局面,实现了研究视角从关注个体向关注群体的过渡。作为锻炼行为理论研究领域重要的一环,对跨理论模型的研究无疑丰富了该领域的理论体系。锻炼行为理论模型的不断更新开启了锻炼心理学发展的新纪元。

首先,对跨理论模型构成要素的研究将更加全面。以往的研究多涉及变化阶段,自我效能次之,均衡决策和变化过程的相关研究更少。变化阶段、均衡决策、变化过程、自我效能是跨理论模型的四大构成要素,每一种要素的研究都对该理论模型的构建具有不可代替的作用,这对厘清变化阶段和变化过程的关系,解释关于跨理论模型理论架构存在的争议具有重要作用。

其次,跨理论模型的研究对象和研究范式将走向多元化。研究对象的多样性是体现该理论模型成熟的重要标志。基于跨理论模型的研究对象多学生、城市居民,很少有针对残疾人群、少数民族的研究,对农村居民以及务工人员的研究更是凤毛麟角,所以随着跨理论模型的不断完善,其研究对象也将更加广泛。基于跨理论模型制定干预策略的研究范式只有两种,这也限制了研究者的研究视角。因此,随着跨理论模型的发展和研究方法的增多,其研究范式也将走向多元化。

最后,基于跨理论模型制定的干预策略将更加科学,预测效果将更加准确。基于跨理论模型准确预测锻炼行为的转变方向以及有针对性地制定科学有效的干预策略是该理论模型在锻炼行为领域研究中的重要贡献,也是其实践应用的价值所在。只有准确预测锻炼行为,及时制定科学有效的干预策略,才能提高锻炼者的身心健康。已有的基于跨理论模型制定的干预策略和预测效果的研究还存在争议,因此,这两个方面也是未来该研究领域的重点。

2.2 基于群体层面的理论模型

2.2.1 自我效能理论

班杜拉(Bandura)[78]最早提出了自我效能的概念。自我效能起源于社会认知理论,该理论包括两大假设。其一,人是行为、个人因素和环境因素三者之间的动力性交互作用的产物。三种因素既相互独立,又相互作用、交互决定(见图2-5),因此又被称为三元交互决定论。其二,人具有主体性能力和意向性能力,这一假设是社会认知理论的核心。人不仅仅是会对外界环境刺激做出反应的有机体,还会凭借思维、反思、替代学习、自我调节等能力积极塑造环境。在这两大假设下,社会认知理论更深入地研究了个人因素在心理和行为发生过程中的作用。在社会认知理论的基础上,班杜拉提出了自我效能理论。该理论自被提出以来便得到了诸多学者的认可和研究,随着时间的推移,该理论已趋于成熟和完善。

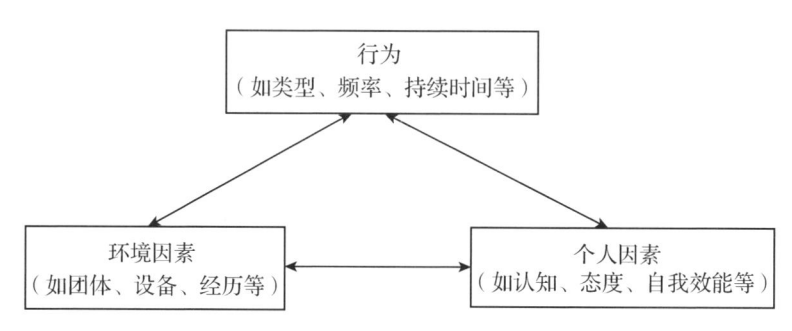

图 2-5 自我效能理论

自我效能并不是个体真实能力的体现,而是个体对自身能力的主观评判,其直接影响到个体在体育活动中的心理功能的发挥。班杜拉认为,自我效能是通过选择、思维、动机和心身反应等中介过程来实现其主体作用的。

自我效能理论认为相关的影响因素主要包括成败经验、替代经验、言语说服和身心状态。自我效能理论对自我效能和结果期望进行了区分,认为自我效能和结果期望都可以用来解释行为。结果期望是指个体对自己执行的行为结果产生的期望。例如,个体进行锻炼时可能期待减轻体重、改善睡眠质量、增强心肺功能以及结交新朋友等行为结果。通常情况下,研究者认为结果期望包括生理结果、社会结果和自我评价结果三个方面(见图2-6)。

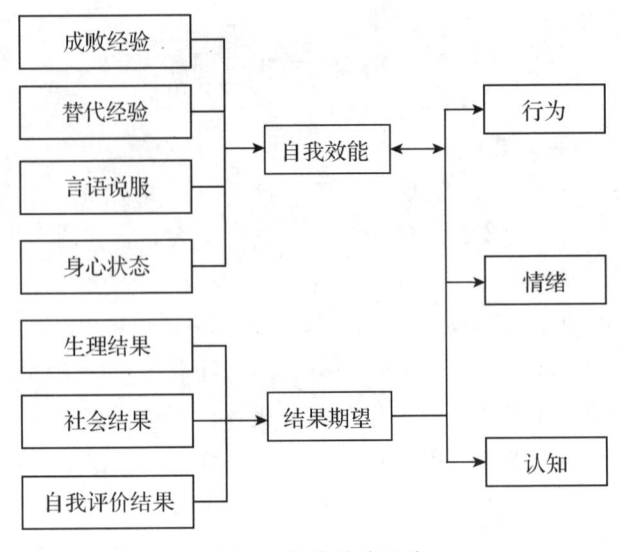

图 2-6　自我效能理论

成败经验即个体在行为习得与操作中的亲身经历,是个体获得自我效能的最基本、最重要的途径。当个体通过坚持不懈的努力完成一项任务时,这种成功的体验会提高个体的自我效能,并为以后完成类似的活动提供动力。除了亲身体验,观察和模仿他人的行为也是获得知识和经验的重要途径。成功的范例为观察者提供了取得成功的策略,并为观察者传达出只要努力就能取得成功的信念。替代经验对自我效能的提高具有重要的促进作用,成功的个体与观察者的相似度越高,这种影响就越大。言语说服是提高自我效能的方式之一。重要他人及有经验、有威信的个体劝说的效果会更佳。个体对身心状态的主观评价是影响自我效能的重要因素。焦虑、紧张、恐惧等消极的情绪体验以及劳累、疼痛等本体感受会相应降低个体的自我效能。在体育运动中应降低过高水平的情绪唤醒,缓解应激水平,从而产生合理的认知评价,增强自我效能意识。

2.2.1.1　自我效能的测量

(1) 特定情境自我效能的测量

凯特·洛里格(Kate Lorig)编制了规律锻炼的自我效能量表(见表 2-2),目的是测量锻炼活动中的自信程度。卢斯钦斯卡(Luszczynska)和施瓦泽(Schwarzer)编制了预作用自我效能量表。该量表共有七个题目,题干是"我也依然能够经常参与体育活动",题干前面是各种情况假设,如"即使身体活动会很无聊",或者"即使和我在一起的朋友都不喜欢体育锻炼"等。该量表采用李克特 4 级评分法,从完全正确到完全不正确依次评分为1～4分。该量表的克朗巴赫α系数为0.94。

表2-2 规律锻炼的自我效能量表

你有多大信心能……	毫无自信──→完全自信
1. 进行轻微的肌肉力量和伸展性锻炼，每周3～4次（如举重、大幅度的肢体伸展）	1　2　3　4
2. 进行耐力锻炼，如散步、游泳或骑自行车，每周3～4次	1　2　3　4
3. 锻炼且不加重你现有的症状	1　2　3　4

（2）普适性自我效能的测量

普适性自我效能主要是指个体应对不同环境的挑战或面对新任务时一种总体性的自信心水平。一般自我效能量表最早由施瓦泽等人于1981年编制而成，用于评价个人总体的自我效能。该量表适用于除12岁以下儿童外的所有成年人及青少年人群，采用李克特4级评分法，从完全不正确到完全正确，依次评分为1～4分，评分范围为10～40分，得分越高，一般自我效能越强（见表2-3）。

表2-3 一般自我效能量表

	完全不正确──→完全正确
1. 如果我努力去做的话，我总能够解决难题	1　2　3　4
2. 即使别人反对我，我也有办法取得我想要的	1　2　3　4
3. 对我来说，坚持理想和达成目标是轻而易举的	1　2　3　4
4. 我能有效地应对任何突如其来的事情	1　2　3　4
5. 以我的才智，我定能应付意料之外的情况	1　2　3　4
6. 如果我付出必要的努力，一定能解决大多数难题	1　2　3　4
7. 我能冷静地面对困难，因为我相信自己有处理问题的能力	1　2　3　4
8. 面对一个难题时，我通常能找到几种解决办法	1　2　3　4
9. 有麻烦的时候，我通常能想到一些应付的办法	1　2　3　4
10. 无论什么事发生在我身上，我都能应付自如	1　2　3　4

综上所述，目前自我效能的测量还存在争议，没有统一的测量标准。因此，未来的研究需进一步解决这一问题。

2.2.1.2 自我效能理论与锻炼行为

自我效能对锻炼行为的重要预测作用已得到了众多研究的验证。国外学者奥塞加-史密斯(Orsega-Smith)等人[79]以美国5个城市中50岁以上的老年人为研究对象，通过对回收的1900份问卷进行整理发现，自我效能与老年人的身体活动呈显著正相关。安内西(Annesi)[80]以125名9～12岁的青少年为研究对象，研究了身体自我概念和自我效能与青少年自愿参与体育活动的关系。结果发现，身体自我概念和自我效能的变化与身体活动之间呈显著相关。多元回归分析表明自愿参与体育活动变异的7%～28%可以通过同时进入身体自我概念和自我效能的变化来解释。布兰卡德(Blanchard)等人[81]通过身体活动咨询试验，从自我效能的角度来解释身体活动水平。研究表明，障碍自我效能与身体活动显著相关，而随着试验的进展，任务自我效能与身体活动之间的关系明显减弱。有学者对非健康人群进行研究，达顿(Dutton)等人[82]从社区糖尿病中心招募了85名糖尿病患者(平均年龄为57岁；女性占69%)作为被试，对其进行锻炼行为和自我效能的测量，研究两者之间的关系。结果表明，自我效能与2型糖尿病患者的锻炼行为具有密切联系。我国学者王君俏[83]以130名2型糖尿病患者为研究对象，通过多元回归分析显示，自我效能对锻炼行为具有决定作用，其可解释锻炼行为72.4%的变异量。杜(Du)等人[84]通过对以往的文献研究发现自我效能是预测慢性心力衰竭患者锻炼行为重要的因素。莫特尔(Motl)等人[85]研究了多发性硬化患者的症状、自我效能和身体活动之间的关系，196名参与者完成了症状、自我效能和身体活动的测量。通过对收集的收据进行整理发现，多发性硬化的症状与自我效能和体力活动呈负相关，自我效能与体力活动呈显著正相关。

　　自我效能还可以作为中介变量调节锻炼行为与其他变量的关系，进而对锻炼行为产生影响。卢斯钦斯卡等人[86]以534名中国青少年和620名波兰青少年为被试，结果发现，锻炼意向是重要的预测因素，自我效能可以中介调节意向行为之间的联系强度，自我效能越强，这种调节作用越显著。李业敏[35]对山东省和辽宁省的两所普通高校352名大学生进行了问卷调查，结果显示，加入计划、自我效能和社会支持因素后解释意向方差提高到了60%，比原预测提高了12.7%。行为的预测提高了13.1%，三个变量在意向和行为联系上起到重要的调节作用。除了调节意向行为之外，自我效能还可以调节社会支持感和锻炼行为之间的关系。迪士曼(Dishman)[87]以195名8年级、9年级和12年级的女孩为被试，结果发现，自我效能缓和了锻炼行为与社会支持感之间的关系。对于保持强烈社会支持感的女孩，如果提高其自我效能感，体力活动就会减少。如果自我效能感高的女孩社会支持下降，其体力活动也会大幅下降。

研究已证明自我效能与锻炼行为存在密切联系，根据自我效能理论作用机制和来源可对个体进行干预，从而提高自我效能，促进锻炼行为的发生。孟共林选择某校附属医院糖尿病协会 80 名 2 型糖尿病老年患者作为被试，并将其分为实验组和对照组，实验组针对患者的自我效能情况，采用集体和小组运动，运用自我效能理论进行护理干预 9 个月，引导并鼓励患者之间进行交流，获取替代经验；指导患者进行中等强度的运动和达到治疗目标，并定期根据目标评价自己的行为，进行自我强化、自我调节等。对照组参加糖尿病协会组织的每月一次关于糖尿病知识的学习及自行运动。结果发现，实验组患者运动锻炼的意识、效能明显增强，通常情况下能持之以恒地坚持运动达到 100%。这充分显示了运用自我效能理论对糖尿病患者运动锻炼行为的干预作用，能充分发挥个人的潜能，改变个人不良的运动行为，从而使个人坚持运动锻炼。迪士曼等人[88]为了验证自我效能能部分地调解青少年女孩的身体活动进行了研究，将从 24 所高中选出的 2087 名女生被试随机分配到实验组和对照组，在体育课和健康教育对实验组学生的自我效能进行干预，结果显示，干预对自我效能、目标设定和体力活动有直接影响，自我效能对锻炼行为有重要影响。

2.2.1.3 对自我效能理论的评价

自我效能理论是目前行为科学和锻炼心理学领域内研究得最为深入、得到验证最多的理论之一。自我效能理论在解释、说明、预测及干预锻炼行为方面发挥着重要作用。目前，已有多数研究以影响自我效能的因素为目标，忽视行为、认知和情绪对自我效能的影响。尤其当锻炼行为变成一种习惯性的行为后，自我效能对锻炼行为的影响将会呈现下降的趋势。即便存在这样的缺陷，自我效能理论的研究前景也依旧引人关注。

目前，应用自我效能理论的研究有很多，无论是针对不同群体、应用不同方法还是采用不同形式的研究都有涉及。未来的研究还可以从以下两个方面进行。第一，自我效能的测量目前并没有统一的方法，现有的两种测量方式存在很大的分歧，未来需制定一种合理、有效、统一的测量方法。第二，在应用自我效能理论进行锻炼干预的研究中，大部分都是在干预后立即对自我效能进行测量，因此无法确定哪种方法在长期维持体力活动自我效能方面是有效的。未来的研究应该关注干预措施的计量效应和干预效果持续时间的问题。

2.2.2 集体效能理论

2.2.2.1 集体效能理论简介

自我效能理论主要从个体角度对行为的动机进行研究。该理论强调个人的主体能动性,解释的是效能信念对个体行为表现的影响。班杜拉[89]认为,集体效能就是团体成员对团体能力的判断或对完成即将到来的工作的集体能力和信心的认知和评价,其核心是集体的操作能力。

乔维特(Jowett)等人[90]运用问卷调查法,采用运动队集体效能问卷、教练员—运动员关系问卷、群体环境问卷以及运动员满意度分量表,研究了运动情境下集体效能的前因、后果变量(见图2-7)。

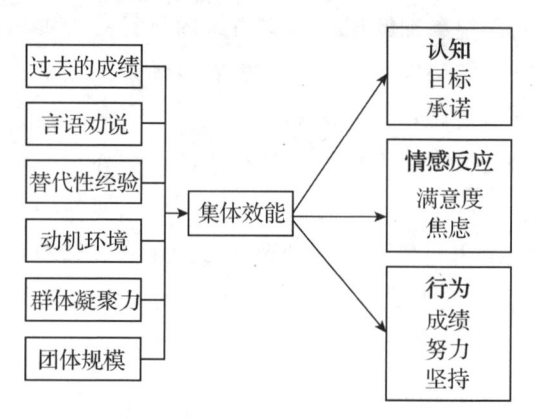

图2-7 运动团队中集体效能的前因、后果变量关系模型图

2.2.2.2 集体效能的测量

在体育运动组织中,针对不同的运动项目,学者编制了不同的测量工具,大多是从个体知觉出发的集体效能测评,如针对曲棍球、保龄球、排球、棒球、橄榄球、足球运动员,均有不同的集体效能测量问卷。我国学者李良桃[97]通过文献研究和深度访谈研究编制了中学生集体效能预测问卷,该问卷包括集体意识、团队胜任、目标达成三个维度,共22个条目。

2.2.2.3 集体效能理论与锻炼行为

格林列斯(Greenlees)等人[91]发现,集体效能对团队成绩具有直接作用。王鹏等人[92]通过实验研究,发现集体效能高的成员具有更高的坚持性和努力程度。马泽罗尔(Mazerolle)等人[93]通过实证研究发现,社区集体效能高,则暴力事件发生率相对较低。

针对不同项目的运动队的研究表明,在比赛情境中,集体效能能够正向预测运动团队的成绩和团队行为表现,如迪瑟比德(Dithurbide)等人[94]对排球的研究都证明了上述结论。菏泽(Heuzé)等人[95]对排球、篮球的团队成绩进行研究发现,运动员的团队凝聚力越高,集体效能的预测作用就越强。贝弗利(Beverly)等人[96]采用质性研究的方法表明,集体效能对于2型糖尿病患者的锻炼坚持性起一定的作用。具体而言,有伴侣陪伴的成员在团队活动中具有更强的集体效能信念,能够较好地实施锻炼干预措施,促进糖尿病患者更好地参与锻炼,并且表现出更高水平的锻炼坚持性。李良桃[97]以麦格拉斯(McGrath)的团队效能"I-P-O模型"为理论基础,从个体层面的因素、集体层面的因素和以家庭为主的外界环境因素三个方面探讨了中学生集体效能的主要影响因素。

2.2.2.4 对集体效能理论的评价

目前集体效能的研究方法和研究手段不断趋于多样化,但还是以调查研究为主。在未来的研究中,跨文化研究下丰富和发展集体效能理论,提高理论的文化适应性,以及基于我国本土文化的质性研究将成为新的研究重点。而调查研究和实验研究应从相关关系的研究转向更深层次的因果关系研究,更多地运用实验研究以及实验室准实验研究,也是未来集体效能研究领域的新趋势。

2.3 基于组织或整体层面的理论模型

锻炼行为生态学模型是基于组织或整体层面的理论模型。生态学一词源于生物学,并逐渐从自然环境领域发展到社会学等领域,"生态学"最初由德国生物学家恩斯特·海克尔(Ernst Haeckel)定义,指人与其所处的物质环境与社会文化环境之间的交流和作用。随着研究的不断深入,用于指导实践干预的锻炼行为生态学模型孕育而生。

2.3.1 锻炼行为生态学模型简介

约翰·C.斯彭(John C. Spence)构建了锻炼行为生态学模型。该模型认为环境情境和生理、心理因素共同影响个体的锻炼行为,而环境情境根据距离个体的远近密切程度又分为四个不同的系统,即与个体直接发生相互作用的微观系统、不少于2个微观系统相互作用的中间系统、一个较大的能通过多渠道影响个人和环境的外围系统和包括前三个系统在内的宏观系统。除了环境情境的四个层次之外,锻炼行为生态学模型还综合考虑了物理生态、生理遗传因素、宏观系统变化的压力和心理因素等,见图2-8。

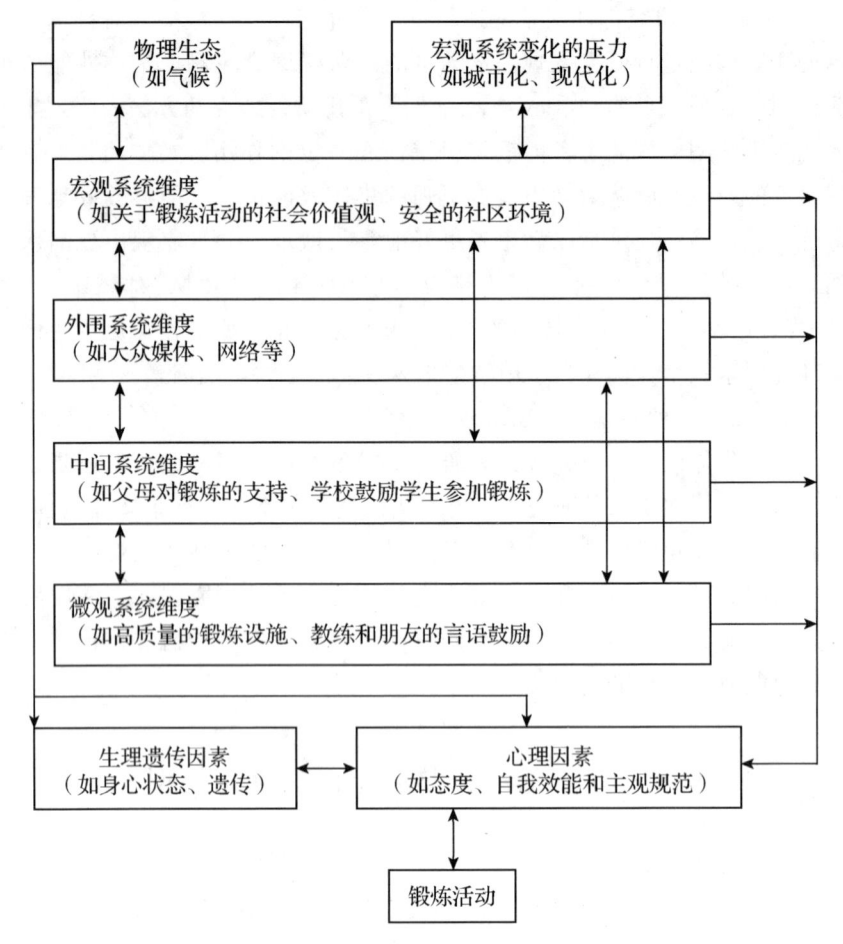

```
┌─────────────────┐      ┌─────────────────────┐
│  物理生态        │      │ 宏观系统变化的压力   │
│  （如气候）     │      │ （如城市化、现代化） │
└────────┬────────┘      └──────────┬──────────┘
         │                          │
         ▼                          ▼
┌─────────────────────────────────────────────┐
│  宏观系统维度                                │
│  （如关于锻炼活动的社会价值观、安全的社区环境）│
└─────────────────────────────────────────────┘
         ▲
         ▼
┌─────────────────────────────────────────────┐
│  外围系统维度                                │
│  （如大众媒体、网络等）                      │
└─────────────────────────────────────────────┘
         ▲
         ▼
┌─────────────────────────────────────────────┐
│  中间系统维度                                │
│  （如父母对锻炼的支持、学校鼓励学生参加锻炼）│
└─────────────────────────────────────────────┘
         ▲
         ▼
┌─────────────────────────────────────────────┐
│  微观系统维度                                │
│  （如高质量的锻炼设施、教练和朋友的言语鼓励）│
└─────────────────────────────────────────────┘

┌─────────────────┐      ┌─────────────────────┐
│  生理遗传因素    │◄────►│  心理因素           │
│ （如身心状态、遗传）│    │（如态度、自我效能和主观规范）│
└─────────────────┘      └──────────┬──────────┘
                                     │
                                     ▼
                              ┌──────────────┐
                              │   锻炼活动    │
                              └──────────────┘
```

图 2-8 锻炼行为生态学模型

2.3.2 锻炼行为生态学模型的测量

在锻炼行为生态学模型的理论基础上，邱茜[98]构建了适用于上海市中学生的锻炼行为生态学模型问卷（见表 2-4）。该问卷包括个体层面、家庭层面、学校层面、社区层面、政策层面 5 个维度。得分采用李克特 5 级评分法，得分越高，说明个体认为某因素越重要。

表 2-4 上海市中学生锻炼行为生态学模型问卷（部分）

说明：①没有影响　②影响不大　③影响一般　④影响很大　⑤影响非常大 你认为以下因素对中学生锻炼行为的影响程度分别是（　　）。	
个体层面	
1. 身体素质（如力量、速度、柔韧、灵敏等）	①—②—③—④—⑤
2. 健康状况	①—②—③—④—⑤

续表

家庭层面	
1. 家庭生活方式	①－②－③－④－⑤
2. 家庭教养方式	①－②－③－④－⑤
学校层面	
1. 体育教师的教学理论	①－②－③－④－⑤
2. 体育教师的教学方式	①－②－③－④－⑤
社区层面	
1. 中学生公交出行或骑车上下学的比例	①－②－③－④－⑤
2. 同一小区同龄青少年户外活动的活跃程度	①－②－③－④－⑤
政策层面	
1.《青少年体育"十二五"规划》	①－②－③－④－⑤
2.《中共中央 国务院关于加强青少年体育增强青少年体质的意见》	①－②－③－④－⑤
……	

2.3.3 锻炼行为生态学模型与锻炼行为

在体育领域中，基于锻炼行为生态学模型探讨该模型与体育锻炼之间关系的研究主要表现在其影响因素研究和干预研究上。

2.3.3.1 基于锻炼行为生态学模型的影响因素研究

当前基于锻炼行为生态学模型的影响因素研究主要分为三类：健康行为生态学模型的三要素说、行为生态学模型的四维度观、社会生态学模型的五层次论。

健康行为生态学模型认为影响行为的主要因素是倾向性因素、促成性因素和强化性因素。倾向性因素指先于行为并促使个体行为产生的因素；促成性因素指实现或达到某行为所必需的先行条件；强化性因素指维持行为，提供奖赏或激励的因素。在体育锻炼领域，张戈[99]的研究结果表明健康行为生态学模型可以有效解释大学生的锻炼行为；陈培友等人[100]发现基于健康行为生态学模型的多阶段组织流程模式，能提高效益，增强青少年体力活动能力。在我国，健康行为生态学模型的三要素说主要用于医学领域的研究，尤其对于慢性疾病引起的健康状况问题，将个体行为与其影响因素相结合，多方面探讨影响慢性病的健康因素，以期指导个体的锻炼行为。

行为生态学模型认为影响行为的因素可以分为四个系统维度，即微观系统维度、中间系统维度、外围系统维度和宏观系统维度,每个系统维度都由数个微观系统构成。在个体产生锻炼行为的过程中可能有多个微观系统在微观系统维度上起直接作用,多个微观系统在中间系统维度上施加影响,多个没有直接联系的微观系统在外围系统维度上产生间接影响,文化、亚文化和社会环境等因素则构成最外层的宏观系统维度。行为生态学模型的四维度观更多出现在分析影响各群体行为因素的相关研究中。我国的已有研究多集中于微观系统维度和宏观系统维度的应用研究,如霍兴彦等人[101]基于行为生态学模型构建了青少年健康促进的服务体系,李俊等人[102]的研究发现高维度的系统环境和低维度的系统环境可以相互影响,任意维度的环境变化都会对系统整体产生影响。

社会生态学模型认为影响行为的因素可以概括为个体层面、人际水平层面、机构层面、社区层面和公共政策层面。其中,个体层面是社会生态学模型的最近端水平,早期的身体活动理论涉及的个体特征、自我效能、动机、信念、态度等,均为个体层面的变量。在人际水平层面,社会支持是重要维度,已有研究证实社会支持和人际关系是影响青少年体力活动参与的重要因素之一。美国、法国的相关研究发现家长与孩子共同参与体育锻炼能够增加孩子的身体活动量,我国学者董宏伟[103]的研究也认为应鼓励家长与孩子共同参与体育锻炼。在机构层面,体育领域研究中最为普遍出现的机构是学校,学校被认为是通过体力活动促进青少年健康最合理的环境。对美国小学生进行的研究表明,健康课程的讲授和健康咨询干预提高了个体参与中到大强度体育锻炼的积极性;孙(Sun)等人[104]综述了以学校为基础的健康干预对中小学生体育锻炼以及体质的影响,得出了类似的结果。在社区层面,研究中涉及较多的是社区中的健康信息、环境设计、布局对青少年体力活动水平的影响。卡恩(Kahn)等人[105]的研究表明,在社区内增加健康教育宣传,能够有效增加居民的身体活动量。徐瑞芳等人[106]发现,采用在社区中发放报纸、邀请专家做相关讲座等手段可以帮助儿童养成健康的饮食习惯,提高身体活动水平,控制和降低肥胖的发生;恩格尔贝格(Engelberg)[107]的研究结果表明种植方式多样化、粉刷建筑物等是加强中小学生体育锻炼的有效手段。公共政策层面是社会生态学模型的最远端水平,对青少年体力活动的影响更大。最为典型的是当中考体育、高考体育发生改革时,青少年身体活动水平和参与的体育锻炼项目均随改革方向发生显著变化。除了单独进行某一层面的讨论之外,还有一些学者应用整个锻炼行为生态学模型探讨锻炼行为的影响因素。张戈[99]编制了北京大学学生体育锻炼影响因素问卷。宋曦[108]以生态学模型为理论基础进行实地调查发现，影响北京市民体育锻炼参与行为的因素主要包括个人因素和环境因素两个方面。张等人（Zhang）[109]将影响行为发展的个人因素（自我决定理论）与环境因素（社会生态学模型）相结合，研究在校学生的体育活动行为。王淑康[110]基于社会生态学模型对城市老年人规律性体育活动行为的影响因素进行架构。

2.3.3.2 基于锻炼行为生态学模型的干预研究

生态学视角下的干预通常是指在多个层面进行综合干预。早在20世纪40年代，日本就鼓励社会参与到学校教育中来，以提高个人、家庭、学校、社会的教育积极性。体育作为教育中的重要环节，国外已有的"运动是良药""总统挑战杯""为动而生"等项目[111]均是聚家庭、学校、社会力量于一体，采用多种手段来促进中小学生参与体育锻炼。萨利斯（Sallis）等人[112]发现综合干预对改善男生的体育活动情况较佳。萨瑟兰（Sutherland）等人[113]以社会生态学模型为指导，在研究中采用改善学校体育风气、与社区合作、家长参与等7项干预策略，有效提高了学生的运动时间。沃德（Ward）等人[114]应用"积极生活方式教育项目"以学校干预为主，家庭、社区干预为辅，有效促进了女高中生的积极锻炼生活方式。

国内基于社会生态学模型进行的研究多围绕体育锻炼促进模式的构建与干预策略，以及学生群体体质健康下滑的现实状况开展。[115]-[119]在体育锻炼促进模式的构建与干预策略方面，杨燕国[121]关注锻炼行为和健康教育，组建了家庭学校专任小组；董如豹[122]从家庭、学校、社区、政策出发，构建了适合我国本土学生身体活动促进的"四位一体"干预模式。在体质健康方面，崔馨月等人[122]发现从学生、家庭和学校三个方面进行综合干预能有效优化学生的体质健康指标；颜春晖等人[123]构建了家庭、学校、社区、体育组织相互联动的多元联动活动策略。

综上所述，锻炼行为生态学模型的相关研究不仅深入微观层面，而且也涉及较多宏观层面。锻炼行为影响因素的研究比较丰富，但多关注肥胖群体，对于普通群体的研究稍显不足；体育锻炼行为促进的干预研究较为分散，主要集中在家庭、学校和社区三大方面，综合干预相对滞后。

2.3.4 对锻炼行为生态学模型的评价

锻炼行为生态学模型将各类因素进行整合，指导了多方面的行为干预，注重行为与环境的交互作用以及环境对行为的影响，弥补了健康信念模型未能充分考虑环境和社会准则等因素对行为转变的作用机制这一不足，并将计划行为理论、自我效能理论、自我决意理论的相关内容进行整合，该模型对锻炼行为的解释比个体层面以及群体层面的理论模型更合理。锻炼行为生态学模型指导个体、家庭、学校、社区和政策多层次多方面综合的锻炼行为研究，关注体育锻炼行为的自然环境因素和社会环境因素，试图将个体的体育活动生活化、日常化，有助于全面理解锻炼行为以及锻炼行为理论的创新。

参考文献

［1］苏丹，黄希庭：《健康信念的研究取向与展望》，《西南大学学报（社会科学版）》2014年第4期。

［2］于志华，巩庆波，吴敬涛：《锻炼健康信念量表的编制》，《武汉体育学院学报》2006年第5期。

［3］罗琳，姚鑫，黄娴：《健康信念模式和自我效能理论在超重女中学生中的应用效果评价》，《中国学校卫生》2015年第6期。

［4］戴霞，尹洪满，朱琳：《大学生体质健康信念量表的编制与初步应用》，《北京体育大学学报》2011年第12期。

［5］谢红光：《体质健康信念对大学生体育锻炼行为意向及行为习惯的影响》，北京体育大学，2012。

［6］Villar, E. D., Alvarado, M. P., Vega, G. M., et al.: "Factor structure and internal reliability of an exercise health belief model scale in a Mexican population", *BMC Public Health*, 2017.

［7］Hosseini, H., Moradi, R., Kazemi, A., et al.: "Determinants of physical activity in middle-aged woman in Isfahan using the health belief model", *Journal of Education and Health Promotion*, 2017.

［8］Rostamian, M., & Kazemi, A.: "Relationship between observational learning and health belief with physical activity among adolescents girl in Isfahan, Iran", *Iranian Journal of Nursing and Midwifery Research*, 2016.

［9］Ar-Yuwat, S., Clark, M. J., Hunter, A., et al.: "Determinants of physical activity in primary school students using the health belief model", *Journal of Multidisciplinary Healthcare*, 2013.

［10］Karimi, Z., Gharlipour, Z., Kaveh, M. H., et al.: "Related factors of physical activity preventive behavior of osteoporosis based on health belief model among teen girls in Qom city, Iran", *International Journal of Pediatrics*, 2016.

[11]于志华:《武汉地区高校在职中高级知识分子健康信念与体育锻炼行为关系的研究》,武汉体育学院,2006。

[12]Lo, S. W. S., Chair, S. Y., & Lee, F. K.: "Factors associated with health-promoting behavior of people with or at high risk of metabolic syndrome: Based on the health belief model", *Applied Nursing Research*, 2015.

[13]Biddle, S. J., & Ashford, B.: "Cognitions and perceptions of health and exercise", *British Journal of Sports Medicine*, 1989.

[14]Janz, N. K., Becker, M. H.: "The health belief model: A decade later", *Health Education Quarterly*, 1984.

[15]Kasser, S. L., & Kosma, M.: "Health beliefs and physical activity behavior in adults with multiple sclerosis", *Disability and Health Journal*, 2012.

[16]Mo, P. K. H., Chong, E. S. K., Mak, W. W. S., et al.: "Physical activity in people with mental illness in Hong Kong: Application of the health belief model", *Journal of Sport and Exercise Psychology*, 2016.

[17]高俊俊:《中青年冠心病患者健康行为及其影响因素研究》,河南大学,2017。

[18]Al-Ali, N., & Haddad, L. G.: "The effect of the health belief model in explaining exercise participation among Jordanian myocardial infarction patients", *Journal of Transcultural Nursing*, 2004.

[19]Shafieian, M., & Kazemi, A.: "A randomized trial to promote physical activity during pregnancy based on health belief model", *Journal of Education & Health Promotion*, 2017.

[20]Davudi, S.: "The effect of health belief model training on physical activity in geriatrics", *International Journal of Humanities and Social Sciences*, 2016.

[21]Rezapour, B., Mostafavi, F., & Khalkhali, H.: "Theory based health education: 'Application of health belief model for Iranian obese and overweight students about physical activity' in Urmia, Iran",

International Journal of Preventive Medicine，2016.

［22］高用知，王娟娟，蒋美琼等：《健康信念模式教育对髋关节置换患者康复功能锻炼的影响》，《包头医学院学报》2015 年第 12 期。

［23］叶晶，陈利群，白姣姣等：《健康信念模式在社区糖尿病足危险人群运动锻炼行为改变中的应用》，《护理研究》2014 年第 22 期。

［24］葛冬妮：《融入健康信念的健康教育方式提高 COPD 稳定期患者呼吸功能锻炼依从性效果分析》，《中国现代药物应用》2015 年第 18 期。

［25］Fishbein，M.，& Ajzen，I.：" Belief，attitude，intention and behavior：An introduction to theory and research"，*Contemporary Sociology*，1975.

［26］Ajzen，I.：" The theory of planned behavior"，*Organizational Behavior and Human Decision Processes*，1991.

［27］李京诚：《身体锻炼行为的理论模式》，《体育科学》1999 年第 2 期。

［28］李京诚：《合理行为、计划行为与社会认知理论预测身体锻炼行为的比较研究》，《天津体育学院学报》1999 年第 2 期。

［29］Plotnikoff，R. C.，Lubans，D. R，Trinh，L.，et al.：" A 15-year longitudinal test of the theory of planned behaviour to predict physical activity in a randomized national sample of Canadian adults"，*Psychology of Sport and Exercise*，2012.

［30］Downs，D. S.，& Hausenblas，H. A.：" The theories of reasoned action and planned behavior applied to exercise：A meta-analytic update"，*Journal of Physical Activity & Health*，2005.

［31］Ahmadi，T. S. V.，Eftekhar，A. H.，Haghdoost，A. A.，et al.：" Factorsaffecting physical activity behavior among women in Kerman based on the theory of planned behavior（TPB）"，*Iranian Red Crescent Medical Journal*，2017.

［32］Brenes，G. A.，Strube，M. J.，& Storandt，M.：" An application of the theory of planned behavior to exercise among older adults"，*Journal of Applied Social Psychology*，2006.

［33］Kelley，K.，& Abraham，C.：" RCT of a theory-based intervention promoting healthy eating and physical activity amongst out-patients older than 65 years"，*Social Science & Medicine* 2004.

［34］Hill，C.，Abraham，C.，& Wright，D. B.：" Can theory-based messages in combination with cognitive prompts promote exercise in classroom settings?" *Social Science & Medicine*, 2007.

[35]李业敏:《锻炼意向与行为的关系:计划,自我效能与社会支持的作用》,北京体育大学,2010。

[36]方敏:《基于计划行为理论拓展模型的青少年锻炼行为研究》,《武汉体育学院学报》2011年第4期。

[37]张文娟,毛志雄:《青少年锻炼意向与行为的关系:行动控制与情绪的作用》,《2015第十届全国体育科学大会论文摘要汇编(二)》,中国体育科学学会,2015年第2期。

[38]沈梦英:《中国成年人锻炼行为的干预策略:TPB与HAPA两个模型的整合》,北京体育大学,2011。

[39]Deci, E. L., & Ryan, R. M.: *Intrinsic Motivation and Self-Determination in Human Behavior*, Springer US, 1985.

[40]Wehmeyer, M. L., Palmer, S. B., Agran, M., et al.: "Promoting causal agency: The self-determined learning model of instruction", *Exceptional Children*, 2000.

[41]Abery, B., Rudrud, L., Arndt, K., et al.: "Evaluating a multicomponent program for enhancing the self-determination of youth with disabilities", *Intervention in School and Clinic*, 1995.

[42]Goudas, M., Biddle, S., & Fox, K.: "Perceived locus of causality, goal orientations, and perceived competence in school physical education classes", *British Journal of Educational Psychology*, 2011.

[43]沈彩霞:《儿童心理需要满足对网络行为及情感体验的影响:自我决定理论的视角》,北京师范大学,2014。

[44]Wolman, C., & Basco, D. E.: "Factors influencing self-esteem and self-consciousness in adolescents with spina bifida", *Journal of Adolescent Health*, 1994.

[45]Hoffman, A., & Field, S.: "Promoting self-determination through effective curriculum development", *Intervention in School and Clinic*, 1995.

[46]Standage, M., Duda, J. L., & Ntoumanis, N.: "A test of self-determination theory in school physical education", *British Journal of Educational Psychology*, 2005.

[47]Mullan, E., Markland, D., & Ingledew, D. K.: "A graded

conceptualisation of self-determination in the regulation of exercise behaviour: Development of a measure using confirmatory factor analytic procedures", *Personality & Individual Differences*, 1997.

[48]Markland, D., & Tobin, V.: "A modification to the behavioural regulation in exercise questionnaire to include an assessment of amotivation", *Journal of Sport and Exercise Psychology*, 2004.

[49]Li, F. Z.: "The exercise motivation scale: Its multifaceted structure and construct validity", *Journal of Applied Sport Psychology*, 1999.

[50]丁维维，毛志雄：《自我决定理论在中学生锻炼行为促进领域的应用》，《北京体育大学学报》2014年第5期。

[51]Fortier, M. S., Sweet, S. N., O'Sullivan, T. L., et al.: "A self-determination process model of physical activity adoption in the context of a randomized controlled trial", *Psychology of Sport and Exercise*, 2007.

[52]Patrick, H., & Canevello, A.: "Methodological overview of a self-determination theory-based computerized intervention to promote leisure-time physical activity", *Psychology of Sport and Exercise*, 2011.

[53]Brooks, J. M.: "Predicting stages of change for physical activity in individuals with chronic musculoskeletal pain: An integrative and extended self-determination theory perspective", *Dissertations & Theses - Gradworks*, 2014.

[54]靳明，王静，及化娟等：《体力活动促进自我决定理论模型的拓展：建成环境支持的增值贡献》，《沈阳体育学院学报》2017年第4期。

[55]Noar, S. M., & Zimmerman, R. S.: "Health behavior theory and cumulative knowledge regarding health behaviors: Are we moving in the right direction?", *Health Education Research*, 2005.

[56]付桂芳，项明强：《城市居民参加体育锻炼的动机路径模型建构》，《心理科学》2013年第5期。

[57]宋天亮：《大学生体育锻炼心理需要满足与锻炼行为的研究》，北京体育大学，2016。

[58]薛锋：《大学生运动动机与锻炼行为的关系——自我决定理论的视角》，《武汉体育学院学报》2010年第6期。

[59]李云峰：《锻炼目标内化对高职生锻炼行为的作用途径及其性别

差异》,《广州体育学院学报》2015 年第 4 期。

　　[60]孙延林,John C. K.,Wang 等:《青少年体育活动中的目标定向和自我决定理论:年龄和性别的差异》,《天津体育学院学报》2001 第 3 期。

　　[61]陈福亮,杨剑,季浏:《自我决定理论在中国学校体育课情境下的初步检验》,《首都体育学院学报》2014 年第 5 期。

　　[62]盛圆圆:《扬州大学在校大学生体育锻炼动机和体育锻炼行为的关系研究》,扬州大学,2015。

　　[63]Chicote-López, J., Abarca-Sos, A., Gallardo, L. O., et al.: "Social antecedents in physical activity: Tracking the self-determination theory sequence in adolescents", *Journal of Community Psychology*, 2018.

　　[64]Healey, J.: "Motivational predictors of increases in physical activity behavior, health, and well-being among patients with Diabetes Mellitius Type 2 and cardiovascular disease: Testing self-determination theory in a randomized clinical trial", *Fysisk Aktivitet*, 2013.

　　[65]Koponen, A. M., Simonsen, N., & Suominen, S.: "Determinants of physical activity among patients with type 2 diabetes: The role of perceived autonomy support, autonomous motivation and self-care competence", *Psychology Health & Medicine*, 2017.

　　[66]方敏,孙影,赵俊红:《青少年锻炼行为的阶段变化模化研究》,《中国公共卫生》2006 年第 8 期。

　　[67]Courneya, K. S.: "Perceived severity of the consequences of physical inactivity across the stages of change in older adults", *Journal of Sport & Exercise Psychology*, 1995.

　　[68]Courneya, K. S, & Bobick, T. M.: "Integrating the theory of planned behavior with the processes and stages of change in the exercise domain", *Psychology of Sport & Exercise*, 2000.

　　[69]Courneya, K. S., Nigg, C. R., & Estabrooks, P. A.: "Relationships among the theory of planned behavior, stages of change, and exercise behavior in older persons over a three-year period", *Psychology & Health*, 1998.

　　[70]司琦,陈红玉,刘海群等:《促进弱势群体参与体育锻炼的干预研究——以听力残疾学生为例》,《体育科学》2010 年第 7 期。

　　[71]Nigg, C. R., Norman, G. J., Rossi, J. S., et al.: "Proces-

ses of exercise behavior change: Redeveloping the scale", *Annals of Behavioral Medicine*, 1999.

[72]徐莉,瞿旭平,毛晨佳等:《运用跨理论模型对中小学生久坐行为干预效果评价》,《中华流行病学杂志》2011年第2期。

[73]郭文,曹蕾,邹循豪:《基于跨理论模型的认知行为干预对体质健康突出问题大学生运动行为影响的实验研究》,《安徽体育科技》2012年第2期。

[74]杨剑,季浏,杨文礼等:《基于体育锻炼的阶段变化模型干预对肥胖小学生自我效能、自尊及体重影响的研究》,《天津体育学院学报》2014年第3期。

[75]Bock, B. C., Marcus, B. H., & Bock, F. R.: "Six month exercise maintenance following an intervention tailored via computer expert system", *Medicine & Science in Sports & Exercise*, 1998.

[76]Blissmer, B., & McAuley, E.: "Testing the requirements of stages of physical activity among adults: The comparative effectiveness of stage-matched, mismatched, standard care, and control interventions", *Annals of Behavioral Medicine*, 2002.

[77]Velicer, W. F., Diclemente, C. C., Prochaska, J. O., et al.: "Decisional balance measure for assessing and predicting smoking status", *Journal of Personality and Social Psychology*, 1985.

[78]Bandura, A.: "Self-efficacy: Toward a unifying theory of behavioral change", *Psychological Review*, 1977.

[79]Orsega-Smith, E. M., Payne, L. L., Mowen, A. J., et al.: "The role of social support and self-efficacy in shaping the leisure time physical activity of older adults", *Journal of Leisure Research*, 2007.

[80]Annesi, J. J.: "Relations of physical self-concept and self-efficacy with frequency of voluntary physical activity in preadolescents: Implications for after-school care programming", *Journal of Psychosomatic Research*, 2006.

[81]Blanchard, C. M., Fortier, M., Sweet, S., et al.: "Explaining physical activity levels from a self-efficacy perspective: The physical activity counseling trial", *Annals of Behavioral Medicine*, 2007.

[82]Dutton, G. R., Tan, F., Provost, B. C., et al.: "Relationship between self-efficacy and physical activity among patients with type

2 diabetes",*Journal of Behavioral Medicine*,2009.

[83]王君俏:《2型糖尿病病人锻炼行为及其相关因素研究》,《护理学杂志》2002年第8期。

[84]Du,H.,Everett,B.,Newton,P. J.,et al.:"Self-efficacy: A useful construct to promote physical activity in people with stable chronic heart failure",*Journal of Clinical Nursing*,2012.

[85]Motl,R. W.,Snook,E. M.,McAuley,E.,et al.:"Symptoms, self-efficacy, and physical activity among individuals with multiple sclerosis",*Research in Nursing & Health*,2006.

[86]Luszczynska,A.:"Intentions, planning, and self-efficacy predict physical activity in Chinese and Polish adolescents: Two moderated mediation analyses",*International Journal of Clinical and Health Psychology*,2010.

[87]Dishman,R. K.,Saunders,R. P.,Motl,R. W.,et al.: "Self-efficacy moderates the relation between declines in physical activity and perceived social support in high school girls",*Journal of Pediatric Psychology*,2009.

[88]Dishman,R. K.,Motl,R. W.,Saunders,R.,et al.:"Self-efficacy partially mediates the effect of a school-based physical-activity intervention among adolescent girls",*Preventive Medicine*,2004.

[89]Bandura,A.:"Social foundations of thought and action", *Journal of Applied Psychology*,1986.

[90]Jowett,S.,Shanmugam,V.,& Caccoulis,S.:"Collective efficacy as a mediator of the association between interpersonal relationships and athlete satisfaction in team sports",*International Journal of Sport and Exercise Psychology*,2012.

[91]Greenlees,I. A.,Nunn,R. L.,Graydon,J. K.,et al.:"The relationship between collective efficacy and precompetitive affect in rugby players: Testing Bandura's model of collective efficacy",*Perceptual and Motor Skills*,1999.

[92]王鹏、高峰强、倪萍等:《集体效能信念的形成及其对团队努力程度的影响》,《西安体育学院学报》2004年第3期。

[93]Mazerolle,L.,Wickes,R.,& Mcbroom,J.:"Community variations in violence: The role of social ties and collective efficacy in

comparative context", *Journal of Research in Crime & Delinquency*, 2010.

[94]Dithurbide, L., Sullivan, P., & Chow, G.: "Examining the influence of team-referent causal attributions and team performance on collective efficacy", *Small Group Research*, 2009.

[95]Heuzé, J-P., Raimbault, N., & Fontayne, P.: "Relationships between cohesion, collective efficacy and performance in professional basketball teams: An examination of mediating effects", *Journal of Sports Sciences*, 2006.

[96]Beverly, E. A., & Wray, L. A.: "The role of collective efficacy in exercise adherence: A qualitative study of spousal support and type 2 diabetes management", *Health Education Research*, 2010.

[97]李良桃：《中学生集体效能感及其对锻炼行为的影响作用研究》，华东师范大学，2017。

[98]邱茜：《上海市中学生体育锻炼行为生态学模型的研究》，华东师范大学，2015。

[99]张戈：《大学生体育锻炼促进的研究——以北京大学为个案》，北京体育大学，2011。

[100]陈培友，孙庆祝：《青少年体质健康促进管理模式的创新》，《体育学刊》2014年第2期。

[101]霍兴彦，林元华：《基于我国青少年体质健康促进的组织服务体系构建研究》，《河北体育学院学报》2012年第4期。

[102]李俊，王东海，王斌：《中尺度对流系统中的湿中性层结结构特征》，《气候与环境研究》2012年第5期。

[103]董宏伟：《家庭社会资本对青少年体育锻炼意识与行为的影响及反思》，《沈阳体育学院学报》2010年第2期。

[104]Sun, C., Pezic, A., Tikellis, G., et al.: "Effects of school-based interventions for direct delivery of physical activity on fitness and cardiometabolic markers in children and adolescents: A systematic review of randomized controlled trials", *Obesity Reviews*, 2014.

[105]Kahn, E. B., Ramsey, L. T., Brownson, R. C., et al.: "The effectiveness of interventions to increase physical activity.", *American Journal of Preventive Medicine*, 2002.

[106]徐瑞芳，李丹华，丁钉等：《小学生肥胖的学校-家庭-社区综合干预模式研究》，《环境与职业医学》2010年第6期。

[107]Engelberg, J. K., Carlson, J. A., Conway, T. L., et al.: "Dog walking among adolescents: Correlates and contribution to physical activity", *Preventive Medicine*, 2016.

[108]宋曦:《北京市民体育锻炼行为及影响因素研究》,北京体育大学,2012。

[109]Zhang, T., & Solmon, M.: "Integrating self-determination theory with the social ecological model to understand students' physical activity behaviors", *International Review of Sport and Exercise Psychology*, 2013.

[110]王淑康:《城市社区老年人规律体育活动行为的社会生态学探索及健康干预策略研究》,山东大学,2012。

[111]汪晓赞,郭强,金燕等:《中国青少年体育健康促进的理论溯源与框架构建》,《体育科学》2014年第3期。

[112]Sallis, J. F., Mckenzie, T. L., Conway, T. L., et al.: "Environmental interventions for eating and physical activity", *American Journal of Preventive Medicine*, 2003.

[113]Sutherland, R. Campbell, E. Lubans, D. R., et al.: "'Physical activity 4 everyone' school-based intervention to prevent decline in adolescent physical activity levels: 12 month (mid-intervention) report on a cluster randomised trial", *British Journal of Sports Medicine*, 2016.

[114]Ward, D. S., Saunders, R., Felton, G. M., et al.: "Implementation of a school environment intervention to increase physical activity in high school girls", *Health Education Research*, 2006.

[115]杨剑,邱茜,季浏:《锻炼行为生态学模型及其在体育领域的应用》,《武汉体育学院学报》2014年第10期。

[116]何玲玲,王肖柳,林琳:《中国城市学龄儿童体力活动影响因素:基于社会生态学模型的综述》,《国际城市规划》2016年第4期。

[117]王东敏,Nancy Morrow-Howell,陈功:《国内外体力活动影响因素的研究进展——基于社会生态学视角的分析》,《河北体育学院学报》2017年第1期。

[118]张俊凯:《社会生态学视角下青少年身体活动的影响因素探析》,《体育研究与教育》2017年第2期。

[119]司琦,汪霖之,Kim Jeongsu等:《基于人际和组织生态子系统的青少年校内课外身体活动影响因素研究》,《首都体育学院学报》

2017年第3期。

［120］杨燕国：《上海市青少年儿童体质健康促进的学校、家庭、社区联动模式研究——以卢湾区为例》，华东师范大学，2012。

［121］董如豹：《社会生态学模型视角下美国和新西兰青少年身体活动促进研究》，福建师范大学，2016。

［122］崔馨月，陈天娇：《社会生态模式对儿童青少年肥胖体脂含量干预效果评价》，《中国学校卫生》2016年第4期。

［123］颜春辉，许昭：《青少年体育参与行为促进的多元联动模式研究》，《吉林体育学院学报》2017年第6期。

3 动机与体育锻炼

动机作为心理学的核心议题，涉及人类行为的动因，能够反映人类行为的发生原因和发展规律。随着近期世界范围内的身体活动水平不足等现象不断增多，研究者将激活和维持锻炼行为的动机作为重点研究领域，因此，动机作为行为发生的重要心理机制，在心理学领域和体育锻炼领域具有特殊的地位。相关研究主要包括锻炼动机的影响因素、理论模型的运用与发展、测量工具等方面。本章将阐释动机的基本理论，分析锻炼动机的研究热点，归纳锻炼动机的相关研究，从而进一步阐释动机与锻炼行为之间的关系。

3.1 动机概述

3.1.1 动机的基本概念

早期心理学家在研究心理现象时，为了回答涉及个体行为起因的问题便假设了"动机"这一中间变量，同时将动机定义为驱动人或动物产生行为的原因。动机一直都受到心理学家的关注，我国心理学家张厚粲[1]认为，动机是激发、维持、调节人们从事某种活动，并引导活动朝向某一目标的内部心理过程或内在动力。关于动机的概念有许多不同的说法，但大致上研究者认为动机是个体行为产生的一种内部动力，可以在一定程度上解释个体行为产生的原因。

3.1.2 相关概念的辨析

动机、需要、目标、目的、诱因和刺激等概念之间既密切联系又相互独立，且对个体行为都具有动力作用，所以研究者在描述个体的行为动机时，应根据具体情况选择对应的概念进行表述（见图3-1）。

需要是个体内部的一种不平衡状态，动机与需要都是行为的内部推力，但两者存在一些差异。需要是行为的原动力，但不是所有需要都会使人产生行为，动机则与个体行为并存。当需要推动人们去活动，并将行为引向某一目标时，需要就成为人的动机。例如，有进食的需要时，就去餐厅吃饭；有会友的需要时，就与朋友见面等。目的是意志行动所要达到的结果，规定着个体的行为方向。目的源于个体对客观现实的认

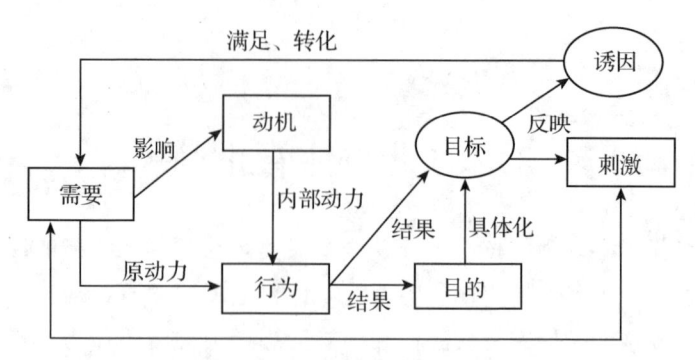

图 3-1 动机相关概念的关系图

识,也是大脑对客观现实的一种反映,因此个体的行为目的受客观规律的制约。[2]动机与目的的区别在于:动机是推动力,目的是一种诱因;动机是达到目的的内在动力,目的是所要达到的结果。目标是人们在各种活动中所预期和追求的客观标准在主观上的超前反映,是人们为了满足需要而产生的一种期望。[3]目标是多元化的,可以说是更具体化的目的,目标与动机之间的联系和目的与动机之间的联系类似。

3.1.3 动机的功能和分类

动机具有激活功能、指向功能、调节和维持功能。激活功能是指动机具有推动个体产生某种行为的作用,如饥渴感会激发个体产生寻找水和食物的行为。指向功能是指动机能将个体的行为指向一定的对象和目标,如在锻炼动机的指导下,个体可能会去操场或者健身房。调节和维持功能是指动机可以调节和维持个体的行为,如在锻炼动机的驱使下,个体会花更多的时间锻炼,其他活动时间会相应减少。

根据动机的性质,动机可以分为生理性动机和社会性动机;根据动机的来源,动机可以分为内部动机和外部动机;根据对行为过程或结果的重视,动机可以分为直接动机和间接动机(见表 3-1)。

表 3-1 动机的分类

分类原则	类型	特点
动机的性质	生理性动机	以个体的生理需要为基础,推动个体行动以满足生理需要
	社会性动机	以个体较高层次的社会文化需要为基础
动机的来源	内部动机	由对行为或活动本身的兴趣所引起
	外部动机	由外部诱因(如奖励)所引起

续表

分类原则	类型	特点
对行为过程或结果的重视	直接动机	关注行为过程本身
	间接动机	关注行为参与的收获/结果

3.1.4 动机的基本理论

20世纪以来，世界各地的学者提出了多种动机理论，以求从不同文化背景、不同角度对动机的某些方面进行解释。其中，本能理论从生物天性层面，驱力理论从内在需要的满足层面，诱因理论从外部环境、奖励层面，需要理论从需要连续递进层面，成就动机理论从个体的主观认知层面分别解释了什么是动机以及动机与行为之间的内在联系。

3.1.4.1 本能理论

本能理论诞生于19世纪末20世纪初，是第一个系统解释动机的理论。该理论认为行为的产生是由个体的生理冲动激发的，主要代表人物是詹姆斯(James)和麦独孤(McDougall)。詹姆斯认为人的行为依赖本能的指引，包括生物本能和社会本能；麦独孤认为在由本能决定行为的过程中，人的行为同时受到后天学习和经验的影响，可被视为遗传本能及其在经验中改变的结果。

在当时的实验条件和理论的基础上，本能理论很好地解释了人的行为，也使动机一词开始在行为研究中被广泛使用。但是该理论在实际运用中存在一些缺陷，主要表现在：①以动物为实验对象，而将实验结果直接用于人类，存在较大误差；②盲目地将所有行为都理解为人类的本能，忽视了人的社会性；③独立地看待个体的行为。

3.1.4.2 驱力理论

在本能理论研究的基础上，20世纪20年代，伍德沃斯(Woodworth)提出了行为因果的驱力概念。在此基础上，赫尔(Hull)于1943年提出了驱力理论。赫尔认为驱力(D)、习惯强度(H)与有效行为潜能(P)之间的关系可以表示为：$P = D \times H$。这一理论被提出后，许多心理学家受到了影响和启发，并对动机问题展开了研究。动机研究也在这一时期进入了黄金期。

赫尔的驱力刺激概念实际上将内部驱力与外部刺激联系起来，但从现今的视角看，驱力理论忽视了动机的外部诱因，导致有些问题无法用驱力解释，如为什么有些人会带着伤病坚持比赛。在这类行为中，人的驱力没有减弱反而是增强的，这与驱力理论存在矛盾。

3.1.4.3 诱因理论

诱因是指能够满足个体需要的各种刺激物。诱因理论与驱力理论的侧重点相反,诱因理论关注外部诱因(如奖励、目标)对行为激发的作用。诱因不仅有积极的一面,而且还包括消极的一面,如惩罚、痛苦、丧失等。诱因理论的主要代表人物是行为主义者巴甫洛夫(Pavlov)和斯金纳(Skinner),他们的研究对从外部激励人的行为有卓越贡献。

当时的诱因理论片面地追求诱因,忽视了内部驱力,没有探究外部诱因对行为动机的作用。结合现有的关于动机的研究可以发现,诱因其实是通过自我调节作用,将外部刺激转化为内在需求,进而产生行为的。

3.1.4.4 需要理论

需要理论最早由默里(Murray)于1938年提出,他认为人的需要按照优先权的等级排列,一种需要的出现通常取决于先前满足的需要。默里的理论启发了人本主义的代表人物马斯洛(Maslow)。他提出了需要层次理论,假设人在满足低级需要之前,不会产生高级需要,但这些需要是并存的,人的行为主要由低级需要决定,并不是低级需要得到满足后才会产生高级需要。

马斯洛的需要层次理论将研究主体从动物转变成人,这是一个较大的进步,但他的理论的空想成分多,没有说明需要满足的具体状态和指标是什么,而且认为人的最高层次的需要是自我实现,具有一定的局限性。

3.1.4.5 成就动机理论

在成就动机理论出现之前,心理学家所提出的本能、需要、驱力、诱因都是对行为的机械解释。直至20世纪六七十年代,动机研究从机械观转为认知观,即从内外因的研究转向强调人的中介调节因素的研究。阿特金森(Atkinson)的成就动机理论就是在这一转折时期产生的,他认为成就需要主要是由追求成功的动机和害怕失败的动机决定的,三者的关系如下所示。

成就需要＝追求成功的动机－害怕失败的动机

成就动机理论比之前的几个理论在揭示动机机制原理的道路上更近了一步,形成了一整套的数量关系研究和严密的符号推理系统,但相对于人类复杂的动机和行为而言,仍然有所局限。

3.2 锻炼动机

3.2.1 锻炼动机的基本概念

1968年,肯(Ken)首先提出了解释身体活动原因的理论模型并编制了测量动机的问卷。虽然量表的测试结果难以达到理想水平,但是为身体锻炼中动机的研究开创了先河。

锻炼动机是指在锻炼目标的指引下,推动个体参与体育锻炼活动的内部动因,是个体在体育锻炼活动目标、愿望与运动环境诱因的相互作用下,所产生的对体育锻炼的内部需求。一般将锻炼动机分为三类:内部动机、外部动机和无动机。

3.2.2 锻炼动机研究的可视化分析

国内文献以"锻炼"和"动机"为主题词,采用主题词结合自由词的检索方式,最终以"AB=(锻炼+运动+体力活动+体育)和AB=动机"为检索式,来源类别限制为核心期刊、CSSCI、CSCD,时间限制为1995年至2019年,通过中国知网检索共得到文献1309篇,并根据所需进行初步筛选,最终绘制了国内有关锻炼动机研究的发文量趋势图(见图3-2)。

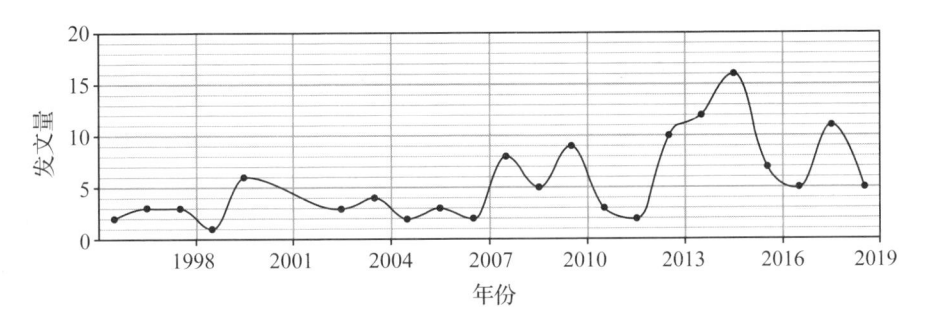

图3-2 国内有关锻炼动机研究的发文量趋势图

外文文献通过科学网(Web of Science)核心合集数据库进行获取,以"exercise"和"motivation"为核心检索词,最终检索式为"TI=(exercise or sport) and TI=motivation",语言不限,时间节点为1995年至2019年,共获得文献1365篇,最终绘制了国外有关锻炼动机研究的发文量趋势图(见图3-3)。

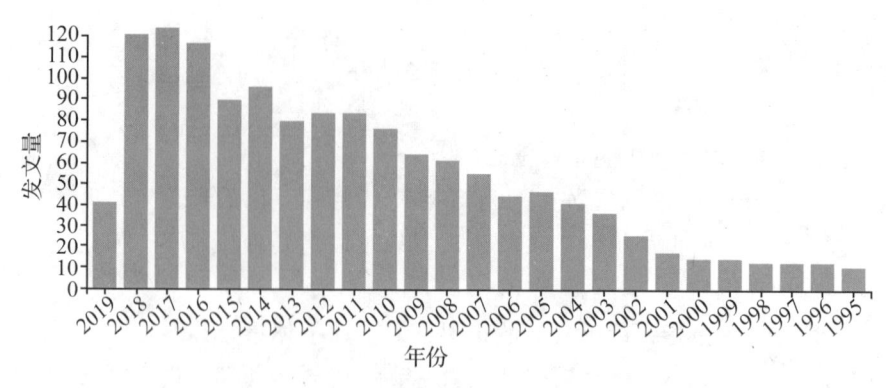

图 3-3 国外有关锻炼动机研究的发文量趋势图

由历年发文量可知，1995 年至 2019 年国外有关锻炼动机研究的发文量均呈现上升趋势，并在 2012 年至 2013 年出现回落现象。总体来看，国内关于锻炼动机研究的发文量较少，且近年的发文量越发减少；国外近年的发文量保持相对稳定的状态，表明国外在该领域的研究基础扎实，研究群体和机构保持稳定。

3.2.3 锻炼动机研究的高产国家统计

利用科学网核心合集数据库对文献来源国家进一步分析，如表 3-2 所示，美国以 329 篇发文量位居第一，占总发文量的 24.103%。加拿大、英国、西班牙分别位居第二、第三、第四。以上结果表明，近年来锻炼动机的主要研究者和贡献者来自以欧美为主的国家，而中国、韩国等国的发文量相对较少。

表 3-2 近 25 年各国发文量汇总表

序号	国家	发文量	占比
1	美国	329	24.103%
2	加拿大	103	7.546%
3	英国	77	5.641%
4	西班牙	71	5.202%
5	澳大利亚	67	4.909%
6	德国	31	2.271%
7	法国	28	2.051%
8	中国	24	1.758%
9	希腊	17	1.245%
10	韩国	16	1.172%

3.2.4 锻炼动机研究的高产作者和机构分析

3.2.4.1 国外高产的作者与机构

成果丰富的研究者或机构往往紧跟领域内的研究前沿，并且其研究在研究方法上具有代表性。通过科学网核心合集数据库，对国外的研究作者和机构进行汇总分析，发文量最高的是来自澳大利亚的努尔曼尼斯(Ntoumanisn)，其在2006年参与发表的研究[4]被引频次达到172次。来自加拿大渥太华大学的学者瓦利兰(Vallerand)[5]在1999年以第一作者发表的研究表明他在锻炼动机领域的研究具有代表性。

主要的发文机构也与高产国家的分布相一致。高产机构几乎均来自加拿大和美国两地，而发文量最高的为加拿大渥太华大学，该机构的学者早在1995年就发表了相关研究[6]，被引频次高达649次，且该机构近年来一直都有新的研究成果。

3.2.4.2 国内高产的作者与机构

通过中国知网对我国主要的研究者和机构进行汇总分析，结果见图3-4和图3-5。我国最早有关锻炼与动机的公开发表的文献为毛志雄等人的《锻炼动机研究综述》，被引频次达116次。之后我国锻炼与动机领域的研究逐渐增多，形成了以毛志雄和陈善平团队为主的研究网络。毛志雄与姜媛等人主要探讨了动机与锻炼情绪效益之间的关系；陈善平最早从国外引进了锻炼动机量表，并检验了其在中国的适用性，其团队成员如潘秀刚、张中江等人在此基础上探讨了体育社团、性别等因素对锻炼动机的影响，并基于跨理论模型分析了锻炼行为与锻炼动机之间的关系，同时对锻炼动机量表进行了本土化，使之更符合我国居民的特征。熊明生和阳家鹏也对我国锻炼动机研究做出了突出贡献，前者通过实验研究探讨了健康知识宣传对锻炼动机的影响，后者近几年主要从整合理论的视角分析了家庭因素与青少年锻炼动机、体育活动水平之间的关系。我国众多学者的研究既结合了国外已有的研究成果，也体现了我国的研究特点，共同丰富了我国锻炼动机的研究。

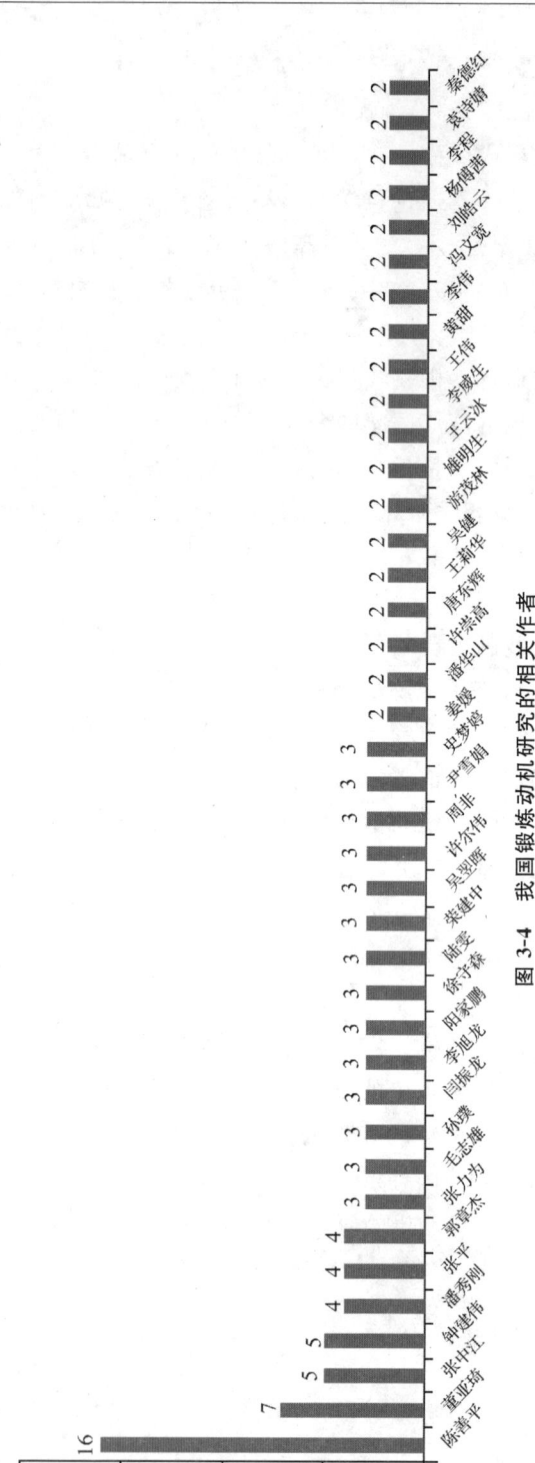

图 3-4 我国锻炼动机研究的相关作者

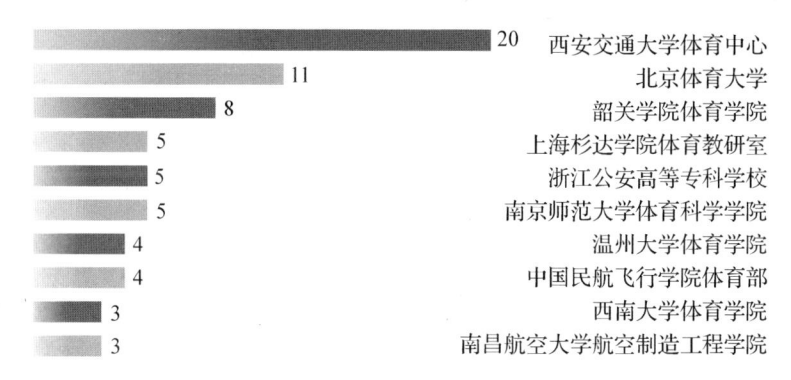

```
20  西安交通大学体育中心
11  北京体育大学
 8  韶关学院体育学院
 5  上海杉达学院体育教研室
 5  浙江公安高等专科学校
 5  南京师范大学体育科学学院
 4  温州大学体育学院
 4  中国民航飞行学院体育部
 3  西南大学体育学院
 3  南昌航空大学航空制造工程学院
```

图 3-5　我国锻炼动机研究的主要机构

3.2.5　锻炼动机研究期刊的来源分析

聚焦核心来源期刊可以帮助研究者和读者高效精准地获取锻炼动机领域的热点和最新研究。利用科学网核心合集数据库对研究来源期刊进行汇总(见表 3-3)，发现韩国本土期刊的发文量占据一定的数量，但发文量和影响因子较高的期刊为 Journal of Sport & Exercise Psychology，且从 1995 年至 2019 年一直都保持对锻炼动机领域文章的发表，可以称其为该领域的核心期刊。

表 3-3　锻炼动机来源期刊汇总表

序号	来源期刊	发文量	占比	影响因子
1	Journal of Sport & Exercise Psychology	108	7.912%	3.388
2	The Korean Society of Sports Science	108	7.912%	—
3	Journal of Sport and Leisure Studies	59	4.322%	—
4	Medicine & Science in Sport & Exercise	51	3.736%	4.727
5	The Korean Journal of Sport	42	3.077%	—

3.2.6　锻炼动机热点的分析

通过对近年来国内外有关研究热点的总结分析(见表 3-4)，可以看出锻炼动机的研究始于建立锻炼与动机之间的关系，探讨动机如何影响身体活动，以及产生身体活动的具体动机是什么这两大问题。这一阶段多是进行现象分析。为了更好地解决这些问题，研究者开始着手研制测量锻炼动机的量表，通过量化的形式进行深入研究。之后的大量研究就在量化研究的基础上对动机的影响因素进行了探讨，并结合不同的统计方法，更进一步解释了身体锻炼的动机结构和对身体活动行为的作用程度。未来我们将会利用更科学的技术进行研究成果的实际运用追踪。

表 3-4 国内外近年来锻炼动机的研究热点汇总

年份	国内 数量	国内 主题	国外 数量	国外 主题
1995—1999	16	成就动机、目标设置、认知理论	8	成就动机、内部动机、目标定向
2000—2005	45	归因、个体自身和社会环境对动机的影响	30	动机气氛、自我效能、社会动机
2006—2010	55	自我效能、锻炼坚持性、目标定向、动机异化	90	体育教学形式、自我决定、跨阶段、锻炼坚持性、意图、动机机制
2011—2014	45	运动承诺、动机结构模型的建立、量表修订	120	动机的预测作用、多维动机、动机促进、期望—价值模型、内部动机的阶段性
2015—2019	30	个体的内部差异（人格、自尊）	85	基本心理需求、生活方式、动机的中介作用、新媒体对身体活动动机的促进

3.3 锻炼与动机的相关研究

3.3.1 锻炼动机的影响因素

3.3.1.1 人口统计学因素

体育参与动机受到年龄、性别、地区和文化等因素的影响。在年龄方面，年幼的孩子更看重活动是否有趣，而相比之下，年龄较大的孩子将社会地位看得更重要，人缘好、被同伴看得起是影响年龄较大的孩子参与体育锻炼的重要因素。[7]

在性别方面，不同性别的儿童青少年的锻炼动机存在差异，男生更倾向于参与自己喜欢的运动，内部动机较强；而女生过于依赖成年人的支持，外部动机较强。同时无论运动有多吸引人，女生会过多地考虑社会对她们行为的看法，从而避免参与体育锻炼。女生出现这种现象，与她们从出生起就被引导远离不愉快和冒险的环境，并被鼓励进入安全、可靠的游戏环境有关。也有学者发现女生更强调友谊和健康，男生更看重成就地位。[8]同时，国外学者对将近五百名小学生进行调查发现，运动在人际关系中起着重要作用，女生认为个体受欢迎程度最重要的决定因素是身体外表，男生认为是运动成功；同时无论是男生还是女生，身体外表都是很重要的。[9]

在地区和文化方面，有学者通过比较中国和美国儿童青少年的锻炼动机，发现同一文化环境下儿童青少年的动机差异小，而不同文化环境下的动机差异大。李晓智和张惠红对中美两国运动动机的差异进行了定性分析，发现两国不同的社会文化和社会发展程度是导致中美两国青少年运动动机差异的主要原因。[10]

3.3.1.2 个体差异因素

影响体育参与内部动机的个体差异主要表现在感知运动能力、自我决定程度、基本心理需要、人格特质和自尊、价值取向和认知观念等方面。

自我能力的感知与其锻炼动机呈显著正相关。梅斯特（De Meester）等人[11]通过多级回归建模来评估 8 岁儿童的感知运动能力、实际运动能力和运动动机之间的关系，发现儿童的感知运动能力和实际运动能力之间具有显著的相关关系，表明儿童能够正确认识自己的运动能力；感知运动能力与自主学习动机呈显著正相关，说明感知运动能力水平较高可能会导致身体活动更加自主。

自我决定理论表明，个体的自我决定程度越高，其内部动机水平也就越高，其锻炼行为的维持也更加持久。但自我决定受哪些因素的影响，还需要研究者继续研究。魏瑶等人[12]的研究表明任务定向和自我定向均对体育锻炼的内部动机有间接的调节效应。王振等人[13]发现拖延行为对自我效能感和锻炼动机皆具有负向预测效应，自我效能在拖延行为解释锻炼动机中具有部分中介效应。

孙开宏等人[14]检验了能力、自主和关系感对学生的自主支持感与动机定向之间关系的中介作用，结构方程模型检验结果表明学生的自主支持感对其基本心理需要有显著的预测作用，并且每种基本心理需要对学生的动机定向都有显著的预测作用，基本心理需要在自主支持感与动机定向的关系中起完全中介作用。

在人格特质和自尊方面，朱从庆等人[15]发现大学生的人格特质、情绪调节方式对锻炼动机的影响显著。开放性、严谨性、宜人性、外倾性人格和认知重评对锻炼动机的正向影响显著，神经质和表达抑制对锻炼动机产生负向影响。朱宏等人[16]发现整体自尊、自我同情、锻炼动机两两呈显著正相关，自我同情在整体自尊和锻炼动机之间充当中介变量。青少年参与体育锻炼的动机受到其身体自尊水平的影响。成年人的锻炼动机较多受到其自身的价值取向和认知观念的影响,并具有性别和年龄特色。纳瓦罗(Navarro)等人[17]发现老年人的社会关系、运动能力和医生建议是影响老年人动机的主要因素。普里查德(Prichard)等人[18]在对健身中心妇女的锻炼动机的调查中发现,身体意向影响其锻炼动机强度。菲佛(Pfeffer)[19]发现个人健康监管信息(如私人定制类)相比于印刷信息(如大众传媒类)更能有效提高成年人的身体活动动机,同时指出若能将两类信息相匹配,提高身体活动动机的效果更佳。

3.3.1.3 社会环境因素

社会环境因素主要包括学校中的体育教师、体育课内容、社团参与和体育设施,家庭中的体育活动行为、同伴支持,以及学校和家庭共同营造的动机气氛。

关于学校中的体育教师、体育课内容、社团参与和体育设施的研究表明,教师期望与学生行为相关。不同的研究者得出了不同的结论,即教师期望与学生的初始自主型动机不相关;教师与学生的联系越少,学生的动机更强;教师对无动机学生的控制程度最高。[17]熊明生等人[20]通过益处知识、坏处知识和双向知识三种锻炼知识宣讲形式对大学生的锻炼动机进行干预。结果表明,锻炼知识的宣讲对锻炼动机诸变量的干预效果总体上是显著的,但即时效果和延时效果存在差异。刘晓莉[21]发现体育社团中成员们相互学习,锻炼氛围浓厚,运动信息交流密切,有利于大学生的体育锻炼自我效能的产生,对大学生参与和维持体育锻炼行为具有积极作用。潘秀刚等人[22]发现体育社团中的大学生在各动机维度上都显著高于非体育社团中的大学生,加入体育社团对大学生的锻炼动机具有良好的促进作用。马襄城等人[23]发现健康信念、情绪效益和新鲜感能积极影响大学生的体育学习动机,而体育锻炼意识淡薄、体育课枯燥和场地器材缺乏会产生消极影响。塞晓彬等人[24]利用问卷、量表和结构方程模型分析了多维度因素对多维度动机的影响,发现学生的体育运动能力和学校设施是影响学生体育动机的主要因素。

关于家庭和家庭中的体育活动行为、同伴支持的相关研究多集中于青少年群体。符明秋等人[25]关于双亲对子女运动动机的影响的综述表明,双亲的体育行为和其对体育的情感、态度和信念会对子女的运动动机产生影响。朱瑜等人[26]建立了同伴支持、动机行为、运动行为投入预测模型,发现无论是在开放性运动还是封闭性运动中,同伴支持都可以显著影响青少年的运动动机。高岩等人[27]发现父母运动支持与同伴运动友谊质量对青少年运动动机与运动投入的影响没有性别差异,且同伴运动友谊质量是预测青少年运动动机更好的指标,父母运动支持与同伴运动友谊质量只对中期青少年运动动机的影响具有交互作用,而且是"增强模式",对于其他阶段青少年运动动机的影响则是"独立模式"。

在体育运动中,家长、教师和伙伴对成功的看法会营造不同的心理气氛,这种心理气氛就被称为动机气氛。动机氛围会影响个体的动机模式[28],且动机气氛的作用受到个体对成就目标看法的影响。当前的动机气氛主要描述了两类成就目标:掌握成就目标和绩效(自我)成就目标。已有研究证明,掌握成就目标产生的掌握气氛对青少年的内部动机具有积极作用,而绩效成就目标产生的绩效气氛对青少年的内部动机具有消极作用。[29]研究者多认为掌握气氛比绩效气氛更利于青少年目标的达成和动机水平的提高。安帕罗(Amparo)等人[30]发现动机气氛的掌握维度、学生对进步的追求对任务定向有直接影响,对内部动机兴趣、感知能力和努力重要性三个维度以及锻炼意向有间接影响。胡咏梅等人[31]利用目标定向理论发现采用掌握气氛的教学方式可以明显提高学生参与体育课的动机,促进其任务定向,减少其自我定向,并提高其能力知觉。而采用绩效气氛的教学方式则使学生的动机水平下降,并且增加其自我定向,降低其能力知觉。帕帕约安努(Papaioannou)等人[32]发现教师的掌握和社会认可目标可以促进学生的内部动机。

3.3.2 锻炼动机理论模型的运用与发展

3.3.2.1 保护动机理论

保护动机理论最初被用来解释恐惧诉求和态度变化中的不一致,之后主要被用来解释健康决策和行为。在保护动机理论中,决定参与(或不)与健康相关的行为主要受威胁评估和应对评估两种认知过程的影响。具体来说,当个体感受到严重威胁,并认为自己容易受到威胁,应对行为能有效避免威胁,同时他们认为自己有能力执行应对行为时,这时实现应对行为的动机最强。

在锻炼行为干预方面,利用保护动机理论进行锻炼干预的作用有限,同时我们对于它在维持体力活动方面的效用知之甚少。已有的少数研究,如加斯顿(Gaston)等人[33]利用保护动机理论对208名孕妇的锻炼行为进行了干预,发现实验组的锻炼意愿和一周后的锻炼明显高于对照组或接受营养信息组,这表明动机信息至少能成功地使个体产生短期的行为变化。达什蒂(Dashti)等人[34]根据保护动机理论结构制作问卷,并通过健康教育干预研究发现,保护动机理论可被用作设计教育计划的框架,以改善糖尿病患者的饮食,促进身体活动。

3.3.2.2 成就目标理论

尼科尔斯(Nicholls)在成就动机的基础上提出了成就目标理论。该理论认为，在成就的体育运动中，两个目标取向是显而易见的：掌握和绩效。这两个成就目标被发现是独立的或正交的，即它们可以同时高或同时低，也可以一个高一个低。目标取向的变化会导致个体认知、情感和行为的偏差，有研究表明任务目标与自我目标、特定情绪之间存在独特的联系。研究者[35]认为掌握定向水平与体育课成绩、积极情绪体验和课后锻炼频率呈正相关。艾略特(Elliot)和他的同事[36][37]在二因素模型的基础上提出了趋近-回避-成就目标的三因素模型，进一步推进了成就目标理论。在三因素模型中，掌握目标的划分与二因素模型相同，但将成绩目标分为成绩趋近目标和成绩回避目标。为了增加成就目标的人群适用度，掌握目标也被划分为掌握趋近目标和掌握回避目标，即能力维度和效价维度相结合，从而产生了2×2模型。[37]但2×2模型的效应存在争议，以及研究结果不一致的现象。叶世俊等人[38]在我国中学生学校体育的背景下，验证了2×2模型在中学生体育学习动机研究中的适用性。之后，艾略特[39]将2×2成就目标模型扩展到了3×2模型。

当前成就目标理论的研究多侧重体育学习方面，其对体育锻炼动机的解释还需要更多研究的支持。无论何种分法，成就目标的核心都是能力，即个体如何定义能力，是关注能力的积极结果还是消极结果，决定了个体形成和采用何种目标。[40]情境(如动机气氛)和内部的变化(如目标取向、感知能力)是如何定义成功和失败的，是理解成就动机目标理论的动机过程和结果的核心。

3.3.2.3 期望—价值理论

埃克尔斯(Eccles)的期望—价值理论描述和解释了跨多个领域的成就选择和行为的变化。[41]该理论认为成就动机是由个体的成功期望和任务价值直接预测的，并受到社会化者的信念和行为，性别和活动定势(刻板印象)，儿童的图式、目标和兴趣，过去的成就经历，以及其他因素的间接影响。成功期望被定义为个人成功完成任务或掌握活动的信念，因此它是感知能力结构的代名词。任务价值一般指的是成就领域中成功的重要性。埃克尔斯和他的同事[42]确定了主观任务价值的四个组成部分：达成价值(如展示或发展能力的机会)、利益价值(本质上是有价值的活动)、效用价值(活动相对于目标的有用性)和成本(参与活动耗费的时间、金钱和努力等资源)，前三部分是预测锻炼行为的积极因素，而成本部分对人们行为变化的解释较好。有研究对中学体育课中学生的期望信念、任务价值(重要性、兴趣和有用性)和活动参与之间的关系进行了研究，发现期望信念与任务价值呈正相关，即个体更喜欢从事自己擅长的活动，并认为自己有能力。但研究同时发现，学生对活动有用性的认知，未能积极预测其活动的参与。有研究证实了期望信念与任务价值更内在的方面呈正相关，也证明了期望信念对中学生体育参与的预测作用。期望—价值理论在解释儿童和青少年锻炼行为时具有性别差异。[43]父母的影响也是重要的研究主题。[44]

3.3.2.4 自我决定理论

自我决定理论起源于内在利益和外在奖励对人类行为的相对影响的研究，由瑞安(Ryan)等人[45]构建和发展起来，包括认知评价理论、有机体整合理论、因果取向理论和基本需要理论四个相关亚理论，共同识别和解释动机以及整体的心理功能。从自我决定的角度理解动机的一个主要方面，集中在一个人是否有自我决定的或非自我决定的动机取向。自我决定理论是目前理解身体活动最流行的模型之一，且早期关于内外部动机的研究多在实验室、学校和运动竞赛环境中进行。

3.3.2.5 自我效能理论

自我效能是指对在某一水平上完成一项任务的能力的判断。自我效能理论表明效能信念在一个人的思维模式、行为和动机中起着预测和中介作用。班杜拉认为，只有当必要的技能和适当的激励存在时，才能认为效能判断是行为的主要决定因素。班杜拉刻画了自我效能与动机之间的关系。如果动机被定义为选择、努力和持久，一个高自我效能的人会更加渴望选择参与，付出更多的努力，并比一个低自我效能的人更容易坚持一种行为。班杜拉提出自我效能是心理因素对行为的影响。这些信念会影响人们在各种情况下的行为、思维模式和情感反应。人们会避免他们认为自己无力处理的情况。他们的自我效能水平将决定他们付出多少努力和多少时间。一个人对压力、注意力的需求和努力的效能影响着一个人的思想和情绪反应。

3.3.2.6 多种动机理论的整合研究

锻炼动机的理论观点是多方面的。过去的大量研究都仅仅依赖单一理论作为研究的基础，这样的研究会产生视角局限、重测信度差等后续问题，且不利于我们全面理解锻炼动机。斯普雷(Spray)等人[46]将实验诱导的成就目标参与和基于自我决定理论的自主控制沟通方式相结合，考察青少年在高尔夫任务中的表现。结果显示，处于自主状态的个体不管目标参与程度如何，都表现出更浓厚的兴趣、更长的持续时间，表现更好。涉及任务的参与者比自我介入条件下的参与者表现得更好。调查结果表明需要进一步的研究测试多种运动理论。将自主性和控制性同时考虑，可以更好地理解目标参与的动机影响。当前多种动机理论的整合研究较少，将各种理论相结合的研究方式为我们提供了多个视角，帮助我们更好地解开锻炼动机之谜。

3.3.3 锻炼动机的测量工具

在当前的研究中，研究者主要通过问卷和量表来测量锻炼动机，下列问卷和量表都是经过大量研究者的检验，适宜测量锻炼动机的工具。

3.3.3.1 身体活动动机量表

瑞安等人[47]在自我决定理论和认知评价理论的基础上，编制了身体活动动机量表。该量表是一个二阶因子结构，包括乐趣动机、能力动机、外貌动机、健康动机和社交动机 5 个动机维度。国外许多研究采用该量表测量人们参与锻炼的动机，结果证明该量表具有良好的信效度。陈善平等人[48]以中国大学生的锻炼动机为调查对象，验证了身体活动动机量表中文版具有良好的信效度，但需要注意的是目前只针对大学生和少部分成年群体进行了检验，对其他群体的适用性还需要进一步检验。且该量表侧重锻炼者的内部动机，要较全面地测量锻炼动机，需要增加外部动机结构。由于原量表有 30 个条目，题量过大，在实际操作中有许多不便，陈善平等人[49]对身体活动动机量表中文版进行了简化，建立了身体活动动机量表简化版，检验结果也表明简化版信效度达到了心理测量学标准，是一个效率更高的工具。

3.3.3.2 运动动机量表

运动动机量表有 7 个分量表，包括三种内部动机、三种外部动机和无动机，对体育参与的 7 种形式进行评价。每个维度由 4 个条目组成，并采用李克特 5 级评分法，范围从 1"完全不对应"到 5"完全对应"。伊利-皮帕里(Yli-Piipari)等人[50]的研究为英文版运动动机量表的信效度提供了证据，但暂时还没有研究系统地对该量表中文版的信效度进行检验。目前研究者多采用该量表测量学生的身体锻炼动机。

3.3.3.3 锻炼动机量表

锻炼动机量表基于多维度内外部动机理论模型对锻炼动机进行定性和定量评估。锻炼动机量表共 31 个条目；包括学习、经验感知、胜任三种内部动机，外部调节、整合调节、认同调节和内摄调节四种外部动机以及无动机三大维度；主要测试当前个体为什么参加这项活动的相关问题。

3.3.3.4 锻炼动机问卷

锻炼动机问卷由马克兰(Markland)等人编制,包括51个条目14个子量表。某一维度的得分越高,则表示这一维度对行为的影响越大。问卷通过了信效度检验,且对体育锻炼者和非体育锻炼均适用。

3.3.3.5 运动情境动机量表

运动情境动机量表由盖伊(Guay)等人改编,用于评估内部动机、鉴别原则、外化原则以及缺乏动机的构成。该量表共15个条目,采用5级量度。被试根据自身的实际情况作答,所有题目正向计分,每个题目的得分就是算选答案的数值。

3.3.4 锻炼动机与锻炼行为

3.3.4.1 儿童青少年的锻炼行为与动机

在儿童青少年群体中,从动机的角度对锻炼行为进行预测,通常涉及自我决定动机、父母和同伴提供的社会支持、社会性动机取向以及无动机等方面。

在自我决定动机方面的研究证明,自我决定理论可预测运动的持续性。研究者发现动机的自我决定程度越高,其运动维持的时间越长。同时,不同动机之间具有联系,高自我决定学习动机者的身体活动参与程度下降,与年龄呈正相关;高自我决定的友谊动机与身体活动呈正相关。[49]伊利-皮帕里[50]通过纵向研究测试了自我决定和目标取向对7~9年级儿童身体活动的预测作用。结果发现,随着年龄的增长,个体的身体活动轨迹下降,个体间的差异缩小,且自我决定和目标取向只能预测身体活动水平而不能预测变化情况。

以往的研究表明父母和同伴提供的社会支持与青少年的身体活动之间存在正相关关系[51],并且青少年的身体活动对父母的亲密度、父母的身体活动水平有互动调节作用,父母的身体活动能显著预测青少年的身体活动。[52]许欣等人[53]的研究表明父母的器材提供、行为鼓励和时间投入对儿童的运动行为有显著的正向预测力。麦克戴维(McDavid)[54]通过结构方程模型检验,发现父母在青少年闲暇时间的体育活动动机中扮演着重要角色,不直接参与闲暇体育活动的教师,也发挥着重要作用。

体育课堂不是一个封闭的环境,学生主要的交流对象是他们的同伴,在这种情况下,学生的行为会受到社会环境和社会性动机取向的影响。已有研究对社会性动机取向与成就目标之间的关系进行了研究,发现社会认同的掌握取向与绩效取向的目标之间的关联性最强,这表明了社会能力和身体能力的整体性。该研究也对这种关系下学生努力程度之间的关系进行了研究，结果表明学生的努力程度与社会能力的许多方面具有积极关系。教师在此基础上应该及时了解自己班级的社会结构，并计划开展促进积极互动的活动（如合作游戏），降低社会成本。

在探讨青少年的动机作用时，无动机在解释青少年锻炼退出和不参与体育活动等现象时具有重要意义。威格菲尔德（Wigfield）[55]认为，贬低学校科目可能会导致严重的动机缺陷。默多克（Murdock）等人[56]也谈到当学生认为他们的环境是传递关于学校或特定班级或科目的价值的负面信息时，他们更有可能缺乏动机。为了更好地分析学生的无动机现象，沈（Shen）等人[57]建立了体育无动机的四维模型：能力信念、努力信念、任务价值和任务特征。

3.3.4.2 成年人的锻炼行为与动机

在成年人的锻炼行为研究领域，最受关注的是大学生群体的参与动机。陈善平等人[58]发现内部动机相比于外部动机更有利于大学生身体活动的激发，且外部动机过强会抑制学生的内部动机，不利于大学生锻炼行为的持久。董宝林等人[59]对女大学生锻炼动机和行为的关联进行了分析，同样发现内部动机与女大学生的锻炼行为呈正相关，且具有正向预测作用。褚跃德等人[60]发现不同的锻炼动机对锻炼行为坚持性的影响不同，大学生的健康动机、乐趣动机和能力动机与他们的锻炼持续性呈显著相关，而社交动机和外貌动机与锻炼持续性没有显著相关。马顿斯（Martens）等人[61]对简单动机干预的效果进行了短期研究发现，相比于仅接受教育条件干预的学生，接受短期动机干预学生的身体活动显著增强。斯拉皮奇亚（Scarapicchia）等人[62]将年轻、不活跃的健康女性随机分配到提供内部或外部的关注言语刺激的同伴旁边的跑步机上以自选速度运动。研究发现，锻炼动机可以通过言语刺激来"传染"，与具有内部动机的人一起运动效益更佳。朱风书等人[63]认为内部动机和认同调节能够积极预测锻炼行为的各个方面，并且大学生锻炼动机与锻炼行为之间具有性别差异。

此外，成年人群中的动机集群与其锻炼行为之间的联系也受到了许多研究者的关注。斯蒂芬（Stephan）等人[64]在运动活跃的欧洲老年妇女的样本中发现存在一个高的整合动机集群，以及一个由中到高的内倾调节动机集群，前者与身体活动的参与水平相关。弗里德里希（Friederichs）等人[65]通过一个较大的成人样本测验动机集群，发现了三类集群（自主动机、可控动机和低动机），并通过比较发现来自自主集群的被试在身体活动上花费更多的时间，在身体活动意向和承诺中的得分更高。这些结果表明，不同的动机集群对成年人的身体活动持续时间具有显著影响。

3.3.4.3 特殊群体的锻炼行为与动机

特殊群体因为各自的特殊原因，其锻炼行为大多受到一定条件的限制，锻炼行为的维持也更加困难。因此，关注其动机显得更为重要，而在相关研究中涉及最多的是肥胖人群、残障人群。

肥胖人群的锻炼意识、锻炼行为和锻炼坚持性较体重正常人群更弱，这个现象被许多研究者关注。黄晓丽等人[66]的研究表明湖南省肥胖学生的总体体育意识水平低于体重正常学生，体育行为较体重正常学生消极。同时研究者也发现社会对肥胖群体的内隐偏见是导致其锻炼减少的一大因素。[67][68]动机对行为激发的作用被广泛认可，研究者期望通过增强肥胖人群的体育参与动机，来进一步改善其锻炼现状。张平等人[69]发现肥胖人群的外貌动机最为突出且外部动机更强，并指出应增强肥胖人群在体育锻炼中的乐趣和能力动机。马塔（Mata）等人[70]通过对肥胖妇女进行为期一年的随机对照试验发现，一般自我决定和更自主的锻炼动机能预测肥胖妇女一年的进食自我调节。

残障人的身体疾患或缺失决定了他们参与体育是以康复为主要目的的。王涛等人[71]指出，残障人也有参与体育活动的较强烈的愿望，但是现实中大部分人没有真正付诸实践。残障人对体育的态度是一个动态发展的过程，他们在参与体育初始，兴趣、情绪易被激发；但由于特殊的生理状况，残障人的付出与收获不成比例，会出现心理期望与现实的落差，兴趣开始消减，甚至重新审视自己的能力或产生放弃的心理。在对听力残疾高中学生锻炼行为的研究中发现，了解锻炼的健康价值、体会锻炼中产生的流畅的情感体验以及磨炼意志是男生参与课外体育锻炼的主要动机；女生更多地关注身材的保持，体育锻炼对良好身材的塑造是其参与课外体育锻炼的重要影响因素。[72]

3.4 研究进展及发展趋势

前面我们回顾了锻炼动机研究的过去，现在我们从研究内容、研究方法、研究工具三个方面一起探讨未来锻炼动机研究的发展方向。近几年在与动机有关的话题中，最热门的就是锻炼行为持久性和动机的干预作用，强调自主型动机的重要性，未来研究可以关注自主型动机的培养。

早期研究者主要采用描述性调查的方式进行研究，这种方式帮助我们了解了人们参与和不参与锻炼的原因，反映了动机的常识观念。之后，有关体育动机的研究多以理论为基础，我们对于锻炼动机的理解超越了描述性数据分析。未来我们可以将多种动机理论结合以更加全面的视角来研究人们参与体育运动的动机，并借鉴多学科研究方法，如通过实验设计情景激发被试的动机，通过近红外等脑科学技术使动机变得更加直观。

此外，研究主体可以更加丰富。当前有关锻炼动机的研究主要集中在儿童青少年和大学生人群中，有关成人的研究近些年才开始逐渐增多。但仍然有许多研究主体需要我们去关注，如残障人群、孕期和经期女性及疾病患者。

锻炼动机从童年到成年呈连续性发展，尽管这些经历的意义对每个参与者来说都是不同的，但是一个共同点在于认可社会环境对每个参与者的运动身份认同的重要性。锻炼动机在锻炼行为的不同阶段会发生变化，但产生变化的内在原因我们还不得而知。未来应增加纵向研究，探究个体的价值观、信念和过去经验等因素对不同年龄段人群的动机的影响，探究不同年龄段动机和身体活动差异形成的机制。

动机的测量工具可以多样化，当前的锻炼动机研究主要采用问卷和量表的形式，这样的测量工具只能测量锻炼的显性动机，其隐性动机较难被测量。未来研究者可以尝试开发测量锻炼的隐性动机的方法。

参考文献

[1]张厚粲：《大学心理学》，北京，北京师范大学出版社，2001。

[2]时蓉华：《社会心理学词典》，成都，四川人民出版社，1988。

[3]车文博：《心理咨询大百科全书》，杭州，浙江科学技术出版社，2001。

[4] Thøgersen-Ntoumani, C., & Ntoumanis, N.: "The role of self-determined motivation in the understanding of exercise-related behaviours, cognitions and physical self-evaluations", *Journal of Sports Sciences*, 2006.

[5]Vallerand, R. J., & Losier, G. F.: "An integrative analysis of intrinsic and extrinsic motivation in sport", *Journal of Applied Sport Psychology*, 1999.

[6]Pelletier, L. G., Tuson, K. M., Fortier, M. S., et al.: "Toward a new measure of intrinsic motivation, extrinsic motivation, and

amotivation in sports: The sport motivation scale (SMS)", *Journal of Sport and Exercise Psychology*, 1995.

[7]Brodkin, P., & Weiss, M. R.: "Developmental differences in motivation for participating in competitive swimming", *Journal of Sport and Exercise Psychology*, 1990.

[8]Gould, D., Feltz, D., & Weiss, M.: "Motives for participation in competitive youth swimming", *International Journal of Sport Psychology*, 1985.

[9]Chase, M. A., & Dummer, G. M.: "The role of sports as a social status determinant for children", *Research Quarterly for Exercise and Sport*, 1992.

[10]李晓智，张惠红：《中美青少年运动动机的差异》，《体育文化导刊》2012年第10期。

[11]Meester, D., Cardon, A., & Maes, J.: "The relationship between actual motor competence, perceived motor competence and motivation towards PE among 8th-grade children", *Journal of Sport and Exercise Psychology*, 2014.

[12]魏瑶，洪冬美：《目标定向对大学生体育锻炼内在动机的影响》，《天津体育学院学报》2009年第5期。

[13]王振，胡国鹏，蔡玉军等：《拖延行为对大学生体育锻炼动机的影响：自我效能感的中介效应》，《北京体育大学学报》2015年第4期。

[14]孙开宏，季浏，王春芳：《小学高年级女生体育课中的自主支持感与动机定向之间的关系：基本心理需要的中介作用》，《天津体育学院学报》2010年第5期。

[15]朱从庆，董宝林：《人格特质与大学生锻炼动机：情绪调节方式的中介效应》，《武汉体育学院学报》2016年第1期。

[16]朱宏，李英奎，何英：《整体自尊、自我同情对大学生锻炼动机的影响》，《北京体育大学学报》2016年第5期。

[17]Navarro, J. E. J-B., Sanz, J. L. G., del Castillo, J. M. D., et al.: "Motivational factors and physician advice for physical activity in older urban adults", *Journal of Aging and Physical Activity*, 2007.

[18]Prichard, I., & Tiggemann, M.: "Relations among exercise type, self-objectification, and body image in the fitness centre environment: The role of reasons for exercise", *Psychology of Sport & Exer-

cise，2008.

[19]Pfeffer，I.："Regulatory fit messages and physical activity motivation"，*Journal of Sport & Exercise Psychology*，2013.

[20]熊明生，刘皓云：《锻炼知识宣讲影响大学生锻炼动机的实验研究》，《武汉体育学院学报》2013年第7期。

[21]刘晓莉：《参与高校体育社团对大学生体育锻炼习惯养成的各阶段影响研究》，《南京体育学院学报(社会科学版)》2009年第3期。

[22]潘秀刚，陈善平，张中江等：《体育社团对大学生锻炼动机的影响》，《北京体育大学学报》2010年第7期。

[23]马襄城，申爱莲：《影响大学生体育课学习动机因素的调查与分析》，《上海体育学院报》2003年第3期。

[24]蹇晓彬，郭赤环：《高校学生体育锻炼动机及其影响因素的相关性分析》，《体育学刊》2008年第7期。

[25]符明秋，李彬彬：《双亲对子女体育参与动机影响的综述》，《北京体育大学报》2004年第10期。

[26]朱瑜，郭立亚，陈颇等：《同伴关系与青少年运动动机、行为投入的模型构建》，《天津体育学院学报》2010年第3期。

[27]高岩，王先亮：《父母支持、同伴友谊质量对青少年运动动机与投入影响》，《天津体育学院学报》2015年第6期。

[28]孙延林，李实，陈桂岭：《目标定向对体育课中学生动机模式的影响》，《天津体育学院报》1998年第4期。

[29]Ntoumanis，N.，& Biddle，S. J. H.："A review of motivational climate in physical activity"，*Journal of Sports Sciences*，1999.

[30]Amparo，E.，& Melchor，G.："Influence of the motivational climate in physical education on the intention to practice physical activity or sport"，*European Journal of Sport Science*，2001.

[31]胡咏梅，孙延林：《体育课中的动机气氛对初中生的动机水平、目标定向和能力知觉的影响》，《天津体育学院学报》2002年第4期。

[32]Papaioannou，A. G.，Tsigilis，N.，Kosmidou，E.，et al.："Measuring perceived motivational climate in physical education"，*Journal of Teaching in Physical Education*，2007.

[33]Gaston，A.，& Prapavessis，H.："Using a combined protection motivation theory and health action process approach intervention to promote exercise during pregnancy"，*Journal of Behavioral Medicine*，2014.

[34]Dashti, S., Dabbaghi, P., & Tofangchiha, S.: "The effectiveness of training program based on protective motivation theory on improving nutritional behaviors and physical activity in military patients with type 2 diabetes mellitus", *Journal of Family Medicine and Primary Care*, 2020.

[35]Andrew, J., & Elliot, M. V.: "Approach and avoidance motivation", *Educational Psychology Review*, 2001.

[36]Elliot, A. J., & Church, M. A.: "A hierarchical model of approach and avoidance achievement motivation", *Journal of Personality and Social Psychology*, 1997.

[37]Elliot, A. J., & Mcgregor, H. A.: "A 2×2 achievement goal framework", *Journal of Personality and Social Psychology*, 2001.

[38]叶世俊,张宏杰,管建民:《中学生体育学习成就目标2×2模型的检验》,《体育科学》2013年第7期。

[39]Elliot, A. J., Murayama, K., & Pekrun, R.: "A 3×2 achievement goal model", *Journal of Educational Psychology*, 2011.

[40]Chen, C., & Zhang, L.: "Temperament, personality and achievement goals among Chinese adolescent students", *Educational Psychology*, 2011.

[41]Eccles, J. S., Adler, T. E., Futterman, R., et al.: "Expectancies, values, and academic behaviors. In J. T. Spence (Ed.)", *Achievement and Achievement Motivation*, 1983.

[42]Eccles, J. S., & Harold, R. D.: "Gender differences in sport involvement: 'Applying the Eccles' expectancy-value model", *Journal of Applied Sport Psychology*, 1991.

[43]许欣,姚家新,杨剑等:《儿童运动期望-价值信念对运动行为的影响——以儿童感知父母运动投入程度为中介变量》,《武汉体育学院学报》2013年第3期。

[44]Ryan, R. M., & Deci, E. L.: "Self-determination theory and the facilitation intrinsic motivation, social development, and well-being", *American Psychologist*, 2000.

[45]Ryan, R. M., & Deci, E. L.: "Overview of self-determination theory: An organismic-dialectical perspective", *Psychology*, 2002.

[46]Spray, C. M., John, W. C. K., Biddle, S. J. H., et al.:

"Understanding motivation in sport: An experimental test of achievement goal and self-determination theories", *European Journal of Sport Science*, 2006.

[47]Ryan, R. M., Frederick, C. M., Lepes, D., et al.: "Intrinsic motivation and exercise adherence", *International Journal of Sport Psychology*, 1997.

[48]陈善平, 闫振龙, 谭宏彦:《锻炼动机量表(MPAM-R)中文版的信度和效度分析》,《中国体育科技》2006 年第 2 期。

[49]陈善平, 王云冰, 容建中等:《锻炼动机量表(MPAM-R)简化版的构建和信效度分析》,《北京体育大学学报》2013 年第 2 期。

[50]Yli-Piipari, S., Leskinen., E., Jaakkola, T., et al.: "Predictive role of physical education motivation: The developmental trajectories of physical activity during grades 7-9", *Research Quarterly for Exercise and Sport*, 2012.

[51]向渝:《中学生校外体育活动中的同伴效应研究》,《成都体育学院学报》2005 年第 4 期。

[52]Edwardson, C. L., Gorely, T., Musson, H., et al.: "Does activity-related social support differ by characteristics of the adolescent?", *Journal of Physical Activity and Health*, 2013.

[53]许欣, 姚家新:《父母投入程度与儿童运动参与的双向影响机制》,《首都体育学院报》2013 年第 6 期。

[54]McDavid, L., Cox, A. E., & Amorose, A. J.: "The relative roles of physical education teachers and parents in adolescents' leisure-time physical activity motivation and behavior", *Psychology of Sport and Exercise*, 2012.

[55]Wigfield, A.: "Expectancy-value theory of achievement motivation: A developmental perspective", *Educational Psychology Review*, 1994.

[56]Murdock, T. B.: "The social context of risk: Status and motivational predictors of alienation in middle school.", *Journal of Educational Psychology*, 1999.

[57]Shen, B., Wingert, R. K., Li, W. D., et al.: "An amotivation model in physical education", *Journal of Teaching in Physical Education*, 2010.

［58］陈善平，李咸生，容建中：《大学生体育锻炼的内部动机和外部动机》，《中国体育科技》2008年第4期。

［59］董宝林，张欢，陈啟等：《女大学生课外锻炼动机与行为关系研究》，《体育文化导刊》2014年第4期。

［60］褚跃德，靳文豪，王英春：《大学生锻炼动机及其与锻炼坚持性的关系》，《北京体育大学学报》2009年第3期。

［61］Martens Matthew, P., Joanna, B., Smith Ashley, E., et al.: "The short-term efficacy of a brief motivational intervention designed to increase physical activity among college students", *Journal of Physical Activity & Health*, 2012.

［62］Scarapicchia, T. M. F., Sabiston, C. M., Andersen, R. E., et al.: "The motivational effects of social contagion on exercise participation in young female adults", *Journal of Sport and Exercise Psychology*, 2013.

［63］朱风书，张智锴：《大学生锻炼动机与锻炼行为特征的关系》，《中国学校卫生》2016年第6期。

［64］Stephan, Y., Boiché, J., & Le Scanff, C.: "Motivation and physical activity behaviors among older women: A self-determination perspective", *Psychology of Women Quarterly*, 2010.

［65］Friederichs, S. A., Bolman, C., Oenema, A., et al.: "Profiling physical activity motivation based on self-determination theory: A cluster analysis approach", *BMC Psychology*, 2015.

［66］黄晓丽，李可兴：《湖南省肥胖中学生体育锻炼意识及行为价值取向研究》，《广州体育学院学报》2009年第2期。

［67］Robertson, N., & Vohora, R.: "Fitness vs. fatness: Implicit bias towards obesity among fitness professionals and regular exercisers", *Psychology of Sport and Exercise*, 2008.

［68］Pearl, R. L., & Dovidio, J. F.: "Experiencing weight bias in an unjust world: Impact on exercise and internalization", *Health Psychology*, 2015.

［69］张平，陈善平：《肥胖人群的锻炼行为和锻炼动机——以西安市知识分子为例的比较研究》，《首都体育学院学报》2010年第5期。

［70］Mata, J., Silva, M. N., Vieira, P. N., et al.: "Motivational 'spill-over' during weight control: increased self-determination and exercise intrinsic motivation predict eating self-regulation", *Health Psychology*, 2009.

[71]王涛,侯晓晖:《残障人体育社会支持系统的构建与应用》,《首都体育学院学报》2013年第3期。

[72]齐彬:《上海市听力残疾高中学生课外体育锻炼行为现状及对策研究》,上海师范大学,2007。

4 认知与体育锻炼

目前，认知的相关研究主要包括对感知觉、表象、识别、注意、记忆、思维、问题解决、创造力、语言、判断决策、推理等方面的研究。对于认知的研究一直都是心理学领域比较热门的，众多学者潜心于认知研究，促进了认知研究的进一步发展。近几年在对认知促进的研究中，体育锻炼对认知的影响逐渐占据了高地，其重要性也愈加明显。本章将阐述认知功能的定义、研究内容以及测量等，从而进一步阐释认知促进与体育锻炼之间的关系。

4.1 认知功能概述

4.1.1 认知功能的定义

现代认知心理学作为一种新的心理学思潮和研究取向，是在其他心理学流派或者现存的某种观点无法解决学界出现的问题以及解释生活中的某些现象时发展起来的一个新的心理学流派。现代认知心理学认为人和计算机一样，都是可以对信息进行加工（符号操作）的系统，这个系统被称为信息加工系统。正如计算机可以把输入的信息进行编码、存储、比较和检索一样，人同样会对信息进行加工。[1]虽然人的心理活动比较复杂，但是最终我们可以通过信息加工这样的基本概念对其加以说明。[2]孙延林等人[3]认为认知是指个体大脑处理信息的过程，也可被称为认知活动或认知功能。

4.1.2 认知功能的研究内容

认知功能涉及的内容非常多，主要有感知觉、注意、直觉、记忆、推理、决策、问题解决、语言、再认模式等方面。在目前快速发展的社会中，每个行为者较为关注的是影响其发展的重要因素，因此心理学领域的学者也较多研究对个体的成长和发展较为重要的高级认知过程，这部分的高级认知过程主要包括智力、记忆、注意力、学业成就和执行功能等。

智力是一种综合性的心理能力，是指人认识、理解客观事物并运用知识、经验等解决问题的能力。一般而言，智力包括理解、判断、问题解决、抽象思维、表达意念以及语言和学习的能力。记忆是研究认知功能的第二个主要方面，是经历过的事物在头脑中的保持和重现，本质上是信息成为感觉记忆，经历短时记忆系统，进入长时记忆系统，在需要时又被提取出来的过程。注意是指人的心理活动对一定事物的指向和集中。注意力则是指个体注意的能力，包括注意广度、稳定性、分配以及转移。学业成就通常是指个体经过对某种知识或技术的学习或训练，所获得的知识和技能的增长量。执行功能在认知心理学研究中占据着较为重要的地位，是指个体在完成复杂的认知任务时，对各种基本认知过程进行协调和控制的高级认知过程，包括抑制、刷新和转换三种核心成分。

4.1.3 认知功能的测量

4.1.3.1 智力的测量

现有的智力测验量表有很多，可以分为个体智力测验量表和团体智力测验量表两大类。1905年，比内和西蒙编制了世界上第一个个体智力测验量表，之后研究者根据实际情况来修订适合不同群体的智力测验量表（见表4-1）。在第一次世界大战期间，由于需要测量智力的备选士兵人数太多，当时的心理学家积极研究团体智力测验，比较有代表性的有陆军甲种测验、陆军乙种测验、瑞文推理测验等。

表4-1 个体智力测验量表

名称	时间	使用群体	特点
比内—西蒙智力量表	1905年	儿童	30个题目，种类繁多，测量个体在记忆、语言、理解等多方面的表现
	1908年	3～13岁	59个题目根据年龄分组
	1911年	儿童及成人	改变了题目内容及顺序，夸大了使用范围
斯坦福—比内量表	1916年	3～13岁	108个题目，首次引入比率智商的概念，将IQ作为个体智商水平的指标
	1937年	1.5～18岁	由L型和M型两个等值量表组成，信度与效度更高
	1960年	2～18岁	LM型单一量表，引入了离差智商的概念
	1972年	2～18岁	重新修订了常模
	1986年	2～18岁	常模更具代表性
	2003年	2～18岁	增加了一个例行测验

续表

名称	时间	使用群体	特点
中国比内测验	1924 年	2~8 岁	51 个题目,每个题目代表四个月的心理年龄
	1938 年	2~8 岁	效度更高
	1982 年	2~8 岁	效度更高
韦克斯勒量表	1939 年	成人	利用成年人的眼光选择,由多个子测验组成
	1949 年	10~60 岁	更具代表性,信度更高
	1949 年	儿童	降低了测验难度,增加了迷津分测验,采用了离差智商
	1955 年	10~60 岁	11 个分测验
	1974 年	6~16 岁	12 个分测验,由言语量表和操作量表构成
	1981 年	10~60 岁	分测验单独计分

4.1.3.2 记忆的测量

记忆测量的内容主要包括图形内容、语言内容、视觉内容以及听觉内容,国内广泛应用的测验量表是韦克斯勒记忆量表、中国临床记忆量表。

韦克斯勒记忆量表发行于 1945 年,是评估各种记忆能力和工作记忆的成套测验,有助于鉴别器质性和功能性记忆障碍。我国学者龚耀先等人对韦克斯勒记忆量表进行了本土化的修订,使之更适用于我国本土研究。

中国临床记忆量表是在 1984 年由许淑莲等学者联合天津大学等全国 31 所单位协作完成的一项综合性量表,有结构相同、内容难度等值的甲、乙两套测验,包括 5 项分测验,主要应用于临床记忆障碍的诊断、教育领域学习、记忆能力的评估,在 7~89 岁的各个年龄段均取得了可靠和有意义的结果。[4]

4.1.3.3 注意力的测量

注意力的测量方式可以分为两种,即通过填写问卷的"传统注意力测验"和通过分析人类行为和生理信号识别注意水平的"现代注意力测验"。我国学者关于注意力的测量做出了卓越的贡献,根据我国本土情况研发了多种测量工具,包括注意力测评系统、注意稳定训练仪、注意稳定测量仪、注意广度测试系统等。其中注意力测评系统的影响最为广泛，被应用于儿童青少年注意力的测量工作，并且在运动注意力测量方面起到了很大的作用。

4.1.3.4 学业成就的测量

学业成就的测量是心理与教育测量中发展最早也是较为完善的一类测量，我国较为正式的学业成就测量可以追溯到西周时期隋炀帝创立的科举考试。目前学业成就测验可以根据测验的编制方法、测验内容、测验用途、测验的题型等标准进行分类，最主要的分类方式是将学业成就测验分为个别学业成就测验和团体学业成就测验。

个别学业成就测验比较常见的有韦克斯勒个别成就测验，主要用于评估儿童青少年知识的增长和学习技能的发展，也可作为学习障碍的诊断工具；考夫曼儿童成套评价量表，包括继时加工、同时加工和成就量表三个分量表；董奇教授的研究团队根据当代中国儿童青少年的心理发育特征研发的学业成就问卷，包括语文、数学、英语学业成就的评价。

团体学业成就测验比较常见的是大都会成就测验，主要适用于评定幼儿园到高中阶段学生的学习发展情况，以及该阶段教师的课程安排和教学方法的有效性；斯坦福成就系列测验适用于各个年级的学生，涉及阅读、语言、数学等领域的基本技能的测量；艾奥瓦基本技能测验适用于幼儿园到初中阶段各年级的学生，且多项研究表明艾奥瓦基本技能测验的心理测量学特征几乎达到了同类测验的最高水平。

4.1.3.5 执行功能的测量

执行功能的测量是目前认知功能测量中常见的，也是比较重要的测量之一，测量任务主要包括认知任务的评估和量表的测量。认知任务的评估包括 Flanker 任务、N-back 任务、Go-Nogo 任务、Stroop 任务、AX-CPT（AX Continuous Performance Task）任务、More Odd Shifting 任务、汉诺塔和伦敦塔任务等。Stroop 任务是矛盾冲突任务，主要用于儿童执行功能的测量。[5]AX-CPT 属于主动性控制的任务范式，从反应性和主动性两个方面来考察执行功能，属于较常用的经典实验范式。[6]在相关的量表中，学界比较认可的是由国外研究机构研发的执行功能行为评定量表。

4.2 认知功能的相关假说

对于锻炼对认知功能的影响，国内外学者从不同的学科入手，针对相关原理和影响途径进行了深入研究和探讨。研究者就此提出了诸多有关锻炼对认知功能影响的原理和途径的解释和研究观点。其中，较受到认可并具有代表性的理论包括社会认知理论、认知心理假说、生理学观点以及认知神经科学理论。

4.2.1 社会认知理论

社会认知是社会心理学与认知心理学相结合的产物，社会认知理论关注人在社会中获得和应用知识的过程。在体育领域，该理论认为锻炼可以通过优化个体的认知、缓解压力、改善自尊、提高自我效能和控制感等途径，进而提高认知功能。社会认知理论主要提及了选择性提高假说和心理技能假说。

选择性提高假说是克雷默(Kramer)等人[7]于1999年提出的，该假说认为有氧锻炼可以提高有氧适能，但有氧适能只对高级认知功能产生认知益处，对于简单反应时一类的功能的影响有限。心理技能假说认为，认知功能是由一系列的心理技能组成的，这类技能受后天环境和实践活动的影响。运动环境为参与锻炼的个体提供了丰富的环境刺激。参与运动的个体通过运动锻炼不断提高自身的心理调节能力、技术能力、战术能力以及身体能力，进而发展认知功能。

4.2.2 认知心理假说

认知心理学以人类的高级认知过程为研究对象，在20世纪70年代后成为当代心理学的主流，认知心理假说主要提及了唤醒水平假说和认知储备假说。

唤醒水平假说认为有氧运动通过提高个体的唤醒水平，进而提高个体的认知功能。其中最具代表性的是倒U形理论，它对唤醒水平和行为表现之间的关系进行了解释。倒U形理论认为并不是唤醒水平越高，个体的认知功能表现就越好，而是每一个个体都存在一个最佳的唤醒水平。运动锻炼使得个体的唤醒水平在处于最佳唤醒水平之前，随着运动训练的增加而上升，进而提高个体的认知功能。

认知储备是个体通过补偿策略的脑网络最大限度地发挥脑功能的能力。[8]最早用于解释与年龄相关的脑损害易感性和阿尔茨海默病相关病理损害易感性的个体差异。[9]巴鲁利(Barulli)等人[10]认为认知储备是指预先存在的认知加工活动补偿的过程，能积极处理脑部的相应损害。该假说指出，早期参加有规律的身体活动的老年个体较不参加的老年个体的认知功能高。身体活动通过刺激分泌神经营养因子，加速神经细胞生长等途径增加脑储备，因此经常参加身体活动的人具有较高水平的认知功能和抵抗认知疾病的能力。

4.2.3 生理学观点

从生理学的角度解释运动促进个体认知水平的假说主要有三种：血管改变假说、神经递质假说和神经营养因子假说。

血管改变假说认为运动锻炼会导致与认知功能相关的血管在结构和功能上发生改变，包括增加脑血流量和提高血管生成两个方面。早在1980年，斯皮尔杜索(Spirduso)[11]就推测规律运动导致认知功能的潜在机制可能和增加脑血流量有关，最近的研究已经涉及运动对具体血管和半球的血流和流速，以及脑组织氧化作用的影响。血管生成是指在原有血管网的基础上形成新生血管的复杂过程。随着年龄的增长，产生新生血管的能力会逐渐丧失。运动导致中枢神经系统血管密度增加的结果，已经被许多动物模型的研究证实。

神经递质假说认为锻炼促进了与认知功能相关的神经递质的分泌，从而进一步改善认知功能。已有研究表明，运动帮助将血清中的钙运送到大脑，以激活限速酶，而多巴胺和去甲肾上腺素已经被证明和认知功能有关。霍(Ho)等人[12]发现不同持续时间的运动训练会对大鼠的海马神经递质受体和神经递质转运体基因表达产生不同的影响，而这些神经递质受体和神经递质转运体的改变会对认知功能产生影响。

神经营养因子假说认为，运动可以通过分子途径，如分泌更多脑源性神经营养因子(brain-derived neurotrophic factor，BDNF)来影响大脑的结构和功能，进而影响认知功能。研究表明，运动可以导致不同脑区(如海马、皮质、纹状体和小脑等)的BDNF的产生，其中影响最大的是海马，而诸多研究也都表明，海马的主要功能与人类学习、记忆等方面有很强的相关。多伊(Doi)等人[13]通过结构方程分析发现，中等强度运动与记忆功能并不直接相关，而是通过增加海马的体积作为中介变量来实现的。麦考利(McAuley)等人[14]通过对老年被试进行一年有氧锻炼的干预发现，被试的左右侧海马的体积分别增加2.2%和1.97%，而不锻炼组平均下降1.4%。夏海硕等人[15]认为，锻炼有利于脑细胞的营养供给和能量代谢，促进神经元的存活和突触生成，增大海马等脑结构的体积，加强脑区激活水平和脑区间的功能连接。

4.2.4 认知神经科学理论

脑可塑性假说来自认知神经科学理论，也是目前锻炼对认知影响的研究中比较前沿的一个学说。该假说认为大脑具有可塑性，锻炼可以重塑大脑的结构和功能。萨托雷(Zatorre)等人[16]认为大脑可塑性是指学习训练和环境刺激等因素造成大脑神经元和突触发生形态学变化，表现为皮层厚度、灰质体积、白质纤维连接的强度和方向等的变化，同时表现为脑区间发生的功能分离或整合。克雷默[17]发现有氧运动干预的老年人认知功能相关脑区的灰质和白质容量明显增加。海因策尔（Heinzel）等人[18]发现，运动训练后的任务测试成绩明显提高，前额叶的激活在低至中等难度任务中减弱。近年来，研究者也开始从更微观的角度去解释锻炼对脑可塑性的研究，特别是与前额叶有关的认知功能方面的研究。

4.3 研究进展及发展趋势

4.3.1 锻炼与儿童青少年的认知功能

现今超过80%的青少年未遵守建议的体育锻炼指南[19]，缺乏体育活动被视为对身体和认知健康的主要威胁。儿童青少年处于人生发展塑形的重要阶段，锻炼对儿童青少年的影响一直都是学界和社会所关注的热点，目前的相关研究主要关注注意力、记忆力、执行功能、学业表现以及认知功能障碍等方面。

4.3.1.1 锻炼可以提升儿童青少年的注意力

注意力是执行功能出现的前提，体育锻炼可能会对注意力这个基本的神经认知功能产生积极影响。侯卫东[20]针对青少年女子足球运动员与普通女中学生的注意力特征的比较研究发现，多年系统的足球训练可以促进注意能力的快速发展。李奇虎等人[21]利用注意力稳定测试发现，参与武术套路和刀术练习的儿童的注意力测试成绩明显高于没有进行锻炼的其他同龄儿童。孔久春[22]发现中等强度的乒乓球锻炼对儿童注意力稳定性的促进作用较为显著。张琴琴[23]以小学四年级的学生为实验对象，将其分为具有田径元素的蒙台梭利训练组、经典蒙台梭利训练组以及常规体育课组。经过为期8周的实验发现相比于其他两组，具有田径元素的蒙台梭利训练组的儿童在注意广度和稳定性方面都有显著提高。目前大量研究集中在对注意力缺陷儿童的研究上，关于锻炼如何提升儿童青少年的注意力有待研究。总之，无论是短时锻炼还是长时锻炼，对儿童的注意力都存在显著影响。

4.3.1.2 锻炼可以提升儿童青少年的记忆力

记忆力是研究锻炼提升儿童青少年认知功能的又一个重要方面。有研究者[24]通过为期9个月的旨在改善心肺适应性的随机体育锻炼干预发现，体育锻炼可以增强个体的心肺功能并改善任务表现，对于需要更大工作记忆容量需求的任务条件,体育锻炼的有益效果更好,即心肺适应性的提高与青春期前儿童工作记忆的认知控制的改善有关。此后,研究者[25]又通过对比397名儿童的心肺适能水平以及Spatial N-back测试结果之间的相关关系发现,具有较高心肺适能水平的儿童在测试中能取得更好的成绩,表明儿童积极参与运动锻炼能够有效提高记忆力,运动锻炼参与量与记忆力呈显著正相关。洛佩斯·维森特(López-Vicente)等人[26]研究了早期的体育锻炼和久坐行为与7岁、14岁时的工作记忆是否相关。他们发现4岁时的低课外体育活动水平与7岁时的工作记忆任务中正确反应率的降低相关不显著。但是在稍大的年龄组,7岁时的低课外体育活动水平与14岁时的工作记忆任务中正确反应率的降低显著相关。另外他们发现看电视与工作记忆无关,14岁男孩在7岁时的其他久坐行为与正确反应率的降低显著相关。这说明在儿童时期,不经常参加体育锻炼,会对工作记忆产生负面影响。佩斯(Pesce)等人[27]调查了运动锻炼对青春期前儿童记忆能力的影响。结果表明,在体育课上,学生进行一次急性运动锻炼可能有助于记忆的存储。这种独特类型的运动锻炼对即刻和延迟回忆的不同影响表明,记忆存储过程不仅可以通过运动引起生理唤醒的增强,而且可以通过认知运动需求引起认知的激活。希尔曼(Hillman)等人[28]通过对儿童进行长期的跟踪调查发现,长期中等强度的运动对儿童的记忆力有积极的促进作用。王浩权等人[29]从运动锻炼对BDNF、IGF-1①以及VEGF②三种调节因子的影响的角度论述了运动对记忆力的促进的作用机制,有效论证了运动锻炼对记忆力产生积极影响的事实。总体来说,运动锻炼对记忆力有积极影响,且规律的运动锻炼能够有效提高工作记忆。

4.3.1.3 锻炼可以提高儿童青少年的执行功能

执行功能是儿童认知、情绪和社会功能的核心,脑执行功能不良的儿童常会产生继发性行为和情绪方面的问题,严重影响成年以后的社会成就。儿童执行功能的重要性引起了各领域研究者的关注。随着锻炼心理学的发展,体育锻炼改善儿童脑执行功能的研究受到越来越多的关注。

哈夫坎普(Haverkamp)等人[30]通过整理2020年之前体育锻炼对健康青少年或年轻人(12~30岁)认知和学习成绩的影响的研究发现,约44项研究指出急性干预可以显著提高信息处理速度、注意力和抑制能力。较短的干预时间与注意力和认知灵活性的更大改善显著相关,而与

---

① 胰岛素样生长因子-1。
② 血管内皮生长因子。

年龄、性别、强度和剂量则没有显著相关。长期干预显著提高了处理速度、注意力、认知灵活性、工作记忆和语言技能。较高的男孩比例与注意力和工作记忆的更大改善显著相关，而年龄、持续时间、频率、剂量和负荷却没有。总之，急性干预和长期体育锻炼干预可能是改善青少年和年轻人的认知和语言技能的有效方法。

短时的体育锻炼可能会影响儿童的执行功能，相关研究多为短时中等强度的有氧运动干预方案研究。埃伦贝格(Ellemberg)等人[31]发现1次30分钟的中等强度体育锻炼干预能提高儿童的执行功能；陈爱国等人[32]发现不同强度的30分钟功率自行车急性有氧运动对执行功能产生选择性的积极影响。但需要注意的是，尚不清楚认知参与在体育活动中所起的作用，有研究表明运动锻炼中如果组合了认知参与，可能会对执行功能产生负面影响。艾格(Egger)等人[33]研究了运动锻炼和认知参与单独和/或组合作用对儿童执行功能的影响。他们将216名儿童随机分配到四个条件下，这四个条件都是基于课堂的体育活动干预，在两种体力消耗(高运动锻炼强度和低运动锻炼强度)和两种认知参与(高认知参与和低认知参与)上进行2×2组间设计。结果发现，认知参与因子在转移中具有显著的负面影响，在更新或抑制活动中均未产生作用。在任何执行功能中，运动锻炼强度因素或运动锻炼强度和认知参与的相互作用均未产生明显影响，结果说明在基于教室的体育活动中突然进行认知参与可能会降低儿童的认知能力。这为将来关于运动锻炼与认知活动的促进和恶化作用的理论研究指明了一个新的方向。

长期运动锻炼对儿童青少年执行功能的影响也受到了关注。坎贝尔(Campbell)等人[34]通过对4～6岁儿童的好动性和执行功能进行对比发现，好动性和执行功能之间有较强的正相关。查多克(Chaddock)等人[35]采用fMRI技术和Flanker测试对儿童的认知功能进行跟踪研究，经过一年的有氧锻炼发现高有氧体能的儿童的反应精确性更高，灵活分配策略更好，背侧纹状体的双侧核壳及苍白球的容量增多。动物研究表明，有氧运动与海马细胞的增殖和存活率的增加，以及海马依赖性的学习和记忆的增强有关。查多克等人[36]进一步将海马体积和记忆之间的联系扩展到青春期前儿童的样本。他们通过磁共振成像技术调查了高适度和低适度的9岁和10岁儿童在海马体积上是否存在差异，以及这些差异是否与项目记忆和关系记忆任务的表现有关，研究结果验证了他们的假设，这为体育锻炼与海马体积的关系提供了证据。这也是第一个表明有氧健身可能与青春期前人类大脑的结构和功能有关的发现。

4.3.1.4 锻炼可以促进儿童青少年的学业表现

研究普遍认为,运动锻炼是增进学生学业成就的最好方法之一。辛格(Singh)等人[37]通过对世界四大权威数据库进行检索分析发现,无论是回顾性的横断面调查还是实施运动干预的实验研究,规律的中等强度运动锻炼对学业成就都有显著的促进作用。傅建等人[38]发现25分钟中等强度的运动锻炼会对初中生的学业成就产生显著的影响。加西亚-埃尔莫索(García-Hermoso)[39]测试了学前运动锻炼干预对学习成绩、选择性注意和集中能力的影响。研究结果没有发现选择性注意和集中能力的显著变化,但是语言表现和数学表现发生了显著变化。此外,脂肪量、无脂肪量、肌肉和心肺健康方面也有所改善,当心肺适应性变化处于一定范围时,干预效果与选择性注意和集中能力之间呈显著相关,可以认为实施课前体育锻炼计划以增强心肺功能,可能会提高学生的选择性注意和学业成就。

需要注意的是,因为学校不同,运动锻炼可能会对不同层次的学生的学业成就产生不同的影响。科斯格罗夫(Cosgrove)等人[40]研究了处于低社会经济地位学校的西班牙裔青少年的运动锻炼与学习成绩的关系。结果表明,运动锻炼和学业成就之间存在负相关,极强的运动锻炼强度对学业成就具有显著的负面影响。尽管先前在有关运动锻炼和学业成就的研究中取得了积极的结果,但该研究的数据表明,在城市学校中,慢性运动锻炼的益处可能仅次于低社会经济地位的影响和学习时间。因此并非所有层次的学生都能够得到不同的运动锻炼带来的积极效果,这也意味着应对不平等现象的努力应被纳入针对青少年的健康教育课程和体育锻炼计划中。

4.3.1.5 锻炼可以缓解儿童的认知功能障碍

随着对体育锻炼与儿童认知功能研究的深入,研究者逐渐意识到具有认知障碍的儿童的存在,以及体育锻炼对具有认知障碍儿童的影响并成为又一大研究主流。研究发现,运动锻炼干预对注意缺陷多动障碍(attention deficit and hyperactivity disorder,ADHD)、孤独症、学习困难、攻击性儿童的执行功能有积极作用,并能改善其相应的行为症状表现。[41]当前研究关注较多的是锻炼对ADHD儿童的干预和治疗。

ADHD是当今研究最广泛、最普遍的神经发育障碍之一,是儿童精神病学中最普遍和最具争议的疾病之一。[42]临床和基础研究的进展主要集中在内表型的研究和鉴定方面。ADHD最明显的症状之一是运动过度活跃。这些多动的症状可能会对儿童的学业表现和社交技能产生负面影响,并增加同伴排斥、受害以及与教师和家庭不和谐的可能性。[40]

来自分子水平的研究为运动锻炼干预ADHD提供了理论基础。威格尔(Wigal)等人[43]观察到,与健康的年龄匹配的对照组相比,混合型的ADHD(有注意力不集中和多动—冲动症状)儿童在急性运动后的儿茶酚胺水平增加的幅度较小,间接证明了ADHD与儿茶酚胺功能障碍有关。坦蒂略(Tantillo)等人[44]使用间接测量的方法(自发眨眼率和听觉惊吓眨眼反应)来评估ADHD儿童对急性运动的多巴胺能反应,结果表明单次运动后多巴胺水平会升高。脑成像方面的研究为运动锻炼干预ADHD提供了实证证据。肖(Shaw)等人[45]纵向采集了234名ADHD儿童和231名典型发育儿童的神经解剖磁共振图像,结果发现在两组中,ADHD儿童的表面积发展轨迹明显延迟,相对于右前额叶皮层,ADHD儿童中50%的皮质顶点达到峰面积的中位年龄为14.6岁($SE=0.03$),显著晚于典型发育组的12.7岁($SE=0.03$)。在左半球中发现了类似但不太明显的发育延迟,而皮质回旋的发展轨迹没有诊断差异。该研究发现皮层厚度和表面积的一致延迟将注意力从选择性影响一种皮质成分的过程转移到控制多个皮质尺度成熟的机制上。

这些分子及脑成像方面的研究帮助我们更好地了解了注意力缺陷产生的原因,这为我们如何干预和治疗行为障碍提供了方向,相对于漫长的药物研发和机理发现,关于运动锻炼对行为障碍的研究很早就开始了。19世纪80年代初期的大量研究为运动锻炼对广义上的儿童行为问题的影响提供了初步的背景支持,目前行为改变已是一种公认的治疗ADHD的方法。霍尔珀林(Halperin)及其同事[46]对174项研究进行了元分析,以探讨行为疗法对ADHD学生的效果,并最终发现这是一种有效跨研究方法和设计的疗法。伽平(Gapin)等人[47]发现ADHD儿童对运动锻炼的反应可能比普通儿童对运动锻炼的反应更大。马哈尔(Mahar)等人[48]的研究表明,运动锻炼可以有效提高幼儿园至四年级的孩子在课堂上的工作任务行为。即使该研究未包括ADHD儿童,它也具有特殊意义,因为ADHD儿童在维持这些类型的行为上是有问题的。温特(Wendt)[49]发现参加常规运动计划6周的ADHD儿童与未接受运动的对照组相比,行为有显著改善。达·席尔瓦(da Silva)等人[50]的研究表明游泳锻炼能显著改善ADHD儿童的注意力,同时改善抑郁、压力、认知柔韧性等参数。这些发现表明,将慢性运动锻炼作为缓解ADHD行为症状的潜在方法非常重要。因此,可以认为运动锻炼会积极影响ADHD儿童青少年的大脑功能和结构,从而促进神经生长和发育,促进认知和抑制性控制,甚至可能改善 ADHD 症状。

4.3.1.6 锻炼对儿童青少年认知功能影响的研究趋势

相对于以上传统的基于课外或者体育课上增大体育锻炼对认知的影响，近年来，越来越多的研究开始集中在课上和课间的锻炼对儿童青少年认知的影响上。传统教育制度强迫孩子在上课的大部分时间保持久坐。在大多数国家，体育教育只拥有相对较少的课程时间（大约 2 小时/周），并且只有 10%～16% 的时间被用于中等强度到高强度运动[51]，年龄为 12～13 岁的儿童仅花费 5% 的上学时间在中等强度到高强度运动上。[52] 具体而言，格雷厄姆（Graham）等人[53]对西班牙儿童和青少年的研究表明，在上课时间、课间休息时间和体育课中的运动量都偏低。因此，可以增加在体育课程之外进行体育活动的数量和强度的策略。这些策略包括学术课程中的运动锻炼方法，其中运动锻炼被纳入教学活动中。穆伦德-维因斯马（Mullender-Wijnsma）等人[54]采取让孩子通过在数字或单词之间跳跃着来解决数学问题或将家庭单词分组的方法策略；詹森（Janssen）等人[55]使用主动课中锻炼的方法，在课程之中或课程之间的休息时间进行锻炼；阿尔滕堡（Altenburg）等人[56]采用主动休息的锻炼方法，让儿童在休息时间或午餐时间主动休息，通过中等强度到高强度的运动提高选择性注意力。这些都是在体育课之外进行体育锻炼从而对认知进行干预的方法。

有相当多的研究聚焦于学术课程与锻炼相结合，如穆伦德-维因斯马等人[54]发现学术课程中的运动锻炼更有效。唐纳利（Donnelly）[57]在小学生群体中进行 15 分钟的运动锻炼课程，让学生在室外操场上散步或跳动时使用身体摆出各种几何形状（如正方形或三角形），能提高他们的几何技能，而通过跑到某一个特定区域后，或拼写并跳到带有字母的地板垫上能够显著提高他们的地理空间能力。马丁内斯-洛佩兹（Martínez-López）等人[58]通过对在 2005 年至 2019 年关于课上及课间运动锻炼干预的研究整理中发现，学术课程中的运动锻炼计划可以显著改善执行功能、拼写及读写能力和流体智力，但是对数学技能的影响并不一致。另一系列涉及每天 10～15 分钟的学术课程中的运动锻炼在幼儿期也显示出积极的作用。[59]孩子们被分配到学术课程中的不同运动锻炼条件下（例如，在学习单词时跳舞；在学习某个大陆或者动物的知识的时候模仿生活在这个大陆上的动物的动作；当学习星球名字和距离时，模仿星球和太阳之间的运动等）。一般而言，学术课程中的运动锻炼组的孩子的学习程度较高，会更积极地运动并更喜欢学习的过程。施密特（Schmidt）等人[60]指出简单的运动锻炼干预对认知的影响中等($d=0.51$),运动结合认知在一起的干预能够带来更大的影响($d=1.12$)。马维利迪(Mavilidi)等人[61]认为边运动边学习可以将抽象信息转化为具体和有形的概念。可以将体验式学习定义为身体状态(即手臂的动作和姿势)与认知处理中包含的环境,它允许在不同的信息系统里同时进行处理。从这个意义上讲,马丹(Madan)等人[62]认为在运动中体现学习能力有助于建设高质量的心理表征,从而促进记忆和学习。

更多的研究关注主动课中锻炼的方法,认为主动课中锻炼应包含4~15分钟的中等强度到高强度运动以改善小学生的认知和学业成就。马(Ma)等人[63]建议根据"FUNtervals"纳入4分钟的主动课中锻炼(20秒的高强度运动与10秒的休息时间分开,重复8次),并使其进入学校计划表。克莱尔(Clare)等人[64]的研究表明这种主动课中锻炼在上学日可以增加9.5分钟的中等强度到高强度运动。但是,已经发现注意和学业成就的最大改善是通过将主动课中锻炼与认知承诺相结合而获得的。另有研究发现,由15~20分钟中等强度到高强度运动组成的更长的主动休息锻炼可以产生类似于高强度主动课中锻炼的认知改善。梅斯夸-伊达尔戈(Mezcua-Hidalgo)等人[65]的研究表明主动休息锻炼可以立即引起注意力集中强度的改变,并能持续1~2小时。鲁伊斯-阿里扎(Ruiz-Ariza)等人[66]发现在体育课开始之初进行合作性高强度间歇训练能够对情智、认知表现、创造力产生长期而持续的影响。查多克-海曼(Chaddock-Heyman)等人[67]发现主动课中锻炼的方法和主动休息锻炼方法的影响可归因于已知运动锻炼对白质微观结构的有益影响,从而提高大脑的神经元效率和决策能力。李(Li)等人[68]发现运动锻炼还可以提高5-羟色胺和去甲肾上腺素的水平并增加脑血流量。另外主动课中锻炼的方法和主动休息锻炼方法也可能会帮助孩子不断努力以实现共同的目标。这些发现共同表明,学校至少应开展包括1个4分钟主动课中锻炼或一个15分钟的主动休息锻炼,最好两个都同时开展。

4.3.2 锻炼与老年人的认知功能

随着人口老龄化愈趋严重,随之爆发的老年人帕金森病、阿尔茨海默病等认知神经性疾病给家庭、社会带来了极大的负担。对于如何维护老年人的认知功能,已经成为当今诸多领域研究者关注的热点问题。老年人的认知仍然具有可塑性,体育锻炼作为缓解老年人认知功能衰退的有效手段,能够从结构和功能上对老年人的认知进行重塑,从而延缓老年人认知功能的衰退。

4.3.2.1 体育锻炼可以延缓认知老化

自斯皮尔杜索[69]开始探寻体育锻炼与老年人认知衰退之间的关系，各个领域的研究者通过诸多研究手段，利用各领域的知识来解释体育锻炼对老年人的认知老化的缓解和改善作用。莱希钦（Lechtzin）等人[70]通过对老年人进行为期1个月的力量练习发现，进行力量训练组的老年人在数字逆向测验与Stroop任务测试上的成绩均高于没有参与运动的对照组老年人。格达（Geda）等人[71]在控制了年龄、性别、教育水平、抑郁水平等因素后，比较了轻度认知障碍老年人和认知正常老年人体育锻炼的参与情况，发现中年人或老年人从事中等强度体育锻炼可以明显降低认知障碍发生的风险，也从反面佐证了体育锻炼对老年人认知功能的积极作用。刘敏涛等人[72]通过为期12周、每周5次、每次45分钟的干预发现，参与锻炼的实验组老年人在精神状态量表测验的成绩明显高于不参与锻炼的对照组老年人。有氧健身通过衰老赋予认知有益作用的机制尚不清楚，但可能涉及脑血管适应。布朗（Brown）等人[73]对社区妇女进行了一项横断面研究，发现与久坐的女性相比，身体健康的女性具有较低的静息平均动脉压和较高的脑血管传导，而静息平均动脉和脑血管传导是认知的预测因子。这项研究确定了运动健身、血管功能和认知之间的强关联，并提供了有关有氧锻炼对衰老认知产生积极影响的机制的新认识。需要注意的是，由于受实验条件、手段、文化以及其他因素的影响，体育锻炼对老年人认知功能影响的研究成果出现了一些不一致的结果。泽拉（Zera）等人[74]通过为期6个月的干预发现，参与瑜伽锻炼组和有氧锻炼组的老年人在认知功能测试上的表现并没有比不锻炼的控制组有明显的提升。综上所述，大部分研究支持阻力锻炼、有氧锻炼以及身心锻炼等身体活动在延缓老年人的认知衰退方面都有积极作用。

在锻炼对延缓认知老化有一定效益的相关研究取得进展后，锻炼的"剂量效应"得到了研究者的密切关注，锻炼的类型、强度等因素均得到了考量。

从锻炼的类型上看，巴克利（Buckley）和安德森-汉利（Anderson-Hanley）[75][76]均发现阻力锻炼对老年人的认知衰退和老化有明显的缓解和改善作用。塔姆（Tam）、吴（Wu）和韦恩（Wayne）等人[77][78][79]通过太极拳对老年人的干预发现，太极拳锻炼对老年人的记忆功能、执行功能和注意，特别是执行功能有一定的改善作用，对延缓老年人的认知衰退和老化有一定的改善作用。同时，多种锻炼形式的交互影响也是目前研究的热点之一。多项研究发现，有氧锻炼和阻力锻炼的交互影响使得老年人认知功能的改善效果更佳。沃恩（Vaughan）等人[80]测试了一个为期16周的多模式运动计划对神经认知和身体功能以及脑源性神经营养因子的影响。结果发现，多模式运动计划改善了老年女性的神经认知和身体机能。该实验表明多模式运动干预比单模式干预产生的效果更好。脑源性神经营养因子水平的升高暗示神经发生可能是与多式联运相关的认知改善机制的一部分。诺奇（Nouchi）等人[81]调查了4周的短期组合运动训练对老年人认知功能的影响。结果发现，与对照组相比，组合运动训练提高了执行功能、情景记忆和处理速度。

从运动强度上看，叶罗欣等人[82]发现低强度的强化锻炼可以有效提高老年痴呆患者的语言记忆和早期老年痴呆患者的认知效率。哈里普拉萨德（Hariprasad）等人[83]开展了为期6个月的低运动量的瑜伽干预对老年人认知功能影响的研究。结果发现，瑜伽组在立即和延迟回忆、视觉记忆、注意力和工作记忆、语言流利性、执行功能和处理速度方面有显著改善。埃特根（Etgen）等人[84]进行了两项大数据调查研究，发现进行中等强度以及高强度锻炼可以有效缓解老年人的认知衰退。博尔加（Bolgar）等人[85]通过有氧锻炼干预发现，存在认知损伤的老年女性的执行功能有一定的改善。

此外，有关体育锻炼的其他因素，如锻炼持续时间、运动频率以及体育锻炼开始时间等方面的研究甚少，但这些因素同样对体育锻炼与老年人认知功能的改善之间的关系有一定的影响，也有待进一步研究和探索。

4.3.2.2 体育锻炼可以改善认知损伤

除了缓解认知老化，预防和改善以老年痴呆为代表的认知损伤性健康问题，也是锻炼与老年人认知功能关系研究的重要内容，已有研究表明体育锻炼能够减小认知损伤的风险。海恩等人[86]通过调查2020名65岁以上患有认知功能障碍的老年人参与体育锻炼前后的数据发现，体育锻炼可以增进健康，提高身体功能和认知功能，对老年人的认知损伤具有积极的干预作用。

在预防老年痴呆方面，拉森（Larson）等人[87]追踪了1740名65岁以上认知健康的老年人，研究体育锻炼与患痴呆风险之间的关系。结果发现，缺少体育锻炼的老年人最需要防范老年痴呆的发生，每周4次以上体育锻炼的老年痴呆发病率显著低于每周3次以下体育锻炼的老年人。安德尔（Andel）等人[88]采用孪生控制法研究中年期参与体育锻炼对老年期患老年痴呆的影响。分析表明，中年期较高水平的体育锻炼与老年较低的痴呆发病率具有显著的关系。劳滕施拉格（Lautenschlager）等人[89]通过对170名具有老年痴呆风险的老年人进行为期6个月、每周3次、每次50分钟的中等强度有氧锻炼干预发现，6个月中等强度的有氧锻炼干预可以有效改善有老年痴呆风险老年人的记忆力等认知功能，并且改善效果维持了18个月。托尔帕宁（Tolppanen）等人[90]以1260名有老年痴呆风险的老年人为研究对象，通过24个月有氧锻炼和阻力锻炼的运动干预发现，有氧锻炼和阻力锻炼的综合干预能有效改善或维持有老年痴呆风险老年人的认知功能。

在预防之外，研究也发现锻炼对患有轻度认知障碍、帕金森病的老年人具有积极的改善和缓解作用。多尔蒂（Dougherty）等人[91]的研究证实了6个月有氧运动提高了患轻度认知障碍女性的执行功能测试成绩。罗伯茨（Roberts）等人[92]考察了198名轻度认知障碍的患者和1126名认知正常的老年人体育活动情况与其认知功能的关系。结果表明，人生早期阶段常年从事体育锻炼可以减小认知损伤风险。叶罗欣等人[93]以老年痴呆患者为研究对象进行随机分组研究。结果发现，10周高强度体育锻炼训练后，老年痴呆患者的认知水平得到了显著提高。也有研究表明，6个月的有氧运动能减缓和改善与帕金森病有关的认知衰退。[94][95]奇尔斯（Chirles）等人[96]让16名轻度认知障碍和16名健康的老年人（年龄为60~88岁）接受为期12周的有监督的步行运动干预。结果表明，经过中等强度的步行运动训练12周，轻度认知障碍患者的后扣带回皮层/楔前叶的神经功能连接性增强，即体育锻炼对认知的保护作用可以通过增强神经连通机制来实现，这可能会增加认知的储备。

综上所述，已有的研究结果初步表明体育锻炼能够改善老年人的认知损伤。现有的研究存在诸多方面的不足，如体育锻炼对认知损伤的研究较少，研究的被试人数较少，缺少对认知功能干扰变量（如年龄、文化程度、认知损伤水平等）的控制以及影响机制仍不明确等。

4.3.3 小结

自奈瑟尔（Neisser）的《认知心理学》一书问世，认知心理学这一分支便从心理学中脱离出来，正式成为一门独立的学科。1975年，以斯皮尔杜索为主导的研究——有氧运动对老年人反应时间的影响，推动了锻炼对认知功能研究的萌芽。科尔科姆等人有关锻炼对老年人认知功能的影响的元分析成为该研究领域又一划时代意义的研究。随着科学技术的进步，研究者又把ERP、SMRI以及fMRI等技术引入认知功能的研究，进一步采用更加科学的方法，从大脑可塑性以及心血管适能等角度去解释锻炼对老年人认知功能的影响。近十年，锻炼对认知功能影响的研究进入蓬勃发展时期，研究者对运动类型进一步细化，拓展了影响人群，并且更加重视锻炼对执行功能的影响。目前，我国人口老龄化进一步加剧，教育也处于重要的转型期，这些亟待解决的难题最终都落在了认知功能研究等领域。锻炼作为成本低、易实施、效果佳的干预方式，广受大众的喜爱。因此，锻炼对认知功能的研究，特别是针对老年人认知的衰老、学龄期儿童执行功能的改善和塑造都有非常重要的意义。锻炼对认知功能影响的研究与我国未来的发展息息相关，对于研究者来说，任重而道远。

随着对西方先进的研究方法和成果学习的深入，我国学者开始将先进的研究方法应用到我国特色的运动项目以及特定的人群中，希望可以结合我国的实际情况，因地制宜地解决我国当前面临的问题。

我国学者对锻炼对认知功能影响的研究做出了极大的贡献。其中，扬州大学陈爱国团队深耕于锻炼对儿童青少年大脑可塑性以及执行功能促进的研究，结合多项运动对一般儿童以及特殊儿童进行干预，取得了享誉学界的研究成果；上海体育学院周成林以戒毒为切入点研究锻炼对大脑可塑性的影响；华东师范大学李琳团队以久坐行为为重点研究进行锻炼对大脑可塑性和认知功能的影响；台北师范大学张育恺团队以儿童学业成就为重点研究锻炼对儿童认知功能的影响。我国学者立足我国的实际情况，以锻炼为干预手段，利用先进技术对各个群体的大脑可塑性以及认知功能进行研究，逐步研究锻炼对一般儿童以及聋哑儿童、ADHD儿童等特殊儿童的影响，对学龄期儿童、吸毒群体、久坐青年人、认知衰退老年人等各个社会群体的干预作用。这丰富了锻炼对认知功能的研究，填补了国际上对此方面研究的空白，创新了研究方法和范式，提供了更加新颖的研究视角。

参考文献

[1]〔苏联〕维里契科夫斯基：《现代认知心理学》，孙晔等译，北京，社会科学文献出版社，1988。

[2] Lachman, J. L., Lachman, R., & Thronesbery, C.: "Metamemory through the adult life span", *Developmental Psychology*, 1979.

[3]孙延林，王志庆，姚家新等：《体育锻炼与心理健康：认知、焦

虑、抑郁和自我概念的研究进展》,《生理科学进展》2014 年第 5 期。

[4]林崇德,杨治良,黄希庭:《心理学大辞典》,上海,上海教育出版社,2003。

[5]李红,王乃弋:《论执行功能及其发展研究》,《心理科学》2004 年第 2 期。

[6]Yang, Y., Miskovich, T. A., & Larson, C. L.: "Larson, state anxiety impairs proactive but enhances reactive control", *Frontiers in Psychology*, 2018.

[7]Kramer, G. H., & Burns, L. C.: "Evaluation of the effect of chest wall thickness, tissue composition, and photon energy on the quantity muscle-equivalent chest-wall-thickness by Monte Carlo Simulation", *Radiation Protection Dosimetry*, 1999.

[8]Yaakov, S. A.: "Cognitive reserve in ageing and Alzheimer's disease", *Lancet Neurology*, 2012.

[9]梁津瑜,章军建:《认知储备的测量与研究进展》,《中国临床神经科学》2017 年第 3 期。

[10]Barulli, D. J., Rakitin, B. C., Lemaire, P., et al.: "The influence of cognitive reserve on strategy selection in normal aging", *Journal of the International Neuropsychological Society*, 2013.

[11]Spirduso, W. W.: "Physical fitness, aging, and psychomotor speed: A review", *Journal of Gerontology*, 1980.

[12]Ho, L., Qin, W., Pompl, P. N., et al.: "Diet-induced insulin resistance promotes amyloidosis in a transgenic mouse model of Alzheime's disease", *FASEB Journal*, 2004.

[13]Doi, T., Shimada, H., Makizako, H., et al.: "Cognitive function and gait speed under normal and dual-task walking among older adults with mild cognitive impairment", *BMC Neurology*, 2014.

[14]McAuley, E., Mullen, S. P., Szabo, A. N., et al.: "Self-regulatory processes and exercise adherence in older adults: Executive function and self-efficacy effects", *American Journal of Preventive Medicine*, 2011.

[15]夏海硕,丁晴雯,庄岩等:《体育锻炼促进认知功能的脑机制》,《心理科学进展》2018 年第 10 期。

[16]Zatorre, R. J., Fields, R. D., & Johansen-Berg, H.: "Plas-

ticity in gray and white: Neuroimaging changes in brain structure during learning", *Nature Neuroscience*, 2012.

［17］Kramer, A. F.: "Exercise, cognition, and the aging brain", *Journal of Applied Physiology*, 2006.

［18］Heinzel, S., Lorenz, R. C., Pelz, P., et al.: "Neural correlates of training and transfer effects in working memory in older adults", *NeuroImage*, 2016.

［19］Piercy, K. L., Troiano, R. P., Ballard, R. M., et al.: "The physical activity guidelines for Americans", *Journal of the American Medical Association*, 2018.

［20］侯卫东：《优秀青少年女子足球运动员与普通女中学生注意能力比较：基于差异参数构建判别方程模型》，《中国组织工程研究与临床康复》2008年第7期。

［21］李奇虎，陈明玉，黄秀玉：《武术套路训练对儿童注意力影响的对比研究》，《宜春学院学报》2010年第12期。

［22］孔久春：《体育锻炼方式对儿童注意力稳定性的影响》，《中国学校卫生》2012年第4期。

［23］张琴琴：《具有田径元素的蒙特梭利运动训练对儿童注意力影响的研究》，成都体育学院，2018。

［24］Kamijo, K., Pontifex, M. B., O'Leary, K. C., et al.: "The effects of an afterschool physical activity program on working memory in preadolescent children", *Developmental Science*, 2011.

［25］Kamijo, K., Pontifex, M. B., Khan, N. A., et al.: "The negative association of childhood obesity to cognitive control of action monitoring", *Cerebral Cortex*, 2014.

［26］López-Vicente, M., Garcia-Aymerich, J., Torrent-Pallicer, J., et al.: "Are early physical activity and sedentary behaviors related to working memory at 7 and 14 years of age?", *The Journal of Pediatrics*, 2017.

［27］Pesce, C., Grova, C., Cereatti, L., et al.: "Physical activity and mental performance in preadolescents: Effects of acute exercise on free-recall memory", *Mental Health and Physical Activity*, 2009.

［28］Hillman, C. H., Erickson, K. I., & Kramer, A. F.: "Be smart, exercise your heart: Exercise effects on brain and cognition",

Nature Reviews Neuroscience, 2008.

[29]王浩权，韩静：《适度运动增强学习记忆研究进展》，《中国运动医学杂志》2018年第1期。

[30] Haverkamp, B. F., Wiersma, R., Vertessen, K., et al.: "Effects of physical activity interventions on cognitive outcomes and academic performance in adolescents and young adults: A meta-analysis", *Journal of Sports Sciences*, 2020.

[31] Ellemberg, D., & St-Louis-Deschênes, M.: "The effect of acute physical exercise on cognitive function during development", *Psychology of Sport and Exercise*, 2010.

[32]陈爱国，殷恒婵，王君等：《短时中等强度有氧运动改善儿童执行功能的磁共振成像研究》，《体育科学》2011年第10期。

[33] Egger, F., Conzelmann, A. M., & Schmidt, M.": The effect of acute cognitively engaging physical activity breaks on children's executive functions: Too much of a good thing", *Psychology of Sport and Exercise*, 2018.

[34] Campbell, A. L., & Bush, C.: "Research, diagnosis, and treatment of mental health disorders of children and adolescents", *Issues in Mental Health Nursing*, 2002.

[35] Chaddock, L., Hillman, C. H., Pontifex, M. B., et al.: "Childhood aerobic fitness predicts cognitive performance one year later", *Journal of Sports Sciences*, 2012.

[36] Chaddock, L., Erickson, K. I., Prakash, R. S., et al.: "A neuroimaging investigation of the association between aerobic fitness, hippocampal volume, and memory performance in preadolescent children", *Brain Research*, 2010.

[37] Singh, J., Song, Z. H., & Reggio, P. H.: "Structure of a cannabinoid receptor subtype 2 homodimer determined by cysteine and homobifunctional crosslinking experiments combined with computational studies", *Biophysical Journal*, 2012.

[38]傅建，范亚荣：《不同时间中等强度体育锻炼对初中生执行功能和学业成就影响的实验研究》，《体育与科学》2016年第6期。

[39] García-Hermoso, A., Hormazábal-Aguayo, I., Fernández-Vergara, O., et al.: " A before-school physical activity intervention to

improve cognitive parameters in children: The active-start study", *Scandinavian Journal of Medicine & Science in Sports*, 2020.

[40]Cosgrove, J. M., & Castelli, D. M.: "Physical activity and academic performance among adolescents in low-SES schools", *American Journal of Health Education*, 2018.

[41]Drollette, E. S., Scudder, M. R., Raine, L. B., et al.: "Acute exercise facilitates brain function and cognition in children who need it most: An ERP study of individual differences in inhibitory control capacity", *Developmental Cognitive Neuroscience*, 2014.

[42]American Psychiatric Association. *Diagnostic and Statistical Manual of Mental Disorders* (DSM-5), Washington, D. C.: American Psychiatric Publishing, 2013.

[43]Wigal, S. B., Nemet, D., Swanson, J. M., et al.: "Catecholamine response to exercise in children with attention deficit hyperactivity disorder", *Pediatric Research*, 2003.

[44]Tantillo, M., Kesick, C. M., Hynd, G. W., et al.: "The effects of exercise on children with attention-deficit hyperactivity disorder", *Medicine & Science in Sports & Exercise*, 2002.

[45]Shaw, P., Malek, M., Watson, B., et al.: "Development of cortical surface area and gyrification in attention-deficit/hyperactivity disorder", *Biological Psychiatry*, 2012.

[46]Halperin, J. M., Berwid, O. G., & O'Neill, S.: "Healthy body, healthy mind?", *Child and Adolescent Psychiatric Clinics*, 2014.

[47]Gapin, J., & Etnier, J. L.: "The relationship between physical activity and executive function performance in children with attention-deficit hyperactivity disorder", *Journal of Sport and Exercise Psychology*, 2010.

[48]Mahar, M. T., Murphy, S. K., Rowe, D. A., et al.: "Effects of a classroom-based program on physical activity and on-task behavior", *Medicine and Science in Sports and Exercise*, 2006.

[49]Wendt, M. S.: "The effect of an activity program designed with intense physical exercise on the behavior of attention deficit hyperactivity disorder (ADHD) children", *State University of New York at Buffalo*, 2000.

[50] da Silva, L. A. , Doyenart, R. , Henrique Salvan, P. , et al. : "Swimming training improves mental health parameters, cognition and motor coordination in children with Attention Deficit Hyperactivity Disorder", *International Journal of Environmental Health Research*, 2020.

[51] Calahorro-Cañada, F. , Torres-Luque, G. , López-Fernández, I. , et al. : "Is physical education an effective way to increase physical activity in children with lower cardiorespiratory fitness?", *Scandinavian Journal of Medicine & Science in Sports*, 2017.

[52] da Costa, B. G. G. , da Silva, K. S. , da Silva, J. A. , et al. : "Sociodemographic, biological, and psychosocial correlates of light- and moderate-to-vigorous-intensity physical activity during school time, recesses, and physical education classes", *Journal of Sport and Health Science*, 2019.

[53] Graham, D. J. , Lucas-Thompson, R. G. , & O'Donnell, M. B. : "Jumpin! An investigation of school physical activity climate, and a pilot study assessing the acceptability and feasibility of a novel tool to increase activity during learning", *Frontiers in Public Health*, 2014.

[54] Mullender-Wijnsma, M. J. , Hartman, E. , Greeff, J. W. D. , et al. : "Physically active math and language lessons improve academic achievement: A cluster randomized controlled trial", *Pediatrics*, 2016.

[55] Janssen, M. , Chinapaw, M. J. M. , Rauh, S. P. , et al. : "A short physical activity break from cognitive tasks increases selective attention in primary school children aged 10-11", *Mental Health and Physical Activity*, 2014.

[56] Altenburg, T. M. , Chinapaw, M. J. M. , & Singh, A. S. : "Effects of one versus two bouts of moderate intensity physical activity on selective attention during a school morning in Dutch primary schoolchildren: A randomized controlled trial", *Journal of Science and Medicine in Sport*, 2016.

[57] Donnelly, J. E. , & Lambourne, K. : "Classroom-based physical activity, cognition, and academic achievement", *Preventive Medicine*, 2011.

[58] Martínez-López, E. J. , Ruiz-Ariza, A. , de la Torre-Cruz, M. , et al. : "Alternatives of physical activity within school times and

effects on cognition. A systematic review and educational practical guide", *Psicología Educativa*, 2020.

[59]Mavilidi, M. F., Lubans, D. R., Eather, N., et al.: "Preliminary efficacy and feasibility of 'Thinking while moving in English': A program with integrated physical activity into primary school English lessons", *Children*, 2018.

[60]Schmidt, M., Benzing, V., Wallman-Jones, A., et al.: "Embodied learning in the classroom: Effects on primary school children's attention and foreign language vocabulary learning", *Psychology of Sport and Exercise*, 2019.

[61]Mavilidi, M. F., Lubans, D. R., Morgan, P. J., et al.: "Integrating physical activity into the primary school curriculum: Rationale and study protocol for the "Thinking while moving in English", cluster randomized controlled trial", *BMC Public Health*, 2019.

[62]Madan, C. R., & Singhal, A.: "Using actions to enhance memory: Effects of enactment, gestures, and exercise on human memory", *Frontiers in Psychology*, 2012.

[63]Ma, J. K., Le Mare, L., & Gurd, B. J.: "Four minutes of in-class high-intensity interval activity improves selective attention in 9- to 11-year olds", *Applied Physiology, Nutrition, and Metabolism*, 2015.

[64]Clare, D., Murtagh Elaine, M., McKee David, P., et al.: "The effect of a classroom activity break on physical activity levels and adiposity in primary school children", *Journal of Paediatrics and Child Health*, 2016.

[65]Mezcua-Hidalgo, A., Ruiz-Ariza, A., Suárez-Manzano, S., et al.: "48-hour effects of monitored cooperative high-intensity interval training on adolescent cognitive functioning", *Perceptual and Motor Skills*, 2019.

[66]Ruiz-Ariza, A., Suárez-Manzano, S., López-Serrano, S., et al.: "The effect of cooperative high-intensity interval training on creativity and emotional intelligence in secondary school: A randomised controlled trial", *European Physical Education Review*, 2017.

[67]Chaddock-Heyman, L., Hillman, C. H., Cohen, N. J., et al.: "The importance of physical activity and aerobic fitness for cognitive con-

trol and memory in children", *Monographs of the Society for Research in Child Development*, 2014.

[68] Li, J. W., O'Connor, H., O'Dwyer, N., et al.: "The effect of acute and chronic exercise on cognitive function and academic performance in adolescents: A systematic review", *Journal of Science and Medicine in Sport*, 2017.

[69] Spirduso, W. W., & Asplund, L. A: "Physical activity and cognitive function in the elderly", *Quest*, 1995.

[70] Lechtzin, N., West, N., Allgood, S., et al.: "Rationale and design of a randomized trial of home electronic symptom and lung function monitoring to detect cystic fibrosis pulmonary exacerbations: The early intervention in cystic fibrosis exacerbation (eICE) trial", *Contemporary Clinical Trials*, 2013.

[71] Geda, Yonas E: "Mild cognitive impairment in older adults", *Current Psychiatry Reports*, 2012.

[72]刘敏涛，云鑫，张红玉等：《长期健身锻炼对老年人认知功能的影响》，《中国老年学杂志》2018年第5期。

[73] Brown, A. D., McMorris, C. A., Longman, R. S., et al.: "Effects of cardiorespiratory fitness and cerebral blood flow on cognitive outcomes in older women", *Neurobiology of Aging*, 2010.

[74] Zera, C., Mcgirr, S., & Oken, E: "Screening forobesity in reproductive-aged women", *Preventing Chronic Disease*, 2011.

[75] Buckley, R. M., & Lachman, V. D.: "Depression in older patients: Recognition and treatment", *Journal of the American Academy of Physician Assistants*, 2007.

[76] Anderson-Hanley, C., Arciero, P. J., Brickman A M, et al.: "Exergaming andolder adult cognition: A cluster randomized clinical trial", *American Journal of Preventive Medicine*, 2012.

[77] Tam, C. W., & Lam, L. C.: "Cognitive function, functional performance and severity of depression in Chinese older persons with late-onset depression.", *East Asian Archives of Psychiatry*, 2012.

[78] Wu, S.: "Physical activity and cognitive function in Alzheimer disease.", *the Journal of the American Medical Association*, 2009.

[79] Wayne, P. M., Walsh, J. N., Taylor-Piliae, R. E., et al.:

"The impact of Tai-Chi on cognitive performance in older adults: A systematic review and meta-analysis", *the Journal of Alternative and Complementary Medicine*, 2014.

[80]Vaughan, S., Wallis, M., Polit, D., et al.: "The effects of multimodal exercise on cognitive and physical functioning and brain-derived neurotrophic factor in older women: A randomised controlled trial", *Age and Ageing*, 2014.

[81]Nouchi, R., Taki, Y., Takeuchi, H., et al.: "Four weeks of combination exercise training improved executive functions, episodic memory, and processing speed in healthy elderly people: Evidence from a randomized controlled trial", *Age*, 2014.

[82]Yerokhin, V., Anderson-Hanley, C., Hogan, M. J., et al.: "Neuropsychological and neurophysiological effects of strengthening exercise for early dementia: A pilot study", *Aging Neuropsychology and Cognition*, 2012.

[83] Hariprasad, V. R., Koparde, V., Sivakumar, P. T., et al.: "Randomized clinical trial of yoga-based intervention in residents from elderly homes: Effects on cognitive function", *Indian Journal of Psychiatry*, 2013.

[84]Etgen, T., Chonchol, M., Förstl H., et al.: "Chronic kidney disease and cognitive impairment: A systematic review and meta-analysis", *American Journal of Nephrology*, 2012.

[85]Bolgar, M. R., Baker, C. E., Goss, F. L., et al.: "Effect of exercise intensity on differentiated and undifferentiated ratings of perceived exertion during cycle and treadmill exercise in recreationally active and trained women", *Journal of Sports Science & Medicine*, 2010.

[86]Heyn, P. C., Johnsons, K. E., & Kramer, A. F.: "Endurance and strength training outcomes on cognitively impaired and cognitively intact older adults: A meta-analysis", *Journal of Nutrition Health and Aging*, 2008.

[87]Larson, E. B., Wang, L., Bowen, J. D., et al.: "Exercise is associated with reduced risk for incident dementia among persons 65 years of age and older", *Annals of Internal Medicine*, 2006.

[88]Andel. R., Crowe, M., Pedersen, N. L., et al.: "Physical

exercise at midlife and risk of dementia three decades later: A population-based study of swedish twins", *the Journals of Gerontology: Series A*, 2008.

[89]Lautenschlager, N. T., Cox, K., & Kurz, A. F.: "Physical activity and mild cognitive impairment and Alzheimer's disease", *Current Neurology & Neuroscience Reports*, 2010.

[90] Tolppanen, A. M., Solomon, A., Kulmala, J., et al.: "Leisure-time physical activity from mid- to late life, body mass index, and risk of dementia", *Alzheimer's & Dementia*, 2015.

[91]Dougherty, R. J., Boots, E. A., Lindheimer, J. B., et al.: "Fitness, independent of physical activity is associated with cerebral blood flow in adults at risk for Alzheimer's disease", *Brain Imaging and Behavior*, 2020.

[92]Roberts, R. O., Cerhan, J. R., Geda, Y. E., et al.: "Polyunsaturated fatty acids and reduced odds of MCI: The mayo clinic study of aging", *Journal of Alzheimer's Disease*, 2010.

[93]Yerokhin, V., Hanley, A, C., Hogan, M. J., et al.: "Neuropsychological and neurophysiological effects of strengthening exercise for early dementia: A pilot study", *Aging Neuropsychology and Cognition*, 2012.

[94]Hirsch, M. A., & Farley, B. G.: "Exercise and neuroplasticity in persons living with Parkinson's disease", *European Journal of Physical and Rehabilitation Medicine*, 2009.

[95] Gonzales, M. M., Tarumi, T., Kaur, S., et al.: "Aerobicfitness and the brain: Increased N-acetyl-aspartate and choline concentrations in endurance-trained middle-aged adults.", *Brain Topography*, 2013.

[96]Chirles, T. J., Reiter, K., Weiss, L. R., et al.: "Exercise training and functional connectivity changes in mild cognitive impairment and healthy elders", *Journal of Alzheime's Disease*, 2017.

5 人格与体育锻炼

习近平在2018年全国教育大会上的重要讲话提出，要树立健康第一的教育理念，帮助学生在体育锻炼中享受乐趣、增强体质、健全人格、锤炼意志。随着时代的发展，身体锻炼作为现代社会中的一种重要生活方式，不再局限于强身健体，而是更注重启智、育德、调心，特别是健全人格的培养。正如蔡元培先生提出的"完全人格，首在体育"的教育思想，在完全人格的形成和培养过程中，体育对人格的独特作用日益受到重视。

5.1 人格概述

5.1.1 人格的定义

通过词源分析可以对人格的概念有一定的了解，心理学家基于不同的研究侧重点，对人格做出了不同的诠释，通常归结为总和性、综合性、层次性、适应性定义。

总和性定义认为人格是一个人所有特质的总和。综合性定义强调人格是一个人的各方面属性所组成的整体。人格的各方面属性是指构建整体人格的元素，人格由这些元素组成。卡迈克尔认为人格是一个人在各个发展阶段的全部组织。层次性定义将人格各方面的特质分为若干层次，最高层次具有统合的作用。这种定义把人格的各种属性(特征)看作有组织的，并按一定的层次结构排列，具有内在的统一性，分为物质自我、社会自我、精神自我、纯粹自我。适应性定义强调人格适应环境的功能。美国心理学家奥尔波特(Allport)在总结前人定义的基础上，提出了较为全面的定义。他[1]指出，人格是个体内部身心系统的动力组织，决定人的行为和思想的独特性。我国学者郭永玉等人[2]在该定义的基础上，将人格定义为个人在各种交互作用过程中形成的内在动力组织和相应行为的统一体。其中，内在动力意指稳定的动机、习惯性的情感体验方式和思维方式、稳定的态度、信念和价值观等；相应行为则体现在个体与环境(特别是社会环境)的互动方式上。黄希庭[3]认为人格是个体在行为上的内部倾向，表现为个体在适应环境时能力、情绪、需要、动机等和体质方面的整合，具有动力一致性和连续性的自我，是个体在社会化过程中形成的具有特色的身心组织。

5.1.2 人格的理论

5.1.2.1 人格特质理论

奥尔波特和卡特尔(Cartel)是人格特质理论的代表人物，均认为特质是决定个体行为的基本特征，是人格的基本单位。

奥尔波特首先把人格特质分为共同特质和个人特质。共同特质是在同一人类社会文化的影响下，人类所具有的普遍共性；个人特质则是人类个体所独有的，表现出人与人之间差异性的真正的特质。因此，奥尔波特尤其主张人格特质的研究重心应该集中于个人特质，关注人格共性基础上的差异性。在此基础上，奥尔波特把个人特质分为三个层次：首要特质、重要特质和次要特质，以区别人格特质对人格不同程度的影响。

卡特尔对人格特质进行了更细致的划分，采用因素分析法将人格特质分为四个维度，分别是共同特质和个别特质以及表面特质和根源特质。其中，共同特质和个别特质分别与奥尔波特人格理论中的共同特征和个人特质的内涵一致，表面特质是指能直接观察到的人格特质，根源特质是指以相同原因为基础且相互联系的人格特质。卡特尔认为表面特质和根源特质与共同特质和个别特质是相互交叠的关系，即表面特质和根源特质既可能是个别特质，也可能是共同特质。在此基础上，卡特尔将人格特质细分为十六种，涉及乐群性、聪慧性、情绪稳定性等，为人格理论的发展做出了贡献。

5.1.2.2 大五人格理论

继奥尔波特、卡特尔的人格理论之后，菲斯克(Fisk)在其基础上选择了22个人格词汇用于人格特质分析，发现了大五人格因素，即开放性、责任心、外倾性、宜人性、神经质性。随后多年，在更广泛的样本研究中，大五人格因素一直被不断发现，成为心理学界公认的人格特质理论，并形成了大五人格量表。

5.1.2.3 人格整合理论

人格整合理论的代表人物是心理学家艾森克(Eysenck)，他提出内外倾向、神经质倾向和精神质倾向是人格的三种因素，这三种因素具有高度概括的特征，对人的行为具有广泛影响。艾森克在提出人格理论的最初阶段，仅提出了外倾性和神经质，并根据外倾性维度把人格分为外倾型和内倾型，根据神经质倾向把人格分为情绪型和稳定型，形成了以神经质为横轴、外倾性为纵轴的人格维度。而精神质则是后期艾森克提出的新因素,他将三个因素整合后编制了艾森克人格问卷。

5.1.3 人格的分类

人格的分类有多种标准,一般按单一型、对立型、多元型三种模式分类,单一型中最为典型的是 T 型人格,对立型中最具代表性的是 A-B 型人格、内—外倾型人格,多元型中则包括经典的气质类型学说和性格类型学说。在体育锻炼领域,相关研究中运用最为广泛的是 A-B 型人格,以及存在主义心理学提出的坚韧性人格。

5.1.3.1 A-B 型人格

福利曼和罗斯曼提出了 A-B 型人格,并对 A 型人格和 B 型人格的特征进行了描述。A 型人格的主要行为特点被称为 A 型行为类型:成就欲强、进取心强、性情急躁、缺乏耐性等。B 型人格的主要行为特点被称为 B 型行为类型:时间感弱、性情不温不火、满足感强等。

A 型人格的人往往抱着"只许成功,不许失败"的坚定信念,常常不惜牺牲自己的一切,包括身体健康,拼命实现自己的既定目标。由于容易对外部刺激做出强烈的应激反应,A 型人格的人身心平衡被打乱,从而容易引起有关的心身疾病。美国的一次纵向调查表明,在患有冠心病的男性病人中,A 型人格的人数比例高达 2/3。在体育锻炼的相关研究中发现,A 型人格的人可能有下列表现:①高攻击性,有过激行为以表达心中的愤怒,如用力摔球拍;②富有敌意,如对竞争对手易产生敌对情感;③富有竞争性,如不能忍受失败;④数目定向,即依据赢的次数评价成功。相较于 A 型人格,在需要审慎思考和耐心的工作中,B 型人格往往更具优势。但作为 A 型人格的反面,B 型人格的特征相较而言并不明显,因此研究中主要以 A 型人格为主。

5.1.3.2 坚韧性人格

坚韧性人格反映的是人们缓解应激反应、克服困难、战胜挑战的能力倾向。

科巴萨(Kobasa)在有关应激反应的研究中发现,虽然有些个体体验到了高度的生活应激,但其态度、信念和行为倾向使个体表现出较少的心理和身体的疾病症状,他将其概括为坚韧性人格,并提出了坚韧性人格的"3C"结构,包括承诺、控制和挑战。其中承诺是指个体对于目的和意义的感知,控制是指个体通过自身行动改变生活事件的信念,挑战是指个体认为变化是成长的促进力量而不是对安全的威胁。因此,坚韧性是人格中用于缓解应激反应的一个维度或特质,这种特质程度高的人群往往可以在各种应激事件或情境中免于应激的伤害,或受应激损害的程度较低。

5.1.4 人格的测量

目前,有关人格测量的方法主要有自陈量表和投射测验两种。在自陈量表中使用最多的是明尼苏达多项人格问卷(Minnesota Multiphasic Personality Inventory,MMPI)、卡特尔16种人格因素问卷(Sixteen Personality Factor Questionnaire,16PF)、艾森克人格问卷(Eysenck Personality Questionnaire,EPQ)、大五人格测试等。此外,人格分类中的A-B型人格、坚韧性人格相关测量方式也是自陈量表的一种,如A型行为类型问卷、健康相关坚韧性量表。投射测验是为了克服自陈量表所不能克服的防御心理而发展出来的一种人格测验,比较典型的测验主要有罗夏墨迹测验、主题统觉测验等。

5.1.4.1 自陈式量表

自陈式量表即针对拟测量的人格特征编制许多测验题,要求被试做出符合自己实际情况的回答,主试根据作答情况来评估被试的人格特征。这是目前最广泛、最通用的人格评估工具之一。

(1)明尼苏达多项人格问卷

MMPI主要根据精神病学的经验校标对个体进行诊断,主要关注对人格障碍的筛查和诊断。第一个编制成的测验由550个条目组成,被试对每个条目回答"是""否""不肯定",通过这些回答,该问卷获得了精神病的诊断模式。20世纪80年代中期,有学者对MMPI进行了言语和内容的更新,制定了常模,全问卷由556个句子组成,表达方式如:每种食物的味道都一样;我经常做白日梦等。宋维真等人开始对该问卷进行修订,于1980年完成了标准化工作,并制定了中国常模。1992年,宋维真还通过调查编制了简短的MMPI,被称为心理健康测查表(Psychological Health Inventory,PHI)。该量表由7个临床分量表组成,共168个条目,条目相对少,功能接近MMPI,具有较高的信效度。

(2)卡特尔16人格因素问卷

卡特尔确定了人格的16个根源特质,并据此编制了16PF。16PF在国际上广泛流行,已经被译成法、意、德、日、中等国文字,适用于16岁以上的青年和成人。我国现有三个版本:一是刘永和和梅雷迪斯(Meredith)的中文修订本;二是李绍衣于1981年的修订本;三是祝蓓里等人的修订本。

(3)艾森克人格问卷

EPQ由英国心理学家艾森克于1975年编制,该问卷的理论基础是艾森克提出的人格三维理论，它强调人格的三个基本维度即内外倾向、神经质和精神质。EPQ 由四个分量表构成，前三者分别测量被试在外倾性(E)、神经质(N)、精神质(P)上的特征，L 是说谎量表，用于识别被试回答问题的真实程度。这个问卷包括成人问卷和少年问卷两种，分别适合调查 16 岁以上成人和 7～15 岁儿童的人格情况。

EPQ 在我国有多种修订本。北京大学陈仲庚教授对 643 名被式(男 368 名，女 275 名)进行了测试。被试的文化程度中等，年龄为 25～35 岁者最多。修订后，整个问卷有 85 个条目。在龚耀先教授的主持下，全国 13 个省市的 28 个单位协作制定了 EPQ。当前我国普遍使用的版本是龚耀先教授的修订本，修订后的问卷具有良好的信效度。EPQ 成人版包括 85 个条目，EPQ 少年版包括 74 个条目。

(4) 大五人格测试

人格的五因素问卷，又称大五人格测试(NEO-PI-R)，建立在大五人格理论的基础之上。在 20 世纪 80 年代初，科斯塔和麦克雷开始编制用于测量三大人格维度(神经质、外倾性和开放性)的 NEO 人格问卷，该量表最终于 1985 年被完成。最初的 NEO 人格量表包括测量神经质、外倾性、开放性等层面的量表，但不包括对新增加的宜人性和认真性层面的测量。1992 年，科斯塔和麦克雷发表了包括 240 个条目的 NEO 人格量表修订版，可以依据每个因素的六个具体层面对每一个大五维度进行测量。

我国心理学家张建新教授修订了测验的中文版，其中 NEO-PI-R 测题采用第一人称表述，每一个表述都与人格的大五维度相关联。被试按照从"很不同意"到"很同意"五个级别的标准来评估自己对每个表述的认同程度。这一测试的另一种形式提供的是内容相似的第三人称表述，旨在由被试的同伴、配偶或其他专业人员给出更为客观的评价。

(5) A 型行为类型问卷

A-B 型人格通常采用 A 型行为类型问卷进行测量[4]，该问卷由 60 个条目构成，采用"0"或"1"评分法，对时间匆忙感、争强好胜及敌意等因子进行计分。将 A 型行为类型问卷的条目得分相加，最终得到 A 型行为类型问卷的总分。总分 1～18 分为典型 B 型人格，19～26 分为中间偏 B 型人格，27～28 分为中间人格，29～36 分为中间偏 A 型人格，37～50 分为典型 A 型人格。该问卷的重测信度能够达到 0.58。

(6) 健康相关坚韧性量表

随着坚韧性人格的提出，各种测量工具也被迅速开发出来。其中最为著名的是波洛克(Pollock)编制的健康相关坚韧性量表,用于测量坚韧性对个体实际健康问题的影响。该量表包括承诺、控制、挑战三个分量表,共计 34 个条目,采用李克特 6 级评分法,总量表的内部一致性系数为 0.91。

5.1.4.2 投射测验

投射测验是向被试提供无确定意义的刺激,让被试在不知不觉中把自己的想法投射出来,以确定其人格特征,运用了精神分析理论中的外射机制。投射测验具有以下特点:①测验材料一般都很含糊,没有明确的含义,被试可以根据自己的理解去解释;②测验具有隐蔽性,这能在很大程度上排除被试的伪装,更能反映真实情况;③对测验结果的解释侧重对被试的人格特征的整体性理解。

投射测验中最具代表性的是罗夏墨迹测验和主题统觉测验。

(1)罗夏墨迹测验

对于心理学家而言,一些幻象反映了一个人的经历和期望,可以预测一个人的人格。鉴于此,瑞士精神病学家罗夏发明了一套模糊的图形。罗夏让 300 名精神病患者和 100 名非精神病患者解释他们所看到的墨渍(见图 5-1),对他们的反应进行分析和比较,最后选定 10 张作为测验材料。

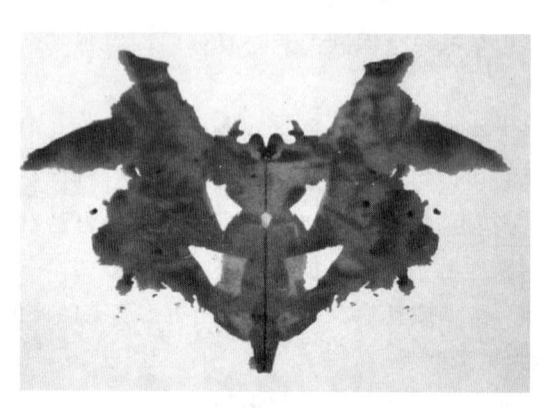

图 5-1 罗夏墨迹测验样图

在正式测验时,主试向被试呈现墨迹图,要求他们描述从中看到的并进行解释。不同的人对同一张图片的回答可能有明显的差别。心理学家认为,更重要的线索是使被试发生想象的内容在墨迹图中的位置以及被试是如何组织自己的想象的,这些信息能反映被试的知觉方式和情绪障碍。

罗夏墨迹测验最复杂也是最困难的部分是计分和解释。为了减小主观性的影响，研究者设计了一套相对容易理解的计分系统，使它在不同的被试之间可以进行比较。总体来说，罗夏墨迹测验的适应性广泛，主要用于临床诊断。

(2)主题统觉测验

主题统觉测验是由美国心理学家默里(Murray)和摩根(Morgan)于1935年编制的一种投射测验。主题统觉测验的通用版是1943年版，包括31张图片，其中黑白图片30张和空白卡1张(见图5-2)。指导语一般是"我将给你呈现一些图片，请尽力编一个富有戏剧性的故事，说明是什么原因导致了图片上发生的事情，现在正在发生什么，图上的人物正在想什么，感觉到什么，结果怎么样。"被试所编的故事虽然受当时直觉的影响，但其想象部分包含了个人的意识和潜意识，编故事时，被试常常不自觉地把隐藏在内心的冲动、欲望等人格特征投射到故事中去。默里从六个角度(主人公、主人公的动机倾向和情感、主人公的环境压力、结果、主题、兴趣和情操)对故事进行了分析。

图 5-2　主题统觉测验样图

主题统觉测验是著名的人格测验，在发展心理学和跨文化研究方面也有广泛应用，它的特殊价值在于测量被试潜在的被压制的倾向。主题统觉测验的优点还在于能整体描述人格，但其施测和计分方式较为麻烦，信效度有待提高。

5.2　人格与体育锻炼的相关研究

人格与体育锻炼是体育领域的经典问题之一，也是运动心理学与锻炼心理学的基础性议题。20世纪早期，人格被认为是影响运动发展和成功的关键因素。[5]20世纪30年代到60年代，运动和运动心理学的研究处于停滞时期[6]，但人格研究在这一时期继续发展并占据主导地位，如对成功运动员人格概况的描述性报告、人格的发展变化和体育成就、运动员与非运动员之间的人格差异、对女运动员人格的描述性报告、参加不同运动或不同团体运动员之间的人格差异、预测运动和参与运动的人格因子，以及决定运动表现的因素。[7]-[13]20世纪60年代之后，关于人格的相关研究呈指数级增长。据估计，仅在20世纪60年代和70年代就发表了1000多项关于人格与体育锻炼的研究。20世纪90年代研究者开始加强对人格特质结构的理解。在过去20年里，人们只对运动人群的人格进行了零星的研究。

出现这一现象的原因在于心理学、运动心理学、锻炼心理学等领域的研究者的质疑，包括方法不合理、缺乏理论支撑和推论宽泛等。[14]有学者克服种种困难，开展该主题的研究，并得出了相应的研究成果。人格与锻炼行为关系的研究焦点主要集中在锻炼行为对人格的影响上，但当前的研究者似乎对"人格如何影响人的锻炼行为"更感兴趣。总体而言，目前已有的研究主要体现几个方面：人格特质与长期保持锻炼或保持习惯性静坐的生活方式有关吗？人格是预测发生或坚持锻炼行为的良好变量吗？如果是，这些良好变量是哪些人格特质？具体而言，哪些人格特质对人们参加锻炼起促进作用，哪些人格特质对人们参加锻炼起抑制作用？锻炼的人格心理效益如何？锻炼能否对某一人格特质产生积极的心理效益或影响？如果有效益，那何种锻炼项目、多长时间或多大强度的锻炼更有助于人格心理效益的产生？

5.2.1 人格理论与体育锻炼的实证研究

人格的流派和理论复杂多样，不同流派的学者从各自的理论观点出发，对人格与体育锻炼的关系进行考究。甚至同一流派的学者由于基于不同的理论，研究结果也大相径庭。这就导致难以横向比较研究成果，学者普遍认可的结论也较少。在此结合人格特质流派的理论观点，介绍人格与体育锻炼关系的研究成果与进展。

5.2.1.1 卡特尔的人格理论与锻炼行为研究

卡特尔(1960)认为锻炼与人格的关系可以解释为：锻炼通过增强人的体能或体质，进而使得锻炼人群往往具有较低的焦虑感和神经质；低焦虑和神经质(即情绪稳定性较好)的人群更倾向于参加高强度的体育锻炼。通过文献检索发现，卡特尔的人格理论研究大多侧重人格与体育锻炼的关系，考察的人群包括大学生、竞技运动员、教师、服刑人

员等。[15]-[18]

卡特尔较早地编制了 16PF，因此国外人格与体育锻炼关系的早期研究绝大多数使用了 16PF 作为人格测评工具。从目前卡特尔的人格理论与锻炼行为的关系的已有研究来看，绝大多数研究考察了两者的相关关系。马赫(Maher)[19]对使用 16PF 探讨人格与体育锻炼关系的研究进行了综述。研究结果肯定了体育锻炼与情绪稳定性的正相关关系，即锻炼水平越高，则情绪稳定性和活泼性越高，紧张性越低。他还指出增强体能的锻炼行为可能会提高锻炼者的放松性和兴奋性，而锻炼引起的体能增强可能是神经质水平降低、情绪稳定性增强的原因之一。对于 16PF 中的其他人格特质与锻炼行为的关系，当前锻炼心理学界的研究结论并不一致。例如，有的研究发现乐群性人格特质与体育锻炼参与有显著的正相关关系，怀疑性或忧虑性人格特质与体育锻炼参与有显著的负相关关系，然而这些结果在其他学者的研究中并未出现，甚至部分人格特质与体育锻炼的关系出现了相互矛盾的现象。

使用 16PF 作为测评工具的研究所面对的最为突出的问题是难以分析复杂的测量结果，卡特尔也曾尝试采用二阶因素来分析测量结果。艾森克对此分析方法也表示赞同，他认为卡特尔提出的 16 种人格因素都可被划分到其理论模式的两个主要维度中，即内倾—外倾、神经质—情绪稳定性。然而，锻炼心理学的开创者之一摩根却并不赞同此种分析方法，他认为精确分析使用 16PF 测量的复杂结果更可能有助于澄清人格与体育锻炼之间的关系。摩根还指出，在采用 16PF 研究人格与体育锻炼的关系时，既要强调二阶因素的分析，也要注重一阶因素之间关系的分析。

国内学者祝蓓里和戴忠恒修订了 16PF，并形成了 16PF 中文简版，建立了国内常模。16PF 中文简版在条目数量上比英文版少了很多，减少了被试作答的工作量，信效度均达到了心理测量学的标准。这份测量工具的成功研制对国内体育锻炼与人格关系的研究起到了较大的促进作用。因此，国内锻炼心理学中使用修订后的 16PF 作为测量工具的研究在该专题中占了相当大的比例。例如，郑德伟等人[20]采用 16PF 中文简版，从跆拳道和健美操两个角度来考察体育锻炼对人格特质的影响，结果发现体育锻炼对人格特质的改善具有良好的作用，且这种作用不存在锻炼方式上的区别。

综上所述，卡特尔的人格理论与体育锻炼的相关研究涉及的方法以调查法为主，个别研究采用了实验法。研究发现，与不锻炼或偶尔锻炼的人群相比，长期锻炼人群的人格特质更积极。部分研究认为，人的心理发展、外部环境等因素会影响人格的形成,体育锻炼对人格特质有积极效应。然而,国内的研究并不深入,并未取得实质性的研究成果,多数研究仅仅局限于对比分析不同层面上的人格差异,如体质优生与体质差生、竞技运动员与大众人群等。这些研究作为人格与体育锻炼关系的早期成果具有不可忽视的价值,但当前并未形成人格与体育锻炼关系的系列研究。

5.2.1.2 艾森克的人格理论与锻炼行为研究

艾森克属于特质人格流派,该流派认为特质是构成人格的基本单位。艾森克认为平淡的生活(低唤醒)会使得外倾性人格的人设法寻求感觉刺激,而参加锻炼则是一种能满足这种刺激的便捷路径。因此,与内倾性人格的人群相比,外倾性人格的人群更可能参加并坚持锻炼,尤其是在锻炼活动内容多样或有趣的情境下。此外,艾森克还指出外倾性人格的人群更可能乐于参加高强度或持续时间长的锻炼活动,而对伤痛的高忍耐性往往使得他们更可能继续坚持锻炼。目前,艾森克的这些假设已得到了部分研究的证实,但也有研究对上述观点表示质疑或否定。尽管艾森克并没有对体育锻炼与神经质的关系做出详细预测,但由于神经质与人类自主神经系统存在密切联系,因此可以推测能够调节自主神经系统功能的锻炼活动或许也能影响人格特质。从方向性上说,长期锻炼通常能够引起心率、血压下降,改善自主神经系统的功能,因此体育锻炼甚至可能使人格向更稳定或低神经质的方向发展。

艾森克的三维人格理论被国外锻炼心理学者引入体育锻炼与人格关系的研究之中。绝大多数研究发现,体育锻炼的参与情况与外倾性呈正相关,与神经质、精神质呈负相关。在一项大样本调查研究中,新井等人[21]发现40~64岁日本人的外倾性特质与锻炼参与的频率呈正相关,而神经质、精神质与锻炼参与的频率呈负相关。萧(Hsiao)等人[22]认为人格的外倾性和神经质可能会影响人们对调节其情绪或心境的行为方式的选择。例如,外倾性人群更喜欢通过参加锻炼来增强其精力感。罗德斯(Rhodes)等人[23]对36项该专题研究进行综述,最终结论为人格的神经质与体育锻炼参与呈负相关,而外倾性与体育锻炼参与呈正相关。在一定程度上,这一结论代表了当前国内外锻炼心理学界的主流观点。但是,到目前为止,该专题的主流观点仅厘清了人格与体育锻炼的相关关系。究竟是体育锻炼对人格起到了改善作用,还是某些人格特质激发了体育锻炼,某些人格特质抑制了体育锻炼,并未明确。

国内学者曾尝试应用艾森克的人格理论探究人格特质与体育锻炼的

关系。陈玉霞、孙杰[24]采用艾森克人格问卷对体育专业和非体育专业大学生进行了人格特征的探究。结果发现，体育专业和非体育专业大学生在内外倾向维度上无差异，但在精神质和神经质维度上存在差异。体育专业大学生在精神质维度上的得分比较适中，健康程度比较高，而非体育专业大学生的心理承受能力相对较弱，尤其是女生，过于焦虑和情绪化、意志较薄弱。在神经质维度上，体育专业大学生的得分低于非体育专业大学生的得分。这项研究结果对于我们了解体育专业和非体育专业大学生人格特质的不同之处及体育锻炼对人格特质的影响等具有一定的参考价值。张福生、黄晨曦等人[25][26]考察了艾森克人格特质与大学生体质的相关关系。结果发现，具有外倾性和情绪稳定性人格特质的学生，其体质健康处于良好状况，而具有内倾性和情绪不稳定性人格特质的学生，其体质健康状况处于较低水平。王琳[27]以天津某高校85名体育类专业大学生和117名非体育类专业大学生为研究对象，利用内隐联想测验、攻击性问卷、艾森克人格问卷、应对方式问卷进行考察，并做了对比研究。体育专业大学生和非体育专业大学生的外显攻击性与人格特质中的神经质、精神质因子呈显著正相关。

胡盼群[28]以广州市6家机构的400名小学生为实验对象，并将其分为实验组和对照组，结合艾森克人格问卷（儿童版）进行为期16周的实验，采取拉丁舞作为干预手段。结果发现，拉丁舞可以使9~12岁小学生的情绪变得更加稳定，焦虑的情绪得到了明显改善。在性别维度上，男生在内外倾向维度上无显著变化，在精神质、神经质维度上有显著变化，说明男生在学习拉丁舞之后变得思维灵敏，更加合群，懂得帮助别人，情绪更加稳定，出现郁郁寡欢的情绪较少。女生在内外倾向维度上有显著变化，在精神质、神经质维度上都有显著变化，说明女生在学习拉丁舞之后变得更加活泼开朗，善于与人交际，情绪稳定，焦虑情绪较少，学会了关爱他人。

通过文献检索，基于艾森克的人格理论对人格特质与体育锻炼的关系的探讨，并未发现对该专题研究的综述类文献。已有研究主要探究了学生和竞技运动员的艾森克的人格特质与其体质、运动损伤、应对方式、心理健康、赛前焦虑、心境状态的关系，可以说，国内艾森克的人格理论与体育锻炼关系研究的数量和深度都还不够。艾森克的人格理论无论是在人格心理学界，还是在锻炼心理学界都享有一定的知名度，吸引了许多学者的目光。然而，研究者在实际研究中却或多或少地面临着难以着手的困境。

5.2.1.3 大五人格理论与锻炼行为研究

已有研究对大五人格维度与锻炼之间的关系进行了探讨,元分析结果表明,大五人格维度与个人、人际关系和社会行为有关,如领导力[29][30]、应对策略[31]、工作—家庭冲突[32]、酒精参与[33]、关系满意度[34]等。但是,基于锻炼的研究尚未发展到综合系统评价的水平。

国外学者开始大五人格特质与锻炼行为的研究可追溯至 20 世纪末。有研究发现外倾性、神经质、意识性及锻炼参与和锻炼坚持性存在显著的相关关系。其中,外倾性和意识性与中等强度锻炼(如速度较快的散步)、高强度锻炼(如跑步)存在正相关,而神经质对锻炼坚持性具有显著的预测作用,神经质水平越高,锻炼坚持性往往越差,因此,神经质水平与锻炼坚持性呈负相关。为了检验上述研究结果的外部效度,罗德斯等人[35]以女性乳癌存活者为研究被试,探究人格的外倾性、意识性及神经质维度与锻炼参与的关系,发现女性乳癌存活者的人格外倾性和意识性与参加适宜身体健康的锻炼活动呈正相关,且外倾性和意识性得分较高的人群往往处于阶段变化模型中的高位锻炼阶段;而神经质与参加适宜身体健康的锻炼活动呈负相关,且神经质得分较高的人群往往处于阶段变化模型中的低位锻炼阶段。

还有许多学者基于大五人格理论探究了大五特质与锻炼行为的关系。例如,有研究者[36]探究了长期酗酒者在进行一段时间的体育锻炼后的酗酒复发与人格特质的关系。74 名长期酗酒者参加了该实验锻炼计划,研究者在实验锻炼计划开始前、结束时以及结束后的 6 个月和 12 个月对被试进行了大五人格因素问卷测试。结果指出:大五人格因素问卷的得分能有效预测酗酒者在锻炼计划后的复发情况;在锻炼干预计划结束后的 12 个月,与未复发者相比,酗酒复发者在神经质稳定性维度上的得分较高,在意识性人格维度上的得分较低。罗德斯和史密斯(Smith)[37]对探究人格特质与锻炼行为关系的 25 项研究进行了一项元分析,结果表明,神经质和锻炼参与呈显著负相关,相关性较小($r=-0.1$);外倾性和锻炼参与呈显著正相关($r=0.23$);开放性和锻炼参与没有相关关系;随和性和锻炼参与没有相关关系,但可能存在调节变量在两者之间发挥作用;意识性和锻炼参与呈显著正相关($r=0.2$)。这项元分析研究还考察了人格特质与体育锻炼之间可能存在的中介变量和调节变量。性别在大五人格特质和锻炼参与之间的作用并不明确;年龄在外倾性、神经质和锻炼参与之间不存在作用;文化(国度)在人格与体育锻炼参与之间起调节作用。然而,相关系数元分析的合并方法的使用还不是很广泛,纳入文献质量的评价方法还没有权威标准,研究者并没有对文献质量进行评价。未来可借鉴桑德森(Sanderson)[38]介绍的观察性研究的质量评价工具对纳入文献的质量进行评估。

国内学者也尝试应用大五人格理论探究人格特质与体育锻炼的关系。韩凤芝等人[39]对大学生的人格特征和体育运动参与程度的现状进行了调查分析。结果发现,参加体育运动的程度越高,人格越趋于外倾和低神经质;精神质人格维度受体育运动参与频率的影响较明显。人格特征影响体育运动的参与程度,对大学生体育运动的参与进行指导能促进大学生的人格向完美方向发展。杨兆春等人[40]以大五人格理论为基础把大学生作为研究对象,探讨了大学生的性格特征对体育运动偏好度的影响。结果表明,五大性格因素与集体运动的偏好度存在相互联系。姜媛、张力为等人[41]的研究旨在探讨青少年人格、锻炼动机和锻炼取向在体育锻炼情绪效益中的作用机制,并发现人格、锻炼动机和锻炼取向对体育锻炼情绪效益影响的整体模型是有效的。研究提示,重视个体的人格特质、关注锻炼动机和锻炼取向的引导是达到理想的体育锻炼情绪效益的重要保证,并表明任何环节的缺失都会降低体育锻炼的情绪效益。鲁松涛等人[42]以11项实证研究为对象,综合使用元分析、路径分析方法,对基于计划行为理论探索人格特征与锻炼行为的关系的研究进行量化探讨,并整合了计划行为理论与大五人格特征变量对锻炼行为的预测路径模型。结果表明,外倾性与行为态度、行为控制感、锻炼行为显著相关,严谨性与行为态度和行为控制感显著相关。而且,行为态度、行为控制感、锻炼意向对外倾性与锻炼行为的预测有部分中介作用,行为态度、行为控制感、锻炼意向对严谨性与锻炼行为的预测有完全中介作用,计划行为与大五人格特征对锻炼行预测的整合模型拟合度好。朱从庆等人[43]采用大五人格量表对866名大学生进行调查,通过回归分析发现大学生的人格特质对锻炼动机的影响显著,从各个维度上看,开放性、严谨性、宜人性、外倾性对锻炼动机有积极影响,神经质则对锻炼动机有消极影响。因此,发展积极的人格特质,降低神经质倾向,是激发大学生锻炼动机的有效方式。

已有研究对大五人格的各个维度与体育锻炼之间的关系进行了相关探讨。值得注意的是,国内外研究均发现,在某些维度上体育锻炼对人格的影响呈现一致性,而这种一致性是在体育锻炼项目、锻炼动机等因素的影响下发现的。因此,大五人格的各个维度与不同体育锻炼项目之间的关系,值得未来进行更细致的分析。

5.2.2 不同类型的人格与体育锻炼的关系

5.2.2.1 A-B型人格与锻炼行为

锻炼作为一种增进健康、增强体质的有效手段，其对A型人格人群常见的心血管疾病等健康问题的预防和治疗功效，受到了广泛的关注和研究，这也使部分学者将研究焦点投向了A型人格与锻炼行为的关系。关于两者关系的研究可追溯至20世纪80年代。锻炼心理学界的早期研究发现，与B型人格人群相比，A型人格人群的锻炼坚持性较低，在锻炼中遭受损伤的比例和概率都较高。与B型人格人群相比，A型人格人群在参加高强度锻炼时的应激反应更强烈，会出现更多的消极情绪反应。同时，A型人格人群在锻炼中会付出很多努力，锻炼后的生理反应也比普通人强烈；在参加中低强度锻炼时，往往会感到身体不适，并低估自己的体能消耗。[44]

锻炼能否作为减轻A型人格紧张感或压力感的一种行为方式，其相关研究结论并不一致。国外学者洛斯基斯(Roskies)[45]通过操作实验室任务来诱发被试应激感(也可称紧张感或压力感)，结果显示，通过锻炼降低被试应激时的心理反应和生理血压的效果并不理想。但也有研究支持锻炼能够减轻A型人格紧张感的结论。例如，布卢门撒尔(Blumenthal)[46]的研究结果显示，与参加力量锻炼和柔韧性锻炼的A型人格被试相比，参加12周的有氧锻炼能够成功减轻A型人格被试应激时的心血管反应程度。

国内学者陈善平等人[47]采用太极拳作为锻炼干预手段，使用A型人格自测量表作为太极拳锻炼干预前后A型人格行为变化的测量工具。结果表明，A型人格行为在大学生人群中相当普遍，男生比女生有更严重的A型人格行为倾向；在实验锻炼干预后，实验组学生被诊断为A型人格的比例降低，A型人格行为倾向发生了明显改变；太极拳可以改善大学生的A型人格行为，太极拳是一种干预A型人格行为的有效方法。此外，研究者还指出太极拳可以通过调节生活节奏、释放心理压力、促进身心健康，打破强化A型人格行为的恶性循环(快节奏生活方式—心理压力—A型人格行为—快节奏生活方式)，从而达到干预A型人格行为的目的。

5.2.2.2 坚韧性人格与锻炼行为

研究者认为人格坚韧性强的人群往往能够对应激性事件进行转化，从而降低应激性事件的消极影响。[48]

早期的国外研究主要从科巴萨等人[49]提出坚韧性人格水平高的群体

会更健康,能够凭借顽强的意志力应对挑战开始。古尔德(Gould)等人[50]通过质性研究发现,访谈中82%的大学摔跤教练认为成功的摔跤运动员一般都具有的人格特质是坚韧性人格。塞卡德斯(Secades)[51]的研究认为坚韧性人格对于运动员来说很重要,他分析了235名从事不同运动(79.1%团队运动,20.9%个人运动)的西班牙运动员(126名男性,109名女性;年龄为20.7岁)的坚韧性人格和应对策略之间的关系。研究发现,坚韧性人格的得分与面向任务的应对呈正相关,即具有高坚韧性人格得分的运动员在以任务为导向的应对策略中能取得更高的分数。

牛点点[52]认为初中生的体育锻炼行为对坚韧性人格水平具有正向的预测和解释能力。多元线性回归分析表明,体育锻炼行为的频率、强度和时间解释了坚韧性人格的变异量。有关体育锻炼与坚韧性人格之间存在相互影响的研究越来越多,也让我们更加科学地认识到体育锻炼对完善人格、促进身心全面发展具有不可代替的功能。郭祖祺[53]认为初中生体育锻炼的强度、频率和持续时间与坚韧性人格的韧性、控制、投入、挑战4个维度都呈正相关,其中单次运动的强度越大、频率越高、持续时间越长,其坚韧性人格水平越高。张战意[54]以大学生为被试进行调查,发现体育锻炼有助于个体坚韧性人格的形成。

从目前已有的大多数研究结果中可以看出,坚韧性与体育锻炼行为方式呈正相关。但需要指出的是,目前大部分研究主要集中在坚韧性与锻炼相关关系的调查研究上,并没有太多的研究验证坚韧性与体育锻炼行为之间的因果关系。因此,目前对于到底是坚韧性人格促进了锻炼的参与,还是长期的锻炼参与培养了坚韧性人格尚待验证。

5.2.3 不同群体人格与体育锻炼的关系

5.2.3.1 运动员群体

长期以来,研究者一直都在思考是否存在运动型人格[55],这是一个重要问题。有充分的研究证据表明,人格和参与定期锻炼有关[37][56],而且在参加有组织的运动的个体和不参加有组织的运动的个体之间也发现了人格差异。具体地说,运动员总是表现出比非运动员更高水平的外向性[57][58]、更高的情绪稳定性水平[59][60],以及对新体验更高的开放性水平[61][62]。同时,运动员人格特征的确定将帮助确定运动员的个体差异和获得意识,以便确定参与运动时表现出的积极社会和攻击行为有关的因素。

在以运动为基础的人格研究中,另一个常见的研究议题是确定人格测试分数是否能区分参加不同类型运动的运动员。在参加不同类型运动的运动员之间观察到了一些重要的人格差异[63][64]，这些研究一致表明，参与团体运动的运动员与参与单项运动的运动员有不同的人格特征，最常见的是外倾性方面的差异，即参与团体运动的运动员表现出更大程度的外倾性。具体而言，参与团体运动的运动员表现出更高水平的外倾性[65][66]；参与高风险运动的运动员与参与低风险运动的运动员相比，外倾性水平更高，责任心更少。[67][68][69]这些发现支持了这样一种观点：人格测试分数可以区分不同类型运动的人群，而外倾性和责任心在样本间表现出最大的变异性。

贝德勒（Beidler）[70]的研究采用横断面调查数据考察人格特征是否与自我报告的已确诊和未确诊的运动相关的脑震荡病史相关。他通过大五人格量表对1246名大学生运动员进行了研究，发现宜人性是唯一与未确诊的运动相关的脑震荡显著相关的人格特质。

需要注意的是在团体运动中，运动员的人格也可能因他们所扮演的角色有所不同。到目前为止，只有少数研究探讨了不同运动项目的人格差异。通常，研究关注的是运动员的具体行为，而非性格特征。小样本研究发现，在进攻姿势下的运动员比在防守姿势下的运动员有更好的焦虑控制能力[71]，更负责任[72]，处于进攻位置的运动员比处于防守位置的运动员更外向[73]。然而，也有研究表明，进攻、防守和扑球运动员在五个人格维度中均没有明显差异。[74]

楚克（Çutuk）等人[75]调查了人格特质与团队运动员表现出的亲社会和反社会行为之间的关系，涉及445名（61名女性和384名男性）参与团队运动的运动员。通过大五人格量表收集并分析数据发现，亲社会行为团队、亲社会行为反对者与外倾性、责任感和开放性子维度之间存在积极且显著的关系；亲社会行为团队、亲社会行为对手和神经质之间存在显著负相关，即随着团队运动员亲社会行为的增加，运动员的神经质水平降低。反社会行为团队和反社会行为反对者获得的分数与一致性和责任的子维度之间存在显著的负相关关系，神经质的子维度之间存在显著正相关，外倾性和开放性的子维度之间没有统计学上的显著关系。

除了运动员本身，教练员或体育教师的人格特质也受到了人们的关注。最早的研究主要集中在运动训练中的工作满意度，包括影响满意度的因素等上。伊森（Eason）等人[76]认为人格特质因素可以解释工作满意度，因此他关注大学体育教师的工作满意度与人格特质之间的关系，对202名大学体育教师（68名男性，134名女性）的工作满意度和大五人格维度进行了调查。研究发现，女性报告的神经质水平高于男性，外倾性和责任心与工作满意度呈弱正相关，宜人性与工作满意度呈适度正相关，神经质与工作满意度呈适度负相关。因此，他认为应该考虑大学体育教师的人格特质，以此根据学生的个性更好地指导对运动训练感兴趣的学生。

针对运动员群体的研究，在鉴别运动员与非运动员、团体项目运动员与非团体项目运动员、团体项目运动员角色区别等方面开展得较多，因为不同的角色往往需要不同的行为，而这些行为或多或少都与具有特定人格特征的个体相关。同时，对于运动员的教练员或者教师的研究也较少，更多集中于工作满意度等维度。总体来说，目前的研究证据还不足以得出任何关于这些差异的合理结论，不同项目的运动员的人格差异仍是一个有待进一步研究的领域。

5.2.3.2 学生群体

处于成长中的学生群体以儿童青少年为主，其心理和生理均未成熟，这一时期是人身心迅速发展的关键时期。弗洛伊德认为儿童的早期经验对人格的发展非常重要。研究表明，童年青少年的人格特质不稳定，容易受到环境、行为习惯等的影响。有相当多的研究将人格特征和终身参与体育锻炼联系起来。尤其是对儿童青少年样本的研究表明，人格特征如内外倾向、神经质，与运动参与的规律性有关，人格特质的发展和变化主要归因于与年龄相关的社会角色和相关经历。

学生群体的体育环境可能是人格改变的理想环境，学生受到新观念的影响，如纪律、合作、公平竞赛和体育精神，并通过体育运动，学习新的能力，获得自信，保持持久的社会关系，最终形成童年时期人格的稳定性。迄今为止进行的研究已经发现儿童在向青春期过渡的过程中，在诸如社会支配能力、韧性、内向性、宜人性和情绪稳定性等特征方面有所增强。例如，没有发展出坚韧性人格特征的孩子在建立亲密关系时会表现出更大的困难。

艾伦(Allen)等人[77]认为课外运动和屏幕时间观看对童年时期人格特质的稳定性和变化有影响。从针对澳大利亚儿童的纵向研究的样本中抽取了3956名幼儿(6岁)和3862名较大儿童(10岁)这两个独立样本，父母报告儿童运动参与、屏幕时间和个性特征的基线，并在24个月后再次测量。活跃的幼儿记录到更多的内向减少，更少的持久性减少和更少的反应性增加。此外，继续参加课外运动的幼儿在性格内向上的稳定性更强。这些发现表明，积极的生活方式可能有助于促进童年时期理想的人格特质的稳定和改变。

格里班（Griban）等人[78]的研究介绍了对学生群体在体育教学中的个体心理特征的研究结果。60名学生参与了研究，研究者根据学生的外倾性水平、情绪稳定性和气质类型展开不同的体育课程，结果发现，体育锻炼的差异化对他们的情绪状态和个体的心理特征产生了积极影响。

当前，我国正逐渐从强调知识传授型的传统教育向强调素质培养和人格发展的新型教育模式——人格教育模式转化。针对中小学生群体，李琳、季浏[79]的问卷调查结果显示，健美操特色学校的小学生在神经质维度上的表现显著优于一般学生；进行健美操运动可以改变小学生神经质和中学生神经质、精神质维度随年级升高的负向发展趋势；健美操对小学生人格中的神经质和精神质维度的影响要大于对中学生的影响。研究表明，健美操对中小学生的人格发展可以产生积极影响。李琳等人[80]对112名中学预备年级的学生进行了12周的羽毛球和健美操运动干预，采用EPQ和Piers-Harris儿童自我意识量表对实验前后的学生进行测量。结果表明，两种运动项目对人格与自我意识的影响不同。

相较于中小学生群体，大学生群体处于身心较成熟的时期，是接受教育、自我人格完善和实现个性社会化的最佳阶段。已有研究发现一段时间内，反复多次感受锻炼行为会使个体逐渐在个性上形成一种与锻炼行为相关的、稳定的心理特征，并把这种由锻炼行为所引起的心理特征转移到人格中去。

邓雷等人[81]采用中国大学生人格量表和中国大学生心理应激量表对319名大学新生的人格及心理压力进行测量。结果表明，不同的持续时间、运动项目和强度的身体锻炼对人格和心理压力各维度的影响不同：锻炼12周对人格和心理压力的积极影响大于6周。从项目来看，羽毛球和健美操对大学新生人格的积极影响大于篮球项目。从强度来看，中等强度锻炼对人格的积极影响大于低强度锻炼，低强度锻炼对心理压力的积极影响大于中等强度锻炼。孙晓东[82]发现，在人格方面，短期的运动干预并未出现人格特征的显著改变，体育合作学习对男大学生的人格、应对方式的影响甚微。

张忍发、李军[83]认为体育精神中包含的健康思想、积极向上的精神，可以促使大学生完善自身，塑造大学生的人格，促进人格的独立和人格的完整。同时，锻炼行为可以培养大学生的参与意识、表现意识和竞争能力、团队合作精神等，最终培养大学生真、善、美的价值观。

曾进辉[84]采用修订后的中文版艾森克人格问卷、体育运动参与程度测量问卷作为研究工具，研究发现，随着锻炼次数的增加，大学生人格特征的表现趋于外倾和低神经质，这说明大学生参加体育运动的持续性与高外倾性、高精神质和低神经质有关，体育锻炼内容和频率的变化对大学生人格的塑造有很大帮助。且随着运动次数的增加，大学生的人格特征会向外倾性的方向发展，同时单次锻炼不同时间组的大学生内外倾向和神经质人格维度的差异显著。

人格特征影响体育锻炼的参与程度，对大学生体育锻炼的参与进行指导能促进大学生的人格向完美的方向发展。尽管已经取得了一些成果，但我国对体育对大、中小学生人格影响的研究依然有待改进。首先，从现有相关研究的数量和质量来看，依然没有给予这一问题足够的关注以及更加深入的研究；其次，缺少应用性理论研究，这降低了理论研究的价值。

5.2.3.3 老年人群体

人格领域的研究者已经开始探索积极的生活方式对人格特征稳定和变化的贡献。对两个成人样本的纵向调查发现，身体活动有助于中年期和老年期的人格特征稳定性。此外，在基线时报告高水平身体活动的成年人，在未来4~10年中具有更稳定的人格特征，这表明理想的人格特征可能会通过在晚年增加体育活动来保持。

高亮等人[85]的研究探讨了健身气功锻炼对老年人心理健康的影响，发现健身气功组与普通组人格因素中的开放性维度有显著差异，开放性维度的得分和参与健身气功锻炼的年限和每周的锻炼次数呈正相关。谢蓓芳等人[86]发现坚持参加体育锻炼的老年人中个性外向或中间型、情绪稳定者居多。同时，杨建辉等人[87]发现，常年在家的老年人缺乏兴趣爱好和体育锻炼，情绪状态比较差，记忆力较差，生活幸福感指数比较低。李静[88]的研究表明，无运动组老年人的人格特征可能会更容易出现古怪、敌意、攻击行为等倾向。

成传兵[89]发现，人格特征对老年人的心理健康具有直接影响，外倾性有利于老年人的心理健康，神经质不利于老年人的心理健康。人格特征可以通过锻炼的方式对老年人的心理健康产生间接影响，外倾性的老年人更多地参与锻炼活动，更有利于心理健康，神经质的老年人的心理健康水平偏低。长期有规律参与锻炼能优化老年人的人格特征，其优化程度受老年人的锻炼年限、锻炼频率和每次锻炼的持续时间的影响。锻炼年限越长、锻炼频率越高，锻炼效果较好。建议社区举办系列心理讲座以及健康培训班，在有条件的社区或老年大学、中老年健身俱乐部开设营养学、养生学课程。

总体来说，对老年人这一特殊群体的研究主要集中在对其心理健康、体育锻炼、人格特征三者之间的相互作用的探讨上，研究方法主要包括文献资料法、问卷调查法、访谈法等。

5.2.3.4 特殊人群

体育环境提供了许多机会，使残疾人能够展示他们的能力。除了心理和社会特征之外，参与体育活动是影响个人心理健康潜在的重要因素，对残疾人而言，体育锻炼能够帮助他们应对残疾并减轻残疾的伤痛，提供沟通和分享的机会，提高生活动机，并获得积极的人格特质。残疾人参与各种社会和体育锻炼活动，以应对或略微摆脱现状所造成的问题，同时也有研究发现参与体育锻炼后，残疾人的人格特征发生了一些积极变化。

在健康群体中的研究表明，定期运动和积极参与体育锻炼对人格有积极影响，而对生命后期残疾的个人，康复过程中的身体运动训练和练习会及时改变残疾人的生活方式。马汀（Martin）等人[90]在一项研究中发现，残奥会篮球队的团队成员相较于普通残疾人，有积极的心态和人格特质。有研究者[91]在一项关于残疾举重运动员的人格特征的研究中发现，运动员具有更多的外倾性特征。从德米雷尔（Demirel）[92]完成的研究中可以看出听力受损的柔道运动员具有高自尊。可以说，参与运动可能会导致残疾运动员的人格和自我结构的一些变化。

契维柯尔（Çeviker）等人[93]的研究旨在探究视力受损的优秀运动员的人格特质，并揭示体育对个性的影响。该研究样本涵盖168名视力受损的优秀运动员（51名女性，117名男性），年龄范围为15～25岁，采用大五人格量表对其进行人格特质评估。研究发现，视障运动员的年龄、运动项目对人格特质有显著影响。从运动项目来看，柔道、门球运动的残疾人运动员比举重、象棋的残疾人运动员具有更大的外倾结构。

残疾人作为特殊群体，体育锻炼为他们提供了重拾自信、重塑人格的机会。人格的发展变化与其他心理的发展变化密切相关，会对人的心理健康产生重要影响，尤其在身体和心理受到重创的残疾人群体中。尽管相关研究较少，但已有研究证明在残疾人群体中，体育锻炼对人格的影响表现出与正常人群体的一致性，甚至在残疾人群体中更为显著。因此，未来研究应该关注特殊群体中人格与体育锻炼的关系。

5.3 研究进展及发展趋势

人格历来都是心理学家研究的焦点，其学派和理论的纷繁复杂早已说明了人格研究在心理学界所受关注的程度。在青少年或儿童运动员的选材过程中，人格因素是优秀运动员选材指标的主要构成。目前，关于运动与各年龄段运动员，尤其是关于青少年或儿童运动员人格关系的横向研究比较多，而关于体育运动或锻炼对普通大众人群人格影响的研究一直都相对薄弱。到了 20 世纪 70 年代，人格或个体差异的研究成为锻炼心理学的重要研究内容。之所以如此，是因为锻炼心理学学科领域内还存在一个较为棘手的问题，即难以预测哪些人群容易退出锻炼，哪些人群的锻炼坚持性较好。人格作为一个在空间上具有普遍性，在时间上具有跨情境一致性的概念，能否成为锻炼行为的良好的预测变量？这一问题引起了诸多锻炼心理学学者的兴趣。除此之外，有学者将研究目光投向了锻炼的人格心理效益，锻炼的人格心理效益研究在理论和实践应用层面上都具有重要价值。许多锻炼心理学研究表明，长时锻炼行为对一些人格特质能起到改善作用，对一些障碍性人格具有矫正功能。但是，这些研究结论都遭受着不同程度的质疑，其主要原因是目前还缺乏足够多且能有效控制第三变量影响的实验研究。

从当前的研究成果看，究竟哪些人格特质与锻炼行为有关，具有何种关系还有些模糊，因而我们很难确切地对锻炼行为干预做出有价值的实践建议。但基于已有的研究结论，我们可以提出几个建议。

第一，从目前的研究结果出发，有理由建议采用有氧型和无氧型项目相结合的方式进行锻炼，也许将来可能有研究会证明，有氧型项目比无氧型项目能更好（或相反）地影响人格特质。但就目前而言，有氧型和无氧锻炼项目相结合影响人格的积极效益更为显著。

第二，对于人格理论的发展来说，应更加注重整合研究，体育锻炼与人格的研究目前过于聚焦在对个体差异的探讨上，如测量单个或几个人格维度，再将被试区分为不同组别，比较差异和相关性，这种过于聚焦的做法不利于对整体概念的理解。

第三，人格的生物学研究取向历来就有，只是在体育运动与人格研究中，特质学派理论及测量工具的成熟为研究者提供了更多的便利。但是目前看来，人格的生物学研究取向的趋势已经有赶超特质取向的趋势，锻炼心理学领域的研究者势必会意识到以基因的视角解释体育锻炼与人格问题的优势。

第四，人格测量的客观性和科学干预方案的制订，也是困扰我国锻炼心理学领域的难题。对人格的干预关键在于被试填答量表的准确性，这一阻力对于人格的影响持续存在，未来期待神经科学能提供一个完整、科学的人格框架。关于干预方案，可以借鉴临床心理学的研究，设计有效的方案，进一步回答体育锻炼对人格的影响。

参考文献

[1]Allport, G. W.: "Pattern and growth in personality", *Psychology*, 1961.

[2]郭永玉，贺金波：《人格心理学》，北京，高等教育出版社，2011。

[3]黄希庭：《人格心理学》，杭州，浙江教育出版社，2002。

[4]张作记：《行为医学量表手册》，北京，中华医学电子音像出版社，2005。

[5]Griffith, C. R.: "A laboratory for research in athletics", *Research Quarterly for Exercise & Sport*, 1930.

[6]Weinberg, R. S., & Gould, D.: *Foundations of Sport and Exercise Psychology*（5th ed），Champaign, IL: Human Kinetics, 2011.

[7]Thune, J. B.: "Personality of weightlifters", *Research Quarterly for Exercise and Sport*, 1949.

[8]Sperling, A. P.: "A comparison between Jews and non-Jews with respect to several traits of personality", *Journal of Applied Psychology*, 1942.

[9]Carter, G. C., & Shannon, J. R.: "Adjustment and personality traits of athletes and non-athletes", *the School Review*, 1940.

[10]Fleming, E. G.: "Personality and the athletic girl", *School and Society*, 1934.

[11]Booth, E. G.: "Personality traits of athletes as measured by the MMPI", *Research Quarterly*, 1958.

[12]Flanagan, L.: "A study of some personality traits of different physical activity groups", *Research Quarterly for Exercise and Sport*, 1951.

[13]Fauquier, W.: "The attitudes of aggressive and submissive boys toward athletics", *Child Development*, 1940.

[14]石岩，周浩：《体育运动与人格三大研究主题述评及展望》，《体育科学》2017年第7期。

[15]周毅刚，刘杰，房淑珍：《体育教师人格特征的比较研究》，《武

汉体育学院学报》2003年第6期。

［16］亓圣华，张彤，李繁荣等：《体育锻炼与男性服刑人员人格特征关系的研究》，《北京体育大学学报》2006年第11期。

［17］雷雯：《我国高水平男子啦啦队运动员的个性特征研究》，《荆楚理工学院报》2013年第2期。

［18］田建强，张爱军，李波等：《海南黎族女足运动员16项个性因素特征分析》，《海南师范大学学报（自然科学版）》2016年第1期。

［19］Maher, B.: "To the rescue of personality", *Contemporary Psychology*, 1984.

［20］郑德伟，李峰，刘东进，林秋平，宋文民：《体育锻炼对大学生人格特质的影响》，《运动》2011年第13期。

［21］新井，範子，& 岩井："Environmentally conscious activities and personality characteristics", *Cross-cultural Business and Cultural Studies*, 2002.

［22］Hsiao, E. T., & Thayer, R. E.: "Exercising for mood regulation: The importance of experience", *Personality and Individual Differences*, 1998.

［23］Rhodes, R. E., & Smith, N. E.: "Personality correlates of physical activity: A review and meta-analysis", *British Journal of Sports Medicine*, 2006.

［24］陈玉霞，孙杰：《体育专业与非体育专业大学生的人格特质差异》，《体育学刊》2002年第2期。

［25］张福生：《大学生人格特征与体质健康状况的相关研究》，《北京体育大学学报》2005年第10期。

［26］黄晨曦，殷晓霞，朱慧：《大学生EPQ人格特征与体质的相关研究》，《广州体育学院学报》2008年第6期。

［27］王琳：《不同专业大学生内隐攻击性、外显攻击性与人格特质、应对方式的相关研究》，天津师范大学，2009。

［28］胡盼群：《恰恰舞对9—12岁学生性格影响的研究》，广州体育学院，2020。

［29］Bono, J. E., & Judge, T. A.: "Personality and transformational leadership: A meta-analysis", *Journal of Applied Psychology*, 2004.

［30］Judge, T. A., Bono, J. E., Ilies, R., et al.: "Personality and leadership: A qualitative and quantitative review", *Journal of Ap-*

plied *Psychology*, 2002.

[31] Carver, C. S., & Connor-Smith, J.: "Personality and coping", *Annual Review of Psychology*, 2010.

[32] Michel, J. S., Clark, M. A., & Jaramillo, D.: "The role of the five-factor model of personality in the perceptions of negative and positive forms of work-nonwork spillover: A meta-analytic review", *Journal of Vocational Behavior*, 2011.

[33] Malouff, J. M., Thorsteinsson, E. B., & Schutte, N. S.: "The five-factor model of personality and smoking: A meta-analysis", *Journal of Drug Education*, 2006.

[34] Malouff, J. M., Thorsteinsson, E. B., Schutte, N. S., et al.: "The five-factor model of personality and relationship satisfaction of intimate partners: A meta-analysis", *Journal of Research in Personality*, 2010.

[35] Rhodes, R. E., Courneya, K. S., & Bobick, T. M.: "Personality and exercise participation across the breast cancer experience", *Psycho-oncology*, 2001.

[36] Bottlender, M., & Soyka, M.: "Impact of different personality dimensions (NEO Five-Factor Inventory) on the outcome of alcohol-dependent patients 6 and 12 months after treatment", *Psychiatry Research*, 2005.

[37] Rhodes, R. E., & Smith, N. E.: "Personality correlates of physical activity: A review and meta-analysis", *British Journal of Sports Medicine*, 2006.

[38] Sanderson, W. C., & Scherbov, S.: "Remeasuring aging", *Science*, 2010.

[39] 韩凤芝,孟庆富,李咸英:《大学生人格特征与体育运动参与程度的关系研究》,《北京体育大学学报》2005年第5期。

[40] 杨兆春,刘润生,朴哲松:《大学生性格特征与体育运动偏好度关系的研究》,《沈阳体育学院学报》2010年第3期。

[41] 姜媛,张力为,毛志雄:《人格、锻炼动机和锻炼取向对体育锻炼情绪效益的作用》,《天津体育学院学报》2015年第2期。

[42] 鲁松涛,金胜真:《基于计划行为理论的人格与锻炼行为关系——元分析回顾与路径模型的验证》,《体育科技》2016年第5期。

[43] 朱从庆,董宝林:《人格特质与大学生锻炼动机:情绪调节方式

的中介效应》,《武汉体育学院学报》2016年第1期。

[44]Hassmén, P., & Borg, G.: "Psychophysiological responses to exercise in type A/B men", *Psychosomatic Medicine*, 1993.

[45]Roskies, E.: *Type A Intervention: Finding the Disease to Fit the Cures*, Behavioral Treatment of Disease. Springer US, 1982.

[46]Blumenthal, J. A., Emery, C. F., Walsh, M. A., et al.: "Exercise training in healthy type A middle-aged men: Effects on behavioral and cardiovascular responses", *Psychosomatic Medicine*, 1988.

[47]陈善平,张秋君,李淑娥:《太极拳教学对大学生A型行为的影响》,《中国体育科技》2005年第2期。

[48]马冠楠,徐阳:《关于体育对人格影响的文献综述》,《体育科技》2011年第3期。

[49]Kobasa, S. C., & Puccetti, M. C.: "Personality and social resources in stress resistance", *Journal of Personality and Social Psychology*, 1983.

[50]Gould, D., Hodge, K., Peterson, K., et al.: "Psychological foundations of coaching: Similarities and differences among intercollegiate wrestling coaches", *The Sport Psychologist*, 1987.

[51]Secades, X. G., Molinero, O., Salguero, A., et al.: "Relationship between resilience and coping strategies in competitive sport", *Perceptual & Motor Skills*, 2016.

[52]牛点点:《初中生坚韧性人格与体育锻炼行为关系研究》,石河子大学,2020。

[53]郭祖祺:《初中生体育锻炼行为与坚韧人格的关系及启示研究》,南昌大学,2018。

[54]张战意:《学习倦怠、人格坚韧性与体育锻炼关系的研究》,《中国成人教育》2011年第8期。

[55]Thune, J. B.: "Personality of weightlifters", *Research Quarterly*, 1949.

[56]Rhodes, R. E.: *The Oxford Handbook of Exercise Psychology*, New York, NY: Oxford University Press, 2012.

[57]Colley, A., Roberts, N., & Chipps, A.: "Sex-role identity, personality and participation in team and individual sports by males and females", *International Journal of Sport Psychology*, 1985.

[58]Paunonen, S. V.: "Big five factors of personality and replicated predictors of behavior", *Journal of Personality and Social Psychology*, 2003.

[59]Egan, S., & Stelmack, R. M.: "A personality profile of Mount Everest climbers", *Personality & Individual Differences*, 2003.

[60]Kirkcaldy, B. D.: "Personality profiles at various levels of athletic participation", *Personality and Individual Differences*, 1982.

[61]McKelvie, S. J., Lemieux, P., & Stout, D.: "Extraversion and neuroticism in contact athletes, no contact athletes and non-athletes: A research note", *Athletic Insight*, 2003.

[62]Hughes, S. L., Case, H. S., Stuempfle, K. J., & Evans, D. S.: "Personality profiles of iditasport ultra-marathon participants", *Journal of Applied Sport Psychology*, 2003.

[63]Kajtna, T., Tušak, M., Barić, R., et al.: "Personality in high risk sports athletes", *Kinesiology*, 2004.

[64]Dowd, R., & Innes, J. M.: "Sport and personality: Effects of type of sport and level of competition", *Perceptual and Motor Skills*, 1981.

[65]Geron, E., Furst, D., & Rotstein, P.: "Personality of athletes participating in various sports", *International Journal of Sport Psychology*, 1986.

[66]Allen, M. S., Greenlees, I., & Jones, M. V.: "An investigation of the five-factor model of personality and coping behaviour in sport", *Journal of Sports Sciences*, 2011.

[67]Nia, M. E., & Besharat, M. A.: "Comparison of athletes' personality characteristics in individual and team sports", *Procedia-Social and Behavioral Sciences*, 2010.

[68]Castanier, C., Le Scanff. C., & Woodman, T.: "Who takes risks in high-risk sports? A typological personality approach", *Research Quarterly for Exercise and Sport*, 2010.

[69]Coetzee N.: "Personality profiles of recreational scuba divers", *African Journal for Physical Health Education Recreation and Dance*, 2010.

[70]Beidler, E., Donnellan, M. B., Covassin, T., et al.: "The

association between personality traits and sport-related concussion history in collegiate student-athletes", *Sport, Exercise, and Performance Psychology*, 2017.

[71]Rhea, D. J., & Martin, S.: "Personality trait differences of traditional sport athletes, bullriders, and other alternative sport athletes", *International Journal of Sports Science & Coaching*, 2010.

[72]Cox, R. H., & Yoo, H. S.: "Playing position and psychological skill in American football", *Journal of Sport Behavior*, 1995.

[73]Greenwood, M., & Simpson, W. K.: "Personality traits of intercollegiate baseball athletes playing central cversus noncentral defensive positions at three levels of competition", *Applied Research in Coaching & Athletics Annual*, 1994.

[74]Kirkcaldy, B. D.: "Personality profiles at various levels of athletic participation", *Personality and Individual Differences*, 1982.

[75]Çutuk, S., Kaçay, Z., & Çutuk, A. Z.: "The relationship between prosocial and antisocial behaviors and personality traits in team athletes", *Sakarya University Journal of Education*, 2021.

[76]Eason, C. M., Mazerolle, S. M., Monsma, E. V., et al.: "The role of personality in job satisfaction among collegiate athletic trainers", *Journal of Athletic Training*, 2015.

[77]Allen, M. S., Vella, S. A., & Laborde, S.: "Sport participation, screen time, and personality trait development during childhood", *British Journal of Developmental Psychology*, 2015.

[78]Griban, G., Kuznietsova, O., Dzenzeliuk, D., et al.: "Dynamics of psycho-emotional state and individual psychological characteristics of students in the process of physical education classes. Dilemas Contemporáneos: Educación", *Política y Valores*, 2019.

[79]李琳，季浏：《健美操运动对中小学生人格发展的影响》，《中国体育科技》2009年第5期。

[80]李琳，李鑫，陈薇：《不同运动项目对中学生人格和自我意识的干预研究》，《成都体育学院学报》2010年第8期。

[81]邓雷，孙海艳，颜军：《不同持续时间、运动项目和强度的身体锻炼对大学新生人格和心理压力的干预研究》，《广州体育学院学报》2009年第2期。

[82]孙晓东:《体育合作学习对不同人格特征大学男生社会支持和应对方式的影响》,扬州大学,2010。

[83]张忍发,李军:《体育精神对大学生人格形成的影响》,《科教导刊(中旬刊)》2010年第29期。

[84]曾进辉:《体育锻炼与大学生人格特征的关系研究》,《重庆科技学院学报(社会科学版)》2007年第5期。

[85]高亮,徐盛嘉,汤玉龙等:《健身气功锻炼对老年人"大五"人格的影响》,《中国老年学杂志》2014年第23期。

[86]谢蓓芳,方永年,林永清等:《不同体育锻炼方式与老年人心理健康、个性的相关调查》,浙江省心身医学学术年会,2011。

[87]杨建辉,吕林,吕牧轩:《体育活动对老年人心理健康的影响》,《中国老年学杂志》2011年第3期。

[88]李静:《城市运动与不运动老年人EPQ调查》,《中国老年学》2010年第17期。

[89]成传兵:《老年太极拳锻炼者心理健康与人格特征的调查研究》,武汉体育学院,2009。

[90]Martin, J. J., Malone, L. A., & Hilyer, J. C.: "Personality and mood in women's paralympic basketball champions", *Journal of Clinical Sport Psychology*, 2011.

[91]Bäckmand, H., Kaprio, J., Kujala, U. M., et al.: "Physical and psychological functioning of daily living in relation to physical activity. A longitudinal study among former elite male athletes and controls", *Aging Clinical and Experimental Research*, 2006.

[92]Demirel, H.: "Social appearance anxiety and rosenberg self-esteem scores in young physical disabled athletes", *Universal Journal of Educational Research*, 2019.

[93]Çeviker, A., Mumcu, H. E., Turkay, H., et al.: "Examination on personality types of visually impaired elite athletes", *Research in Pedagogy*, 2020.

6　自尊与体育锻炼

自尊作为心理学预测人类情感变化重要的心理构念，对个体的认知、情感及行为等都会产生重要影响。当前，对于自尊的研究主要涉及身体自尊、自我概念、身体意象等方面。随着对体育锻炼与自尊、身体自尊关系的深入探索，研究者发现体育锻炼可以通过多种社会和心理生物学机制影响自尊，其结果可以量化为对个体各种属性评价的总和。本章将阐释自尊的概念、结构以及测量方法，归纳自尊与锻炼的相关研究，从而论述自尊与锻炼行为关系的发展脉络与理论模型。同时，基于自尊本身的复杂性，研究者试图深入挖掘体育锻炼对自尊影响的深层机制。

6.1　自尊的概念及结构

6.1.1　自尊的概念

6.1.1.1　自尊

"自尊"概念最早来源于詹姆斯（James）所著的《心理学原理》。[1] 由于自尊概念的理论价值和现实意义，在自尊概念的发展过程中，来自不同领域的研究者围绕自尊的概念进行了激烈讨论。

詹姆斯在《心理学原理》中将自尊定义为一种关乎自己的情感。随后，詹姆斯进一步提出自尊的操作性定义，即自尊＝成功/抱负水平。[2] 其中，抱负水平是指在自己所擅长的领域中或者自己比较看重的领域中的抱负水平。现实自我与理想自我之间的调节变量就是胜任力，胜任力是自尊水平的核心要素。罗森伯格（Rosenberg）提出了以价值观为核心的自尊概念，将自尊研究带入新纪元。他认为自尊是针对某一特定客体——自我本身的一种积极或消极的态度。

库珀史密斯（Coopersmith）将自尊定义为一种对个人价值的主观判断，它所表达的是个体对自己的态度。[3] 在他的自尊理论中，他致力于研究自尊如何习得，如何培养，如何改变。库珀史密斯认为自尊来源于四个方面。①能力，个体认为自己在所擅长的领域中能够胜任重要的任务或实现目标。②重要性，个体认为自己是一个重要的人。③品德，个体认为自己是一个遵守社会规范和伦理道德的人。④权力，个体认为自己可以控制环境和自身的能力。这四个方面对于个体的自尊养成是必要的，但不是充分的。

作为20世纪60年代的三本标志性著作之一，布兰登(Branden)[4]在《自尊心理学》中整合了较为主流的自尊概念的观点，提出了自尊有两个相互关联的方面：个人的效能感和个人价值感。自尊是一种自信心和自我尊敬的整合性结构，是一个人对有能力生活和值得生活下去的确信。

20世纪90年代以前，研究者对自尊的研究基本局限于意识层面。[5]20世纪90年代以后，伴随着格林沃德(Greenwald)和巴纳吉(Banaji)[6]正式提出的内隐性社会认知概念，一个改变自尊研究格局的概念——内隐自尊出现了。格林沃德认为，内隐自尊是个体对同自我相关或不相关的事物做出评价时，通过内省而不能获得的一种自我态度的无意识效应。该定义从可意识的程度上区分了内隐自尊与外显自尊，此后众多心理学者都在其研究中沿用并支持了这一概念。心理学家艾普斯坦(Epstein)对内隐自尊的研究也做出了突出贡献。在《认知体验自我理论》中，艾普斯坦提出个体在与外部世界的互动中，同时拥有两套系统(经验系统和理性系统)共同参与包含自我评价在内的信息加工过程。前者借由经验积累形成，是情感驱动下的无意识过程，具有整体性和高效性的特征；后者则通过逻辑推断形成，以言语为中介，是理性驱动下的意识过程，具有深刻性和精确性的特征。[7]内隐自尊和外显自尊分别受到经验系统与理性系统的主导，是不同信息加工过程的产物。

我国学者也对自尊进行了深入研究，朱智贤[8]将自尊定义为对社会评价与个人自尊需要的关系的反映。顾明远[9]提出，自尊是指个体以自我意象和自身社会价值为基础，对个人值得尊重的程度或其重要性所做出的评价。荆其诚[10]将自尊定义为个人自我感受的一种形式，是一种胜任的、愉快的、受人敬重的自我感受。林崇德[11]将自尊定义为对社会评价与个人的自尊需要之间相互关系的反映。魏运华[12]在综合国内外自尊定义的基础上认为，自尊是指个体在社会比较的过程中所获得的有关自我价值的积极的评价与体验。

国内外以往的学术文献对于自我和自尊描述的术语有些混淆，很多术语被交换使用并且在概念上产生了部分重叠(自尊、自我价值、自我概念、自我感觉)，这导致学术界对自尊的概念缺乏普遍认同。目前达成学术共识的有两点：一是认为自尊是个体对自身价值的一种积极的认知评价；二是将自尊看成一种伴随评价而产生的情绪体验，特别是那些由比较明显的好的或差的评价所引起的情绪。

6.1.1.2 身体自尊

近年来，学者对身体与自尊的关系进行了大量研究，并且提出了身体自尊的概念。何谓身体自尊呢？身体自尊是个体对自我身体的不同方面的满意或不满意的评价，表示个体从感知的角度来关注自己的身体外貌，更注重个体对身体自我评价时的情绪体验。身体自尊作为构成整体自尊的一个特定层面，通常包括整体的身体自我价值感和次级领域中身体各层面的满意感，如身体能力、身体外貌、身体素质、运动能力等层面的满意感。

6.1.1.3 自我概念

自我概念是另一个与自我有关的术语，属于自我的认知部分，是个体对自己各个维度或整体的一种认识和理解。在早期研究中出现过将自尊和自我概念混用的情况，如将自尊等级结构模型与自我概念等级模型混用。目前看来，自尊和自我概念是两个含义截然不同的术语。一般而言，自尊是个体对自我进行的整体性评价及其情绪体验，是对自我概念的评价性成分。自我概念的本质是指个体认识和理解自己的方式，表示的是"我们是谁"，主要包括"我们是什么人""我们主张什么""我们喜欢什么"等。

6.1.1.4 身体意象

受社会文化、大众媒体宣传等多方面的影响，现代女性更被强调应拥有纤细苗条的体形和低体重，而男性则应拥有强壮的体魄。这种影响使得人们对自己体形的要求越来越高，而现实总是与理想存在差距，致使很多人对自己的身体或身体的某些部位感到不满意，并有部分人因此而遭受负面影响。当讨论这个问题时，我们就进入了探讨身体意象的领域了。

薛达(Schilder)[13]认为，身体意象是指人们在头脑中对自己身体所形成的图像，是大脑感觉神经系统等生理因素、个体心理因素和社会因素共同作用的结果，是一种能够发生转变的动态过程。布罗迪(Brodie)等人[14]认为，身体意象是受历史、社会、文化、个体因素以及生物因素影响的身体形态、大小以及形式的心理表征，可以随时间而变化。缪斯(Muth)等人[15]将身体意象定义为与身体有关的自我知觉、认知、情绪以及行为。随着研究者对身体意象的不断深入研究，对身体意象的认识也逐渐深刻。喀什（Cash）等人[16]将身体意象的特点概括为：①身体意象是对身体和身体体验的感觉、知觉及认知；②身体意象是多维结构的；③身体意象和对自我的主观感觉是相互联系的；④身体意象会受到社会因素的影响；⑤身体意象会随时间而动态变化；⑥身体意象会影响人的认知信息加工过程；⑦身体意象会影响人的行为。

不同的学者从各自的研究领域对身体意象进行了界定，总体而言，目前大多学者一致认为，身体意象泛指人在头脑中所呈现出自己身体的大小、形态等的总体感知、认知及伴随产生的情绪体验。

6.1.2 自尊的结构

心理学家对自尊的早期探讨主要停留在整体自尊层面上，研究大多认为自尊是单维的。例如，罗森伯格编制的自尊量表就是一个单维自尊测量工具。目前看来，自尊并不像早期学者所认为的那样是单维的，而是一个具有多维等级结构的心理构念。谢弗尔森（Shavelson）等人[17]提出了自尊多等级结构模型，认为自尊具有多等级结构，整体自尊由学业自尊、社会自尊、情感自尊及身体自尊构成。鉴于此，本部分主要从自尊的单因素结构、自尊的多因素结构、自尊的内隐和外显结构、自尊的"倒金字塔"结构、自尊的多维分层结构予以介绍。

6.1.2.1 自尊的单因素结构

自尊的单因素结构主要源于精神分析学派的观点，该观点首先由詹姆斯提出，之后随着怀特对动机的研究而逐渐深入。詹姆斯认为，自尊就是指个体的成就感，自尊水平完全取决于个体在实现其所设定的目标过程中的成功或失败的感受，并提出公式：自尊＝成功/抱负水平。[18]通过该观点可以得出，自尊是以能力为取向的，并且具有动态性，该观点在提出之初并未受到学界的关注。但随着行为主义的兴起，怀特认为自尊的关键在于能力感，个体通过能力感获得或体现出自尊，也会通过能力感促进自尊的发展。基于此，自尊的单因素结构大体形成，既推动了学界对自尊的理论性认知，也推动了临床领域的相关研究。

6.1.2.2 自尊的多因素结构

自尊的多因素结构主要包括二因素、三因素、四因素结构等。自尊的二因素结构由波普（Pope）和姆查莱（Mchale）在1988年提出，将自尊划分为知觉的自我和理想的自我（见图6-1）。知觉的自我是个体对自己具备或不具备的各种技能、特征和品质的客观认识，理想的自我是个体希望成为什么人的一种意象和一种想拥有某种特性的真诚愿望。[19]自尊的三因素结构是由斯蒂芬哈根（Steffenhagen）和波恩斯（Bums）提出的，包括三个相互联系的亚模型，即物质/情境模型、超然/建构模型和自我力量意识/整合模型。[20]自尊的四因素结构是由库珀史密斯提出的，他认为自尊结构包括重要性、能力、品德和权力四个主要因素。[21]

```
          自尊
         /    \
    知觉的自我   理想的自我
```

图 6-1　自尊的二因素结构

除此之外，有学者指出自尊的结构还包括由外表、体育运动、能力、成就感、纪律和公德与助人组成的六因素结构[22]，以及由家庭关系、学校、生理能力、生理外貌、情绪稳定性、音乐能力、同伴关系和健康组成的八因素结构[23]。

6.1.2.3　自尊的内隐和外显结构

1995年，格林沃德和巴纳吉提出了内隐社会认知理论，随后格林沃德创建并发展了内隐联想测验技术。[24]格林沃德和法姆（Famham）发现内隐自尊和外显自尊之间既相互联系，又相互独立，而且两种自尊分别作用于不同的心理和行为，从而提出了自尊的内隐和外显双重结构模型。蔡华俭[25]的研究结果支持了格林沃德的观点，认为内隐自尊与外显自尊是相互独立的不同结构，且有较低的正相关。内隐自尊是指个体无意识的自我评价倾向。外显自尊是指个体有意识的一种积极自我评价。内隐自尊会影响个体对行为的自我评价，而外显自尊会影响人们有意识的社会行为和判断，其中内隐自尊对自发的和情感驱动的行为有较好的预测作用。

6.1.2.4　自尊的"倒金字塔"结构

张向葵等人[26]在已往自尊结构研究的基础上，提出了自尊的"倒金字塔"结构（见图6-2）。"倒金字塔"结构的基础层级由潜在自尊、社会自尊和元自尊三部分构成。潜在自尊是人类进化过程中由人的求生本能形成的一种基本需要；社会自尊包括内隐自尊和外显自尊；元自尊是个体在元认知能力发展到一定程度时对自我认识的认知、监控和调节活动。"倒金字塔"第四层或再往上发展就是自尊与认知能力之间的关系。

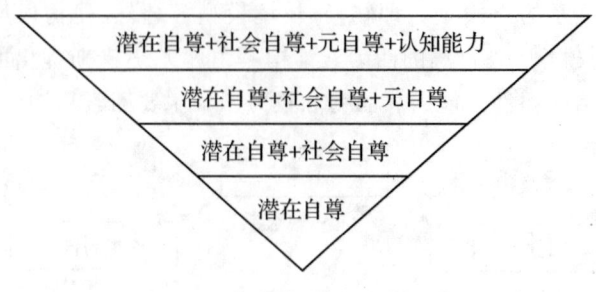

图 6-2　自尊的"倒金字塔"结构

6.1.2.5　自尊的多维分层结构

福克斯(Fox)在谢弗尔森提出的自尊多等级结构模型的基础上,提出了自尊的多维分层模型,认为自尊模型包括各个方面的自我评价,具体为学业自尊、社会自尊、情感自尊以及身体自尊。自尊的多维分层模型见图6-3。[27]

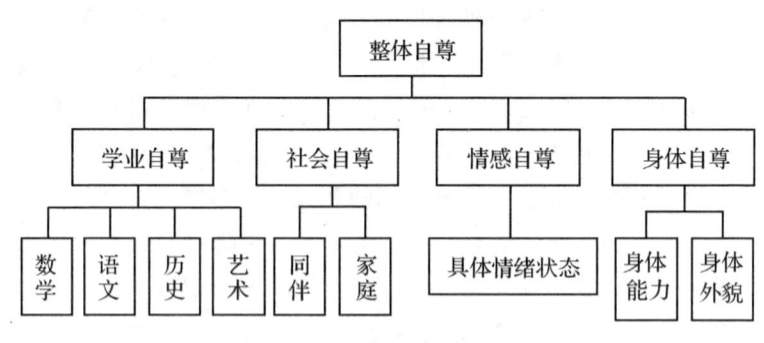

图 6-3　自尊的多维分层模型

在上述自尊结构模型中,自尊的多维分层模型被研究者普遍接受,被认为是最具代表性的自尊结构模型。自尊研究由单维结构到多维结构,无不在诠释自尊由单一结构到复杂结构的发展演变。这些结构模型都具有一定的合理性,并且在一定程度上揭示了自尊的本质,为自尊的深入研究提供了可靠的理论依据。

6.2　自尊的测量方法

6.2.1　自尊的测量

有关自尊的实证研究几乎无一例外都会涉及自尊的测量。因此,一个具有良好信效度的自尊测量工具对于自尊的研究来说是必不可少的。其中,罗森伯格自尊量表和库珀史密斯自尊调查表是当前运用较为广泛的自尊测量工具。具体而言，罗森伯格自尊量表由罗森伯格编制并被国内外学者广泛使用，最初被用于评定青少年关于自我价值和自我接纳的总体感受，目前是我国心理学界使用较多的自尊测量工具。罗森伯格自尊量表为单维量表，共有10个条目，5个正向计分和5个反向计分，得分越高表示个体的自尊水平越高。在量表的信效度检验方面，罗宾斯（Robins）等人采用单一条目自尊量表作为校标工具，对罗森伯格自尊量表的信效度进行检验。研究发现，两个量表都显示出对男性和女性、不同种族群体以及大学生和社区成员的强收敛效度，但单一条目自尊量表在儿童群体中的收敛效度为中等。[28]

表6-1 罗森伯格自尊量表的内容

序号	题项
1	我感到我是一个有价值的人，至少与其他人在同一水平上。
2	我感到我有许多好品质。
3	归根结底，我倾向于觉得自己是一个失败者。
4	我能像大多数人一样把事情做好。
5	我感到值得自己自豪的地方不多。
6	我对自己持肯定态度。
7	总体来说，我对自己是满意的。
8	我要是能看得起自己就好了。
9	我确实时常感到自己毫无用处。
10	我时常认为自己一无是处。

库珀史密斯自尊调查表共包括长量表和短量表两个类型。库珀史密斯自尊调查表长量表测试个体在不同方面对自我的态度，由5个分量表组成，分别是一般自我、社会自我、家庭自我、学校自我和测谎，共有58个条目。它要求被试以第一人称叙述一种情况并以"像我"或"不像我"来回答。库珀史密斯自尊调查表短量表共包括25个条目，用于衡量个体相对于同龄人、父母、学校和个人兴趣的自尊。[29]每个条目都用"像我"或"不像我"来回答（像我，计1分；不像我，计2分），将调查所得的分数求和后，乘以4得到个体的自尊分数。分数越高，个体的自尊水平越高。在量表的信效度检验方面，莱恩（Lane）等人[30]对库珀史密斯自尊调查表进行了可靠性分析，发现库珀史密斯自尊调查表的可靠性在子量表中的差异较大。因此，在未来研究中，采用该量表的研究者应对子量表的可靠性进行专门分析，以确保量表的信效度。

6.2.2 身体自尊的测量

在研究中通常采用量表对身体自尊进行测量，被广泛使用的量表主要有身体自我知觉剖面图、身体自尊量表、身体自我描述问卷以及少年儿童身体自尊量表等。

6.2.2.1 身体自我知觉剖面图

身体自我知觉剖面图由福克斯和科尔宾（Corbin）在谢弗尔森自尊多等级结构模型的基础上编制而成。该量表由 30 个条目组成，每个条目都有两个完全相反的现象描述。被试阅读每个条目后，选择符合自己状态的描述，然后对其程度（"有些符合我"或"完全符合我"）进行选择。身体自我知觉剖面图包括一个主量表（整体身体自我价值）和四个分量表（测量运动能力、身体状态、外貌/吸引程度、身体/肌肉力量）。身体自我知觉剖面图在以不同性质的人群（如中年人、美国和英国的大学生、超重成年人等）为对象实施测量后，结果显示各分量表的敏感性、可靠性和稳定性良好。采用零阶相关、偏相关和多元回归分析的结果显示，各分量表的结果与自我感知之间的结构一致，证明量表具有良好的信效度。[31]喀拉托利奥提斯（Karteroliotis）[32]对 315 名大学生进行调查发现，身体自我知觉剖面图在性别上存在结构差异。徐霞和姚家新在身体自我知觉剖面图的基础上，对量表进行了跨文化的修订与信效度检验，发展了大学生身体自尊量表。徐霞等人[33]发现，身体/肌肉力量是评价西方大学生身体自尊的一个重要维度，而我国大学生在身体/肌肉力量这一维度上的报告并不多，特别是女大学生。国内大学生则普遍认为身体素质（如速度、灵敏等）影响着身体自我价值感的形成。因此，徐霞等人在身体自我知觉剖面图有关身体/肌肉力量这一维度的基础上增加了由速度、耐力、灵敏和柔韧等内容组成的"身体素质"维度。修订后的量表具有较好的信效度，但结构效度存在一些瑕疵，有一些疑问仍需进一步考察。

6.2.2.2 身体自尊量表

身体自尊量表由弗朗佐伊（Franzoi）等人[34]编制。该量表具有性别差异，男性身体自尊量表包括身体吸引力、身体状况和上肢力量三个维度，女性身体自尊量表包括性吸引力、关心体重和身体状况三个维度。梵蒂冈的研究结果表明，身体自尊量表具有良好的信效度。我国学者何玲和张力为对身体自尊量表进行了中国文化背景下的修订与检验，修订后的量表具有良好的效标效度和内部一致性信度。瑟文（Sevin）等人[35]采用身体自尊量表对 459 名土耳其大学生进行了调查，以检验该量表在土耳其大学生群体中的可靠性，研究者分别让被试填写了身体自尊量表、身体关注量表、罗森伯格自尊量表，发现身体自尊量表与身体关注量表和罗森伯格自尊量表的得分呈正相关，身体自尊量表总分的内部一致性系数为0.94，重测信度为0.74，探索性和验证性因素分析均得出了与原始量表拟合一致的三维模型，表明身体自尊量表在土耳其大学生群体中具有良好的信效度。

6.2.2.3 身体自我描述问卷

身体自我描述问卷由马什(Marsh)及其同事针对12～15岁的澳大利亚青少年学生编制。在早期心理学研究中，心理学家把自尊看作一种个体在和社会相互作用的基础上形成的单维结构的产物，强调在身体、社会、学业和其他领域自我知觉能力没有差异。随着心理学研究的不断深入，心理学家已不再把自尊看作单维、粗线条的，而是多维的、有层次的。马什和谢弗尔森等人经过深入研究，提出了更进一层次的自尊结构模式。目前，学者倾向于使用多维量表。身体自我描述问卷包括70个条目，由健康、协调、身体活动参与、身体自尊和整体自尊等11个维度组成，采用6点计分法，得分越高，表明个体在各维度的自尊水平越高。随着研究的不断深入，学者对于身体自我描述问卷的信效度进行了检验。一方面，希普克(Schipke)等人[36]采用元分析的方法提供了关于使用身体自我描述问卷的相关信息，并计算了平均内部一致性信度。研究发现，54.4%的研究报告了可靠性数据，所有分量表的可靠性均高于0.8，表明身体自我描述问卷具有良好的内部一致性信度。

同时，中国学者对该量表进行了中英文互译。结果表明，中英文互译性很高。我国学者杨剑[37]在参考国内外文献资料和质性访谈的基础上，对身体自我描述问卷进行了跨文化的修订与检验，修订后的量表在信度上可以接受同时也具有一定的结构效度。考虑到量表条目过长，被试填答的负担过重，研究者对该量表进行了修订，编制了身体自我描述短量表，并对修订后量表的信效度进行了检验。马什等人[38]采用身体自我描述短量表在349名澳大利亚高水平运动员、986名西班牙青少年、395名以色列大学生、760名澳大利亚老年人群体中进行了检验。研究发现，身体自我描述短量表的各子维度在不同样本群体中均具有较高的可靠性和不变的因子结构，同时身体自我描述问卷和身体自我描述短量表与校标工具相比收敛效度和判别效度良好，表明身体自我描述短量表具有良好的信效度。相似的研究结果在布朗等人[39]和马亚诺(Maïano)等人[40]的研究中得以证实。

6.2.2.4 少年儿童身体自尊量表

少年儿童身体自尊量表由国内学者段艳平[41]在参考身体自我描述问

卷、身体自我知觉剖面图的基础上，结合中国儿童的身体特点而修订。修订后的量表具有良好的信效度，适用于少年儿童的身体自尊研究。该量表有 78 个条目，通过身体吸引力、运动技能、身体活动、力量、速度、柔韧、耐力、协调、外貌、健康、身体自我价值感、整体自尊 12 个分量表来测量少年儿童的身体自尊。分数越高，相应维度的身体自尊水平越高。

6.3 锻炼与自尊的相关研究

6.3.1 锻炼与自尊关系的发展概述

20 世纪 70 年代，人们发现体育锻炼可以改善个体的自尊水平。自此，自尊一直被用作测量体育锻炼后心理效益的一个重要指标。当前国内外的大量研究证实了体育锻炼可以有效促进个体的自尊、身体自尊水平。研究者对锻炼与自尊的关系进行了元分析，结果表明体育锻炼提高自尊水平的效果量为中等。高尼（Goni）等人[42]探究了 49 名学生（参加 6 个月的有助于确定个人目标、促进参与性和非竞争性的游戏，实验组）与 29 名学生（参加普通课程，对照组）的身体自尊变化情况。研究结果发现，青少年的身体自尊水平在 6 个月的锻炼练习后显著提高。娄虎等人[43]发现，在进行 6 周的体育锻炼后，男女大学新生的身体自尊水平和心境状态均未出现显著变化。但是，在进行 12 周的体育锻炼后，每周锻炼 3 次的男女大学新生的身体自尊和心境均出现了显著的积极变化。邱达明等人[44]的研究发现，健美操锻炼对女大学生身体自尊、整体自尊水平具有明显的提高作用。拉什（Lash）等人[45]以有临床抑郁症状、低自尊水平的女性和正常自尊水平的女性为被试，进行持续 12 周、每周 3 次 25 分钟的散步锻炼干预。结果发现，相对于正常自尊水平的女性被试，低自尊水平的女性被试的自尊水平比锻炼干预前得到了明显改善，抑郁水平有所降低。

但是，也有研究得到了不同的研究结果。安德森（Anderson）[46]和娄虎等人[43]通过实验研究发现，短期的体育锻炼有可能达不到提高自尊、身体自尊水平的效果。罗克（Roark）[47]认为，不同的体育锻炼项目对整体自尊、身体自尊水平的提高并不存在差异。罗克以全美大学生体育协会在校女运动员为被试，运动项目涵盖了垒球、棒球、体操、游泳和高尔夫，以整体自尊、身体自尊、运动意识、得到的社会支持等为比较指标。结果发现，不同的锻炼项目对整体自尊、身体自尊的提高很小或没有提高。拉什、德里弗(Driver)等人[45][48]认为,锻炼对自尊、身体自尊水平的提高并不存在显著的性别和年龄差异。但是,胡特(Focht)等人[49][50]对上述观点持怀疑态度。就整体而言,大多数研究结果表明体育锻炼对自尊具有积极的效果。但是我们也要正视有一部分研究结果无法表明锻炼对自尊具有促进作用。锻炼对自尊的影响涉及生理、心理以及社会文化等多因素。未来的研究应该关注不同人群在何种条件下,锻炼对其自尊、身体自尊的影响最大,此外还应该进一步研究锻炼对自尊、身体自尊影响的深层机制,进而帮助人们树立科学的锻炼意识。

6.3.2 锻炼与自尊关系的理论模型

6.3.2.1 锻炼与自尊关系的心理学模型

颂斯特罗(Sonstroem)于1978年提出了第一个锻炼与自尊关系的模型(见图6-4)。该模型认为锻炼提高身体能力,进而增加了心理效益(包括自尊的改变),身体能力和身体吸引力在其中具有中介作用。自尊水平的提高进一步增加了锻炼的参与度。该模型还认为,人们趋向于从事那些能提高他们自尊水平的行为模式,这是人们自我提升和发展的内在的有力驱动,甚至会影响人们的生活。因此,在这个模型的理论基础中,技能发展理论和自我提升理论并存。

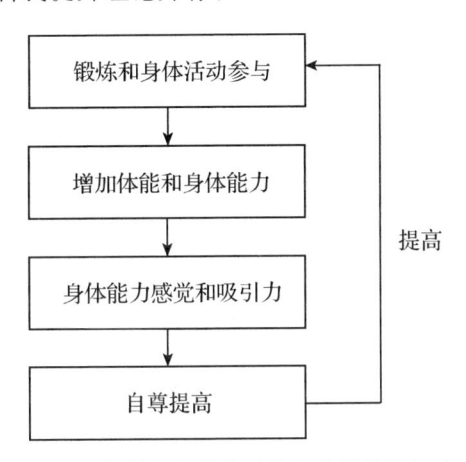

图6-4 锻炼与自尊关系的心理学模型(一)

随后,颂斯特罗和摩根于1989年基于谢弗尔森的多维等级结构模型提出了锻炼和自尊模型[51],用于解释体育锻炼影响整体自尊的心理机制以及预测锻炼后整体自尊的变化方向。从模型底端的具体自尊和顶端的整体自尊可以看出,锻炼与自尊关系的模型是在强调自尊结构的多维性基础上发展而来的。整个模型分为三个等级,处于最低级的为身体自我效能,其次为身体能力和身体接受,最高级的为整体自尊,处于模型中端的身体能力和身体接受反映的是个体对身体的自我感知。

在锻炼与自尊关系的模型中，等级越低，越容易受到外界环境和行为的影响，发生变化的可能性越大；等级越高则越稳定，与整体自尊的关系直接相关，发生变化的可能性越小。锻炼与自尊关系的模型认为，锻炼可以先影响具体自尊，进而作用于自我感知，最后改变整体自尊。具体而言，每次锻炼可以先直接影响具体自尊，如身体自我效能，进而影响个体的身体能力，身体能力作用于身体接受，最终共同影响整体自尊。模型中的身体自我效能、身体能力和身体接受三个因素在锻炼干预和整体自尊之间起中介作用（见图6-5）。颂斯特罗和摩根[51]对提出的假设模型进行了实证性研究，研究结果支持了模型的合理性。锻炼与自尊关系的模型为锻炼心理学研究者理解体育锻炼提高自尊水平的机制提供了一种可证伪的思路，这个模型在目前锻炼心理学界中仍受到关注。

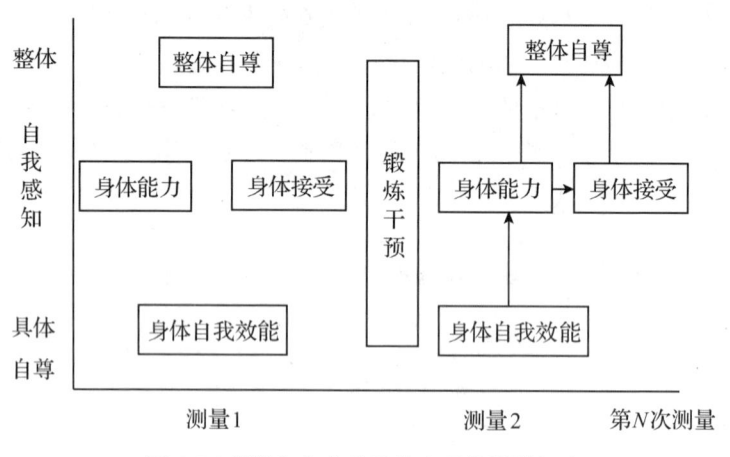

图 6-5 锻炼与自尊关系的心理学模型（二）

随着身体自尊的深入研究，单维的身体锻炼自尊模型已经不能满足于解释锻炼与自尊之间的关系。颂斯特罗等人在原模型的基础上对模型进行了优化的多维锻炼自尊模型。[52]该模型把原来的身体能力扩展为4个子领域，即运动能力、身体力量、身体状况以及身体吸引力，共同作用于个体的整体自尊（见图6-6）。为了进一步检验改进模型，颂斯特罗等人对216名女性有氧舞者进行了调查，发现验证性因素分析支持了拓展模型，验证性因素分析指标为：$x^2 = 1154.88$，$df = 681$，$CFI = 0.913$，$RMSR = 0.047$，进一步将被试运动自我报告与改进模型进行关联后，解释了高达27.6%的运动差异。颂斯特罗等人指出，个体的锻炼情况与其身体状况的正负面评价存在相关，且改进后的锻炼自尊模型具有良好的结构效度。

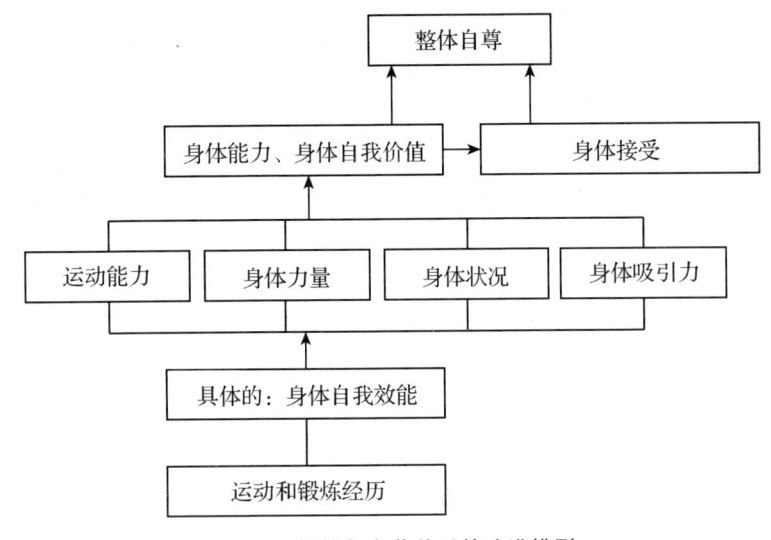

图 6-6 锻炼与自尊关系的改进模型

6.3.2.2 身体自我价值结构模型

身体自我价值结构模型是由福克斯[53]提出的一种身体自我知觉图式(见图 6-7)。该模型与颂斯特罗和摩根提出的锻炼与自尊关系的模型在结构思路上比较吻合,都认为改变身体自尊可以影响整体自尊。该模型可分为三个等级,模型顶端是整体自尊,模型底端是运动能力、身体条件、身体吸引力和身体力量,身体自我价值处于模型中间。在该等级系统中,等级越低,越容易受到外界环境和行为的影响,发生变化的可能性越大;等级越高则越稳定,发生变化的可能性越小。身体自我价值结构模型在一定程度上反映了锻炼与自尊的关系。

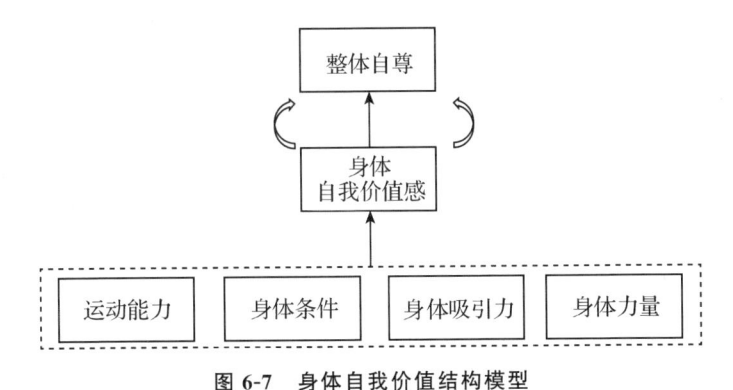

图 6-7 身体自我价值结构模型

身体自我价值结构模型在一定程度上反映了锻炼与自尊的关系。运动能力、身体条件、身体吸引力、身体力量可以引起身体自我价值水平的上升，进而使得整体自尊水平有所提高。锻炼可以增强个体的运动能力，改善身体条件，增加身体吸引力，增大肌肉力量。这就使得体育锻炼可以通过提高模型底端四个因素的水平来提高个体的身体自我价值感，进而提高整体自尊水平。

6.3.2.3 锻炼与自尊、身体自尊及社会性体格焦虑的关系模型

锻炼与自尊、身体自尊及社会性体格焦虑的关系模型（见图6-8）是由徐霞在福克斯和颂斯特罗等人的理论基础上发展而来的。[51][52][53] 该模型主要用于解释自尊、身体自尊及社会性体格焦虑对锻炼行为的预测作用。徐霞[54]发现，身体素质是影响国内大学生身体自我价值感的重要因素，并非力量。她推测这可能是受我国传统儒家文化影响的结果，而西方国家青少年比较关注肌肉力量。所以，在构建模型的过程中，徐霞用身体素质取代了身体力量。她认为运动能力、身体状况、身体素质及身体吸引力四个因素才是影响国内大学生人群身体自我价值感的主要因素。

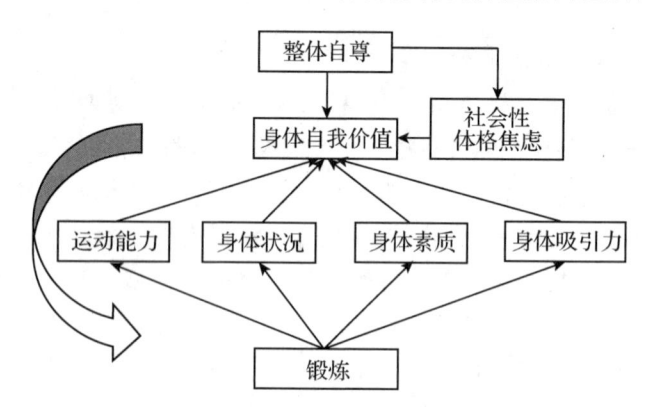

图6-8 锻炼与自尊、身体自尊及社会性体格焦虑的关系模型

社会性体格焦虑是指个体面临他人对自己的身体体格进行评价时所体验到的焦虑程度。[54]徐霞认为，社会性体格焦虑的产生是与身体自尊密切联系的，身体自尊包括如身体吸引力、身体状况等子领域的自我效能感，而社会性体格焦虑主要涉及与体形相关的自我效能感。此外，福克斯和颂斯特罗的研究表明身体吸引力在身体自尊中的贡献最大，两者的相关系数达到了0.70。因此，锻炼与自尊、身体自尊及社会性体格焦虑的关系主要由两条途径来表明：第一条路径涉及社会性体格焦虑，身体自尊作为中介变量加强了社会性体格焦虑对身体活动水平的预测作用；第二条路径涉及整体自尊，身体自尊作为中介变量来加强整体自尊对锻炼水平的预测效果。

6.3.2.4 锻炼与身体自尊关系的生理心理社会模型

为了对锻炼与身体自尊关系的内在机制进行深入探究，林德沃尔(Lindwall)在2004年提出了锻炼与身体自尊关系的生理心理社会模型(见图6-9)，从宏观到微观上更好地解释了锻炼对身体自尊的影响。

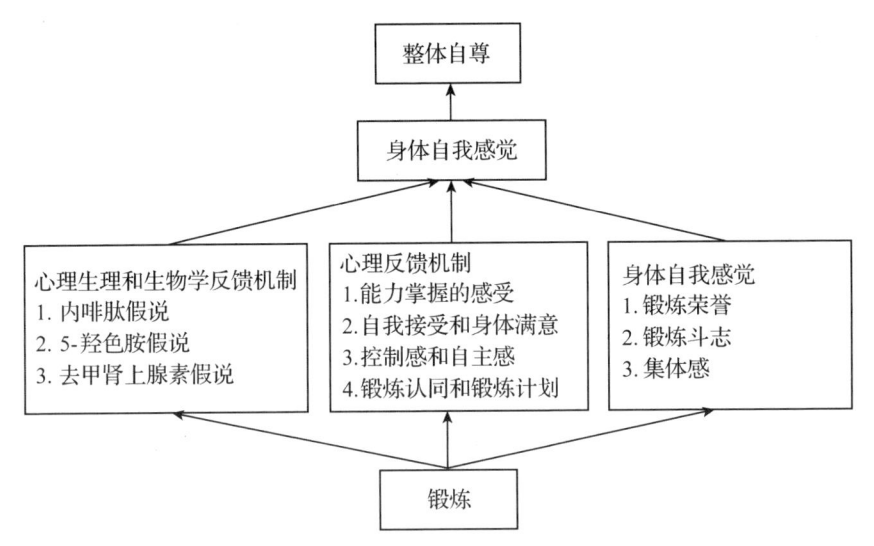

```
                        整体自尊
                          ↑
                        身体自我感觉
                        ↑    ↑    ↑
心理生理和生物学反馈机制  心理反馈机制      身体自我感觉
1. 内啡肽假说           1. 能力掌握的感受  1. 锻炼荣誉
2. 5-羟色胺假说         2. 自我接受和身体满意 2. 锻炼斗志
3. 去甲肾上腺素假说     3. 控制感和自主感  3. 集体感
                        4. 锻炼认同和锻炼计划
                        ↑
                        锻炼
```

图6-9 锻炼与身体自尊关系的生理心理社会模型

在生理和生物学反馈方面，他们认为锻炼对自尊的影响是通过减缓焦虑和改善不良情绪实现的，涉及内啡肽假说、5-羟色胺假说、去甲肾上腺素假说。这三个假说是最具代表性的。其中，内啡肽假说强调锻炼对内源性阿片肽系统的影响，而另两个假说则强调锻炼和5-羟色胺以及去甲肾上腺素的相互作用，这当中内啡肽假说近年来备受争议，其他两个假说则得到了共识。

有几种观点解释了锻炼对身体自我的积极作用，即增强身体能力感觉、提高控制感和自主感以及锻炼认同感。此外，锻炼被视为身体功能处于健康状态的象征。换句话说，锻炼后的认知和情感、对自我的评价对自我身体的感觉以及整体自尊的提高影响很大，尤其是对于那些锻炼前有心理问题的人，锻炼后从中获得的身体功能上的恢复的感觉能让他们自尊感的提升高于常人。

社会学家认为，身体的社会文化价值观在锻炼与自尊之间发挥着重要作用，锻炼带有一些其他社会属性，包括自我控制以及毅力。此外，锻炼象征着有吸引力、有美感、身体功能正常以及健康。总之，未来研究者应该关注的是在什么条件下以及对于不同的人，模型中的这些社会因素哪些起主要作用,另外还需将多种因素的共同作用逐一分离出来进行研究。

6.3.3 锻炼与自尊的实证研究

锻炼与自尊、身体自尊的关系是锻炼心理学中探讨锻炼心理前因、积极心理效应的重要内容。针对它们之间的关系,研究者围绕不同人群进行了大量实证研究,取得了丰硕的研究成果。总体来说,依据研究类型,锻炼与自尊或身体自尊的关系研究大致可以分为元分析/综述性研究、横向与纵向研究、实验研究。本部分将从 3 个方面对近期的研究进行简要介绍。

6.3.3.1 元分析/综述性研究

元分析/综述性研究旨在通过大量研究,深入挖掘锻炼与自尊或身体自尊的关系。埃克兰德(Ekeland)等人[55]为了检验单独锻炼能够提高儿童青少年的自尊水平,对 23 项随机对照实验进行了研究。分析发现,运动能对儿童青少年的自尊水平产生短期有益的影响,但仍需要针对特定人群提供高质量研究,以完善当前的研究结果。刘(Liu)等人[56]针对身体活动干预对儿童青少年自尊和自我概念的影响进行了系统评价和元分析,共计 25 项随机对照实验和 13 项非随机对照实验被纳入(被试共 2991 名)。研究发现,在随机对照实验中,单独的身体活动干预对一般自我结果、自我概念和自我价值有显著影响。在非随机对照实验中,单独的身体活动干预并未对自尊的各维度产生显著影响。金(King)等人[57]为了确定在儿童肥胖的治疗背景下,结构化身体活动干预如何影响抑郁、自尊和身体形象的变化,对 29 项研究进行了元分析。结果发现,结构化的身体活动能够显著降低肥胖儿童的抑郁水平、提高自尊水平和改善身体形象。其中,年龄、与能量消耗相关行为的调节作用不显著,但学校环境与干预时长对研究结果的影响达到了显著性水平。巴比奇(Babic)等人[58]对 64 项研究进行了元分析,旨在考察身体活动与儿童青少年身体自我概念的关系及其可能的调节变量。研究发现,感知能力与身体活动的相关最密切($r=0.30$,95% CI:$0.24\sim0.35$,$p<0.001$),其次是感知健康($r=0.26$,95% CI:$0.2\sim0.32$,$p<0.001$)、一般身体自我概念($r=0.25$,95% CI:$0.16\sim0.34$,$p<0.001$)和感知外观($r=0.12$,95% CI:$0.08\sim0.16$,$p<0.001$)。性别是一般身体自我概念的显著调节因素($p<0.05$),年龄是感知外观($p<0.01$)和感知能力($p<0.05$)的显著调节因素。艾隆(Ayllon)等人[59]为了确定身体活动干预对心理健康的影响,对 114 项涵盖学龄前儿童、学龄儿童青少年的研究进行了元分

析。研究发现,身体活动对6~18岁儿童青少年心理健康的总体影响偏小,但达到了显著性水平($p<0.001$)。进一步对亚组进行分析发现,该结果在青少年群体中达到了显著性水平,在儿童群体中不显著。同时,横断与纵向研究发现,身体活动与较低水平的心理不适(抑郁、压力、负面影响和总体心理困扰)和较高水平的心理健康(自我形象、生活的满意度、幸福感)之间存在显著相关。久坐行为与心理不适(抑郁)和较低水平的心理健康(对生活和幸福的满意度)之间存在显著相关。王(Wong)等人[60]指出,自尊一直都是一种象征性的自我驱动的心理因素,可以产生积极幸福感并与身体活动相关,但自尊的负面影响却因自我同情的提高而受到学者的关注。因此,王及其团队考察了身体活动与自我同情的关系,通过对25项研究、5622个样本进行分析发现,随机效应模型证明了身体活动与自我同情之间的正向预测关系,但年龄、性别、研究设计和偏倚风险的调节作用不显著。

元分析结果证实了锻炼与自尊的相互关系,即个体对自己身体的感觉和评价确实影响着他们的锻炼方式(锻炼动机)以及他们的参与度(锻炼类型、锻炼频率、锻炼设置)。规律地参与锻炼对自我感觉会产生影响,锻炼可能首先对具体的领域如自我效能和身体自我感觉产生影响,进而对整体自尊产生影响。一系列中间变量影响着锻炼与自尊的关系,其中一些变量的作用尤其重要。例如,对于低自尊、低体能以及久坐的人而言,锻炼对他们的作用尤为显著。锻炼对自尊的影响是很大的,其深层机制涉及生物、生理、心理以及社会文化等多方面,提出的生理心理社会模型有助于理解锻炼影响自尊的深层机制,而自尊的提升又进一步增强了人们开始和继续追寻规律运动生活方式的动机。

6.3.3.2 横向与纵向研究

锻炼与自尊、身体自尊的横向与纵向研究主要采用调查法,对不同群体的日常体育锻炼、身体活动及自尊水平进行了调查,旨在分析各变量之间的相互关系。已有研究大致被分为两个层面:①考察锻炼与自尊的关系研究;②以自尊为中介或调节变量,考察自尊与个体活动促进效用的关系。

在考察锻炼与自尊的关系方面,乌尔兹(Wurz)等人[61]对87名癌症幸存者进行了横断调查。研究发现,自尊与身体自我认知显著相关,但与身体活动或身体活动效能无关。身体活动效能调节了身体自我认知和身体自尊之间的关系。扎马尼(Zamani)等人[62]对264名成人进行了调查,以分析身体活动与自尊的关系,同时考察了身体质量指数、感知身体健和身体形象对自尊的影响。研究发现，身体活动与自尊直接相关，身体质量指数能够直接预测感知身体健康和身体形象。此外，感知身体健康与身体形象、自尊直接相关。于（Yu）等人[63]为了考察学业成绩、自尊、学校行为和体育活动水平之间的关系，对中国香港 333 名青少年进行了调查。结果发现，学业成绩高的学生始终获得更好的学校行为，而身体活动水平是一个相当独立的实体，与学业成绩和学校行为无关。回归分析表明，学业成绩优异的男孩和身体活跃的男孩的自尊心更强。罗思托普（Raustorp）等人[64]对瑞典儿童青少年的感知身体自尊等指标进行了为期 3 年的随访。研究发现，3 年后身体活跃、身体质量指数正常，拥有健康生活方式的最强预测因子是女孩的高自尊水平、男孩的低身体质量指数。

有研究以自尊为中介或调节变量，考察自尊与个体活动促进效用的关系。兰尼恩（Rानøyen）等人[65]对 5732 名青少年、3229 名家长进行了调查，旨在调查十年间夫妇出现的父母焦虑/抑郁与后代青春期焦虑/抑郁之间的关联，分析青春期自尊与身体活动对缓和、调节焦虑和抑郁的作用。通过分析发现，当后代处于学龄前阶段时，父母焦虑/抑郁的存在预示着后代进入青春期时的焦虑/抑郁，但这些关联完全由当前父母的症状介导。自尊在一定程度上调节了父母焦虑/抑郁和后代焦虑/抑郁之间的关联。身体活动缓和了母亲焦虑/抑郁和后代焦虑/抑郁之间的直接关联，但对父亲的焦虑/抑郁没有明显的缓和作用。结果表明，父母焦虑/抑郁和后代焦虑/抑郁之间的关联部分由后代的自尊介导，并由体育活动调节。特伦布莱（Tremblay）等人[66]为了考察儿童的身体活动水平、身体质量指数、自尊和学业成绩的关系，对加拿大 6 年级学生进行了调查。统计结果显示，在控制了性别、家庭结构和社会经济地位后，身体活动与身体质量指数呈负相关，与自尊呈正相关，与学业成绩呈负相关。进一步分析发现，身体活动能够通过改善身体健康、自尊而提高学业成绩。麦菲（Mcphie）等人[67]为了检验身体活动与抑郁症状之间的负相关是否是由青少年的自尊介导的，该团队对 2109 名女生和 2095 名男生进行了调查。研究发现，在青春期早期，自尊完全介导了身体活动与仅青春期男孩的抑郁症状之间的关联。在青春期后期，男孩和女孩都获得了充分的调节。研究结果表明，对于青春期早期和晚期的男孩，以及青春期晚期的女孩，当自尊被控制时，身体活动与抑郁症状之间的关联就不再显著。卡亚尼（Kayani）等人[68]对 358 名大学生进行了调查。研究发现，自尊和抑郁是身体活动和学业成绩之间的重要中介变量，身体活动对学业成绩的总体影响显著，但小于通过中介变量产生的总体间接影响。虽然总的间接效应是自尊和抑郁效应的结合，但更大的贡献是自尊，自尊是身体活动和学业成绩之间最强的中介变量。

总体而言，当前锻炼、身体活动与自尊关系的研究已十分丰富，从已有的研究结果中不难发现，锻炼与自尊的相互促进关系已被诸多研究证实，且自尊在改善个体的健康状况（特别是心理健康）、提高学业成绩等方面具有促进作用。然而，针对特定群体（如残疾人、创伤后应激障碍患者等）的纵向追踪调查仍然较为欠缺，未来研究仍需在此方面进行补充。

6.3.3.3 实验研究

锻炼与自尊的实验研究多围绕不同的训练形式，如短期锻炼干预、长期锻炼干预，以考察锻炼对个体自尊水平的推动作用。房蕊[69]发现只要坚持锻炼，无论何种锻炼类型都有利于提升自尊。但在锻炼还没有形成习惯时，不同的锻炼类型对自尊的影响不同。马嵘等人[70]认为力量训练、有氧训练和柔韧性训练这三种体能锻炼方式均可以提高身体自尊和身体自我效能水平。杨波等人[71]以60～80岁的老年人为研究对象来探讨锻炼在老年人整体自尊与心理幸福感关系中的影响。结果发现，每周3～4次的锻炼频次、集体锻炼形式更有利于老年人整体自尊水平的提高。法根鲍姆（Faigenbaum）、沃尔特斯（Walters）等人[72][73]认为短期的体育锻炼往往看不到明显的自尊心理效益，而持续时间超过3个月的体育锻炼才可能看到明显的自尊心理效益。

奥普登纳克（Opdenacker）等人[74]为了评估生活方式、体育活动干预和结构化运动干预对老年人的身体自我认知和自尊的长期影响，对老年人进行了为期11个月的干预。研究发现，生活方式组在身体状况、运动能力、身体吸引力和自我价值方面改善明显，结构化运动干预组的身体状况和运动能力改善明显。一年后，生活方式对生活方式组被试的身体吸引力和整体自尊产生了显著影响，而结构化运动干预组在身体状况、运动能力、身体吸引力方面改善明显。史密斯等人[75]对508名澳大利亚青少年进行了抗阻训练评估，干预内容包括校本体育活动计划，该计划由教师提供超过10周的体育教育、课外运动或被称为体育活动和体育研究的选修科目，包括每周一次的健身课程和额外的午餐时间课程。研究发现，自尊（$\beta=0.05$，$p=0.194$）和幸福感（$\beta=0.03$，$p=0.509$）的干预效果没有统计学意义，进一步对亚组进行分析发现，在肥胖组中，干预组的自我效能感是自尊变化的重要中介变量。卡沃西（Kavosi）等人[76]通过一项随机对照实验对 90 名男性大学生进行了运动干预,干预组进行了 8 周的有氧运动计划。通过干预发现,干预组的自尊水平显著提升,表明有氧运动能够显著提升个体的自尊水平。西尔斯卡(Silska)等人[77]为了分析基于冒险教育计划的体育教育对青春期男孩社交能力的影响,对 70 名 15~16 岁学生进行了干预研究。研究发现,干预组在社交暴露的情况下显示的能力和在需要自信的情况下显示的能力具有统计显著性。西尔斯卡等人建议将冒险教育计划作为发展社交技能的一种方式。

总体而言,近年来基于锻炼干预来专门考察自尊水平变化的实验研究有所减少,自尊作为运动干预中的观测指标之一被纳入实验研究之中。综合已有的研究结果,尽管多数研究支持了短期或长期运动干预对于提高个体的自尊水平具有促进作用,但是仍有部分研究结果不一致。究其原因,除了研究工具、研究被试不统一之外,研究设计的规范性、对混杂因素的控制是当前研究结果不一致的主要原因。鉴于此,未来研究建议通过精细化实验设计、完善对混杂因素的控制、挖掘变量间的交互作用等方式,对锻炼如何影响个体的自尊水平进行深入研究。

6.4 研究未来的发展趋势

自尊作为心理学预测人类情感变化的一个非常重要的概念,对个体的认知、情感以及行为都产生了重要影响。身体自尊作为整体自尊的次级结构,是锻炼心理学预测人类情感变化的重要心理概念。随着对锻炼与自尊、身体自尊关系的深入探索,发现锻炼能够对自尊、身体自尊进行预测,即锻炼有利于自尊水平的提高。但是由于自尊本身的复杂性、研究者对于自尊内涵理解的差异以及实验研究的异同,锻炼与自尊关系的研究存在一些问题。

第一,对自尊内涵的理解存在差异。自尊"同名不同质"的研究比较普遍,在锻炼与自尊领域的研究中,自尊、自我价值、自我概念、自我认知常常被混为一谈,各个概念的内涵以及相互关系不能很好地被区分出来,导致研究者对自尊内涵的理解出现差异。归根结底,大量学科影响了对自尊的理论认识。尽管一些研究者努力地把每个术语都进行了说明和界定,但是这种情况仍会存在。研究者普遍认为自尊是一种自我评价,是一种自我价值感,是自我的情感体验方面。对自尊内涵理解的不一致，也是造成当前研究结果不一致的根本原因。

第二，自尊标准化量表有待修订和完善。在锻炼与自尊领域的研究中，绝大部分研究对自尊、身体自尊都采用前人编制的量表进行测量。由于文化背景的差异，有些国外量表并不适用于国内人群，造成研究结果出现偏差。现有的自尊量表尽管经过了诸多研究者的修订和检验，但是其子维度的信效度相关指标仍然不高，加之自尊具有极强的主观色彩，问卷的自我报告无法避免社会期望带来的干扰作用，可能会出现被试夸大自我的可能，从而对研究结果造成干扰。

第三，研究对象的多样性和研究设计的科学性有待进一步提高。尽管现有研究已经开始对如慢性疾病患者、老年人、癌症患者或心理疾病患者进行调查或实验研究，但是该类研究仍较为缺乏。且对于特殊群体的相关研究设计或实验设计较为粗糙，对混杂因素的控制与分析明显不足，造成研究质量普遍偏低，缺少较高质量的研究。同时，随着久坐行为领域研究的不断发展，久坐行为与个体自尊的关系有待进一步分析和检验。

鉴于此，未来锻炼与自尊关系的研究可以从以下四个方面进行。第一，完善自尊的基础研究，深入理解自尊的内涵及构成，对自尊的相关概念进行明确剖析与界定，为自尊领域研究的规范化提供基础保障。第二，开发并检验标准化的自尊测量工具。在现有测量工具的基础上，进一步开发并检验标准化的自尊测量工具，一方面完善现有量表的修订与检验，另一方面结合新兴技术与手段，探寻测量个体自尊的新方法。第三，提高研究对象的多样性。在现有研究的基础上，进一步提高研究对象的多样性，从而进一步检验和完善锻炼和自尊相关理论模型。第四，注重研究设计或实验设计的科学性，注重对无关因素的控制以及干扰因素的交互作用，从而深入分析锻炼或身体活动与个体自尊水平的关系。

总体来说，锻炼与自尊的关系的研究起步较晚，但是发展很迅速。大部分研究支持锻炼能够提高自尊水平的观点，当然也有部分研究结果持怀疑态度。基于目前的研究现状，研究者应该对上述问题进一步研究，挖掘锻炼影响自尊、身体自尊的深层机制，让锻炼与自尊的关系研究取得突破性进展。

参考文献

[1]方平，马焱，朱文龙等：《自尊研究的现状与问题》，《心理科学

进展》2016 年第 9 期。

[2]张林，邓小平：《自尊结构的新观点：双重两因素结构模型》，《西北师大学报（社会科学版）》2010 年第 1 期。

[3]Rosenberg, M.: *Society and Adolescent Self-image*. Princeton, N. J.: Princeton University Press, 1965.

[4]Branden, N.: *The Psychology of Self-esteem*, New York: Bantam. 1969.

[5]张林：《自尊，结构与发展》，北京，中国社会科学出版社，2006。

[6]Greenwald, A. G., & Banaji, M. R.: "Implicit social cognition: Attitudes, self-esteem, and stereotypes", *Psychological Review*, 1995.

[7]Epstein, S.: "Conscious and unconscious self-esteem from the perspective of cognitive-experiential self-theory", In Kernis, M. H. (Ed.), *Self-esteem issues and answers*: A, 2013.

[8]朱智贤：《心理学大词典》，北京，北京师范大学出版社，1989。

[9]顾明远：《教育大辞典》，上海，上海教育出版社，1990。

[10]荆其诚：《简明心理学百科全书》，长沙，湖南教育出版社，1991。

[11]林崇德：《发展心理学》，杭州，浙江教育出版社，2002。

[12]魏运华：《少年儿童自尊发展结构模型及影响因素研究》，北京师范大学，1907。

[13]Schilder, P.: *The Image and Appearance of the Human Body; Studies in the Constructive Energies of the Psyche*. New York: International Universities Press, 1950.

[14]Brodie, D. A., Bagley, K., & Slade, P. D.: "Body-image perception in pre- and postadolescent females", *Perceptual and Motor Skills*, 1994.

[15]Muth, J. L., Cash, & T. F.: "Body-image attitudes: What difference does gender make?", *Journal of Applied Social Psychology*, 1997.

[16]Cash, T. F., & Pruzinsky, T.: *Body Images: Development, Deviance, and Change*, The Guilford Press, 1990.

[17]Shavelson, R. J., Hubner, J. J., & Stanton, G. C.: "Self-concept: Validation of construct interpretations", *Review of Educational Research*, 1976.

[18]James, W.: *The Principles of Psychology*. Cambridge, MA: Harvard University Press (Original work published, 1890), 1983.

[19]Pope, A. W., McHale, S., & Craighead, W. E.: *Self-esteem Enhancement with Children and Adolescents*, Pergamon Press, 1988.

[20]Steffenhagen, R.: "A self-esteem therapy", *Psychology*, 1990.

[21]Coppersmith, S.: *The Antecedents of Self-esteem*, San Francisco: Freeman, 1967.

[22]魏运华:《自尊的概念与结构》,《社会心理科学》1997年第1期。

[23]Mboya, M. M.: "Gender differences in teachers' behaviors in relation to adolescents' self-concepts", *Psychological Reports*, 1995.

[24]张力为:《客观身体形象与主观身体感受对生活满意感的贡献》,《中国运动医学杂志》2004年第5期。

[25]蔡华俭:《内隐自尊效应及内隐自尊与外显自尊的关系》,《心理学报》2003年第6期。

[26]张向葵,张林,赵义泉:《关于自尊结构模型的理论建构》,《心理科学》2004年第4期。

[27]黄希庭,杨雄:《青少年学生自我价值感量表的编制》,《心理科学》1998年第4期。

[28]Robins, R. W., Hendin, H. M., & Trzesniewski, K. H.: "Measuring global self-esteem: Construct validation of a single-item measure and the Rosenberg self-esteem scale", *Personality and Social Psychology Bulletin*, 2001.

[29]Chapman, P. L., & Mullis, A. K.: "Readdressing gender bias in the Coopersmith self-esteem inventory-short form", *the Journal of Genetic Psychology*, 2002.

[30]Lane, G. G., White, A. E., & Henson, R. K.: "Expandingreliability generalization methods with KR-21 estimates an RG study of the Coopersmith self-esteem inventory", *Educational & Psychological Measurement*, 2002.

[31]Fox, K. R., Corbin, C. B., Fox, K., et al.: "The physical self-perception profile: Development and preliminary validation", *Journal of Sport & Exercise Psychology*, 1989.

[32]Karteroliotis, K.: "Validation of the physical self-perception

profile among college students", *Journal of Education and Human Development*, 2008.

［33］徐霞，姚家新：《大学生身体自尊量表的修订与检验》，《体育科学》2001年第2期。

［34］Franzoi, S. L., & Shields, S. A.: "The body esteem scale: Multidimensional structure and sex differences in a college population", *Journal of Personality Assessment*, 1984.

［35］Sevin, E., & Gedik, Z.: "The Turkish validity and reliability study of the body esteem scale", *Düşünen Adam (Bakırköy Ruh Ve Sinir Hastalıkları Hastanesi)*, 2019.

［36］Schipke, D., & Freund, P. A.: "A meta-analytic reliability generalization of the physical self-description questionnaire (PSDQ)" *Psychology of Sport & Exercise*, 2012.

［37］杨剑：《身体自我描述问卷（PSDQ）的介绍与修订》，《山东体育科技》2002年第1期。

［38］Marsh, H. W., Martin, A. J., & Jackson, S.: "Introducing a short version of the physical self-description questionnaire: New strategies, short-form evaluative criteria, and applications of factor analyses", *Journal of Sport & Exercise Psychology*, 2010.

［39］Brown, T., & Bonsaksen, T.: "An examination of the structural validity of the physical self-description questionnaire-short form (PSDQ-S) using the Rasch measurement model", *Cogent Edcation*, 2019.

［40］Maïano, C., Morin, A. J. S., & Mascret, N.: "Psychometric properties of the short form of the physical self-description questionnaire in a French adolescent sample", *Body Image*, 2015.

［41］段艳平：《少年儿童身体自尊量表的编制与检验》，武汉体育学院，2000。

［42］Goñi, A., & Zulaika, L.: "Relationships between physical education classes and the enhancement of fifth grade pupils' self-concept", *Perceptual and Motor Skills*, 2000.

［43］娄虎，颜军，杨华：《运动员组织性应激研究的源起与现状》，《山东体育学院学报》2007年第6期。

［44］邱达明，殷晓旺：《师范院校体育与非体育专业大学生健康养生信息的调查》，《四川体育科学》2005年第2期。

[45]Lash, T. L., & Silliman, R. A.: "Patient characteristics and treatments associated with a decline in upper-body function following breast cancer therapy", *Journal of Clinical Epidemiology*, 2000.

[46]Anderson, A. G.: "The development of a model to evaluate the effectiveness of applied sport psychological practice", *ProQuest Dissertations Publishing*, 1999.

[47]Roark, J. K.: "The relationship between social support, sport ideology, collective self-esteem, homophobia, and type of sport among women athletes", *ProQuest Dissertations Publishing*, 1998.

[48] Driver, S., Rees, K., O'Connor. J., et al.: "Aquatics, health-promoting self-care behaviours and adults with brain injuries", *Brain Injury*, 2006.

[49]Focht, B. C., & Hausenblas, H. A.: "Influence of quiet rest and acute aerobic exercise performed in a naturalistic environment on selected psychological responses", *Journal of Sport & Exercise Psychology*, 2001.

[50] Tzaphlidou, M., Fountos, G., & Glaros, D.: "Bone hydroxyapatite/collagen ratio: In vivo measurements by X-ray absorptiometry", *Annals of the New York Academy of Sciences*, 2000.

[51]Sonstroem, R. J., & Morgan, W. P.: "Exercise and self-esteem: Rationale and model", *Medicine and Science in Sport and Exercise*, 1989.

[52]Sonstroem, R. J., Harlow, L. L., & Josephs, L.: "Exercise and self-esteem: Validity of model expansion and exercise associations", *Journal of Sport and Exercise Psychology*, 1994.

[53]Fox, M.: "Adolescent attitudes towards body physique", *ProQuest Dissertations Publishing*, 1988.

[54]徐霞:《社会性体格焦虑的测量及其与身体锻炼之间关系的研究》,华东师范大学,2003。

[55]Ekeland, E., Heian, F., & Hagen, K. B.: "Can exercise improve self esteem in children and young people? A systematic review of randomised controlled trials", *Yearbook of Sports Medicine*, 2005.

[56]Liu, M., Wu, L., Ming, Q., et al.: "How does physical activity intervention improve self-esteem and self-concept in children and

adolescents? Evidence from a meta-analysis", *PLoS One*, 2015.

[57]King, J. E., Jebeile, H., Garnett, S. P., et al.: "Physical activity based pediatric obesity treatment, depression, self-esteem and body image: A systematic review with meta-analysis", *Mental Health and Physical Activity*, 2020.

[58]Babic, M. J., Morgan, P. J., Plotnikoff, R. C., et al.: "Physical activity and physical self-concept in youth: A systematic review and meta-analysis", *Sports Medicine (Auckland)*, 2014.

[59]Ayllon, R. M., Sánchez, C. C., López, E. F., et al.: "Role ofphysical activity and sedentary behavior in the mental health of preschoolers, children and adolescents: A systematic review and meta-analysis", *Sports Medicine*, 2019.

[60]Wong, M. Y. C., Chung, P. K., & Leung, K. M.: "The relationship between physical activity and self-compassion: A systematic review and meta-analysis", *Mindfulness*, 2020.

[61]Wurz, A., & Brunet, J.: "Describing and exploring self-esteem, physical self-perceptions, physical activity and self-efficacy in adolescent and young adult cancer survivors", *European Journal of Cancer Care*, 2020.

[62]Zamani, S. H., Fathirezaie. Z., Brand, S., et al.: "Physical activity and self-esteem: Testing direct and indirect relationships associated with psychological and physical mechanisms", *Neuropsychiatric Disease and Treatment*, 2016.

[63]Yu, C., Chan, S., Cheng, F., et al.: "Are physical activity and academic performance compatible? Academic achievement, conduct, physical activity and self-esteem of Hong Kong Chinese primary school children", *Educational Studies*, 2006.

[64]Raustorp, A., Mattsson, E., Svensson, K., et al.: "Physical activity, body composition and physical self-esteem: A 3-year follow-up study among adolescents in Sweden", *Scandinavian Journal of Medicine & Science in Sports*, 2006.

[65]Ranøyen, I., Stenseng, F., Klöckner, C. A., et al.: "Familial aggregation of anxiety and depression in the community: The role of adolescents' self-esteem and physical activity level (the HUNT Study)",

BMC Public Health, 2015.

［66］Tremblay, M. S., Inman, J. W., & Willms, J. D.: "The relationship between physical activity, self-esteem, and academic achievement in 12-year-old children", *Pediatric Exercise Science*, 2000.

［67］Mcphie, M. L., & Rawana, J. S.: "Unravelling the relation between physical activity, self-esteem and depressive symptoms among early and late adolescents: A mediation analysis", *Mental Health and Physical Activity*, 2012.

［68］Kayani, S., Kiyani, T., Wang, J., et al.: "Physical activity and academic performance: The mediating effect of self-esteem and depression", *Sustainability*, 2018.

［69］房蕊：《大学生身体锻炼时间、频度、强度与自尊关系探讨》，《中国运动医学杂志》2008 年第 6 期。

［70］马嵘，黄春梅：《不同体能锻炼方式对大学生身体自尊和自我效能的影响》，《中国学校卫生》2013 年第 7 期。

［71］杨波，张亚峰，田建君等：《体育锻炼对老年人整体自尊与心理幸福感的影响研究》，《成都体育学院学报》2011 年第 7 期。

［72］Faigenbaum, A., Zaichowsky, L. D., Westcott, W. L., et al.: "Psychological effects of strength training on children", *Journal of Sport Behavior*, 1997.

［73］Walters, S. T., & Martin, J. E.: "Does aerobic exercise really enhance self-esteem in children? A prospective evaluation in 3rd-5th graders", *Journal of Sport Behavior*, 2000.

［74］Opdenacker, J., Delecluse, C., & Boen, F.: "The longitudinal effects of a lifestyle physical activity intervention and a structured exercise intervention on physical self-perceptions and self-esteem in older adults", *Journal of Sport & Exercise Psychology*, 2009.

［75］Smith, J. J., Beauchamp, M. R., Faulkner, G., et al.: "Intervention effects and mediators of well-being in a school-based physical activity program for adolescents: The resistance training for teens' cluster RCT", *Mental Health and Physical Activity*, 2018.

［76］Kavosi, A., Saadati, M., Movahedi, A., et al.: "Physical activity enhances self-esteem of male college students; a randomized controlled trial", *International Journal of Travel Medicine and Global*

Health，2015.

［77］Silska，K. A.，Korcz，A.，& Wiza，A.："The impact of physical education based on the adventure education programme on self-esteem and social competences of adolescent boys"，*International Journal of Environmental Research and Public Health*，2021.

7 焦虑、抑郁与体育锻炼

焦虑是个体在担忧自己不能达到目标或不能克服障碍而感到自尊心受到持续威胁时形成的一种紧张不安，并带有惧怕色彩的情绪状态。当焦虑程度不断加深、持续时间过长、出现焦虑的频率过多时，焦虑可能会衍变成病理性焦虑，也称焦虑症。抑郁是一种由多种原因引起，以显著而持久的情绪低落为主要特征，具有弥散性的常见的消极的心境状态。它是人类心理失调最主要和最经常出现的问题之一。我们每个人在自己的生命历程中都会或多或少地体验到这种消极的心境状态。如果一般性抑郁得不到及时改善，持续时间过长，极有可能程度加深，发展为抑郁症，临床上被称为重度抑郁症。[1]

锻炼心理学研究表明，锻炼具有预防和缓解焦虑的功能。除了改善效果不如药物治疗之外，锻炼与其他传统的手段（如渐进放松、安静休息、冥想等）具有相似的改善效果。在改善效果的持续时间上，锻炼的改善效果的持续时间最为长久。长期锻炼能有效降低人的特质焦虑水平，状态焦虑在一次性锻炼后也会有所缓解。对于锻炼和其他传统手段治疗抑郁的效果，目前学界还未达成一致的观点。尽管存在这样或那样的研究瓶颈，但是锻炼可以作为治疗小到中等程度抑郁的主要方式之一，也可以作为治疗重度抑郁症的一种辅助手段。

7.1 焦虑

7.1.1 焦虑的定义

弗洛伊德（S. Freud）比较早地对焦虑进行了研究，认为焦虑是一种在自我知觉和应对威胁时做出的反应，是一种不愉悦的情感状态并可能会伴有生理症状。霍维茨（Horwitz）等人认为焦虑是神经系统的一种不自觉的反应，是紧张、担忧、着急等的主观感受。心理学百科全书将焦虑定义为由紧张、焦急、忧虑、担心和恐惧等感觉交织而成的一种复杂的情绪反应。焦虑总是与精神打击以及即将来临的、可能造成威胁或危险的事件有关，并在主观上感受到紧张、不愉快、痛苦和难以自制，并伴有植物性系统功能的失调。总而言之，焦虑是个体在担心自己不能达到目标或不能克服障碍而感到自尊心受到持续威胁下形成的紧张不安、带有惧怕色彩并伴有明显生理反应的一种情绪状态。

7.1.1.1 状态焦虑与特质焦虑

焦虑的分类方法有很多，斯皮尔伯格（Spielberger）根据焦虑的稳定性特征，把焦虑分为状态焦虑和特质焦虑。[2]状态焦虑是一种能随情境的变化而变化的短暂情绪状态，是一种主观地、有意识地知觉到紧张和不安，伴随自主神经系统的激发或唤醒产生的情绪状态。状态焦虑的情境性很强，随着情境的改变，焦虑可能随之减弱，也可能变得更强烈。特质焦虑是一种相对稳定的行为倾向，指个体在绝大多数情境中表现出的紧张、忧虑、担心的倾向，具有跨情境的一致性和稳定性。特质焦虑程度较深的个体常常忧心忡忡、缺乏自信、犹豫不决等，甚至将客观上对身心并无威胁的环境或事物视为威胁，从而产生状态焦虑，或对客观上有一定威胁的事物产生过度的焦虑反应。

7.1.1.2 躯体性焦虑与认知性焦虑

根据症状反应的特征标准，焦虑可分为躯体性焦虑和认知性焦虑。躯体性焦虑是指在某种情境中由自主神经的激活和唤醒而产生的情绪体验，通常还伴随心跳加速、呼吸急促、掌心出汗、肌肉紧张，甚至胃肠痉挛等表现。认知性焦虑是指在情境状态中由主观认知而产生的个体对自身能力的消极评价和外界因素的消极感知所引起的情绪状态。[3]

7.1.1.3 焦虑障碍

人们或多或少会体验到焦虑情绪，随着焦虑程度的不断加深、持续时间的延长、出现频率的增多，焦虑情绪就可能衍变成病理性焦虑，临床上被称为焦虑障碍。焦虑障碍是一种严重损害人们生活质量的心理疾病，并可能恶化至抑郁症。焦虑障碍包括几种不同类型的病理症状，如惊恐症、社交恐惧症、强迫症、创伤后应激障碍。最为常见的焦虑障碍表现为快乐体验缺失，害怕他人的判断、评价或批评，惧怕社交，低自尊等，并可能出现脸红、手抖、恶心、急性泌尿等生理反应。不同于焦虑情绪和焦虑感，焦虑障碍是一种精神障碍，其特点是焦虑和恐惧。根据国际疾病分类标准将焦虑障碍分为广泛性焦虑障碍、特异性恐怖症、社交焦虑障碍、分离焦虑障碍、焦虑障碍、惊恐障碍、选择性缄默症等。

7.1.2 焦虑的测量与诊断

7.1.2.1 心理测量量表

在精神与心理健康研究中，许多研究都涉及焦虑量表的使用。状态—特质焦虑量表（State Trait Anxiety Inventory，STAI）是斯皮尔伯格等人于1970年编制的,包括状态焦虑量表和特质焦虑量表2个分量表,可以分别测得焦虑情绪体验和焦虑倾向程度。焦虑自评量表(Self-rating Anxiety Scale,SAS)于1971年编制,用于评定被试的主观感受。在运动领域的焦虑测量主要应用于运动员在比赛中的焦虑情绪状态与调节。美国马顿斯于1977年修订了运动竞技状态焦虑量表,针对运动员的特质焦虑进行测量,在1993年由祝蓓里引入中国。该量表分为少年版(SCAT-C,用于10~15岁的少年)和成人版(SCAT-A,用于16岁及以上人群)。常见的焦虑测量量表见表7-1。

表 7-1 常见的焦虑测量量表

问卷名称	作者	年份	特点
状态—特质焦虑量表	斯皮尔伯格	1970	STAI包括两个分数：一个是状态焦虑分数，另一个是特质焦虑分数。量表的两个测量维度较为稳定。
焦虑自评量表	钟(Zung)	1971	SAS是一种分析焦虑症患者主观症状的临床工具，能够较为准确地反映有焦虑倾向的临床患者与普通人的感受。SAS已作为咨询门诊中了解焦虑症状的常用工具。
显性焦虑量表	泰勒	1953	主要测量特质焦虑。
情感形容词检验量表	索格曼	1960	选用形容词做出评价以评定状态焦虑与特质焦虑。
运动竞技状态焦虑量表	马顿斯	1993	马顿斯基于斯皮尔伯格的焦虑理论编制了SCAT，从社会评价焦虑、比赛准备焦虑、竞技水平发挥焦虑、失败焦虑、对方实力焦虑和受伤焦虑六个因素考查运动员的特质焦虑。

7.1.2.2 生理测量

焦虑的生理测量方式可以准确、客观地反映焦虑症状。目前锻炼与焦虑的研究中常用的测量手段有肌肉紧张程度、肌电等生理指标测量，血压、心率等心血管生理指标测量，皮肤电位、皮肤温度等测量，α脑电波等中枢神经系统指标测量。此外，也有学者对焦虑所引发的神经内分泌系统活动产物，如儿茶酚胺或皮质醇等进行测量，由于此类生理指标测量步骤烦琐、数据分析花费昂贵等，生理指标测量在研究中使用较少。

7.1.3 锻炼与焦虑的研究进展

7.1.3.1 锻炼与状态焦虑、特质焦虑

(1) 一次性锻炼与状态焦虑

摩根作为锻炼干预促进心理疾病的先驱学者，首次利用实验研究去探寻锻炼干预焦虑的效益。通过对 40 名男性进行高强度有氧运动干预得出，锻炼组相较于无干预组，自我报告的状态焦虑水平下降了 75%。[4] 摩根的研究利用一次性有氧锻炼干预状态焦虑，首次证实了合理的锻炼不仅不会诱发状态焦虑，而且还可能起到缓解焦虑的作用。后续不断有学者对锻炼与状态焦虑进行研究，在锻炼时长上，佩特鲁泽拉(Petruzzello)等人[5]利用一次性有氧运动干预实验，验证了一次性有氧运动干预能有效缓解状态焦虑并可以维持 2 小时。值得关注的是，在运动开始 5 分钟后，运动参与者的焦虑情绪就有所下降。阿伦特(Arent)等人[6]对锻炼缓解状态焦虑的效果进行了准实验研究，结果发现，被试的状态焦虑程度在锻炼后即有略微的上升趋势，但在锻炼后 20~30 分钟，焦虑程度与锻炼前相比有了显著的下降趋势。随后，阿伦特等人[7]进行了锻炼缓解状态焦虑的跨人群系列研究，以 75 名中老年女性为被试，比较了 20 分钟 70% 有氧适能强度的有氧锻炼、冥想、安静休息对缓解状态焦虑程度的效果。结果发现，锻炼干预组被试、冥想组被试及安静休息组被试在干预后的状态焦虑程度都有所下降，且改善的效果相似。我国学者张韧仁等人[8]以 65 名大学生为研究被试，测量大学生在 30 分钟跑或走运动中的情绪变化，分别在实验实施前 5 分钟、期间 30 分钟和之后 15 分钟进行情绪状态自评，同步测量行为和生理指标。研究表明，一次性身体活动消除焦虑的最佳时段为身体活动期间 6~20 分钟和身体活动之后 1~15 分钟，消除抑郁的最佳时段为身体活动期间 1~5 分钟和身体活动之后 1~15 分钟。可见，开始有氧运动 5 分钟左右便会对缓解焦虑等消极情绪有一定的益处。

有氧锻炼能够缓解焦虑的结论已被部分研究证实，相比之下，无氧锻炼缓解焦虑的效果却显得有些模糊不清。美国锻炼咨询委员会的报告指出，无氧锻炼具有缓解焦虑的作用，且锻炼能否缓解焦虑与锻炼项目类型无关。但是，拉格林(Raglin)[9]对 1991—1997 年发表的有关无氧锻炼对焦虑影响的研究进行了综述。结果指出，状态焦虑水平并没有在无氧锻炼后出现下降。甚至早期一些学者认为，无氧锻炼不仅不能缓解焦虑，反而可能会导致焦虑水平上升。为何焦虑水平在无氧(如抗阻力量)锻炼后会没有变化，甚至有的还略微上升了呢？锻炼心理研究者随后

从主观期待效应、锻炼强度两个方面对该问题展开了实证研究。会不会是被试抱着"锻炼必有益处"的心态,而在锻炼之后却发现并非如此,进而焦虑未得到缓解,甚至水平上升了?

为了进一步厘清无氧运动与状态焦虑之间的关系,有学者进一步考察了运动时长和强度对焦虑的影响。巴塞洛缪(Bartholomew)[10]以客观的1RM为锻炼强度指标,验证了锻炼强度在锻炼与焦虑关系中的作用。结果发现,在低强度锻炼后15～30分钟,被试的状态焦虑水平出现了下降;但在高强度锻炼后15分钟,被试的状态焦虑水平出现了显著上升。研究者[11]发现,低等强度下锻炼20分钟后,男性被试的状态焦虑水平出现了下降(女性被试没有出现),而在中等和高等强度下锻炼20分钟后,男女被试的状态焦虑水平出现了上升,但状态焦虑上升持续的时间较短。上升的状态焦虑水平在锻炼结束后5～15天内逐渐降低,直至恢复到锻炼前的水平。

综上所述,目前研究表明有氧运动和无氧运动均可以在一定程度上起到缓解焦虑的作用,强度是核心变量,即小到中等强度的无氧锻炼可以有效缓解焦虑,高等强度的无氧锻炼很可能不会缓解焦虑,甚至还会加深焦虑的程度。在锻炼达到5分钟时,锻炼者的焦虑就会有所缓解,开始运动后5～15分钟时段内对焦虑的缓解最为有效。

(2)长期规律的锻炼与特质焦虑

由于特质焦虑被视为一种稳定而持久的人格特质,因此对于特质焦虑的改善一般都需要长期规律的锻炼。

锻炼对焦虑具有良好的改善效果。与其他缓解焦虑的方式相比,长期锻炼缓解特质焦虑的效果最为明显。对特质焦虑水平较高的人群而言,锻炼缓解焦虑的效果更好。研究长期锻炼缓解焦虑的心理效益时,一般实验设计要求每周锻炼2～4次,至少持续2周。[12]康纳(Conn)[13]对19项来自非临床患者的试验进行了元分析,研究表明运动干预呈小效应量($ES=0.22$)。研究还进一步表明在大样本试验、被试随机分配、监督下的运动干预下,焦虑缓解的程度更高。目前对于状态焦虑和特质焦虑的运动干预都呈小量效应,最佳锻炼剂量并没有得出统一的标准,但绝大部分研究的干预剂量范围为干预时间25～60分钟,每周3～5次,中至高强度(60%～80%的有氧能力或60%～80%的最大力量)。

有学者通过使用官方机构收集的调查数据来探究锻炼与某些焦虑症状的关系,古德温(Goodwin)[14]的研究结果表明,广泛性焦虑障碍在长期锻炼的人群中出现得更少。在控制了人口统计学因素和疾病因素后,锻炼与上述焦虑症状的负相关关系依然存在。此外，研究者还发现，锻炼与某些焦虑症状之间似乎存在剂量反应，即随着报告的焦虑症状出现频率的增高，个体的锻炼水平逐渐降低，恐慌症在长期锻炼的人群中报告出的比例是3.32%，在偶尔锻炼的人群中报告出的比例是4.85%，在很少锻炼的人群中报告出的比例是7.33%，在不锻炼的人群中报告出的比例是8.52%。就广泛性焦虑障碍而言，其存在相似的剂量效应，在长期锻炼的人群中报告出的比例是2.26%，在偶尔锻炼的人群报告出的比例是2.97%，在很少锻炼的人群中报告出的比例是5.93%，在不锻炼的人群中报告出的比例为6.49%。古德温认为这些结果都为锻炼预防焦虑障碍的结论提供了支持。

近年来，"男性危机论"不断升温，前有提案提出要防止男性青少年女性化的现象，后有提案提出要根据性别的不同进行差异性教育，以促进男性的阳刚气质，在种种社会舆情下，身体焦虑、身体羞耻成为男性焦虑的来源之一。躯体焦虑和体格焦虑均是个体对自我身体的焦虑，常常作为特质性焦虑持久存在。我国学者徐霞[15]对大学生人群的社会性体格焦虑（躯体焦虑）与体重、身体活动的关系等方面进行了研究。结果表明，高躯体焦虑水平的女大学生对自己体形的消极评价更高，并伴有更强的减肥意愿。此外，与体重指数相比，身体活动对躯体焦虑的预测作用更大，以控制体重和塑造体形为运动目标的女大学生具备更高的躯体焦虑水平。而在实验研究中，经过12周的健美操塑性运动，女大学生的躯体焦虑和自尊水平有了显著改善。此外，也有学者对身体羞耻与身体活动进行研究。亓圣华[16][17]检验了中学生个性羞耻、行为羞耻、身体羞耻和能力羞耻与身体活动的关系。研究表明，身体活动对中学生羞耻感的影响先负后正，低轻度和中等强度身体活动可以降低羞耻感，高强度的身体活动反而会增强中学生的羞耻感。

目前在锻炼心理学的研究中，特质焦虑作为一类人格特质主要涉及两类研究。第一类研究主要考察高特质焦虑人群的锻炼行为特征，如已有研究证实高特质焦虑的女大学生对自己体形的评价更为消极，更希望通过锻炼改善自身的体形。第二类研究则是检验通过锻炼是否可以影响或改善高特质焦虑人群的焦虑，部分研究已证实健身类项目在一定程度上起到了调节作用。此外，学者不断探究影响特质焦虑的中介变量，如羞耻感、体格焦虑、自尊、自我效能等均是显著的中介变量。未来研究学者将会不断拓展和挖掘特质焦虑和锻炼之间的关系，为研究提供更多的理论支撑。

7.1.3.2 锻炼与焦虑症

(1)身体活动、体适能水平与抑郁障碍发病的关系

基于国际人口的大样本调查对特定人群的焦虑状况、焦虑障碍发病率进行了统计分析。结果表明，运动不足与精神健康不良有一定的正向关系，如加拿大健康调查研究表明，自我报告每日能量代谢 5/kcal/kg 或以上的中年人群，具有更少的焦虑症状。美国危险行为监控调查小组对美国 38 个地区的 217379 名居民进行了访问。结果表明，有 24% 的受调查者报告在过去 30 天内没有参与任何形式的休闲运动或锻炼，并且这些身体活动不足的人群患有焦虑障碍的概率会增高 40%，在控制人口统计学、慢性疾病、吸烟、酒精摄入和肥胖等混杂因素后，仍会增高 10%。在对癌症患者的健康调查和"全球老龄健康普查"中均得到了相似的结果，即身体活动不足者的焦虑水平、焦虑障碍罹患概率均高于正常身体活动水平的人群。世界卫生组织的一项研究中根据 47 个国家的焦虑障碍罹患率和身体活动水平(38 个国家的数据)进行了分析。结果表明，全球焦虑障碍的罹患率为 11.4%(47 个国家)，将调查人群的身体活动差异作为区组统计，得出身体活动水平低、中、高三组的焦虑障碍发病率分别为 62.5%、20.2%、17.3%。由此可见，焦虑障碍与身体活动水平存在相关性。[18]

尽管大规模的调查研究都证实了焦虑障碍与身体活动水平存在相关性，但无法直接证明焦虑障碍与身体活动水平的关系。是否是因为缺乏身体活动而导致了焦虑障碍？有学者利用纵向追踪研究，进一步厘清两者间的方向性与关联程度。斯特尔(Ströhle)等人[19]对 2548 名 14～24 岁的儿童青少年进行了为期四年的跟踪研究。结果表明，规律身体活动者焦虑障碍的发病率显著低于无规律身体活动者。队列研究中的剂量效应引起了许多学者的兴趣，针对具体何种剂量可以有效预防焦虑的发生，进行了大量研究。彼尔(Beard)等人[20]对 1047 名威尔士原居民进行了精神障碍疾病的检验，并在两年之后随访了 985 名受调查者。结果表明，每周 3 小时的高强度身体活动的人群相较于消极身体活动的人群，可以降低 43% 的焦虑障碍危险因子，但是在控制性别、生活应激事件、情绪状态的基线水平后，减少比值并无显著差别。约斯多蒂尔(Jonsdottir)等人[21]对瑞士保健专员和社会保险工作者进行了精神障碍报告分析。结果发现，相较于久坐人群，自我报告低强度的身体活动(步行、骑行上下班每周至少 2 小时)或中高强度的身体活动(进行有氧运动、舞蹈、游泳、足球、高强度园艺工作)的人群出现的焦虑障碍的比例更低。追踪研究具

有前瞻性，并由观察者收集资料，因此信息可靠，调查结果的偏差较小，通过干预组与对照组的发病率比值，可以找出潜在的病因。但是同时由于随访年限较长、样本流失、干扰因素介入，研究结果的可靠性有所降低。

除了身体活动水平与焦虑障碍存在关联，也有学者发现体适能状况与焦虑障碍存在关联。体适能基线水平越低或焦虑程度越严重的个体，其锻炼治疗焦虑的心理效益越明显。塞克顿斯(Sexton)等人[22]研究了临床焦虑人群在8周锻炼干预后的未来6个月焦虑程度的变化情况。结果发现，步行和慢跑能显著降低被试的焦虑程度，在锻炼干预后的6个月，体适能水平越高的被试，焦虑症状出现的频率和强度越低。此外，研究者还指出高强度的锻炼对焦虑的改善并没有产生额外的心理益处，中等强度的步行或跑步也能达到改善焦虑的效果。在和被试的访谈中，塞克顿斯等人还发现，与心理治疗和冥想治疗相比，被试更愿意选择锻炼作为缓解焦虑的手段。

研究者认为这种现象可能是体适能较好人群的健康生活方式(如长期保持锻炼、营养摄入适宜)所引起的。探究锻炼与神经质关系的专题研究发现，与锻炼前相比，被试在锻炼后的神经质水平下降，原先伴随神经质产生的焦虑程度也有所下降。当然，对于这样的研究结果，我们推测可能是由体适能提高引起的。总体而言，长期锻炼的人群的焦虑症状的频率低、焦虑程度低是许多研究发现的结果。

(2) 锻炼干预焦虑障碍的效果

锻炼治疗焦虑障碍的效果如何呢？绝大多数学者将研究焦点投向了锻炼治疗焦虑障碍的效果，甚至有学者提议将锻炼作为治疗焦虑障碍、抑郁障碍的手段。佩特鲁泽拉等人[23]采用元分析的方法揭示了锻炼治疗焦虑障碍的效果量。结果发现，20分钟以上的锻炼和20分钟以下的锻炼对被试的焦虑都可产生积极的影响，20分钟并不是锻炼降低焦虑程度的时间阈值。此外，在统计分析锻炼对与焦虑有关的生理、心理指标的影响时，研究者发现30分钟或少一点时间的锻炼能产生最好的改善效果；无氧锻炼不能降低焦虑程度；持续时间至少为10周的锻炼才可能降低特质焦虑程度；渐进放松、冥想、安静休息等与锻炼一样都可以有效降低焦虑程度，而锻炼的改善效果持续时间最为长久。与上述各种方式相比，药物治疗焦虑障碍的效果最好，锻炼无法替代药物治疗成为降低焦虑程度的首选方式。

除了恐慌症之外，锻炼降低其他焦虑症状(如一般焦虑症、社交恐惧症、旷野恐惧症等)的效果又是怎样的呢？姆罗姆(Merom)等人[24]以确诊患有恐慌症、社交恐惧症、一般焦虑症、旷野恐惧症的患者为被试，比较了锻炼和心理干预治疗焦虑障碍的效果。这项干预实验一共持续了10周，锻炼组被试每周进行总持续时间为150分钟的中等强度步行锻炼，心理干预治疗组每周进行3次干预治疗。在实验干预开始前与实验干预后的第8周和第10周，对被试进行自陈报告、量表测量及生理指标测量。结果表明，锻炼组和心理干预治疗组被试的焦虑水平都出现了下降，两者的改善效果相似。研究者推测如果干预的时间再长些，干预的效果可能会更好。

(3) 锻炼结合其他治疗手段对焦虑障碍的干预效果

身体活动/锻炼作为一种副作用小、无经济压力的手段优于药物、心理治疗综合进行干预，并已有证据证明其干预效益优于单独药物治疗方案。韦德肯(Wedekind)等人[25]对锻炼与药物治疗的结合进行研究，将干预组分为有氧锻炼结合药物治疗组、单独药物治疗组、锻炼结合安慰剂组。为期10周的干预结果表明，有氧锻炼结合药物治疗的干预效益优于单独药物治疗。高德力茨(Gaudlitz)等人[26]通过将锻炼与认知行为结合对焦虑障碍患者进行干预。结果表明，在认知行为干预治疗的基础上，每周3次、每次持续30分钟的中等强度(70%最大摄氧量)的有氧运动大大提升了心理治疗效果。

也有学者将运动干预效益同药物治疗和心理治疗相比较。研究者[27]利用元分析对药物治疗和锻炼干预进行对比研究，结果表明，锻炼抗抑郁呈中度效应($SMD=-0.58$)，其效益与药物治疗[氟西汀($SMD=-0.56$)、喹硫平($SMD=-0.56$)、氟伏沙明($SMD=-0.60$)和文拉法辛($SMD=-0.50$)]相近，但总体而言，运动的干预效益要差于药物治疗。

近年来多项系统回顾与元分析表明有氧运动与无氧锻炼减缓焦虑的效益均明显优于无干预组，但是药物治疗与认知行为治疗效益更为明显。尽管有部分实证研究结果的支撑，但是锻炼干预焦虑障碍的效果依然停留在验证性研究阶段。美国运动医学会将身心锻炼作为一种补充和替代性疗法，如我国太极拳等均被纳入其中，尽管锻炼单独干预焦虑障碍的效果仍存在争议，但低至中等强度的有氧运动对各类人群的身体和心理健康的促进效果已不断被证实，未来将锻炼作为一种与药物治疗相结合的辅助性治疗方案是重要的发展方向。

7.1.3.3 锻炼干预焦虑的"剂量效应"

随着锻炼与焦虑的关系研究越来越细化，研究者探究了不同项目、不同持续时间的体育锻炼对焦虑的防治效果。这些研究主要包括有氧锻炼与焦虑的关系研究、无氧锻炼与焦虑的关系研究、长期锻炼与焦虑的关系研究及一次性锻炼与焦虑的关系研究。

(1) 不同锻炼类型的研究

关于锻炼降低焦虑效果的综述研究结果表明，锻炼降低焦虑的效果量为小到中等，而且进行有氧锻炼更可能使得积极效果出现。在锻炼与焦虑关系的早期研究中，比伯(Bibeau)等人[28]选择通过有氧锻炼来探究锻炼缓解焦虑的强度阈值问题。研究者将被试随机分配到高强度有氧锻炼组、中等强度有氧锻炼组及安慰剂组，三组被试均接受每周4次、为期10周的实验干预处理。结果表明，中等强度有氧锻炼组被试的焦虑程度出现下降现象，其他两组被试的焦虑程度较干预前没有变化，但高强度有氧锻炼组被试的体适能较干预前有所增强。

(2) 不同锻炼周期的研究

研究长期锻炼缓解焦虑的心理效益时，一般实验设计会要求每周锻炼2~4次，至少持续2个月。当前的主流观点认为，长期锻炼可有效降低特质焦虑和状态焦虑。与其他缓解焦虑的方式（如冥想）相比，长期锻炼降低特质焦虑的效果最为明显。对特质焦虑水平较高或临床焦虑人群来说，锻炼缓解焦虑的效果相对更为明显。对于特质焦虑水平较低的个体，焦虑得以改善的空间原本就很小，锻炼对此类人群的改善效果量通常并不高。

在一项考察长期锻炼缓解焦虑效果研究中，科尔廷(Koltyn)等人[29]调查了参加6阶段锻炼干预计划（锻炼组）和6阶段生育信息干预计划（信息组）的怀孕妇女的情绪变化，其中包括焦虑水平的变化情况。结果表明，信息组怀孕妇女的焦虑水平在干预前后并未出现明显变化，而锻炼组怀孕妇女的状态焦虑和特质焦虑水平则有显著降低。此外，锻炼组怀孕妇女在情绪状态测验中的抑郁得分也较低。当然，为了能更直接、客观地反映出被试锻炼后焦虑的变化情况，采用与焦虑有关的生理指标来测量是必不可少的。

与偶尔或很少锻炼的人群相比，长期锻炼的人群可能更期望或更相信锻炼后会获得焦虑程度下降的心理效益。因此，在采用自评测量焦虑程度时，此种自我期待效应可能会干扰实验结果的信度。探究有氧自行车和慢跑对焦虑的影响的研究发现，自我期待效应会使实验结果产生偏差。[30]因此，研究者不得不对这个协变量进行控制。齐曼(Tieman)等人[31]在对被试的以往锻炼情况、体质及社会/自我期待效应三个协变量进行控制后发现，体质较差的青年男性在20分钟、40％最大吸氧量强度的自行车锻炼后的焦虑水平出现了下降，但下降后的焦虑水平仍比体质好的青年男性在锻炼后的焦虑水平高。

(3) 不同锻炼次数的研究

与长期锻炼相比，一次性锻炼对缓解状态焦虑的效果更好，改善效果与传统的改善方法，如冥想或安静休息等相似。克拉夫特等人[32]指出对于没有临床焦虑症的人群，锻炼能有效降低其状态焦虑的水平；进行20~30分钟的持续锻炼后，状态焦虑水平能在锻炼后的5~30分钟内出现显著下降。锻炼缓解状态焦虑的效果与冥想、安静休息、生物反馈等方法的效果相似，然而锻炼改善效果的持续时间通常较为长久，通常在锻炼后能持续2~4小时。塞曼发现，无论男性还是女性，在一次性锻炼后，焦虑程度都有即刻下降的显著效应，但在效果量上女性不如男性。锻炼4~6小时后，锻炼者的焦虑程度又会接近锻炼前的焦虑水平，24小时后的焦虑水平与参与锻炼前几乎完全相同。随机对照实验根据焦虑障碍的不同类型，有针对性地对被试进行运动干预，其干预效果主要与无干预组、药物治疗组合心理治疗组相比较，从而客观地得到一个治疗效益。斯特尔等人[33]通过对恐慌症患者进行运动干预发现，30分钟(70％最大摄氧量)的一次性有氧锻炼有助于降低恐慌症患者焦虑发作的频率与强度。也有研究表明，间歇训练同样有助于焦虑的控制。梅森(Mason)等人[34]对一次性短时运动干预进行研究，将10分钟短跑间歇训练与50分钟的中等强度连续训练进行对比，实验结果表明两者均能显著缓解焦虑，间歇训练对躯体焦虑的缓解效果更显著，而持续训练对社交焦虑与认知关注的改善更有利。

一次性运动干预对焦虑情绪的有效管理已经得到了部分研究的证实，那么长时运动是否会具有更持久的效益？塞克顿斯等人[35]将耐力训练组与药物(氯丙咪嗪)治疗组和安慰剂组相比较，表明10周慢跑耐力训练与药物治疗都获得了显著的抗焦虑效应，但是药物治疗的效率更快，并且耐力训练组参与者的退出率较高，退出率为31％，安慰剂组为27％，药物治疗组为0％。霍夫兰德(Hovland)等人[36]将锻炼干预效益与团体认知行为干预进行对比，12周的干预后，在治疗后和8个月的随访调查中认知行为干预组的焦虑测量评分均低于运动组。可见，虽然运动干预起到了控制焦虑的作用，但其疗效不及药物治疗和心理治疗。除此之外，"高退出率"是运动干预疗法中的另一个问题，被试往往在一段时间后就退出了运动干预。如何使焦虑障碍者参与到运动中，并且维持运动行为是需要进一步思考的问题。

(4) 不同锻炼强度的研究

针对不同强度的运动与焦虑的关系，20世纪90年代之前，国内外以最大吸氧量为锻炼强度指标的研究结果并没有较大的分歧，结论较为一致。但是，其中许多研究并没有考察被试以往的锻炼情况，也没有计量锻炼的相对强度，这就使得一次性锻炼缓解状态焦虑的研究存在这样一个缺陷，即没有直接比较被试的体质和以往的锻炼情况，用统一的锻炼强度指标来探究一次性锻炼对状态焦虑的改善效果。对于不同体质和以往不同锻炼情况的被试来说，统一的锻炼强度指标所产生的影响显然不同。在相同的最大吸氧量强度下，与长期锻炼的人群相比，体质差或很少锻炼的人群会体验到更多的代谢变化，这种差异可能会影响锻炼后的状态焦虑变化。发现这种缺陷后，锻炼的相对强度在研究中受到了重视。威尔逊在一项准实验研究中将被试随机分配到不同强度的有氧锻炼组、冥想组及安静休息组中。三个有氧锻炼组分别进行40%、60%、70% 20分钟最大吸氧量强度的锻炼。研究发现，所有组别被试的状态焦虑程度都出现了下降，但锻炼组被试的焦虑缓解效果持续时间为2小时，比冥想组和安静休息组被试焦虑的改善效果持续时间长。

7.1.3.4 锻炼改善焦虑的机制

(1) 生理机制

关于锻炼时如何影响生理机制从而达到减缓焦虑的效益，目前的研究并不充足，生理机制主要集中在脑源性神经营养因子和脑内海马上。运动中脑源性神经营养因子是一个机制的潜在因子。舒曼（Schumann）等人[37]发现，惊恐症患者的脑源性神经营养因子的浓度显著低于健康组，在进行30分钟（70%最大摄氧量）的急性运动后，惊恐症患者的脑源性神经营养因子的浓度增加，但是目前还没对长时运动干预下的脑源性神经营养因子的变化进行系统研究，这也是未来研究的突破口。神经影像学的发展解开了人脑的谜团，目前有关于运动改善人脑的证据也证明了锻炼对焦虑的减缓效益。海马的结构和功能的病变是产生负性情绪的原因之一。一项来自英国的研究证明有氧锻炼可以减缓人脑左侧海马的退化，从而降低出现恐惧、焦虑情绪的可能性。CO_2吸入是一种有效的人类恐慌症实验模型，人体CO_2的浓度过高会刺激并诱发焦虑情绪。埃斯奇韦尔（Esquivel）等人[38]让一次性运动后的参与者吸取CO_2并检测其恐慌程度，实验表明中等强度的运动有效减少了由CO_2的浓度过高而引起的恐慌效应。

(2) 心理机制

目前对心理机制的研究较少。焦虑敏感性(anxiety sensitivity)是焦虑的心理机制之一。焦虑敏感性高的个体更容易因负性事件体验到焦虑、恐惧、紧张等情绪，并且情绪维持的时间也较长。史密茨（Smits）等人[39]通过将两周的锻炼与认知行为疗法结合发现，运动作为一种额外的社会心理干预的条件，在治疗中、治疗后均可以降低焦虑敏感性。梅森等人[40]的一次性运动干预表明，30分钟的有氧锻炼相较于安慰剂组（静力拉伸）能显著降低焦虑的敏感度。

7.1.4 小结

锻炼与焦虑的关系研究包括对状态焦虑、特质焦虑和焦虑障碍的研究；在研究方法上包括以大样本的横向研究或纵向追踪研究、实验干预研究和系统分析/元分析的整合性研究。在锻炼与焦虑研究初期，学者认为锻炼不但对焦虑没有缓解效益，甚至可能会诱发心理焦虑。一是因为参与锻炼前可能会带来紧张不安的心理体验，二是因为20世纪60至70年代的"乳酸—焦虑冲突"理论，学者认为由运动引起的肢体疼痛、肌肉酸痛等会增加焦虑情绪。1976年，摩根就指出运动对于焦虑的研究缺少一个科学的医学视角。将近半个世纪过去了，如今无论是基于大样本数据的人口调查，还是对焦虑障碍患者运动干预的实证研究，都仍处于不断积累与探索的阶段。

随着锻炼心理学的不断发展与研究的推进，目前焦虑在锻炼心理学中是一种情绪或情绪状态，个体参与运动时多体验到的情绪、情感也包括焦虑。在目前的锻炼心理学研究中最为主要的是锻炼对个体焦虑缓解的效益研究。

从已有的研究成果看，学术界对锻炼与焦虑的关系已达成的较为一致的观点有：①锻炼对焦虑具有预防效益；②锻炼预防焦虑的效益与锻炼水平有关（长期锻炼预防焦虑的效果较好）；③锻炼可作为小到中等程度焦虑的主要治疗手段之一；④锻炼可作为治疗焦虑障碍的一种辅助手段；⑤预防焦虑的最佳锻炼类型、强度及持续时间目前还不明确。由焦虑或抑郁引起的失眠在各类人群中都较为常见，一次性锻炼或长期锻炼能够缓解焦虑。

目前的研究还存在以下几个问题。首先，大部分研究都用于检验锻炼方式、锻炼剂量与减缓焦虑的关系，忽视了焦虑在锻炼中作为情绪体验的客观事实。虽然在锻炼中、后，健康人群和焦虑障碍患者都存在焦虑缓解的现象，但是研究不能忽视焦虑作为一种普遍的情绪很可能出现在锻炼参与中。未来可以通过社会心理学的研究视角，利用质性的研究方法，对运动参与中的情感体验进行分析与解释。

其次，在研究人群上，目前多数研究基于健康人群，利用测量量表进行焦虑水平测试，运动干预前后的测量的敏感性会影响测试结果，对此已有心理学家认为需要编制专门用于运动干预后的焦虑测试量表。除了测量上存在的误差，健康人群焦虑的基线水平也会影响锻炼干预的效果。由于健康人群的焦虑水平并不高，因此在干预后无法显示出较高的效益。简单而言，锻炼无法使本就不存在焦虑情绪的被试减缓焦虑。美国国立医学中心于2008年提出了"补充与替代性医疗"，将运动干预作为辅助或代替医学治疗的一种干预形式。未来需多关注重点人群，如学业压力较大的青年群体、孕产妇群体、老年群体和患有慢性疾病的人群。

锻炼干预焦虑障碍的临床效益还存在争议。由于实验干预多数为小样本群体，对人口统计学差异、病征程度等偏倚因素缺乏有效的控制，使得多项元分析得出的综合效应量的异质性较大。要成为一套科学的治疗方案，需要有明确的处方。在当前的运动干预中，绝大部分研究没有明确划分运动干预的热身、锻炼、放松的时间。临床随机对照实验具有明确的质量要求，包含随机分配、实验参与意向性和被试/主试盲法的质量检验。由于锻炼干预的不可控因素较多，实验质量难以得到保障。总之，合理、客观、科学的研究方法、研究过程是保证研究结果可验证的基本条件，未来的研究需要不断提高研究方法的质量。

7.2 抑郁

抑郁一词虽常见，但在不同语境下的意义不尽相同。抑郁情绪是伴随着负性事件普遍存在消极情绪，并可能随之恶化为抑郁障碍。抑郁障碍是全球流行性较高、社会医疗经济负担较重的精神疾病，当前有近8000万临床抑郁症患者且罹患率逐年升高。[41] 体育锻炼作为一种无副作用、经济负担小的辅助干预手段，在缓解抑郁情绪、减轻抑郁症状、辅助治疗抑郁症三个方面逐渐受到公共卫生和临床医学的重视。

7.2.1 抑郁的定义

抑郁起源于拉丁文"Deprimere"，意指"下压"，心理学中指由多种原因所引起混合的、复杂的情绪体验。根据抑郁对个体造成的危害程度，抑郁可分为抑郁情绪、抑郁综合征和抑郁障碍三个层面。抑郁情绪单指心境低落、闷闷不乐、情绪低沉。普通人也会有抑郁的情绪体验，但是绝大多数人都能短时间内从抑郁的情绪中脱离出来。抑郁综合征则是具体的症状表现，如疲乏无力、避免社交、性欲减弱等。抑郁障碍是个体由于持续处在抑郁的情绪中而产生的一种精神障碍。国际疾病分类标准将抑郁障碍归为心境障碍（情感性精神障碍），并根据类型、程度进行细分，类型上包括抑郁症、狂躁症和双相抑郁症；程度上可分为轻度抑郁障碍、中度抑郁障碍和重度抑郁障碍。

7.2.2 抑郁的测量与诊断

7.2.2.1 心理测量量表

心理诊断常常利用心理量表测量被试的抑郁情绪与症状。其优点在于操作简单，易于实施，适用于大样本的测量。当前已有数十种用于测量抑郁情绪与症状的量表，各类量表在测量维度上较为统一，主要包括情绪体验、睡眠、躯体症状、认知水平和自杀意念五个维度。其目的在于通过心理情感、认知反应、生理病征和生活行为多个维度，提高筛查的效率和准确性。当前测量量表的编制和使用主要趋向于被试的人群分化，即人群的区分度不断提高，如老年抑郁量表、产妇抑郁量表、儿童青少年抑郁量表。由于年龄、身份背景、社会发展水平等存在差异，对测量量表的区分与使用要格外慎重。在选用测量量表时，可以从临床研究中的 PIOC 四个方面考虑（见图 7-1）。

```
P  被试：根据被试的身份特征，选取切适度高的量表。
I  干预：根据干预的目的，选取能达到测量目的的量表。
O  结果：根据研究假设，选取一个或多个量表。
C  对照：根据对照试验的设立，选取有利于对比的量表。
```

图 7-1　选用临床抑郁测量工具的注意点

在被试层面，使用量表时需要考虑到被试的身份背景，如调查 65 岁以上的老年患者的抑郁程度，可以使用贝克抑郁量表和汉密尔顿抑郁量表，但老年抑郁量表的切合度更高。在干预层面，选择量表时除了要考虑信效度之外，还要考虑量表对干预的敏感性。例如，运动干预的效果不如药物治疗的效果明显，就要考虑选择一些敏感性高的量表，更能准确地反映干预的实际效果。在结果层面，选择量表时，需要考虑本研究（干预）的目的，选择有利于验证研究假设的量表。例如，研究假设为运动锻炼后抑郁情绪的缓解，则可选择抑郁体验问卷，该问卷主要测量抑郁水平。还有一些研究有多个假设，则可以同时使用多种量表。在对照层面，量表的选取要保证两组的基线水平无统计学差异，即两组被试初次测得的抑郁水平相近，以免影响干预后效果的评定。表 7-2 陈列了七种使用率较高的量表，研究者可以在详细查阅有关资料的基础上谨慎使用。

表 7-2 七种常见的抑郁调查量表与问卷

问卷名称	作者	年份	特点描述
汉密尔顿抑郁量表	汉密尔顿	1960	评定方法简便，标准明确。可用于抑郁障碍、躁郁症、神经症等精神障碍的评定，但易于混淆抑郁与焦虑。
流调用抑郁自评量表	拉德洛夫	1977	美国精神病学协会推荐使用量表，广泛用于抑郁障碍的流行病筛查。
贝克抑郁量表	贝克	1967	常用的抑郁量表，适用于成年的各年龄段，也有适用于儿童和少年的版本。心理层面涉及对绝望、敏感性、内疚感的评估，生理层面涉及对疲劳感、体重和性功能的评估。
抑郁自评量表	钟	1965	在国内外的研究中比较通用，由 20 个条目组成，按 1~4 级评分，得分越高表示抑郁程度越高。
抑郁体验问卷	布拉特等人	1976	依据人格理论划分为两个维度：情感依附型抑郁和内射型抑郁进行编制。在 1993 年由我国学者刘平将其翻译成中文版，在锻炼心理学研究中使用较多。
老年抑郁量表	布兰克等人	1982	专为老年人群编制，适宜 56 岁以上的老年人群，在对老年人的临床评定上，比其他抑郁量表有更高的切合度。
爱丁堡产后抑郁量表	考克斯等人	1987	专用于产后抑郁的筛查，后续研究表明该量表也可用于筛查妊娠期抑郁。

7.2.2.2 诊断标准

心理障碍的筛查需要科学客观的标准，美国心理学会编著的《精神疾病的诊断和统计手册》(DSM-IV，见表 7-3)、世界卫生组织编著的《国际疾病分类》(见表 7-4)是医学界公认的精神疾病诊断标准。中华医学会也推出了《中国精神障碍分类与诊断标准》第三版(CCMD-3)，用于我国精神疾病的排查、诊断与防治。CCMD-3 列出了抑郁障碍的 10 项症状，包括：心境低落，与其处境不相称；兴趣丧失、无愉快感；精力减退或疲乏感等。任何一种精神诊断标准均需要专业的精神疾病专家，在使用这类标准测量抑郁障碍时，研究者或医护人员通常还会采用询问法、观察法及访谈法来判断被试与这些标准的切合度，以确定被试的抑郁程度。

表7-3 DSM-IV 中的抑郁障碍诊断条目

目录	具体标准描述
A	在连续2周的时间内，几乎每天都同时出现以下症状中的五种或以上。A(1)、A(2)必须有一项满足。
A(1)	情绪低落（儿童和青少年易出现愤怒情绪）。
A(2)	兴趣或娱乐活动显著减少。
A(3)	不节食时体重明显减轻或增加。
A(4)	失眠或睡眠过度。
A(5)	精神运动激动或迟钝。
A(6)	精力衰退或明显疲劳。
A(7)	无价值或过度自我价值感、不适当的内疚感。
A(8)	思考或集中注意力的能力下降。
A(9)	反复思考死亡，反复出现自杀意念，谋划或已经存在自杀计划。

表7-4 ICD-11中的抑郁障碍状诊断描述

诊断	病征描述
总体诊断	抑郁障碍患者可划分为轻度、中度和重度发作，表现为不同程度的兴趣丧失、精力减退、疲劳感增加和身体活动减少，会在轻微的压力后显得疲惫不堪。
附加病征	注意力集中度下降，自尊和自信心减少，有负罪感，自我价值感丧失、对未来呈悲观心态，有自残或自杀的想法，睡眠紊乱，食欲减退。

7.2.3 抑郁形成机制的社会认知心理学假说与生理学假说

7.2.3.1 抑郁形成机制的社会认知心理学假说

抑郁的形成涉及很多因素，如人格、基因、环境、人际关系、社会融入等。理论研究从一种整合的视角来解释与预测抑郁障碍发病的过程。当前抑郁理论的研究主要涉及反应风格理论和易感性理论两类。反应风格理论强调个体的认知风格及认知—策略过程对抑郁的影响。易感性理论除了个体认知上的易感性之外，还强调外部刺激的作用。社会认知心理学假说从心理和认知互动的视角将抑郁障碍的发病机制分化为抑郁反应风格理论、认知易感理论、抑郁无望理论和双重信息处理理论四个经典理论。

(1)抑郁反应风格理论

抑郁反应风格理论由诺伦(Nolen)提出,该理论认为个体对消极事件的认识与处理方式是抑郁产生的核心因素,并提出冗思、注意分散和问题解决三个重要概念。冗思是一种消极的认知反应风格,具有冗思倾向的个体出现抑郁情绪的可能性更大;注意分散和问题解决均为积极反应风格,两种风格可以降低个体对消极事件的关注度或提高个体对消极事件的处理能力(见表7-5)。

表 7-5 不同反应风格下的认知处理过程和抑郁变化趋势

反应风格	认知处理过程	抑郁程度	抑郁时间
冗思	过多沉溺于负性情绪,认知信息加工后,产生更多的负面信息。	↑	↑
注意分散	将注意力从抑郁情绪中转移,通过强化积极的思想活动以减少抑郁情绪。	↓	↓
问题解决	尝试改变目前不利的状况,解决引起抑郁的问题。	↓	↓

(2)认知易感理论

认知易感理论由贝克提出,该理论认为个体深层次的功能性失调态度是诱发抑郁的根本原因(见图7-2)。功能性失调态度可能由个体童年早期所承受的不幸与挫折引起,生活经历中的负性事件会激活功能性失调态度,导致个体以歪曲或消极的方式来解释外界信息,进而启动了负性自动思维。负性自动思维对自我评价、未来期望都会产生负面影响。值得注意的是,虽然该理论的发展历程较长,但仍存在一定的缺陷。我国学者曹中昌在评价该理论时,认为目前缺乏研究证实功能性失调态度阶段中情感与认知的先后关系,是个体认识到事件的负性面后出现功能性失调态度,还是个体原本就存在功能性失调态度而认为事件是负性的。

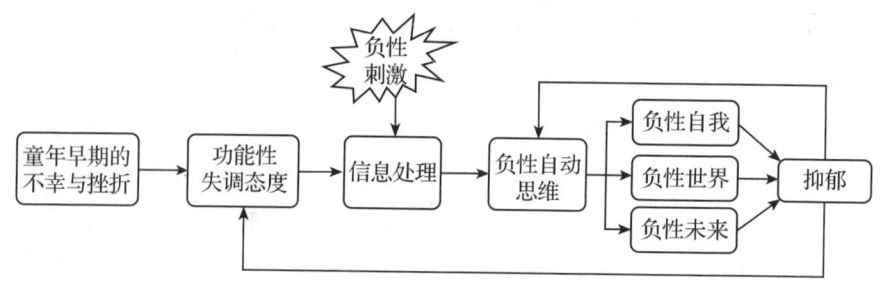

图 7-2 认知易感理论的抑郁诱发过程

(3) 抑郁无望理论

抑郁无望理论由阿曼蒙森(Amramson)提出,该理论认为抑郁形成的核心机制是个体对事件的消极归因,即无望感(见图7-3)。抑郁易感人群的归因偏向内部,并认为一些事物的消极结果是永恒不变的。在当前的研究中,抑郁无望感理论多应用于儿童青少年的研究中,一方面,由于该阶段人群的心理承受能力较差,易出现悲观、无望的情绪;另一方面,儿童青少年处于无望情绪中时更愿意表达真实的情感体验,而成人因受社会身份的制约,可能羞于表达自己的绝望、悲观。

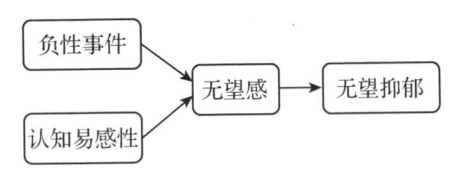

图 7-3 抑郁无望理论的抑郁诱发过程

(4) 双重信息处理理论

双重信息处理理论最初被用来解释心理学中的认知加工过程,后被心理学家史密斯应用到抑郁易感性理论中。该理论将个体认知分为两个过程,即联想信息处理和反射处理,而抑郁的易感性来自两个过程的联合作用。负性自我认知偏差是个体抑郁易感的缘由,反射信息处理的启动和进行可以缓冲与调节负性认知,若缓冲与调节成功,则可以减少自我认知偏差、降低诱发抑郁的可能性。若缓冲与调节失败,则会导致更多的负性认知与情感产生。文茨拉夫(Wenzlaff)进一步分析了调节失败的原因,认为在三种情况下无法矫正。①认知资源衰竭。个体具有调节的能力,但反复的刺激使得个体的认知调节能力衰竭。②负性自我认知偏差与个体期望一致,即个体期待自我的失败且不愿改变。③不充分地纠正和调整。

7.2.3.2 抑郁形成机制的生理学假说

抑郁障碍的发病机制是临床医学研究的重要研究领域,当前主要集中在神经生化、神经内分泌和神经可塑性三个领域,在现存的上百种抑郁障碍的病理机制假说中,比较公认的是单胺神经递质假说、下丘脑—垂体—肾上腺轴假说、细胞因子假说、神经营养因子抑制假说、脑结构与脑功能异常假说。

(1) 单胺神经递质假说

单胺代谢异常假说于20世纪50年代被提出,该假说认为中枢神经系统突触间隙的单胺类递质的浓度下降是抑郁障碍的发病机制之一。[32]

在众多单胺类递质中，多巴胺、去甲肾上腺素和5-羟色胺与抑郁障碍罹患的关系密切。去甲肾上腺素起到神经信号传递和内分泌调节的作用，急性应激会促使机体分泌去甲肾上腺素提高大脑的醒觉度，以使机体进入应对的准备状态。部分研究认为抑郁障碍发作是由于大脑中枢神经系统中的去甲肾上腺素的含量不足，即在应激状况下，脑内的应对激素不足，长此以往导致长时间的低迷情绪，进而诱发抑郁。5-羟色胺是一种可促生愉悦情绪的神经递质，几乎影响到大脑活动的每一个方面（从调节情绪、精力、记忆力到生活幸福感等），其主要分布于松果体和下丘脑。在急性应激的作用下，5-羟色胺从颗粒内释放、弥散到血液，并被血小板摄取和存储。中枢神经系统中的5-羟色胺功能下降和释放减少，会减少人的积极情绪体验，增加消极、抑郁的情感体验。多巴胺是一种辅助细胞传送脉冲的化学物质的神经传导物质。这种脑内分泌物和人的情欲、感觉有关，传递兴奋及开心的信息。当产生成就感时，脑内多巴胺的释放会增多，让人产生成功和受到奖励的喜悦。个体如果经历失败，脑内多巴胺的释放会减少，让人产生失落和低沉的情绪。去甲肾上腺素、5-羟色胺和多巴胺三种单胺类递质具有广泛的生物学活性，参与了许多中枢神经系统的活动，影响范围涉及情绪反应、精神活动、体温调节、睡眠等，三者浓度和功能的改变与抑郁症、狂躁症存在一定的关联。

（2）下丘脑—垂体—肾上腺轴假说

下丘脑—垂体—肾上腺轴（hypothalamic-pituitary-adrenal axis, HPA）是关于生理应激的神经内分泌系统，具有负反馈的调节作用。[42]有学者认为抑郁障碍可能是激素紊乱导致的，由丘脑、垂体、肾上腺轴的不平衡引起。应激事件会激活 HPA 轴的反应，当大脑感觉到紧张性刺激时，下丘脑就会促进皮质素释放因子的分泌，而这又促使附近的脑垂体释放出第二种激素——促肾上腺皮质激素，促肾上腺皮质激素进一步释放出紧张激素——皮质醇，结果导致身体产生生理性变化，通过提高应激性以抵抗紧张性刺激。提高糖皮质激素的水平，一定程度的应激反应通过调节 HPA 轴可以给人体提供生理支持。但是糖皮质激素水平持续升高、反复地刺激 HPA 轴会对脑等器官造成器质性损伤。

（3）细胞因子假说

细胞因子的本质是大分子蛋白质，主要由单核细胞、巨噬细胞以及淋巴细胞等合成与分泌。根据细胞因子的不同作用，可将其分为促炎性细胞因子和抗炎性细胞因子两大类。[43]促炎性因子的浓度升高会增强个体在应激刺激下的神经反应强度，影响脑部神经纤维的活性和结构。同时，炎症因子紊乱还有可能影响外周的色氨酸(5-羟色胺的前体)的清除、去甲肾上腺素的活性，从而间接导致单胺类递质的紊乱。白细胞介素-1(IL-1)、白细胞介素-6(IL-6)、肿瘤坏死因子(TNF-α)是当前研究较多的促炎性细胞因子。由于细胞因子对慢性炎症和单胺类递质紊乱都有一定的影响，目前细胞因子假说越来越受到学界的重视。

(4)神经营养因子抑制假说

人体脑内的海马富含脑源性神经营养因子。[44]脑源性神经营养因子存在于成人脑部的边缘结构中，在神经元的生长、存活、成熟，树突的分支和突触的可塑性等方面的作用重大。应激刺激会影响前额皮层和海马的脑源性神经营养因子的释放与功能活性，致使神经元萎缩，引起脑部器质性病变。部分抗抑郁药物就是通过促进脑源性神经营养因子的表达，阻断应激刺激所致的生长因子的释放抑制、减缓抑郁。目前，该假说还存在一定的争议，动物实验表明一定的急性应激并未改变脑部脑源性神经营养因子的浓度。此外，在脑部伏隔核、腹侧被盖区等脑区，过高浓度的脑源性神经营养因子反而会促进抑郁的发生。

(5)脑结构与脑功能异常假说

随着神经影像学对人类脑功能和脑联结研究的深入，研究发现抑郁障碍罹患与杏仁核、背外侧前额叶和腹内侧前额叶等脑区的结构和功能变化相关。在脑结构上，抑郁障碍患者的杏仁核的体积较小，且缩小幅度与个人罹患抑郁障碍的时间呈正相关；在脑功能上，抑郁障碍患者的杏仁核在处理负性情绪时的激活程度更高，且激活时间更长久。研究表明，抑郁障碍患者的该区域在静息状态下的活动强度降低，且海马和杏仁核之间的功能连接强度减弱，这会引起个体执行功能、记忆能力的下降。

7.2.4 锻炼与抑郁的研究进展

7.2.4.1 锻炼与抑郁的关系

很久之前，"医学之父"希波克拉底就建议"忧郁症"患者(现描述的重度抑郁障碍患者)参与锻炼活动。对疾病有效预防和针对性的治疗基于对病因的审查。随着生物医学的发展，"美国流行病学之父"利林菲尔德(Lilienfeld)将病因定义为使人群发病概率增加的因素，又被称作"危险因素"。研究证实，身体活动量与多项躯体慢性疾病息息相关，如高血压、糖尿病、代谢综合征等。当前，越来越多的研究表明身体活动不足与精神疾病也存在一定的关联。病因分析是流行病学主要的研究内容，横断面研究利用大样本数据分析身体活动与抑郁的相关性。自21世纪以来，各国家、地区对于身体活动和抑郁水平的调查超过100项，基于大样本数据的研究表明低水平的身体活动人群出现抑郁症状的概率更高。

(1) 锻炼与青少年抑郁的关系研究

麦克道尔(McDowell)等人[45]对爱尔兰481名青少年的身体活动量和焦虑、抑郁水平进行了调查，结果表明大约37%的青少年有可能带有抑郁情绪。在排除人口统计学等无关变量后，研究表明身体活动水平达到美国身体活动指南标准的学生，其所测得的抑郁、焦虑水平显著低于未达到标准的同龄学生。刘珊珊[46]对新冠疫情期间青少年的抑郁水平进行了调查。结果发现，新冠疫情期间青少年的抑郁症状有所提升，而体育锻炼的减少是导致青少年抑郁的独立影响因子。此外，也有学者利用社会调查数据对体育锻炼与青少年的抑郁等心理健康指标的关系进行了分析。柳建坤等人[47]发现，体育锻炼对抑郁情绪、消极感、无助感在内的消极情绪有消减作用，对青少年的心理健康有促进作用，对青少年心理健康的影响具有阶层差异性。

(2) 锻炼与成年人群抑郁的关系研究

古德温[48]对美国共病调查中的15～54岁美国居民的身体活动与抑郁障碍发病率进行关联分析，自我报告具有规律身体活动的人群罹患重型抑郁障碍的概率下降25%。具体而言，在控制人口统计学等无关变量后，身体活动水平较高的人群罹患精神性抑郁障碍的概率降低14%、罹患双极抑郁障碍的概率降低6%。米克尔森(Mikkelsen)等人[49]对哥本哈根18146名居民进行了为期18年的随访调查，在控制了年龄、教育水平和慢性疾病等干扰因素后，高强度运动的女性相较于中等运动强度的女性，事件抑郁发生率低7%。相同的研究结果也出现在其他大型调查研究中。例如，美国对成人进行了调查研究，结果显示，身体活动水平达到世界卫生组织推荐标准的人群，罹患抑郁障碍的概率比无规律锻炼者低25%。斯特林(Strine)等人[50]对成人进行了调查，相较于积极参与锻炼的人群，锻炼不足者出现抑郁障碍的概率提高了2倍。

(3) 锻炼与老年人抑郁的关系研究

史密斯等人[51]让中国香港1382名老年人(71～93岁)报告了每日步行的距离，八年后报告了焦虑症状，在控制人口统计学因素、慢性疾病和认知障碍后，每日步行距离最短的老人，其事件抑郁发生率高达60%～90%。布朗等人[52]调查了9207名中年女性在1996年、1998年和2001年的健康数据，五年后的研究结果表明每周参与1小时或以上的中等强度身体活动的女性罹患焦虑症的概率下降30%～40%。一项对

1280名中老年居民进行为期六年的追踪研究发现，抑郁症罹患与久坐不动的生活方式有关。健身锻炼型活动对老年人最直接的效用是提高其健康水平，众多研究都表明身体健康是老年抑郁的重要风险因素。[53]研究显示，健身锻炼型活动能提高老年人的认知能力，进而降低老年人的抑郁风险。[54]此外，在活动中通过与其他人互动也能使老年人放松心情，获得情感支持。可见，健身锻炼型活动能够通过身体健康和心理健康两种机制缓解老年人的抑郁，机制分析结果也验证了这一点。

李月等人[55]利用中国健康与养老追踪数据的三期面板数据，考察体育锻炼等行为习惯与老年抑郁的关系。结果发现，健身锻炼型活动能够显著降低老年人抑郁发生的风险，且因果效应也得到了验证。曹若凡和乔玉成[56]利用2015年中国健康与养老追踪数据，检验体力活动水平与老年抑郁的关系，结果发现，从总体上来看，抑郁症发病率与能耗水平等级呈显著负相关，与运动强度呈显著正相关。结果表明，高强度的体力活动与高能耗水平会在一定程度上增加抑郁症的患病率，中低强度的体力活动与适中的能耗水平能更好地减轻抑郁症状；中等强度的体力活动对降低男性老年人抑郁障碍的发病率具有较好的效果；中等能耗水平对降低女性老年人的抑郁程度具有良好的效果。

（4）锻炼与特殊人群抑郁的关系研究

总体而言，我国锻炼心理学领域对特殊人群的体育锻炼和心理健康的关注较少，研究成果较为单薄，并且研究方法多为调查性研究，少有研究从实证干预出发，真正利用锻炼来增强残障人士的心理健康。其中，刘青[57]考察了聋人大学生锻炼、身体自尊和抑郁的关系研究，对340名聋人大学生进行集体施测后发现，被试人群中有抑郁情绪、抑郁症状和有严重抑郁症状的检出率分别为62.7%、47.7%和17.9%，且锻炼和身体自尊呈显著正相关，抑郁分别与锻炼和身体自尊呈显著负相关。身体自尊在锻炼和抑郁之间起部分中介作用，中介效应占总效应的31%。研究认为可以通过锻炼来提高聋人大学生的身体自尊，降低抑郁情绪。

亓圣华[58]针对残疾学生体育锻炼与羞耻感之间的关系调查了山东省特殊教育中专学校的769名残疾学生的羞耻感、自尊水平和体育锻炼水平。结果表明，体育锻炼对残疾学生的羞耻感具有预测作用，主要表现为对个性羞耻和能力羞耻的负向预测。此外，体育锻炼对残疾学生的自尊具有正向预测作用，自尊在锻炼与残疾学生羞耻感关系中起到部分中介作用，自尊的中介作用主要表现在对行为羞耻、身体羞耻的影响上，自尊通过影响残疾学生的行为羞耻和身体羞耻影响其羞耻感。研究进一步证实了锻炼可以通过影响残疾学生的个性羞耻和能力羞耻以及自尊这一中介变量对羞耻感起作用。

残障人士、孕产妇、慢性疾病人群等特殊人群是产生消极情绪较多的人群,也是抑郁障碍发病概率较高的人群。然而,我国锻炼心理学对这些人群的关注是十分薄弱的,除了由于特殊人群在数量上属于少数之外,对其的关注度相对于儿童青少年有所降低,还有一部分原因在于学术界仍存在"跟风""追热点"的治学心态,忽视了针对弱势群体的基础性研究。《"健康中国2030"规划纲要》提出要加强重点人群健康服务。未来锻炼心理学学者也应心系大众,做好学术工作,为大众健康事业的发展尽自己的一份力。

7.2.4.2 锻炼对抑郁的干预效益

(1) 单独锻炼的干预效益

锻炼属于身体活动的范畴,但其干预目的更明确,即通过有组织、有规律的锻炼达到促进健康、增强体质的目的。部分研究表明锻炼对抑郁障碍患者有一定的干预效应。里霍斯特(Rethorst)等人[59]利用元分析检验锻炼干预抑郁障碍的有效性,该项元分析纳入了58项随机对照实验,包含574名被试,结果表明锻炼干预的总体效果为小到中等。其中,有9项研究证实锻炼干预组被试达到了康复水平,有3项研究的被试的抑郁症状得到了改善。尽管不少研究都得出了锻炼对抑郁的积极干预效应的结果,但研究结果之间仍存在争议。例如,克瓦姆(Kvam)等人[60]通过对23篇锻炼干预抑郁障碍的随机对照实验进行检验发现,锻炼对抑郁障碍呈中等干预效应。但在进一步对少数高质量研究(涉及分配隐匿、盲法实验和意向性参与)进行分析时发现并无显著的干预效应。由此可见,由于实验设计缺乏严谨性,可能在一定程度上夸大了实际的干预效应。当前,学界对于锻炼干预实验的有效性也褒贬不一,而未来的锻炼干预类实验在方法学上的严谨性也有待加强。

(2) 锻炼辅以心理治疗和药物治疗的效益

药物治疗和心理治疗是当前抑郁障碍的主流治疗方式,两者在临床干预上都存在一定的效应。但在具体治疗中,两种治疗方式还存在副作用大、依从性低和经济负担重等问题。部分学者认为锻炼可作为一种辅助心理治疗与药物治疗的手段,优化临床治疗效果。在心理治疗联合锻炼干预方面,阿卜杜拉(Abdollahi)等人[61]对54名轻度至中度的抑郁障碍患者进行了12周的干预处理,分为单独干预组和综合干预组。结果表明,综合干预组在自杀意念、抑郁及日常活动水平上的改善更为显著。

在药物治疗联合锻炼干预上,木拉(Mura)等人[62]对13项药物联合有氧锻炼进行了系统回顾,发现锻炼可能是提高药物治疗抑郁障碍效果的有效策略。此外,该研究推测锻炼治疗抑郁障碍的内在机制是通过促进脑源性神经元的表达来诱导神经新生的。

(3)锻炼干预抑郁障碍共病的干预效益

躯体性疾病患者由于饱受躯体疾病的折磨,成为抑郁障碍的高发人群。目前,临床医学中心脏病、代谢综合征、癌症、呼吸道疾病等患者,罹患抑郁障碍的概率较高。由于多种药物合用会引起很大的副作用,对于共病抑郁障碍患者的综合干预治疗显得尤为重要。布卢门撒尔等人[63]对2322名抑郁障碍伴心脏病患者进行了为期3个月的监护有氧运动(90分钟/周),并持续进行了9个月的家庭锻炼(≥120分钟/周)。随访结果表明,在3个月的监护有氧运动和12个月的家庭锻炼后,锻炼组的抑郁症状有所减少,但其临床干预效益还不明确。科林(Kerling)等人[64]将44名代谢综合征和抑郁障碍的共病患者随机分为锻炼辅助药物综合干预组和单独药物治疗组。在6周的干预后,综合干预组患者的心肺适应能力、腰围和胆固醇水平均有显著改善,并且患者抑郁缓解率达到50%,而单独药物治疗组仅为25%。莱文(Levin)等人[65]将23名具有抑郁症状的癌症康复患者随机分为监督锻炼组、家庭自我管理锻炼组和常规护理组,12周后进行锻炼的治疗组在抑郁症状的改善上均优于常规护理组($d=0.50$)。当前慢性疾病和抑郁障碍共病患者日益增多,未来锻炼干预在抑郁障碍共病研究中十分重要,一是因为药物治疗可能存在更大的副作用,二是"身体活动不足"同样是代谢综合征、糖尿病等疾病的危险因素。但是,共病患者的锻炼干预处方对安全性的要求更为严格,涉及疾病程度的诊断、体适能水平的评估、运动负荷的控制的难度更高。

(4)锻炼与抑郁的"剂量—效益"关系

运动方式具有多种划分标准,从干预的周期上看,可分为单性运动干预和慢性运动锻炼。从能量代谢的形式上看,可分为有氧运动、无氧运动和混合式运动。有氧运动干预作为最早被用于研究运动抗抑郁效益的运动类型,研究证实有氧锻炼对抑郁具有较好的干预效果。在不同类型的运动干预效益上,中至高强度的单次急性运动可以有效减缓抑郁,其常见的干预时间为30分钟,在10分钟时出现抑郁情绪减缓的效果但随后效益缓慢回升。长时运动对抑郁症状的干预效果稳定,有氧运动和无氧运动的干预效果并无明显差异,两者结合对抑郁症状的干预效果最好。早期研究多探究单次运动锻炼对抑郁情绪的影响,其干预周期短,简单易行。在具体的干预效果研究中，有氧运动和无氧运动之间的差异也是研究的重点问题。马丁森(Martinsen)等人[66]最早利用有氧运动干预重度抑郁障碍患者，9周的有氧运动干预后，运动干预组的抑郁水平下降显著。随后，马丁森开始探究有氧运动和无氧运动抗抑郁效益的差异性，将抑郁障碍患者分为有氧干预组和无氧干预组，8周的干预效果表明这两种运动锻炼都有效地减缓了被试的抑郁症状，且干预效果没有显著差异。之后，马丁森[67]开始探究有氧运动和无氧运动抗抑郁效益的差异性，他将抑郁障碍患者分为有氧干预组和无氧干预组，8周的运动干预可以有效地减轻被试的抑郁症状，且干预效果没有显著差异。同样的结果出现在多因(Doyne)等人[68]对女性抑郁障碍患者的干预试验中，有氧运动和无氧运动在干预抑郁障碍的效果上并无显著差异。在此基础上，将慢跑等有氧锻炼与肌肉力量练习相结合，结果表明两者相结合对抑郁情绪的减缓效果更为明显。

锻炼强度是影响运动干预效应的重要因素，锻炼强度过低无法引起个体在生理、心理上的反应，而锻炼强度过高可能会给个体带来更多的不适与应激反应。纳尔逊(Nelson)等人[69]检测单性急性运动强度对抑郁障碍的干预效果，将6名抑郁障碍女性患者和6名健康对照者随机分为40%、60%和80%不同强度的力量运动组，不同强度的运动干预组被试的抑郁缓解均显著优于无干预组，但不同强度的锻炼对抑郁并无差异。也有研究得出了不同的结果，巴塞洛缪(Bartholomew)等人[70]对40名重度抑郁障碍患者进行了30分钟单次运动。研究表明，60%～70%的最大心率有效地减轻了抑郁症状，而低强度组并无显著效益。在慢性运动干预上，中等至高等强度的干预也均有较好的干预效果。罗斯(Ross)针对男性抑郁障碍患者(平均年龄28岁)进行了为期6周、每周3次的有氧运动。结果表明，高强度组(70%～75% HRR)和中等强度组(40%～50% HRR)的抑郁水平显著下降，但低强度组无明显干预效果。

根据以往的研究结果，运动强度可能是影响干预效果的重要因素。在当前研究的有氧运动干预中，一般采取中等偏高的运动强度，强度区间为60%～75%，该强度区间内的运动对抑郁症状的干预效果明显。在无氧锻炼中，60%～80%的一次性最大力量也表现出较为明显的干预效果。但也有学者提出过高强度的运动可能造成生理激素紊乱而增强应激水平。保卢奇(Paolucci)等人[71]将61名大学生分为高强度间歇训练组、中等强度连续训练组。结果表明，两种训练均有效地减少了抑郁症状，高强度间歇训练组同时也提高了应激、TNF和IL-6的水平，这一情况可能是剧烈的运动锻炼引起的。

"剂量—效应"是目前体育锻炼促进健康领域的热点问题。在与抑郁等精神疾病的相关研究中，大多数运动研究都采用了美国运动医学会的健康指南中的运动处方进行干预。邓恩(Dunn)等人[72]对有氧运动干预抑郁的剂量进行了研究，将80名20～45岁轻度到中度抑郁障碍患者分为四个有氧运动干预组，总能量代谢分为低剂量组和高剂量组，并设置安慰剂效应组(每周3次拉伸活动)。12周的干预后结果显示，高剂量组的抑郁测量分数下降47%，低剂量组下降30%；高能量代谢组的抑郁症状减轻，显著优于低剂量组，但运动频率的差异并没有影响干预效果。也有学者进一步探讨了不同的运动方式对干预效果的影响。我国学者李秋利等人[73]采用有氧锻炼与无氧锻炼干预具有抑郁倾向的在校大学生8周、每周5次、每次50分钟、强度区间为70%～80%最大心率的健身跑，或8周、每周3次、每次50分钟强度为50%～70%最大负荷的力量训练都可以有效减少大学生的抑郁症状。在老年人群上，乔伊(Joy)[74]针对60名有重度抑郁障碍或轻度抑郁障碍的社区老人(年龄60岁或以上)，进行为期8周、每周3次的力量训练，并分为高、低剂量组(高剂量组：80%最大负荷；低剂量组：20%最大负荷)。结果表明，高剂量组对情绪和生活质量的改善明显高于低剂量。

综上所述，每周3～5次、60分钟左右的中等强度的有氧运动或无氧运动，对于抑郁的干预效果较为明显。同时，锻炼剂量的设定需要考虑被试的体适能、疾病史、年龄、性别等人口统计学的差异，采取循序渐进递增式强度的模式，以保证锻炼干预的安全性。

7.2.4.3 锻炼改善抑郁的机制

(1)生理机制

锻炼对人体生理机制的改变更为直接、客观。锻炼干预抑郁的相关研究目前已经在神经生化、神经内分泌与脑结构和脑功能三大领域中取得了一定的突破。

单胺神经递质：单胺系统中神经递质调节失调是抑郁障碍的病理机制之一，主要由单胺神经递质中的去甲肾上腺素、5-羟色胺、多巴胺等紊乱失调导致。部分动物实验研究证实锻炼可以改善动物脑类单胺神经递质的失调。研究者[75]通过对抑郁样的大鼠进行跑台锻炼实验发现，经过6周跑台锻炼干预的大鼠脑部海马和杏仁核中去甲肾上腺素和5-羟色胺的水平均高于对照组(锻炼不足)的大鼠。柳(Yoo)等人[76]利用12周的跑台训练干预抑郁样大鼠，结果同样表明锻炼组大鼠的大脑额叶皮层的去甲肾上腺素水平显著增高,β-肾上腺素能受体减少,并且这两种神经递质的变化程度与药物治疗抑郁的效果相近。多巴胺可以传递脑内开心和兴奋的信息从而调节积极情绪,沃特尔(Waters)等人[77]利用对大鼠进行单次的跑台运动发现,锻炼后大鼠的脑部纹状体内的多巴胺释放和转运显著增多,有助于大脑对积极情绪的感受与维持。

HPA 轴是身体的神经内分泌应激反应系统,与抑郁障碍的病理生理学密切相关。临床抑郁症经常是由慢性应激下外周皮质醇水平升高引起的。吉本斯(Gibbons)等人[78]发现长期的运动训练可以提高动物和人类对 HPA 轴活动的适应性。在应激刺激的实验中,雌性大鼠在进行 6 周的跑台训练后,其脑部皮质醇的释放多于久坐大鼠,并且应激反应的恢复速率更高,由此证明了规律锻炼有助于改善大鼠在应激刺激下的反应速度。

炎症因子是免疫系统重要的调节因素,促炎细胞因子 IL-6、IL-1 和 TNF-α 与抑郁障碍、抑郁行为有关。在锻炼与炎症因子的关系研究中,单次短时锻炼会增加炎症细胞的数量,从而导致应激反应增加;长期规律的锻炼后自然杀伤细胞减少,进而降低应激反应的生理伤害性。脂肪细胞与机体的炎症反应息息相关,脂肪细胞可能会通过聚集巨噬细胞和其他免疫细胞产生更多炎性细胞因子和炎症网络,产生慢性炎症反应。长期有氧锻炼可以减少脂肪细胞,改善炎症网络,防止出现慢性炎症,降低由炎症因子引起的抑郁罹患风险。[79]

部分抑郁障碍脑形态学的研究认为,抑郁障碍患者脑部的异常归因于神经发生的缺陷,因此大脑的结构、功能受损是其病理机制之一。脑神经的自主修复、再生可能对抑郁障碍的缓解有一定的作用。脑源性神经营养因子有助于促进神经元的成熟、增殖和存活。研究表明,跑台和滚轮运动可增强大鼠的海马和大脑皮质中的脑源性神经营养因子的浓度与活性。一项元分析表明,表明单次锻炼对大鼠脑内的脑源性神经营养因子的活化和再生有中等水平的干预效应。线粒体也可以促进神经元的发育和修复,线粒体的质量与功能下降会导致神经系统无法参与神经再生和神经元发育等活动。

(2)心理机制

锻炼不仅给人体带来生理上的适应与变化,而且在一定程度上改善了个体的心理资源与认知策略。锻炼改善抑郁情绪可能的心理机制涉及主观期待、注意分散、自我意象等(见表 7-6)。我国学者季浏的研究表明,身体自尊是锻炼影响大学生抑郁情绪的重要的中介变量,4 周的锻炼可以提升大学生的身体自尊，大学生的身体素质和自我价值感有较为明显的改善。余文斌认为体育竞赛活动是一种团队合作活动，而合作行为有助于提升大学生的人际交往和社会适应能力，且间接作用于抑郁情绪的管理。由于目前锻炼改善抑郁机制研究中存在生物标志物优先论，导致心理机制的相关研究较少，并且研究以定性的调查和干预研究为主，缺乏质性视角，对被试在参与运动中的所思所感、锻炼坚持性、退出等问题的关注较少。

表7-6 锻炼改善抑郁情绪可能的心理机制

机制	锻炼干预效应
主观期待	被试在进行锻炼的同时，具有主观期待效应
注意分散	从压力情绪中抽离而出，可能会得到心理缓解。每一次锻炼都会加强双重效果，情绪的改善可以加强反复的活动。
自我意象	适应身体规律的锻炼有一些健美的益处，如增加肌肉张力，以及提高运动耐受性。身体自我概念可以被强化，继而提升身体自尊。
控制感	无助和绝望感是抑郁的核心。进行锻炼使抑郁的人能够控制生活的一个方面，从而增强控制感和成就感。
社会交往	社会隔离可能是造成抑郁的一个因素，参与医院、社区中心或商业健身中心的运动项目可以提供个人的锻炼参与，可能会减少孤立感。
社会支持	与他人一起锻炼可以为沮丧的人提供有形和无形的支持，证明他们对他人很重要，同时也灌输了一种融入群体的感觉。

7.2.5 小结

在研究方法上，目前我国锻炼与抑郁的相关研究多为横截面研究。横断面研究虽然具有人口普及面大、研究分布广等优点，但仍存在一定的限制。第一，虽然人口样本调查显示了锻炼不足与抑郁的相关性，但是由于抑郁障碍患者及处于抑郁状态的健康人群都会有躯体疲劳、消极运动的症状，因此到底是锻炼不足促成了抑郁，还是抑郁减少了锻炼，存在争议。第二，由于缺乏纵向的观察视角，只能得到危险因素与疾病的相关性，无法给出因果关系。队列研究，亦称追踪研究，是长时间地跟踪和调查被研究者，追踪时间可为数月、数年甚至数十年。但追踪研究的时间跨度大，研究的经济成本高，一般是大规模的国家人口调查研究。值得关注的是，我国部分大型社会调查研究已经将心理健康（包含抑郁）和体育锻炼水平纳入其中，如中国人民大学的中国教育追踪调查、北京大学中国社会科学调查中心的中国家庭追踪调查等数据库不仅样本抽取合理，而且长期跟踪调查的面板数据为未来体育锻炼与心理健康研究提供了良好的科研材料。

在研究质量上，在未来的研究中，要想获得更高质量的研究证据或更为明确的干预方式、剂量，需要拓展、加强、务实锻炼干预抑郁障碍研究的宽度、深度和规范度。拓展宽度，即注意干预人群的多样性。目前研究对被试人口统计学的描述较为笼统，对锻炼干预不同类型的抑郁障碍效应的区分度不足。且研究多集中于老年抑郁、产妇抑郁，未来的研究还应当探究锻炼对双极抑郁、抑郁共病、青少年抑郁、儿童抑郁等不同类型的抑郁干预的影响；加强深度，即挖掘锻炼干预抑郁障碍的影响变量。本研究已证实种族、性别、人群、抑郁程度、锻炼类型、干预频率、干预总时间均为影响效应量的潜在因素。未来研究还有更多影响因素需要被证实，如被试人群的体适能、运动史、药物史、运动干预的结构化等。务实规范度，即加强试验设计和论文撰写的质量。本文得出高等治疗研究的干预效益不显著，纳入研究在盲法设置、分配隐匿和被试退出率三项重要的质量检验上的得分率过低，三者会产生较大的安慰剂效应和统计学误差。论文的撰写规范性不强，如试验流程不清、试验数据汇报不完整。质量不佳的论文不仅影响自身的结局质量，而且影响该主题的综合效应量评估和质量评价。建议未来的试验设计和论文撰写应该按照临床试验设计指南与学术论文规范的条例进行，从而提升循证效益。

参考文献

[1]杨剑：《锻炼心理学》，上海，华东师范大学出版社，2016。

[2]Gaudry, E., & Spielberger, C. D.: "Spielberger, anxiety and intelligence in paired-associate learning", *Journal of Educational Psychology*, 1970.

[3]徐霞：《社会性体格焦虑的测量及其与身体锻炼之间关系的研究》，华东师范大学，2003。

[4]Morgan, W. P.: "Anxiety reduction following acute physical activity", *Psychiatric Annals*, 1979.

[5]Petruzzello, S. J., & Landers, D. M.: "State anxiety reduction and exercise", *Medicine and Science in Sports and Exercise*, 1994.

[6]Arent, S. M., Landers, D. M., Matt, K. S., et al.: "Dose-

response and mechanistic issues in the resistance training and affect relationship", *Journal of Sport & Exercise Psychology*, 2005.

[7]Arent, S. M., Alderman, B. L., Short, E. J., et al.: "The impact of the testing environment on affective changes following acute resistance exercise", *Journal of Applied Sport Psychology*, 2007.

[8]张韧仁,周成林:《一次性身体活动期间情绪变化及其短期情绪效益》,《体育科学》2013年第1期。

[9]Raglin, J. S., & Morgan, W. P.: "Influence of exercise and quiet rest on state anxiety and blood pressure", *Medicine & Science in Sports & Exercise*, 1987.

[10]Bartholomew, J. B., & Linder, D. E.: "State anxiety following resistance exercise: The role of gender and exercise intensity", *Journal of Behavioral Medicine*, 1998.

[11]Broman-Fulks, J. J., Berman, M. E., Rabian, B. A., et al.: "Effects of aerobic exercise on anxiety sensitivity", *Behaviour Research and Therapy*, 2004.

[12]Ekkekakis, P., & Petruzzello, S.: "Acute aerobic exercise and affect: Current status, problems and prospects regarding dose-response", *Sports Medicine*, 1999.

[13]Conn, V. S.: "Anxiety outcomes after physical activity interventions meta-analysis findings", *Nursing Research*, 2010.

[14]Goodwin, R. D.: "Association between physical activity and mental disorders among adults in the United States", *Preventive Medicine*, 2003.

[15]徐霞:《社会性体格焦虑的测量及其与身体锻炼之间关系的研究》,华东师范大学,2003。

[16]亓圣华:《身体锻炼与中学生羞怯、自尊、人格之间的关系》,《体育科学》2009年第2期。

[17]亓圣华:《中学生羞耻感与身体锻炼之间的关系研究》,华东师范大学,2006。

[18]Vancampfort, D., Hallgren, M., Firth, J., et al.: "Physical activity and suicidal ideation: A systematic review and meta-analysis", *Journal of Affective Disorders*, 2018.

[19]Ströhle, A., Höfler, M., Pfister, H., et al.: "Physical activ-

ity and prevalence and incidence of mental disorders in adolescents and young adults", *Psychological Medicine*, 2007.

[20] Beard, J. R., Heathcote, K., Brooks, R., et al.: "Predictors of mental disorders and their outcome in a community based cohor", *Social Psychiatry and Psychiatric Epidemiology*, 2007.

[21] Jonsdottir, I. H., Rödjer, L., Hadzibajramovic, E., et al.: "A prospective study of leisure-time physical activity and mental health in Swedish health care workers and social insurance officers", *Preventive Medicine*, 2010.

[22] Sexton, H., Mære, Å., & Dahl., N. H.: "Exercise intensity and reduction in neurotic symptoms. A controlled follow-up study", *Acta psychiatrica Scandinavica*, 1989.

[23] Petruzzello, S. J., Landers, D. M., Hatfield, B. D., et al.: "A meta-analysis on the anxiety-reducing effects of acute and chronic exercise-outcomes and mechanisms", *Sports Medicine (Auckland)*, 1991.

[24] Merom, D., Phongsavan, P., Wagner, R., et al.: "Promoting walking as an adjunct intervention to group cognitive behavioral therapy for anxiety disorders—A pilot group randomized trial", *Journal of Anxiety Disorders*, 2007.

[25] Wedekind, D., Broocks, A., Weiss, N., et al.: "A randomized, controlled trial of aerobic exercise in combination with paroxetine in the treatment of panic disorder", *World Journal of Biological Psychiatry*, 2010.

[26] Gaudlitz, K., Plag, J., Dimeo, F., & Ströhle, A.: "Aerobic exercise training facilitates the effectiveness of cognitive behavioral therapy in panic disorder", *Depression and Anxiety*, 2015.

[27] Vancampfort, D., Stubbs, B., De Hert, M., et al.: "A systematic review of physical activity policy recommendations and interventions for people with mental health problems in Sub-Saharan African countries", *The Pan African Medical Journal*, 2017.

[28] Bibeau, W. S., Moore, J. B., Mitchell, N. G., et al.: "Effects of acute resistance training of different intensities and rest periods on anxiety and affect", *Journal of Strength and Conditioning Research*, 2010.

[29]Koltyn, K. F., & Schultes, S. S.: "Psychological effects of an aerobic exercise session and a rest session following pregnancy", *Journal of Sports Medicine and Physical Fitness*, 1997.

[30]Meyer, B., Berger, T., Caspar, F., et al.: "Effectiveness of a novel integrative online treatment for depression (Deprexis): Randomized controlled trial", *Journal of Medical Internet Research*, 2009.

[31]Tieman, J. J., Morgan, D. D., Swetenham K., et al.: "Designing clinically valuable telehealth resources: Processes to develop a community-based palliative care prototype", *Journal of Medical Internet Research*, 2014.

[32]Craft, L. L., & Landers, D. M.: "The effect of exercise on clinical depression and depression resulting from mental illness: A meta-analysis", *Journal of Sport and Exercise Psychology*, 1998.

[33]Ströhle, A., Graetz, B., Scheel, M., et al.: "The acute antipanic and anxiolytic activity of aerobic exercise in patients with panic disorder and healthy control subjects", *Journal of Psychiatric Research*, 2009.

[34]Mason, E. C., & Richardson, R.: "Treating disgust in anxiety disorders", *Clinical Psychology*, 2012.

[35]Sexton, H., Mare, A., & Dahl, N. H.: "Exercise intensity and reduction in neurotic symptoms", *Acta Psychiatrica Scandinavica*, 1989.

[36]Hovland, A., Nordhus, I. H., Sjøbø, T., et al.: "Comparing physical exercise in groups to group cognitive behaviour therapy for the treatment of panic disorder in a randomized controlled trial", *Behavioural and Cognitive Psychotherapy*, 2013.

[37]Schumann, R. G., Eibl, K. H., Zhao, F., et al.: "Immunocytochemical and ultrastructural evidence of glial cells and hyalocytes in internal limiting membrane specimens of idiopathic macular holes", *Investigative Ophthalmology & Visual Science*, 2011.

[38]Esquivel, G., Dandachi, A., Knuts, I., et al.: "Effects of acute exercise on CO2-induced fear", *Depression and Anxiety*, 2011.

[39]Smits, J. A. J., Tart, C. D., Rosenfield, D., et al.: "The interplay between physical activity and anxiety sensitivity in fearful responding to carbon dioxide challenge", *Psychosomatic Medicine*, 2011.

[40]Mason, J. E., Asmundson, G. J. G.: "A single bout of either sprint interval training or moderate intensity continuous training reduces anxiety sensitivity: A randomized controlled trial", *Mental Health and Physical Activity*, 2018.

[41]Ferrari, A. J., Charlson, F. J., Norman, R. E., et al.: "Burden of depressive disorders by country, sex, age, and year: Findings from the global burden of disease study 2010", *PLoS Medicine*, 2013.

[42]苏文君，曹志永，蒋春雷：《抑郁症的炎症机制及诊疗新策略》，《生理学报》2017年第5期。

[43]李玥，贺敏，张磊阳等：《抑郁症神经解剖及其病理机制的研究进展》，《安徽医药》2017年第10期。

[44]Ei Mansari M., Guiard, B. P., Chernoloz, O., et al.: "Relevance of norepinephrine-dopamine interactions in the treatment of major depressive disorder", *Neuroscience and Therapeutics*, 2010.

[45]McDowell, C. P., MacDonncha, C., & Herring, M. P.: "Brief report: Associations of physical activity with anxiety and depression symptoms and status among adolescents", *Journal of Adolescence*, 2017.

[46]刘珊珊：《大学毕业生生活事件、心理弹性和心理健康的关系研究》，江西师范大学，2012。

[47]柳建坤，何晓斌，张云亮：《体育锻炼、亲子关系与青少年心理健康——来自中国教育追踪调查的证据》，《中国青年研究》2021年第4期。

[48]Goodwin, R. D.: "Association between physical activity and mental disorders among adults in the United States", *Preventive Medicine*, 2003.

[49]Mikkelsen, S. S., Tolstrup, J. S., Flachs, E. M., et al.: "A cohort study of leisure time physical activity and depression", *Preventive Medicine*, 2010.

[50]Strine, T. W., Chapman, D. P., & Flowers, N.: "Psychological distress and impaired quality of life common among community-dwelling adults with lower gastrointestinal disorders", *Digestive Diseases and Sciences*, 2007.

[51]Smith, T. L., Masaki, K. H., Fong, K., et al.: "Effect

of walking distance on 8-year incident depressive symptoms in elderly men with and without chronic disease: The Honolulu-Asia aging study", *Journal of the American Geriatrics Society*, 2010.

[52] Brown, W. J., Burton, N. W., Marshall, A. L., et al.: "Reliability and validity of a modified self-administered version of the Active Australia physical activity survey in a sample of mid-age women", *Australian and New Zealand Journal of Public Health*, 2008.

[53] Lowe, S. S., Milligan, C., Watanabe, S. M., et al.: "A grounded theory approach to physical activity and advanced cancer: A qualitative study protocol", *The International Journal of Qualitative Methods*, 2015.

[54] Larson, C., Belue, R., Schlundt, D. G., et al.: "Relationship between symptoms of depression, functional health status, and chronic disease among a residential sample of African Americans", *Journal of Ambulatory Care Management*, 2006.

[55] 李月，陆杰华，成前等：《我国老年人社会参与与抑郁的关系探究》，《人口与发展》2020年第3期。

[56] 曹若凡，乔玉成：《老年人体力活动水平与罹患抑郁症的关联性分析——基于CHARLS追踪调查数据的实证研究》，《四川体育科学》2020年第6期。

[57] 刘青：《聋人大学生体育锻炼对生活满意度影响的心理机制研究》，天津大学，2016。

[58] 亓圣华：《残疾学生羞耻感与体育锻炼的关系：自尊的中介作用》，《沈阳体育学院学报》2015年第6期。

[59] Rethorst, C. D., Wipfli, B. M., & Landers, D. M.: "The antidepressive effects of exercise: A meta-analysis of randomized trials", *Sports Medicine*, 2009.

[60] Kvam, S., Kleppe, C. L., Nordhus, I. H., et al.: "Exercise as a treatment for depression: A meta-analysis", *Journal of Affective Disorders*, 2016.

[61] Abdollahi, A., LeBouthillier, D. M., Najafi, M., et al.: "Effect of exercise augmentation of cognitive behavioural therapy for the treatment of suicidal ideation and depression", *Journal of Affective Disorders*, 2017.

[62] Mura, G., Moro, M., Patten, S., & Carta, M.: "Exercise as an add-on strategy for the treatment of major depressive disorder: A systematic review", *Spectrums*, 2014.

[63] Blumenthal, J. A., Sherwood, A., Babyak, M. A., et al.: "Exercise and pharmacological treatment of depressive symptoms in patients with coronary heart disease: Results from the UPBEAT (understanding the prognostic benefits of exercise and antidepressant therapy) study", *Journal of the American*, 2012.

[64] Kerling, A., Tegtbur, U., Gützlaff, E., et al.: "Effects of adjunctive exercise on physiological and psychological parameters in depression: A randomized pilot trial", *Journal of Affective Disorders*, 2015.

[65] Levin, G. T., Greenwood, K. M., Singh, F., et al.: "Modality of exercise influences rate of decrease in depression for cancer survivors with elevated depressive symptomatology", *Supportive Care in Cancer*, 2018.

[66] Martinsen, E. W., & Raglin, J. S.: "Themed review: Anxiety/depression: Lifestyle medicine approaches", *American Journal of Lifestyle Medicine*, 2007.

[67] Martinsen, E. W.: "Physical activity in the prevention and treatment of anxiety and depression", *Nordic Journal of Psychiatry*, 2008.

[68] Doyne, E. J., Ossip-Klein, D. J., Bowman, E. D., et al.: "Running versus weight lifting in the treatment of depression", *Journal of Consulting and Clinical Psychology*, 1987.

[69] Nelson, D. B., Sammel, M. D., Freeman, E. W., et al.: "Effect of physical activity on menopausal symptoms among urban women", *Medicine & Science in Sports and Exercise*, 2008.

[70] Bartholomew, J. B., Morrison, D., & Ciccolo, J. T.: "Effects of acute exercise on mood and well-being in patients with major depressive disorder", *Medicine & Science in Sports & Exercise*, 2005.

[71] Paolucci, E. M., Loukov, D., Bowdish, D. M. E., et al.: "Exercise reduces depression and inflammation but intensity matters", *Biological Psychology*, 2018.

[72] Dunn, A. L., & Dishman, R. K.: "Exercise and the neurobiology of depression", *Exercise and Sport Sciences Rreviews*, 1991.

［73］李秋利，关尚一，张少生：《大学生体力活动、心肺耐力与抑郁风险关系的纵向研究》，《山东体育学院学报》2015 年第 4 期。

［74］Joy, S S. D.: "Exercise benefits patients with depression", *American Journal of Nursing*, October, 2013.

［75］Dishman, R. K.: "Brain monoamines, exercise, and behavioral stress: Animal models", *Medicine & Science in Sports & Exercise*, 1997.

［76］Yoo, C. H., Song, K. H., Lim, S. I., et al.: "Metabolic effects of light deprivation in the prefrontal cortex of rats with depression-like behavior: In vivo proton magnetic resonance spectroscopy at 7T", *Brain Research*, 2018.

［77］Waters, R. P., Renner, K. J., Pringle, R. B., et al.: "Selection for aerobic capacity affects corticosterone, monoamines and wheel-running activity", *Physiology & Behavior*, 2008.

［78］Gibbons, J. L., & Mchugh, P. R.: "Plasma cortisol in depressive illness", *Journal of Psychiatric Research*, 1962.

［79］Dantzer, R., O'Connor, J. C., Freund, G. G., et al.: "From inflammation to sickness and depression: When the immune system subjugates the brain", *Nature Reviews Neuroscience*, 2008.

8 积极情绪体验与体育锻炼

积极情绪是一种具有正向积极价值的情绪,能够激发个体接近积极行为或具备积极行为的倾向。在日常生活中,积极情绪体验不仅是个体的主观心理体验,而且是个体对客观事物的反映。客观刺激越丰富,情绪体验就越复杂。在体育锻炼中同样如此,当个体采用适宜的方法参与适当的体育锻炼时,外界各种各样的刺激将有助于个体产生积极情绪体验,积极情绪体验会对个体持续参与体育锻炼提供有益的支持。

8.1 积极心理学概述

8.1.1 积极心理学的兴起与发展

20世纪末,以著名心理学家、宾夕法尼亚大学教授塞利格曼(Seligman)为首发起了一场关注人的积极力量和积极潜力的新的心理学运动——积极心理学运动,受到了国际社会的广泛关注。谢尔顿(Sheldon)等人[1]对积极心理学的概念及本质下了定义:"积极心理学是致力于研究人的发展潜力和美德等积极品质的科学。"2000年,《美国心理学家》(*American Psychologist*)杂志刊登了塞利格曼与契克森米哈赖(Csikszentmihalyi)的《积极心理学导论》。除此之外,还有15篇文章构成的特辑,对积极心理学的研究内容及发展方向进行了具体阐述,标志着积极心理学的正式提出。2002年,《积极心理学手册》(*Handbook of Positive Psychology*)正式出版,对积极心理学的研究成果做了系统总结。此后积极心理学的影响逐渐扩大,其研究在世界各地的不同领域蓬勃发展。

8.1.2 积极心理学的研究内容和主要观点

在1998年的艾库马尔会议上,塞利格曼、契克森米哈赖、弗勒等心理学家对积极心理学的研究内容进行了讨论,确定了积极心理学研究的三个方面的主要内容,分别为:

①关于积极情绪体验的研究:积极的情绪和体验是积极心理学研究的重要内容,包括主观幸福感、快乐和爱等。

②关于积极人格的研究:主要是制定积极人格的分类系统,进行详

细的分类和界定。

③关于积极的社会组织系统的研究:着重于社会、家庭、学校、单位等对积极人格形成的重要性,如何产生积极的情感体验。

在后来的研究中,部分学者指出积极心理学也注重积极情绪与健康的关系以及创造力与天才的培养等方面。积极心理学主要关注的这些内容也进一步说明了心理学的意义不仅仅在于关注人的负面心理现象,或者说减弱人的痛苦的心理体验,还应该侧重如何增进人类的积极心理体验和心理能力。

8.2 情绪与积极情绪体验

8.2.1 情绪与积极情绪

情绪是心理过程中不可缺少的一部分,它以各种形式存在,无时无刻不在影响人们的生活。什么是积极情绪?普遍而言,人们认为积极情绪能够给个体带来愉悦的感受。

在早期对积极情绪类别的界定没有统一的标准,汤姆金斯(Tomkins)[2]认为积极情绪包括兴趣、快乐;弗瑞德(Frijda)[3]认为积极情绪包括愉快、兴趣、期望、惊奇;艾克曼(Ekman)[4]认为积极情绪包括快乐和惊讶。因此,从基本的愉快、满足到较复杂的自豪、感激等都可被划为积极情绪的范围。[5]

除了概念之外,还可以通过积极情绪的功能和作用对其进行了解。传统的情绪理论如汤姆金斯的情绪理论和伊扎德(Izard)的情绪分化理论等,认为情绪具有重要的动机功能、适应功能、组织功能和信号功能。但是各种情绪理论在对情绪进行讨论与阐述的过程中,往往将情绪的各种特征一并讨论,忽视了积极情绪的特殊功能。从进化论的角度来看,消极情绪(逃避倾向)因在存在威胁的环境中保护自己生存的意义而优先进化,但人类在解决生存问题后如何更好地生活和发展就与积极情绪存在关联。在此基础上,为了描述积极情绪的进化适应价值,弗雷德克里森(Fredrickson)提出了积极情绪扩展—建构理论。该理论认为,积极情绪与消极情绪相反,能够激发个体接近的倾向,通过激发瞬时的积极情绪体验进而建立持久的心理上的资源,引起情绪的幸福感螺旋上升,促进个体向上发展。在扩展—建构理论中,积极情绪的扩展功能和构建功能是组成模型的核心部分。

在扩展—建构理论中,弗雷德克里森[6]认为,积极情绪和消极情绪对个体皆有进化适应的意义。消极情绪会缩小个体的认知范围，使个体在某些特定情况下做出由进化固定下来的某些特定行为。例如，当处于危险的环境时，人类会采取保护生命求得生存的行为（这种行为往往是自动化的）。此时，这种害怕、紧张的消极情绪会限制思维—行动范畴，这种限制能使个体在存在威胁的情境中获益。积极情绪可以扩展个人即时的思维—行动范畴，促使个体冲破一定的限制，产生更多的想法，增强认知灵活性。当个体在无威胁的情境中体验到积极情绪时，会产生一种非特定行动的趋向，个体会变得更加专注并且开放。在此状态下，个体会产生尝试新方法、发展新的解决问题策略、采取独创性努力的冲动。例如，满足、快乐等情绪会让我们产生继续前进的动力，变得更有创造力，更愿意去探索并寻求新的体验，这就是积极情绪的扩展功能。

积极情绪的扩展功能基于构建产生。相较于使个体在危险情境下直接、瞬时获益的消极情绪，积极情绪则能在更长的时间尺度上对人类产生间接、长远的收益，构建包括身体资源（如身体技能）、智力资源（如知识）、人际资源（如友谊）和心理资源（如心理恢复力）在内的个体持久的资源。[7]

8.2.2　积极情绪体验概述

8.2.2.1　情绪体验与积极情绪体验

情绪是一种整合性的心理组织，是自然与社会因素的交织。情绪体验是内在感受，是情绪的重要组成部分，是指个体如何体验自己的情绪。[8]体验的自我觉知起着自我监测的作用，从而驱动和调节情绪行为和其他行为。[9]

所有能激发个体产生、接近积极行为，或具备积极行为倾向的情绪体验，都可以被称为积极情绪体验。对积极情绪的研究可以从心境状态、激情两个方面进行分类。

（1）心境状态

心境状态是情绪或者情感的唤醒状态，是具有感染力的、微弱而持久的情绪状态。它为个体的其他心理活动提供了一种基本的、基础的心理状态。心境的二维模型将心境状态分为两个维度：评价性维度和激活性维度。前者与个体的认知评价有关，后者与个体的激活水平有关。

锻炼是改善心境状态十分有效的方式。近年来关于锻炼与心境状态的研究主要集中于锻炼前后心境状态的变化、锻炼对心境状态改善的即刻效应和长期效应、不同的锻炼项目对不同年龄阶段人群的心境状态的影响等。

金成吉等人[10]对 18 篇关于运动干预对大学生心境状态影响的文献进行元分析后发现，运动干预可以有效缓解和减轻大学生的不良心境状态，同时对积极情绪具有提升作用。8 周以上的运动干预对大学生的疲劳水平具有明显的缓解作用，进行 8 周以上每次小于 1 小时的运动干预的大学生的抑郁水平得到了控制，精力水平显著上升；进行 8 周以上每次 1 小时以上的运动干预能够明显提高大学生的自尊水平。众多锻炼项目对心境状态影响的研究结果表明，东方传统体育锻炼如太极拳、武术、瑜伽等对参与者的心境产生了积极影响，增强心理健康，特别是在改善躯体化、强迫、人际关系、抑郁、焦虑、敌对等方面有明显的作用。锻炼对心境状态的改善不仅表现在锻炼后的即刻效应上，而且表现在改善心境状态的长期效应上。此外，近年来研究也关注到不同年龄和特殊群体的心境状态，范静等人[11]通过实验法探究健身气功对帕金森病患者心境状态的影响，实验进行 8 周，每周 5 天，每次 60 分钟。结果显示，参与健身气功练习的帕金森病患者的疲劳、抑郁等消极情绪得到了显著改善，积极情绪显著提高。张桂芝[12]指出体育舞蹈训练能提高自信心，改善盲童的心境状态。

(2) 激情

与心境状态相比，激情是一种爆发强烈而持续时间短暂的情绪状态，具有爆发性和冲动性，同时伴随着明显的身体变化和行为表现，通常由强烈的欲望和明显的刺激引起。在激情状态中，个体会体验到狂喜、狂怒、深重的悲痛和异常的恐惧等情绪。

激情可以在很多方面影响一个人的身体健康。例如，通过引导个体定期地参与体育活动进而促进身心保持健康状态。为了验证参与瑜伽锻炼的情感体验与激情类型的关联性，卡本诺（Carbonneau）等人[13]通过两个研究进行探讨，第一个研究通过问卷的方式调查瑜伽锻炼者的激情、正负情绪和状态焦虑，发现在控制了强迫激情变量后，和谐激情与正性情绪呈正相关，与状态焦虑呈负相关。此外，在控制了和谐激情和每周练习瑜伽的时间量后，强迫激情与任何变量均无显著相关。第二个研究在瑜伽锻炼者三个月的时间间隔中对他们的激情、正负情绪、状态焦虑、躯体症状情况进行了两次调查。通过结构方程模型分析，发现在控制了瑜伽参与时间和年龄后，在第一个时间点上对瑜伽的和谐激情能够正向预测三个月后的积极情绪，负向预测消极情绪、状态焦虑和躯体症状。与此相反，在控制了相同的人口学变量后，强迫激情能够预测三个月后的消极情绪。由此可见，在体育锻炼中，和谐激情可以产生积极情绪体验，强迫激情可能会导致消极情绪体验。因此，在日常体育锻炼中，我们应该注重发展和谐激情，避免强迫激情。

8.2.2.2 锻炼情境下的情绪体验测量工具

(1)身体活动愉悦量表

身体活动愉悦量表[14]被用来测量大学生参与身体活动的情绪体验。该量表由18个条目组成，在两个双极性形容词之间(如享受—讨厌，无聊—感兴趣，愉快—不愉快等)进行选择，采用李克特7级评分法，主要反映个体此时此刻对刚刚进行的身体活动的感受。

(2)主观锻炼体验量表

主观锻炼体验量表[15]由积极幸福感(4个)、心理困扰(4个)、疲劳感(4个)3个维度构成，共12个条目。该量表采用李克特7级评分法，从"一点也不"到"的确如此"分别计1～7分，各维度的总分表示被试在该维度上的锻炼体验水平。

(3)青少年体育锻炼心理效益评定量表

青少年体育锻炼心理效益评定量表由周成林等人[16]编制，包括主观体验、情绪活力、身体价值、人际感知和困境应对5个维度，共30个条目。该量表采用李克特5级评分法，"完全没有""基本没有""有一点""比较强烈""非常强烈"分别计1分、2分、3分、4分、5分，用来评定青少年体育锻炼的积极心理效益。

(4)中学生体育锻炼积极心理效益量表

中学生体育锻炼积极心理效益量表由王树明编制，共有60个条目(其中正性题38个，负性题22个)。该量表包括人际关系、自我认知、适应能力、情绪体验、道德素养和人格品质6个分量表和15个维度。该量表采用李克特5级评分法，从"非常不是"到"非常是"，综合评价了中学生在体育锻炼后的主观感受和心理变化。

8.3　体育锻炼中的积极情绪体验

8.3.1　体育锻炼领域典型的积极情绪体验

8.3.1.1　高峰体验

高峰体验源自马斯洛的人本主义心理学，需要的层次系统和自我实现论都属于马斯洛心理学研究的核心概念，是自我实现理论的延伸。在对自我实现者的调查和研究中，马斯洛发现了自我实现者的人格模式。其中经常经历高峰体验就是自我实现者共有的15种人格特征之一。

在体育运动领域，游茂林[17]将高峰体验定义为具有超越性动机的行为者取得超越性自我实现时的心理状态，包括积极情绪、舒适感和成就感。其中成就感是高峰体验的标志性维度，并且指出压力调控高峰体验的发生、抑制和强度，是控制高峰体验的核心要素。摩根等人[18]在对冲浪运动参与者的研究中发现冲浪运动可以使参与者获得流畅状态和高峰体验。相对于竞赛而言，参与娱乐冲浪的个体更容易获得高峰体验，体验到的状态不受年龄的限制。此外，他还发现每周冲浪时间越多的参与者越容易获得高峰体验。

8.3.1.2 跑步者高潮

跑步者高潮，又称跑步者快感或身体锻炼快感，是高峰体验的一个特例。心理学大辞典将其定义为：个体跑步锻炼过程中体验到的一种欣快感。通常是短时间的一次体验，且不可预料地突然出现。出现时，跑步者感受到一种良好的身心状态，自身与情境融为一体，身体轻松，忘却自我，充满活力，超越时空障碍。跑步者高潮假说是对锻炼成瘾机制最早、最普遍的解释，该假说认为锻炼成瘾与运动过程中产生的欣快感有关。[19]

8.3.1.3 流畅感体验

流畅感体验是当人们参与一项自己有能力解决但是又具有一定挑战性的，或者需要投入很多已有的资源和技能，并且由内部动机驱使的任务时所进入的一种特殊的心理状态。在对流畅感体验研究不断深入的过程中，心理学家归纳出达到流畅需要具有挑战—技能平衡、行动—意识融合、清晰的目标、明确的反馈、全神贯注于当前的任务、控制感、自我意识的丧失、时间的变换与享受的体验九个基本主观体验特征。

在对流畅感体验进行初步探索后，契克森米哈赖提出了流畅状态的原始模型（见图8-1），他认为流畅感的获得与个体的行动能力（技能）和行动机会（挑战）之间存在一定的关系。当个体感知到的挑战与自身的技能水平平衡时，就会产生流畅感体验。如果技能超过了挑战，也就是任务太容易，就会导致厌倦。如果技能不足以满足挑战，那么任务就会引发焦虑感。

在原始模型提出后，契克森米哈赖[20]的数据结果显示，流畅感体验一般发生在一个人做最喜欢的活动的时候，但是很少有人报告说在看电视或放松等被动休闲活动中会产生流畅感体验。四通道模型对三通道模型进行了改进，指出个体进入流畅状态的一个前提条件是个体处于高技能和高挑战的情况下。该模型认为,在面对低技能、低挑战的任务时,参与者会变得比较冷漠,只有在高技能与高挑战的平衡状态下才会获得流畅感体验。

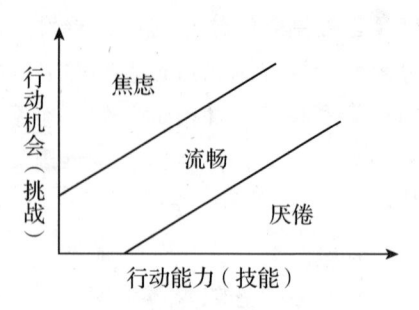

图 8-1 流畅状态的原始模型

通过不断实践,流畅感体验模型不断得到改进。契克森米哈赖通过研究提出,可以通过将挑战与技能分为八个体验通道来更好地解释不同的心理状态(见图 8-2)。他们将挑战—技能空间划分为一系列同心圆环,当挑战和技能在不同程度上进行移动时,会产生不同的心理体验。

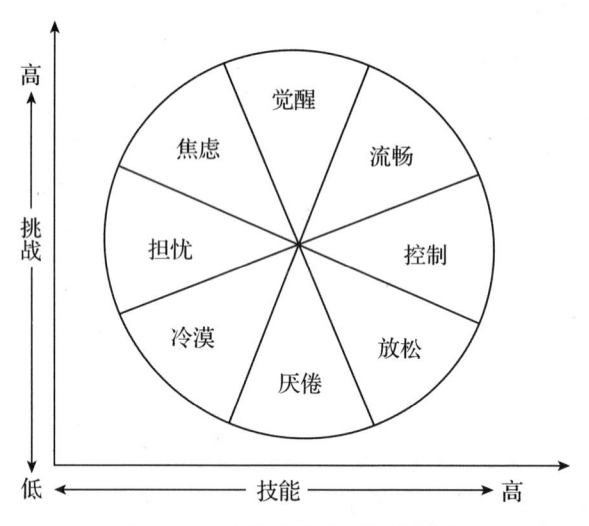

图 8-2 流畅感体验八通道模型

普里维特(Privette)与邦德里克(Bundrick)指出,体育运动是个体流畅感的主要来源,是体育锻炼的心理效益达到最大值的一个重要因素。杨剑和杨树红[21]指出,20%的参与者能体验到较强的流畅感,他们用"只是跑步、专注当前、忘掉琐事、进入另一世界只注意脚步"来描述自己所获得的流畅感体验。崔永胜等人[22]指出,参与不同的健身气功项目练习可以给锻炼者带来流畅感体验;流畅感体验在不同性别和锻炼年限的健身气功锻炼人群中存在显著差异；女性在健身气功锻炼过程中表现出的锻炼目的性较强，更容易融入其中。此外，锻炼半年以下的健身气功锻炼者的身心愉悦感更加强烈。旺克尔（Wankel）认为锻炼的愉快感和流畅感将使身体锻炼产生更显著的积极效应。首先，锻炼的愉快感和流畅感可能使参与者更容易坚持锻炼，从而使更多参与者拥有健康；其次，流畅感本身具有直接的健康效应，使参与者获得积极的心理健康状态和建立良好的体育运动美感。佩托萨（Petosa）和霍尔茨（Holtz）[23]提出了锻炼坚持性的流畅感体验理论，认为流畅感体验可以解释个体的锻炼坚持性行为。

8.3.1.4 正念

关于正念干预的研究，近年来主要集中在竞技运动领域，以追求运动员的最佳运动表现。在体育锻炼领域中，学者普遍认为正念不仅对体育锻炼有一定的促进作用，而且是在体育锻炼中产生积极情绪体验的一个前提。通过正念干预可以对锻炼参与者的心理效益产生积极影响。赵霞[24]在对普通高校大学生的高尔夫运动推杆技术的研究中发现，正念干预在一定程度上能够改善运动参与者的心理效益，降低认知焦虑水平，缓解其回避行为，并且提升对自我身体状态的觉知，接纳体验到的觉知。

8.3.2 体育锻炼中积极情绪体验的相关研究

8.3.2.1 体育锻炼领域中的主观幸福感

有学者将主观幸福感定义为人们如何评价自己的生活，并认为其主要包括生活满意度、婚姻满意度、无抑郁和焦虑、积极的情绪等内容。[25]目前，主观幸福被认为是衡量人们生活质量与社会福利的重要指标。人们普遍认为，参加身体锻炼可以有效提高个体的主观幸福感。[26]班杜拉[27]最早提出身体活动是能够促进生理和情绪状态的这两大自我效能的直接因素。

在我国体育锻炼领域中，幸福感的研究主要集中在老年人和学生群体。杨鄂平等人[28]的研究证实了大学生的身体锻炼与主观幸福感呈正相关。徐鹏等人[29]发现，健康行为维度即个人的体育锻炼习惯能够影响老年人的幸福感，积极的体育锻炼能够有效提升老年人的主观幸福感。郑元男[30]对我国老年休闲体育的参与者进行了调查研究。结果显示，我国老年人的休闲满意度源于参与休闲体育活动时产生的流畅感。休闲满意度随着流畅感的变化而变化，休闲满意度越高，休闲体育活动影响下的积极变化就越多。休闲满意度也对主观幸福感产生影响，在流畅感与主观幸福感之间起中介作用。

陈作松等人[31]在对高中生群体的研究中发现,一次性身体锻炼可以使个体产生运动愉快感,属于锻炼的心理过程,而长期性身体锻炼可以提高个体的主观幸福感,是锻炼产生的积极情绪结果。在锻炼量与锻炼时间方面,锻炼时间在主观幸福感的获得中起更重要的作用。不同的因素在体育锻炼与主观幸福感的关系中也起中介和调节作用。陈章源等人[32]指出,锻炼可以使个体获得身心的满足和愉悦,提高自身对生活质量满意水平的主观评价,促进愉快、乐观的积极情绪,提升个体对生活质量的总体评价。此外,同伴支持与协同也起重要作用,较好的同伴关系能够使个体在获得已有积极心理效应的基础上,进一步提升主观幸福感。邢晓燕等人[33]指出,相较于不参加体育锻炼的人群,无论参与程度是高还是低,抑或是否达标,只要参加体育锻炼的基本需要得到满足的人群的主观幸福感都明显较高。此外,健身质量在参与体育锻炼人群的主观幸福感中起重要作用,因使用体育服务而获得优质健身体验的锻炼人群可以获得较高的主观幸福感水平。徐雷[34]在一项元分析中发现,在提高个体的主观幸福感方面,运动干预是一个经济合理的选择,每周3次、每次30~45分钟的身体活动产生的效果最大。

体育锻炼领域中对幸福感的研究不仅仅局限于体育锻炼项目、强度等,锻炼环境也受到了学者的关注。葛小雨等人[35]采用访谈法探讨了居家锻炼者的主观幸福感是否与锻炼场所存在联系。结果显示,在居家锻炼情形下,个体的锻炼场所与锻炼效用发生了改变,个体衍生出不同程度的场所依恋,而锻炼者的类型会促进或阻碍个体依恋强度的呈现,最终产生不同的主观幸福感。张勇等人[36]基于社会学对体育参与对主观幸福感的影响进行了实证研究。结果显示,参与体育锻炼的程度越高,获得的主观幸福感越强;观看体育比赛的程度越高,获得的主观幸福感越强,并且身体健康状况分别在参与体育锻炼和观看体育比赛对主观幸福感的影响中起部分中介作用。

8.3.2.2 积极情绪体验是锻炼的即刻情绪效益

锻炼是最具有情绪效益的活动之一,与其他行为活动相比,在调节和改善情绪状态方面呈现出独特的优越性。锻炼不仅有助于提高人的认知功能,而且具有改善心境、调节情绪、促进良好心理状态形成的功能,特别是在减少应激反应[37]、降低焦虑、抗抑郁[38]等方面发挥了重要作用。锻炼强度、锻炼类型、锻炼者的人格及基因等诸多因素会影响锻炼的情绪效益。张韧仁等人[39][40]在对短期身体锻炼对情绪状态影响的研究中发现,一次性身体锻炼期间的情绪变化及其短期情绪效益显著,愉悦状态的最佳时段为身体锻炼期间1~5分钟和身体锻炼之后1~15分钟;活力状态的最佳时段为身体锻炼期间6~20分钟;流畅状态的最佳时段为身体锻炼期间11~30分钟。此外,一次性身体锻炼产生积极情绪状态时会伴随着提速,其中男性尝试锻炼者尤为突出。[41]也有研究显示,长时有氧运动以及力量训练带来的情绪效益效果量更大。[42]张韧仁等人[43]将愉悦、活力、流畅作为积极情绪状态的测评指标,通过跑台实验与问卷填写探讨了大学生的锻炼承诺水平与锻炼行为对短期情绪效益的影响。结果显示,高锻炼承诺组在锻炼期间和锻炼之后的积极情绪体验更高,且锻炼持续时间短的组别在锻炼期间、之后的情绪体验更佳。刘自慧[44]对大学生一次性登山运动期间的情绪变化与其短期情绪效益进行测量后发现,一次性登山能够产生良好的身心效益,中低强度参与者的积极情绪状态(以愉悦和活力情绪为主)效益十分显著且具有时段特征,不同性别和层级也存在一定的差异。有学者通过运动强度、时间和频率探讨了运动量对最大情绪效益的获得。研究指出,进行中等练习强度、一次持续20~30分钟,每周至少锻炼三次是获得最大情绪效益的方法。[45]有国外研究指出,在儿童青少年教育计划的背景下,应该优先考虑身体活动所带来的积极情感体验,可以在一定程度上促进儿童青少年体育活动的终身参与。[46]同时,对体育活动具有积极态度并且在闲暇时间更愿意参与体育活动的学生,更容易在体育中感受到积极情绪。[47]胡曦等人[48]使用系统综述的方法对关于高强度间歇训练对参与者主观负荷强度以及情绪体验影响的现有实证研究的主要结果进行了整合与综述,对纳入的22项符合条件的研究进行了系统分析。结果显示,在适宜个体的高强度间歇训练中,个体可以在较短的身体练习时间内获得更多或相同程度的积极情绪体验。高强度间歇训练练习对个体情绪体验的影响效果与高强度间歇训练练习任务中的单次练习/间歇时间、参与个体的身体活动活跃程度,以及高强度间歇训练任务规范的类型等因素有密切的关系。这也为在体育领域中能获得积极情绪体验的身体锻炼方法的设计提供了关注的方向。

此外,在自然环境中,体育锻炼的心理效益也引起了重视,目前国外已有很多探讨绿色锻炼的心理效益的研究,学者通过实验设计说明了绿色锻炼有助于个体获得更多的心理效益。研究主要集中在:①比较绿色与非绿色锻炼的心理效益差异,验证绿色锻炼的心理效益存在的可能性;②比较不同类型的绿色锻炼的心理效益差异,探讨真实自然环境类型对绿色锻炼的心理效益的影响;③比较模拟绿色与非绿色锻炼的心理效益差异,探讨人工模拟绿色锻炼的可能性。除此之外,不同年龄、性别、健康状况的个体的绿色锻炼的心理效益差异等也受到了关注。研究结果显示,真实自然环境的绿色锻炼更能激发锻炼的动机,增加积极情绪,减少消极情绪,缓解压力,获得幸福感。虚拟现实技术模拟的绿色环境有助于锻炼参与者增加享受感,减少疲惫感。在控制身体锻炼特征(如锻炼项目、锻炼的持续时间、锻炼强度等)后发现,5分钟的绿色锻炼的心理效益最佳,低、高强度比中等强度的绿色锻炼更有利于改善心境状态。[49]杨勇涛等人[50]的研究显示,虚拟锻炼环境因其多感知通道刺激和沉浸感,对心境调节更具效果,验证了在模拟的自然环境中能获得较好的心理效益,并且说明了基于虚拟环境的身体锻炼是一种增进心理健康的良好的运动方式。

  2020年新冠疫情暴发,给人们的生活产生了极大的影响。许多学者认为,新冠疫情在世界范围内大规模流行,不仅影响了社会的发展,而且影响了个体的身心健康,如出现恐惧、焦虑、抑郁、躯体化等心理问题。此外,在疫情期间,人们的生活节奏和习惯发生了改变,活动范围受限,导致身体活动方式和水平发生了巨大变化。在此次突发公共卫生事件期间,国内外学者展开了诸多有关不同群体心理健康与身体活动关系的研究。

  李先雄等人[51]从青少年居家生活的视角出发,探讨了不同地区青少年的身体活动水平和情绪状态。结果显示,在疫情期间,青少年的身体活动水平普遍偏低,但是农村地区青少年的生活状态更为积极。相较而言,在疫情期间,农村地区青少年的积极情绪高于城市地区青少年,中等身体活动水平的青少年相较于低身体活动水平的青少年更能产生积极情绪,因此制定了每周至少5天、每天30分钟持续性的中等强度身体活动,如快走、室内慢跑、跳绳、拖地、有氧健身操等,进而促使青少年保持较为积极的情绪。

  林晓桂等人[52]指出,在疫情期间,仅有16.6%的大学生坚持参与体育锻炼,在体育锻炼对心理健康的影响研究中发现,大学生每次锻炼的时间较长、锻炼强度为中度、已开始规律性锻炼,出现中重度的焦虑、抑郁情绪的风险越小,对改善不良情绪、减轻压力有显著作用。

  赵俊杰等人[53]指出,由于新冠疫情暴发,社会公众通过锻炼提高自身免疫力的体育意识显著增强,基于使用与满足理论探讨了积极情绪作为使用网络体育健身视频的内在驱动力,直接促进了对社会公众体育健身视频的持续使用意愿。

娄虎等人[54]从体育锻炼应对心理应激,提高机体免疫力的心理神经免疫路径的角度,探索了重大传染病疫情中进行体育锻炼的必要性和对策。研究表明,在重大传染病疫情中,公众极容易出现情绪低落、抑郁、恐惧等负性情绪状态。因此,在疫情期间可以选择持续时间为30分钟左右、中低强度的有氧运动进行锻炼,在疫情后可以根据个体的自身情况考虑高强度、持续更长时间的运动,以缓解不良情绪。

刘阳等人[55]在疫情期间通过不同的体育锻炼方式对居家学生的情绪进行干预,将具有焦虑情绪和抑郁情绪的学生分组,分别开展体能锻炼和正念太极实验干预。结果显示,正念太极项目具有更好的情绪功效,积极情绪自我效能和消极情绪自我效能在运动干预改善抑郁情绪中起到中介作用。

国外学者的调查发现新冠疫情导致公众出现了一系列的心理健康问题[56],如焦虑、抑郁[57]、压力等。进行适度的体育锻炼能够减小其对心理健康的负面影响,并且有利于保持更积极的精神状态。相对于剧烈的体育锻炼,适度的体育锻炼能更好地预测健康感知和积极的情绪状态。[58]

8.3.2.3 积极情绪体验能推动个体继续参与体育锻炼

个体再次参与此活动的积极情感体验,对于个体形成良好的运动习惯至关重要。研究发现,个体在锻炼过程中及锻炼后所体验到的积极或消极情绪变化幅度对后续的锻炼决策最具影响力。积极情绪会使人更主动、开放,更倾向于体育锻炼。法超[59]指出,积极情绪体验是形成大学生课外体育锻炼心理承诺的决策过程,并且在很大程度上决定了课外体育锻炼坚持行为和课外体育锻炼承诺,促进大学生从课外体育锻炼中获得积极情绪体验,是促进课外体育锻炼坚持行为的重要途径。

有学者通过对相关理论和研究的归纳分析,从理论层面上构建和扩展了积极情绪体验在体育锻炼中理论模型。郭玉江[60]基于积极情绪扩建理论和体育锻炼情绪效益等相关理论,构建了青少年体育参与的积极情绪扩建理论模型。该模型展示了在青少年群体中积极情绪的扩建效益:青少年参与体育锻炼所获得的积极情绪体验,扩展了自身体育运动情景中的运动思维认知能力和行为操作系统,同时建构了持久的身体资源、认知资源、心理资源、社会资源等,进而改变了原有的认知和体育生活方式,从而使个体自觉地、有规律地参与体育活动,最终形成终身体育意识和体育锻炼习惯,并实现向其工作、学习、生活等各方面的迁移。吴洲阳等人[61]对锻炼坚持认知决策模型进行了拓展,加入了积极情绪体验构成锻炼坚持认知决策—情绪模型。该模型能够较好地解释及预测大学生的锻炼坚持行为,其中积极情绪体验(如积极幸福感)可以直接正向预测锻炼坚持行为,大学生在锻炼后的积极情绪体验既可以直接影响他是否继续坚持锻炼,也可以通过锻炼承诺影响锻炼坚持行为。有学者采用扎根理论从学生的角度探讨了在体育课中的积极情绪体验与体育活动的坚持性。结果显示,在体育课中,学生积极情绪的触发包括任务的吸引力、社会归属感、能力和自主性,教师可以通过不同的触发因素进行教学指导,帮助学生建立终身体育活动的习惯。[62]有国外学者对患有慢性疾病的老年人进行了半结构化访谈,探讨了体力活动和积极心理结构之间的关系以及老年人对体力活动的益处、动机和障碍的感知。结果显示,参与体育活动通常与享受、精力、放松、成就和决心有关,积极的情绪体验,如享受、能量、乐观等有助于促进体育活动。[63]

8.4 积极情绪体验与体育锻炼关系的研究进展与发展趋势

积极情绪作为积极心理学研究的重要内容之一,自提出以来就受到了国内外学者的广泛关注。为了基本的掌握和了解积极心理学与积极情绪体验在体育锻炼领域的研究热点,以"积极心理学"、"积极情绪"和"锻炼"为关键词组合成的检索式分别对中国知网和科学网核心合集数据库进行检索,检索日期截至2022年12月31日,筛选出符合标准的文献,运用CiteSpace 5.6软件对其进行研究现状、研究热点、研究趋势的分析与展望。

通过检索和筛选,共有177篇中文文献和1552篇外文文献符合纳入标准,可视化分析的结果(见表8-1和表8-2)显示目前国内外在锻炼领域对积极心理学和积极情绪体验的研究较为成熟。研究方法主要以实证研究和元分析为主,研究对象以大学生和中学生为主;对比来看,国外的研究更多关注消极的情绪状态及其对身心健康的影响,国内的研究主要集中于大学生群体,并更多关注心理健康与教育的关系。

表 8-1 被纳入文献的高频关键词

国外				国内			
关键词	频次	中心性	年份	关键词	频次	中心性	年份
exercise	282	0.13	1994	体育锻炼	30	0.41	2007
physical activity	255	0.10	2001	大学生	30	0.43	2011
positive psychology	153	0.04	2003	积极情绪	18	0.3	2001
health	150	0.06	1992	情绪	13	0.3	2007
depression	132	0.09	1999	心理健康	12	0.18	2004
validation	119	0.04	2003	心境状态	10	0.17	2005
performance	93	0.05	1996	体育教学	7	0.07	2004
anxiety	93	0.09	1994	身体锻炼	6	0.05	2014
mental health	89	0.03	1993	心理资本	6	0.07	2014
negative affect	84	0.07	2000	心理弹性	6	0.03	2013
quality of life	80	0.04	2009	中学生	5	0.01	2004
stress	79	0.08	1993	心理效益	5	0.03	2013
behavior	78	0.10	1999	中介作用	5	0.18	2016
meta-analysis	75	0.04	1999	女大学生	5	0.06	2009
emotions	71	0.05	2005	心理韧性	5	0.05	2015

表 8-2 被纳入文献的高中心性关键词

国外				国内			
关键词	中心性	频次	年份	关键词	中心性	频次	年份
exercise	0.13	282	1994	大学生	0.43	30	2011
physical activity	0.10	255	2001	体育锻炼	0.41	30	2007
behavior	0.10	78	1999	积极情绪	0.3	18	2001
depression	0.09	132	1999	情绪	0.3	13	2007
anxiety	0.09	93	1994	心理健康	0.18	12	2004
stress	0.08	79	1993	中介作用	0.18	5	2016
mood	0.08	53	1999	心境状态	0.17	10	2005
negative affect	0.07	84	2000	睡眠质量	0.14	1	2021
psychology	0.07	66	1993	体育运动	0.13	4	2006

续表

国外				国内			
关键词	中心性	频次	年份	关键词	中心性	频次	年份
aerobic exercise	0.07	36	1995	身体活动	0.12	3	2005
health	0.06	150	1992	素质教育	0.12	3	2001
emotion	0.06	50	1992	高中学生	0.08	1	2021
performance	0.05	93	1996	体育教学	0.07	7	2004
emotions	0.05	71	2005	心理资本	0.07	6	2014
benefits	0.05	41	2006	学校体育	0.07	2	2004

突现性关键词是指某一时间段内出现频次骤然增加的热点关键词，对其进行分析有利于更好地把握学科的发展动向。突现性最强的前10位关键词如图8-3所示。根据突现的开始时间，我国在该领域的研究热点依次为"素质教育""自我定向""任务定向""目标理论""消极情绪""女大学生""实验研究""情绪体验""心理资本""心理韧性"。研究热点经历了从目标定向向心理韧性方面的转变，但研究主题一直围绕心理健康这一重要的内容，研究方法也不断丰富与完善。

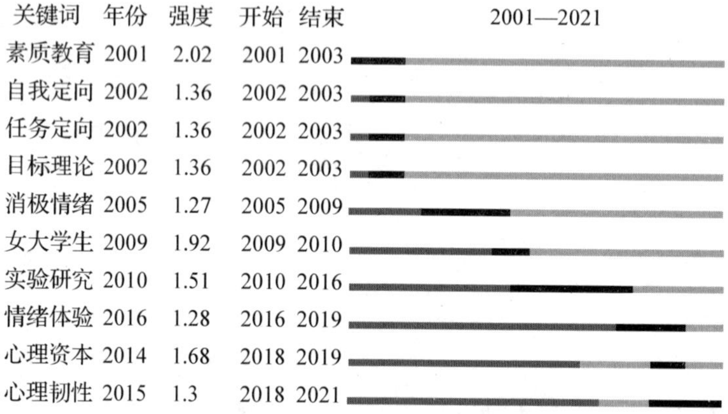

关键词	年份	强度	开始	结束	2001—2021
素质教育	2001	2.02	2001	2003	
自我定向	2002	1.36	2002	2003	
任务定向	2002	1.36	2002	2003	
目标理论	2002	1.36	2002	2003	
消极情绪	2005	1.27	2005	2009	
女大学生	2009	1.92	2009	2010	
实验研究	2010	1.51	2010	2016	
情绪体验	2016	1.28	2016	2019	
心理资本	2014	1.68	2018	2019	
心理韧性	2015	1.3	2018	2021	

图8-3 2001—2021年国内文献的突现性关键词

如图8-4所示，国外的研究热点依次为"acute aerobic exercise""gratitude""older adults""exercises""randomized controlled trial""happiness""positive emotions""chronic pain""quality of life""therapy"，研究热点从早期的有氧运动形式到关注生活品质，以随机对照实验为主要的研究方式。

纵观国内外的研究进程可以发现，积极情绪体验是国内外关注的焦

关键词	年份	强度	开始	结束	1992—2021
acute aerobic exercise	2009	4.62	2009	2016	
gratitude	2011	4.98	2011	2014	
older adults	2012	4.6	2012	2016	
exercises	2013	4.93	2013	2017	
randomized controlled trial	2013	4.69	2013	2017	
happiness	2009	4.45	2013	2015	
positive emotions	2005	4.39	2014	2015	
chronic pain	2015	5.04	2015	2017	
quality of life	2009	4.49	2015	2016	
therapy	2004	5.43	2019	2021	

图 8-4 2009—2021 年国外文献的突现性关键词

点。但国外的研究具有一定的区别：我国的积极情绪体验目前多处于理论研究，虽然研究范围较广，但是与国外注重影响机制等纵向深入的研究相比稍显分散；我国学者在体育锻炼领域针对大学生等具有特点的群体进行研究，掌握了规律，为将来的实证研究奠定了基础。

根据可视化分析的结果，未来我国积极心理学视角下的积极情绪体验在体育锻炼领域中的研究可以关注以下几个方面。

第一，结合我国的文化背景开展积极情绪体验的本土化和影响机制研究，开阔研究视角和思路，加强学术创新与跨学科研究。

第二，注重不同群体在体育锻炼领域获得的积极情绪体验，对积极情绪体验与体育锻炼的相互作用机制、影响因素和结果进行探索。

第三，建立完整的理论框架，将指导理论应用于实践，从积极心理学的角度来促进全民体育，提高大众体育锻炼的热情，增强全民身体素质。

参考文献

[1]Sheldon, K. M, & King, L.: "Why positive psychology is necessary", *American Psychologist*, 2001.

[2]Tomkins, S. S.: *Affect Imagery Consciousness: The Positive Affect*, New York: Springer Publishing Company, 2004.

[3]Frijda, N. H.: *The Emotions*, Cambridge University Press, 1986.

[4]Ekman, P.: "An argument for basic emotions", *Cognition and Emotion*, 1992.

[5]王艳梅，汪海龙，刘颖红：《积极情绪的性质和功能》，《首都师

范大学学报(社会科学版)》2006 年第 1 期。

[6]Barbara, F. L.: "What good are positive emotions?", *Review of General Psychology*, 1998.

[7]高正亮, 童辉杰:《积极情绪的作用: 拓展-建构理论》,《中国健康心理学杂志》2010 年第 2 期。

[8]Barrett, L. F.: "Discrete emotions or dimensions? The role of valence focus and arousal focus", *Cognition and Emotion*, July, 1998.

[9]孟昭兰:《体验是情绪的心理实体——个体情绪发展的理论探讨》,《应用心理学》2000 年第 2 期。

[10]金成吉, 张自云, 解超:《运动干预对我国大学生心境状态影响的 meta 分析》,《辽宁师范大学学报(自然科学版)》2019 年第 1 期。

[11]范静, 刘晓蕾, 孔敏等:《健身气功对中度帕金森病患者心境状态和认知的影响》,《中国运动医学杂志》2017 年第 2 期。

[12]张桂芝:《轻器械体育舞蹈训练对盲童平衡能力及心境状态影响的研究》, 广州体育学院, 2017。

[13]Carbonneau, N., Vallerand, R. J., & Massicotte, S.: "Is the practice of yoga associated with positive outcomes? The role of passion", *The Journal of Positive Psychology*, 2010.

[14]Kendzierski, D., & DeCarlo, K. L.: "Physical activity enjoyment scale: Two validation studies", *Journal of Sport and Exercise Psychology*, 1991.

[15]Meauley, E., & Courneya, K. S.: "The subjective exercise experiences scale (SEES): Development and preliminary evaluation", *Journal of Sport and Exercise Psychology*, 1994.

[16]周成林, 刘微娜, 赵洪朋等:《青少年体育锻炼心理效益评定量表上海市常模的制订》,《体育科学》2011 年第 9 期。

[17]游茂林:《论顶峰体验: 基于 6 名珠峰火炬手口语报告的分析》,《中国体育科技》2012 年第 6 期。

[18]Morgan, J. D., & Rosanne, C. A.: "Measuring peak experience in recreational surfing", *Journal of Sport Behavior*, 2016.

[19]Berczik, K., Szabo, A., Griffiths, M. D., et al.: "Exercise addiction: Symptoms, diagnosis, epidemiology and etiology", *Substance Use & Misuse*, 2012.

[20]Csikszentmihalyi, M.: *Finding Flow: The Psychology of*

Engagement with Everyday Life，Basic Books，1997.

[21]杨剑，杨树红：《大学生马拉松跑过程中情绪体验的现象学研究》，《成都体育学院学报》2017年第6期。

[22]崔永胜，杨慧馨：《健身气功锻炼者的流畅体验特征分析》，《哈尔滨体育学院学报》2018年第2期。

[23]Patosa, R. L., & Holtz, B.: "Flow for exercise adherence: Testing an intrinsic model of health behavior", *American Journal of Health Education*, 2013.

[24]赵霞：《正念接纳承诺与表象训练对提高运动表现和心理效益的对比研究——以选修高尔夫课程大学生推杆进洞技术为例》，首都体育学院，2016。

[25]喻庆明：《逆转理论的内涵及其实践意义》，《唐山师范学院学报》2018年第5期。

[26]Diener, E.: "Subjective well-being", *Psychological Bulletin*, 1984.

[27]Bandura, A.: "Self-efficacy: Toward a unifying theory of behavioral change", *Psychological Review*, 1977.

[28]杨鄂平，丁爱玲，唐晓东等：《大学生健身主观幸福感的差异性及影响因素》，《体育学刊》2007年第8期。

[29]徐鹏，周长城：《我国老年人主观幸福感的影响因素研究——基于Anderson健康行为模型的实证分析》，《社会保障研究》2014年第2期。

[30]郑元男：《体育锻炼对老年人的主观幸福感有影响吗？——关于中国老年休闲体育参与者的实证研究》，《中国体育科技》2019年第10期。

[31]陈作松，季浏：《身体锻炼对高中学生主观幸福感的影响及其心理机制》，《心理学报》2006年第4期。

[32]陈章源，於鹏：《体育锻炼对大学生主观幸福感的影响：同伴关系的中介效应》，《首都体育学院学报》2015年第2期。

[33]邢晓燕，李骁天，王凯珍：《2种划分标准下不同人群健身行为主观幸福感的比较研究》，《首都体育学院学报》2018年第5期。

[34]徐雷：《身体活动对主观幸福感影响的元分析——来自实验研究的证据》，《体育科学》2014年第10期。

[35]葛小雨，黄谦，刘天彧等：《场所是否重要？体育锻炼场所依恋与主观幸福感的探索性研究——基于疫情期间居家锻炼者的访谈分析》，

《武汉体育学院学报》2021年第5期。

[36]张勇,李凌:《体育参与对主观幸福感的影响——基于社会学实证研究》,《沈阳体育学院学报》2021年第2期。

[37]颜军,陈爱国:《体育锻炼应对应激研究的述评》,《武汉体育学院学报》2008年第11期。

[38]孙延林,王志庆,姚家新等:《体育锻炼与心理健康:认知、焦虑、抑郁和自我概念的研究进展》,《生理科学进展》2014年第5期。

[39]张韧仁,周成林:《一次性身体锻炼期间不同时段的情绪效益及其心肺活动特征》,《中国运动医学杂志》2017年第3期。

[40]张韧仁,周成林:《一次性身体锻炼及其辅以音乐欣赏的短期情绪效益比较研究》,《成都体育学院学报》2013年第4期。

[41]张韧仁:《短期身体锻炼对情绪状态的影响》,上海体育学院,2013。

[42]Reid, M. A., Maccormack. J., Cousins, S., et al.: "Physical activity, school climate, and the emotional health of adolescents: Findings from 2010 Canadian health behaviour in school-aged children (HBSC) study", *School Mental Health*, 2015.

[43]张韧仁,刘萍,杨立等:《不同锻炼承诺和日常锻炼行为对身体锻炼短期情绪效益的影响》,《成都体育学院学报》2020年第2期。

[44]刘自慧:《不同强度一次性登山运动对普通大学生身心状态影响的比较研究》,西南大学,2014。

[45]Berger, B. G., & Owen, D. R.: "Preliminary analysis of a causal relationship between swimming and stress reduction: Intense exercise may negate the effects", *International Journal of Sport Psychology*, 1992.

[46]United Nations Education Scientific and Cultural Organization: *International Charter of Physical Education, Physical Activity and Sport*, UNESCO: Paris, France, 2015.

[47]Säfvenbom, R., Haugen, T., & Bulie, M.: "Attitudes toward and motivation for PE. Who collects the benefits of the subject?", *Physical Education and Sport Pedagogy*, 2015.

[48]胡曦,唐浩轩,杨勇涛等:《高强度间歇训练(HIIT)对主观负荷强度和情绪体验影响的系统综述》,《武汉体育学院学报》2020年第2期。

[49]张丹璇，金鑫虹，金亚虹等：《绿色锻炼的心理效益：身体锻炼与自然环境的融合》，《心理科学》2017年第2期。

[50]杨勇涛，孙延林，吉承恕：《基于"绿色锻炼"的身体活动的心理效益研究》，《天津体育学院学报》2015年第3期。

[51]李先雄，李丹：《新型冠状病毒肺炎疫情居家期间青少年身体活动与情绪关联研究》，《北京体育大学学报》2020年第3期。

[52]林晓桂，徐建清：《新型冠状病毒肺炎疫情下体育锻炼对大学生心理健康的影响》，《中国学校卫生》2020年第11期。

[53]赵俊杰，张大为，曹景川：《新冠疫情中网络体育健身视频用户持续使用意愿的影响因素及启示》，《沈阳体育学院学报》2021年第1期。

[54]娄虎，颜军：《重大传染病疫情中体育锻炼对应激心理神经免疫的路径与对策》，《中国体育科技》2020年第5期。

[55]刘阳，李雪宁，王协顺等：《新型冠状病毒肺炎疫情期间运动干预对居家学生负面情绪调节自我效能感的中介作用》，《北京体育大学学报》2020年第3期。

[56]Dursun, M., Yarayan, Y. E., Ari, A., et al.: "Covid-19 in Turkey: Leisureboredom, psychological resilience, physical activity and emotional state", *International Journal of Educational Research And Innovation*, 2021.

[57]Gasteiger, N., Vedhara, K., & Massey, A.: "Depression, anxiety and stress during the COVID-19 pandemic: Results from a New Zealand cohort study on mental well-being", *BMJ Open*, 2021.

[58]Reigal, R. E., Páez-Maldonado, J. A., Pastrana-Brincones, J. L., et al.: "Physical activity is related to mood states, anxiety state and self-rated health in COVID-19 lockdown", *Sustainability*, 2021.

[59]法超：《大学生课外体育锻炼坚持机制的研究——基于结构方程模型方法》，赣南师范学院，2013。

[60]郭玉江：《青少年体育参与的积极情绪扩建理论模型构建》，《山东体育学院学报》2015年第5期。

[61]吴洲阳，毛志雄，郭璐：《锻炼坚持认知决策模型的拓展——积极情绪体验的增值贡献》，《天津体育学院学报》2016年第1期。

[62]Leisterer, S., & Jekauc, D.: "Students' emotional experience in physical education-A qualitative study for new theoretical insights", *Sports*, 2019.

[63] Millstein, R. A., Huffman, J. C., Thorndike, A. N., et al.: "How do positive psychological constructs affect physical activity engagement among individuals at high risk for chronic health conditions? A qualitative study", *Journal of Physical Activity & Health*, 2021.

第三部分
实践探索

9 体育锻炼与热环境：
运动中热环境、热感觉与能量消耗的关系研究

在竞技运动领域，重大体育赛事对热环境的要求较高，热环境对个体产生的影响已经受到了国内外学者的广泛关注。人体热感觉和能量消耗与热环境相关。在运动心理学研究中，大多关注体育锻炼中人体生理生化指标的变化，对热感觉的心理指标的关注较少。目前，对体育比赛中人体能量消耗的研究较多，而对外部环境如热环境、能量消耗的研究较少。从相关的研究成果来看，还未找到合适的研究途径来探讨人体的能量消耗、热环境、人体热感觉之间的关系。

本研究试图从人体的热平衡出发，探索体育锻炼中的热感觉是否由个体热量的产生与散失之间的平衡关系决定，并以此试图解决热环境对运动中人体热感觉、能量消耗的影响机制以及运动中热环境、热感觉、能量消耗三者之间的关系。

9.1 背景与意义

在国际体育大赛中，热环境对参赛队员产生影响的案例屡屡出现。很多队员表示如果天气温度过高，将会对比赛的结果产生决定性影响。比赛中热环境的改变有可能导致运动员在参赛时的技能动作变形，影响他们能力的正常发挥，进而影响运动表现水平。[1] 较高的温度能提高运动员在短距离运动中的输出功率，但在长距离、高强度的运动中却会产生较大的负面影响。[2] 很多研究结果表明，热环境是影响运动的关键因素，极端异常的热环境甚至会危害到正常运动中的人体健康，如在马拉松、足球比赛中，人们会经常出现热中暑现象。[3] 热中暑的发生与热环境中的温度、湿度等因素呈高度正相关，因此，深入研究热环境对人体的影响具有重要意义。

目前在体育运动领域，热应激、热适应是热环境研究中的两个重要方面。热应激主要关注运动中人体的生理生化指标[4]与运动能力的变化[5]，以及如何有效降低热应激[6]；热适应研究主要集中在训练一段时间后热环境下的个体在生理生化指标上产生的适应性变化上[7]。目前研

究的焦点集中于个体能量产生的内部机制以及如何测量能量消耗,关于热环境等外部因素对能量消耗的影响尚无定论。本研究尝试从传热学的视角探究运动中热环境下人体热感觉和能量消耗的发生机制。

9.1.1 理论意义

从研究的内容看,建立运动人体热感觉模型,对全面分析运动中的热环境条件、新陈代谢率以及服装因素对热感觉的影响具有重要意义。从传热学的角度建立运动个体能量消耗模型,可以为解决目前运动中能量消耗量的测量难题提供新的思路与方法。

从研究的视角看,本研究从热量传递的视角发现,运动中热感觉的产生是由运动中人体热量的产生和散失之间的平衡关系决定的,而运动中人体的能量消耗也是通过人体与外界之间的热量传递实现的,两者的发生机制是相似的。对运动中热感觉和能量消耗关联的深层机理以及热环境对它们影响过程的进一步探究,对人体热平衡及能量传递的研究具有较高的理论价值。

9.1.2 实践价值

借助建立的运动人体热感觉模型,可以模拟竞技比赛中体育场馆内温度、湿度等环境的变化,有效减少运动员由于低热环境产生的不适,使其依据热环境参数做出适应性调整。除了竞技体育领域,在日常体育锻炼和学校体育课堂中,模型的建立也具有很高的使用与指导价值。居民可以根据具体的天气状况制订合理的运动方案,在高温与低温下能够根据热感觉的变化调整运动强度,制订适宜的运动负荷,对"全民健身"的实现具有指导意义。

9.2 文献回顾

9.2.1 热环境下运动个体热感觉的研究

9.2.1.1 热环境下运动个体的皮肤温度与热感觉的关系研究

要了解运动中皮肤温度与热感觉的相关性,首先要弄清运动中皮肤温度的变化规律,杨海兰[8]对运动过程中皮肤温度变化的研究显示,被试的胸部、上臂、大腿、小腿这4个点在运动过程中皮肤温度变化的差异很大,在不同的运动强度之间也有很大区别。以每5分钟为一个时间节点,胸部在低强度运动前5分钟的皮肤温度变化平缓,在5~25分钟呈现"升高—降低—升高—降低"的变化趋势;在高强度运动前5分钟的皮肤温度变化平缓,在5~25分钟呈现"降低—连续升高—降低"的变化趋势。小腿的皮肤温度在低强度运动的整个过程中呈现下降趋势,而在高强度运动下呈现"下降—上升"的稳定变化趋势。在另外两个观察点以及不同强度下也观察到了变化迥异的趋势。此外,在上臂点,高强度运动下的皮肤温度明显低于低强度运动;在胸部点,高强度和低强度运动下的皮肤温度大致相同;在大腿和小腿点,高强度运动下的皮肤温度显著高于低强度运动。总体而言,运动强度与皮肤温度之间的相关性并不强。

有研究指出,皮肤温度在运动情境下会随着运动强度的增加而变弱。刘荣向[9]指出在较高的运动强度下,人体的热感觉升高,但皮肤温度与热感觉之间的相关性变弱。王(Wang)等人[10]的研究显示参与中等强度运动时的皮肤温度和热感觉没有显著的相关性,与安静状态相比,中等强度运动时的皮肤温度由于出汗呈现下降趋势。对出汗率以及热感觉进行测量的结果显示,皮肤温度与热感觉的相关性不显著。此外,出汗的整个过程会影响平均皮肤温度,导致在中等强度运动中皮肤温度较安静状态有所下降。拉维亚娜(Laviana)等人[11]的研究表明,当新陈代谢率较高时,人体达到热舒适所需的皮肤温度一般低于安静时的皮肤温度。戴维斯(Davies)等人[12]发现,皮肤温度与总产热量、新陈代谢率、汗液蒸发散热量以及最大摄氧量之间的相关性较弱。

9.2.1.2 热环境下运动个体的核心体温与热感觉的关系研究

核心体温的变化对人体机能和运动能力的影响较大,人体在运动时会产生大量热量,如果产热速率超过散热速率,体内热量就会随时间使核心体温升高,当超过38℃时即可被视为运动性高体温,超过41.5℃时个体的调节系统会失灵并导致中暑发生。随着体温继续升高至上限时,大脑的神经递质会阻断中枢神经系统控制骨骼肌,继而终止运动以免人体受到致命的热损伤,这便是降低运动能力、导致运动性疲劳的重要原因。体温的升高会导致运动性热衰竭、运动性热中暑、运动性肌肉痉挛等情况的发生,这些情况常发生在自行车、马拉松和足球等大强度或长时间的运动项目训练和比赛中。由此可以假设,个体的核心体温与热感觉在一定范围内的相关性较强,但相关研究较少。在较为剧烈的如长距离耐力跑[13]、足球[14]等运动中,虽然个体的体温较高,但被证实是运动中正常的生理反应。同时,在运动强度不变的情况下,体温和出汗率将持续升高并达到稳定状态,汗液的蒸发达到基本平衡。[15]也有研究表明以60%~69%为最大心率的强度运动时,较冷的环境下(8℃)相比于热环境下(40℃)的主观劳累等级更低,这可能是由更高的环境温度变化导致血管发生不适的生理反应，如兴奋、低血压以及呼吸困难等。据此可以推断，在环境温度的差值足够大的条件下，个体的核心体温仍然存在差异。林德(Lind)[16]把核心体温不随热环境发生变化的热环境条件范围叫作限定区域，并发现限定区域的范围随着代谢产热量而改变，而运动中的限定区域范围目前仍不清楚。

9.2.1.3　热环境下运动中个体的排汗率与热感觉的关系研究

尼尔森(Nielsen)等人[17]发现，当环境温度固定时，不同运动强度中人体的平均皮肤温度不会发生改变，此时出汗率与人体温度呈正相关，运动强度越大，个体温度越高，出汗率相对越高。当在环境温度变化下(5℃和30℃)进行固定运动强度运动时，出汗率随着平均皮肤温度的升高呈现线性增加，核心温度不会发生变化。由此可以看出，运动主要影响核心温度，对皮肤温度的影响较小，而出汗率是运动和热环境对人体体温影响的综合反映。

中等强度运动中出汗与热感觉之间的关系受到广泛关注。王等人[10]设计了原地踏步和台阶实验两种运动，通过测试发现，虽然出汗感觉指数代替了实际的出汗率，但是可以推断出热感觉受到出汗感觉指数的较大影响。佩佐利(Pezzoli)等人[18]对自行车运动中的出汗率和出汗指数进行了探讨，指出虽然人体内部产生了大量的热，但由于风的冷却作用，人体并不能感受到出汗量的增加。

综上，以皮肤温度、核心温度以及排汗率为主的热感觉在运动领域的探讨主要集中在核心温度与热环境、皮肤温度与热环境、排汗率与运动强度之间的关系上，然而运动中出汗率与热感觉的关系研究较为薄弱，人体的核心温度与排汗率这两个生理指标与热感觉之间的关系需深入探讨。

9.2.1.4　热环境下心理因素对运动个体的热感觉的影响

研究表明，除了热环境和运动因素之外，运动中人的心理因素也会对热感觉产生重要影响。瓦诺斯(Vanos)等人[19]认为气候的变化、运动前后的不同准备、运动中的控制感以及运动经历和运动频率都会影响运动中人体的热感觉。姚(Yao)等人[20]认为整体热感觉与身体局部感觉密切相关，如腿疼、呼吸困难都会对整体热感觉产生影响。近期的研究同样显示环境温度和运动行为的协同热作用会导致人体热感觉显著，促进疲劳的提前发生。[21]据此可以推断，运动中的主观劳累等级与实际热感觉存在相关性。塔克(Tucker)等人[22]研究了在不同湿度和温度下热环境对自行车运动员体温的调节作用，同样发现不同热环境下的热负荷没有显著差异。肯尼（Kenny）等人[23]对户外热环境下运动中人体热感觉的研究表明，实际热感觉与主观劳累等级之间存在正相关。这些研究中所提及的因素主要通过影响运动中的个体的心理进而使人体热感觉发生改变。

9.2.2 热环境下运动中人体热感觉的模型研究

以人体热平衡方程为基础，综合热环境、辐射温度、新陈代谢率、服装等参数建立预测不同热环境下实际运动情境中人体的热感觉状态模型，对防止运动中出现过度热应激和热损伤具有重要意义。目前运动中人体热感觉的模型研究大多聚焦在原模型应用的准确性[8][9][23]与新模型构建[19]方面。本节试图通过对已有模型测量准确性的描述以及对COMFA模型的修改运用，构建热环境下运动中人体热感觉的模型。

肯尼等人[23]采用COMFA模型对户外热环境下快走、跑、骑车三种运动中人体热感觉的预测结果和实际测量得出的结果进行比较，显示结果存在显著的相关性。在此基础上，肯尼绘制出了每种实际热感觉评级下热负荷计算值的四分位差以及中位数，具体数值如表9-1所示。

表9-1　实际热感觉与人体热负荷中位数之间的对应关系

描述	热感觉等级	热负荷计算值（W/m²）
冷	−2	−50
有点冷	−1	16
中性	0	40
有点暖	+1	70
暖	+2	152
热	+3	219

结果显示，COMFA模型的精确度还有待提高，该模型需要一定的修改和完善。王等人[10]采用Fanger模型对不同热环境和运动中的热感觉进行了测量。结果显示，Fanger模型在低运动强度下对人体热感觉的预测力很强，但在活动水平上升时所测量的结果的平均偏差会增加，即该模型高估了人体的实际热感觉。刘荣向[9]的研究也得出了类似的结论。

9.2.3 运动中人体能量消耗测量方法的信效度检验

9.2.3.1 基于气体法的能量消耗测量仪器的信效度检验

目前国际上常见的基于气体法的能量消耗测量仪器包括Aerosport KB1-C、Cosmed K4b2等，其中Cosmed K4b2的使用最为普遍。表9-2是有关这两种设备的信效度检验。

表 9-2 能量消耗测量仪器的信效度检验

检验系统	运动项目	实验对象	参照系统	信效度检验
Aerosport KB1-C[24][25][26]	跑步机	跑步运动员	Aerosport KB1-C	在测量 VO_2 上具有很好的信度。
	跑步机	9 名被试	Doulgas 气体包	在 50w 运动强度下测量不够准确,但在 100~250w 运动强度下各项指标的测量具有较高的准确性。
	跑步机	19 名被试	Quinton Q-PLEX	与 Quinton Q-PLEX 系统相比,该仪器的效度并不是非常理想的。
Cosmed K4b2[27]-[31]	跑步机	6 名男性	Medikro 202 系统与 Sensor Medics Vmax 系统	测量结果均高于参照系统。
	功率自行车	7 名男性	Medical Graphics CPX 系统	VO_2、VE 和气体交换率在所有运动强度下都无显著差异。
	功率自行车	未说明	Doulgas 气体包	具有较高的准确性。
	跑步机及滑雪板	6 名男性 2 名女性	Mixing-box 系统	不但适用于实验室测量,也适用于户外测量。
	功率自行车	7 名男性	Doulgas 气体包	显著低估了 $FECO_2$,显著高估了 FEO_2,但仍然可以认为其具有较好的效度。

9.2.3.2 基于加速度计计数法的能量消耗测量仪器的信效度检验

拉比诺维奇(Rabinovich)和阿萨(Assah)等人[32][33]对中老年人的体力活动引起的能量消耗进行了记录。结果发现,加速度计 VM 值可分别解释双标记水法测出能量消耗变异量的 46% 和 29%。杰兰(Jeran)等人[34]采用综合分析的方法,对验证加速度计信效度的文献进行了整理分析。结果显示,加速度计数值解释能量消耗变异量的效果并不尽如人意。

9.2.3.3 基于多项指标法的能量消耗测量仪器的信效度检验

目前在基于多项指标法的能量消耗测量仪器的信效度检验的相关研究中,以 SWA 测量仪器的检验为主。对 SWA Pro1 的研究发现,在对不同运动项目以及不同身体部位的测量中,SWA Pro1 对能量消耗的评估不够准确。[35]有学者采用 Cosmed K4b2 的测量数据与其进行了对比。结果显示，在对心脏病人的测量中，由于采用特定的算法，仪器测量的准确度得到了显著提升。[36]随后，针对不同运动模式采用不同算法的第三代仪器(SWA Pro3)被开发并应用在研究中。即便如此，杜德利(Dudley)等人[37]的研究发现仪器依旧出现了对能量消耗估计的偏差，这促使了另一款产品 SWA mini 的开发，通过三轴加速度计精准地判别运动模式，进而提高了仪器的信效度。

9.2.4 小结

目前而言，只有基于气体法的能量消耗测量仪器 Cosmed K4b2 能够精确测量如跑步机、功率自行车等由有氧系统供能的运动中的能量消耗，但仪器对运动本身会产生影响，亟待开发出更便捷、更适用于多种运动情境下的人体能量消耗的测量方法。

9.3 热环境对运动中人体热感觉的影响研究

热感觉的研究起源于建筑环境和人体工效学领域，通过建立人体热感觉模型可以量化分析各种因素影响热感觉时复杂的交互作用，并预测人体在不同热环境下的热感觉状态。

目前，热感觉的模型大体可以分为四类。第一类为 Fanger 模型，关注人体热负荷与热感觉之间的关系，是最早的人体热感觉预测模型。基于该模型提出了预测平均热感觉投票(predicted mean vote，PMV)指标。第二类为两节点模型，代表模型有 Gagge 模型、MEMI 模型以及 COMFA 模型。第三类为多层多节点模型，代表模型有 Stolwijk 模型、Wissler 模型、KSU 模型、Tanabe 模型、Berkeley 模型以及 Fiala 模型。第四类为综合性模型，如近些年在 Fanger 模型和 MEMI 模型的基础上产生的 Rayman 模型。

各种人体热感觉模型虽然能够大致对人体热感觉进行测量，但均存在一定的缺陷。综合各项研究，在 Fanger 模型的基础上针对运动中的具体特点构建热环境下运动中的人体热感觉预测模型是最佳的选择。

本研究将依据最新的研究成果对相关参数进行修改，建立人体运动热感觉模型，并在不同的运动项目中进行测试，验证模型的准确性，对新旧模型进行模拟比较，在此基础上分析环境温度、环境相对湿度、环境风速对运动中人体热感觉的变化影响。

9.3.1 运动中人体热感觉模型的建立

9.3.1.1 研究目的

构建运动中的人体热感觉预测模型。

9.3.1.2 研究方法

在 Fanger 模型的基础上更改模型中的皮肤温度、服装热阻的计算方法，将运动中服装覆盖率的变化加入模型中，修改人体热平衡方程中的辐射散热项、体表扩散散热项以及对流散热项，最终构建运动中的人体热感觉预测模型 1。

$$PMV = [0.303\exp(-0.036M/A) + 0.0275] * \{M(1-\eta)$$
$$- 0.408(1.92t_{sk} - 25.3 - p_a/131.6)$$
$$- 0.49[M(1-\eta) - 50] - 0.00268 * M(44 - p_a/131.6)$$
$$- 0.00145 * M(34 - t_a) - 3.91 * 10^{-8}\{0.99\mu[(t_{cl} + 273)^4$$
$$- (t_{mr} + 273)^4] + (1-\mu)[(t_{sk} + 273)^4 - (t_{mr} + 273)^4]\}$$
$$- \alpha_c[1.04 * \mu(t_{cl} - t_a) + (1-\mu)(t_{sk} - t_a)]\} \quad \text{(式 1)}$$

9.3.2 运动中人体热感觉模型的验证

9.3.2.1 研究目的

在不同热环境及运动强度下对新模型进行验证，并与 Fanger 模型进行对比，确定模型的准确性。

9.3.2.2 研究方法

以华东师范大学的体育馆为实验地点，将羽毛球高水平运动员、篮球高水平运动员以及健美操高水平运动员作为研究对象，对他们在锻炼或比赛情境下的热感觉进行测量。其中羽毛球运动员 295 人，篮球运动员 556 人，健美操运动员 318 人。实验持续三个月，共获得 66 天不同的热环境参数，热环境参数变化范围分别是：风速 0.09~0.19m/s，湿度 33%~82%，温度 13~29℃。实验采用日本 KANOMAX 6533-2G 智能型环境测试仪记录热环境参数，对每个被试热感觉的获取采用问卷调查记录姓名、性别、年龄、身高、体重、衣着、运动时间和热感觉等基本情况。

羽毛球运动的测量时间为 19：00 至 21：00，篮球和健美操运动的测量时间均为 15：00 至 17：00，被试在每次运动开始前穿上规定的运动服装，且运动过程中保持服装不变。研究者每隔 15 分钟测量一次环境参数，结束后填写调查问卷。

9.3.2.3 结果分析

(1) 热环境参数的处理

每隔15分钟测量一次体育馆内的热环境参数,将不同时刻的热环境参数测量值取平均值作为每天运动时间段的热环境参数。某日的测量值如表 9-3 所示。

表 9-3 某日热环境参数的测量值

时间	风速(m/s)	湿度(%)	温度(℃)
19:00	0.07	59.5	28.4
19:30	0.08	60.5	28.2
20:00	0.12	60.5	29.1
20:30	0.11	57.0	29.0
21:00	0.08	59.0	27.8

(2) 机械效率的取值

运动中的机械效率是运动中做的机械功占运动中总能量消耗的百分比。目前计算方法主要有两类:一类是根据人的质心的动能和势能计算,另一类是根据关节力矩和肢体的正负功计算。目前在复杂的运动情境下机械效率的计算还无法实现,因此只能进行大致估算。

在篮球、羽毛球、健美操等动作复杂的运动中无法准确测量机械效率,只能进行大致估算。根据张伯强等人[38]的研究,有氧运动的机械效率高于无氧运动,无氧代谢供能系统参与的比例越大,机械效率越低。而在有氧运动中,机械效率与 VO_2 增长的持续性和幅度有关,由此推断出羽毛球、篮球以及健美操运动中的机械效率低于跑步的研究结果。因此,机械效率统一取值为 20%。

(3) 运动中服装覆盖率的计算

服装覆盖率 μ 代表衣体表面占人体表面积的比率。在运动情境下,为了适应比赛的不同需求,运动员往往会选择服装覆盖率不同的运动服装,如长袖长裤、短袖长裤、短袖中长裤等。周永凯等人[39]测量了不同服装搭配后人体的服装覆盖率,结果见表 9-4。

表 9-4　人体不同着装下的服装覆盖率

服装款式	长袖长裤	短袖长裤	短袖中长裤	短袖短裤	无袖中长裤	无袖短裤
服装覆盖率(%)	81	73	65	50	57	39.5

(4)运动中服装热阻的计算

服装热阻是衡量服装阻止人体与周围热环境间热量传递的物理量，徐丹阳[40]研究了不同材料服装的服装热阻，结果见表 9-5。

表 9-5　不同材料服装的服装热阻

面料	涤纶	棉	Gore-tex(登山服面料) 3层	Gore-tex 2层	Gore-tex 1层	针织	锦纶(尼龙)	Cool-max	Cool-plus	棉氨纶
服装热阻(clo)	0.2783	0.1817	0.4718	0.4516	0.1265	0.2436	0.1035	0.02	0.03	0.2

(5)实验结果与分析

利用计算机 Fortran 语言对新模型和原 Fanger 模型分别进行编程，将每个被试每次运动的热环境参数、身高、体重、服装、新陈代谢率输入模型进行模拟，三种运动项目的新陈代谢率参照安斯沃思（Ainsworth）等人[41]编制的体力活动代谢量表，羽毛球项目中取 5.5METs，健美操项目中取 3.8METs，篮球项目中取 8METs，获得每个被试每次运动在两种模型中的预测热感觉值（PMV），然后分别与实际测量的热感觉值比较。

①每次运动中利用两种模型计算个体热感觉值的对比。

利用热环境参数、身高、体重、服装、新陈代谢率计算 17 名被试在不同模型中的预测热感觉值，并与实测热感觉值进行比较，结果见表 9-6。

表 9-6　利用两种模型计算的个体热感觉值比较

被试序号	身高(cm)	体重(kg)	上身衣着	下身衣着	PMV^0 实测值	PMV^1 Fanger 计算值	PMV^2 改进模型计算值
1	183	70	短袖	中长裤	1	1.79	0.81
2	177	60	短袖	长裤	1	1.85	0.88
3	176	66	短袖	长裤	2	1.83	0.88
4	170	60	短袖	短裤	2	1.88	0.72
5	176	70	短袖	长裤	1	1.81	0.88

续表

被试序号	身高(cm)	体重(kg)	上身衣着	下身衣着	PMV^0实测值	PMV^1 Fanger计算值	PMV^2 改进模型计算值
6	175	70	短袖	短裤	2	1.81	0.73
7	158	46	短袖	中长裤	0	2.01	0.79
8	173	78	短袖	短裤	1	1.78	0.73
9	170	65	短袖	长裤	1	1.85	0.88
10	160	46	短袖	长裤	1	2.00	0.87
11	178	85	短袖	短裤	2	1.74	0.73
12	160	50	短袖	长裤	1	1.97	0.87
13	165	63	无袖	短裤	0	1.88	0.64
14	170	65	短袖	长裤	1	1.85	0.88
15	170	64	短袖	长裤	1	1.85	0.88
16	165	56	短袖	长裤	1	1.92	0.88
17	168	65	短袖	短裤	0	1.86	0.72

结果显示,绝大多数队员的实测热感觉值与改进模型计算的热感觉值更为接近,但也有极少数被试的实测热感觉值与改进模型计算的热感觉值出现了较大差异,Fanger模型的解释说明了这种差异存在的合理性,这种结果从侧面说明了无论何种模型对热感觉的预测都无法达到完全准确的结果。

依据测量结果,绝大多数情况下利用修改后的新模型计算所得的热感觉略低于实际热感觉测量值,这可能是由汗液蒸发项的计算造成的。在模型中,汗液蒸发散热项被视为取决于新陈代谢率,而与服装热阻和湿阻无关,但哈维尼思(Havenith)等人[42]认为,在从皮肤到环境之间的汗液蒸发过程中,服装起了重要作用,尤其是在周围环境温度、湿度以及代谢当量水平较高的运动中时,服装对人体与周围热环境之间传热和传湿的影响尤为明显。人体为了维持热平衡更加依赖蒸发散热,及时通过出汗散热,但是由于服装的阻力,这种散热的效率会降低。若在模型中加入服装的阻力作用,则有可能提高模型的准确度。

②每天热感觉之间的整体对比。

定义S为每次运动中模拟所得的预测热感觉值相对于实际测量热感觉值的偏差,如式2和式3所示。

$$S^1 = \frac{\sum (PMV_i^1 - PMV_i^o)^2}{N} \quad \text{(式 2)}$$

$$S^2 = \frac{\sum (PMV_i^2 - PMV_i^o)^2}{N} \quad \text{(式 3)}$$

其中，S^1 代表原 Fanger 模型相对于实际测量热感觉的偏差值；S^2 代表新模型相对于实际测量热感觉的偏差值；PMV_i^1 为利用 Fanger 模型计算得出的预测人体热感觉；PMV_i^2 为利用修正后模型计算得出的人体舒适度；PMV_i^o 为问卷调查得出的实际舒适度；下标 i 代表第 i 个人；N 为每次实验中的测量人数。S^1 和 S^2 代表两种模型与实际测量结果的接近程度。利用式 2、式 3 计算每天的模型偏差 S^1、S^2，不同运动项目中利用两种模型所得的计算值与实测值的偏差结果如表 9-7、图 9-1、表 9-8、图 9-2、表 9-9、图 9-3 所示；在计算出 S^1、S^2 之后，对不同运动项目中的 S^1 与 S^2 做配对样本 t 检验，以检验两种模型的偏差在不同运动项目中是否具有显著差异。

表 9-7 羽毛球项目中模型计算值与实测值的偏差比较

日期	温度(℃)	湿度(%)	风速(m/s)	人次	S^1	S^2
9月11日	29.05	59.00	0.10	33	1.86	0.73
9月12日	28.68	74.78	0.09	11	0.91	0.48
9月15日	27.90	63.48	0.11	34	1.80	0.70
9月17日	27.75	60.40	0.11	20	1.57	0.70
9月18日	25.15	67.70	0.13	18	0.90	0.58
9月23日	26.63	82.78	0.15	30	2.42	0.74
9月25日	26.08	67.52	0.13	19	2.32	0.40
10月9日	25.66	60.55	0.10	14	1.80	0.84
10月15日	25.79	44.40	0.16	17	1.10	0.46
10月16日	24.40	55.76	0.17	16	1.44	0.68
11月4日	21.15	55.12	0.11	14	1.14	0.82
11月13日	19.23	36.82	0.13	14	0.58	0.54
11月15日	19.33	54.06	0.15	12	0.57	1.96
11月25日	19.48	62.60	0.10	9	0.61	1.77

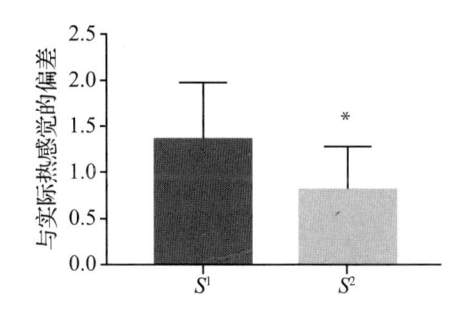

图 9-1 羽毛球项目中两种模型计算值与实际热感觉的偏差比较

注：* 表示 $p<0.05$。

表 9-8 篮球项目中模型计算值与实测值的偏差比较

日期	温度(℃)	湿度(%)	风速(m/s)	人次	S^1	S^2
10月10日	26.74	58.76	0.16	14	5.47	1.39
10月11日	26.82	64.33	0.13	8	6.46	2.78
10月13日	24.53	44.93	0.15	30	4.81	1.71
10月14日	24.98	40.60	0.11	9	3.49	1.30
10月15日	25.18	39.55	0.19	20	3.10	1.10
10月16日	23.54	53.84	0.13	27	4.73	1.64
10月17日	25.66	47.18	0.12	8	5.19	1.37
10月20日	25.66	66.62	0.10	10	3.68	1.01
10月21日	25.05	71.68	0.11	12	3.62	0.99
10月22日	24.16	58.94	0.09	24	2.42	0.79
10月27日	23.60	52.12	0.13	23	3.58	1.13
10月29日	22.34	68.76	0.13	26	1.97	0.47
10月30日	23.14	75.98	0.10	8	2.40	0.55
11月3日	21.24	51.92	0.08	15	2.93	1.55
11月4日	20.76	56.66	0.08	13	3.35	1.71
11月5日	21.96	58.56	0.09	13	4.94	1.41
11月6日	21.76	57.28	0.10	11	3.87	1.50
11月12日	21.43	45.30	0.09	9	3.89	1.67
11月13日	20.60	41.86	0.05	12	3.35	0.89
11月14日	19.04	41.78	0.08	10	2.31	0.48
11月17日	17.34	53.88	0.08	11	2.65	0.72

续表

日期	温度(℃)	湿度(%)	风速(m/s)	人次	S^1	S^2
11月18日	18.24	50.28	0.13	13	1.22	0.48
11月19日	18.30	52.50	0.08	11	5.02	2.67
11月20日	19.88	60.28	0.08	18	3.38	1.48
11月24日	20.28	77.62	0.10	25	3.11	0.59
11月25日	18.08	72.08	0.11	10	1.26	0.60
11月27日	19.54	70.16	0.10	23	3.17	0.37
12月1日	15.70	49.77	0.09	27	3.14	1.30
12月2日	15.50	48.65	0.08	13	1.92	1.72
12月3日	13.65	51.25	0.06	20	2.70	2.22
12月4日	17.45	41.83	0.10	23	2.82	1.38
12月8日	15.48	48.13	0.10	23	2.93	1.29
12月11日	14.86	51.00	0.08	7	1.14	1.16
12月16日	13.90	38.63	0.07	13	3.38	1.34
12月18日	13.64	42.56	0.09	20	1.54	1.46

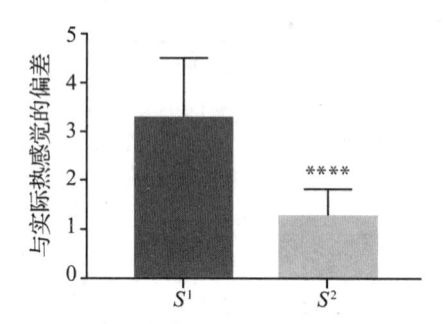

图 9-2 篮球项目中两种模型计算值与实际热感觉的偏差比较

注:**** 表示 $p < 0.0001$。

表 9-9 健美操项目中模型计算值与实测值的偏差比较

日期	温度(℃)	湿度(%)	风速(m/s)	人次	S^1	S^2
10月15日	24.98	33.68	0.19	20	0.82	1.92
10月16日	24.58	50.60	0.09	13	0.80	1.37
10月17日	25.84	46.86	0.10	15	0.45	0.67

续表

日期	温度(℃)	湿度(%)	风速(m/s)	人次	S^1	S^2
10月22日	25.98	50.92	0.11	20	0.80	1.53
10月29日	22.70	68.02	0.10	24	1.30	2.27
10月31日	22.78	83.53	0.08	22	0.93	2.04
11月3日	21.54	41.72	0.09	23	1.12	1.84
11月5日	22.04	57.12	0.07	21	1.05	1.89
11月12日	21.26	49.80	0.09	22	0.90	1.66
11月6日	23.38	47.70	0.10	20	1.09	1.88
11月14日	20.94	40.58	0.12	23	1.25	1.55
11月17日	17.94	51.62	0.11	18	1.08	0.67
11月19日	19.44	50.70	0.09	20	0.84	1.08
11月20日	20.48	53.78	0.10	16	1.30	1.07
11月24日	21.02	77.54	0.08	24	0.79	0.69
11月27日	19.80	67.67	0.09	17	0.73	0.95

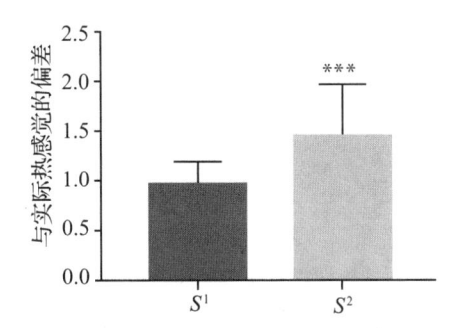

图 9-3 健美操项目中两种模型计算值与实际热感觉的偏差比较

注：*** 表示 $p<0.001$。

③实测热感觉与预测热感觉的偏差比较。

结果显示，用修改后的新模型计算的热感觉值更低，因为修改后的服装热阻更小，增加了模型中对流散热和辐射散热项，最终导致模型热感觉计算值降低，总散热量增大。这说明用修改后的新模型计算的热感觉值更加符合实际，较为合理。

对羽毛球运动员而言，新模型相对于实际热感觉的偏差远小于Fanger模型，随着环境温度的降低，Fanger模型的偏差降低，而新模型的偏差没有明显变化，在 20℃ 左右的环境温度下，两种模型的偏差基本相同。

对篮球运动员而言，Fanger 模型在大运动强度时对实际热感觉的预测准确度很低，而新模型计算出的热感觉值与实际热感觉的偏差显著较小，很好地反映了实际测量结果。

对健美操运动员而言，Fanger 模型在整个测试环境范围下均存在较小偏差，而新模型的偏差相对较大。按照健美操项目在本研究中的新陈代谢率取值，3.8METs 处于小到中等的身体活动强度。也有研究表明，Fanger 模型的适用范围是新陈代谢率为 0～4METs 的活动，而健美操项目的新陈代谢率刚好处在 Fanger 模型的适用范围之内，或许是因为 Fanger 模型相比于新模型在低活动水平时的热感觉值更接近实际热感觉。

将本研究结果与以往研究相比，随着运动强度的增加，新模型的准确性越好，表明本研究提出的模型更加适用于强度较高的运动条件，以及本研究建立的运动人体热感觉模型更具有现实意义。

④两种模型计算值与实测热感觉的相关性比较。

分别对不同运动项目的利用两种模型计算的热感觉值与实际测量的热感觉进行相关分析，结果表明，在篮球项目中，新模型与实测热感觉的相关性较 Fanger 模型有所提高；在健美操项目中，新模型与实测热感觉的相关性较 Fanger 模型有所降低；在羽毛球项目中，新模型与实测热感觉之间的相关性较 Fanger 模型有所提高，如表 9-10 所示。这也进一步证明了 Fanger 模型在中低水平的身体活动中的准确性更好。

表 9-10　两种模型计算值与实测热感觉的相关性比较

运动项目	模型计算值	与实测热感觉的相关系数(r)
篮球	Fanger 模型	0.508[**]
	新模型	0.522[**]
健美操	Fanger 模型	0.394[**]
	新模型	0.379[**]
羽毛球	Fanger 模型	0.386[**]
	新模型	0.415[**]

注：[**] 表示 $p < 0.01$。

⑤有关运动中实际热感觉的整体比较。

将本研究中对不同热环境下三种运动项目的实际热感觉测量值进行

描述性统计分析,得到如图 9-4 所示的热环境下运动中的实际热感觉分布图。

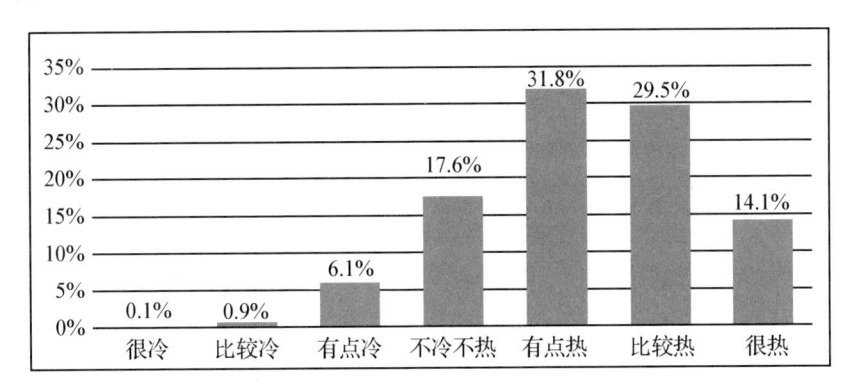

图 9-4 实际热感觉分布图

由图 9-4 可知,在不同热环境下运动中的实际热感觉分布图,有点热(31.8%)和比较热(29.5%),共达到了 61.3%,所占比例最高;不冷不热(17.6%)和很热(14.1%)的比例相近,有点冷、比较冷、很冷所占比例很低,这一结果支持了肯尼等人的研究。

研究显示,在适宜的温度和运动强度中达到热中性是可能实现的,肯尼采用 COMFA 模型的研究指出中到高强度运动中人体热负荷和热感觉之间的关系会产生身体活动偏移效应。有学者将在运动中个体的热中性区扩大的现象归结为心理因素,如个体对运动环境的期望、运动适应等。然而,即使在不同的热环境下,运动中的热感觉也仍偏向热的一端,肯尼等人的研究结果支持了这一结论。

9.3.3 热环境对运动中人体热感觉影响的分析

9.3.3.1 研究目的

验证新模型的准确性,探究环境风速、环境温度、环境相对湿度三个热环境因素对运动中个体热感觉的影响。

9.3.3.2 研究方法

以健美操、羽毛球、篮球为假定运动项目,运用新模型,通过 Fortran 语言对模型编程,利用 Origin 软件对模型计算值绘图,探究不同热环境因素对运动中人体热感觉的影响。

9.3.3.3 结果分析

在模型输入数据的处理上:风速、温度直接采用,湿度为相对湿度 z,水蒸气分压 $p_a = p z_{ab}$,其中环境温度下饱和水蒸气压力 p_{ab} 由 Goff Gratch 简化公式计算所得。

$$\lg p_{ab} = \frac{10.286(t_a+273)-2148.4909}{(t_a+273)-35.85} \tag{式4}$$

(1)环境温度对运动中人体热感觉的影响

假定某运动员的身高为180cm,体重为75kg,服装为短裤、短袖,按70%计算服装覆盖率,新陈代谢率假定为7METs。假设相对湿度为65%,风速为0.1m/s,温度为0～35℃,在此情况下利用两种模型模拟运动个体运动中的热感觉,模拟的结果如图9-5所示。

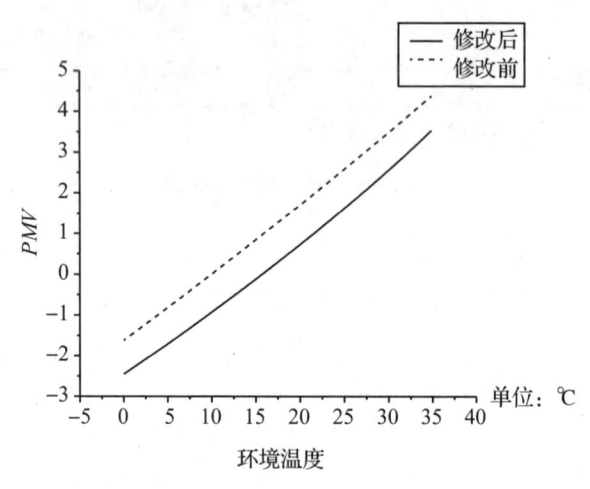

图 9-5　PMV 随环境温度的变化

由图 9-5 可知,PMV 与温度之间的关系为线性关系,用公式计算 PMV 对 t_a 的变化率为:

$$\frac{\partial(PMV)}{\partial t_a} = \frac{\partial(PMV)}{\partial L}\frac{\partial L}{\partial t_a}$$
$$= (0.00145 M/A + f_{cl}\alpha_c) * [0.303\exp(-0.036M/A) + 0.0275] \tag{式5}$$

由此可见,变化率为常数,验证了结果的可靠性。由图 9-5 可以发现,温度升高会导致皮肤对外辐射、呼吸失热量减少,从而使 PMV 升高。随着温度的升高,利用两种模型计算所得的 PMV 的差值减小。总体来看,温度对人体热感觉的影响很大,温度每变化 4～5℃就会引起 PMV 约 1 的变化。

(2)环境相对湿度对运动中人体热感觉的影响

假定某运动员的身高为180cm,体重为75kg,服装为短裤、短袖,按70%计算服装覆盖率,新陈代谢率假定为7METs。假设温度为25℃,风速为0.1m/s,相对湿度为40%～80%,利用两种模型模拟运动员的热感觉，模拟的结果如图 9-6 所示。

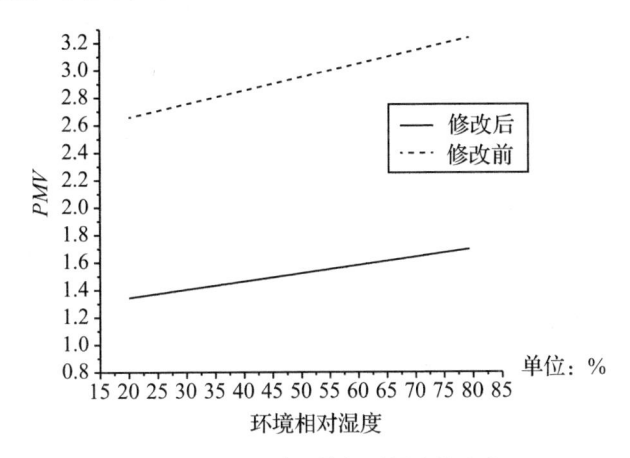

图 9-6 PMV 随环境相对湿度的变化

由图 9-6 可知，PMV 随环境相对湿度呈线性变化。对 PMV 求导，计算公式如下：

$$\frac{\partial (PMV)}{\partial z} = \frac{\partial (PMV)}{\partial L} \frac{\partial L}{\partial p_a} \frac{\partial p_a}{\partial z} \quad (\text{式 6})$$

$$= [0.303\exp(-0.036M/A) + 0.0275] * 0.41028 * p_{sk}$$

通过式 6 可以发现，在给定条件下，M/A、p_{sk} 均为常数，则上式的计算结果也为常数，因此 PMV 随环境相对湿度呈线性变化。从原理上看，环境相对湿度增加抑制了体表扩散散热，增加了热负荷，从而导致 PMV 增加。环境相对湿度变化时，利用两种模型计算所得结果的差值变化不大，曲线接近平行。总体来看，环境相对湿度每变化 20% 可引起 PMV 约 0.2 的变化。

(3) 风速对运动中人体热感觉的影响

假定某运动员的身高为 180cm，体重为 75kg，服装为短裤、短袖，按 70% 计算服装覆盖率，新陈代谢率假定为 7METs。假设风速在 0.05~0.2m/s 的范围内变化，空气温度为 25℃，相对湿度为 65%，利用两种模型模拟羽毛球运动员运动中热感觉随风速的变化，结果如图 9-7 所示。

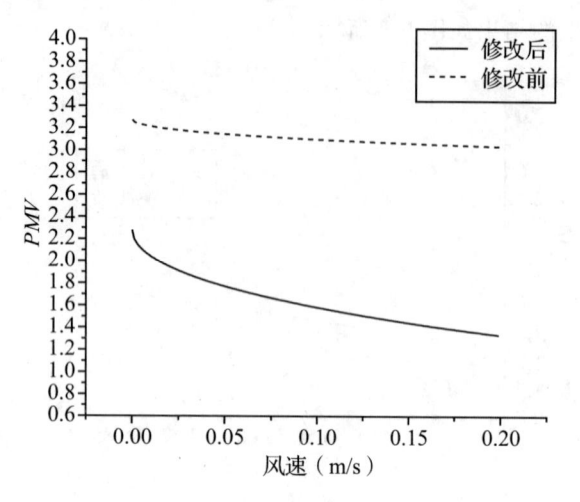

图 9-7 PMV 随风速的变化

由图 9-7 可知,当温度、湿度不变时,随着风速的增加,PMV 下降,趋势为先快后慢。这是由于风速增大,对流散热系数增大,加强了对流散热,减小了运动中人体的热负荷。风速和对流换热系数之间呈幂函数关系,如下所示:

$$\alpha_c = 12.1 v_a^{0.5} \tag{式7}$$

随着空气流速的增加,对流换热系数增加呈现先急后缓的趋势,进而解释了 PMV 下降先急后缓的变化趋势。对比两模型的计算差值发现,由于细化了人体对流换热项,因此随着风速的增加,新模型所计算得出的 PMV 下降速度比 Fanger 模型更快,两种模型的差值不断变大。整体来看,在一定范围内,风速每变化 0.2m/s 可引起 PMV 约 0.6 的变化,但在风速超过一定的阈值后,对 PMV 的影响会变小。

(4)热环境因素对不同运动项目中人体热感觉影响的对比分析

以羽毛球、篮球及健美操项目为例,对身高 180cm、体重为 75kg 的运动员进行模拟,分别在三种不同的条件下进行模拟计算:(A)温度(25℃)、相对湿度(50%)固定,风速变化;(B)温度(25℃)、风速固定(0.1m/s),相对湿度变化;(C)相对湿度(50%)、风速固定(0.1m/s),温度变化,结果如图 9-8(A)、图 9-8(B)、图 9-8(C)所示。

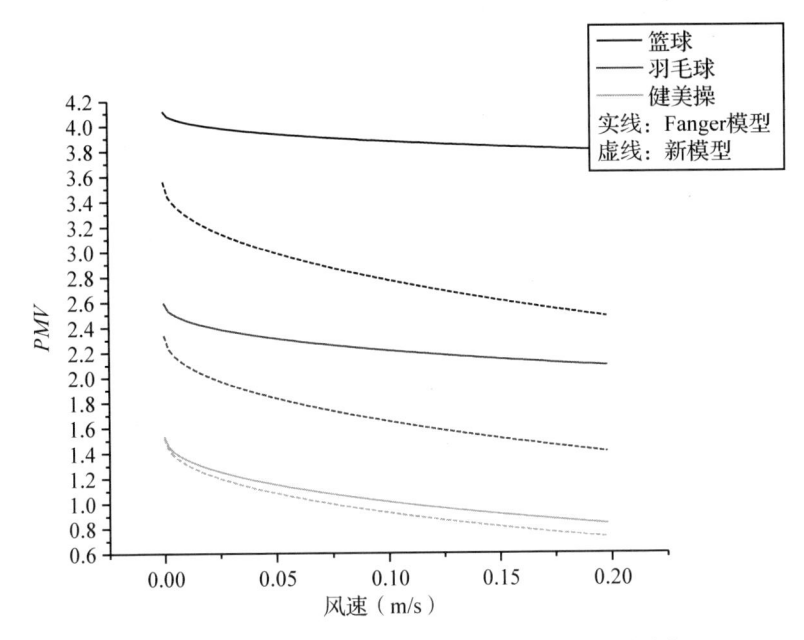

图 9-8(A)　不同运动项目中热感觉随风速的变化对比

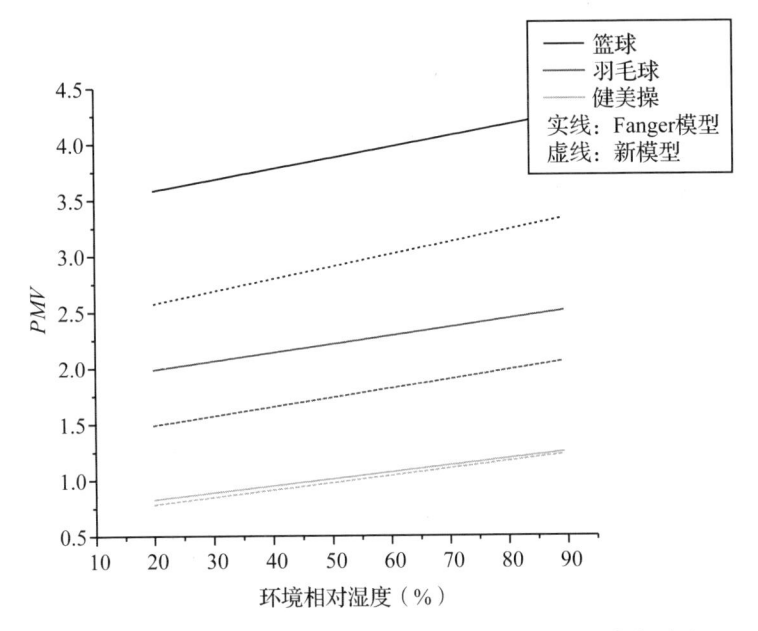

图 9-8(B)　不同运动项目中热感觉随环境相对湿度的变化对比

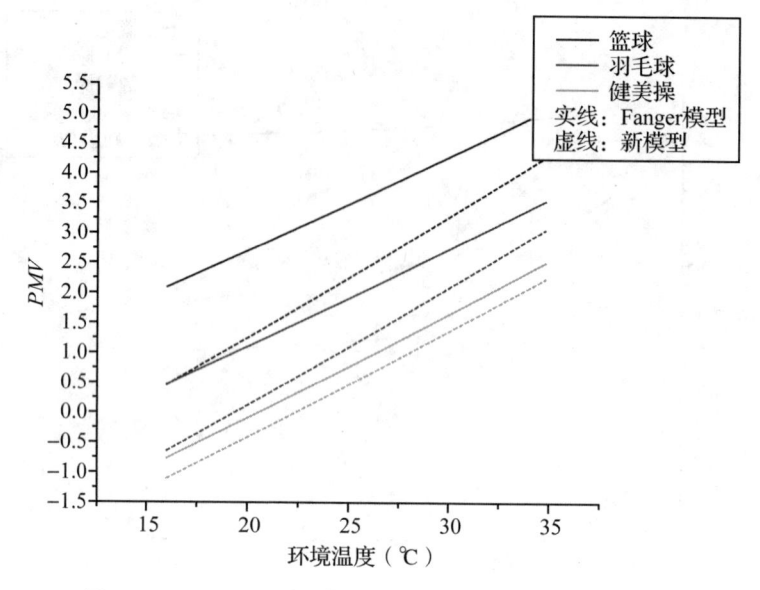

图 9-8(C)　不同运动项目中热感觉随环境温度的变化对比

上图显示，两种模型预测不同运动项目中人体热感觉的准确度方面，由于针对体表温度及对流、辐射散热项进行了修改，修改后的新模型计算所得的 PMV 均低于 Fanger 模型的模拟值，与实际测量得出的运动中人体热感觉更为接近。且随着运动强度的增大，两种模型计算所得的 PMV 的差距也随之增大。健美操项目中的新陈代谢率最小，两种模型的计算结果的差距最小，而篮球项目中的新陈代谢率最大，两种模型的计算结果的差距最明显。该成果验证并支持了 Fanger 模型提出的中低身体活动水平运动的观点，而新模型预测大强度运动中人体热感觉更加准确。

从目前的研究成果来看，对于热环境如何影响运动中人体热感觉的研究相对较少。研究发现，每 4~5℃ 的环境温度变化将引起 PMV 约 1 的变化，在一定范围内风速每增加 0.2m/s 可引起 PMV 约 0.6 的变化，但在风速超过一定阈值后，对 PMV 的影响越来越小，相对湿度每增加 20% 可引起 PMV 约 0.2 的变化，这表明三种热环境因素中温度对人体热感觉的影响最大，其次是风速，相对湿度的影响最小。这也验证了肯尼等人的研究结果。因此，本研究建立的模型能够很好地模拟和反映运动中热环境因素对实际热感觉影响的变化规律。

9.4 热环境对运动中人体能量消耗的影响研究

在体育比赛中热环境发生变化后,人体热感觉的改变是一种主观心理感觉呈现,虽不会对运动中的人体机能造成损伤,但会加剧运动中的能量消耗。我们试图从热量传递的视角,将热环境影响运动人体热感觉的研究方法应用于热环境影响运动人体能量消耗的研究中。

在运动中,人体主要由磷酸原系统、糖酵解系统以及有氧代谢系统提供所需能量。长时间运动主要依靠有氧代谢系统供能,运动时间为 30s 至 2min 的大强度运动中人体主要依靠糖酵解系统供能,在 10s 以内的大强度运动中人体基本上依靠磷酸原系统供能。有关能量消耗的测量方法始终是运动科学领域关注的焦点,目前运动中能量消耗的测量方法以气体法、双标记水法、心率法、加速度计计数法和多项指标法为主。从研究成果和技术发展的精确性、便携性看,只有 Aerosport VO2000、Cosmed K4b2、Cortex MetaMax 3B、SensorMedics VMaxST 以及 Medical Graphics VO2000 几种仪器能满足要求。Cosmed K4b2 是几种仪器中信效度较好的仪器,是由 Cosmed 公司在之前 K2、K4 两代气体测量系统的基础上升级产生的,具有较为丰富的数据和技术支持。以心率为运动中能量消耗的预测指标具有明显的局限性,在原理上缺乏可靠性。由于能量消耗受到周围热环境等外界诸多因素的影响,采用加速度计进行测量同样存在较大缺陷。此外,虽然多项指标法是近年来较为广泛使用的能量消耗测量方法,但是不同的仪器对能量消耗量的测量不够精确。

综上,目前只有基于气体法的能量消耗测量仪器 Cosmed K4b2 在功率自行车、跑步机等有氧系统供能的运动情境下能够精确测量能量消耗,但在无氧系统供能的运动情境下还没有一种有效的测量方法。因此,本研究在运动人体热感觉模型的基础上,建立反问题模型,利用 Matlab 软件中的 solve 函数生成能量消耗模型,并与实际运动情境下测得的能量消耗量相比较,分析热环境因素影响运动中人体能量消耗量的变化规律,为更多运动情境下人体的能量消耗提供一种新的更加便捷、适用的测量方法。

9.4.1 运动中人体能量消耗模型的建立

9.4.1.1 研究目的

建立运动中人体能量消耗模型。

9.4.1.2 研究方法

在新建运动中人体热感觉模型的基础上,建立反问题模型,即将运动人体热感觉模型中人体的新陈代谢率看成未知量,将 PMV 看成已知量,同时利用人体表面穿衣部分的传热方程:从皮肤表面到服装外表面的热流等于服装外表面的对流和辐射换热的总和。之后利用 Matlab 软件中的 solve 函数对上面两个方程进行编程,进而建立运动中人体能量消耗模型。

在运动中,环境温度、环境相对湿度、环境风速、运动强度、服装因素共同对人体与周围环境之间的热量传递造成了影响,热量传递遵循人体热平衡原理,即人体单位时间内单位面积上产生的能量等于对流散热、辐射散热、蒸发散热、体表扩散散热、呼吸散热、运动中对外做功失热以及人体热负荷之和。由此可见,热环境通过影响人体某一时刻热量的产生和散失之间的平衡关系,进而导致热负荷的变化,而热负荷进一步决定了人体某一时刻的热感觉。与此同时,热负荷、人体与环境之间传递的热量以及运动中对外做功三者之和即人体此时的能量消耗。由此可以看出,运动中人体热感觉的产生和运动中人体能量消耗的发生机制是相似的,只是表现形式不同。这启示我们用建立运动中人体热感觉模型的方法来建立运动中人体能量消耗模型是可行的。

本研究已建立的运动人体热感觉模型如下:

$$PMV = [0.303\exp(-0.036M/A) + 0.0275] * \{M(1-\eta) \\ - 0.408(1.92t_{sk} - 25.3 - p_a/131.6) - 0.49[M(1-\eta) - 50] \\ - 0.00268 * M(44 - p_a/131.6) - 0.00145 * M(34 - t_a) \\ - 3.91 * 10^{-8}\{0.99\mu[(t_{cl} + 273)^4 - (t_{mr} + 273)^4] \\ + (1-\mu)[(t_{sk} + 273)^4 - (t_{mr} + 273)^4]\} \\ - \alpha_c[1.04 * \mu(t_{cl} - t_a) + (1-\mu)(t_{sk} - t_a)]\} \quad (式8)$$

在运动人体热感觉模型的方程中,只有人体着衣体表面平均温度 t_{cl} 和 M 两个未知数,其余项都可以通过测量计算得出。为了求解 M,需引入着衣体部分的热流方程:从皮肤表面到服装外表面的热流等于服装外表面的对流和辐射换热的总和。如式 9 所示,在此方程中同样也是只有人体着衣体表面平均温度 t_{cl} 和 M 两个未知数,因此两个方程两个未知数可以求解出 t_{cl} 和 M。

$$t_{sk} - t_{cl} = I_{cl}(E_{conv} + E_{rad}) \quad (式9)$$

但由于运动中人体热感觉模型方程为超越方程,因此只能对 M 进行近似的数值求解,即 M 为一个估算值,而非准确值。在 Matlab 软件中,可以利用 solve 函数联合上述两个方程,自动求解出 t_{cl} 和 M。即可在已知热环境参数、实际热感觉的条件下获取此时运动中人体对应的能量消耗量。在 Matlab 软件中输入具体的方程执行语言,即新建立的运动人体能量消耗模型,如式 10 所示。

$$[M, t_d] = solve('PMV = [0.303\exp(-0.036M/A) + 0.0275] *$$
$$\{M(1-\eta) - 0.00306 * (491.4 t_{sk} - 3372 - p_a) - 0.49[M(1-\eta) - 50]$$
$$- 1.7 * 10^{-5} * M * (5867 - p_a) - 0.00145 * M * (34 - t_a) - 3.91 *$$
$$10^{-8}\{0.99\mu[(t_d + 273)^4 - (t_{nr} + 273)^4] + (1-\mu)[(t_{sk} + 273)^4$$
$$- (t_{nr} + 273)^4]\} - a_c[1.04 * \mu(t_{cl} - t_a) + (1-\mu)(t_{sk} - t_a)]\}',$$
$$'t_{sk} - 0.4 * (3.96 * 10^{-8} * 1.05 * (t_{cl} + 273)^4$$
$$+ (t_a + 273)^4) + 1.05 * C * (t_{cl} - t_a)) = t'_{cl}) \quad (式10)$$

9.4.2 运动中人体能量消耗模型的验证

9.4.2.1 实验目的

运用新建的运动中人体能量消耗模型探究在不同热环境、不同运动强度以及不同热感觉运动中的能量消耗量。

9.4.2.2 实验方法

研究以某大学体育专业的 6 名学生为实验对象,年龄为 24.1 ± 0.98 岁,共收集 36 次有效实验运动过程。实验要求:无疾病,运动前 3h 不得饮食,被试均满足实验需要。热环境参数的变化范围为:风速(0.01~0.21m/s),相对湿度(50%~72.5%),温度(14.6~27.9℃)。在实验开始前,告知被试将以每 5min 一次的频率报告热感觉(很冷、比较冷、有点冷、不冷不热、有点热、比较热、很热)。被试佩戴的测量设备为 Cosmed K4b2,并且对身高、体重、年龄、衣着情况等参数进行记录。本研究对运动强度的变化通过跑步机的跑速设定而实现,共设定了 4km/h、5km/h、6km/h 和 7km/h 四种跑速,被试每次运动时在恒定的跑速下进行,其中,在 4km/h、5km/h、6km/h 的跑速下的运动时间为 20min,在 7km/h 的跑速下的运动时间为 15min。在跑步过程中,研究者每隔 5min 记录一次被试的实时热感觉,以及记录下当时的温度、相对湿度及风速。

9.4.2.3 结果分析

(1)新陈代谢率实测值的获取

本研究对每口气的梅脱值取平均数,得到每人每次运动中的平均新陈代谢率。

(2) 新陈代谢率估算值的获取

新陈代谢率的估算值是通过建立的运动中人体能量消耗模型，借助对已知的热环境参数、实际热感觉，机械效率等获得的。

①热环境参数的处理。

研究者在运动中每 5min 对热环境参数进行一次记录，最后取几个时间点的热环境参数的平均值。

②跑步中机械效率的计算。

依据张伯强等人[38]的研究，本实验将跑速为 4km/h 时的机械效率假定为 20%，7km/h 时的机械效率假定为 40%，机械效率随着跑速的增加呈线性增加，由此计算出本实验的跑速 4km/h、5km/h、6km/h、7km/h 下对应的 η 值分别为 20%、26.67%、33.34%、40%。

③实测热感觉的取值。

美国运动医学协会研究指出，在运动 10~20min 时的人体核心温度会达到相对稳定的状态。因此，本实验中我们取每次运动中最后 1 分钟内的实际热感觉，并按照 Fanger 7 级热感觉量表换算成相应的 PMV。

将已获取的热环境参数、实际热感觉、机械效率带入新建的运动中人体能量消耗模型，通过 Matlab 软件中的 solve 函数求解对应的运动中能量消耗估算值(见表 9-11)。

表 9-11 运动中的人体能量消耗模型所需的输入量

姓名	日期	温度(℃)	相对湿度(%)	风速(m/s)	跑速(km/h)	η(%)	PMV
潘某某	3月11日	15.8	55.8	0.12	4	20	1.0
	4月11日	20.9	62.7	0.06	7	40	3.0
	4月20日	23.6	63.6	0.11	4	20	3.0
	5月9日	23.0	63.4	0.10	6	33.34	2.0
	6月9日	27.8	73.9	0.11	5	26.67	3.0
倪某某	3月11日	16.1	56.1	0.08	4	20	2.0
	3月12日	15.8	70.6	0.18	6	33.34	2.0
	3月28日	19.4	51.5	0.01	4	20	2.0
	3月31日	20.4	52.6	0.11	6	33.34	3.0
	5月9日	22.9	61.2	0.09	6	33.34	3.0

续表

姓名	日期	温度(℃)	相对湿度(%)	风速(m/s)	跑速(km/h)	η(%)	PMV
孙某某	3月11日	16.2	56.6	0.05	5	26.67	2.0
	3月12日	15.5	66.4	0.10	6	33.34	3.0
	3月14日	16.9	54.2	0.09	7	40	3.0
冯某某	3月11日	16.1	58.7	0.17	4	20	3.0
	3月12日	15.2	65.6	0.21	5	26.67	3.0
	3月14日	16.6	54.3	0.09	6	33.34	3.0
	3月28日	19.3	50.4	0.01	4	20	3.0
	3月31日	20.7	50.5	0.05	5	26.67	3.0
	4月11日	20.7	62.1	0.04	6	33.34	3.0
	4月20日	23.7	64.7	0.10	5	26.67	3.0
	5月9日	22.7	58.9	0.06	6	33.34	3.0
	5月17日	24.2	54.2	0.06	4	20	2.0
	6月1日	27.9	72.5	0.08	4	20	3.0
	6月9日	27.7	71.8	0.10	5	26.67	3.0
伊某某	3月11日	16.5	59.2	0.12	5	26.67	2.0
	3月12日	15.7	69.4	0.11	6	33.34	3.0
	3月14日	16.5	56.4	0.10	7	40	2.0
	3月28日	19.2	50.0	0.01	4	20	3.0
	4月11日	20.7	62.3	0.14	7	40	3.0
	4月20日	23.7	64.0	0.12	5	26.67	3.0
	5月9日	23.1	62.1	0.07	6	33.34	3.0
	6月9日	27.8	72.8	0.08	5	26.67	2.0
姚某某	3月12日	15.0	70.3	0.12	5	26.67	1.0
	3月14日	14.6	59.2	0.18	6	33.34	1.0
	3月31日	20.4	51.3	0.12	5	26.67	2.0
	4月11日	21.1	59.1	0.07	6	33.34	3.0

(3)运动中人体新陈代谢率的估算值与实测值的比较

以潘某某3月11日的数据为例,将温度15.8℃,相对湿度(55.8%),风速(0.12m/s),跑速(4km/h),机械效率(20%),PMV(1)代入模型,得出人体能量消耗估算值为 5.345METs，采用能量消耗测量仪器 Cosmed K4b2 记录的能量消耗实测值为 8.915METs；通过查表得到在跑速 4km/h 下对应的新陈代谢率值为 3.5METs[40]，表 9-12 比较了被试每次运动中三种方法获得的新陈代谢率值之间的差异性。定义 D^1 为建立的运动中人体能量消耗模型的新陈代谢率模拟值（SMR）与 Cosmed K4b2 新陈代谢率实测值（AMR）之差的绝对值（见式 11），D^2 为根据安斯沃思的体力活动代谢率量表获得的查表值（RMR）与 Cosmed K4b2 新陈代谢率实测值之差的绝对值（见式 12），计算获得不同热环境下每个被试每次运动中的 D^1、D^2，验证两种方法与实测值的偏差是否存在显著差异，并对模拟值与实测值、查表值与实测值分别进行相关分析，如表 9-12、图 9-9、表 9-13 所示。

$$D^1 = |SMR - AMR| \quad\quad (式11)$$
$$D^2 = |RMR - AMR| \quad\quad (式12)$$

表 9-12 不同方法获得的新陈代谢率值之间的比较

姓名	日期	新陈代谢率（METs）				
		实测值	模拟值	查表值	D^1	D^2
潘某某	3月11日	8.915	5.345	3.5	3.57	5.415
	4月11日	13.283	11.759	7.0	1.524	6.283
	4月20日	9.751	7.690	3.5	2.061	6.251
	5月9日	11.282	7.655	5.5	3.627	5.782
	6月9日	10.216	7.759	4.5	2.457	5.716
倪某某	3月11日	8.824	7.121	3.5	1.703	5.324
	3月12日	11.886	10.345	5.5	1.541	6.386
	3月28日	8.676	5.276	3.5	3.4	5.176
	3月31日	10.985	11.190	5.5	0.205	5.485
	5月9日	10.956	10.086	5.5	0.87	5.456
孙某某	3月11日	11.573	7.414	4.5	4.159	7.073
	3月12日	11.718	12.672	5.5	0.954	6.218
	3月14日	13.647	13.862	7.0	0.215	6.647
冯某某	3月11日	9.094	10.052	3.5	0.958	5.594
	3月12日	9.034	11.828	4.5	2.794	4.534
	3月14日	11.865	11.862	5.5	0.003	6.365
	3月28日	7.069	7.345	3.5	0.276	3.569

续表

姓名	日期	新陈代谢率（METs）				
		实测值	模拟值	查表值	D^1	D^2
	3月31日	8.468	9.069	4.5	0.601	3.968
	4月11日	9.956	9.931	5.5	0.025	4.456
	4月20日	9.255	8.776	4.5	0.479	4.755
	5月17日	6.718	5.569	5.5	1.149	1.218
	5月9日	9.501	9.741	3.5	0.24	6.001
	6月1日	7.425	6.603	3.5	0.822	3.925
	6月9日	8.140	7.569	4.5	0.571	3.64
伊某某	3月11日	12.331	8.259	4.5	4.072	7.831
	3月12日	13.100	12.086	5.5	1.014	7.6
	3月14日	13.619	10.914	7.0	2.705	6.619
	3月28日	8.920	7.379	3.5	1.541	5.42
	4月11日	13.341	13.086	7.0	0.255	6.341
	4月20日	10.637	8.966	4.5	1.671	6.137
	5月9日	12.061	9.397	5.5	2.664	6.561
	6月9日	9.975	7.310	4.5	2.665	5.475
姚某某	3月12日	10.816	6.241	4.5	4.575	6.316
	3月14日	11.221	8.069	5.5	3.152	5.721
	3月31日	8.619	7.759	4.5	0.86	4.119
	4月11日	9.633	10.431	5.5	0.798	4.133

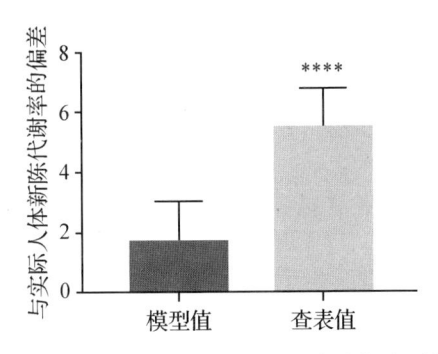

图 9-9 运动中人体新陈代谢率模拟值、查表值与实测值的偏差对比

注：**** 表示 $p < 0.0001$。

表 9-13　运动中人体新陈代谢率模拟值、查表值与实测值的相关性比较

新陈代谢率的获取方法	N	与实测新陈代谢率的相关系数 r
模拟值	36	0.670**
查表值	36	0.747**

注：** 表示 $p<0.01$。

通过对比发现，尽管安斯沃思的研究值与实测值的相关性很高（$r=0.747$，$p<0.01$），但在绝大多数情况下，两者数值之间存在很大差异，实测值远远大于查表值。造成这种现象的原因可能是，安斯沃思得出的新陈代谢率是在温度适宜的热环境条件下得出的，没有考虑周围热环境的变化对运动中人体新陈代谢率的影响。以冯某某 5 月 17 日的数据为例，可以看出，该次运动中的实测新陈代谢率（6.718METs）与查表值（5.5METs）的差值较小。当天热环境参数为温度 24.2℃，相对湿度 54.2%，风速 0.06m/s，此时的温湿度是平常状态下人体处于热中性的热环境区域，这进一步证明了本研究对造成这种现象原因推断的合理性。相比而言，利用运动中人体能量消耗模型估算出的新陈代谢率值与真实值的接近程度显著高于安斯沃思的研究值（$p<0.0001$），且相关性也非常高（$r=0.670$，$p<0.01$）。但不可否认的是，模拟值与实测值之间仍然存在显著偏差，主要原因可能有两点：第一，运动中人体能量消耗模型通过超越方程求解新陈代谢率 M，超越方程本身的属性决定了求解出的 M 只是估算值而并非精确值；第二，不同跑速下的机械效率的计算可能还不够精确。与已有成果相比，新模型预测的准确性较高。

实际上，运动中人体能量消耗的测量和计算问题多年以来悬而未决，已有的运动中人体能量消耗的测量设备和方法都存在各种缺陷，现有的不同运动项目中的能量消耗对应值都是估算值，因此都不精确。本研究建立的运动中人体能量消耗模型尽管得出的也是估算值，但相比于前人的研究，本模型预测运动中人体能量消耗的准确性更佳。

9.4.3　热环境对运动中人体能量消耗影响的分析

9.4.3.1　研究目的

利用运动中人体能量消耗模型探究温度、相对湿度、风速对能量消耗的影响。

9.4.3.2　研究方法

以跑步机运动为例，通过 Matlab 软件对模型编程和计算，利用 Origin 软件对模型计算值绘图，动态分析和模拟不同热环境因素对运动中人体能量消耗的影响。

9.4.3.3 结果分析

(1)对热环境参数引起运动中人体热感觉的变化量进行假设

在利用运动中人体能量消耗模型估算运动中人体的新陈代谢率时,需要明确运动中的热感觉和热环境参数。然而,热环境的变化会引起运动中人体热感觉的变化,因此需要先对热环境参数引起运动中人体热感觉的变化量进行假设。基于上述研究结果,为分析热环境参数引起运动中人体热感觉的变化,提出以下假设。

假设1:温度每提升5℃,PMV升高1。

假设2:相对湿度每提升1%,PMV升高0.01。

假设3:风速对PMV的影响呈非线性变化,具体关系如表9-14所示。

表9-14 PMV随风速变化的变化

风速(m/s)	PMV差值
0.000	0.000
0.010	−0.239
0.020	−0.329
0.380	−0.449
0.050	−0.503
0.070	−0.593
0.090	−0.665
0.100	−0.697
0.130	−0.781
0.150	−0.832

注:以风速0m/s为基准,当风速增加时,PMV随之下降,表格中PMV差值表示该风速下的PMV与0m/s时的PMV的差值。

(2)温度对运动人体新陈代谢率的影响

假定某跑步者的身高为180cm,体重为75kg,服装覆盖率为50%,服装热阻为0.2clo,相对湿度为50%,风速为0.2m/s,模拟随温度变化的人体新陈代谢率的变化如图9-10所示。

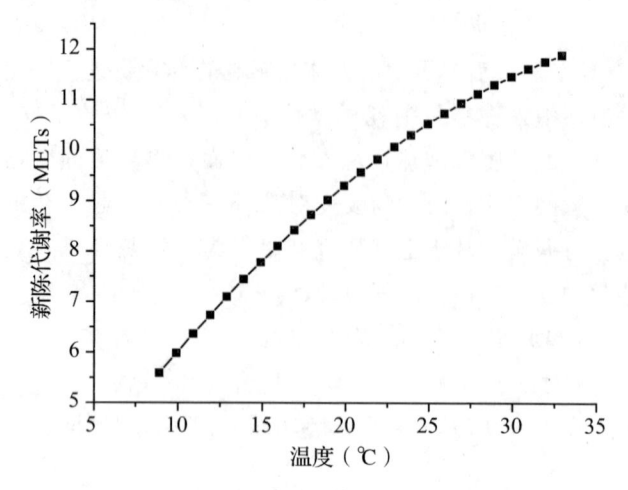

图 9-10 运动中人体新陈代谢率随温度变化的变化

由图 9-10 可知，随着温度的升高，人体对外散热减少，热负荷增加量大于对外散热量，导致人体的新陈代谢率不断上升；随着温度的升高，人体对周围环境的散热量持续减少，因此人体新陈代谢率的增速下降。整体上看，随着温度的升高，人体新陈代谢率大约增加了 5METs。

(3) 环境相对湿度对运动中人体新陈代谢率的影响

假定某跑步者的身高为 180cm，体重为 75kg，服装覆盖率为 50%，服装热阻为 0.2clo，风速为 0.2m/s，温度为 20℃，模拟随相对湿度变化的人体新陈代谢率的变化如图 9-11 所示。

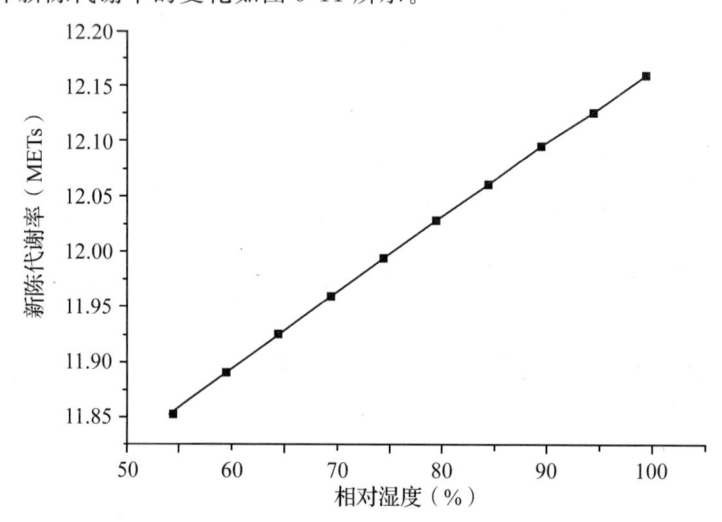

图 9-11 运动中人体新陈代谢率随相对湿度变化的变化

由图 9-11 可知，随着相对湿度的升高，人体通过呼吸潜热和体表扩散的散热量减小，热负荷的增加速度大于呼吸潜热和体表扩散散热的减少速度，导致新陈代谢率上升。整体上看，随着相对湿度的升高，人体新陈代谢率大约增加了 0.5METs。

(4) 风速对运动人体新陈代谢率的影响

假设某跑步者的身高为 180cm，体重为 75kg，服装覆盖率为 50%，服装热阻为 0.2clo，温度为 20℃，相对湿度为 50%，当风速从 0 变化至 0.15m/s 时，模拟随风速变化的人体新陈代谢率的变化如图 9-12 所示。

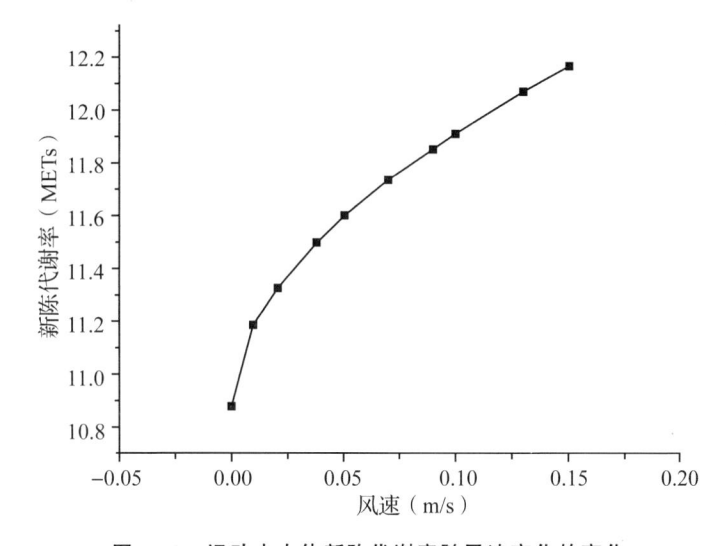

图 9-12 运动中人体新陈代谢率随风速变化的变化

由图 9-12 可知，随着风速的增大，人体与周围环境的对流散热增加，运动中人体新陈代谢率增加；由于对流系数是风速的幂函数，风速在由小增大的过程中对流系数增速降低，导致人体新陈代谢率的增速先快后慢。整体上看，随着风速的增加，运动中人体新陈代谢率大约增加了 1METs。

综上所述，在跑步机运动中，热环境参数中的温度对运动中人体新陈代谢率的影响最大，风速的影响次之，相对湿度的影响最小。

9.5 运动中热环境、热感觉、能量消耗三者的关系

上述研究对热环境影响运动中人体热感觉以及热环境影响运动中人体能量消耗的关系做了系统分析，在此基础上可以系统地梳理运动中热环境、热感觉以及能量消耗三者之间的关系。在运动中，运动强度、服

装热环境、服装因素共同影响人体与周围环境的热量传递。热环境通过影响人体某一时刻热量的产生和散失之间的平衡关系导致热负荷的变化，进一步决定了人体某一时刻的热感觉。热环境同时对运动中人体热感觉和能量消耗产生影响，人体热感觉的产生是热量传递在个体主观感觉上的表现，而人体能量消耗则是热量传递在人体客观生理上的表现。值得注意的是，热感觉本身并不会对运动中的人体机能造成损害，而热环境引起的运动中能量消耗的加剧会对人体机能造成损害。

9.6　研究结论

建立的运动中人体热感觉模型能够在已知热环境参数、运动强度以及人体着装情况的条件下计算出人体产生的热感觉的预测值。在中高强度运动时，新模型的预测准确性显著高于 Fanger 模型；在低强度运动时，新模型对热感觉的预测准确性则显著低于 Fanger 模型。

在运动中，温度、风速、相对湿度都会对 PMV 产生影响，温度每增加 4~5℃，将引起 PMV 约 1 的增加；在一定范围内风速每增加 0.2m/s 可引起 PMV 约 0.6 的降低，但在风速超过一定的阈值后，对 PMV 的影响变小；相对湿度每增加 20% 可引起 PMV 约 0.2 的增加。

建立的运动中人体能量消耗模型能够在已知热环境参数、人体实际热感觉以及人体着装情况的条件下计算出人体对应的新陈代谢率的预测值，可以显著提高估算不同热环境下运动中人体新陈代谢率的准确性。

在运动中，温度、风速和相对湿度对人体新陈代谢率都会产生影响，当温度从 10℃ 变化至 30℃ 时，运动中人体新陈代谢率大约增加了 5METs；风速对运动中人体新陈代谢率的影响次之，当风速从 0m/s 增加至 0.15m/s，运动中人体新陈代谢率大约增加了 1METs；相对湿度从 30% 增加至 90%，运动中人体新陈代谢率大约增加了 0.5METs。热环境同时对运动中人体的热感觉和能量消耗产生影响，表现形式却存在差别，人体热感觉的产生是热量传递在个体主观感觉上的表现，人体能量消耗则是热量传递在人体客观生理上的表现。

参考文献

[1] Tucker, R., Marle, T., Lambert, E. V., et al.: "The rate of heat storage mediates an anticipatory reduction in exercise intensity dur-

ing cycling at a fixed rating of perceived exertion", *The Journal of Physiology*, 2006.

[2]Girard, O., Bishop, D. J., & Racinais, S.: "Hot conditions improve power output during repeated cycling sprints without modifying neuromuscular fatigue characteristics", *European Journal of Applied Physiology*, 2013.

[3]Hosokawa, Y. A.: "Heat stroke in physical activity and sports", *Pensar en Movimiento Revista de Ciencias del Ejercicio y la Salud*, 2014.

[4]徐金成,李爱萍,崔书强等:《高温环境下急性力竭运动对大鼠下丘脑单胺类神经递质的影响》,《中国运动医学杂志》2012年第12期。

[5]Golbabaei, F., Zakerian, S. A., Dehaghi, B. F., et al.: "Heat stress and physical capacity: A case study of semi-professional footballers", *Iranian Journal of Public Health*, 2014.

[6]Siegel, R., Maté, J., Watson, G., et al.: "The influence of ice slurry ingestion on maximal voluntary contraction following exercise-induced hyperthermia", *European Journal of Applied Physiology*, 2011.

[7]Neal, R. A., Corbett, J., Massey, H. C., et al.: "Effect of short-term heat acclimation with permissive dehydration on thermoregulation and temperate exercise performance", *Scandinavian Journal of Medicine & Science in Sports*, 2016.

[8]杨海兰:《运动过程中人体皮肤温度的变化探究》,苏州大学,2014。

[9]刘荣向:《基于新陈代谢率及皮肤温度的人体热舒适实验研究》,青岛理工大学,2010。

[10]Wang, H., & Hu, S.: "Experimental study on thermal sensation of people in moderate activities", *Building and Environment*, 2016.

[11]Laviana, J. E., Ashrae, F. H., Rohles, A., et al.: "Humidity, comfort and contact lenses", *ASHRAE Transactions*, 1988.

[12]Davies, C. T., Brotherhood, J. R., & Zeidifard, E.: "Temperature regulation during severe exercise with some observations on effects of skin wetting", *Journal of Applied Physiology*, 1976.

[13]Noakes, T. D., Myburgh, K. H., Du, P. J., et al.: "Metabolic rate, not percent dehydration, predicts rectal temperature in marathon runners", *Medicine & Science in Sports & Exercise*, 1991.

[14]Maughan, R. J., & Leiper, J. B.: "Fluid replacement requirements in soccer", *Journal of Sports Sciences*, 1994.

[15]Adams, W. C., Mack, G. W., Langhans, G. W., et al.: "Effects of varied air velocity on sweating and evaporative rates during exercise", *Journal of Applied Physiology*, 1992.

[16]Lind, A. R.: "A physiological criterion for setting thermal environmental limits for everyday work", *Journal of Applied Physiology*, 1963.

[17]Nielsen, R., Olesen, B., & W., Fanger, P. O.: "Effect of physical activity and air velocity on the thermal insulation of clothing", *Ergonomics*, 1985.

[18]Pezzoli, A., Cristofori, E., Gozzini, B., et al.: "Analysis of the thermal comfort in cycling athletes", *Procedia Engineering*, 2012.

[19]Vanos, J., Warland, J., Gillespie, T., et al.: "Modelling outdoor thermal comfort of humans performing physical activity: Applications to health and emergency heat stress preparedness", *Human Comfort*, 2011.

[20]Yao, Y., Lian, Z. W., Liu, W. W., et al.: "Experimental study on skin temperature and thermal comfort of the human body in a recumbent posture under uniform thermal environments", *Indoor and Built Environment*, 2007.

[21]高亚萍,肖勇强:《基于运动人体热舒适的体育场馆环境温度参数优化研究》,《中国体育科技》2021年第4期。

[22]Tucker, R., Marle, T., Lambert, E. V., et al.: "The rate of heat storage mediates an anticipatory reduction in exercise intensity during cycling at a fixed rating of perceived exertion", *The Journal of Physiology*, 2006.

[23]Kenny, N. A., Warland, J. S., Brown, R. D., et al.: "Part A: Assessing the performance of the COMFA outdoor thermal comfort model on subjects performing physical activity", *International Journal of Biometeorology*, 2009.

[24]Grice, C., & Murphy, A.: "Reliability of the Aerosport KB1-C ambulatory gas-analysis system", 1998.

[25]King, G., Mclaughlin, J., Howley, E., et al.: "Validation

of Aerosport KB1-C portable metabolic system", *International Journal of Sports Medicine*, 1999.

[26]Lampard, H. A., Nethery, V. M., & D'Acquisto, L.: "Assessment of the Aerosport KB1-C and its associated telemetry system [abstract no. 1597]", *Medicine & Science in Sports & Exercise*, 2000.

[27] Hiilloskorpi, H., Mänttäri, A., Fogelholm, M., et al.: "The comparison between three different respiratory gas-analysers", *Medicine & Science in Sports & Exercise*, 1999.

[28]Hausswirth, C., Bigard, A., Le Chevalier, J.: "The Cosmed K4 telemetry system as an accurate device for oxygen uptake measurements during exercise", *International Journal of Sports Medicine*, 1997.

[29]McLaughlin, J. E., King, G. A., Howley, E. T., et al.: "Assessment of the Cosmed K4b2 portable metabolic system", *Medicine & Science in Sports & Exercise*, 1999.

[30]Doyon, K. H., Perrey, S., Abe, D., et al.: "Field testing of in cross-country skiers with portable breath-by-breath system", *Canadian Journal of Applied Physiology*, 2001.

[31]Parr, B. B., Strath, S. J., Bassett, D. R., et al.: "Validation of the Cosmed K4b2 portable metabolic measurement system", *Medicine & Science in Sports & Exercise*, 2001.

[32]Rabinovich, R. A., Louvaris, Z., Raste, Y., et al.: "Validity of physical activity monitors during daily life in patients with COPD", *European Respiratory Journal*, 2013.

[33]Assah, F. K., Ekelund, U., Brage, S., et al.: "Accuracy and validity of a combined heart rate and motion sensor for the measurement of free-living physical activity energy expenditure in adults in Cameroon", *International Journal of Epidemiology*, 2011.

[34]Jeran, S., Steinbrecher, A., & Pischon, T.: "Prediction of activity-related energy expenditure using accelerometer-derived physical activity under free-living conditions: A systematic review", *International Journal of Obesity*, 2016.

[35]Jakicic, J. M., Marcus, M., Gallagher, K. I., et al.: "Evaluation of the SenseWear Pro Armband to assess energy expenditure during exercise", *Medicine & Science in Sports & Exercise*, 2004.

[36] Colem, P. J., Lemura, L. M., Klinger, T. A., et al.: "Measuring energy expenditure in cardiac patients using the Body Media Armband versus indirect calorimetry: A validation study", *Journal of Sports Medicine & Physical Fitness*, 2004.

[37] Dudley, P., Bassett, D. R., John, D., et al.: "Validity of a multi-sensor armband for estimating energy expenditure during eighteen different activities", *Journal of Obesity & Weight Loss Therapy*, 2012.

[38] 张伯强，严波涛，高新友等：《不同形式最大负荷运动过程中气体代谢、能量代谢及机械效率关系的实验研究》，《西安体育学院学报》2006年第1期。

[39] 周永凯，田永娟：《服装款式特征与服装热阻的关系》，《北京服装学院学报（自然科学版）》2007年第3期。

[40] 徐丹阳：《面料热阻湿阻测量方法的研究》，东华大学，2012。

[41] Ainsworth, B. E., Haskell, W. L., Herrmann, S. D., et al.: "2011 Compendium of Physical Activities: A second update of codes and MET values", *Medicine & Science in Sports & Exercise*, 2011.

[42] Havenith, G., Holmér, I., & Parsons, K.: "Personal factors in thermal comfort assessment: Clothing properties and metabolic heat production", *Energy & Buildings*, 2002.

10 体育锻炼与脑神经机制：
基于瑜伽锻炼对青年女性厌恶情绪的影响研究

情绪是人类特有的心理现象，是个体根据周围环境的变化进行认知评价的心理过程。在集体主义文化中，个体在遭受消极情绪的干扰时多采取控制情绪行为表达的情绪调节策略。长期的消极情绪会导致精神疾病风险的增加，成为心脑血管疾病的诱因。因此，本研究运用心理学测量工具和功能性磁共振成像技术（fMRI），以厌恶情绪为代表，基于磁共振检测环境中情绪的有效诱发和数据预处理的实验结果，探索瑜伽锻炼对青年女性遭受厌恶情绪影响的心理和脑神经反应机制，为青年女性远离消极情绪的干扰推荐有效的体育锻炼方式。

10.1 背景与意义

在当今社会，长期的压抑容易诱发个体不良的心理状态[1]，过度消耗大脑认知资源，扰乱脑神经和自主神经系统的功能状态[2]，成为焦虑、抑郁、冠心病[3]等心身疾病的诱因。由此，塞耶（Thayer）等人[4]通过神经－内脏整合模型阐述了个体遭受消极情绪的干扰时潜在的心理生理机制，即个体遭受消极刺激时诱发的消极情绪会干扰额叶皮层、岛叶、杏仁核等脑组织的功能，加重心血管的工作负担。[5]因此，体育锻炼作为一种非药物疗法能够缓解消极情绪，对其心理生理机制的探究显得尤为重要。有关体育锻炼与情绪的研究主要以体育锻炼产生的积极的心理效益、生理效益、认知效益、脑功能效益为主，关于体育锻炼对消极情绪影响的心理生理机制的研究较少。

瑜伽锻炼融入了调吸、冥想、体式、放松等内容，在促进身心健康方面具有一定的优势。基于此，本研究运用行为学和脑功能成像等检测技术，探索参与瑜伽锻炼的青年女性遭受消极情绪的干扰时的心理状态及其伴随的脑神经激活和脑功能连接机制，为探索瑜伽锻炼对消极情绪影响的心理生理机制提供理论基础，验证瑜伽锻炼对个体远离消极情绪干扰的情绪效益。

10.1.1 理论意义

在锻炼心理学领域，人们已经发现瑜伽锻炼在改善消极情绪方面的积极效益。有学者运用心理测量工具探索相关的心理机制。也有学者运用脑电记录仪和多导生理记录仪,分别探索相关大脑皮层和自主神经系统的电生理机制,而应用 fMRI 技术探索大脑皮层和皮层下相关脑区的神经反应机制的研究较少。从情绪产生的本质来看,脑电和自主神经系统的测量不能探测到情绪反应中枢和杏仁核及丘脑等情绪加工中枢的神经活动,所得的结果有待深入研究。有国外学者运用 fMRI 技术探索了基于瑜伽或太极拳的冥想或正念练习对消极情绪调节影响的心理机制、脑激活及脑功能连接机制,尚缺乏以调吸、冥想、体式、放松术为一体的瑜伽锻炼对消极情绪调节影响的心理生理机制研究。基于此,本研究运用心理学和脑功能成像检测技术,探索参与瑜伽锻炼(如调吸、冥想、体式、放松)者在执行不同情绪任务时的心理状态及相应的脑神经激活和脑功能连接机制,为探索瑜伽与心理健康的关系提供参考。

10.1.2 实践意义

全民健身是践行健康中国、支撑国家经济及社会发展的重要理念。通过科学的体育锻炼提升个体全方位的健康水平,是实现全民健身与全民健康深度融合的重要方式。

在"健康中国 2030"的背景下,探索瑜伽锻炼在个体自然观看消极情绪材料和控制消极情绪表达时的脑神经反应机制,可以从个体对消极情绪社会适应的视角阐述瑜伽锻炼对消极情绪调节的心理生理机制。基于此,本研究模拟个体遭受消极情绪的干扰和控制消极情绪表达的情境,运用相关的心理测量工具和脑功能成像技术,探索瑜伽锻炼是否可以提升个体抵抗消极情绪干扰的能力,为人们远离消极情绪的干扰推荐科学的体育锻炼方式,为健康中国宏伟目标的早日实现提供有力支撑。

10.2 文献回顾

10.2.1 情绪调节概述

心理学中对于情绪的研究由来已久,不同的研究者试图从不同的角度定义情绪。19 世纪末,达尔文(Darwin)认为情绪是一种人体在高级进化阶段中的适应工具。随后,詹姆斯和兰格的情绪外周学说开启了情绪研究的科学之门。在此后的一百年中,人们对情绪的探索取得了巨大成就。特别是 20 世纪 90 年代,随着认知神经科学的崛起和发展,人们对情绪本质有了突破性认识。回顾近些年的研究发现,学者对情绪概念的界定虽然没有统一的定论,但情绪涉及的主观情绪体验、情绪表情、情绪行为以及最为重要的情绪评价是一致的。因此,研究者对情绪做的操作性定义为,个体对所处环境的变化进行适应性认知评价的心理过程,涉及主观情绪体验、客观生理反应、情绪行为表现。

10.2.1.1 情绪调节

从某种意义上讲,情绪具有增强其他心理功能的作用(如记忆、注意、决策),以此提高人体对外界环境的适应能力,但从其对立面来看,情绪不是在任何时候任何情况下都具有积极作用的。当个体的情绪体验与自身的预期目标相违背的时候,情绪反应很可能带来一些负面影响,如损害和谐的人际关系、降低个体的认知加工和执行表现能力。因此,科学的情绪调节对个体的社会性发展十分重要。目前,学界对情绪调节的界定众说纷纭。有学者认为,个体的预期是情绪调节的核心,指出情绪调节是个体根据个人预期与所处情境出现偏差后启动的一种期望改变情境的心理过程。也有学者认为,情绪调节与个人经历触发的无意识情绪调节有关。无论哪种情况出现,有一点是共存的,即情绪发生与情绪调节是交互作用的心理动态过程,心理评价过程是诱发情绪、开启情绪调节的导火索。若想探明情绪与情绪调节的关系,了解相关的脑神经活动机制是有必要的。

10.2.1.2 情绪调节的相关脑区

(1)边缘系统

边缘系统是由大脑皮层的边缘叶及大脑皮层下结构共同组成的环状脑结构,位于大脑半球内侧,包裹着脑干头端,包括杏仁核、扣带回等脑组织(见图 10-1)。

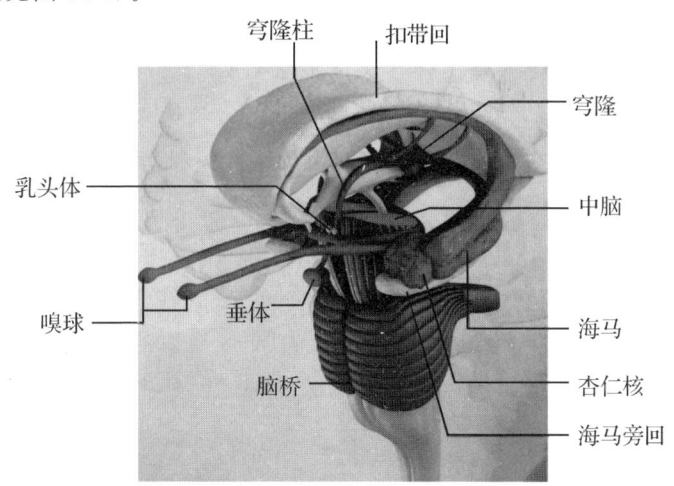

图 10-1 边缘系统示意图

①杏仁核。

杏仁核位于颞叶背内侧和脑室侧下角顶上方,是大脑边缘系统深处的一组神经核团。

近些年,大量研究对杏仁核与情绪产生之间的复杂关系进行了探索,得出了四个发现。第一,杏仁核切除的动物研究模型发现杏仁核只对与恐惧相关的情境刺激有反应;第二,利用脑成像技术的人体研究模型发现杏仁核仅对与恐惧相关的面孔刺激(尤其是只让被试观看瑟瑟发抖的眼睛的图片时)有反应;第三,杏仁核对恐惧刺激(图片、人脸面孔、影音)的反应比例$\geqslant 60\%$,对高兴(图片、人脸面孔、影音)的反应比例$\geqslant 20\%$,对悲伤(图片、人脸面孔、影音)的反应比例$\geqslant 15\%$,对愤怒和厌恶的图片刺激没有反应;第四,杏仁核对面孔类型的情绪刺激都有反应,且无情绪效价之分(情绪类型)。例如,一项 fMRI 研究发现,当个体面对恐惧、厌恶、愤怒、悲伤、高兴的面孔图片时,他们大脑皮层下的杏仁核均有不同程度的信号反应。

②扣带回。

扣带回是人体大脑中的一个独立的脑结构,位于大脑半球内侧壁,紧贴胼胝体。布罗德曼(Brodmann)于 1909 年首次提出了扣带回的概念,发现扣带回包括两个亚区,一个是靠近头颅前端的扣带回前端亚区,另一个是靠近头颅后端的扣带回后端亚区。从神经功能来看,扣带回主要与感觉运动和内分泌控制的情绪活动有关。

(2)大脑皮层下的其他脑区

①纹状体。

纹状体是大脑基底核家族中旧纹状体和新纹状体的总称。旧纹状体主要是指豆状核内部的苍白球,新纹状体主要是指豆状核外侧的壳核和基底核中的尾状核。在哺乳类动物群体中,纹状体多充当次要的神经调控角色,辅助大脑皮层执行运动调节、应激监控等功能。

从纹状体亚区分型来看,它可以分为背侧纹状体和腹侧纹状体两个功能结构。从解剖学划分与神经投射方面来看,背侧尾状核主要负责处理额叶皮层、颞叶皮层、顶叶皮层投射的神经信号;壳核和腹外侧尾状核主要负责处理感觉运动区和皮层神经功能区投射的神经信号。腹侧纹状体与中脑(腹侧)黑质致密区的多巴胺能神经元和中脑腹侧被盖区的 5-羟色胺信号投射密切相关。

②丘脑。

丘脑是间脑功能区中的一个重要神经功能单位,处于大脑两侧半球之间，四周邻近室间孔、上缘、乳头体、侧脑室、中脑等大脑结构。

在大脑皮层不发达的低等动物群体中，丘脑是其感觉信号传导最高级的神经中枢。在大脑皮层高度发达的高等动物群体中，丘脑与纹状体交互作用，是高等动物非条件反射的皮层下神经枢纽，负责感觉信号的分析与综合。

丘脑的功能不局限于感觉信息的中转作用，其最为重要的是对传入的神经信息进行高度整合。这种高度整合涉及两个方面，一是对其他脑组织的神经信息进行加工，二是对大脑皮层处理后返回的神经信息进行再次加工。在丘脑的信息处理功能中，其背内侧核和皮层之间的神经纤维的联系比较重要，它是人类情绪性冲动产生的神经学基础，如果发生损伤，将诱发情绪风格、情绪意识、情绪行为等方面的改变。

（3）大脑皮层

大脑是人脑中最发达的神经结构，大脑皮层是大脑表面的灰质层，聚集了大约140亿个神经细胞体。大脑半球的背外侧有三大解剖边际沟，可以将大脑半球分为四个脑叶，即额叶、顶叶、枕叶、颞叶（见图10-2）。[4]

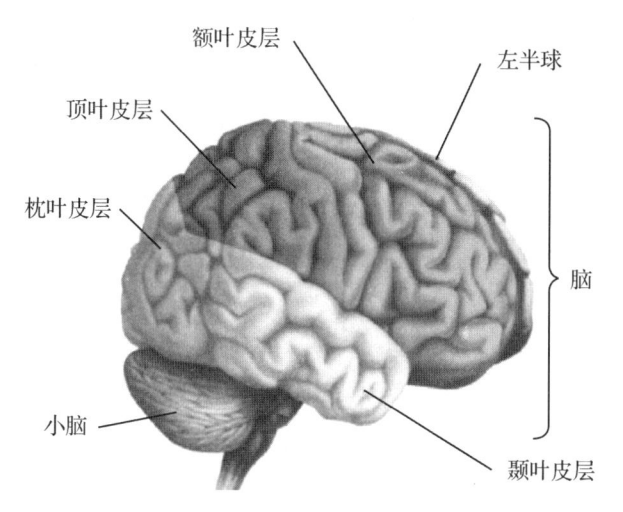

图10-2 大脑皮层分区示意图

① 前额叶。

前额叶是大脑皮层中的重要功能单位，在人类大脑信息的整合、加工等方面发挥着关键作用。前额叶含有大量的神经纤维，与自身及皮层下结构具有密切联系，在情绪信息、感觉信息、运动信息、外周神经信息的加工、整合等方面扮演着"指挥官"的角色。例如，被摘下额叶的动物表现为，与外界信息失去了联系，其行为开始变得毫无目的性。

在情绪研究领域中，前额叶可再分为内侧前额叶、腹外侧前额叶、背外侧前额叶、腹内侧前额叶。也有研究直接陈述功能性磁共振扫描后呈现的额叶名称，如额上回、额中回、额下回。[6]内侧前额叶、腹外侧前额叶、背外侧前额叶在情绪的加工和情绪的调节机制中发挥着关键作用，在人类大脑的工作记忆[7]、社会意识活动、情感调节、压力应对[8]等神经活动中扮演着重要角色。

②岛叶。

岛叶是大脑中的岛叶皮层，也是外侧裂深部最小的脑叶。在解剖学中，人们常将外侧裂的盖部切开来观察岛叶的解剖特征。

从解剖特征来看，岛叶是一个呈三角形的解剖结构，经自身的中央沟分隔为前、后两个岛叶组织。岛叶的前叶向上排列，由三条较短的岛回组成。由于其被额叶、颞叶等大脑皮层包裹，因此对它进行电刺激是十分复杂的。人们只能从临床的外科手术案例中获取岛叶神经功能的相关信息。例如，在为癫痫患者进行手术的过程中，刺激岛叶后部的解剖位置会诱发恶心或呕吐等反应。

在人体复杂的神经信息沟通机制中，岛叶不只在人体的内感性的信息加工作用中发挥着关键作用，也在各种高级认知活动中扮演着重要角色。詹姆斯－兰格情绪学说认为，在人类的情绪加工机制中，大脑皮层的高级认知活动是对人体感受到的内在生理信息的加工与分析。另外，岛叶的结构还参与到情绪的调控机制中。例如，有研究发现，岛叶的前侧解剖结构对人体情绪或心跳的增强或减弱的反应结果比较敏感。[9]

10.2.2 情绪调节模型

10.2.2.1 情绪调节的过程模型

情绪调节的过程模型为人们认识情绪与情绪调节的关系提供了帮助。如图 10-3 所示，格罗斯（Gross）等人[10]提出了情绪调节的过程模型，认为情绪调节涉及情境选择、情境修正、注意分配、认知改变、反应调整五个方面。个体对情绪调节的过程多涉及注意机制和评价机制，前者负责分析情绪内容与自身预期的匹配程度，后者启动人体评价资源改变现有的情绪意义。与情绪调节的过程模型的前四个方面相比，反应调整多发生在个体感受到一定的情绪水平之后，如当个体感受到消极情绪时，为了维护良好的人际关系而刻意控制这种不良情绪的表达。

10.2.2.2 情绪调节的认知控制模型

近些年随着认知神经科学的发展，人们开始借助动物实验和神经信号采集技术，探究情绪的发生和情绪调节过程中的相关生理及神经机制。

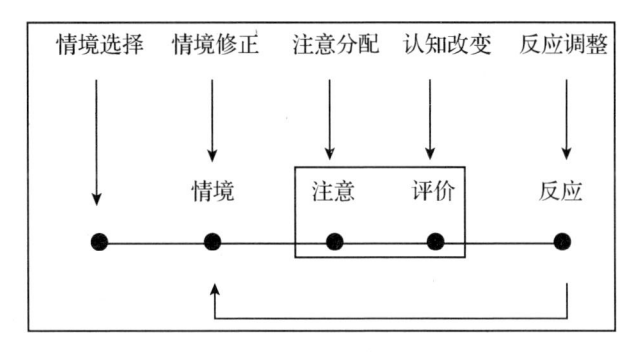

图 10-3　情绪调节的过程模型

奥克斯纳(Ochsner)与格罗斯提出了情绪调节的认知控制模型(见图 10-4)，认为人类的情绪既可以被自下而上的刺激特征触发(见图 10-4a)，也可以通过自上而下的认知过程被唤起(见图 10-4b)，人类情绪更多是自下而上的刺激驱动和自上而下的认知驱动的综合产物(见图 10-4c)。

情绪调节的认知控制模型强调人体的认知功能在情绪加工及其调节过程中的神经生理机制，主要通过自下而上和自上而下的神经机制，解释大脑神经功能在情绪产生与情绪调节之间的内在关系。

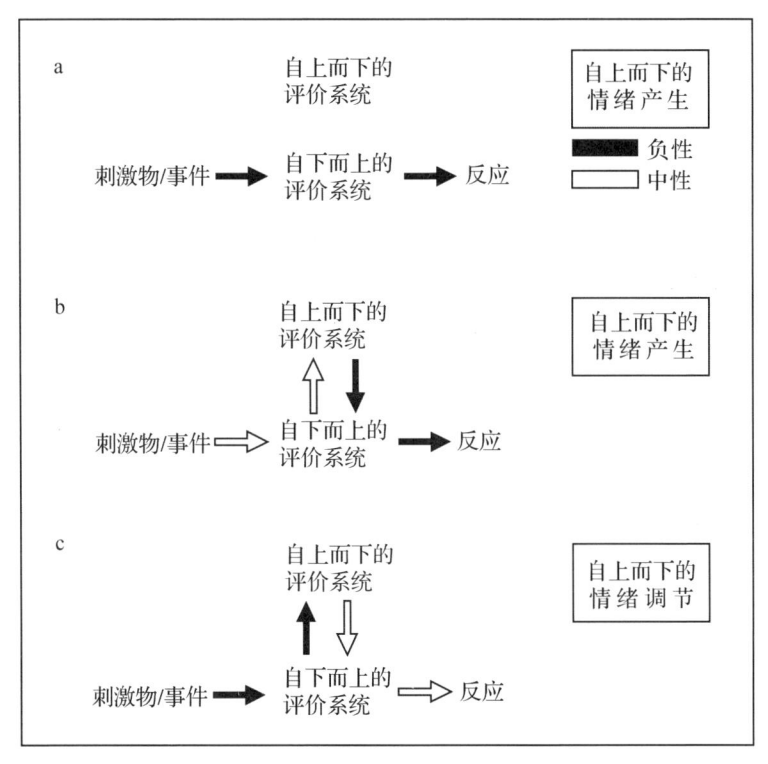

图 10-4　情绪调节的认知控制模型

刺激驱动的情绪涉及杏仁核、丘脑、伏隔核、海马、纹状体等大脑皮层下的脑区。自上而下的情绪机制始于大脑皮层及皮层下的相关脑区，形成与内部预期相一致的神经信息，指导情绪行为。

情绪调节的认知控制模型改变了人们对情绪与认知之间关系的看法，即简单地将认知信号界定在大脑皮层，将情绪表现界定在大脑皮层下的脑区。

10.2.3 消极情绪表达抑制的东西方差异

表达抑制是指个体对将要发生的或正在发生的情绪性行为的抑制。[11]不同的文化价值体系对情绪的构成、体验、表达和管理方式具有不同的影响。[12]西方个人主义者倡导情绪的宣泄或自然表达，而东方集体主义者主张人们遭受消极情绪的干扰时要进行表达抑制，以此维护社会和谐及获得良好的人际关系。

在不同的文化背景下，表达抑制为什么会产生不同的心理体验？研究认为，西方的主流文化思想是积极情绪的最大化和消极情绪的最小化，西方个人主义者倾向于对情绪进行自然表达来满足自我一致性的需求。[13]与西方个人主义文化相比，东方集体主义文化的主流思想是通过对积极情绪体验和消极情绪体验之间的平衡来寻求一种"中庸之道"。人际和谐是东方集体主义文化的核心准则。[14]

10.2.4 瑜伽锻炼与消极情绪调节的关系

瑜伽起源于印度，至今已有几千年的历史，已从古印度时期的一种寻求天人合一的行为或方式逐渐发展为一种促进人们心身健康的锻炼方式。

10.2.4.1 瑜伽锻炼调节消极情绪的心理机制

瑜伽锻炼产生的积极情绪效益多来自主观报告的问卷或量表。研究主体不仅涉及普通人，而且涉及特殊人群。

有研究发现，每周2次、每次1小时、坚持7周的瑜伽锻炼，可以帮助青少年改善焦虑、抑郁状况[15]；每周3次、每次持续1小时、坚持6周的瑜伽锻炼，可以降低青年音乐学习者的赛前焦虑水平，且这种情绪调节效益与其单独表演时的容错率呈正相关；与其他类型的体育锻炼相比，每周6次、每次1小时、坚持8周的瑜伽锻炼，可以明显增强被试的积极情绪体验[16]；每周2次、每次1.5小时、坚持8周的瑜伽锻炼，可以通过改善睡眠、调控情绪，降低女性老年人的焦虑或压力感[17]；每周7天、每天2次、每次1小时、坚持12周的瑜伽锻炼，可以通过增强军人的呼吸调控能力和忍耐能力提高他们的主观幸福感[18]。

研究发现，每周 1 次、每次 1 小时、坚持 10 周的瑜伽锻炼，可以缓解因犯在牢狱中的消极情绪体验；每周 2 次、每次 1 小时、坚持 16 周的瑜伽锻炼，可以缓解妇女的更年期症状[19]；每天自主时间（锻炼时间为上午 5 点至 10 点）坚持 7 天的瑜伽锻炼，可以降低下背疼痛患者的消极情绪体验水平及其并发的焦虑、抑郁程度[20]；对于乳腺癌患者，每周 1 次、每次 75 分钟的瑜伽锻炼，可以增强其睡眠质量和日常生活质量[21]。

从上述研究来看，呼吸、冥想、体式为一体的瑜伽锻炼可以增强自身的情绪调控能力、增强积极情绪体验、缓解疼痛、缓解个体的不良情绪状态。

10.2.4.2 瑜伽锻炼调节消极情绪的自主神经机制

自主神经系统是由传出神经组成且受大脑支配的独立神经系统，具有不受意识支配的自主活动特征，包括交感神经系统和副交感神经系统。当个体面对消极情绪刺激时，交感神经系统和副交感神经系统会不断传出神经冲动，促进机体处于生理应激状态，以此维持机体内环境或心理状态的相对稳定。当个体遭受持续的消极情绪刺激后，交感神经系统与副交感神经系统会处于神经紊乱的状态，即交感神经系统过度兴奋，副交感神经系统被抑制，这将成为诸多心脑血管疾病的诱因。

心率变异性是学界广泛应用的自主神经系统的检测指标，是指心动周期和心脏每搏输出量之间的瞬时的微小变化，包括平均正常 R-R 间期的标准、平均正常 R-R 间期的标准差指数、相邻 R-R 间期差值的均方根、每 5 分钟正常 R-R 间期均值的标准差等指标。研究表明，心率变异性与人体减压反应、身心健康水平呈正相关[22]，与应激水平、消极情绪状态、心血管疾病呈负相关[23]。也有研究表明，不良情绪、不恰当的情绪调节策略会干扰心动周期的神经活动，扰乱自主神经系统正常的生理功能，导致静息心率增高，成为心血管疾病的诱发因素。[24]

现有研究发现，急性瑜伽锻炼和长期规律的瑜伽锻炼，都可以通过调控心率变异性缓解个体的不良心理状态。例如，进行 10 分钟的瑜伽倒立练习，可以减少心率变异性的低频成分；15 分钟的瑜伽锻炼后，久坐办公者的心率变异性频域总功率显著提升，工作压力感明显减弱；每周 3 次、每次 1 小时、坚持 8 周的瑜伽锻炼，可以通过提升心率变异性的高频水平和降低心率变异性的低频水平，改善个体的敌意和愤怒状态[25]；每周 3 次、每次 1 小时、坚持 12 周的瑜伽锻炼，可以作为药物治疗的补偿手段，提升心力衰竭患者心率变异性的高频水平，缓解心血管症状[26]；与其他锻炼项目（游泳）相比，每周6次、每次1小时、坚持12周的瑜伽锻炼，可以改善健康个体的自主神经功能。

综上，以调吸、冥想、体式、放松为一体的瑜伽锻炼能够产生积极的自主神经效益，可以作为临床心血管疾病的潜在干预措施。

10.2.4.3 瑜伽锻炼影响消极情绪的心脑连接机制

对心率变异性的测量可以探究不良的情绪反应对心血管系统的影响程度。随着研究的深入，人们构建的神经内脏整合模型认为，人体的自主神经系统功能受前额叶皮层、大皮层下的脑区、髓质迷走神经之间信号传导机制的支配。近些年，瑜伽锻炼在国内外广为流传。吉普塔（Gupta）等人[27]指出，瑜伽锻炼对自主神经系统的影响机制尚不清楚，但似乎通过迷走神经的双向反馈机制促进前额叶皮层、杏仁核与自主神经系统之间进行信息交换。这种潜在的心脑连接机制在巴拉苏布拉曼尼亚姆（Balasubramaniam）和蒂姆[28][29]看来是情绪刺激作用于相关认知或注意脑区后，向心脏发出指令性信号而实现的。巴拉苏布拉曼尼亚姆认为，瑜伽锻炼能够提升前额叶皮层和大脑皮层下脑区的自我调节能力，促进迷走神经和自主神经系统之间进行信息交换，缓解焦虑、抑郁症状，改善认知、注意、睡眠质量。蒂姆进行了更为深入的研究，结果表明，瑜伽锻炼涉及认知、情绪、行为、自主神经等方面，对个体的生理或情绪应激产生积极的调节作用，通过规律的瑜伽锻炼，个体的双向反馈调节能力将变得更加自主化。功能性磁共振成像的研究支持这一假说，与初级锻炼者相比，经常参与瑜伽锻炼的个体在观看消极情绪图片任务时的背外侧前额叶被激活的阈值明显降低，杏仁核被激活的阈值明显升高。[30]

10.2.5 文献小结

情绪是一种多成分的心理过程，涉及主观情绪体验以及人体自主神经和脑神经反应的调控机制。自提出"双心医疗""心脑同治"后，人们认识到不良情绪的长期压抑带来的风险。因此，心血管疾病的诊断和治疗需要重视情绪的干预手段。

瑜伽锻炼与积极情绪的调节效益密不可分。人们借助心电和脑成像技术发现，瑜伽锻炼诱发积极情绪效益可能存在自主神经与脑神经之间的信号连接机制。神经内脏整合模型已经阐述了大脑神经功能与心脏自主神经之间潜在的神经连接机制，为人们探索瑜伽锻炼诱发的积极情绪调节效益的心脑连接机制提供了理论支撑。

然而，国内外学者的研究多集中在瑜伽锻炼诱发的积极情绪调节效益的心理机制、自主神经机制上，对诱发积极情绪调节效益的脑神经激活和脑功能连接机制的关注较少。如果能采用功能性磁共振成像技术从个体遭受消极情绪刺激和控制消极情绪表达时涉及的心理变化，执行功能的表现，情绪反应脑区、情绪加工脑区、情绪调节脑区的激活差异和功能连接的视角出发，探索瑜伽锻炼对消极情绪调节的心理生理机制，将为个体远离消极情绪的干扰提供有效的体育锻炼方式，也可能为临床探索情绪障碍的有效应对方式提供理论依据。

10.3 瑜伽锻炼调节青年女性厌恶情绪的行为学研究

情绪是人类特有的一种心理现象，是人们应对周围环境变化时产生的一种内心感受。在过去几百年中，无论从何种角度进行探索，行为学研究都是人们探索情绪奥秘的前提。研究表明，个体遭受消极情绪的干扰时产生何种主观体验并不完全依赖刺激内容，还依赖高级认知功能对情绪进行认知评价后做出的应对策略。[11]表达抑制是东方个体维护和谐的人际关系主要采取的情绪调节策略，是指个体体验到消极情绪后控制消极情绪行为的表达，继而在人际交往中隐藏内心真实的情绪感受。大量研究表明，无论是自然表达消极情绪，还是控制消极情绪的表达，个体都将体验到强烈的消极情绪感受。[31]临床证据显示，当个体遭受消极情绪的干扰，尤其是长期压抑的消极情绪得不到有效排解时，极易诱发不良的心理症状，重者将变得焦虑、抑郁。[32]由此可见，为东方个体推荐瑜伽作为有效缓解消极情绪的干预方式显得十分重要。目前，有关瑜伽锻炼产生积极情绪调节效益的研究层出不穷，可以为研究提供指导[33]。

10.3.1 实验目的

从消极情绪对个体主观情绪体验水平、心境状态、执行功能影响的视角出发，探索瑜伽锻炼能否改善青年女性遭受厌恶情绪干扰时的不良心理状态和执行表现，为后续的脑激活差异和脑功能连接机制研究提供有效的情绪研究范式。

10.3.2 实验方法

10.3.2.1 实验被试

研究招募的被试分为三个部分，第一部分是情绪诱发组，第二部分是由普通青年女性组成的普通对照组，第三部分是由瑜伽锻炼女性组成的瑜伽锻炼组。具体参数见表10-1。

表 10-1 被试基本信息一览表($n=72$)

	情绪诱发组	普通对照组	瑜伽锻炼组
人数(人)	20	26	26
年龄(岁)	27.80±2.71	27.81±2.77	27.42±3.59
身高(米)	1.64±0.04	1.65±0.04	1.65±0.04
体重(千克)	60.30±3.79	62.23±4.61	59.88±4.32
身体质量指数	22.23±0.88	22.84±1.29	21.88±0.83
受教育程度(年)	17.85±1.13	17.84±1.46	16.23±2.38
瑜伽锻炼(次/周)	0	0	4.42±1.74

10.3.2.2 实验材料

采用无声影音诱发厌恶情绪的研究范式。无声影音包括可能诱发中性情绪和可能诱发厌恶情绪两个部分。在正式实验开始之前，首先对情绪诱发组被试进行情绪有效性实验。

如表10-2所示，采用水杯图片制作成的无声影音诱发女性个体产生中性情绪；采用清除囊肿和清除中耳炎的手术片段诱发女性个体产生厌恶情绪。对诱发的厌恶情绪感受水平进行 t 检验，发现编号相对应的无声影音片段(如 DV001-DV011、DV002-DV012)之间的情绪效价无显著差异。

表 10-2 情绪诱发的有效性研究参数一览表($n=20$)

编号	目标情绪	无声影音内容	情绪唤起等级
NV001	中性情绪	用水杯图片制作的片段 1	1.10±0.30
NV002	中性情绪	用水杯图片制作的片段 2	1.10±0.30
NV003	中性情绪	用水杯图片制作的片段 3	1.15±0.36
NV004	中性情绪	用水杯图片制作的片段 4	1.10±0.30
NV005	中性情绪	用水杯图片制作的片段 5	1.15±0.36
NV006	中性情绪	用水杯图片制作的片段 6	1.15±0.36
DV001	厌恶情绪	清除囊肿的手术片段 1	3.80±0.45
DV002	厌恶情绪	清除囊肿的手术片段 2	3.95±0.74
DV003	厌恶情绪	清除囊肿的手术片段 3	4.05±0.39
DV004	厌恶情绪	清除囊肿的手术片段 4	3.90±0.88

续表

编号	目标情绪	无声影音内容	情绪唤起等级
DV005	厌恶情绪	清除囊肿的手术片段5	4.15±0.60
DV006	厌恶情绪	清除囊肿的手术片段6	4.05±0.68
DV011	厌恶情绪	清除中耳炎的手术片段1	3.75±0.51
DV012	厌恶情绪	清除中耳炎的手术片段2	3.85±0.68
DV013	厌恶情绪	清除中耳炎的手术片段3	4.00±0.44
DV014	厌恶情绪	清除中耳炎的手术片段4	3.85±0.74
DV015	厌恶情绪	清除中耳炎的手术片段5	4.00±0.68
DV016	厌恶情绪	清除中耳炎的手术片段6	4.10±0.68

注：NV为中性视频，DV为厌恶视频。

10.3.2.3 实验工具

(1)主观情绪体验问卷

主观情绪体验问卷包括被试感受的情绪类型和情绪唤醒水平两个部分。如图10-5所示，情绪类型包括七种，情绪唤醒等级采用李克特5级评分。

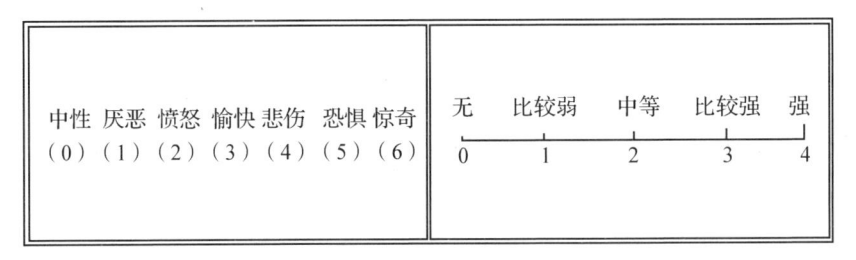

中性 厌恶 愤怒 愉快 悲伤 恐惧 惊奇	无 比较弱 中等 比较强 强
(0) (1) (2) (3) (4) (5) (6)	0　　1　　2　　3　　4

图10-5 主观情绪体验问卷

(2)BFS心境量表

运用BFS心境量表对被试在完成不同情绪任务后的心境状态进行测量。BFS心境量表共包括八个分量表，分别是活跃性量表、愉悦性分量表、思虑性分量表、平静性分量表、愤怒性分量表、激动性分量表、抑郁性分量表、无活力性分量表。

(3)色—词Stroop变式实验

本研究在经典色—词Stroop实验的基础上增加了心理旋转元素模拟生活中复杂的工作情境的部分，以验证瑜伽锻炼可以改善厌恶情绪对青年女性执行表现的不良影响。本研究中的色—词Stroop组件由四个部分组成：①用黑色墨水书写的"红""绿""黄"；②字体旋转(顺时针分别旋转

0°、90°、180°、270°);③背景颜色分别为"红""绿""黄"的色块;④灰色方形框。

实验中采集的数据将以反应时和正确率的形式存储在 E-Prime 软件中。如果被试在实验中的按键与正确按键一致,软件记录为"1",反之则为"0"。

10.3.2.4 实验方案

采用 2(组别)×3(情绪任务)的混合实验设计。

三个情绪任务分别为"自然观看中性情绪材料""自然观看厌恶情绪材料""控制厌恶情绪的表达"任务,实验流程见图 10-6。

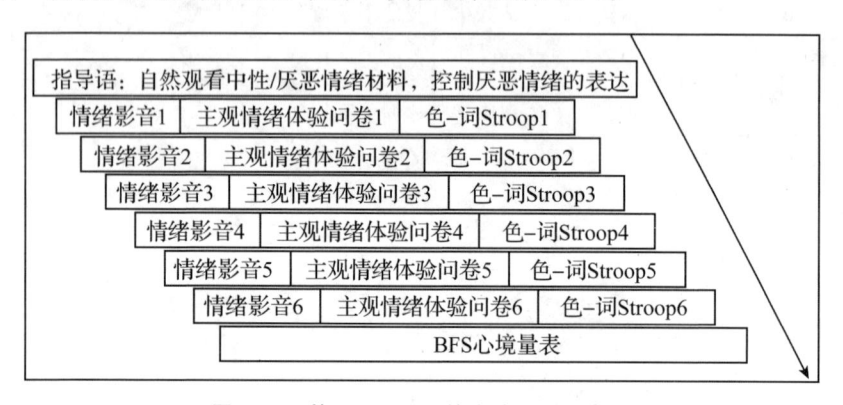

图 10-6 基于 E-Prime 的实验程序示意图

10.3.2.5 实验数据

运用 E-Prime2.0 软件对实验过程中被试主观情绪体验和执行功能的变化以及心境状态变化的数据进行采集。

运用 SPSS 软件对被试的主观情绪体验、心境状态、执行功能进行差异分析。其中,主观情绪体验的组内分析采用配对样本 t 检验,心境状态和执行功能的组内分析采用单因素方差分析,组间分析采用独立样本 t 检验。

10.3.3 研究结果

10.3.3.1 青年女性在不同情境下的主观情绪体验的差异

(1)青年女性在不同情境下的主观情绪体验的组内差异

如表 10-3 所示,本研究运用配对 t 检验对青年女性在不同情境下的主观情绪体验水平进行组内差异分析。结果显示:①与自然观看中性情绪材料相比,普通对照组被试在自然观看厌恶情绪材料和控制厌恶情绪的表达时体验到的厌恶情绪水平明显升高,瑜伽锻炼组被试在自然观看厌恶情绪材料时体验到的厌恶情绪水平升高,在控制厌恶情绪的表达时体验到的厌恶情绪水平不变;②与自然观看厌恶情绪体验相比,瑜伽锻炼组被试在控制厌恶情绪的表达时体验到的厌恶情绪水平明显降低。

表 10-3　青年女性在不同情境下的主观情绪体验的组内差异($n=26$)

普通对照组	$M\pm SD$	t	p
自然观看厌恶情绪材料(WD)－自然观看中性情绪材料(WN)	1.69±0.27	31.97**	0.00
控制厌恶情绪的表达(SD)－自然观看中性情绪材料(WN)	1.71±0.22	38.94**	0.00
自然观看厌恶情绪材料(WD)－控制厌恶情绪的表达(SD)	−0.01±0.40	−0.24	0.80
瑜伽锻炼组	$M\pm SD$	t	p
自然观看厌恶情绪材料(WD)－自然观看中性情绪材料(WN)	1.39±0.18	28.92**	0.00
控制厌恶情绪的表达(SD)－自然观看中性情绪材料(WN)	0.98±0.23	1.83	0.73
自然观看厌恶情绪材料(WD)－控制厌恶情绪的表达(SD)	0.41±0.31	6.59**	0.00

注：* 表示 $p<0.05$，** 表示 $p<0.01$，下同。

(2)青年女性在不同情境下的主观情绪体验的组间差异

如表 10-4 所示，本研究运用独立样本 t 检验对参与瑜伽和没有参与瑜伽的青年女性在自然观看厌恶情绪材料和控制厌恶情绪的表达时的主观情绪体验差异进行了分析。结果显示，与普通对照组被试相比，瑜伽锻炼组被试在自然观看厌恶情绪材料和控制厌恶情绪的表达时的厌恶情绪体验水平明显降低。

表 10-4　青年女性在不同情境下的主观情绪体验的组间差异($n=26$)

组别	$M\pm SD$	t	p
自然观看厌恶情绪材料 普通对照组－瑜伽锻炼组	0.30±0.06	4.69**	0.00
控制厌恶情绪的表达 普通对照组－瑜伽锻炼组	0.73±0.06	11.56**	0.00

这些结果表明，当青年女性遭受厌恶情绪的干扰时，瑜伽锻炼可能有助于她们对厌恶情绪表达的控制，降低厌恶情绪体验水平。

10.3.3.2　青年女性在不同情境下的心境的差异

(1)青年女性在不同情境下的活跃性心境的差异

如表 10-5 所示，与自然观看中性情绪材料相比，普通对照组被试和瑜伽锻炼组被试在自然观看厌恶情绪材料和控制厌恶情绪的表达时的活跃性心境水平均明显降低。

如表10-6所示，瑜伽锻炼组被试和普通对照组被试在自然观看中性情绪材料和自然观看厌恶情绪材料时的活跃性心境水平无明显变化，瑜伽锻炼者比普通对照组被试在控制厌恶情绪的表达时的活跃性心境水平明显升高。结果表明，当青年女性遭受厌恶情绪的干扰时，活跃性心境水平明显降低，一旦被要求控制厌恶情绪的表达时，瑜伽锻炼可能会帮助她们提升活跃性心境水平。

表10-5 青年女性在不同情境下的活跃性心境的组内差异($n=26$)

组别	自然观看中性情绪材料(1)	自然观看厌恶情绪材料(2)	控制厌恶情绪的表达(3)	F	p	Scheffe
普通对照组	7.34±1.26	5.92±1.09	5.53±0.85	20.05**	0.00	1>2** 1>3**
瑜伽锻炼组	7.76±1.03	6.53±1.20	6.80±1.49	6.85**	0.00	1>2** 1>3**

表10-6 青年女性在不同情境下的活跃性心境的组间差异($n=26$)

组别	$M±SD$	t	p
自然观看中性情绪材料 普通对照组－瑜伽锻炼组	－0.42±0.31	－1.32	0.192
自然观看厌恶情绪材料 普通对照组－瑜伽锻炼组	－0.61±0.31	－1.92	0.60
控制厌恶情绪的表达 普通对照组－瑜伽锻炼组	－1.26±0.33	－3.74**	0.00

(2)青年女性在不同情境下的愉悦性心境的差异

如表10-7所示，①与自然观看中性情绪材料相比，普通对照组被试和瑜伽锻炼组被试在自然观看厌恶情绪材料和控制厌恶情绪的表达时的愉悦性心境水平均明显降低。②与自然观看厌恶情绪材料相比，瑜伽锻炼组被试在控制厌恶情绪的表达时的愉悦性心境水平明显升高。

如表10-8所示，与瑜伽锻炼组被试相比，普通对照组被试在自然观看中性情绪材料和自然观看厌恶情绪材料时的愉悦性心境无明显变化，但在控制厌恶情绪的表达时的愉悦性心境水平明显降低。结果表明，青年女性在遭受厌恶情绪的干扰时的愉悦性心境水平明显降低，但被要求控制厌恶情绪的表达时，瑜伽锻炼可能会帮助她们提升愉悦性心境水平。

表 10-7 青年女性在不同情境下的愉悦性心境的组内差异（$n=26$）

组别	自然观看中性情绪材料（1）	自然观看厌恶情绪材料（2）	控制厌恶情绪的表达（3）	F	p	Scheffe
普通对照组	8.57±1.13	6.50±0.98	6.03±0.87	27.03**	0.00	1＞2** 1＞3**
瑜伽锻炼组	8.69±1.78	6.84±0.83	7.69±1.73	9.80**	0.00	1＞2** 3＞2*

表 10-8 青年女性在不同情境下的愉悦性心境的组间差异（$n=26$）

组别	$M±SD$	t	p
自然观看中性情绪材料 普通对照组－瑜伽锻炼组	－0.11±0.41	－0.27	0.78
自然观看厌恶情绪材料 普通对照组－瑜伽锻炼组	－0.34±0.25	－1.36	0.17
控制厌恶情绪的表达 普通对照组－瑜伽锻炼组	－1.92±0.38	－5.05**	0.00

（3）青年女性在不同情境下的思量性心境的差异

如表 10-9 所示，①与自然观看中性情绪材料相比，普通对照组被试在自然观看厌恶情绪材料和控制厌恶情绪的表达时的思量性心境水平明显降低；瑜伽锻炼组被试在自然观看厌恶情绪材料时的思量性心境水平无明显变化，在控制厌恶情绪的表达时的思量性心境水平明显升高。②与自然观看厌恶情绪材料相比，普通对照组被试在控制厌恶情绪的表达时的思量性心境水平明显降低，瑜伽锻炼组被试却明显升高。

如表 10-10 所示，与普通对照组被试相比，瑜伽锻炼组被试在自然观看中性情绪材料时的思量性心境水平无明显变化，在自然观看厌恶情绪材料和控制厌恶情绪的表达时的思量性心境水平明显升高。结果表明，当青年女性遭受厌恶情绪的干扰时，瑜伽锻炼可能通过思量性心理过程帮助青年女性摆脱厌恶情绪的干扰。

表 10-9　青年女性在不同情境下的思量性心境的组内差异($n=26$)

组别	自然观看中性情绪材料(1)	自然观看厌恶情绪材料(2)	控制厌恶情绪的表达(3)	F	p	Scheffe
普通对照组	9.03±1.61	7.15±1.00	6.00±0.84	22.34**	0.00	1＞2** 1＞3**
瑜伽锻炼组	8.57±1.13	8.23±1.21	9.96±1.82	10.76**	0.00	3＞1** 3＞2*

表 10-10　青年女性在不同情境下的思量性心境的组间差异($n=26$)

组别	$M±SD$	t	p
自然观看中性情绪材料 普通对照组－瑜伽锻炼组	0.46±0.38	1.19	0.23
自然观看厌恶情绪材料 普通对照组－瑜伽锻炼组	－1.07±0.30	－3.48**	0.00
控制厌恶情绪的表达 普通对照组－瑜伽锻炼组	－3.96±0.39	－10.05**	0.00

(4)青年女性在不同情境下的平静性心境的差异

如表10-11所示，①与自然观看中性情绪材料相比，普通对照组被试在自然观看厌恶情绪材料和控制厌恶情绪的表达时的平静性心境水平明显降低；瑜伽锻炼组被试在自然观看厌恶情绪材料时的平静性心境水平明显降低，在控制厌恶情绪的表达时的平静性心境水平无显著变化。②与自然观看厌恶情绪材料相比，普通对照组被试在控制厌恶情绪的表达时的平静性心境水平明显降低，但瑜伽锻炼组被试的平静性心境水平明显升高。

如表10-12所示，与普通对照组被试相比，瑜伽锻炼组被试在自然观看中性情绪材料时的平静性心境水平无明显变化，在自然观看厌恶情绪材料时的平静性心境水平明显升高，在控制厌恶情绪的表达时的平静性心境水平明显升高。研究表明，当青年女性遭受厌恶情绪的干扰时，瑜伽锻炼可能会帮助她们成功地控制厌恶情绪的表达，提升平静性心境水平。

表 10-11　青年女性在不同情境下的平静性心境的组内差异($n=26$)

组别	自然观看中性情绪材料(1)	自然观看厌恶情绪材料(2)	控制厌恶情绪的表达(3)	F	p	Scheffe
普通对照组	11.61±2.22	8.11±1.50	5.61±0.75	30.85**	0.00	1＞2** 1＞3** 2＞3**

组别	自然观看中性情绪材料(1)	自然观看厌恶情绪材料(2)	控制厌恶情绪的表达(3)	F	p	Scheffe
瑜伽锻炼组	11.42±1.77	9.57±1.90	12.11±1.72	13.79**	0.00	1＞2** 3＞2*

表 10-12　青年女性在不同情境下的平静性心境的组间差异($n=26$)

组别	$M\pm SD$	t	p
自然观看中性情绪材料 普通对照组－瑜伽锻炼组	0.19±0.55	0.34	0.73
自然观看厌恶情绪材料 普通对照组－瑜伽锻炼组	−1.46±0.47	−3.07**	0.00
控制厌恶情绪的表达 普通对照组－瑜伽锻炼组	−6.50±0.36	−17.58**	0.00

(5)青年女性在不同情境下的愤怒性心境的差异

如表 10-13 所示，与自然观看中性情绪材料相比，普通对照组被试在自然观看厌恶情绪材料和控制厌恶情绪的表达时的愤怒性心境水平无明显变化；瑜伽锻炼组被试在自然观看厌恶情绪材料和控制厌恶情绪的表达时的愤怒性心境水平无明显变化。

如表 10-14 所示，与普通对照组被试相比，瑜伽锻炼组被试在自然观看中性情绪材料、自然观看厌恶情绪材料、控制厌恶情绪表达时的愤怒性心境水平无明显变化。研究表明，青年女性在遭受厌恶情绪的干扰时的愤怒性心境水平无明显变化。

表 10-13　青年女性在不同情境下的愤怒性心境的组内差异($n=26$)

组别	自然观看中性情绪材料(1)	自然观看厌恶情绪材料(2)	控制厌恶情绪的表达(3)	F	p	Scheffe
普通对照组	6.07±0.84	6.26±0.82	6.38±0.57	1.09	0.341	—
瑜伽锻炼组	6.09±0.72	6.23±0.65	6.15±0.61	1.13	0.32	—

表 10-14　青年女性在不同情境下的愤怒性心境的组间差异($n=26$)

组别	$M\pm SD$	t	p
自然观看中性情绪材料 普通对照组－瑜伽锻炼组	0.11±0.21	0.53	0.59

续表

组别	$M\pm SD$	t	p
自然观看厌恶情绪材料 普通对照组－瑜伽锻炼组	0.03±0.20	0.18	0.85
控制厌恶情绪的表达 普通对照组－瑜伽锻炼组	0.23±0.16	1.40	0.16

(6)青年女性在不同情境下的激动性心境的差异

如表 10-15 所示，与自然观看中性情绪材料相比，普通对照组被试在自然观看厌恶情绪材料和控制厌恶情绪的表达时的激动性心境水平无明显变化；瑜伽锻炼组被试在自然观看厌恶情绪材料和控制厌恶情绪的表达时的激动性心境水平无明显变化。

如表 10-16 所示，与普通对照组被试相比，瑜伽锻炼组被试在自然观看中性情绪材料、自然观看厌恶情绪材料、控制厌恶情绪的表达时的激动性心境水平无明显变化。研究表明，青年女性遭受厌恶情绪的干扰时的激动性心境水平无明显变化。

表 10-15　青年女性在不同情境下的激动性心境的组内差异($n=26$)

组别	自然观看 中性情绪 材料(1)	自然观看 厌恶情绪 材料(2)	控制厌恶 情绪的表达 (3)	F	p	Scheffe
普通对照组	7.07±1.44	7.46±1.24	7.30±1.34	0.53	0.58	—
瑜伽锻炼组	6.96±1.39	7.38±1.60	6.96±1.53	0.67	0.51	—

表 10-16　青年女性在不同情境下的激动性心境的组间差异($n=26$)

组别	$M\pm SD$	t	p
自然观看中性情绪材料 普通对照组－瑜伽锻炼组	0.11±0.39	0.29	0.77
自然观看厌恶情绪材料 普通对照组－瑜伽锻炼组	0.07±0.39	0.19	0.84
控制厌恶情绪的表达 普通对照组－瑜伽锻炼组	0.34±0.40	0.86	0.39

(7)青年女性在不同情境下的抑郁性心境的差异

如表 10-17 所示，与自然观看中性情绪材料相比，普通对照组被试在自然观看厌恶情绪材料时的抑郁性心境水平无明显变化，在控制厌恶情绪的表达时的抑郁心境水平明显升高；瑜伽锻炼组被试在自然观看厌恶情绪材料时的抑郁性心境水平无明显变化,在控制厌恶情绪的表达时的抑郁性心境水平无明显变化。与自然观看厌恶情绪材料相比,瑜伽锻炼组被试在控制厌恶情绪的表达时的抑郁性心境水平明显降低。

如表10-18所示,与普通对照组被试相比,瑜伽锻炼组被试在自然观看中性情绪材料和自然观看厌恶情绪材料时的抑郁性心境水平无明显变化,在控制厌恶情绪的表达时的抑郁性心境水平明显降低。结果表明,普通对照组被试控制厌恶情绪的表达会提升抑郁性心境水平。比较而言,瑜伽锻炼能够帮助青年女性成功地控制厌恶情绪的表达,缓解抑郁性心境状态。

表10-17 青年女性在不同情境下的抑郁性心境的组内差异($n=26$)

组别	自然观看中性情绪材料(1)	自然观看厌恶情绪材料(2)	控制厌恶情绪的表达(3)	F	p	Scheffe
普通对照组	6.53±2.10	7.07±1.46	7.88±1.36	4.24**	0.01	3>1*
瑜伽锻炼组	6.46±1.17	7.03±0.99	6.11±0.81	5.57**	0.00	2>3**

表10-18 青年女性在不同情境下的抑郁性心境的组间差异($n=26$)

组别	$M\pm SD$	t	p
自然观看中性情绪材料 普通对照组－瑜伽锻炼组	0.07±0.47	0.16	0.87
自然观看厌恶情绪材料 普通对照组－瑜伽锻炼组	0.03±0.34	0.11	0.91
控制厌恶情绪的表达 普通对照组－瑜伽锻炼组	1.76±0.31	5.66**	0.00

(8)青年女性在不同情境下的无活力性心境的差异

如表10-19所示,与自然观看中性情绪材料相比,普通对照组被试在自然观看厌恶情绪材料和控制厌恶情绪的表达时的无活力性心境水平无明显变化,瑜伽锻炼组被试在自然观看厌恶情绪材料和控制厌恶情绪的表达时的无活力性心境水平无明显变化。

如表10-20所示,与普通对照组被试相比,瑜伽锻炼组被试在自然观看中性情绪材料、自然观看厌恶情绪材料、控制厌恶情绪表达情境中的无活力性心境水平变化不明显。结果表明,当青年女性遭受厌恶情绪的干扰和控制厌恶情绪表达时的无活力性心境水平无明显变化。

表 10-19　青年女性在不同情境下的无活力性心境的组内差异($n=26$)

组别	自然观看中性情绪材料(1)	自然观看厌恶情绪材料(2)	控制厌恶情绪的表达(3)	F	p	Scheffe
普通对照组	7.80±2.22	7.92±2.29	8.15±2.03	0.16	0.84	—
瑜伽锻炼组	7.57±2.04	7.73±1.18	7.84±1.75	0.19	0.74	—

表 10-20　青年女性在不同情境下的无活力性心境的组间差异($n=26$)

组别	$M\pm SD$	t	p
自然观看中性情绪材料 普通对照组－瑜伽锻炼组	0.23±0.59	0.38	0.69
自然观看厌恶情绪材料 普通对照组－瑜伽锻炼组	0.19±0.50	0.37	0.70
控制厌恶情绪的表达 普通对照组－瑜伽锻炼组	0.30±0.52	0.58	0.56

10.3.3.3　青年女性在不同情绪下的执行表现的差异

本研究运用色—词Stroop变式实验，对青年女性在不同情境下的执行表现进行了检测。该实验要求被试对"词义信息"和"颜色信息"进行判断，且在一个试次中，两者一致的总数≥2，按数字键"1"，如果两者一致的总数＜2，按数字键"2"。

(1)青年女性在不同情境下的执行表现中的反应时差异

如表10-21所示，与自然观看中性情绪材料相比，普通对照组被试在自然观看厌恶情绪材料时的反应时明显降低，在控制厌恶情绪的表达时的反应时明显降低；瑜伽锻炼组被试在自然观看厌恶情绪材料时的反应时明显升高，在控制厌恶情绪的表达时的反应时无明显变化；与自然观看厌恶情绪材料相比，普通对照组被试在控制厌恶情绪的表达时的反应时无明显变化，瑜伽锻炼组被试在控制厌恶情绪的表达时的反应时明显降低。

如表10-22所示，与普通对照组被试相比，瑜伽锻炼组被试在自然观看中性情绪材料、自然观看厌恶情绪材料、控制厌恶情绪的表达时的反应时明显增加。结果表明，在执行表现中，瑜伽锻炼组被试做出按键反应的时间明显长于普通对照组被试。

表 10-21　青年女性在不同情境下的反应时的组内差异($n=26$)

组别	自然观看中性情绪材料(1)	自然观看厌恶情绪材料(2)	控制厌恶情绪的表达(3)	F	p	Scheffe
普通对照组	2106.15±284.54	2047.64±270.25	2053.87±246.59	5.12**	0.00	1>2* 1>3*
瑜伽锻炼组	2114.69±382.94	2203.60±346.21	2125.75±306.15	9.32**	0.00	2>1* 2>3**

表 10-22　青年女性在不同情境下的反应时的组间差异($n=26$)

组别	$M±SD$	t	p
自然观看中性情绪材料 普通对照组－瑜伽锻炼组	−238.54±29.36	−8.12**	0.00
自然观看厌恶情绪材料 普通对照组－瑜伽锻炼组	−155.95±27.03	−5.76**	0.00
控制厌恶情绪的表达 普通对照组－瑜伽锻炼组	−78.87±24.19	−3.26**	0.00

(2)青年女性在不同情境下的执行表现的正确率差异

如表 10-23 所示，与自然观看中性情绪材料相比，普通对照组被试在自然观看厌恶情绪材料和控制厌恶情绪的表达时的正确率明显降低；瑜伽锻炼组被试在自然观看厌恶情绪材料时的正确率明显降低，在控制厌恶情绪的表达时的正确率无明显变化；与自然观看厌恶情绪材料相比，普通对照组被试在控制厌恶情绪的表达时的正确率无明显变化，瑜伽锻炼组被试在控制厌恶情绪的表达时的正确率明显升高。

如表 10-24 所示，与普通对照组被试相比，瑜伽锻炼组被试在自然观看中性情绪材料和自然观看厌恶情绪材料时的正确率无显著差异；在控制厌恶情绪的表达时的正确率明显升高。结果表明，厌恶情绪会促使青年女性快速完成执行任务，但执行后果却是正确率明显下降。对此，瑜伽锻炼组被试可以在规定时间内完成执行任务，并具有较高的正确率。

表 10-23　青年女性在不同情境下的正确率的组内差异($n=26$)

组别	自然观看中性情绪材料(1)	自然观看厌恶情绪材料(2)	控制厌恶情绪的表达(3)	F	p	Scheffe
普通对照组	21.54±0.52	19.36±1.20	19.90±1.04	15.09	0.00	1>2** 1>3**
瑜伽锻炼组	21.63±0.50	19.63±1.56	21.81±1.40	9.32	0.00	1>2** 3>2*

表 10-24　青年女性在不同情境下的正确率的组间差异($n=26$)

组别	$M\pm SD$	t	p
自然观看中性情绪材料 普通对照组－瑜伽锻炼组	-0.09 ± 0.21	-0.41	0.68
自然观看厌恶情绪材料 普通对照组－瑜伽锻炼组	-0.27 ± 0.59	-0.45	0.65
控制厌恶情绪的表达 普通对照组－瑜伽锻炼组	-1.90 ± 0.52	-3.62^{**}	0.00

10.3.4　分析讨论

10.3.4.1　瑜伽锻炼对青年女性在不同情境下的主观情绪体验的影响

(1) 厌恶情绪对青年女性主观情绪体验的影响

从情绪主观体验水平来看，东方青年女性大多将自身真实的情绪感受埋藏于内心而非自然表达，以维护和谐的人际关系[34]。对此，本研究设计了两种厌恶情绪任务。结果显示，厌恶情绪材料会导致青年女性的厌恶情绪水平明显升高，此时，尽管她们控制厌恶情绪的表达，但被唤起的厌恶情绪并没有发生明显变化。这说明，尽管东方青年女性从小开始就习惯了控制厌恶情绪的表达[35]，但从本研究的主观情绪体验测量结果来看，唤起的厌恶情绪感受水平并未受到表达抑制的影响。

(2) 瑜伽锻炼对青年女性在厌恶情境下的主观情绪感受的影响

本研究被试执行不同的情绪任务以探究瑜伽锻炼对不良情绪状态的改善作用。结果显示，当青年女性遭受厌恶情绪的干扰时，瑜伽锻炼能够明显地降低她们感受到的厌恶情绪水平。另外，瑜伽锻炼可能会帮助她们成功地控制厌恶情绪的表达，降低已被唤起的厌恶情绪等级。研究表明，瑜伽锻炼能够降低个体对环境刺激的关注程度，使个体将更多的注意资源放在当下，以此远离干扰[36]，缓解不良的情绪状态，甚至降低精神疾病的发病风险。

综上所述，瑜伽锻炼能够有效地降低青年女性遭受厌恶情绪的干扰时的不良情绪体验水平，可能成为东方青年女性应对厌恶情绪的有效方式。

10.3.4.2　瑜伽锻炼对青年女性在不同情境下的心境的影响

(1) 厌恶情绪对青年女性心境的影响

心境是人类特有的一种微弱的、富有渲染色彩的情绪状态，是个体在一段时间内对某些具体事物的特定体验，具有弥散性和渲染性等特征。本研究运用 BFS 心境量表探索青年女性遭受厌恶情绪的干扰时将被诱发的心理状态。结果表明，青年女性遭受厌恶情绪的干扰时的心境状态表现为活跃性、愉悦性、思量性、平静性降低，抑郁性升高。心境是由同一刺激事件在短时间内反复出现或不同刺激在同一时间内持续出现诱发的。对于诱发某种心境的刺激材料而言，诸如电影、音乐、面部表情、天气状况、比赛成绩等材料都可能促使个体产生特定的心境状态。人们在遭受厌恶情绪的干扰时会控制厌恶情绪的表达，降低人体防御系统被冲击的程度。这种情形在东方集体主义文化中倾向于控制厌恶情绪的表达。然而，当个体主动控制厌恶情绪的表达时就不会产生不良的心境状态了吗？从本研究结果来看，当她们感受厌恶情绪且被要求控制厌恶情绪的表达时，她们的心境状态与遭受厌恶情绪刺激时的趋向一致。当个体不经意间遭受厌恶情绪的干扰时，势必会影响她们对厌恶情绪做出决策的效率，导致不恰当的社会行为出现。

因此，东方女性习惯在工作场合控制厌恶情绪的表达，有必要探索一种排解厌恶情绪的干预方式。

(2) 瑜伽锻炼对青年女性在厌恶情境下的心境状态的影响

本研究对青年女性在遭受厌恶情绪的干扰时的心境状态进行了检测。结果显示，女性瑜伽锻炼者在遭受厌恶情绪的干扰时也会产生较低的活跃性和愉悦性心境，但当她们被要求控制厌恶情绪的表达时，其愉悦性心境水平显著升高、抑郁性心境水平显著降低。当然，这种心境变化特征也体现在组间差异上。研究表明，在体式练习中，瑜伽锻炼会促使练习者逐渐进入一种安静祥和的情境中，与此同时，缓慢深长的呼吸节奏可以帮助她们远离生活应激带来的苦恼。当瑜伽锻炼者进行锻炼时，之前遭遇的厌恶情绪可能被本体感受性反馈功能"销毁"，提升人体应对消极情绪干扰的心境稳定性。[37]

综上，瑜伽锻炼能够提高青年女性应对厌恶情绪材料和控制厌恶情绪的表达时的抵抗能力，有效改善厌恶情绪带来的不良心境状态。

10.3.4.3 瑜伽锻炼对青年女性在不同情境下的执行表现的影响

(1) 厌恶情绪对青年女性的执行表现的影响

1935年，美国心理学家斯特鲁普（Stroop）发现，当个体被要求命名某一颜色墨水书写的字意时，会受到颜色信息和词义信息的干扰，而后发展为色—词Stroop实验。

为了探索个体在遭受厌恶情绪的干扰时会诱发何种执行表现，本研究在色—词Stroop实验的基础上增加了心理旋转元素，旨在模拟现实生活中复杂的工作情境。通过对执行表现数据分析发现，普通青年女性遭受厌恶情绪的干扰和控制厌恶情绪的表达时的反应时明显降低,但执行表现的错误率明显升高。由 Stroop 变式实验建构理论可知,刺激背景、刺激数量、刺激规格、刺激一致性是影响 Stroop 效应的四大因素。如果不相关的刺激是醒目的或与相关刺激关系密切,那么个体将启用更多的加工资源才能完成 Stroop 变式实验。表象旋转假说认为,个体在完成心理旋转任务时总是先形成这个刺激物的表象,再将其旋转到直立位置,这种心理运算过程依赖高级认知加工机制。本研究发现了相反的结果,即普通青年女性遭受厌恶情绪的干扰时的色—词 Stroop 表现为牺牲正确率而提高时间效率。这可能说明,普通青年女性在遭受厌恶情绪的干扰时的正常思维模式被破坏,触发急躁性或焦虑性心理状态,影响她们的执行表现。

综上所述,普通青年女性遭受厌恶情绪的干扰时的执行表现为牺牲正确率而缩短执行反应时间,这可能与急躁性或焦虑性心理状态被厌恶情绪诱发所致有关。

(2)瑜伽锻炼对青年女性在厌恶情境下的执行表现的影响

近些年,在体育健身与医疗康复领域中,瑜伽锻炼能够增强意志力、逆转适应不良的应对反应[36],缓解压力和焦虑等心理症状的心身效益得到了国内外的广泛关注。

为了探索瑜伽锻炼能否缓解厌恶情绪对青年女性执行表现的不良影响,本研究以经常参与瑜伽锻炼的青年女性为被试,在不同情境下完成色—词 Stroop 变式实验后发现,在规定时间内,瑜伽锻炼者在遭受厌恶情绪的干扰时的执行反应时间较长,执行错误率较低。与此相比,当她们成功地控制厌恶情绪的表达时的执行反应时明显降低,对应的执行正确率明显提高。研究表明,瑜伽锻炼能够促进练习者形成心—身—脑三位一体的内稳态,增强自我调控能力,增强行为表现能力。[35] 瑜伽锻炼者在遭受厌恶情绪的干扰时不会被诱发强烈的消极情绪,且当她们成功地控制消极情绪表达时不会过度消耗注意资源,确保自身的执行功能免受消极情绪的困扰。

可见,厌恶情绪能诱发普通青年女性急躁的心理状态,导致她们在执行表现中反应急躁、错误率偏高。比较而言,瑜伽锻炼可以帮助女性个体成功地控制厌恶情绪的表达,提高她们在规定时间内完成执行任务的时间效率及对应的正确率。

10.4 瑜伽锻炼影响青年女性厌恶情绪调节的脑激活的差异研究

表达抑制是一种反应关注型的情绪调节策略,是指个体对正在发生的情绪行为进行抑制。虽然这种情绪调节策略可以隐藏消极情绪的面部表情,但其对个体内心的情绪感受无明显影响,甚至存在干扰某些脑区正常神经活动的风险。戈尔丁(Goldin)邀请健康个体对消极情绪进行表达抑制时发现,背外侧前额叶、腹外侧前额叶、腹内侧前额叶、岛叶、杏仁核的信号活跃水平明显增强。弗蒂卡(Vrticka)发现健康个体对悲伤情绪进行表达抑制时,r-PFC 的信号活动水平明显增强,提示大脑正在遭受消极情绪的干扰。[39] 因此,从脑功能变化的角度来看,长期遭受消极情绪的干扰可能会增加情绪障碍的患病风险。

瑜伽锻炼是一种心身锻炼方式。关于瑜伽锻炼与认知功能关系的研究表明,无论是短期还是长期瑜伽锻炼,对提升注意力、处理速度、记忆力等认知功能方面都有显著效果。例如,人们邀请瑜伽练习者观看消极情绪时,发现个体背外侧前额叶的激活水平明显升高,杏仁核、前额叶多个亚区的激活水平明显升高。[40] 尽管这些研究为瑜伽锻炼,尤其是基于瑜伽锻炼的冥想研究提供了理论基础,但人们对瑜伽锻炼与消极情绪调节的脑神经反应机制研究多局限于消极情绪刺激对瑜伽锻炼者脑神经活动的影响,鲜有关于东方瑜伽锻炼者控制消极情绪表达的脑神经活动研究。

10.4.1 实验目的

从消极情绪对个体脑神经激活影响的视角出发,运用 fMRI 技术和 SPM 软件,探索青年女性瑜伽锻炼者对厌恶情绪及其表达抑制影响的脑神经激活机制,为远离消极情绪的干扰推荐有效的锻炼方式。

10.4.2 实验方法

10.4.2.1 实验被试

经过 fMRI 检测后,进入数据处理环节的被试共计 28 人,即控制组 14 人(近两个月内未参加过瑜伽锻炼),瑜伽组 14 人(近两个月经常参加瑜伽锻炼,锻炼频率≥3 次/周,锻炼时间≥90 分钟/次)。

10.4.2.2 实验材料

本研究基于无声影音诱发厌恶情绪,被试在磁共振扫描中完成自然观看中性情绪材料、自然观看厌恶情绪材料、控制厌恶情绪的表达三种情绪任务。

无声影音包括两种类型，一是诱发中性情绪的无声影音，二是诱发厌恶情绪的无声影音。中性情绪影音由多张水杯图片制作而成的视频组成，共 6 段，15 秒/段。厌恶情绪影音来自清除囊肿和清除中耳炎的外科手术剪辑片段，共 12 段，15 秒/段，其中自然观看厌恶情绪材料时播放 6 段，控制厌恶情绪的表达时播放 6 段。

上述的无声影音片段的比特率为 512 kbps。视频剪辑软件为格式工厂 4.1 版本(Format Factory 4.1)。视频制作软件为爱奇视频制作软件 4.7 版本(AiQiSoft 4.7)。在实验中，上述影音片段均采用 E-Prime 2.0 软件呈现在功能性磁共振操作系统中。所有影音均通过了靶情绪诱发的有效性验证。

10.4.2.3 实验工具

(1)主观情绪体验

运用 Office2013 软件，将主观情绪体验问卷[24]制作成分辨率为 1024×768 的图片(bmp 格式)。采用编程的方式，通过 E-Prime 2.0 软件呈现在西门子功能性磁共振成像设备的头部线圈的反光镜中。在任务态磁共振扫描过程中，当被试执行情绪任务后，为其呈现评价情绪唤醒等级的情绪体验问卷。

(2)血氧水平依赖

运用西门子功能性磁共振成像系统(Siemens-3T)对被试执行情绪任务期间的 BOLD 进行追踪。

脑成像数据采集前，先对被试高分辨率的结构像(T1 加权的 3D 成像序列)扫描，大约耗时 7 分钟，扫描一个大脑的重复时间(TR)为 2530 毫秒，与重复时间相对应的回波时间(TE)为 2.98 毫秒，扫描层数为 192 层，每层厚度为 1 毫米，视野范围(FOV)为 256×256 平方毫米，即扫描成为一个 256×256 的矩阵。

高分辨率的结构像扫描后，采用快速平面回波序列获得被试执行实验刺激期间的功能像。在功能成像扫描中，扫描一个大脑的重复时间(TR)为 2000 毫秒，回波时间(TE)为 30 毫秒，翻转角为 90 度，扫描视野(FOV)为 256×256 平方毫米，扫描矩阵为 64×64，每个体素的分辨率为 3.4×3.4×3.0 立方毫米。扫描定位平行于左右半脑的 AC-PC(AC：Anterior Commissure，前联合；PC：Posterior Commissure，后联合)，切片厚度为 3.5 毫米。每个 TR 扫描 33 层(整个大脑被分为 33 层进行扫描)，每个 Run 获取 218 个 Volums，共 3 个 Run，一共获得 654 个 Volumns，即 21582 层脑功能成像。

10.4.2.4 实验方案

实验刺激通过 E-Prime 2.0 软件呈现在功能性磁共振头部线圈上的反光镜中。实验采用 Block 实验设计。如图 10-7 所示，在数据采集过程中：①为被试呈现 2 秒的注视点"＋"；②为被试呈现 5 秒的线索提示（线索 1，请被试自然观看中性情绪材料；线索 2，请被试自然观看厌恶情绪材料，如果感受到了厌恶情绪，请在保持头部不动的情况下做出厌恶情绪的面部表情；线索 3，请被试自然观看厌恶情绪材料，如果感受到了厌恶情绪，请在保持头部不动的情况下控制厌恶情绪面部表情的表达）；③为被试呈现 1 秒的注视点"＋"；④为被试呈现 15 秒的 BV（Base Video 基线刺激影音）；⑤为被试呈现 1 秒的注视点"＋"；⑥为被试呈现 15 秒的情绪影音[情绪影音分为三种类型，EV1（Emotion Video，第一类情绪影音）是为被试呈现中性情绪影音，EV2（Emotion Video 2，第二类情绪影音）是为被试呈现厌恶情绪影音，EV3（Emotion Video 3，第三类情绪影音）是为被试呈现厌恶情绪影音，EV2 和 EV3 唤起的厌恶情绪等级无统计学差异]；⑦为被试呈现 1 秒的注视点"＋"；⑧为被试呈现 6 秒的情绪体验问卷（0 代表无恶心情绪，1 代表有一点恶心，2 代表恶心，3 代表比较恶心，4 代表非常恶心）；⑨为被试呈现 1 秒的注视点"＋"；⑩为被试呈现 5 秒的指导语。

③、④、⑤、⑥为一个 Block，每个 Block 中包括一个 Trial（EV）。①、②、③、④、⑤、⑥、⑦、⑧、⑨为一个 Session，六个 Session 组成一个 Run。因此，本研究中一个 Block 的时间为 32 秒，一个 Session 的时间为 47 秒，一个 Run 的时间为 282 秒。两个 Run 之间休息 8 分钟，整个数据采集包括三个 Run，大约耗时 30 分钟。

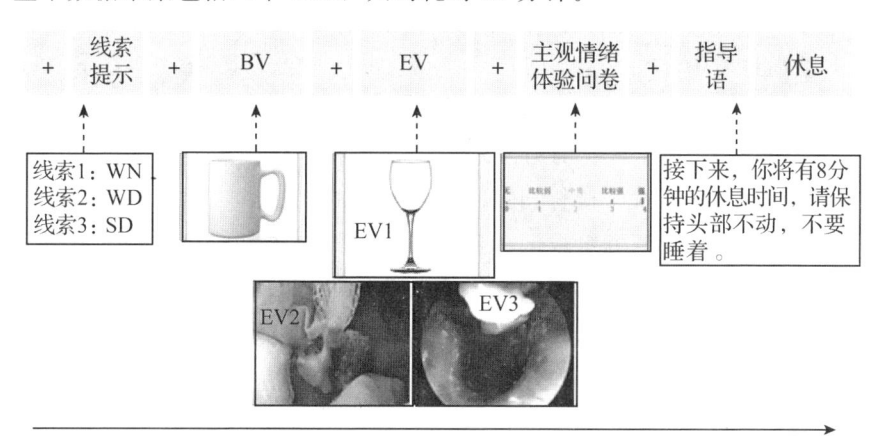

图 10-7 基于 E-Prime 软件的实验编程示意图

10.4.2.5 实验数据

(1)行为数据

运用主观情绪体验问卷对被试在实验过程中的主观情绪体验类型和唤醒水平进行检测。

(2)fMRI 数据

基于 Matlab 平台，运用 SPM 软件对采集的脑功能图像进行预处理。由于 SPM 软件不识别".dcm"文件，因此，在预处理之前，应用 MRI-Convert 软件将采集的脑功能图像转换为".img"".hdr"文件。预处理由 6 个环节构成，分别是：①头动校正(realignment)；②时间校正(time correction)；③配准(coregister)；④分割(segment)；⑤空间标准化(normalization)；⑥平滑(smooth)。

采用 SPSS 软件对被试在任务态 fMRI 扫描过程中诱发的主观情绪体验进行分析，fMRI 数据分析主要通过 SPM 软件、Xjview 软件完成。首先使用 SPM 软件对采集到的脑功能图像进行个体分析和组分析。运用 Xjview 以 FWE＝0.05(cluster size≥5)呈现脑激活差异。

10.4.3 研究结果

在自然观看情绪材料任务中，邀请被试观看无声情绪影音，当她们体验到厌恶情绪时，在保持头部不动的情况下，可以自然表达面部表情。在控制厌恶情绪的表达任务中，邀请被试观看无声情绪影音，但当她们体验到厌恶情绪时，在保持头部不动的情况下，控制厌恶情绪的表达，即不让别人看不到自己脸上的表情。[8]

行为结果来自被试执行不同情绪任务过程中的情绪唤醒等级。情绪唤醒等级分为五种，分别为"无""比较弱""中等""比较强""特别强"，脑区呈现的内容包括脑区定位、峰值、峰值 MNI 坐标、矫正阈值、自由度、激活体素的体积。

10.4.3.1 青年女性在不同情境下的主观情绪体验的差异

如表 10-25 所示，①与自然观看中性情绪材料相比，普通对照组被试在自然观看厌恶情绪材料和控制厌恶情绪的表达时的厌恶情绪体验水平明显升高；瑜伽锻炼组被试在自然观看厌恶的情绪材料时的厌恶情绪体验水平明显升高，在控制厌恶情绪的表达时的厌恶情绪体验水平无明显变化；②与自然观看厌恶情绪材料相比，瑜伽锻炼组被试在控制厌恶情绪的表达时的厌恶情绪体验水平明显降低。

表 10-25　青年女性在不同情境下的主观情绪体验的组内差异($n=14$)

普通对照组	$M \pm SD$	t	p
自然观看厌恶情绪材料—自然观看中性情绪材料	2.87±0.71	15.99**	0.00
控制厌恶情绪的表达—自然观看中性情绪	3.06±0.68	18.01**	0.00
自然观看厌恶情绪材料—控制厌恶情绪的表达材料	−0.18±0.75	−1.00	0.33
瑜伽锻炼组	$M \pm SD$	t	p
自然观看厌恶情绪材料—自然观看中性情绪材料	1.37±1.08	5.05**	0.00
控制厌恶情绪的表达—自然观看中性情绪材料	0.25±0.63	0.68	0.16
自然观看厌恶情绪材料—控制厌恶情绪的表达	1.12±1.14	3.92**	0.00

如表 10-26 所示，与普通对照组被试相比，瑜伽锻炼组被试在自然观看中性情绪材料时的主观情绪体验水平无明显变化，在自然观看厌恶情绪材料和控制厌恶情绪的表达时的厌恶情绪体验水平明显降低。

这些结果表明，青年女性在遭受厌恶情绪的干扰时，瑜伽锻炼可以帮助她们成功地控制厌恶情绪的表达，降低厌恶情绪体验水平。

表 10-26　青年女性在不同情境下的主观情绪体验的组间差异($n=14$)

组别	$M \pm SD$	t	p
自然观看中性情绪材料 普通对照组—瑜伽锻炼组	0.06±0.13	0.47	0.64
自然观看厌恶情绪材料 普通对照组—瑜伽锻炼组	1.56±0.29	5.29	0.00
控制厌恶情绪的表达 普通对照组—瑜伽锻炼组	2.87±0.21	13.58	0.00

10.4.3.2　青年女性在不同情境下的大脑皮层下脑区的激活差异

(1)青年女性在不同情境下的杏仁核的激活差异

如表 10-27 和图 10-8 所示，①与自然观看中性情绪材料相比，普通对照组被试在自然观看厌恶情绪材料时的双侧杏仁核的激活水平明显升高；②在自然观看厌恶情绪材料的情境下，对照组被试双侧杏仁核的激活水平明显高于瑜伽锻炼组被试；③在控制厌恶情绪的表达的情境下，对照组被试双侧杏仁核的激活水平明显高于瑜伽锻炼组被试。

表 10-27　青年女性在不同情境下的杏仁核的激活差异($n=14$)

组别比较	激活脑区	MNI 坐标 x	y	z	t 值/自由度	Max Bold	体素（mm³）
CWD>CWN	杏仁核（左）	−18	0	15	8.50/13	9.44	81
	杏仁核（右）	21	0	15	8.50/13	10.29	135
CWD>YWD	杏仁核（左）	−21	0	15	7.73/26	8.23	135
	杏仁核（右）	21	0	15	7.73/26	8.81	135
CSD>YSD	杏仁核（左）	−21	3	15	6.95/26	8.72	459
	杏仁核（右）	21	0	15	6.95/26	7.26	243

注：所有激活均通过峰值体素水平的 FWE 校正，矫正水平＝0.05（$t \geqslant 6.95$）；所有坐标均为蒙特利尔神经病学研究所（MNI）坐标，纳入体素阈值≥81mm³（3×3mm³）。CWD，Control Watch Disgust，普通对照组被试观看厌恶情绪材料；CWN，Control Watch Neutral，普通对照组被试观看中性情绪材料；CSD，Control Suppress Disgust，普通对照组被试抑制厌恶情绪的表达；YWD，Yoga Watch Disgust，瑜伽锻炼组被试观看厌恶情绪材料；YSD，Yoga Suppress Disgust，瑜伽锻炼组被试抑制厌恶情绪的表达。下同。

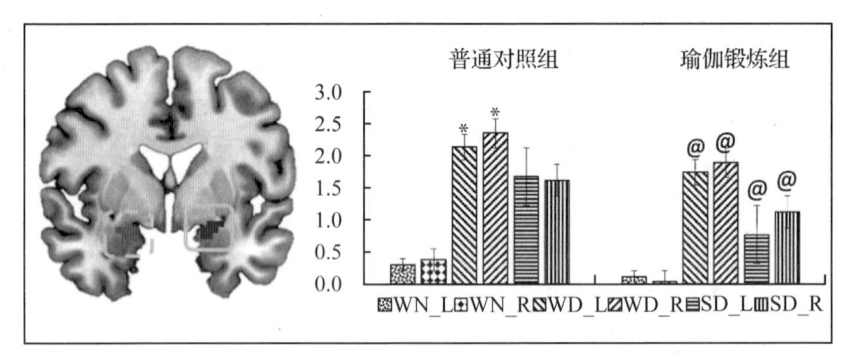

注：L，left，左侧；R，right，右侧；WN，watch neutral，自然观看中性情绪材料；WD，watch disgust，自然观看厌恶情绪材料；SD，suppressed disgust，控制厌恶情绪的表达；* 表示与 WN 相比，具有显著差异，@ 表示组间差异。下同。

图 10-8　青年女性在不同情境下的杏仁核的激活差异示意图

这些结果表明：①在遭受厌恶情绪的干扰时，普通对照组被试的双侧杏仁核的激活水平较高；②当青年女性遭受厌恶情绪的干扰时，瑜伽锻炼可能会降低双侧杏仁核的激活水平；③当青年女性有意控制厌恶情绪的表达时，瑜伽锻炼可能会降低双侧杏仁核的激活水平。

(2)青年女性在不同情境下中部扣带回（MCC）的激活差异

如表 10-28 和图 10-9 所示，①与自然观看中性情绪材料相比，普通对照组被试在自然观看厌恶情绪材料时的左侧 MCC 的激活水平明显升高；在遭受厌恶情绪的干扰时，普通对照组被试双侧 MCC 的激活水平明显高于瑜伽锻炼组被试；②在控制厌恶情绪的表达时，普通对照组被试双侧 MCC 的激活水平明显高于瑜伽锻炼组被试。

表 10-28　青年女性在不同情境下的中部扣带回的激活差异($n=14$)

组别比较	激活脑区	MNI 坐标			t 值/自由度	Max Bold	体素（mm³）
		x	y	z			
CSD＞CWN	扣带回（中左）	12	21	2	8.50/13	8.88	3×27
CWD＞YWD	扣带回（中左）	12	21	9	6.31/26	7.39	6×27
	扣带回（中右）	8	21	2	6.31/26	7.30	4×27
CSD＞YSD	扣带回（中左）	12	21	2	6.30/26	9.27	11×27
	扣带回（中右）	5	21	9	6.31/26	8.51	10×27

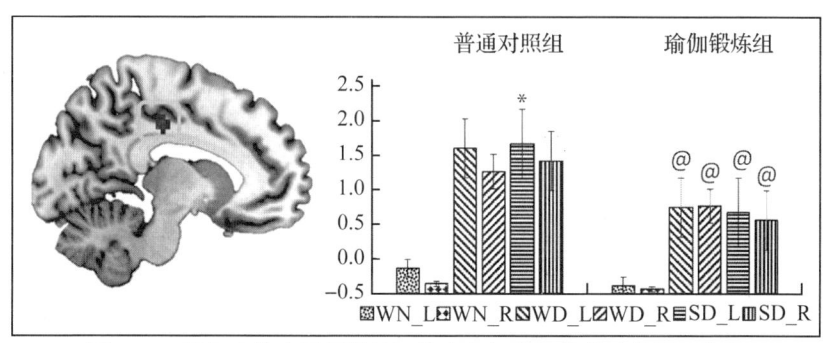

图 10-9　青年女性在不同情境下的中部扣带回的激活差异示意图

结果表明：①在遭受厌恶情绪的干扰时，普通对照组被试的左侧 MCC 的激活水平明显升高；②当青年女性遭受厌恶情绪的干扰时，瑜伽锻炼可能会降低双侧 MCC 的激活水平；③当青年女性有意控制厌恶情绪的表达时，瑜伽锻炼可能会降低双侧 MCC 的激活水平。

（3）青年女性不同情境下丘脑的激活差异

如表 10-29 和图 10-10 所示，①与自然观看中性情绪材料相比，普通对照组被试在自然观看厌恶情绪材料时的双侧丘脑的激活水平明显升高；②与自然观看中性情绪材料相比，普通对照组被试在控制厌恶情绪的表达时的左侧丘脑的激活水平明显升高；③在自然观看厌恶情绪材料时，普通对照组被试双侧丘脑的激活水平明显高于瑜伽锻炼组被试；④在控制厌恶情绪表达时，普通对照组被试双侧丘脑的激活水平明显高于瑜伽锻炼组被试。

表 10-29　青年女性在不同情境下的丘脑的激活差异($n=14$)

组别比较	激活脑区	MNI 坐标 x	MNI 坐标 y	MNI 坐标 z	t 值/自由度	Max Bold	体素(mm^3)
CWD>CWN	丘脑(左)	−18	−21	3	8.50/13	9.61	351
	丘脑(右)	18	−21	6	3.61/13	12.85	2403
CSD>CWN	丘脑(左)	−18	−27	3	6.31/13	19.76	1782
CWD>YWD	丘脑(左)	−6	−12	6	6.31/26	7.82	1377
	丘脑(右)	9	−9	3	6.31/26	8.88	3375
CSD>YSD	丘脑(左)	−9	−18	3	6.31/26	10.11	2295
	丘脑(右)	21	−27	0	6.31/26	9.95	2619

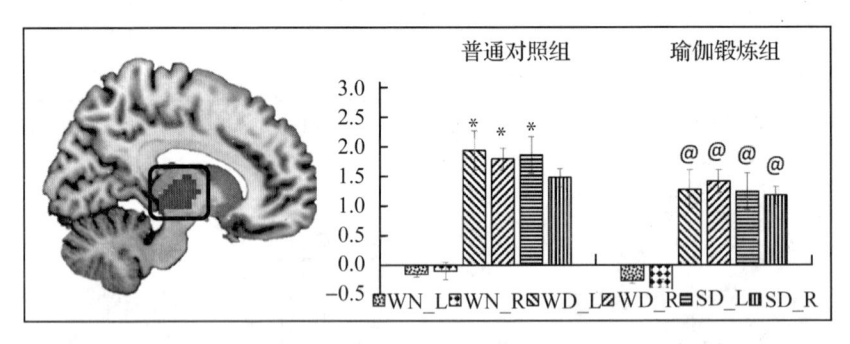

图 10-10　青年女性在不同情境下的丘脑的激活差异示意图

结果表明：①在遭受厌恶情绪的干扰时，普通对照组被试双侧丘脑的激活水平较高；②在控制厌恶情绪的表达时，普通对照组被试左侧丘脑的激活水平较高；③当青年女性遭受厌恶情绪的干扰时，瑜伽锻炼可能会降低双侧丘脑的激活水平；④当青年女性有意控制厌恶情绪的表达时，瑜伽锻炼可能会降低双侧丘脑的激活水平。

(4)青年女性在不同情境下的纹状体的激活差异

如表 10-30 和图 10-11 所示，①与自然观看中性情绪材料相比，普通对照组被试在自然观看厌恶情绪材料时的右侧纹状体的激活水平明显升高；②在自然观看厌恶情绪材料时，瑜伽锻炼组被试的双侧纹状体的激活水平明显低于普通对照组被试；③在控制厌恶情绪的表达时，瑜伽锻炼组被试的双侧纹状体的激活水平明显低于普通对照组被试。结果表明，当普通对照组被试遭受厌恶情绪的干扰和控制厌恶情绪的表达时，瑜伽锻炼可以帮助她们降低纹状体的激活水平。

表 10-30 青年女性在不同情境下的纹状体的激活差异($n=14$)

组别	激活脑区	MNI 坐标			t 值/自然度	Max Bold	体素 (mm^3)
		x	y	z			
CWD>CWN	纹状体(右)	27	−15	−3	8.50/13	10.07	351
CWD>YWD	纹状体(右)	30	9	0	6.31/26	8.55	5238
	纹状体(左)	−15	9	0	6.31/26	9.02	2214
CSD>YSD	纹状体(右)	33	3	−3	6.31/26	6.74	540
	纹状体(左)	−15	6	3	6.31/26	6.78	567

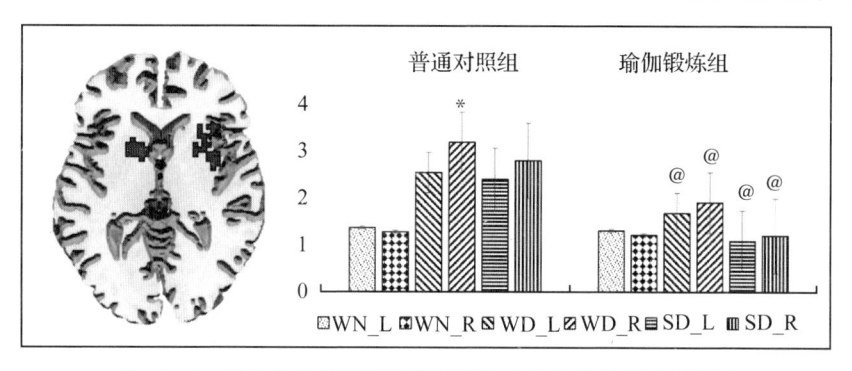

图 10-11 青年女性在不同情境下的纹状体的激活差异示意图

10.4.3.3 青年女性在不同情境下的额叶亚区的激活差异

目前，人们探索情绪产生和情绪调节的脑机制问题时，多以背外侧前额叶(dlPFC)、腹外侧前额叶(vlPFC)、腹内侧前额叶、眶额叶(OFC)的形式呈现结果。因此，本研究基于以往的研究成果，根据布鲁德曼分区定位 dlPFC、vlPFC、OFC(见图 10-12)。

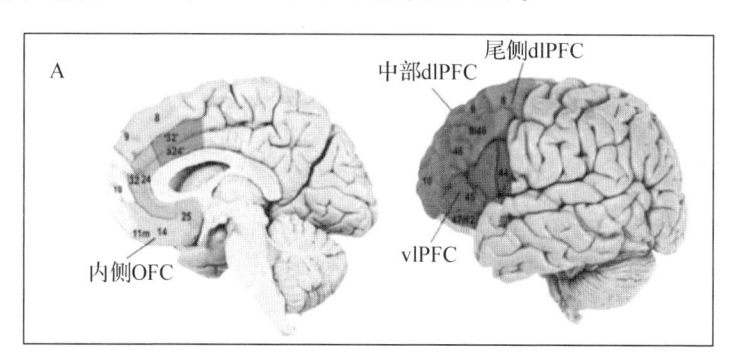

注：OFC，orbital frontal cortex，眶额叶；dlPFC，dorsolateral prefrontal cortex，背外侧前额叶；vlPFC，ventrolateral prefrontal cortex，腹外侧前额叶。

图 10-12 前额叶亚区示意图

(1)青年女性在不同情境下的 vlPFC 的激活差异

如表 10-31 和图 10-13 所示，①与自然观看中性情绪材料相比，普通对照组被试在自然观看厌恶情绪材料和控制厌恶情绪的表达时的右侧 vlPFC 的激活水平明显升高；瑜伽锻炼组被试在自然观看厌恶情绪材料时的右侧 vlPFC 的激活水平明显升高；②与普通对照组被试相比，瑜伽锻炼组被试在自然观看厌恶情绪材料和控制厌恶情绪的表达时的右侧 vlPFC 的激活水平明显降低。

表 10-31　青年女性在不同情境下的 vlPFC 的激活差异（$n=14$）

组别	激活脑区	MNI 坐标 x	y	z	Max Bold	额叶亚区	体素（mm^3）
CWD-CWN	vlPFC_R	57	12	18	12.32	额下回	1404
CSD-CWN	vlPFC_R	54	15	18	10.54	额下回	297
YWD-YWN	vlPFC_R	57	12	18	16.83	额下回	432
CWD-YWD	vlPFC_R	57	9	9	9.77	额下回	2376
CSD-YSD	vlPFC_R	57	27	6	8.49	额下回	1107

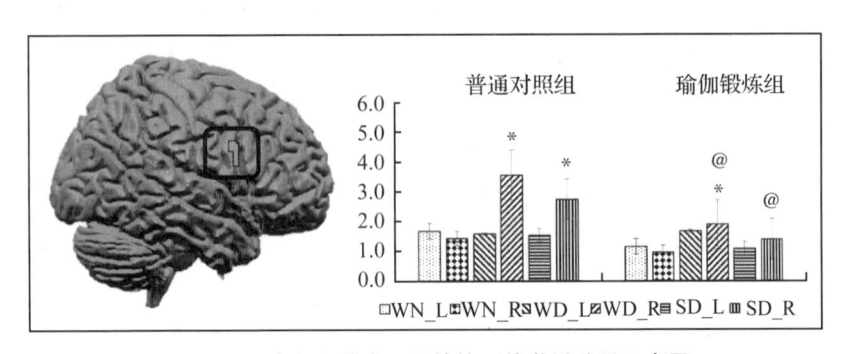

图 10-13　青年女性在不同情境下的激活差异示意图

结果表明，当青年女性遭受厌恶情绪的干扰时，vlPFC 具有明显的信号激活水平。当她们控制厌恶情绪的表达时，瑜伽锻炼可以降低 vlPFC 的激活水平。

(2)青年女性在不同情境下的 dlPFC 的激活差异

如表 10-32 和图 10-14 所示，①与自然观看中性情绪材料相比，普通对照组被试在自然观看厌恶情绪材料时的双侧 dlPFC 的激活水平明显升高，在控制厌恶情绪的表达时的双侧 dlPFC 的激活水平明显升高；②瑜伽锻炼组被试在自然观看厌恶情绪材料时的右侧 dlPFC 的激活水平明显升高；③与普通对照组被试相比，瑜伽锻炼组被试在自然观看厌恶情绪材料和控制厌恶情绪的表达时的双侧 dlPFC 的激活水平明显降低。

表 10-32　青年女性在不同情境下的 dlPFC 的激活差异($n=14$)

组别	激活脑区	MNI 坐标 x	MNI 坐标 y	MNI 坐标 z	Max Bold	额叶亚区	体素（mm³）
CWD-CWN	dlPFC_L	−51	6	39	13.48	额下回	972
	dlPFC_R	54	9	39	12.16	额下回	1944
CSD-CWN	dlPFC_L	−51	6	39	19.17	额中回	1161
	dlPFC_R	60	15	30	13.05	额下回	1458
YWD-YWN	dlPFC_R	48	6	39	11.81	额下回	486
CWD-YWD	dlPFC_L	−45	33	15	9.21	额下回	297
	dlPFC_R	48	6	39	11.46	额下回	4131
CSD-YSD	dlPFC_L	−57	9	36	12.35	额下回	1944
	dlPFC_R	39	3	39	9.60	额中回+额下回	2214

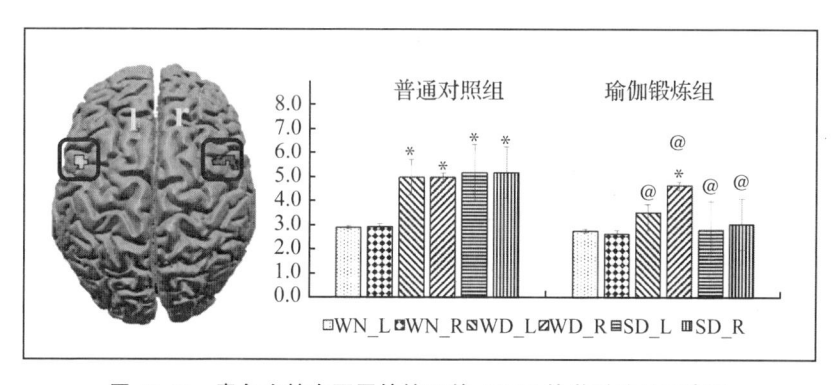

图 10-14　青年女性在不同情境下的 dlPFC 的激活差异示意图

结果表明，当青年女性遭受厌恶情绪的干扰和控制厌恶情绪的表达时，dlPFC 的激活水平明显升高。另外，如果青年女性想控制厌恶情绪的表达，瑜伽锻炼似乎可以降低双侧 dlPFC 的激活水平，帮助她们成功地控制厌恶情绪的表达。

(3) 青年女性在不同情境下的 OFC 的激活差异

如表 10-33 和图 10-15 所示，①与自然观看中性情绪材料相比，所有被试在自然观看厌恶情绪材料和控制厌恶情绪表达时的 OFC 的激活水平无明显变化；②与自然观看厌恶情绪材料相比，所有被试在控制厌恶情绪的表达时的 OFC 的激活水平也无明显变化；③在自然观看厌恶情绪材料和控制厌恶情绪的表达时，瑜伽锻炼组被试的右侧 OFC 的激活水平明显降低。结果表明，当青年女性遭受厌恶情绪的干扰或控制厌恶情绪的表达时，瑜伽锻炼可能通过降低 OFC 的神经活动水平，缓解青年女性遭受厌恶情绪的干扰时的不良心理状态。

表 10-33　青年女性不同情境下的 OFC 的激活差异 ($n=14$)

组别	激活脑区	MNI 坐标 x	y	z	Max Bold	额叶亚区	体素 (mm^3)
CWD-YWD	OFC_R	24	27	−15	7.83	额中回	162
CSD-YSD	OFC_R	27	36	−12	7.50	额中回	162

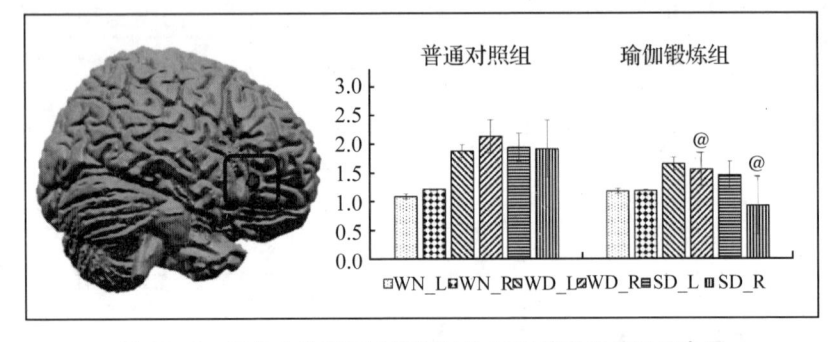

图 10-15　青年女性在不同情境下的 OFC 的激活差异示意图

10.4.3.4　青年女性在不同情境下的岛叶的激活差异

如表 10-34 和图 10-16 所示，①与自然观看中性情绪材料相比，普通对照组被试在自然观看厌恶情绪材料时的双侧岛叶的激活水平明显升高；②与普通对照组被试相比，瑜伽锻炼组被试在遭受厌恶情绪的干扰时的双侧岛叶的激活水平明显降低，在控制厌恶情绪的表达时的双侧岛叶的激活水平也明显降低。

表 10-34　青年女性在不同情境下的岛叶的激活差异 ($n=14$)

组别	激活脑区	MNI 坐标 x	y	z	t 值/自然度	Max Bold	体素 (mm^3)
CWD>CWN	岛叶(左)	−33	0	12	8.50/13	9.24	189
	岛叶(右)	36	0	12	9.79/13	11.01	189
CWD>YWD	岛叶(左)	−33	0	12	9.15/26	9.30	108
	岛叶(右)	33	0	12	9.15/26	10.35	351
CSD>YSD	岛叶(左)	−36	−3	−9	6.71/26	7.77	162
	岛叶(右)	39	−3	−6	7.71/26	8.43	162

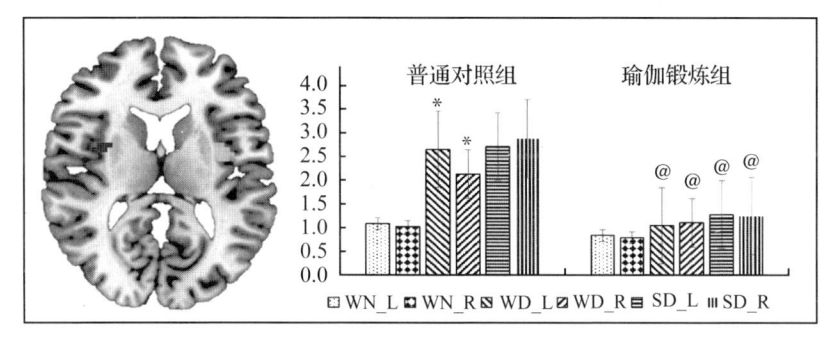

图 10-16　青年女性在不同情境下的岛叶的激活差异示意图

结果表明，普通对照组被试在遭受厌恶情绪的干扰时的岛叶激活水平升高，比较而言，瑜伽锻炼可以降低岛叶对厌恶情绪的反应水平，帮助她们成功地控制厌恶情绪的表达。

10.4.4　分析讨论

10.4.4.1　瑜伽锻炼影响青年女性厌恶情绪调节的大脑皮层下的神经激活机制

（1）瑜伽锻炼影响青年女性厌恶情绪调节的杏仁核反应机制

①厌恶情绪对青年女性杏仁核影响的神经反应机制。

在研究运用 fMRI 技术探究青年女性执行不同情绪任务时发现，与自然观看中性情绪材料相比，青年女性在自然观看厌恶情绪材料时体验到的厌恶情绪体验水平明显升高，其杏仁核更是对饱含厌恶色彩的情绪材料具有明显的信号反应水平。这证实，杏仁核不仅对面孔类型的恐惧情绪或厌恶情绪有强烈的信号反应，而且对影音类型的厌恶情绪也有强烈的信号反应。例如，神经成像研究表明，无论是呈现消极的面孔图片刺激，还是呈现令人反感的影音刺激，fMRI 检测都在杏仁核中发现了强烈的信号反应。[41] 杏仁核是情绪反应过程中重要的脑功能结构，当人体遭受厌恶情绪的干扰并产生反感或恐惧情绪时，杏仁核的信号反应水平大幅度升高。重度抑郁病人典型的临床特征为厌恶情绪的干扰会诱发她们产生强烈且持久的不良心理状态，这一不良心理状态的神经机制在于杏仁核对厌恶情绪的反应过于强烈所致。另外，如果个体经常遭受厌恶情绪的干扰且得不到有效排解的话，势必会诱发脑内的神经信号传导障碍，影响人体的心理及生理的健康水平。因此，在当今充满压力的工作和生活中，探索一种能够缓解杏仁核对厌恶情绪的反应水平的体育锻炼方式显得尤为重要。

②瑜伽锻炼对青年女性厌恶情绪影响的杏仁核反应机制。

近些年,瑜伽锻炼作为一种促进健康的有效干预手段被广泛使用。目前,在美国、英国等西方国家,瑜伽锻炼对厌恶情绪调节的积极效益更是"家喻户晓"。

研究结果显示,与自然观看中性情绪材料相比,瑜伽锻炼组被试在自然观看厌恶情绪材料和控制厌恶情绪的表达时未发现杏仁核中有明显的信号反应;与普通对照组被试相比,瑜伽锻炼组被试在自然观看厌恶情绪材料和控制厌恶情绪的表达时的杏仁核激活水平明显降低。这些结果表明,经常参与瑜伽锻炼的女性的杏仁核对厌恶情绪材料的反应水平远低于近期没有参与瑜伽锻炼的普通女性。有研究发现,当个体遭受厌恶情绪的干扰时,瑜伽锻炼可以降低杏仁核中的脑血流速度和个体体验到的厌恶情绪水平,可以作为人们应对厌恶情绪干扰的有效的情绪调节手段。[40]从研究结果看,未来瑜伽锻炼可能成为抗击厌恶情绪困扰的"运动良药"。

(2)瑜伽锻炼影响青年女性厌恶情绪调节的中部扣带回反应机制

①厌恶情绪对青年女性中部扣带回影响的神经反应机制。

研究结果显示,与自然观看中性情绪材料相比,普通对照组被试在控制厌恶情绪的表达时体验到的厌恶情绪水平明显升高,其中部扣带回的左区有明显的信号反应。这一结果说明,普通对照组被试的中部扣带回的左区对她们控制厌恶情绪的表达有明显的神经反应。

神经成像的研究表明,扣带回的不同功能分区具有刺激类型的特异性,如中部扣带回或前扣带回中部区域对与痛苦相关的情绪具有明显的信号反应。与应对外周刺激的扣带回前部相比,扣带回中部区域更倾向于对复杂的内感受性刺激(强烈的情绪冲动诱发的认知活动)有反应,如涉及个体认知控制、冲突监控、错误察觉、应对选择、行为抑制等高级神经活动参与的内感受性刺激。本研究成果说明,控制厌恶情绪的表达时诱发的强烈的厌恶情绪可能会消耗人体内的感性认知资源,可能会对普通对照组被试的心理及脑健康产生不利影响。

②瑜伽锻炼对青年女性厌恶情绪影响的中部扣带回反应机制。

研究结果显示,控制厌恶情绪的表达会提高普通对照组被试体验到的厌恶情绪水平。这种强烈的厌恶情绪会增加中部扣带回的神经功能负担。

为了探索瑜伽锻炼是否可以缓解青年女性遭受厌恶情绪的干扰时出现的中部扣带回的神经功能负担,本研究在经常参与瑜伽锻炼的青年女性执行不同情绪任务时发现,与近期未参与瑜伽锻炼的被试相比,瑜伽锻炼组被试在自然观看厌恶情绪材料和控制厌恶情绪的表达时的中部扣带回激活水平明显降低。这预示瑜伽锻炼可能会缓解厌恶情绪对青年女性的中部扣带回功能带来的不利影响。

研究表明,表达抑制属于反应关注型的情绪调节策略。当人们遭受厌恶刺激的干扰并对其进行有意控制时,已被诱发的厌恶情绪水平不但不会被降低,反而会增加人体应对厌恶情绪的认知负担。行为学综述发现,瑜伽锻炼可以作为厌恶情绪的有效应对方式,减缓厌恶情绪对个体心身健康的不利影响。fMRI研究发现,经常参与瑜伽锻炼者(每周3～4次,每次≥45分钟,坚持3年)执行厌恶情绪Stroop变式任务时的前扣带回激活水平明显高于中性情绪Stroop变式任务。尽管如此,但鉴于被试的数量少(7名对照者,7名瑜伽锻炼者),磁共振数据矫正水平低(alphasim≤0.05),研究范式不会诱发强烈的厌恶情绪体验等方面的影响,该fMRI研究结果并不能说明瑜伽锻炼在情绪调节的扣带回机制中发挥了何种作用。与此相比,本研究采用了高标准的情绪研究模式(增加被试,提升数据矫正水平,采用无声视频诱发情绪范式),验证了瑜伽锻炼可以缓解厌恶情绪对女性扣带回功能的不利影响。

这一积极的脑功能效益不但可以作为人们应对厌恶的困扰的有效排解措施,也可以作为临床应对精神疾病群体的潜在干预措施。

(3)瑜伽锻炼对青年女性厌恶情绪影响的纹状体反应机制

①厌恶情绪对青年女性纹状体影响的神经反应机制。

近年来在情绪研究领域中,纹状体常以奖赏机制或积极情绪反应机制被人们熟知,如积极情绪、美食奖赏、金钱奖励等。与此相比,纹状体的生物功能有时也会涉及厌恶情绪的感知及后续的行为反应机制。[43]

研究结果显示,普通对照组被试在自然观看厌恶情绪材料时的右侧纹状体的信号反应水平明显升高。有研究基于动机强度理论认为,人体纹状体的激活水平并不完全依赖奖赏相关的刺激内容,而是取决于个体的动机努力程度。在东方集体主义文化背景下,厌恶情绪的自然表达被认为是破坏人际关系和谐的核心要素。结合已有研究成果看,人们对厌恶情绪的压抑并不会降低厌恶情绪的体验水平,更不会介导纹状体(被激活)表征内心的心理预期,反而会为个体应对厌恶情绪的干扰制造麻烦。[44]因此,当青年女性自然表达厌恶情绪时,纹状体的激活表征了个体的心理预期得以实现。这可能说明,青年女性遭受厌恶情绪的干扰时更希望将这种不良的情绪感受表达出来。另外,从脑功能信号反应的角度来看,纹状体似乎可以作为青年女性表征心理预期的脑功能评价指标。

②瑜伽锻炼对青年女性厌恶情绪影响的纹状体反应机制。

本研究通过fMRI技术发现,青年女性在遭受厌恶情绪的干扰并表达面部表情时的右侧纹状体具有明显的信号反应水平。与此相比,青年女性在控制厌恶情绪的表达时只体验到了厌恶情绪状态,并没有触动右侧纹状体的神经功能。这可能说明,对于厌恶情绪而言,人们的心理预期是希望将这种厌恶情绪感受"一吐为快",而并非将这种厌恶情绪感受隐藏在心底。在东方集体主义文化背景下,尽管控制消极情绪的表达不会降低内心的情绪感受水平,但人们为了在工作场合获得和谐的人际关系,似乎已经习惯了将厌恶情绪感受隐藏于内心。对此,降低个体控制厌恶情绪的表达时的纹状体激活水平,可能对维持人体健康的脑功能状态具有积极意义。

为了探索瑜伽锻炼能否帮助青年女性隐藏厌恶情绪感受的同时降低自身的厌恶情绪感受水平,研究设计了自然观看厌恶刺激和控制厌恶情绪的表达的任务。从主观情绪体验水平来看,瑜伽锻炼组被试在遭受厌恶情绪的干扰时体验到的厌恶情绪水平较低。从纹状体的神经反应水平来看,瑜伽锻炼组被试在遭受厌恶情绪的干扰和控制厌恶情绪的表达时的纹状体反应水平明显低于普通对照组被试。

有研究表明,长期进行瑜伽冥想锻炼能够缓解个体的焦虑、抑郁症状,缓解疼痛,提高个体的脑重塑水平。[45]基底神经节是个体躯体意识的神经枢纽,当个体面对躯体性刺激或有害刺激时,来自躯体感觉中枢的预警信号会沿着大脑皮层→纹状体信号传导通路对突如其来的外界刺激进行实时监控,之后将信号传递给迷走神经(非稳态枢纽)。非稳态枢纽对不良的外源性刺激做出接受或忽略的应对决策,指挥躯体肌肉和面部肌肉做出应对反应。[46]由此可见,经常参与瑜伽锻炼的青年女性不会被突如其来的厌恶情绪干扰。

因此,研究认为瑜伽锻炼能够培养个体关注当下、内心祥和的内在品质,强化自身消释厌恶情绪的能力,继而降低纹状体对厌恶情绪的反应水平,促使青年女性在消极的情境中变得更为淡定。

(4)瑜伽锻炼对青年女性厌恶情绪影响的丘脑反应机制

①厌恶情绪对青年女性丘脑影响的神经反应机制。

丘脑在大脑皮层下→大脑皮层之间的信息传导机制中扮演着重要角色。研究表明,丘脑可以介导行为反应的感觉通路、加工大脑皮层投射的神经信息，对行为反应、认知功能、注意负荷等认知行为反应涉及的脑功能机制进行加工和整合，继而调控情绪表情和情绪行为的反应。[47]

在被试执行自然观看厌恶情绪材料和控制厌恶情绪的表达的任务时发现，与自然观看中性情绪材料相比，普通对照组被试在自然观看厌恶情绪材料和控制厌恶情绪的表达时都体验到了明显的厌恶情绪。同时，丘脑神经核团也有强烈的信号反应。研究表明，丘脑神经核团能够介导认知控制需求调控大脑皮层与皮层下神经结构的功能，促使个体根据外界刺激的需求控制肌肉反应及后续的行为表现。我们要求青年女性分别完成自然观看厌恶情绪材料和控制厌恶情绪的表达任务。然而，在上述两种情绪任务中，普通对照组被试不仅体验到了强烈的厌恶情绪，而且丘脑的激活水平变得更加明显。这可能说明，当普通对照组被试遭受厌恶情绪的干扰时，机体将启动更多的注意资源来满足大脑皮层与大脑皮层下的认知控制需求。

因此，从主观情绪体验水平和丘脑神经核团被激活的机制来看，探索一种有效排解厌恶情绪的体育锻炼方式，将为青年女性远离丘脑功能异常诱发的心身疾病提供潜在的非药物干预方式。

②瑜伽锻炼对青年女性厌恶情绪影响的丘脑反应机制。

在日常生活中，一次普通的瑜伽锻炼可能会使个体处于愉悦的心身状态。瑜伽锻炼获得的这一积极情绪调节效益在瑜伽哲学家看来是个体感知自我、接受自我、认清自我的思想源泉。

为探索瑜伽锻炼是否可以缓解厌恶情绪对青年女性丘脑功能的不良影响，本研究对经常参与瑜伽锻炼的青年女性开展了自然观看厌恶情绪材料和控制厌恶情绪的表达任务实验。从主观情绪体验水平来看，瑜伽锻炼组被试在自然观看厌恶情绪材料和控制厌恶情绪的表达时体验到的厌恶情绪水平明显降低。同时，丘脑神经核团的激活水平也有明显下降。这说明瑜伽锻炼能够缓解厌恶情绪对青年女性丘脑功能的不利影响。究其原因，可能与瑜伽锻炼者更多地关注厌恶情绪材料的意义，而不是厌恶情绪材料的内容。瑜伽锻炼诱发的这一积极脑功能效益可以促使丘脑调控的感觉通路处于一种内稳定，减小丘脑与大脑皮层以及大脑皮层下神经结构之间的信息加工负担。[48]

由此可见，瑜伽锻炼可以帮助青年女性摆脱厌恶情绪的干扰，减小厌恶情绪对丘脑功能的不利影响。

10.4.4.2 瑜伽锻炼影响青年女性厌恶情绪调节的额叶亚区神经激活机制

(1)厌恶情绪对青年女性额叶亚区影响的神经反应机制

随着情绪研究的深入,人们从情绪障碍模型中发现,当个体处于焦虑、抑郁状态时,前额叶皮层中某些亚区的神经功能会发生异常变化。

研究结果发现,普通对照组被试在遭受厌恶情绪的干扰时的不良情绪体验水平较高,vlPFC 和 dlPFC 中的信号反应水平较强。已有研究表明,PFC 是人体自我参照的调控者,当个体面对厌恶刺激时,PFC 被激活并向大脑传递警告信号。随后,接收到警告信息的大脑会启动人体的自我监控功能处理这一情绪信息。[49]当人体遭受厌恶情绪的干扰时,vlPFC 和 dlPFC 的神经激活增强,促使人体对情绪刺激的语义、特征进行整合及分析,与自身情绪记忆库进行比对,为个体做出恰当的行为决策提供支持。然而,vlPFC 和 dlPFC 的激活水平并不是越高越好。例如,来自临床的证据显示,两者的激活水平异常升高是抑郁症患者的典型临床症状。[50]

(2)瑜伽锻炼对青年女性厌恶情绪影响的额叶亚区神经反应机制

多数研究者认为瑜伽锻炼的精髓在于冥想产生的积极心理效益,而忽略了伴随冥想和呼吸进行的体式锻炼产生的心身健康效益。在瑜伽锻炼中,个体能够借助冥想将自身的注意力放在当下,远离外界环境中积极或消极刺激的影响。

研究结果显示,瑜伽锻炼组被试在遭受厌恶情绪的干扰时体验到的厌恶情绪水平明显升高,vlPFC 和 dlPFC 的信号反应水平较高。然而,她们被要求控制厌恶情绪的表达时体验到的厌恶情绪水平明显降低,且未见 vlPFC 和 dlPFC 发生明显的神经活动。本研究结果可以证明,当瑜伽锻炼组被试关注厌恶情绪材料的意义时,其内心体验到的不良情绪会明显降低;也可以说明 vlPFC 和 dlPFC 只在青年女性感受到强烈的厌恶情绪时才会被激活。[51]对此,本研究对两组被试在控制厌恶情绪的表达时的激活结果进行了组间分析。结果显示,瑜伽锻炼不但可以帮助青年女性摆脱厌恶情绪的干扰,也可以降低 vlPFC 和 dlPFC 的神经激活水平。由此可见,vlPFC 和 dlPFC 既参与人体对厌恶情绪信息的预警机制,也参与瑜伽锻炼缓解厌恶情绪的情绪调节机制。

综上,研究认为青年女性遭受厌恶情绪的干扰时,vlPFC 和 dlPFC 的激活表明机体已经启动注意资源应对厌恶情绪的干扰。另外,瑜伽锻炼能够赋予练习者"关注当下"的情绪应对理念,促使青年女性的 vlPFC、 dlPFC、OFC 以较小的认知负荷解决厌恶情绪的问题。

10.4.4.3 瑜伽锻炼影响青年女性厌恶情绪调节的岛叶神经激活机制

(1)厌恶情绪对青年女性岛叶影响的神经反应机制

研究结果发现，青年女性在遭受厌恶情绪的干扰时体验到的厌恶情绪水平明显升高，其岛叶的神经活跃程度明显增强。有研究显示，作为情绪加工的脑解剖结构，岛叶不仅与人体主观感受到的消极情绪密切相关，而且对他人体验到的痛苦或反感等消极情绪密切相关。消极情绪诱发的岛叶激活水平明显高于中性情绪。[52]当要求个体将注意力集中在情绪体验时，岛叶的激活程度更加强烈，因而岛叶的激活水平也可以作为情绪调节策略是否有效的脑功能评价指标之一。来自情绪障碍的研究发现，岛叶核团强烈且持续的神经激活状态与焦虑症密切相关。因此，当青年女性控制厌恶情绪的表达未果时，需要采取有效的情绪调节措施应对厌恶情绪的干扰。

(2)瑜伽锻炼对青年女性厌恶情绪影响的岛叶反应机制

作为一种积极的心身锻炼方式，瑜伽在改善心境、缓解抑郁症状等方面取得的效果备受西方研究者的关注。

从主观情绪体验水平来看，瑜伽锻炼组被试在遭受厌恶情绪的干扰时的厌恶情绪水平较高，但在控制厌恶情绪的表达时的厌恶情绪水平较低。fMRI 的分析结果显示，瑜伽锻炼组被试在遭受厌恶情绪的干扰时的右侧岛叶的神经反应水平较高。与普通对照组被试相比，瑜伽锻炼组被试在自然观看厌恶情绪材料和控制厌恶情绪的表达时的双侧岛叶的神经反应水平明显较低。研究表明，岛叶的功能是多方面的，在厌恶情绪的干扰下的激活可能与个体感受到强烈的厌恶情绪有关，也可能与个体投入认知资源应对厌恶情绪刺激有关。[53]已有研究发现，缓慢深长的呼吸方式作为一种缺氧应激，可以促进人体心肺功能的提升，与正常呼吸方式的健康个体相比，瑜伽锻炼者在这种呼吸应激中的岛叶激活水平较低。本研究认为，岛叶神经激活水平能够反映瑜伽锻炼对厌恶情绪的改善水平，当瑜伽锻炼组被试在遭受厌恶情绪的干扰时，右侧岛叶具有明显的神经反应信号，但当她们成功地控制厌恶情绪的表达时，岛叶的神经反应信号逐渐消失。

10.4.5 研究小结

本研究运用 fMRI 技术从情绪产生和情绪调节涉及的主观情绪体验、脑神经反应的视角，探索了瑜伽锻炼缓解青年女性在遭受厌恶情绪的干扰时伴随的额叶亚区和大脑皮层下亚区的神经激活的差异。通过较高的校正水平发现：①表达抑制不能降低青年女性杏仁核、MCC、纹状体、丘脑、vlPFC、dlPFC、OFC 对厌恶情绪的反应水平。②瑜伽锻炼可能借助"关注当下"的情绪应对理念，帮助青年女性在遭受厌恶情绪的干扰和控制厌恶情绪的表达时降低杏仁核、MCC、纹状体、丘脑、OFC、vlPFC、dlPFC 的神经反应水平，降低她们感受到的厌恶情绪水平。本研究借助脑激活差异中的解剖坐标，为瑜伽锻炼影响青年女性厌恶情绪调节的脑功能连接机制的探索提供了精确的脑区定位。

10.5 瑜伽锻炼影响青年女性厌恶情绪调节的脑功能连接机制研究

情绪产生是个体内部资源应对外界刺激诱发的一种复杂的心理过程。现有研究表明，当个体被厌恶情绪干扰时，额叶和丘脑的神经功能受到明显的干扰，影响外侧前额叶、眶额叶、杏仁核等多个脑区之间的神经信号传导效率。[54]因此，探索厌恶情绪的有效排解方式格外重要。

瑜伽锻炼在改善不良的心理症状、提升认知功能等方面扮演着重要角色。冥想帮助个体从关注当下、忽视干扰的角度重新审视外界刺激的干扰。[55]已有研究发现，当个体处于厌恶情境中时，冥想者通过放空自我或不去评价外界刺激的意义等手段降低执行功能和注意控制的应用水平。长期的冥想锻炼可以改善个体不良的情绪状态，降低杏仁核、丘脑、外侧前额叶的反应水平，帮助个体提高情绪忍耐能力，强化自身关注当下的意志品质，提高杏仁核与额叶亚区之间上行下达的信号传导速率，帮助个体远离厌恶情绪的干扰。

10.5.1 实验目的

从厌恶情绪对个体脑功能连接影响的视角出发，运用 RestPlus 软件提取感兴趣脑区的激活值，探索被试在遭受厌恶情绪的干扰时存在何种脑功能连接机制，为青年女性远离厌恶情绪的干扰推荐有效的体育锻炼方式，也为人们探索非药物性情绪障碍的应对方式提供理论依据。

10.5.2 实验方法

10.5.2.1 实验被试

经过 fMRI 检测后，进入数据处理环节的被试共计 28 人，即控制组 14 人（近两个月内未参加过瑜伽锻炼），瑜伽组 14 人（近两个月经常参加瑜伽锻炼，锻炼频率≥3 次/周，锻炼时间≥90 分钟/次）。

10.5.2.2　实验材料

采用无声影音诱发被试厌恶情绪的研究范式。无声影音已在研究一中进行了有效性的验证。在实验过程中，诱发中性情绪的无声影音由多张"水杯"图片制作而成的视频组成，共 6 段，15 秒/段。诱发厌恶情绪的无声影音来自"外科手术"视频的剪辑片段，共 12 段，15 秒/段（自然观看厌恶情绪材料 6 段，控制厌恶情绪的表达 6 段）。视频剪辑软件为 Format Factory 4.1，视频制作软件为 AiQiSoft 4.7），影音片段的比特率为 512 kbps。所有无声影音均通过 E-Prime 软件呈现在功能性磁共振成像系统中。

10.5.2.3　实验工具

研究在华东师范大学磁共振实验室进行。采用 E-Prime 2.0 软件控制刺激呈现时间、记录行为反应数据。运用西门子 Prisma-3T 功能性磁共振成像系统进行结构像和功能像的扫描。在数据采集过程中，所有刺激均通过被试眼睛上部的投射反光镜呈现。

如表 10-35 所示，基于前期研究成果[56]，以大脑皮层下杏仁核、丘脑、MCC 和 dlPFC（BA8、BA9、BA46）、vlPFC（BA44、BA45、BA47）、OFC（BA11）为感兴趣的脑区，运用 RestPlus 软件提取 ROI 激活值，应用回归模型探索瑜伽锻炼对青年女性在遭受厌恶情绪的干扰时的脑功能连接机制。

表 10-35　感兴趣的脑区参数一览表（$n=14$）

感兴趣的脑区名称	MNI 坐标			布洛德曼脑区/解剖分区/体素
	x	y	z	
大脑皮层下亚区				
杏仁核_左	−21	0	−15	34/LL
杏仁核_右	21	0	−15	34/LL
MCC_左	−12	21	42	24/LL
MCC_右	15	−21	39	24/LL
额叶亚区				
vlPFC_左	−57	12	18	BA44、45/IFG
vlPFC_右	57	12	18	BA44、45/IFG
dlPFC_左	−45	33	15	BA8、9、46/IFG
dlPFC_右	48	6	39	BA8、9、46/IFG

续表

感兴趣的脑区名称	MNI 坐标			布洛德曼脑区/
	x	y	z	解剖分区/体素
OFC_左	-27	36	-12	BA11/MFG
OFC_右	27	36	-12	BA11/MFG

注：LL, limbic lobe, 边缘皮层；BA, Brodmann area, 布罗德曼区；IFG, inferior frontal gyrus, 额下回；MFG, middle frontal gyrus, 额中回。（下同）

10.5.2.4 实验方案

基于前期研究成果定位瑜伽锻炼对青年女性在遭受厌恶情绪的干扰时的潜在脑功能连接脑区坐标，运用 RestPlus 软件提取上述脑区的激活值，与主观情绪等级一起放入回归模型，探索被试厌恶情绪调节的脑功能连接机制。

10.5.2.5 实验数据

（1）主观情绪体验数据

主观情绪体验数据包括主观情绪体验类型和主观情绪唤醒等级。实验过程中收集到的情绪类型包括中性情绪和厌恶情绪两种，中性情绪对应的情绪类型和唤醒等级的按键分别为"0"和"0"，厌恶情绪对应的情绪类型和唤醒等级的按键分别为"1"和"1/2/3/4"。在数据分析前，将按键"0"计1分，按键"1"计2分，按键"2"计3分，按键"3"计4分，按键"4"计5分。

（2）fMRI 数据

基于前期研究发现的脑激活差异的 MNI 坐标，运用 RestPlus 软件提取脑功能连接潜在脑区的激活值。因此，fMRI 数据的预处理包括头动校正、时间校正、结构像与功能像融合、分割、空间标准化、高斯平滑。不同的是，应用 RestPlus 提取脑激活差异值，将其放入回归模型分析参与瑜伽锻炼的脑功能连接机制。

研究运用 SPSS 软件对提取的感兴趣脑区的激活值进行回归分析，探索青年女性在不同情境下的脑功能连接情况。[35][36]结果以 $M \pm SD$ 差表示，统计参照指标选取相关系数 r、调整 R^2、F 值、自相关系数 DW、各自变量显著性 p、共线性系数 VIF。

10.5.3 研究结果

10.5.3.1 青年女性在不同情境下的大脑皮层下的神经功能连接差异

（1）青年女性在不同情境下的丘脑的神经功能连接差异

如表 10-36 和图 10-17 所示，①当青年女性在遭受厌恶情绪的干扰和控制厌恶情绪的表达时，杏仁核、MCC 对丘脑神经活动均没有显著影响；②当瑜伽锻炼组被试在遭受厌恶情绪的干扰时，杏仁核对丘脑神经活动具有显著的正向影响，当她们成功地控制厌恶情绪的表达时，杏仁核对丘脑的神经活动也具有显著的正向影响。

这些结果表明，当青年女性感受到强烈的厌恶情绪时，她们的杏仁核—MCC—丘脑之间未表现出明显的神经功能连接。相比而言，经常参与瑜伽锻炼的个体在遭受厌恶情绪的干扰时，杏仁核与丘脑之间的神经活动具有明显的正向影响，这种大脑皮层下的神经功能连接也表现在她们有效地控制厌恶情绪的表达过程中。

表 10-36　青年女性在不同情境下丘脑神经功能的连接差异($n=14$)

因变量	CWD 丘脑	p	CSD 丘脑	p	YWD 丘脑	p	YSD 丘脑	p
杏仁核	2.92±1.13	0.02	2.33±1.10	0.06	2.43±0.99	0.01	1.43±1.21	0.00
MCC	2.08±1.06	0.01	2.35±1.18	0.13	1.44±1.22	0.10	1.42±1.27	0.06
$r1$	0.40♯		0.48♯♯		0.60♯♯		0.58♯♯	
$r2$	0.46♯♯		0.40♯		0.51♯♯		0.39♯	
调整 R^2	0.29		0.22		0.41		0.39	
F	4.62*		3.50*		7.25**		6.72**	
DW	2.28		1.61		1.97		1.64	

注：$VIF\leqslant 1.44$；* 表示 $p<0.05$，表明回归模型具有显著差异，** 表示 $p<0.01$，表示回归模型具有极显著差异；r 表示相关系数，$r1$ 表示丘脑与杏仁核之间的相关系数，$r2$ 表示丘脑与 MCC 之间的相关系数；♯ 表示 $p<0.05$，相关显著，♯♯ 表示 $p<0.01$，相关极显著。

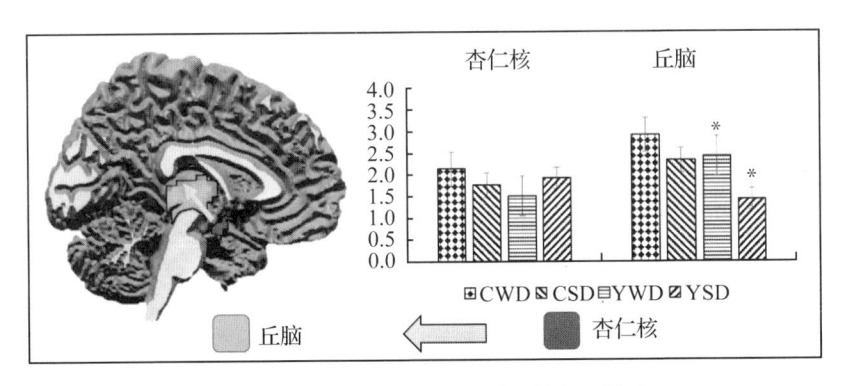

注：* 表示 $p<0.05$，表明该脑区与杏仁核具有明显的相互影响。

图 10-17　青年女性在不同情境下的丘脑的神经功能连接差异示意图

(2)青年女性在不同情境下的杏仁核的神经功能连接差异

如表10-37和图10-18所示,①当青年女性在遭受厌恶情绪的干扰和控制厌恶情绪的表达时,杏仁核、MCC、丘脑之间未出现明显的神经功能连接差异;②当瑜伽锻炼组被试在遭受厌恶情绪的干扰时,丘脑对杏仁核的神经活动具有明显的正向影响,当她们成功地控制厌恶情绪的表达时,这种神经功能连接更加密切。

这些结果表明,当青年女性在遭受厌恶情绪的干扰时,杏仁核、MCC、丘脑之间没有有效的神经功能连接。尽管她们成功地掩饰了厌恶情绪的表情,但仍未见这种有效的神经功能连接,可见表达抑制并不是一种有效的厌恶情绪调节策略。比较而言,当瑜伽锻炼组被试在遭受厌恶情绪的干扰时,丘脑和杏仁核之间的神经活动具有明显的正向影响,同时,当她们成功地控制厌恶情绪的表达时,这种功能连接更加紧密。

表10-37 青年女性在不同情境下的杏仁核的神经功能连接差异($n=14$)

因变量	CWD 杏仁核	p	CSD 杏仁核	p	YWD 杏仁核	p	YSD 杏仁核	p
丘脑	2.14±1.11	0.02	1.76±0.91	0.06	1.51±0.99	0.01	1.92±1.32	0.00
MCC	2.08±1.06	0.39	2.35±1.18	0.43	1.44±1.22	0.12	1.42±1.27	0.72
$r1$	0.40		0.48**		0.60**		0.58**	
$r2$	0.05		0.31		0.54**		0.23	
调整R^2	0.08		0.25		0.38		0.31	
F	1.88		4.05*		6.40**		4.95**	
DW	2.07		2.07		1.66		1.90	

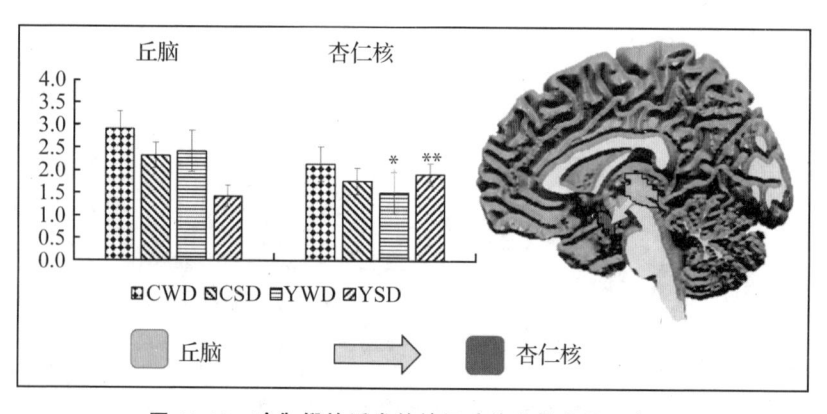

图10-18 瑜伽锻炼诱发的神经功能连接差异示意图

10 体育锻炼与脑神经机制   339

(3)青年女性在不同情境下的丘脑和杏仁核之间的神经功能连接差异

如图 10-19 所示,综合上文丘脑与杏仁核之间的神经功能连接差异发现,①青年女性在自然观看厌恶情绪材料和控制厌恶情绪的表达时未发现杏仁核、丘脑、MCC 之间具有交互作用的神经功能连接;②瑜伽锻炼组被试在自然观看厌恶情绪材料和控制厌恶情绪的表达时的杏仁核和丘脑之间的神经信号存在相互影响的作用机制。

这些结果说明,普通对照组被试在遭受厌恶情绪的干扰时的大脑皮层下的杏仁核、丘脑、MCC 之间显现出明显的神经功能连接的交互作用。比较而言,瑜伽锻炼能够介导杏仁核和丘脑之间的神经交互作用机制下调自身感受到的厌恶情绪水平,促使青年女性远离厌恶情绪的干扰。

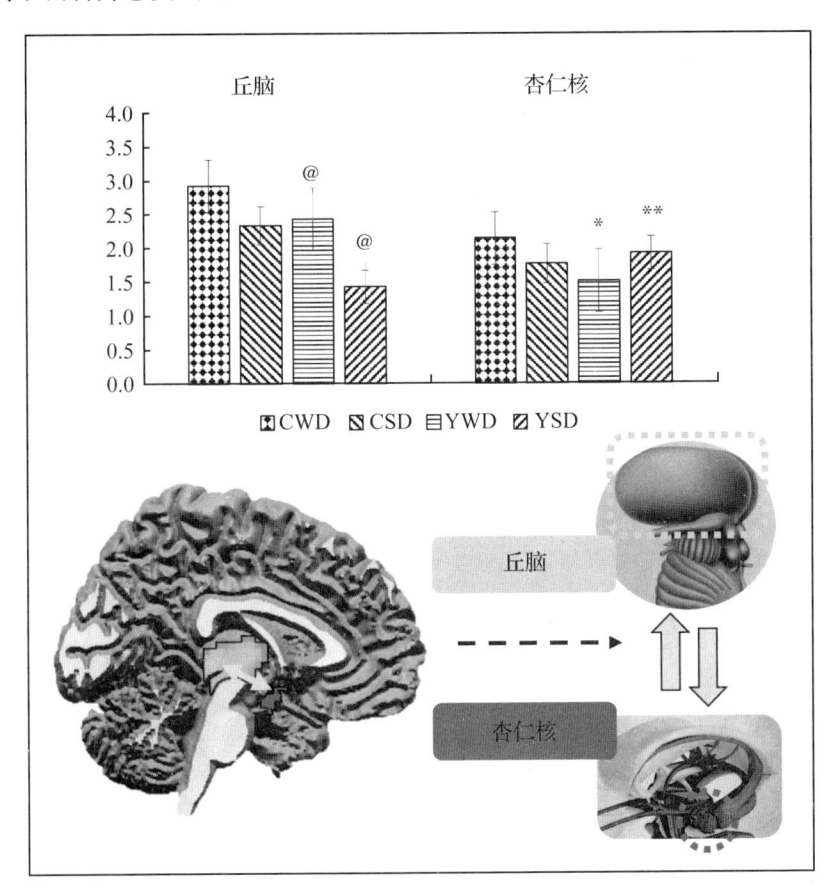

注:* 表示 $p<0.05$,表明杏仁核的神经活动对丘脑具有正向影响,** 表示 $p<0.01$;@ 表示 $p<0.05$,表明丘脑神经活动对杏仁核具有明显的正向影响。

图 10-19 瑜伽锻炼触发的大脑皮层下的神经功能连接差异示意图

10.5.3.2 青年女性在不同情境下的前额叶亚区的神经功能连接差异

(1) 青年女性在不同情境下的vlPFC的神经功能连接差异

如表10-38和图10-20所示,普通对照组被试在自然观看厌恶情绪材料和控制厌恶情绪的表达时的眶额叶(OFC)神经活动对腹外侧前额叶(vlPFC)具有明显的正向影响;瑜伽锻炼组被试在自然观看厌恶情绪材料时的OFC和背外侧前额叶(dlPFC)神经活动对vlPFC具有明显的正向影响。结果说明,青年女性感受到强烈的厌恶情绪时,OFC的神经活动对vlPFC具有明显的正向影响,比较而言,瑜伽锻炼可能通过搭建dlPFC与vlPFC之间的神经传导机制降低青年女性感受到的厌恶情绪水平。

表10-38 青年女性在不同情境下的vlPFC的神经功能连接差异($n=14$)

因变量	CWD vlPFC	p	CSD vlPFC	p	YWD vlPFC	p	YSD vlPFC	p
dlPFC	4.96±1.53	0.25	5.16±1.41	0.45	4.06±2.23	0.01	2.91±1.56	0.83
OFC	2.00±0.99	0.00	1.92±1.11	0.04	1.65±1.25	0.03	0.74±1.04	0.08
$r1$	0.33#		−0.11		0.64##		0.27	
$r2$	0.57##		0.50##		0.52##		0.42#	
调整R^2	0.29		0.21		0.39		0.10	
F	4.63**		2.96*		6.75**		2.04	
DW	1.76		1.39		1.60		1.81	

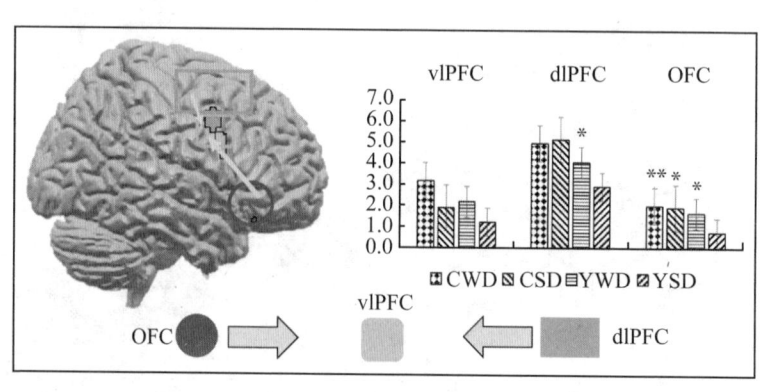

图10-20 青年女性在不同情境下的vlPFC的神经功能连接差异示意图

(2) 青年女性在不同情境下的dlPFC的神经功能连接差异

如表10-39和图10-21所示,①普通对照组被试在自然观看厌恶情绪材料和控制厌恶情绪的表达时的额叶亚区的神经活动对dlPFC无显著影响；②瑜伽锻炼组被试在自然观看厌恶情绪材料时的 vlPFC 和 OFC 的神经活动对 dlPFC 具有明显的正向影响，且当她们控制厌恶情绪的表达时，OFC 的神经活动对 dlPFC 具有明显的正向影响。结果说明，瑜伽锻炼可能通过 vlPFC 和 OFC 对 dlPFC 的相互影响调控个体感受到的厌恶情绪。一旦她们成功地控制厌恶情绪的表达，OFC 的神经活动就会对 dlPFC 具有明显的正向影响。

表 10-39　青年女性在不同情境下的 **dlPFC** 的神经功能连接差异($n=14$)

因变量	CWD dlPFC	p	CSD dlPFC	p	YWD dlPFC	p	YSD dlPFC	p
vlPFC	3.17±1.38	0.24	1.89±1.20	0.45	2.18±1.54	0.01	1.21±1.03	0.83
OFC	2.00±0.99	0.60	1.92±1.11	0.43	1.65±1.25	0.02	0.74±1.04	0.00
$r1$	0.33♯		−0.11		0.64♯♯		0.27	
$r2$	0.29		0.02		0.52♯♯		0.57♯♯	
调整R^2	0.13		0.07		0.46		0.25	
F	2.42		0.39		8.89**		3.95*	
DW	2.32		2.13		1.58		1.59	

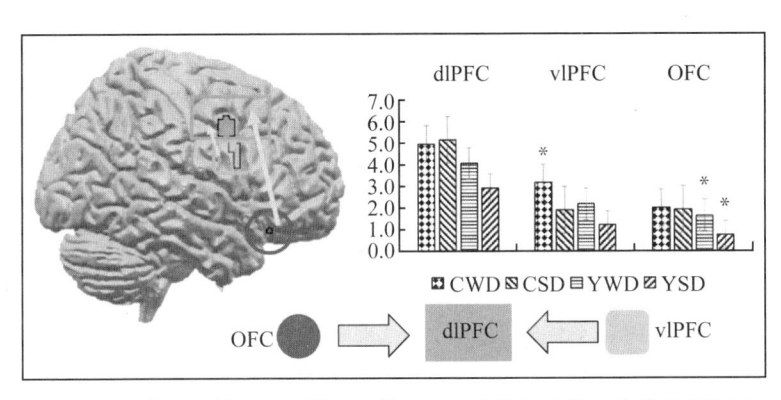

图 10-21　青年女性在不同情境下的 **dlPFC** 的神经功能连接差异示意图

(3) 青年女性在不同情境下的 OFC 的神经功能连接差异

如表 10-40 和图 10-22 所示，①普通对照组被试在自然观看厌恶情绪材料和控制厌恶情绪的表达时的 vlPFC 的神经活动对 OFC 具有明显的正向影响；②瑜伽锻炼组被试在自然观看厌恶情绪材料时的 dlPFC 和 vlPFC 的神经活动对 OFC 具有明显的正向影响，在控制厌恶情绪的表达时的 dlPFC 的神经活动对 OFC 具有明显的正向影响。结果说明，当青年女性感受到强烈的厌恶情绪时，vlPFC 的神经活动对 OFC 具有明显的正向影响。比较而言，瑜伽锻炼可能会帮助青年女性构建 dlPFC 向 OFC 投射神经信号的通道，缓解自身感受到的厌恶情绪。

表 10-40　青年女性在不同情境下的 OFC 的神经功能连接差异($n=14$)

因变量	CWD OFC	p	CSD OFC	p	YWD OFC	p	YSD OFC	p
vlPFC	3.17±1.38	0.00	1.89±1.20	0.01	2.18±1.54	0.04	1.21±1.03	0.08
dlPFC	4.96±1.53	0.60	5.16±1.41	0.43	4.06±2.23	0.00	2.91±1.56	0.00
$r1$	0.57##		0.50##		0.52##		0.42#	
$r2$	0.29		0.02		0.62##		0.57##	
调整 R^2	0.26		0.36		0.34		0.33	
F	4.17*		6.13**		5.65**		5.51**	
DW	2.49		2.06		1.71		2.17	

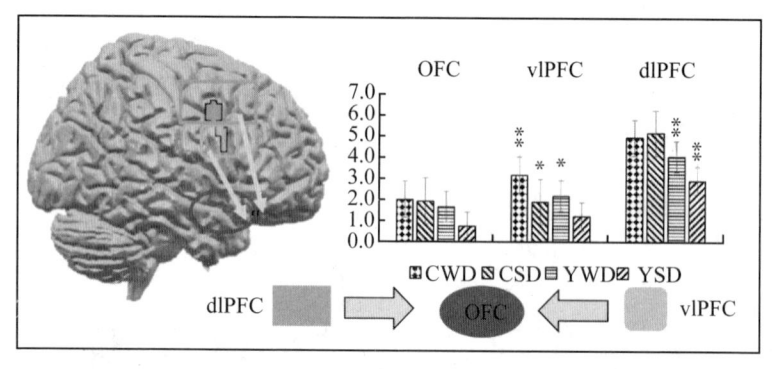

图 10-22　青年女性在不同情境下的 OFC 的神经功能连接差异示意图

(4) 青年女性在不同情境下的额叶亚区的神经功能连接差异

如图 10-23 所示，①普通对照组被试在自然观看厌恶情绪材料和控制厌恶情绪的表达时的 OFC 与 vlPFC 之间的神经活动具有明显的相互影响；②瑜伽锻炼组被试在自然观看厌恶情绪材料时的 dlPFC 与 vlPFC、vlPFC 与 OFC、dlPFC 与 OFC 之间（dlPFC↔vlPFC↔OFC）的神经活动存在明显的相互影响，在控制厌恶情绪的表达时，OFC 与 dlPFC 之间的神经活动具有明显的相互影响。

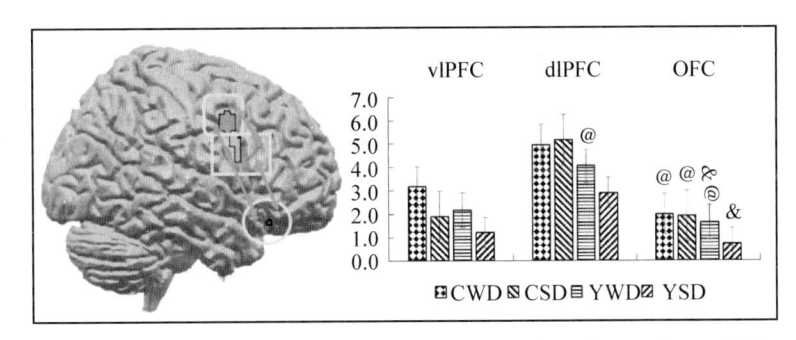

图 10-23 青年女性在不同情境下的额叶亚区神经功能连接差异示意图

结果说明，当青年女性在遭受厌恶情绪的干扰时的额叶亚区功能连接表现为 OFC 与 vlPFC 之间的神经活动具有相互影响。比较而言，瑜伽锻炼组被试在遭受厌恶情绪的干扰时的额叶亚区的功能连接表现为 dlPFC、vlPFC 与 OFC 之间的神经活动具有相互影响，在成功地控制厌恶情绪的表达时额叶亚区的功能连接表现为 OFC 与 dlPFC 之间的神经活动具有明显的相互影响。

10.5.3.3 青年女性在不同情境下的大脑皮层与大脑皮层下的神经功能连接差异

(1) 青年女性在不同情境下的 vlPFC 与大脑皮层下的神经功能连接差异

如表 10-41 和图 10-24 所示，①普通对照组被试在自然观看厌恶情绪材料时的丘脑的神经活动对 vlPFC 具有明显的正向影响，在控制厌恶情绪的表达时未见大脑皮层下的神经活动对额叶皮层的显著影响；②瑜伽锻炼组被试在自然观看厌恶情绪材料时的杏仁核和丘脑的神经活动对 vlPFC 具有明显的正向影响，在控制厌恶情绪的表达时未见大脑皮层下的神经活动对 vlPFC 的显著影响。

表 10-41 青年女性在不同情境下的 vlPFC 与大脑皮层下的神经功能连接差异($n=14$)

因变量	CWD vlPFC	p	CSD vlPFC	p	YWD vlPFC	p	YSD vlPFC	p
杏仁核	2.92±1.13	0.06	2.33±1.10	0.98	2.43±0.99	0.04	1.43±1.21	0.85
丘脑	2.14±1.11	0.03	1.76±0.91	0.20	1.51±0.99	0.00	1.92±1.32	0.24
MCC	2.08±1.06	0.71	2.35±1.18	0.25	1.44±1.22	0.43	1.42±1.27	0.25
$r1$	0.26♯♯		0.26		0.42		0.16	
$r2$	0.62♯♯		0.414		0.64		0.24	
$r3$	0.28		0.368		0.23		−0.14	

续表

因变量	CWD vlPFC	p	CSD vlPFC	p	YWD vlPFC	p	YSD vlPFC	p
调整 R^2	0.42		0.10		0.33		−0.01	
F	4.87**		1.78		4.36**		0.89	
DW	1.80		1.27		1.67		2.11	

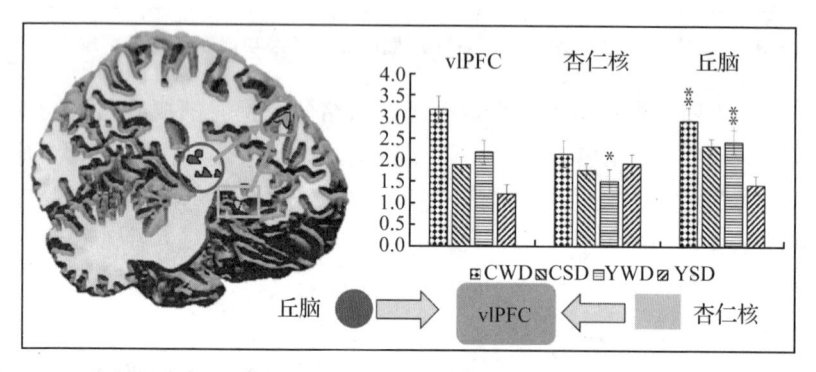

图 10-24 青年女性在不同情境下的 vlPFC 与大脑皮层下的神经功能连接差异示意图

研究结果表示，当青年女性感受到强烈的厌恶情绪时，丘脑的神经活动对 vlPFC 具有明显的正向影响。比较而言，瑜伽锻炼可能介导 vlPFC→丘脑和 vlPFC→杏仁核的信号传导通路下调青年女性感受到的厌恶情绪水平。

(2)青年女性在不同情境下的 dlPFC 与大脑皮层下的神经功能连接差异

如表 10-42 和图 10-25 所示，①普通对照组被试在自然观看厌恶情绪材料和控制厌恶情绪的表达时的大脑皮层下的神经活动对 dlPFC 没有明显的影响。这里需要特别说明的是普通对照组被试在自然观看厌恶情绪材料时的杏仁核对 dlPFC 具有明显的正向影响，但 $DW>2.0$，表明数据存在共线性关系，为伪回归，不能作为两者之间具有相互影响的依据；②瑜伽锻炼组被试在自然观看厌恶情绪材料时的杏仁核和丘脑的神经活动对 dlPFC 具有明显的正向影响，在控制厌恶情绪的表达时的大脑皮层下亚区的神经活动对 dlPFC 无明显影响。结果说明，普通对照组被试在遭受厌恶情绪的干扰时，dlPFC 与大脑皮层下亚区之间无明显的神经相互影响。比较而言，瑜伽锻炼可能介导 dlPFC→丘脑和 dlPFC→杏仁核之间的信号传导通道下调青年女性感受到的厌恶情绪水平。

表 10-42　青年女性在不同情境下的 dlPFC 与大脑皮层下的神经功能连接差异($n=14$)

因变量	CWD dlPFC	p	CSD dlPFC	p	YWD dlPFC	p	YSD dlPFC	p
杏仁核	2.92±1.13	0.49	2.33±1.10	0.12	2.43±0.99	0.01	1.43±1.21	0.22
丘脑	2.14±1.11	0.01	1.76±0.91	0.76	1.51±0.99	0.00	1.92±1.32	0.43
MCC	2.08±1.06	0.84	2.35±1.18	0.80	1.44±1.22	0.09	1.42±1.27	0.45
$r1$	0.32#		0.30		0.69##		0.43#	
$r2$	0.58##		0.19		0.78##		0.43#	
$r3$	0.21		0.10		0.34#		0.29	
调整 R^2	0.35		0.01		0.68		0.12	
F	4.66**		1.08		9.17**		1.94	
DW	2.51		2.06		1.93		2.00	

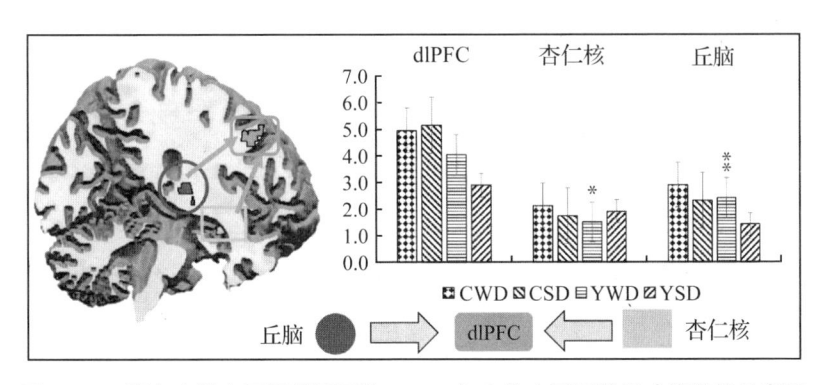

图 10-25　青年女性在不同情境下的 dlPFC 与大脑皮层下神经功能连接示意图

(3) 青年女性在不同情境下 OFC 与大脑皮层下的神经功能连接差异

如表 10-43 和图 10-26 所示，①普通对照组被试在自然观看厌恶刺激时的大脑皮层下亚区的神经活动对 OFC 无显著影响。这里需要特殊说明的是普通对照组被试在自然观看厌恶刺激时的杏仁核的神经活动对 OFC 具有明显的正向影响，但 $DW>2.0$，表明数据存在共线性关系，为伪回归，不能作为两者之间具有相互影响的依据；在控制厌恶情绪的表达时的丘脑的神经活动对 OFC 具有显著的正向影响。②瑜伽锻炼组被试在自然观看厌恶刺激和控制厌恶情绪的表达时的大脑皮层下亚区的神经活动对 OFC 均无明显影响。这里需要特别说明的是瑜伽锻炼组被试在自然观看厌恶刺激时的丘脑对 OFC 具有明显的正向影响，但 $DW>2.0$，表明数据存在共线性关系，为伪回归，不能作为两者之间具有相互影响的依据。结果说明，普通对照组被试在控制厌恶情绪的表达时的丘脑的神经活动对 OFC 具有明显的正向影响，这可能表征了青年女性试图控制情绪产生的意愿，但其感受到的厌恶情绪水平没有发生显著变化。

表 10-43 青年女性在不同情境下的 OFC 与大脑皮层下的神经功能连接差异（$n=14$）

因变量	CWD OFC	p	CSD OFC	p	YWD OFC	p	YSD OFC	p
杏仁核	2.92±1.13	0.00	2.33±1.10	0.73	2.43±0.99	0.27	1.43±1.21	0.32
丘脑	2.14±1.11	0.72	1.76±0.91	0.04	1.51±0.99	0.00	1.92±1.32	0.08
MCC	2.08±1.06	0.13	2.35±1.18	0.54	1.44±1.22	0.85	1.42±1.27	0.90
$r1$	0.71##		0.43#		0.36#		0.47##	
$r2$	0.453#		0.51##		0.76##		0.55##	
$r3$	0.30		0.30		0.40#		0.24	
调整 R^2	0.53		0.35		0.55		0.22	
F	8.51**		4.67**		9.14**		2.95*	
DW	2.41		1.97		2.20		2.36	

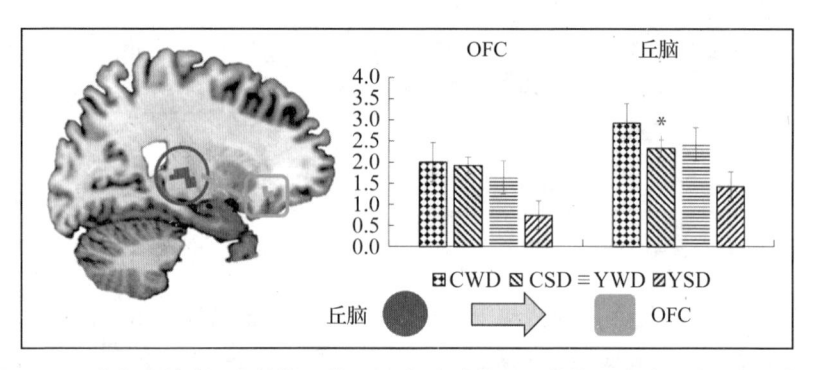

图 10-26 青年女性在不同情境下的 OFC 与大脑皮层下的神经功能连接差异示意图

（4）青年女性在不同情境下的杏仁核与额叶亚区的神经功能连接差异

如表 10-44 和图 10-27 所示，①普通对照组被试在自然观看厌恶情绪材料和控制厌恶情绪的表达时的额叶亚区的神经活动对杏仁核无明显的影响，这里需要特别说明的是普通对照组被试在自然观看厌恶情绪材料时的 OFC 的神经活动对杏仁核具有明显的正向影响，但 $DW>2.0$，表明数据存在共线性关系，为伪回归，不能作为两者之间具有相互影响的依据；②瑜伽锻炼组被试在自然观看厌恶情绪材料时的 dlPFC 的神经活动对杏仁核具有明显的正向影响，在控制厌恶情绪的表达时的额叶亚区的神经活动对杏仁核没有影响。结果说明，当青年女性感受到强烈的情绪刺激时，瑜伽锻炼可能介导 dlPFC→丘脑的信号传导通路下调她们感受到的厌恶情绪水平。

表 10-44　青年女性在不同情境下杏仁核与额叶亚区的神经功能连接差异($n=14$)

因变量	CWD 杏仁核	p	CSD 杏仁核	p	YWD 杏仁核	p	YSD 杏仁核	p
vlPFC	3.17±1.38	0.28	1.89±1.20	0.45	2.18±1.54	0.97	1.21±1.03	0.89
dlPFC	4.96±1.53	0.40	5.16±1.41	0.06	4.06±2.23	0.00	2.91±1.56	0.28
OFC	2.00±0.99	0.00	1.92±1.11	0.40	1.65±1.25	0.58	0.74±1.04	0.15
$r1$	0.56♯♯		0.27		0.42♯		0.16	
$r2$	0.32♯		0.30		0.69♯♯		0.43♯	
$r3$	0.71♯♯		0.43		0.36♯		0.47♯♯	
调整 R^2	0.49		0.22		0.40		0.16	
F	7.51**		2.94*		5.42**		2.27	
DW	2.23		2.22		1.66		2.14	

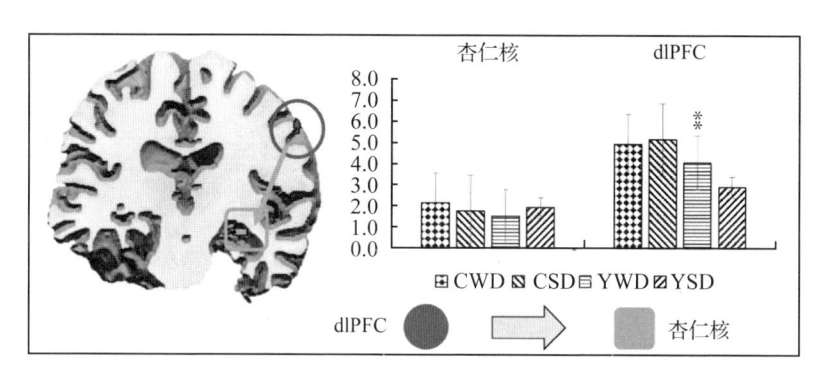

图 10-27　青年女性在不同情境下的杏仁核与额叶亚区的神经功能连接差异示意图

(5) 青年女性在不同情境下的丘脑与额叶亚区的神经功能连接差异

如表 10-45 和图 10-28 所示，①普通对照组被试在自然观看厌恶情绪材料时的 vlPFC、dlPFC、OFC 的神经活动对丘脑无明显影响。这里需要特别说明的是，普通对照组被试在自然观看厌恶情绪材料时的 vlPFC 和 dlPFC 的神经活动对丘脑具有明显的正向影响，但 $DW>2.0$，表明数据存在共线性关系，为伪回归，不能作为两者之间具有相互影响的依据；②普通对照组被试在控制厌恶情绪的表达时的 OFC 的神经活动对丘脑具有明显的正向影响；③瑜伽锻炼组被试在自然观看厌恶情绪材料时的

vlPFC、dlPFC、OFC 的神经活动对丘脑具有明显的正向影响；在控制厌恶情绪的表达时的 OFC 的神经活动对丘脑具有明显的正向影响。

结果说明，青年女性在控制厌恶情绪的表达时的 OFC 的神经活动对丘脑具有明显的正向影响。另外，当青年女性体验到强烈的厌恶情绪时，瑜伽锻炼可能介导 vlPFC→丘脑和 dlPFC→丘脑之间的信号传导通路下调青年女性感受到的厌恶情绪水平。

表 10-45 青年女性在不同情境下的丘脑与额叶亚区的神经功能连接差异($n=14$)

因变量	CWD 丘脑	p	CSD 丘脑	p	YWD 丘脑	p	YSD 丘脑	p
vlPFC	3.17±1.38	0.02	1.89±1.20	0.24	2.18±1.54	0.04	1.21±1.03	0.98
dlPFC	4.96±1.53	0.00	5.16±1.41	0.25	4.06±2.23	0.00	2.91±1.56	0.44
OFC	2.00±0.99	0.61	1.92±1.11	0.04	1.65±1.25	0.00	0.74±1.04	0.04
$r1$	0.62##		0.41#		0.64##		0.25	
$r2$	0.59##		0.19		0.78##		0.43#	
$r3$	0.45##		0.51##		0.76##		0.55##	
调整 R^2	0.48		0.22		0.72		0.21	
F	0.28**		2.95*		18.67**		2.82*	
DW	2.32		1.65		1.97		1.39	

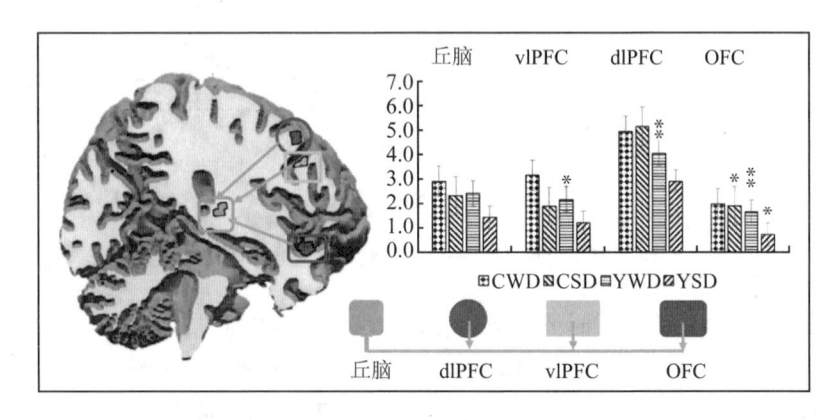

图 10-28 青年女性不同情境下丘脑与额叶亚区的神经功能连接差异示意图

(6)青年女性在不同情境下的额叶亚区与大脑皮层下亚区的神经功能连接差异

如图 10-29 所示，普通对照组被试在控制厌恶情绪的表达时的 OFC 与丘脑之间的神经活动具有明显的相互影响；瑜伽锻炼组被试在自然观看厌恶情绪材料时的 vlPFC 与丘脑之间的神经活动具有明显的相互影响，dlPFC 与丘脑之间的神经活动具有明显的相互影响，vlPFC 与杏仁核之间的神经活动具有明显的相互影响。

这些结果说明，OFC 与丘脑之间的神经相互影响可能表征了普通对照组被试控制厌恶情绪表达的情绪调节，且仍体验到了强烈的厌恶情绪的脑功能连接机制。另外，当青年女性在遭受厌恶情绪的干扰时，瑜伽锻炼可能介导 dlPFC↔丘脑、dlPFC↔杏仁核、vlPFC↔丘脑之间相互影响的信号传导通路下调她们感受到的厌恶情绪水平。

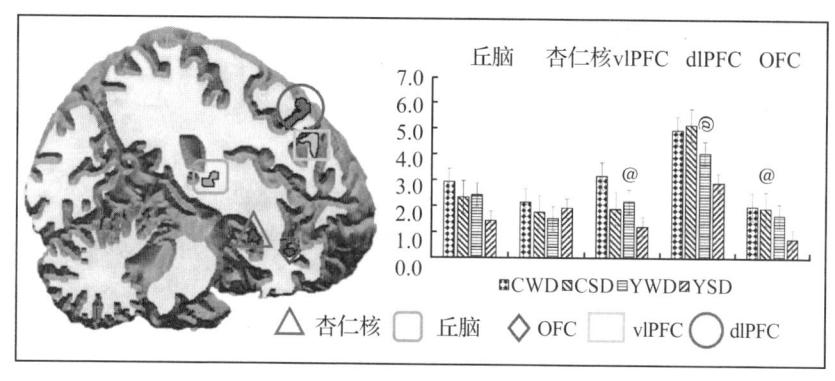

图 10-29 青年女性在不同情境下的额叶亚区与大脑皮层下亚区的神经功能连接差异示意图

10.5.4 分析讨论

10.5.4.1 瑜伽锻炼影响青年女性厌恶情绪调节的大脑皮层下的神经功能连接机制

从解剖定位来看，杏仁核、丘脑、扣带回等脑区是大脑皮层下的脑功能单位，这些大脑皮层下的神经活动在个体的情绪反应和情绪加工机制中发挥了关键作用。[57]

研究结果发现，瑜伽锻炼组被试在遭受厌恶情绪的干扰时的情绪感受水平的降低伴随杏仁核与丘脑之间相互影响的神经活动。比较而言，普通对照组被试在遭受厌恶情绪的干扰时的情绪感受水平明显升高，但未发现杏仁核和丘脑之间神经活动的明显的相互影响。作为一种有效的心身锻炼方式，瑜伽锻炼能够帮助个体建立"关注当下"的情绪应对理念，促使个体在遭受外界刺激时更多地关注刺激的意义而不是刺激的内容及自身的情绪感受。对此神经影像学研究发现，瑜伽冥想能够降低个体在应对厌恶情绪的干扰时的杏仁核、扣带回、丘脑[58]等多个脑区的神经激活水平。然而，对于瑜伽锻炼诱发的上述情绪调节效益是否存在某种功能连接鲜有研究。相关的神经成像研究表明，个体在遭受厌恶情绪的干扰时会触发杏仁核和丘脑之间的神经监控机制，前者负责探测外界刺激的意义，后者负责评价刺激的效价。一旦外界刺激得到有效控制，丘脑将通过直接（投射到杏仁核）或间接（投射到大脑皮层）的信号传导机制下调杏仁核的神经活跃水平，这与本研究的发现一致，即当个体遭受厌恶情绪的干扰时，瑜伽锻炼能够触发杏仁核与丘脑之间的神经活动，建立有效的相互影响机制，降低杏仁核的激活水平和她们感受到的厌恶情绪水平。

因此，本研究认为瑜伽锻炼可能会介导大脑皮层下的杏仁核和丘脑之间的信息反馈机制下调个体感受到的厌恶情绪水平。

10.5.4.2 瑜伽锻炼影响青年女性厌恶情绪调节的额叶亚区的神经功能连接机制

额叶皮层是人类高级认知功能脑区，在情绪产生、情绪调节、行为决策方面发挥着关键作用。有研究基于情绪产生和情绪调节过程中涉及的额叶神经机制构建的内容评价模型表明，vlPFC、dlPFC、OFC 等额叶亚区之间的神经功能连接对个体在遭受厌恶情绪的干扰时的情绪调节、决策制定、行为倾向至关重要。

研究对青年女性执行不同情绪任务时额叶亚区之间的神经功能进行了检测。结果发现，青年女性在遭受厌恶情绪的干扰时的 OFC 与 vlPFC 之间的神经活动具有明显的相互影响。比较而言，瑜伽锻炼组被试在遭受厌恶情绪的干扰时不仅存在 OFC 与 vlPFC 之间相互影响的神经活动，而且存在 dlPFC 和 vlPFC、dlPFC 和 OFC 之间相互影响的神经活动。此外，与普通对照组被试相比，瑜伽锻炼组被试在成功控制厌恶情绪的表达时存在 OFC 与 dlPFC 之间相互影响的神经活动。这些结果表明，OFC 和 vlPFC 之间相互影响的神经活动可能是青年女性感受到厌恶情绪的额叶的神经功能连接机制，dlPFC 与 vlPFC 之间相互影响的神经活动可能是厌恶情绪得到有效调节的开端，而 OFC 与 dlPFC 之间相互影响的神经活动可能是厌恶情绪得到有效调节的标志。

本研究发现的厌恶情绪及瑜伽锻炼对额叶神经功能连接的影响机制与现有研究成果一致。首先，当个体遭受厌恶情绪的干扰时，OFC 通过刺激强化学习对外界刺激的效价进行评估和分类[59]，然后通过与外侧前额叶进行信号交换，将刺激的效价与自身的行为倾向或预期目标进行比对，完成人体对外界刺激的初步评价而产生相应的情绪。其次，当个体意识到不良刺激入侵并开始对其进行调节时，眶额叶会与背侧前额叶之间建立有效的信号传导机制，启动注意资源应对不良刺激。最后，当个体通过瑜伽冥想获得"如何在外界刺激期间放空自我"的技能后，她们的眶额叶与背外侧前额叶之间存在明显的神经功能连接，减小了外界刺激对健康的影响。

因此，当青年女性遭受厌恶情绪的干扰时，眶额叶与腹外侧前额叶之间的神经相互影响表明她们感受到了强烈的厌恶情绪。背侧前额叶与腹外侧前额叶、眶额叶与背侧前额叶之间的神经功能连接表明瑜伽锻炼缓解厌恶情绪的额叶亚区之间的神经功能的连接。

10.5.4.3　瑜伽锻炼影响青年女性厌恶情绪调节的潜在的上行下达的神经功能连接机制

在认知心理学中，人们应用情绪调节的认知控制模型阐述了个体在情绪产生和情绪调节过程中涉及的脑神经机制，即自下而上和自上而下的情绪调节机制。[60]该模型认为，自下而上的情绪调节机制视情绪调节为个体对刺激特征进行强化习得后的必然结果；自上而下的情绪调节机制视情绪调节为个体对刺激内容进行认知评价后的心理过程。前者涉及杏仁核、丘脑等脑区，后者涉及 OFC、dlPFC 等多个额叶脑区。

为了探索瑜伽锻炼缓解厌恶情绪是否存在自下而上和自上而下相互连通的情绪调节机制，本研究对青年女性执行不同情绪任务时的脑神经功能连接情况进行了检测。结果发现，青年女性在遭受厌恶情绪的干扰时的大脑皮层下亚区与额叶厌恶之间不存在明显的神经功能连接。比较而言，瑜伽锻炼组被试在遭受轻度厌恶情绪的干扰时的丘脑与腹外侧前额叶、丘脑与背外侧前额叶、杏仁核与背外侧前额叶之间存在相互影响的神经活动。此外，当普通对照组被试控制厌恶情绪的表达时，强烈的厌恶情绪感受伴随丘脑与眶额叶之间相互影响的神经机制。研究表明，在情绪调节机制中，丘脑负责对外界刺激进行实时监控，眶额叶通过刺激强化学习对丘脑投射的情绪信息进行评价与分类；当个体意识到外界刺激与自身期望相悖并产生调控意识时[61]，眶额叶也会被少量激活。当普通对照组被试控制厌恶情绪的表达时，丘脑与眶额叶之间相互影响的神经机制可能表征了她们控制厌恶情绪的表达的内部意愿。另外，腹外侧前额叶将丘脑和眶额叶投射的神经信息与自身习得的客观认识进行加工，赋予外源性刺激不良情绪的标签。背外侧前额叶的激活触发人体启动认知资源应对情绪刺激的干扰意识，改变情绪加工机制（丘脑）中的神经活动并对情绪反应脑区（杏仁核）进行调节，改善人体不良的情绪状态。因此，当个体遭受厌恶情绪的干扰时，瑜伽锻炼可能介导丘脑 ⟷

vlPFC、丘脑↔dlPFC、dlPFC↔杏仁核之间的双向信号传导机制下调青年女性感受的厌恶情绪水平。

综上，本研究通过 fMRI 技术，发现了瑜伽锻炼改善青年女性厌恶情绪潜在的上行下达的神经功能连接机制，即瑜伽锻炼可能会介导丘脑与 vlPFC、dlPFC、杏仁核之间相互影响的神经信号传导机制下调厌恶情绪的感受水平。

10.5.5 研究小结

研究基于前期成果发现的脑区激活的差异，运用 RestPlus 软件提取相关脑区的激活信号，通过回归分析发现：①青年女性在遭受厌恶情绪的干扰时，瑜伽锻炼可能会介导大脑皮层下的杏仁核和丘脑之间相互影响的信号传导机制，降低她们感受到的厌恶情绪水平。②青年女性在遭受厌恶情绪的干扰时，OFC 与 vlPFC 之间相互影响的神经活动可能表征了她们感受到的强烈的厌恶情绪。另外，dlPFC 与 vlPFC、OFC 与 dlPFC 之间相互影响的神经活动表明瑜伽锻炼缓解厌恶情绪的额叶亚区之间的神经功能连接。③青年女性在遭受厌恶情绪的干扰时，瑜伽锻炼可能会促进情绪评价脑区之间相互影响的神经活动，再介导情绪加工脑区（丘脑）与情绪反应脑区（杏仁核）之间相互影响的神经活动下调厌恶情绪的感受水平。

10.6 研究总结

10.6.1 研究结论

表达抑制不能降低青年女性体验到的厌恶情绪水平，反而加重了抑郁性心境状态，增加了执行错误率。瑜伽锻炼可能会帮助青年女性养成"关注当下"的情绪应对理念，加重她们遭受厌恶情绪干扰时的抑郁性心境状态，降低执行表现中的错误率，是青年女性应对厌恶情绪干扰的有效的情绪调节方式。

青年女性遭受厌恶情绪的干扰和控制厌恶情绪的表达时，瑜伽锻炼可以降低情绪反应脑区、情绪加工脑区、情绪评价脑区的神经反应水平，降低她们感受到的厌恶情绪水平。

青年女性遭受厌恶情绪的干扰时，瑜伽锻炼可能会帮助她们建立情绪反应脑区、情绪加工脑区、情绪评价脑区之间上行下达的信号传导通路，降低她们感受到的厌恶情绪水平。

10.6.2 研究创新

研究率先探索了青年女性控制厌恶情绪的表达时的心理及脑神经反

应机制。目前，人们对体育锻炼与厌恶情绪调节效益方面的研究多停留在个体遭受厌恶情绪干扰时的心理反应、执行功能反应、脑神经反应机制层面，未能对青年女性控制厌恶情绪的表达时的心理与脑神经反应的心理生理机制方面进行探索。本研究立足瑜伽锻炼对厌恶情绪的影响，率先探索了参与瑜伽锻炼的青年女性在遭受厌恶情绪的干扰和控制厌恶情绪的表达时的心理生理机制，丰富了锻炼心理学的研究选题。

fMRI 技术是国际脑科学研究中的前沿技术，可以通过安全、非侵入性的方法精确地探测到大脑应对情绪刺激时的神经反应机制，目前在锻炼心理学领域的应用较少。本研究运用 fMRI 技术，采用较高的脑功能数据校正水平对被试执行不同任务时的脑神经反应差异和脑功能连接差异进行了检测，在锻炼心理学领域具有较高的学术价值，扩展了锻炼心理学的研究手段与方法。

参考文献

[1] Moore, S. A., Zoellner, L. A., & Mollenholt, N.: "Are expressive suppression and cognitive reappraisal associated with stress-related symptoms?", *Behaviour Research and Therapy*, 2008.

[2] Webb, T. L., Miles, E., & Sheeran, P.: "Dealing with feeling: A meta-analysis of the effectiveness of strategies derived from the process model of emotion regulation", *Psychological Bulletin*, 2012.

[3] 胡大一，刘春萍：《焦虑抑郁障碍与心血管疾病》，《中国医刊》2006 年第 3 期。

[4] Thayer, J. F., Åhs, F., Fredrikson, M., et al.: "A meta-analysis of heart rate variability and neuroimaging studies: Implications for heart rate variability as a marker of stress and health", *Neuroscience and Biobehavioral Reviews*, 2012.

[5] 李洁，姚贵忠，刘丽娟等：《非典型抗精神病药物相关代谢不良反应的系统评价和 meta 分析》，《中国心理卫生杂志》2015 年第 3 期。

[6] Park, M. S., Lee, B. H., & Sohn, J. H.: "Neural substrates involved in anger induced by audio-visual film clips among patients with alcohol dependency", *Journal of Physiological Anthropology*, 2016.

[7] 于春江，贾旺，张绍祥：《神经外科临床解剖学图谱》，济南，山东科学技术出版社，2006。

[8]Maier, S. F., & Watkins, L. R.: "Role of the medial prefrontal cortex in coping and resilience", *Brain Research*, 2010.

[9]Feinstein, J. S., Khalsa, S. S., Salomons, T. V., et al.: "Preserved emotional awareness of pain in a patient with extensive bilateral damage to the insula, anterior cingulate, and amygdala", *Brain Structure and Function*, 2016.

[10]Gross, J. J., & Thompson, R. A.: "Emotion regulation: Conceptual foundations", *Handbook emotion regulation*. New York, Guilford Press, 2007.

[11]Gross, J. J., & John, O. P.: "Individual differences in two emotion regulation processes: Implications for affect, relationships, and well-being", *Journal of Personality and Social Psychology*, 2003.

[12]Mauss, I. B., & Butler, E. A.: "Cultural context moderates the relationship between emotion control values and cardiovascular challenge versus threat responses", *Biological Psychology*, 2010.

[13]Kitayama, S., Markus, H. R., & Kurokawa M: "Culture, emotion, and well-being: Good feelings in Japan and the United States", *Cognition & Emotion*, 2000.

[14]刘影，桑标，龚少英等：《情绪表达抑制功能的文化差异》，《心理科学进展》2016年第10期。

[15]Smith, J. A., Greer, T., Sheets, T., et al.: "Is there more to yoga than exercise", *Alternative Therapies in Health and Medicine*, 2011.

[16]Raghuram, N., Deshpande, S., & Nagendra, H. R.: "A randomized control trial of the effect of yoga on Gunas (personality) and Health in normal healthy volunteers", *International Journal of Yoga*, 2008.

[17]Michalsen, A., Jeitler, M., Brunnhuber, S., et al.: "Iyengar yoga for distressed women: A 3-armed randomized controlled trial", *Evidence-Based Complementray and Alternative Medicine*, 2012.

[18]Rocha, K. K. F., Ribeiro, A. M., Rocha, K. C. F., et al.: "Improvement in physiological and psychological parameters after 6 months of yoga practice", *Consciousness and Cognition*, 2012.

[19]Afonso, R. F., Hachul, H., Kozasa, E. H., et al.: "Yoga decreases insomnia in postmenopausal women", *Menopause*, 2012.

[20]Tekur, P., Nagarathna, R., Chametcha, S., et al.: "A comprehensive yoga programs improves pain, anxiety and depression in chronic low back pain patients more than exercise: An RCT", *Complementary Therapies in Medicine*, 2012.

[21]Danhauer, S. C., Mihalko, S. L., Russell G. B., et al.: "Restorative yoga for women with breast cancer: Findings from a randomized pilot study", *Psycho-Oncology*, 2010.

[22]Oldehinkel, A. J., Verhulst, F. C., & Ormel, J.: "Low heart rate: A marker of stress resilience. The trails study", *Biology Psychiatry*, 2008.

[23]Montano, N., Porta, A., Cogliati, C., et al.: "Heart rate variability explored in the frequency domain: A tool to investigate the link between heart and behavior", *Neuroscience & Biobehavioral Reviews*, 2009.

[24]Kelley, D. E.: "Skeletal muscle fat oxidation: Timing and flexibility are everything", *Journal of Clinical Investigation*, 2005.

[25]Shapiro, D., Cook, I. A., Davydov, D. M., et al.: "Yoga as a complementary treatment of depression: Effects of traits and moods on treatment outcome", *Evidence-Based Complementary and Alternative Medicine*, 2007.

[26]Krishna, B. H., Pal, P., Pal, G. K., et al.: "Effect of yoga therapy on heart rate, blood pressure and cardiac autonomic function in heart failure", *Journal of Clinical Diagnostic Research*, 2014.

[27]Gupta, A., & Wilson, D.: "Rethinking diagnoses in rehabilitation: An educational case series", *Journal of Rehabilitation Medicine*, 2016.

[28]Balasubramaniam, M., Telles, S., & Doraiswamy, P. M.: "Yoga on our minds: A systematic review of yoga for neuropsychiatric disorders", *Frontiers in Psychiatry*, 2013.

[29]Gard, T., Noggle, J. J., Park, C, L, et al.: "Potential self-regulatory mechanisms of yoga for psychological health", *Frontiers in Human Neuroscience*, 2014.

[30]Farb, N. A. S., Segal, Z. V., Mayberg, H., et al.: "Attending to the present: Mindfulness meditation reveals distinct neural modes of self-reference", *Social Cognitive and Affective Neuroscience*, 2007.

[31]沈彩玥，胡凤培，王倩等：《情绪表达抑制研究回顾和展望》，《人类工效学》2011年第4期。

[32]Tully, P. J., Turnbull, D. A., Horowitz, J. D., et al.: "Cardiovascular health in anxiety or mood problems study (CHAMPS): Study protocol for a randomized controlled trial", *Trials*, 2016.

[33]Jorge, M. P., Santaella, D. F., Pontes, I. M. O., et al.: "Hatha Yoga practice decreases menopause symptoms and improves quality of life: A randomized controlled trial", *Complementary Therapies in Medicine*, 2016.

[34]Miyamoto, Y., & Ma, X. M.: "Dampening or savoring positive emotions: A dialectical cultural script guides emotion regulation", *Emotion*, 2011.

[35]Soto, J. A., Perez, C. R., Kim, Y. H., et al.: "Is expressive suppression always associated with poorer psychological functioning? A cross-cultural comparison between European Americans and Hong Kong Chinese", *Emotion*, 2011.

[36]Schuver, K. J., & Lewis, B. A.: "Mindfulness-based yoga intervention for women with depression", *Complementary Therapies in Medicine*, 2016.

[37]Taylor, A. G., Goehler, L. E., Galper, D. I., et al.: "Top-down and bottom-up mechanisms in mind-body medicine: development of an integrative framework for psychophysiological research", *Explore*, 2010.

[38]Baumeister, R. F., Vohs, K. D., & Tice, D. M.: "The strength model of self-control", *Current Directions in Psychological Science*, 2007.

[39]Vrticka, P., Simioni, S., Fornari, E., et al.: "Neural substrates of social emotion regulation: A fMRI study on imitation and expressive suppression to dynamic facial signals", *Frontiers in Psychology*, 2013.

[40]Lutz, J., Herwig, U., Opialla, S., et al.: "Mindfulness and emotion regulation—An fMRI study", *Social Cognitive & Affective Neuroscience*, 2014.

[41]Goldin, P. R., McRae, K., Ramel, W., et al.: "The neural bases of emotion regulation: Reappraisal and suppression of negative e-

motion", *Biological Psychiatry*, 2008.

[42]Hermann, A., Bieber, A., Keck, T., et al.: "Brain structural basis of cognitive reappraisal and expressive suppression", *Social Cognitive & Affective Neuroscience*, 2014.

[43]Mulej Bratec, S., Xie, X. Y., Wang, Y. J., et al.: "Cognitive emotion regulation modulates the balance of competing influences on ventral striatal aversive prediction error signals", *Neuroimage*, 2017.

[44]Su, J. C., Lee, R. M., & Oishi, S.: "The role of culture and self-construal in the link between expressive suppression and depressive symptoms", *Journal of Cross Cultural Psychology*, 2013.

[45]Villemure, C., Čeko, M., Cotton, V. A., et al.: "Neuroprotective effects of yoga practice: Age-, experience-, and frequency-dependent plasticity", *Frontiers in Human Neuroscience*, 2015.

[46]Arsalidou, M., Duerden, E. G., & Taylor, M. J.: "The centre of the brain: Topographical model of motor, cognitive, affective, and somatosensory functions of the basal ganglia", *Human Brain Mapping*, 2013.

[47]Saalmann, Y. B., Pinsk, M. A., Wang, L., et al.: "The pulvinar regulates information transmission between cortical areas based on attention demands", *Science*, 2012.

[48]Minamimoto, T., Hori, Y., Yamanaka, K., et al.: "Neural signal for counteracting pre-action bias in the centromedian thalamic nucleus", *Frontiers in Systems Neuroscience*, 2014.

[49]Greicius, M. D., Flores, B. H., Menon, V., et al.: "Resting-state functional connectivity in major depression: Abnormally increased contributions from subgenual cingulate cortex and thalamus", *Biological Psychiatry*, 2007.

[50]Lemogne, C., Gorwood, P., Bergouignan, L., et al.: "Negative affectivity, self-referential processing and the cortical midline structures", *Social Cognitive and Affective Neuroscience*, 2011.

[51]Andrews-Hanna, J. R., Saxe, R., & Yarkoni, T.: "Contributions of episodic retrieval and mentalizing to autobiographical thought: Evidence from functional neuroimaging, resting-state connectivity, and fMRI meta-analyses", *Neuroimage*, 2014.

[52] Straube, T. , & Miltner, W. H. R.: "Attention to aversive emotion and specific activation of the right insula and right somatosensory cortex", *Neuroimage*, 2011.

[53] 王前锋:《情绪加工中脑岛的反应机制：基于 fMRI 及 MRS 的研究》,华东师范大学,2016。

[54] Sarkheil, P. , Klasen, M. , Schneider, F. , et al.: "Amygdala response and functional connectivity during cognitive emotion regulation of aversive image sequences", *European Archives of Psychiatry and Clinical Neuroscience*, 2018.

[55] Travis, F. , & Parim, N.: "Default mode network activation and transcendental meditation practice: Focused attention or automatic self-transcending", *Brain & Cognition*, 2017.

[56] Dixon, M. L. , Thiruchselvam, R. , Todd, R. , et al.: "Emotion and the prefrontal cortex: An integrative review", *Psychological Bulletin*, 2017.

[57] Grant, J. A. , Courtemanche, J. & Rainville, P.: "A non-elaborative mental stance and decoupling of executive and pain-related cortices predicts low pain sensitivity in Zen meditators", *PAIN*, 2011.

[58] Gothe, N. P. , Hayes, J. M. , Temali, C. , et al.: "Differences in brain structure and function among yoga practitioners and controls", *Frontiers in Integrative Neuroscience*, 2018.

[59] Rudebeck, P. , & Murray, E.: "The orbitofrontal oracle: cortical mechanisms for the prediction and evaluation of specific behavioral outcomes", *Neuron*, 2014.

[60] Ochsner, K. N. , & Gross, J. J.: *The Neural Architecture of Emotion Regulation*, Handbook of Emotion Regulation, 2007.

[61] Rich, E. L. , & Wallis, J. D.: "Decoding subjective decisions from orbitofrontal cortex", *Nature Neuroscience*, 2016.

11 建成环境与体力活动：
基于建成环境对青少年体力活动的影响研究

在新时代城市化进程中，城市建成环境日益变迁，居民的生活方式不断改变。自党的十九大以来，习近平总书记就社会主义生态文明建设发表了一系列重要论述，特别提出加快建设资源节约型、环境友好型社会，推动形成绿色发展方式和生活方式，对实现中华民族的伟大复兴具有重要意义。建成环境、体力活动与健康已成为新时代城市规划与公共健康领域研究的前沿议题。本研究试图从城市规划的视角出发，通过建成环境的改善为提高青少年的体力活动、促进青少年的健康发展提供坚实的理论支撑和实践手段。研究以建成环境与青少年体力活动的关系为中心点，构建建成环境影响青少年体力活动的本土化关系模型。通过横断研究与纵向研究相结合、主观数据与客观数据相印证的研究范式，构建并验证建成环境影响青少年体力活动的社会生态学模型和交叉滞后模型，厘清建成环境影响青少年体力活动的作用机理，揭示建成环境与青少年体力活动的因果关系。

11.1 背景与意义

在新时代背景下，城市空间结构不断转型，空间形态日益扩张，折射出城市化进程中明显的离心化空间结构以及单一化、分散化的空间布局。随着城市建成环境的变迁，居民的生活方式也发生了巨大转变，在城市环境与人类活动的动态系统中，建成环境、体力活动与居民健康关系的研究构成了城市规划与公共健康领域研究的重要议题。[1]同时，中共中央、国务院印发的《"健康中国2030"规划纲要》也指出"把健康融入城乡规划、建设、治理的全过程，促进城市与人民健康协调发展"。建设健康城市是健康中国战略实施的必由之路，厘清城市建成环境与体力活动的内在关系及其作用机制，并将居民健康纳入这一关系的探讨中，可以在实践中从增加居民的体力活动、促进居民健康发展的角度有效指导城市建成环境的改善与优化。[2]

"少年强则中国强、体育强则中国强"，青少年身心健康、体魄强健是实现中华民族伟大复兴中国梦的重要基础。2018年，由教育部体育卫生与艺术教育司指导，上海体育学院重大社科项目研究团队通过对我国30个省区市的26万个样本的分析认为，我国的青少年体育健身在效果、环境和行为上存在较为明显的倒挂现象。首先，体育健身环境失衡是影响青少年体质健康的重大隐患。在体育健身环境（学校环境、制度环境、家庭环境、人际环境、社区环境）中社区环境的得分最低，社区环境对青少年参与体育健身的支持力度亟待加强。其次，青少年的体育健身行为现状不容乐观。我国青少年的体力活动水平较低，静态行为方式较为普遍。因此，改善青少年体力活动的建成环境、提高青少年的体力活动水平是现阶段促进我国青少年体质健康的两大重要突破口。探索青少年体力活动的建成环境的影响因素，构建本土化青少年体力活动促进理论模型，既是解决当前我国青少年体质健康问题的现实需求，又是促进青少年身心健康发展的必经之路。

11.1.1 学术意义

首先，在研究领域上，研究涉及的体育学、心理学、人文地理学、公共卫生等多学科领域，为城市建成环境与青少年体力活动的研究提供了重要的理论支撑，促进了多学科的交叉与融合。其次，在研究范式上，将横断研究与纵向研究相结合、主观数据与客观数据相印证，考察了建成环境与青少年体力活动之间的关系，凸显了三角论证的研究思想，为提高建成环境与青少年体力活动的研究效度提供了重要的方法与技术保障。最后，在研究内容上，构建了建成环境影响青少年体力活动的社会生态学模型，弥补了当前社会生态学理论模型研究中建成环境定量化研究的匮乏；研究还构建了建成环境与青少年体力活动的交叉滞后模型，揭示了城市建成环境与青少年体力活动的准因果关系，弥补了当前建成环境与青少年体力活动纵向研究的不足。

11.1.2 应用价值

研究构建的建成环境影响青少年体力活动的社会生态学模型和交叉滞后模型，为从城市建成环境出发促进青少年的体力活动提供了新的突破口，为"体力活动促进型建成环境"的城市规划建设提供了重要的数据支撑。

11.2 文献回顾

如何统筹城市建成环境的可持续发展，并兼顾居民的体力活动与健康促进，已然成为新时代城市化发展面临的重要课题。厘清两者的关系、明确各自的地位与价值才是真正落实统筹兼顾发展战略的基石。我国建成环境与体力活动领域的研究起步较晚，尚处于初始阶段，主要表现为，研究理论上缺少本土化理论架构的支撑；研究视角上虽凸显了人的主体性，但忽略了身体活动与建成环境这一特殊人地关系本身的同一性；研究设计上多采用横断研究，缺乏纵向跟踪研究和实验性研究；研究方法上多依托访谈、问卷等常规技术手段，多源数据的获取与先进分析方法的应用匮乏等。[3]而国外建成环境与体力活动领域研究的理论探索和实证考察相对成熟，对国外该领域研究的宏观把握与定量分析，有利于国内学者从整体上把握该领域研究的前沿问题，进而推动我国建成环境与体力活动领域的理论研究与实践发展。基于此，本部分借助有效获取、发现、探测知识前沿的科学文献计量法——科学知识图谱，以及量化与质化相结合的方式，全方位、立体化地解析国际建成环境与体力活动领域的研究进展。

以科学网核心合集为检索数据库，并根据众多著作对"体力活动""建成环境"等词的翻译、中西方文化差异以及研究者对关键词的理解分析，广泛选取检索词："physical activity""exercise""environment""built environment""environmental design""urban sprawl""community environment""urban design"等，以及复合检索方式："(environment * or built environment * or environmental design) and physical activity"或"(urban sprawl * or city sprawl * or city design * or urban construction) and health behavior"等，结合本研究目的以及三位专家访谈和两位图书馆专业检索人员的建议，经过反复配组与分析比较，最终确定检索词为：(built environment * or urban sprawl * or community environment *) and (physical activity * or exercise * or health behavior *)，文献类型为"Article"，语种为"English"，文献检索的截止时间为 2020 年 1 月 15 日。遵循文献检索"文题一致"和"优先考虑查全率"的原则，共检索相关文献 3904 篇。

11.2.1 建成环境与体力活动领域研究的学科架构

研究发现，近 30 年间共有 52 个学科领域关注"建成环境与体力活动"这一研究主题，研究成果间产生 137 次学科耦合交叉与融合。

从不同学科领域的研究成果的数量来看，PUBLIC, ENVIRONMENTAL & OCCUPATIONAL HEALTH(1923 篇)、URBAN STUDIES & TRANSPORTATION(521 篇)、GENERAL & INTERNAL MEDICINE(408 篇)、GEOGRAPHY(182 篇)、PSYCHOLOGY(161 篇)分列前 5 位，如表 11-1 所示。

表 11-1　国际建成环境与体力活动研究的学科信息表

序号	学科	发文量	中心度
1	PUBLIC, ENVIRONMENTAL & OCCUPATIONAL HEALTH	1923	0.41
2	URBAN STUDIES & TRANSPORTATION	521	0.20
3	GENERAL & INTERNAL MEDICINE	408	0.41
4	GEOGRAPHY	182	0.04
5	PSYCHOLOGY	161	0.33
6	HEALTH CARE SCIENCES & SERVICES	133	0.03
7	ENGINEERING	124	0.26
8	BUSINESS & ECONOMICS	115	0.15
9	GERIATRICS & GERONTOLOGY	112	0.03
10	SPORT SCIENCES	102	0.12
11	SOCIAL SCIENCES	89	0.34
12	EDUCATION & EDUCATIONAL RESEARCH	77	0.10
13	GREEN & SUSTAINABLE SCIENCE & TECHNOLOGY	51	0.12
14	CONSTRUCTION & BUILDING TECHNOLOGY	31	0.14

从中心度来看，建成环境与体力活动涉及主要学科共现网络图谱的关键节点共有 14 个，PUBLIC, ENVIRONMENTAL & OCCUPATIONAL HEALTH(0.41)、GENERAL & INTERNAL MEDICINE(0.41)、SOCIAL SCIENCES(0.34)、PSYCHOLOGY(0.33)、ENGINEERING(0.26)、SPORT SCIENCES(0.12)等学科的可视化中心度均大于 0.1，说明这些学科对"建成环境与体力活动"这一研究领域的贡献度较高。此外，从学科领域的发文量与中心度来看，SOCIAL SCIENCES 等学科领域属于低发文量而高中心度的潜优势学科。高发文量、高中心度以及部分潜优势学科为全面解析"建成环境与体力活动"这一研究领域提供了诸多视角，并为这一领域的研究提供了坚实的学科支撑。

20 世纪 60 年代，学者凯斯勒(Kessler)最早提出了"文献耦合"的理念，该理念可进一步运用到关键词、著作、期刊以及学科等方面的耦合分析。图 11-1 是国际建成环境与体力活动研究学科的叠加图谱。

图 11-1a 是来源数据中参考文献的学科分布图，其中椭圆纵轴越长，表明引用本学科的文献越频繁。[4]研究发现，国际建成环境与体力活动领域的研究主要参考了医学、心理学、体育学、教育学、生态学 5 大学科，

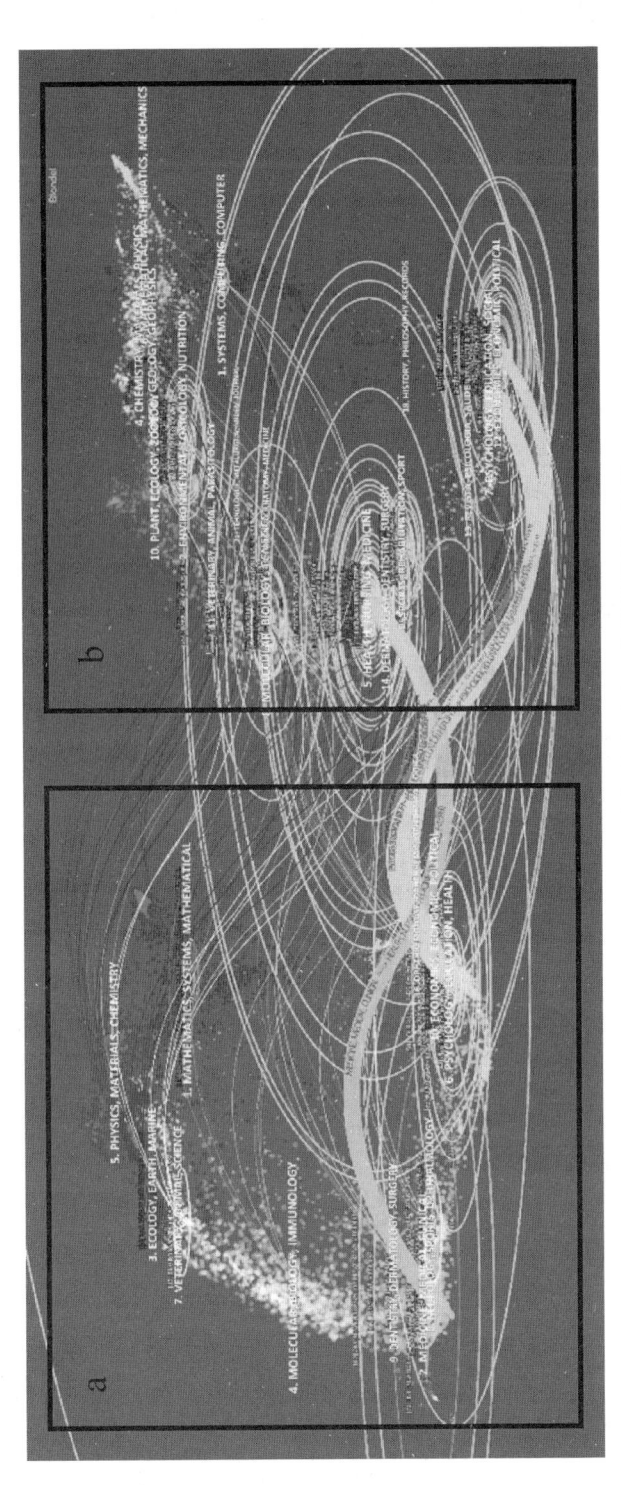

图 11-1 国际建成环境与体力活动研究学科的叠加图谱

这些学科作为建成环境与体力活动研究的来源，为建成环境与体力活动领域的研究奠定了一定的理论基础。

图 11-1b 是来源数据中施引文献的学科分布图，其中椭圆纵轴越长，表明被引本学科的文献越频繁。研究也发现，国际建成环境与体力活动领域的研究也正在逐渐影响教育学、环境学、体育科学、健康学、心理学、医学、经济学、经济政治学等领域。图 11-1a 与图 11-1b 以建成环境与体力活动领域研究为中介产生了学科间紧密的耦合联系。

研究发现，参考了医学、临床学的研究成果更多地被应用于健康学、神经科学、体育学等学科研究中，参考了体育科学、心理学的研究成果更多地被应用于教育学、心理学、体育科学以及健康学等学科研究中，参考了生态学、地理学的研究成果更多地被应用于环境学、医学、心理学、教育学、体育科学等学科研究中。学科交叉是当今世界学术主流的发展方向之一，多学科交叉与融合为攻克建成环境与体力活动领域研究的复杂问题，满足国家和社会的发展需求提供了坚实的理论支撑。

11.2.2 建成环境与体力活动领域研究的发展脉络

如图 11-2 所示，根据该领域研究热点时区视图与研究领域内突现的高频关键词及其中心度，结合特定时期高被引文献，可将 1992—2020 年国际建成环境与体力活动研究的发展分为以下 3 个阶段。

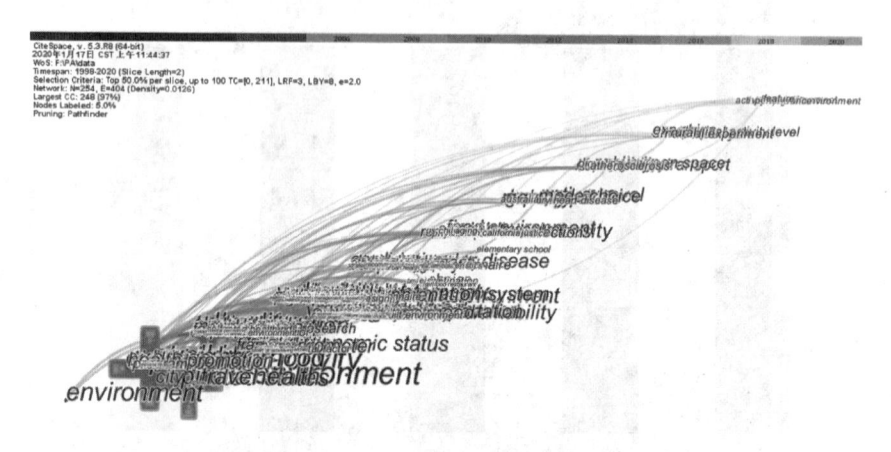

图 11-2　国际建成环境与体力活动研究热点时区视图

第一阶段，基础发展期(1992—2004 年)。该时期共包括 98 篇论文研究成果，主要涉及城市景观和建筑环境对城市居民体力活动的影响、影响体力活动的建成环境因素探讨以及社区环境与居民体力活动和肥胖的关系研究等。[5][6][7]高频关键词主要有：environment(环境)、physical activity(体力活动)、public health(公共健康)、city(城市)、behavior(行为)等,其中心度均高于 0.10,表明这些高频关键词在建成环境与体力活动领域的研究中具有较高的影响力,可以代表该时期研究的前沿热点。对基础发展期研究成果的共被引文献进行图谱聚类(聚类方式为 Find Clusters,命名为 Keyword,算法为 LLR,下同),发现建成环境与居民的骑行行为关系以及促进体力活动的建成环境影响因素是该时期研究的两大主题。整体而言,该时期的研究主题相对较少,这也是大多学科领域研究发展初期的必然结果。此外,2003 年,《美国公共卫生杂志》(*the American Journal of Public Health*)和《美国健康促进杂志》(*American Journal of Health Promotion*)均以专刊的形式出版了建成环境与体力活动和健康关系的系列研究,在学界产生了极大影响。次年 8 月,在德国美因茨举办的世界行为医学大会上,萨利斯教授、欧文(Owen)教授等人共同发起并创建了国际体力活动与环境网(International Physical Activity and the Environment Network,IPEN)。IPEN 的创建为增进研究者间的交流与合作提供了重要的平台,为不同国家研究数据的整合分析提供了有效媒介。2004 年作为国际建成环境与体力活动领域研究的重要时间节点,既是对本领域以往研究成果积淀的总结点,也是未来研究发展的发起点,具有承上启下的重要作用。

第二阶段,高速发展期(2005—2013 年)。该时期的研究成果年产出量呈指数增长,共包括 1469 篇论文。研究发现,2013 年(305 篇)全球论文刊发数量约是 2005 年(44 篇)的 6.93 倍,其中高频与高中心度关键词主要有:physical activity(体力活动)、built environment(建成环境)、walking(步行)、obesity(肥胖)、health(健康)等,其中心度均高于 0.10。对高速发展期研究成果的共被引文献进行图谱聚类,发现该时期的研究重点主要集中于建成环境与青少年体力活动和肥胖的关系研究、步行与建筑环境的关系研究以及旅游和出行与建成环境各要素的关系研究。[8][9]与基础发展期相比,高速发展期在研究主题的扩充、研究内容的广度与深度以及研究范式的多样化等诸多方面均实现了量的突破与质的提升。此外,该时期的部分重量级成果发表在《美国预防医学杂志》(*American Journal of Preventive Medicine*)这一高水平学术刊物上,如 2009 年相继出版了介绍"设计下的积极性生活"项目以及建成环境测量方法研究的两次专刊,2012 年又出版了"设计下的积极性生活"项目具体实施技术和方案的专刊。高质量研究成果的相继发表以及高水平学术刊物的鼎力支持为该领域的研究迈入繁荣发展期奠定了基础。

第三阶段,繁荣发展期(2014—2020 年)。该时期的研究成果在前两个阶段的基础上实现了高速增长，共包括 2337 篇论文。其中，obesity、overweight（超重）、body mass index（身体质量指数）、older adults（老年人）、adolescent（青少年）、children（儿童）、walking、built environment、physical activity、mental health（心理健康）等是该时期研究的高频与高中心度关键词，既代表近年来国际建成环境与体力活动研究的前沿热点主题词，又是该领域研究发展的风向标。通过对该时期研究成果的共被引文献进行图谱聚类，发现繁荣发展期的研究主要集中于建成环境对不同人群（如儿童、青少年、老年人等）体力活动的影响、建成环境对不同类型体力活动（如步行、骑行等）的影响、邻里环境与体力活动的关系、体力活动的建成环境各要素评估与监测——地学信息系统（geographic information system，GIS）技术、体力活动评估方法。[10]该时期的研究特征主要体现为研究方法更加综合、评估手段更加科学、变量关系更加精确、研究人群更加广泛，整体上实现了向深度综合化研究发展的路径。

纵观近 30 年国际建成环境与体力活动的研究发展脉络，发现该领域的研究呈现显著的阶段性变化特征。基础发展期是该领域研究成果的积累阶段，研究主要依据主观经验的获得，这一阶段由美国圣地亚哥大学设立的"环境研究与活跃的生活政策"项目（Environment Strategy and Active Life Policy）的研究成果较为显著。同时期，社会生态学理论模型的形成和"国际体力活动与环境网"的创建为下一阶段研究两者的关系提供了重要的理论基础和学术共享平台。高速发展期进行了大量实证探索，影响体力活动的建成环境因素主要包括土地混合利用度、街道连通性、城市扩张、净居住密度，计步器的使用使评估监测更加客观化，研究对象逐渐针对小部分特定群体。此外，高水平学术期刊的支持为推动该时期的研究起了重要作用。繁荣发展期突破了建成环境、体力活动评估测量的瓶颈，流行病学研究方法的合理运用拓展了本领域的研究范式，不同建成环境因素与不同人群的不同类型体力活动的关系更加趋向精确化。整体而言，国际建成环境与体力活动的研究发展实现了由宏观研究向微观研究的转变。

11.2.3 建成环境与体力活动领域研究的热点分析

研究发现，国际建成环境与体力活动研究热点图谱由 131 个节点和 186 条线连接组成，节点代表关键词，出现频次越高，节点越大，节点间的连线代表共现关系，线条的粗细代表共现强度，如图 11-3 所示。

11 建成环境与体力活动 367

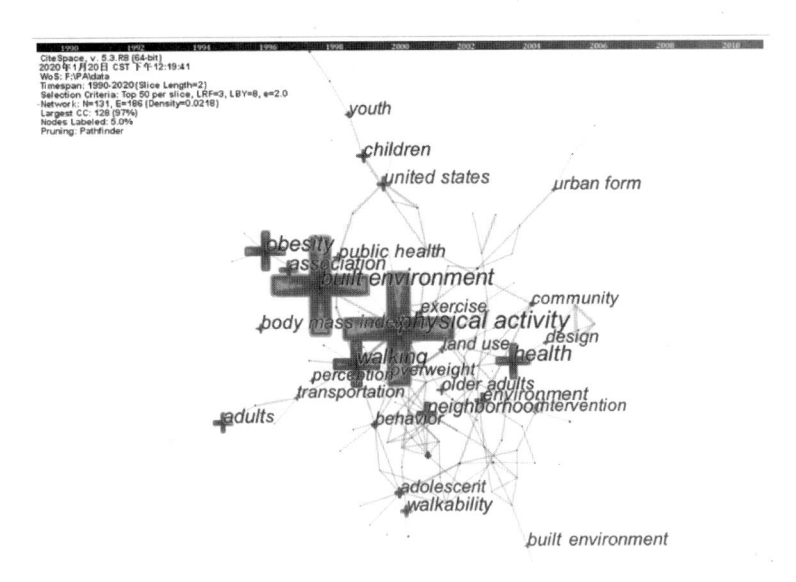

图 11-3 国际建成环境与体力活动研究热点图

由 CiteSpace V 导出数据，合并表达意义相同或相近的关键词，如 built environment 和 outdoor environment、walking 等，得到国际建成环境与体力活动研究前 20 位的高频关键词，如表 11-2 所示。

表 11-2 国际建成环境与体力活动研究高频关键词及其中心度（前 20 位）

序号	关键词	频次	中心度	序号	关键词	频次	中心度
1	physical activity	2438	0.49	11	older adults	316	0.14
2	built environment	2122	0.28	12	adolescent	311	0.30
3	walking	1084	0.70	13	transportation	301	0.09
4	obesity	956	0.06	14	health behavior	284	0.27
5	health	938	0.15	15	land use	283	0.12
6	neighborhood	546	0.27	16	design	260	0.09
7	adults	525	0.00	17	exercise	245	0.23
8	United States	442	0.12	18	intervention	242	0.10
9	children	421	0.12	19	community	230	0.21
10	body mass index	394	0.03	20	perception	182	0.27

physical activity 与 built environment 是出现频次第 1 位和第 2 位的高频词，探讨两者的关系也正是该领域研究的重中之重，其中心度高达 0.49 和 0.28。体力活动的不同表现形式——walking、health behavior(健康行为)、exercise 是排名第 3、第 14、第 17 位的高频关键词,其中心度均大于 0.20。尤其 walking 是整个研究领域中中心度最高的关键词,达到了 0.70,由此可见,walking 在建成环境与体力活动研究领域受到众多学者的高度关注。学者赛伦斯(Saelens)等人系统回顾了建成环境与步行行为的关系,发现步行行为与城市建筑密度以及到非居住目的地的距离和土地混合利用之间存在显著相关,而与道路连接、公园及开放空间之间的关系不明确。[11] transportation(交通)是排列第 13 位的高频关键词,结合研究热点图及相关文献研究发现,交通是建成环境与步行行为研究的重要联结点。建成环境的具体表现形式包括 neighborhood(邻里环境)、land use(土地利用)、design(规划设计)、community(社区),这些关键词的排名分别为第 6、15、16、19 位,其中 neighorhood 和 community 的中心度高达 0.27、0.21,说明它们是学者重点关注的影响体力活动的重要因素。已有研究证实居住密度、街道连通性、美观性和安全性越高的邻里环境,社区居民体力活动水平越高。[12] 多年来,各国学者一直致力于探索建成环境与体力活动的关系,然而对建成环境内部结构要素的解析仍有待进一步挖掘,明确建成环境诸要素与居民不同类型体力活动的精确化关系仍是该领域未来研究的热点和趋势。

obesity、health、body mass index 是排名第 4、5、10 位的高频关键词,特别是 health,其中心度为 0.15,这既是公共卫生领域研究的重要议题,也是国际建成环境与体力活动研究领域的前沿问题。梳理相关研究发现,建成环境通过影响体力活动促进居民的身体健康这一作用路径尚不明确。尽管有证据表明成人肥胖受环境因素的影响,但环境对儿童肥胖的影响仍需进一步探索。邓肯(Duncan)发现户外娱乐场地、公园、地铁站、文化/教育场所等城市建成环境因素与青少年的体质指数没有一致性。究其原因,可能在于该领域的学者多以体重、体质指数等来衡量健康水平,而有研究认为体重、体质指数等身体形态学指标受遗传、饮食等的影响较大。因此,建成环境与健康、肥胖之间的关系到底如何以及体力活动在其中扮演的角色等仍是未来该领域研究亟待解决的重要课题。此外,还需进一步考察体力活动的其他健康效益指标与建成环境的关系。

adults、children、older adults、adolescent 是排名第 7、9、11、12 位的高频关键词,其中 children、older adults、adolescent 的中心度分别为 0.12、0.14、0.30,说明儿童、青少年和老年人是该领域学者最为

关注的群体。研究主要集中在建成环境与儿童、青少年体力活动以及肥胖/超重/体质健康的研究、建成环境与老年人体力活动水平以及慢性疾病的研究。[13][14]随着国际儿童、青少年体力活动不足与久坐行为等不健康生活方式造成的超重、肥胖等流行病的蔓延以及世界人口老龄化加速与慢性疾病的频发,儿童、青少年和老年人已成为社会科学研究的重点关注人群。未来建成环境与儿童、青少年、老年人体力活动及健康促进研究不仅是国际建成环境与体力活动研究领域的热点问题,而且是公共卫生、康复保健等领域研究的前沿问题。纵观近30年国际建成环境与体力活动研究领域发现对女性及残疾人群的研究较为鲜见。因此,对特定人群,特别是女性、残疾人群体的深入研究可能是未来该领域研究的重要突破口。

United States(美国)是排名第8位的高频关键词,也是排名前20位高频关键词中唯一的国家属性关键词。美国作为高度发达的现代化国家成为广大学者高度关注的焦点毋庸置疑。自1955年哈佛大学创办《人居环境科学》杂志探讨美国城市的更新和发展问题后[15],政府先后通过《全民健康规划法案》、修订《精明增长立法指南》、成立美国精明增长联盟(Smart Growth America)等一系列举措,为美国建成环境促进公共健康保驾护航。学者曼泰(Maantay)认为美国政府注重城市规划建设与公共健康促进的协调发展,国家健康战略更强调建成环境促进公共健康的重要价值。因此,深入挖掘、借鉴美国建成环境促进公共健康的背后机理,对推动其他国家建成环境与体力活动领域的研究大有裨益。perception(感知)虽然是排名第20位的高频关键词,但其中心度高达0.27,是排名前20位的高频词中唯一的理论性关键词。环境感知是影响个体行为决策的因素之一,人与环境相互作用论、社会生态学理论是国际建成环境与体力活动研究的重要理论基础,并一直沿用至今。intervention(干预)是排名第18位的高频词,其中心度为0.10。干预研究是前期研究积累的必然结果,也是理论研究转化为实践应用的必经之路。研究主要通过干预身体健康相关建成环境,以期达到增加体力活动、控制体重、促进体质健康的目的[16],尤其是特殊人群体力活动的健康效益指标,如儿童、青少年肥胖、老年人慢性疾病等。目前该领域研究的主要瓶颈在于对建成环境改变的现实操作性不强,更多体现在增强人们对建成环境与身体健康关系的意识上,如由纽约气候和健康工程研发的评估都市地区气候和土地等建成环境变化所导致人们公共健康变化程度的模拟系统,其主要干预手段也是向城市居民传授关于"建成环境干预对居民体力活动和健康促进利与弊"的知识。因此，如何将显著的科研成果转化为现实生产力回馈社会是该领域未来研究发展的主攻方向之一。

11.2.4 建成环境与体力活动领域研究的演化分析

如图 11-4 所示，♯前缀名称为聚类命名，其余部分代表高中心度的文献，表明该文献在建成环境与体力活动领域研究中具有重要的纽带作用和代表性意义。研究发现，国际建成环境与体力活动领域研究的主要聚类有 9 个，♯0：老年人、♯1：测量、♯2：儿童、♯3：环境影响因素、♯4：中等强度、♯5/♯6：可步行性、♯7：户外环境、♯8：身体健康。

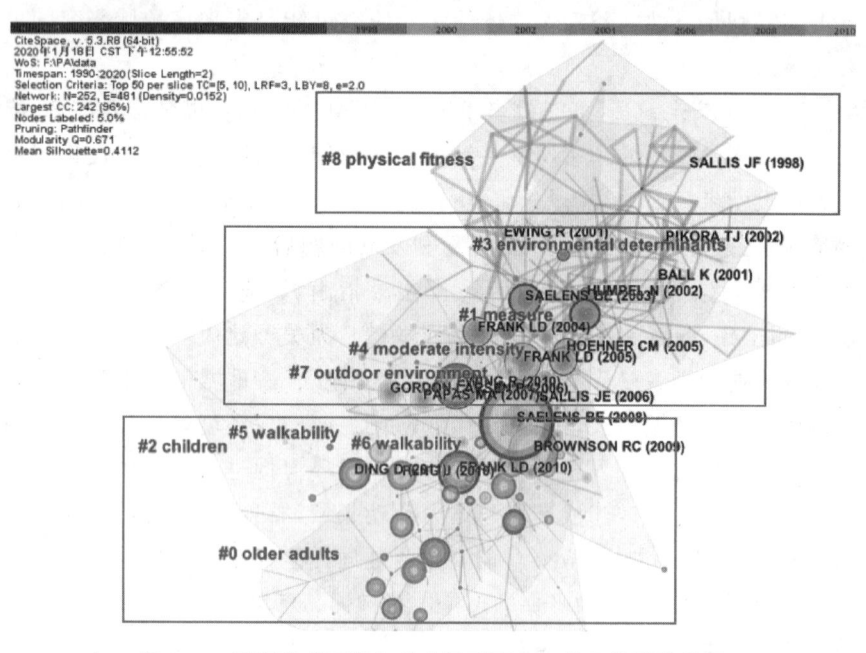

图 11-4　国际建成环境与体力活动研究文献共被引聚类图

根据聚类内容将共被引聚类分为三部分：第一部分为国际建成环境与体力活动研究的源起；第二部分为对自变量（建成环境）的探索；第三部分为对因变量（体力活动与健康促进）的考察。图中的不同聚类分属于这三部分，并形成各自的演化路径。同时，对国际建成环境与体力活动研究文献共被引聚类图中的三部分进行再划分，特别是后两部分包括的聚类较多，并对代表性节点的高中心度文献信息（见表 11-3）进行重点分析，以揭示该领域研究的演化特征，与该领域研究的发展脉络和研究热点交相呼应，完成对该领域近 30 年研究横向与纵向相结合的全方位解读。

表 11-3　国际建成环境与体力活动研究各知识聚类高中心度文献

主要作者	文献信息	文献来源	被引
Saelens	Environmental correlates of walking and cycling: Findings from the transportation, urban design, and planning literatures	Annals of Behavioral Medicine, 2003	174
Saelens	Built environment correlates of walking: A review	Medicine And Science in Sports and Exercise, 2008	372
Brownson	Measuring the built environment for physical activity: State of the science	American Journal of Preventive Medicine, 2009	269
Ding	Neighborhood environment and physical activity among youth a review	American Journal of Preventive Medicine, 2011	159

11.2.4.1　第一部分：国际建成环境与体力活动研究的源起

如图 11-4 所示，第一部分仅包括 1 个聚类♯8：身体健康，♯8 出现在国际建成环境与体力活动研究的早期。这一聚类中的高被引代表文献为 1998 年著名心理学家萨利斯所发表，其中心度达到 0.1。学者哈里斯发现在建成环境与体力活动领域研究的核心文献中，萨利斯的重要文献就占总数的 17.5%，排名第一位，表明萨利斯在建成环境与体力活动领域的研究中有着非常重要的影响力。[17] 19 世纪中期，工业革命推进了以英、美为首的国家城市化发展，同时也面临着城市人口骤增、城市环境恶化以及城市设施落后、匮乏等问题。而"健康城市"理想模型和"田园城市"设想的提出为解决上述问题提供了重要框架，同时期英国颁布了《住房、城镇规划等法》，这是英国第一部致力于促进身体健康的现代城市规划法案。20 世纪以来，医学领域高速发展，细菌理论（germ theory）主导的公共健康问题研究开始关注城市建成环境的物质空间形态设计。1996 年，由美国卫生局报告的健康和体力活动的关系引起了学界的广泛关注。随后萨利斯系统回顾了建成环境与居民体力活动的早期研究，并在基础上提出了促进居民体力活动行为的社会生态学理论。[18]

第一部分中的大部分研究成果主要由学者根据主观经验得出，同时也反映了不同历史时期的研究始终与所处的社会背景相契合的特征。此部分研究虽不是建成环境与体力活动研究中最集中的部分，但仍具有一定的实践指向性和时代诉求。理论积淀是不同领域研究的必经之路,"健康城市""田园城市"等相关理论的提出促进了国际建成环境与体力活动领域的理论研究,并为推动该领域的应用研究奠定了基础。

11.2.4.2 第二部分:对自变量(建成环境)的探索

如图11-4所示,第二部分共包括4个聚类,♯1:测量、♯3:环境影响因素、♯4:中等强度、♯7:户外环境。综合考察各聚类高频关键词和高中心度文献,第二部分聚类大致可分为促进体力活动的建成环境的影响因素研究(♯3)、促进体力活动的建成环境的评估与测量研究(♯1)、建成环境对中等强度体力活动的影响研究(♯4、♯7)3个主题。

(1)促进体力活动的建成环境的影响因素研究

♯3的聚类为环境影响因素。纵观近30年该领域的研究发展,建成环境影响因素的构成研究经历了从3D模型(密度、土地利用、设计)到5D模型(密度、土地利用、设计、可达性、距离)的转变。学者哈里斯通过对2764篇以"建成环境与体力活动"为主题的文献分析发现,目前体力活动与建成环境影响因素的相关研究仍处于摸索阶段[17]。①密度。新城市主义理论源于20世纪80年代,强调提倡建设高步行性、紧凑的城市社区类型,共包含传统邻里社区发展理论和公共交通主导型开发理论两个子理论。新城市主义理论是探讨城市建成环境密度与居民体力活动水平的重要理论支撑。基于该理论,学者奥克斯(Oakes)、福赛思(Forsyth)等人发现,高密度、紧凑型社区建成环境有助于促进居民选择步行或骑行的交通出行方式,进而增加居民的体力活动水平。[19][20]但学界对社区建成环境的特定密度阈值与步行、骑行等交通方式选择之间的因果关系并未形成统一的定论。究竟是社区建成环境的密度本身影响了居民出行方式的选择,还是伴随密度的改变产生的其他变量,甚至是被密度代替的其他潜在变量影响了居民出行方式的选择,进而增加居民的体力活动水平,这些问题仍悬而未决。[21]②土地利用。城市空间结构生态化基本理论认为城市空间功能的多样性依赖土地混合利用度。诸多研究也发现,土地混合利用度与居民出行距离显著相关,即土地混合利用度越高,居民出行距离越短,更有助于居民绿色出行方式的选择(如步行、骑行等),进而提高居民的体力活动水平[11]。熵指数(entropy index)已成为衡量土地混合利用度的惯用指标。研究发现,熵指数增加1,居民交通性步行会增加5.8倍,休闲性步行会增加1.5倍。③设计。已有研究证实,城市建成环境设计内容越丰富,居民感知到的安全感与舒适感就越强,尤其是城市街道网络的建成特征。加尔维齐(Galvez)等人发现,居民步行量与人行道连续度呈显著正相关,清晰的路网结构以及明确的方向感知都有助于提高居民的体力活动水平。[22]学者温德尔-沃斯（Wendel-Vos）、尤因（Ewing）等人也发现，网格状道路网和高交叉口密度有利于增强街道联系，降低方向识别难度，进而促进居民选择步行或骑行的通勤方式。④可达性与距离。学界对可达性、距离与居民体力活动水平关系的研究结论较为一致：可达性越高，居民就越可能在短距离内达到出行的目的，如购物、健身等，越有利于居民选择步行或骑行的通勤方式，进而提高居民的体力活动水平。[23]

(2)促进体力活动的建成环境的评估与测量研究

♯1聚类为测量，对影响体力活动的建成环境进行科学测量与评估是解构建成环境与体力活动复杂关系的关键，也是该领域研究发展的重要突破口。目前对影响体力活动的建成环境的测评主要从定性评估与定量测量两个方面入手。在定性评估方面，对青少年、成年人主要通过环境感知的方法评估，如观察评估、自我报告等，对儿童主要采用感知绘图的方法评估。在定量测量方面，一类采用问卷的客观题目测量，另一类基于遥感影像或GIS技术进行测量。[24]前者数据的获取主要基于被试的主观记忆，运用范围广泛但难以保证获取数据准确率。后者的研究虽然起步较晚，但以数据获取快速、精确、综合的优势被广大研究者青睐。基于GIS测量的人口密度、土地混合利用度、设施可达性、街道格局等建成环境评价指标相对成熟[25]，但对步行可及性、景观格局和城市扩展形态等综合指标未涉及，仍需定性手段辅助评估。保证建成环境测量数据的精确以及定性评估与定量测量的相互补充是探讨建成环境与体力活动关系的前提。伴随测评手段的更新以及获取数据的准确、全面，建成环境与体力活动的关系也会愈加清晰。

(3)建成环境对中等强度体力活动的影响研究

聚类♯4为中等强度、聚类♯7为户外环境，这是两个联系较为紧密的聚类。19世纪90年代，由美国运动医学会和心脏病协会联合发表的体力活动指南得到了学界的普遍认可，指南指出成年人需要每周至少5天进行不低于30分钟的中等强度体力活动，同时强调中等强度体力活动对维持机体健康的重要性。21世纪初，学者皮科拉（Pikora）等人[26]认为对体力活动进行干预研究的重点已经从剧烈的身体活动转向户外快走、慢跑、骑行等中等强度的体力活动，皮科拉还建议采用社会生态学的方法进行体力活动的研究和实践。已有研究证实在户外环境下，如城市公园、绿地等场地，居民更易达到中等强度的体力活动水平，城市公园、绿地的数量、面积及可达性等均与居民中等强度的体力活动水平呈正相关。

11.2.4.3 第三部分：对因变量(体力活动与健康促进)的考察

如图 11-4 所示，第三部分共包括 4 个聚类，分别是♯0：老年人、♯2：儿童、♯5/♯6：可步行性。综合考察各聚类高频关键词和高中心度文献，第三部分聚类大致可分成建成环境对儿童、青少年体力活动与健康促进的研究(♯2)、建成环境对老年人体力活动与健康促进的研究(♯0)、建成环境与可步行性的研究(♯5、♯6)3 个主题。

(1)建成环境对儿童、青少年体力活动与健康促进的研究

体力活动对儿童、青少年的肥胖防预、代谢改善、骨密度增强等的意义重大。近年来，世界各国均在积极探索提高儿童、青少年体力活动水平的有效干预途径，而西方学者已将注意力集中在建成环境对儿童、青少年体力活动的影响上。与其他因素相比，环境因素对行为的影响范围更广且效果更持久。研究发现，步行指数、交通状况及健身场所可及性等建成环境评价指标与儿童、青少年的体力活动有稳定的关联。[27]还有大量研究探讨了建成环境对儿童活跃出行行为的影响，如学者王(Wong)等人[28]发现"距离"是儿童活跃通勤方式的最稳定的影响因素，道路环境特征(如基础设施、障碍物等)、家长交通安全感知等是影响儿童活跃出行的重要因素。此外，有些学者利用特定体力活动场景进行了环境影响因素研究。在时间特异性方面，学者莫塔(Mota)发现在非在校时段，住宅附近健身场所数量与儿童、青少年的身体活动水平呈正相关；在空间特异性方面，洛雷罗(Loureiro)等人[29]发现儿童、青少年感知到的活动空间越充足、安全，越倾向于参与户外活动。近年来，GPS 也被逐渐应用于儿童、青少年空间特异性体力活动影响因素的研究中，GPS 与加速计的联合使用使得儿童、青少年体力活动的测量与评估更加精确。[30]

(2)建成环境对老年人体力活动与健康促进的研究

目前，世界人口正趋于老龄化，而老年人的机体功能减退、体力活动不足已成为公共卫生领域关注的焦点问题。受机体功能的影响，老年人的体力活动区域主要集中在住宅区及周边，因此住宅区及周边建成环境对老年人体力活动水平的影响最大，也是国际建成环境与体力活动研究的热点之一。步行是老年人体力活动的主要来源。有学者发现居住在离周边锻炼设施较近的老年人有更高水平的步行活动。也有研究证实，高住宅密度和土地混合利用度以及较好的街道连通性均能提高老年人的交通性体力活动水平，居住在离公园较近的老年人则可显著提高其休闲性体力活动水平。此外，学者角田(Tsunoda)发现安全设施齐全、环境优美的住宅区也可增加老年人的步行活动。因此，合理规划城市社区及

周边建成环境对提高老年人的体力活动水平,进而促进其身体健康具有重要意义。

(3)建成环境与可步行性的研究

♯5和♯6两个聚类均为可步行性,可见,可步行性研究已被该领域的众多学者高度关注。步行是建成环境促进体力活动的重要途径,可步行性不仅是简单的通勤方式选择,而且映射出学界对目前以机动车为导向的城市发展模式革新的思考。建成环境可步行性的早期研究主要关注居民的社区安全和美学感知。学者克劳彻(Croucher)等人发现,相比其他群体而言,女性和老年人群体更加关注社区安全,而家长对社区安全的感知也会影响儿童的体力活动水平。对休闲性步行者来说,美学感知需求代替了对交通效率的追求,进而提高了步行者的体力活动水平。社区环境步行性量表是国际上常用的可步行性测度工具。[31]此外,学者弗朗克(Frank)等人[32]提出的步行性指数也可以较为准确地衡量社区建成环境健康影响的有效性,已被广泛应用于建成环境与体力活动及健康促进研究领域中。

综上所述,国际建成环境与体力活动领域研究的演化特征除早期以萨利斯为代表,提出的"健康城市""田园城市"等相关理论为该领域的发展奠定了一定的理论基础外,主要体现为对自变量(建成环境)的探索和对因变量(体力活动与健康促进)的考察两条路径。在自变量方面,从对促进体力活动相关建成环境影响因素的探寻到对促进体力活动相关建成环境的测量与评估,是不断厘清自变量内部结构组成和不断更新测量手段的过程,对中等强度体力活动的考察是逐渐把研究重心从对自变量内部结构的解析过渡到因变量——体力活动及其健康效益指标上;在因变量方面,对儿童、青少年、老年人体力活动与健康促进的考察体现了社会发展的现实需求,而对建成环境与可步行性的研究则是学界对现代城市发展模式的深刻反思和对大健康时代的呼应。

11.2.5 文献小结

11.2.5.1 多元化的建成环境与体力活动研究手段亟待更新

在目前建成环境与体力活动领域的研究中,两者的因果关系及其指向性尚未形成统一的定论,大多研究结果都体现在两者在统计学意义的关联性上,到底是建成环境影响了居民体力活动,还是居民体力活动的习惯、态度影响了居民对住宅及其周边建成环境的选择,仍有待进一步研究。已有的研究在数据收集方面多为横断面数据,缺少纵向追踪数据的支撑。众所周知,横断面数据在解释变量的因果关系上有一定的缺陷,为纵向追踪数据解释变量间的关系留下了其他可能性。未来研究既要基于真正的面板数据考察建成环境与不同群体体力活动的关系，也要加强纵向追踪研究设计，考察建成环境变化对居民体力活动的影响，进一步明确建成环境与体力活动的关系。未来的研究可借助自然实验，如自然搬迁研究，增加纵向追踪研究。此外，由于人与环境的关系非常复杂，还应进行环境干预实验，提高研究设计的严谨性，消除混杂变量，以得到真实验数据的支撑。

11.2.5.2 复杂化的建成环境与体力活动之间的关系有待验证

在建成环境与体力活动关系的探索中，人与环境的关系理论是该领域多学科交叉研究的基础，一方面强调环境对个体行为的塑造，另一方面注重个体对环境的主观认知。前者过于强调环境的单一因素，决定了其片面性与极端化；后者过于强调个体的主观能动性，认为心理因素在环境与个体行为之间起重要作用。基于此，不管是环境对个体行为的影响，还是个体主观能动性构建并符号化现实环境，两者都认可了环境对行为的重要作用，而且环境与行为之间的关系也不仅仅是简单的相关。体力活动受个体、人际、学校、社区等多因素的影响，应把不同因素纳入两者关系的考量中，探究建成环境如何通过中间因素的交互作用影响个人体力活动，并根据体力活动促进理论模型，逐渐探寻更深层次的机制问题。社会生态学理论模型摆脱了人与环境关系的二元论，为环境与个体行为的互动提供了理论基础，同时也为建成环境与体力活动关系的研究提供了新框架、新思路。

11.2.5.3 本土化的体力活动促进理论模型有待建构和检验

从健康信念模型到社会生态学模型，体力活动促进理论模型的不断更新，凸显了理论模型运用策略的转变，形成了研究与实践相结合的局面，实现了研究视角从关注个体向关注群体的过渡。[33]与此同时，我国学者应进一步增强体力活动促进理论模型的本土适应性。体力活动促进理论模型大多植根于国外，如何将其嫁接到中国文化背景下，并取得良好的效果，是每一位研究者都应该思考的问题，特别是我国有关社会生态学模型与体力活动的研究最早都源于西方，在借鉴的同时，应考虑到我国的社会经济发展、城市规划建设、体育发展政策、人文特征等方面和西方社会的差异。因此，急需增强社会生态学模型在中国文化背景下的适用性，构建中国式体力活动促进的社会生态学模型。

11.3 建成环境影响青少年体力活动的社会生态学模型构建与检验

2017年发布的《中日儿童青少年体质健康比较研究结果公报》中提到，2014年和2016年，中国儿童青少年体格指标均显著高于日本，但在体能指标方面，日本儿童青少年在心肺耐力、柔韧性和灵敏协调性方面均显著高于中国，报告表明我国儿童青少年体质健康总体下滑的趋势仍未彻底扭转。《"健康中国2030"规划纲要》的颁布是我国积极践行联合国《变革我们的世界：2030年可持续发展议程》、踊跃参与全球健康治理的重要举措，也标志着健康问题已成为当今全球共同面对的公共问题。因此，青少年体质健康促进仍是新时代体育科学研究面临的重要课题，同时也是新时代健康中国建设的重要抓手。

当前，体力活动促进理论模型较多，每种理论模型的侧重点不同：健康信念模型注重认知因素对行为的影响，合理/计划行为理论强调行为态度、锻炼意向和行为控制感对行为的决定作用，自我效能理论认为可通过认知、环境和行为结果强化自我效能进而促进健康行为，而跨理论模型则从动态的过程描述人类的行为变化，强调锻炼意向在个体行为变化阶段的作用。[33] 从中可以发现，以往体力活动促进理论模型大都聚焦于个体的内部水平层面，而且基于以上理论模型制定的青少年健康干预策略的收效也不尽如人意。因此，一种关注多层次影响，同时考虑个体因素和外在环境因素及其相互作用的体力活动促进理论框架应运而生——社会生态学理论。该理论受到了西方学者和政府部门的高度关注，在青少年体力活动促进的理论与实践研究中也因表现出了巨大潜力而被广泛认可，从社会生态学理论考察人类行为与环境的问题已成为当前健康领域的研究热点。本部分旨在构建并检验建成环境影响青少年体力活动的社会生态学模型，为社会生态学理论指导青少年体力活动促进提供有力支撑。

11.3.1 青少年体力活动影响因素的解析

社会生态学模型将影响个体行为的个人与环境因素划分为个体层面、人际层面、组织层面、社区层面、政策层面。

11.3.1.1 个体层面

个体层面处于社会生态学模型的最内层，最早受到学者的关注，理论框架也最为成熟。基于个体层面的影响因素主要从个体心理出发，包括自我效能感、基本心理需要、自尊、身体活动益处/障碍、活动愉悦等影响因素，尤其是自我效能、基本心理需要对青少年体力活动的预测和干预受到了学者的高度关注。

自我效能是推测和判断个体是否有能力从事某一行为的重要变量，也是社会认知理论的核心组成部分。已有研究发现，自我效能对个体的决策制定、信息处理、资源认知具有重要影响，自我效能水平越高的个体越倾向于制定良好的决策，正确处理信息以及恰当的资源认知，更有利于任务的完成、目标的实现。同样，自我效能对个体身体活动也起着重要作用。学者阿什福德（Ashford）等人[34]基于5501名被试的27篇独立干预研究的元分析证实了自我效能与身体活动的显著关系，并发现提高自我效能是促进身体活动的重要干预措施之一。学者科洛洛（Kołoło）等人[35]也实证了自我效能在促进青少年的身体活动方面具有显著作用，也是青少年身体活动的显著预测因子。学者麦克罗伊（McLeroy）等人[36]还发现自我效能能激发和促进个体参加体育锻炼，参加体育锻炼也能显著增强个体的自我效能，体育锻炼与自我效能之间是一种相互促进的关系。国内学者司琦等人[37]对青少年校内闲暇时间体育锻炼的研究也佐证了这一结论。

基本心理需要理论作为自我决定理论的核心，是解释、预测青少年体育锻炼行为的重要理论。基本心理需要理论将个体的基本心理需要划分为自主需要、能力需要以及关系需要三种，它们对个体的健康成长具有重要作用。自主需要是个体通过感知对其行为的掌控程度产生的自我决定感，如青少年可以自由决定是否参加体育活动、什么时间开始、什么时间结束等；能力需要是个体通过感知与外界有效互动产生的胜任感，如青少年在参加体育活动中能自如地处理遇到的问题；关系需要是个体通过感知周围环境或重要他人的支持产生的归属感，如青少年感觉到有与同学、朋友保持一定联系的需要。基本心理需要的满足可以促进个体外部动机的内化，形成内在目标定向，促使行动的发生。已有研究表明，个体在运动自主支持的环境中，运动的自主需要、能力需要、关系需要的满足与其体力活动水平显著相关，基本心理需要的满足能促进体力活动水平的提高。同时，受青少年身心发展特征的影响，研究者一般难以掌握青少年进行或终止体育活动的准确动机，但通过基本心理需求可以明确青少年运动的内部动机是否得到了满足和加强，同时预测其未来运动行为的延续性。

11.3.1.2　人际层面

社会支持是影响青少年体力活动的重要因子，也是人际层面最重要的因素之一。国内外相关研究的重点关注不同来源的社会支持对青少年身体活动的影响。社会支持一般源于父母支持、同伴支持以及教师支持。

首先,父母支持在促进青少年体力活动参与方面扮演着重要角色。通常,父母支持主要包括有形支持和无形支持两种。有形支持,如父母与孩子一同参加体育锻炼,为孩子购买体育健身器材,陪孩子一起现场/网络观看体育赛事等;无形支持,如向孩子传授健身知识和理念,多鼓励和支持孩子参加体育活动,对孩子的反应积极反馈等。学者夸姆比(Quarmby)等人[38]通过小组访谈的方式发现,家庭在塑造青少年体力活动倾向方面起重要作用,而且几乎所有父母都会向自己的孩子传授关于体育活动的理念和价值。学者马尔霍尔(Mulhall)等人[39]考察了青少年体力活动参与和家庭特征的关联,也发现了家庭特征与青少年体力活动的相关性。

其次,同伴支持是影响青少年体力活动的又一重要的社会支持来源。青少年时期的大部分时间都在学校度过,此阶段获得父母的监护较少,同伴的影响逐渐增大。受青春期发育的影响,青少年在父母面前往往会呈现出叛逆的姿态,但却更希望得到同伴的认可。因此,这一时期同伴的支持对青少年发展的影响较大。多德尔(Dowda)等人[40]以美国青少年为对象,研究发现同伴支持与青少年中高强度的体力活动呈显著正相关。邓肯(Duncan)等人[41]也发现同伴支持对初中生体育课上体育活动的选择以及积极体验都会产生显著影响。维尔亚尔姆松(Vilhjalmsson)等人[42]发现朋友关系能对青少年体力活动产生显著影响,而且朋友关系的远近也会对青少年体力活动产生不同的影响,关系越亲密,影响就越大。哈耶(Haye)等人[43]的研究指出,被试更愿意选择与被试自己参加相似类型、相似强度体育活动的人交朋友。

最后,在我国特色教育体制以及传统文化的影响下,教师支持对学生体育活动的参与是必不可少的。我国学者司琦[44]发现,班主任及体育老师的支持对青少年参加体育活动具有重要作用。

11.3.1.3 组织层面

在组织层面的影响因素中,学校是影响青少年体力活动的重要因素,也是实施和发展健康干预措施理想的组织机构。国内外以学校为基础的青少年体力活动调查和干预研究众多,主要基于学校建成环境、学校体育政策以及学校体育教育三个方面展开,这三个方面均能对学生体育活动起到直接或间接的影响,对学生良好运动习惯的养成具有重要作用。

在学校建成环境方面，场地建设和设施配置与学生的体育活动机会息息相关，场地建设和设施配置是学生参加体育活动的物质基础，合理的场地建设、充足的设施配置必定会大大增加学生参加体育活动的机会。随着城市化进程的加快，土地资源越来越紧张，目前郊区学校大多比中心城区学校有更充足的体育活动场地，中心城区学校过度拥挤的活动空间已经无法满足学生进行体育活动的需求。杜兰特（Durant）等人[45]指出，学校运动场地、器材可及性与青少年的身体活动水平存在显著相关。我国学者司琦等人[37]发现学校体育设施、锻炼机会能显著影响初中生的锻炼行为，同时学校的绿化建设也是影响青少年参加体育活动的主要因素。陈作松等人[46]还指出，省一级达标学校的体育设施和环境更加优越，学生的体育锻炼态度也优于普通学校。在学校体育政策方面，学者研究发现学校体育政策与学生的体育活动有着重要关联，而学校健康相关政策监管的缺失及其教育目标的偏差是阻碍学生参加体育活动的主要原因。[47][48]在学校体育教育方面，学校的体育课程是增加青少年体力活动水平的最主要形式。然而，目前中国、美国等国家均存在体育教育不受重视、教学时间不达标、教学质量不高等问题，学生参加学校组织的体育活动积极性不高的现象较为普遍。此外，师资力量及领导的重视程度也是影响青少年参加体育活动的重要因素。

11.3.1.4 社区层面

在社区层面，影响青少年体力活动的因素主要包括社区服务和建成环境两个方面。社区体育活动的开展、运动健康知识的宣传等在一定程度上会影响青少年体育活动的参与。我国学者韩会君等人[49]指出，社区举办趣味运动会、体育知识竞赛等活动对青少年的运动健康行为起到积极作用。国外学者认为以社区为基础的体力活动干预可以显著提高青少年体力活动水平。[50]

建成环境是影响青少年体力活动重要因素。城市规划与公共卫生领域的学者普遍认为，可以通过建成环境的改善提高居民的体力活动水平，养成良好的健康行为，形成积极的生活方式。学界对建成环境与青少年关系的研究主要涉及娱乐环境、交通环境、社区环境。库尔卡（Kurka）等人[51]发现住宅密度较高、土地混合利用情况较好与青少年体力活动水平呈正相关，而麦瑞迪（Mecredy）等人[52]却发现建成环境与学生体力活动水平并无相关性。在街道连通性方面，目前学界对其与青少年体力活动的关系尚未达成共识。奥雷斯科维奇（Oreskovic）等人[53]对80名青少年进行了为期两周的身体活动测量和位置定位。结果表明，青少年在街道、人行道、公园都能达到更高的中高强度体力活动水平。在国内研究中，周热娜等人[54]发现城、郊中学生的体力活动水平与住所附近供选择的路径均呈正相关；贺刚等人[55]则未发现学生住所周围的道路长度与其步行或骑行次数的相关性。研究建成环境与青少年体力活动的关系时，首先需要明确的是青少年这一特殊群体的阶段性发展特征：一方面，青少年缺乏财政资源的支撑，因此当住宅密度较高、目的地可及性较好时，他们通常会选择步行或骑行的交通方式，进而提高其交通性体力活动水平；另一方面，青少年相对于其他年龄段群体来说，更倾向于参加健身、打篮球、跳绳等体育和娱乐活动，此类体育娱乐设施在公园等公共场所的可及性较好，也有利于提高他们的休闲娱乐体力活动水平。

11.3.1.5 政策层面

政策层面虽然处于社会生态学模型的最远端，但可以从宏观上间接影响青少年体力活动。促进青少年体力活动的计划和政策已在许多西方发达国家实施和开展多年，这对促进我国青少年体力活动具有重要的借鉴价值。当前，在我国现行教育环境下，如何建立有利于青少年体质健康并且长期有效的教育政策导向是关键。从国内外已有的研究来看，从政策层面探讨影响青少年体力活动的研究比较缺乏，极少研究从教育政策入手，考察教育政策对青少年体力活动的影响。该类研究的难点在于实证研究中政策层面的影响因素难以具体化、定量化。因此，社会生态学模型的实证研究大多基于个体、人际、组织、社区四个层面展开。

11.3.2 基于社会生态学理论的青少年体力活动促进原则

社会生态学理论强调青少年体力活动促进过程中信息和能量的传递，基于社会生态学理论的青少年体力活动促进原则包括整体性原则、层次性原则、开放性原则以及连续性原则。

11.3.2.1 整体性原则

整体性原则是社会生态学模型下青少年体力活动促进的基本原则。生态学模型的三要素说、四维度观、五层次论相依共存，共同组成社会生态学模型的有机整体。不同因素、维度、层次的功能和性质相互套嵌，既不是独立作用也不是简单累加，而是具有整体的功能和性质，综合影响青少年体力活动。社会生态学理论的工作原则体现了"整体大于部分总和"的非加和性原理。青少年体力活动的促进不是人际或社区等单一层面的问题，而是涉及社会生态学模型多层面的整体性问题。

11.3.2.2 层次性原则

层次性原则是指在社会生态学模型中由不同的影响因素构成的各层

面间存在等级层次的差异，而且这个层次性有一定的方向指引（向上或向下），由此构成社会生态学模型的纵向层次结构。社会生态学模型中同一层次的因素还可以相互影响，构成社会生态学模型的横向层次结构。青少年体力活动是社会生态学模型各层次因素共同作用的结果，这些因素在影响体力活动时有远近之分、影响效应大小之分、影响作用形式之分，如直接影响、间接影响，但通常远端因素以近端因素为中介影响个体的体力活动，外层因素以内层因素为中介影响个体的体力活动，由此构成社会生态学模型的立体交叉层次结构。

11.3.2.3 开放性原则

开放性原则是指基于社会生态学模型的体力活动促进过程中始终保持着与外界环境信息的交换、能量的传递。这种信息的交换和能量的传递是通过社会生态学模型不同层面相互作用实现的，也是社会生态学模型各层面间相互影响的主要方式，如人际层面的因素可以影响个体层面的因素，也可以与个体层面的因素联合作用于青少年体力活动。反之，个体因素也可以影响人际层面的因素，以及与人际层面的因素联合作用于青少年体力活动。根据社会生态学模型的开放性原则，模型中的每一层面都可能发生改变。当某一层面的因素发生改变时，随着信息的交换和能量的传递，其他层面的因素也会受到影响，产生各层次因素之间的连锁反应。

11.3.2.4 连续性原则

社会生态学模型中的每一层面的发展都是其他层面各要素协调发展的结果。这个发展过程既保持着连续性，又体现着前进性。社会生态学模型各层面因素的协同发展对于解决青少年因体力活动不足而导致的体质健康问题具有重要意义。在实践应用中，以往研究大都基于单一层面进行干预，而借鉴社会生态学模型的多层面综合干预促进青少年的体力活动，对青少年的体质具有更加持久广泛的效果。

社会生态学模型对青少年体力活动的促进已经表现出巨大潜力，但在具体的应用研究实践中仍存在一定的问题：对模型中的社区层面、政策层面因素的干预十分困难，改变社区环境、制定/颁布健康政策，涉及多政府部门的联合实施，而且政策层面的因素比较宏观，尚缺少合适的测评工具。国内外的已有研究大都只从社会生态学模型中的1~2个层面着手，基于多层面因素的研究尚显不足。基于此，本研究依托青少年体力活动的因素解析，遵循社会生态学理论视域下青少年体力活动促进的基本原则，初步构建了基于社会生态学理论的社区、组织、人际、个体四层面的青少年体力活动促进模型，如图11-5所示。

11 建成环境与体力活动 383

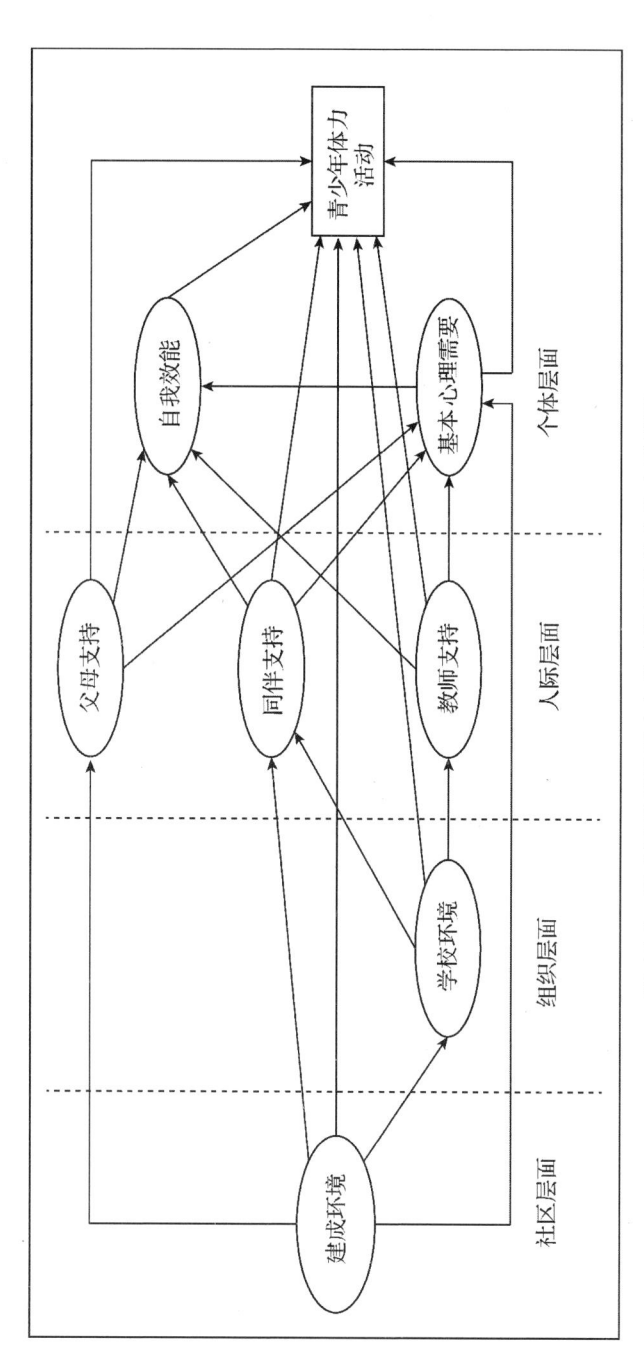

图 11-5 建成环境影响青少年体力活动的社会生态学模型

11.3.3 研究目的

研究基于社会生态学理论的基本内涵与外延构建建成环境影响青少年体力活动的社会生态学预测模型,并采用横断研究,通过获取被试的主观数据验证建成环境影响青少年体力活动的社会生态学模型,以期厘清建成环境影响青少年体力活动的作用路径。

11.3.4 研究方法

11.3.4.1 被试

采用整群抽样从上海市各区抽取3000名中学生作为被试,平均年龄为14.7岁($SD=1.65$)。发放问卷3000份,回收2748份,数据整理后获得有效问卷2236份,有效回收率为81.4%。被试的具体构成情况如表11-4所示。

表11-4 被试的具体构成情况($n=2236$)

类别		人数	占比(%)
区域	城区	1094	48.9
	郊区	1142	51.1
学段	初中	1178	52.7
	高中	1058	47.3
性别	男生	1127	50.4
	女生	1109	49.6

11.3.4.2 测量方法

(1)青少年体力活动

采用加拿大萨斯喀彻温大学编制的青少年体力活动问卷。该问卷的条目简单清楚,评分使用5级变量,完成需10分钟左右,便于大样本的横断调查研究。国内学者李新等人修订的中文版问卷,具有较好的信效度,是评估青少年体力活动水平的有效工具。在本研究中,青少年体力活动问卷的克朗巴赫α系数为0.85。

(2)自我效能

采用国内学者于春艳等人编制的青少年运动自我效能量表。该量表包括人际交流、身体健康、休闲愉悦等6个维度24个条目。采用李克特5级评分法,得分越高表明被试的运动自我效能感越强。在本研究中,总量表的克朗巴赫α系数为0.88,量表6个分维度的克朗巴赫α系数分别为0.84、0.87、0.82、0.88、0.86、0.84。验证性因素分析结果为:$\chi^2/df=2.68$,$RMR=0.04$,$RMSEA=0.07$,$GFI=0.93$,$NFI=0.95$,$IFI=0.92$,$TLI=0.96$,$CFI=0.94$,表明该量表具有良好的结构效度。

(3)基本心理需要

采用国内学者王景贤等人编制的青少年体育健身运动基本心理需求满足感量表。该量表包括自主性、胜任感、关系感3个因素12个条目。采用李克特7级评分法，得分越高表明被试基本心理需求的满足感越强。在本研究中，总量表的克朗巴赫α系数为0.89，分维度自主性、胜任感、关系感的克朗巴赫α系数分别为0.85、0.87、0.86。验证性因素分析结果为：$\chi^2/df=2.55$，$RMR=0.03$，$RMSEA=0.06$，$GFI=0.91$，$NFI=0.94$，$IFI=0.92$，$TLI=0.93$，$CFI=0.95$，表明该量表具有良好的结构效度。

(4)社会支持

社会支持分为父母支持、同伴支持、教师支持三个部分。父母支持、同伴支持采用国外学者萨利斯编制的父母支持量表和同伴支持量表。父母支持量表包括5个条目，同伴支持量表包括4个条目。两个量表在国内学者代俊的研究中均表现出良好的信效度。[56]教师支持采用国内学者陈培友编制的学生感知体力活动影响因素问卷中的教师支持分问卷，包括9个条目。[57]社会支持的三个分量表/问卷均采用李克特5级评分法，得分越高表明被试感知到的社会支持水平越高。在本研究中，父母支持量表、同伴支持量表以及教师支持分问卷的克朗巴赫α系数分别为0.85、0.88、0.86。

(5)学校体育环境

采用国内学者郭可雷[58]编制的学校体育制度环境问卷和学校体育物质环境问卷。学校体育制度环境问卷包括教育制度和政策执行两个维度，共7个条目。学校体育物质环境问卷包括场器经费和时空特征两个维度，共6个条目。两个问卷均采用李克特5级评分法，得分越高表明被试感知到的学校体育环境越好。经检验，两个问卷均具有良好的建构效度、结构效度、收敛效度以及区分度，可作为学校体育环境测量的有效工具。在本研究中，两个问卷的克朗巴赫α系数分别为0.89和0.86。验证性因素分析结果为：$\chi^2/df=3.05$，$RMR=0.04$，$RMSEA=0.07$，$GFI=0.91$，$NFI=0.92$，$IFI=0.90$，$TLI=0.89$，$CFI=0.91$，表明该问卷具有良好的结构效度。

(6)社区建成环境

采用自编青少年体力活动建成环境评价问卷。该问卷包括健身场所可及性、配套设施、道路情况、安全性、美观性5个维度，共21个条目，其中健身场所可及性维度包括5个条目，配套设施维度包括5个条目，道路情况维度包括3个条目，安全性维度包括4个条目，美观性维度包括4个条目。在本研究中，总问卷的克朗巴赫α系数为0.90，5个分问卷的克朗巴赫α系数分别为0.89、0.88、0.90、0.87、0.88。验证性因素分析结果为：$\chi^2/df=2.34$，$RMR=0.03$，$RMSEA=0.07$，$GFI=0.95$，$NFI=0.97$，$IFI=0.96$，$TLI=0.95$，$CFI=0.94$，表明该问卷具有良好的结构效度。

11.3.4.3 测量程序

本研究中的主试均为经过专业培训的体育运动心理方向的硕/博士研究生。以班级为单位进行团体测试，测试前征得学校和体育组领导、家长及学生的知情同意。问卷采用匿名作答并在测试前向被试说明测试内容将严格保密，仅做科学研究之用，同时要求被试根据指导语独立认真作答。测试时间约45分钟，所有问卷由主试当场收回。

11.3.4.4 数据处理

首先，为保证问卷测量的准确性，严格筛选所有问卷数据，剔除1/3缺失值及平行作答、波浪状作答、答案高度雷同的问卷数据等；其次，将问卷数据录入SPSS软件，对数据进行升序、降序排列、核实、修改极端数据；再次，采用验证性因素分析检验各问卷的因子结构及因子载荷量，以保证测量工具选用的有效性；最后，采用Maximum Likelihood(ML)方法对整个模型进行分析。当模型数据不符合多元常态时，则根据Bollen-Stine Bootstrap($n=2000$)修正方法，对χ^2及其所有配适指标进行修正以改善模型配适度。

11.3.5 研究结果

11.3.5.1 共同方法偏差检验

研究中收集的数据均采用问卷调查获得，为减少共同方法偏差对本研究的影响，在实测过程中秉承匿名问卷测量、标准化施测等严格程序。

如表11-5所示，结果发现未旋转的主成分因素分析共生成19个因子。验证性因素分析发现，符合理论维度的19因子模型的拟合指数明显优于单因子模型，表明共同方法偏差对本研究的影响较小。此外，验证性因素分析还发现，个体层面的自我效能包括6个因子，分别为人际交流、生活评价、体育适能、情绪效益、休闲愉悦、身体健康，基本心理需要包括3个因子，分别为自主性、胜任感、关系感；人际层面的家庭支持包括5个条目，同伴支持包括4个条目，教师支持包括6个条目；组织层面的学校环境包括2个因子，分别为学校体育制度环境、学校体育物质环境；社区层面的建成环境包括5个因子，分别为健身场所可及性、配套设施、道路情况、安全性、美观性维度。

表 11-5　单因子与 19 因子模型拟合指数

	χ^2/df	RMR	RMSEA	GFI	NFI	IFI	TLI	CFI
单因子模型	18.58	0.20	0.14	0.49	0.71	0.34	0.38	0.52
19 因子模型	2.23	0.04	0.07	0.90	0.91	0.92	0.91	0.92
标准	<3.00	<0.05	<0.08	>0.90	>0.90	>0.90	>0.90	>0.90

11.3.5.2　测量指标信效度与整体模型适配度

多元相关系数平方是衡量问卷条目信度的重要指标，可以反映测量变量受潜变量的影响程度，一般多元相关平方值大于 0.2，表明测量变量的信度较高；构面组合信度是模型检验的重要指标，可以代表构面指标的内部一致性，一般构面组合信度值大于 0.7，表明构面指标的内部一致性较高；平均方差提取值是模型检验的重要指标，可以反映每个潜变量所解释的变异量中有多少来自该潜变量的问卷条目，一般平均方差提取值大于 0.50，表示潜变量的收敛效度较好。本研究通过多元相关系数平方、构面组合信度以及平均方差提取值检验模型的信效度。结果发现，所有问卷条目的多元相关平方值为 0.54~0.78，所有构面组合信度为 0.77~0.89，所有构面平均方差提取值为 0.55~0.82。研究表明，本研究中所有测试题目的信度良好、收敛效度良好、构面内部一致性良好。

通过数据分析发现，整体模型资料不符合多元常态，可基于 Bollen-Stine Bootstrap($n=2000$)修正法对整体模型 χ^2 进行再统计，同时修正其他模型配适度指标。[49] 结果如表 11-6 所示，各拟合指标均达到了国内外学者提出的可接受拟合标准，说明研究构建的模型拟合度较好，所采用的量表具有较好的结构效度。另外，各个分量表的克朗巴赫 α 系数为 0.85~0.92，说明各个量表具有较好的信度。

表 11-6　修正后整体模型拟合指数

	χ^2/df	RMR	RMSEA	GFI	NFI	IFI	TLI	CFI
修正模型	2.25	0.03	0.06	0.92	0.94	0.90	0.95	0.91
标准	<3.00	<0.05	<0.08	>0.90	>0.90	>0.90	>0.90	>0.90

11.3.5.3　建成环境对青少年体力活动的影响路径

以体力活动为因变量，个体层面、人际层面、组织层面、社区层面的各因子为自变量，采用结构方程模型分析变量间的关系及其作用路径。图 11-6 为建成环境影响青少年体力活动的社会生态学验证模型，表 11-7 为社会生态学模型各因子的作用路径。

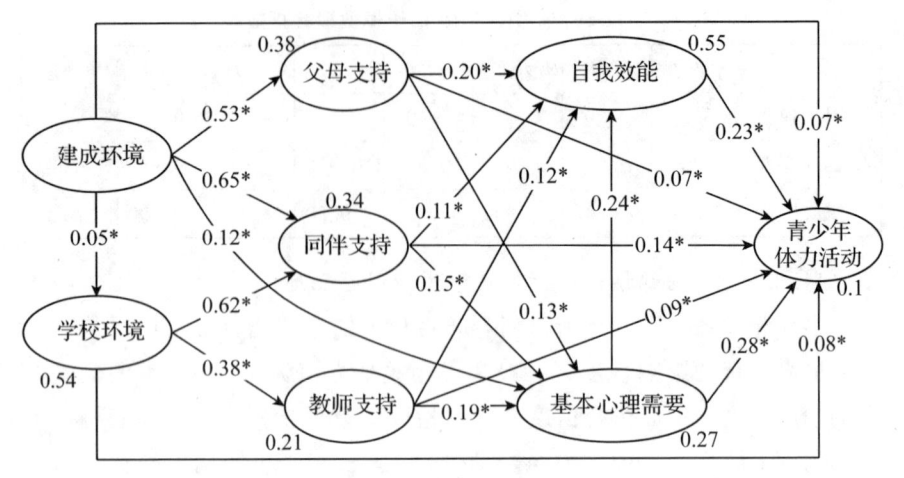

注：* 代表 $p<0.05$，实线代表显著。为使模型简洁，未显示测量模型，只显示了结构模型，并标注了标准化路径系数。

图 11-6　建成环境影响青少年体力活动的社会生态学验证模型

结果显示：

第一，社会生态学模型各层面因子均能对青少年体力活动产生显著影响，具体为：社区层面的建成环境对青少年体力活动的影响效应为 0.07；组织层面的学校环境对青少年体力活动的影响效应为 0.08；人际层面的父母支持、同伴支持、教师支持对青少年体力活动的影响效应分别为 0.07、0.14、0.09；个体层面的自我效能、基本心理需要对青少年体力活动的影响效应分别为 0.23 和 0.28。

第二，社区层面的建成环境能对组织层面的学校环境产生显著影响，影响效应为 0.05；组织层面的学校环境对人际层面的同伴支持和教师支持产生显著影响，影响效应分别为 0.62 和 0.38；人际层面的父母支持、同伴支持、教师支持对个体层面的自我效能（0.20、0.11、0.12）和基本心理学需要（0.13、0.15、0.19）产生显著影响。

第三，社区层面的建成环境不仅能跨过组织层面的变量直接对人际层面的父母支持和同伴支持产生显著影响，影响效应分别为 0.53 和 0.65，对人际层面的教师支持无显著影响；而且能同时跨过组织层面的变量和人际层面的变量对个体层面的基本心理需要产生显著影响，影响效应为 0.12，但对个体层面的自我效能无显著影响。

第四，组织层面的学校环境对人际层面的父母支持无显著影响，也不能跨过人际层面的变量直接对个体层面的变量产生影响。

第五，人际层面的父母支持、同伴支持、教师支持三个变量之间的相互作用不显著，但个体层面的两个变量间的相互作用显著，具体为基本心理需要对自我效能产生显著影响，影响效应为 0.24。

表 11-7　影响路径分析

	作用路径	非标准化路径系数	标准误差	t
直接作用	建成环境→体力活动	29.71	28.53	5.98*
	学校环境→体力活动	17.23	7.82	3.53*
	父母支持→体力活动	18.25	5.67	4.68*
	同伴支持→体力活动	23.64	5.52	3.65*
	教师支持→体力活动	11.34	3.18	3.81*
	自我效能→体力活动	30.17	22.97	5.68*
	基本心理需要→体力活动	19.86	10.53	13.95*
社区层面→组织层面	建成环境→学校环境	1.55	0.38	0.55
社区层面→人际层面	建成环境→父母支持	0.66	0.06	8.77*
	建成环境→同伴支持	0.70	0.08	7.65*
社区层面→个体层面	建成环境→基本心理需要	0.19	0.01	3.49*
组织层面→人际层面	学校环境→同伴支持	0.77	0.09	18.71*
	学校环境→教师支持	0.68	0.07	5.60*
人际层面→个体层面	父母支持→自我效能	0.19	0.01	8.79*
	同伴支持→自我效能	0.50	0.05	9.32*
	教师支持→自我效能	0.34	0.03	6.43*
	父母支持→基本心理需要	0.21	0.02	3.44*
	同伴支持→基本心理需要	0.23	0.02	4.56*
	教师支持→基本心理需要	0.17	0.01	5.71*
个体层面→个体层面	基本心理需要→自我效能	0.42	0.04	5.23*

11.3.6　分析讨论

本研究基于社会生态学理论的社区层面、组织层面、人际层面、个体层面，通过结构方程模型探讨了影响青少年体力活动的因素及其路径关系。研究发现，青少年体力活动受心理、社会支持、学校环境以及社区建成环境等多重因素的影响，是多因素、多维度共同作用的结果。

11.3.6.1　社区层面对青少年体力活动的影响

建成环境是社区层面影响青少年体力活动的重要因子。本研究发现，建成环境能直接影响青少年体力活动。这与国内外的研究结果较为一致。学者库尔卡等人[51]发现较高的住宅密度和土地混合利用度会对美国青少年的身体活动产生显著影响。一方面，当住宅及周边建筑密度较高、目的地可及性较好时，青少年通常会选择步行或骑行作为主要出行方式，青少年交通性体力活动也会随之增加；另一方面，当住宅及周边体育休闲娱乐设施、场所可及性较好时，青少年也更倾向于参与休闲性体力活动，青少年休闲性体力活动也会随之增加。学者奥雷斯科维奇等人[53]也发现，相比于居家，青少年在街道、人行道、公园更容易达到中高强度体力活动水平。相关综述研究也证实了建成环境对青少年中高强度体力活动的影响，如国内学者沈晶等人[3]通过系统文献综述发现，土地混合利用度、街道连通性、交通设施便利性、目的地（如体育设施、生活设施和公园等）可及性、体育设施和资源（如附近体育设施、俱乐部和组织、康乐设施、人行道等）可用性能有效促进中国儿童青少年体力活动；相反，住所附近没有人行道、周围马路步行不便利、到附近公园距离远或居住密度高会降低青少年体力活动水平，增加久坐行为，进而提高超重或肥胖风险。此外，社区经常举办青少年体育竞赛活动、家庭运动会等也能为青少年提供更多的体力活动机会，这对青少年健康行为的养成起到了积极作用。

已往的相关研究主要探讨建成环境对个体身体活动产生的直接影响，而较少具体分析建成环境影响青少年体力活动的具体路径。而本研究发现，建成环境不仅能直接影响青少年体力活动，而且可以通过组织层面的学校环境、人际层面的父母支持和同伴支持以及个体层面的基本心理需要间接影响青少年体力活动，这也验证了社会生态学理论中关于等级层次间的影响方式是外层因素通过内层系统的某个因素间接影响个体的行为的观点。研究首次提出了建成环境通过学校环境间接影响青少年体力活动的作用路径。这一作用路径的动力机制可能主要来自社会经济发展水平。居住在良好建成环境社区的青少年往往对教育选择权占主动地位，特别是对学校环境的选择，这就导致了良好的社区建成环境对相应学校环境的影响，进而影响青少年体力活动。此外，建成环境还可以通过父母支持和同伴支持间接影响青少年体力活动。已有研究发现良好的社区治安和优美的绿化环境都会提高父母对青少年进行体育锻炼和参加体育活动的支持水平；良好的锻炼设施可达性也是父母考虑的重要因素，可达性好，会增加父母接送青少年进行身体锻炼或参加体育活动的概率。社区举办的家庭运动会也会增加父母对青少年参加体力活动的支持力度。对同伴支持而言，良好的体育设施布局可以增加同伴与青少年共同参加体育锻炼的概率。本研究还发现建成环境可以通过基本心理需要间接影响青少年体力活动，这一结论在国内外研究中较为少见，社区层面可以直接跨过组织层面和人际层面对个体层面产生影响，这一跨层传导机制对解释、预测、干预青少年体力活动具有重要的指导价值。

11.3.6.2 组织层面对青少年体力活动的影响

已有研究发现，基础教育阶段的学生平均每天待在学校的时间超过了9小时，学者普遍认为政策实施与健康干预最理想的场所是学校。[52]因此，通过学校层面干预，提高青少年体力活动水平，促进青少年体质健康具有一定的现实性和合理性。本部分主要从学校体育制度环境中的教育制度、政策执行因子以及学校体育物质环境中的场器经费、时空特征因子考察作为社会生态学模型中组织层面的学校环境对青少年体力活动的影响。

研究发现，学校环境是影响青少年体力活动的重要因子，可以直接对青少年体力活动产生显著影响。从学校体育制度环境来看，章建成等人[60]认为，强化体质健康测试工作是中小学体质健康教育干预过程中的重要方面。陈培友[57]发现体育行政执行和政策资源保障因素是青少年体力活动的巨大推动力，学校体育政策可以直接或间接影响学生参与体力活动。从学校体育物质环境来看，本研究结果与国内外的相关研究结果保持一致。德米特里欧（Demetriou）等人[61]发现，学生的体力活动水平与学校体育场地、器材设施直接相关，体育场地器材可以显著提高青少年的中高强度体力活动水平，当体育场地器材充足时，学校参加锻炼的人数比例显著提升，我国学者郭可雷、付道领等人[58][62]的研究也证实了这一结论。另外，有研究认为学校的绿化情况也是影响青少年体力活动的因素之一。[37]

充足的闲暇时间是增加青少年体力活动的重要条件。在现行的教育制度下，学生的学业压力普遍较大，无法保证充足的课外体育活动时间，体力活动时间不足将会直接影响学生的体质。也有研究认为学业压力是影响学生参加体育活动的主要因素，也映射出青少年体力活动时间不足的现实问题。国内外学者一致认为"应当减轻学校的学业压力，使得学校有时间去处理健康问题"。[59]此外，本研究还发现，学校环境不仅可以直接影响青少年体力活动，而且可以通过同伴支持和教师支持对青少年体力活动产生间接影响。

11.3.6.3 人际层面对青少年体力活动的影响

从人际层面来看，青少年的社会支持的主要来源是父母、同伴以及教师。本研究发现，父母支持、同伴支持以及教师支持都能显著正向影响青少年体力活动，即社会支持水平越大，青少年体力活动水平越高。这与国内外的研究基本保持一致。

首先，家庭是孩子成长的主要环境，家人支持对青少年体力活动的促进作用至关重要。马尔霍尔等人[12][39]发现家庭支持和青少年中高强度体力活动显著相关，且家庭支持还会影响青少年体力活动的活动态度、认知。我国学者易军等人[63]也发现父母支持对青少年体育活动行为具有正向影响。其次，同伴支持是影响青少年体力活动又一重要的社会支持来源。受青春期发育的影响，青少年在父母面前往往会呈现出更多的叛逆姿态，但在此阶段青少年受同伴的影响逐渐增大。基于美国青少年的研究发现同伴支持能显著影响青少年中高强度体力活动，同伴支持不仅对青少年闲暇时间体力活动产生影响，而且会对体育课的积极体验产生显著影响。[41]同伴支持是影响青少年体力活动的重要因素，可以使青少年获得情感上的支持和慰藉，发展青少年的同伴友谊，有利于促进青少年社会融合、健全发展。最后，在我国特色教育体制以及传统文化的影响下，教师支持对学生体育活动的参与是必不可少的。已有研究发现班主任和体育老师的支持对青少年参加校内体育活动具有决定性作用。[44]班主任和体育老师应与学生积极互动，转变应试教育思维，鼓励学生积极参加体育活动，为学生创造良好的支持性环境。

本研究还发现，来自父母、同伴、教师的社会支持不仅可以直接影响青少年体力活动，而且可以通过自我效能、基本心理需要对青少年体力活动产生间接影响。已有研究表明，父母支持和同伴支持可以增强个体的自我效能，满足个体的基本心理需要。在学校背景下，教师支持同样能够增强学生的自我效能，满足个体的基本心理需要，特别是关系需要的满足。

11.3.6.4 个体层面对青少年体力活动的影响

本研究选取了自我效能和基本心理需要两个变量来探讨个体层面对青少年体力活动的影响。研究发现，自我效能和基本心理需要都能对青少年体力活动产生直接影响。

已有研究发现，自我效能对个体体育活动行为起着重要作用，提高自我效能是促进体力活动的重要干预措施之一。[34][64]学者科洛洛等人[35]也证实自我效能在促进青少年体育锻炼方面具有显著作用。此外，国内外学者均发现，自我效能能激发和促进个体参加体育活动，参加体育活动也能显著增强个体的自我效能，体育活动与自我效能之间是一种相互促进的关系。[36][37]

基本心理需要理论作为自我决定理论的核心，是解释、预测青少年体育锻炼行为的重要理论。基本心理需要的满足可以促进个体的外部动机内化，形成内部目标定向，促使行为发生。已有研究发现个体在运动自主支持的环境中，三种基本心理需要的满足与体力活动水平显著相关。

本研究还发现个体的基本心理需要不仅可以对青少年体力活动产生直接影响，而且可以通过个体层面的自我效能对青少年体力活动产生间接影响。这也印证了社会生态学模型同一层次内的能量传导机制。我国学者张勤等人[65]发现，锻炼的内部目标更容易引起个体基本心理需要的满足，而在锻炼过程中随着基本心理需要的满足，个体也会知觉到自己有能力、有信心完成各种难度的身体活动，从中体验到自我效能。因此，随着基本心理需要的满足，个体的自我效能也会得到提升。

11.3.7 研究小结

研究验证了建成环境影响青少年体力活动的社会生态学模型，发现不同层次的社会生态因素间通过相互作用能对青少年体力活动产生直接或间接的影响。具体为：

第一，社会生态学模型各层次因子都能对青少年体力活动产生显著影响。

第二，社区层面的建成环境会对组织层面的学校环境产生显著影响，组织层面的学校环境会对人际层面的同伴支持和教师支持产生显著影响，而人际层面的父母支持、同伴支持、教师支持也会对个体层面的自我效能和基本心理学需要产生显著影响，验证了社会生态学模型的动力传导机制及其系统性、整体性的工作原理。

第三，社区层面的建成环境能跨过组织层面的变量对人际层面的父母支持和同伴支持产生显著影响，而组织层面的学校环境则不能跨过人际层面的变量对个体层面的变量产生显著影响，部分验证了社会生态学模型的层次性工作原理中外层以内层系统为中介逐渐影响个体的原则。

第四，社区层面的建成环境能同时跨过组织层面的变量和人际层面的变量对个体层面的基本心理需要产生显著影响，从而间接影响青少年体力活动。这种青少年体力活动促进的跨层路径在社会生态学模型工作原则中尚未被提及，但这一作用路径对完善社会生态学模型的理论框架、指导干预青少年体力活动促进具有重要价值。

第五，个体层面的基本心理需要能对个体层面的自我效能产生显著影响，验证了社会生态学模型层次性工作原理中同一层次能量的横向传递的原则。

11.4 建成环境影响青少年体力活动的交叉滞后模型构建与检验

在"2019 国际体育课程与教学大会"上，我国学者汪晓赞教授公布的一组数据显示，"在一代人的时间里，美国青少年身体活动水平下降了32%，英国青少年身体活动水平下降了20%，而中国在半代人的时间里，青少年身体活动水平就下降了45%"。由此可见，我国青少年体力活动不足的问题尤为突出，而青少年体力活动不足就是引起青少年体质健康状况下滑的主要诱因之一。近年来，世界各国均在积极探索提高青少年体力活动水平的有效干预途径，西方学者已将注意力集中在建成环境对青少年体力活动的影响上。与其他因素相比，环境因素对行为的影响范围更广且效果更持久。帕特诺德（Patnode）等人[66]的研究都已证实环境指标（如交通状况、健身场所可及性、步行指数等）与青少年总体体力活动的稳定关系。

根据社会生态学理论的基本观点，个体行为的产生不仅受心理因素的影响，而且与环境联系密切。因此，学者的研究逐渐从关注影响个体的心理因素转向个体生活的自然环境和社会环境，将个体置于一个生态系统中进行整体考察。国内外研究都已证实城市建成环境与青少年体力活动的紧密关系。如何通过城市建成环境的改善，促进青少年体力活动水平，已成为青少年体质健康水平提升的新思路。我国的建成环境对青少年体力活动的影响研究起步较晚，多倾向于横向研究，缺少因果层面的纵向研究，大多是相关性研究，研究效度也受到了一些学者的质疑。以往研究更多关注建成环境对青少年整体体力活动的影响，而"时间使用流行病学"的研究方法[67]，以"时间分配"为切入点，对青少年体力活动的研究具有重要启示，可以将青少年体力活动分割为学习日体力活动和双休日体力活动，以期能更加精确地分析建成环境与青少年体力活动的关系。基于此，本研究采用交叉滞后分析，考察城市建成环境与学习日、双休日青少年体力活动变量间的相互关系及在情境中的稳定性，揭示变量间的准因果关系。此外，在研究数据上，本研究基于 GIS 和加速度计采集城市建成环境客观指标以及青少年体力活动的客观数据，以提高研究效度。

11.4.1 研究目的

本研究基于三角论证的研究思想，采用纵向研究的研究范式，引入"时间使用流行病学"的研究方法，以"时间分配"为切入点，通过构建并验证建成环境影响青少年体力活动的交叉滞后模型，揭示建成环境与青少年体力活动的潜在因果关系，为青少年体力活动的促进提供多层面、多视角的全方位审视。

11.4.2 研究方法

11.4.2.1 被试

采用方便抽样选取上海市中心城区的12所中学。每个学校招募50名中学生（九年级、高三年级除外）为被试，男女各半，总计600人，进行两次测量调查，测查内容主要包括人口基本信息、体力活动水平和社区建成环境。2017年11月进行第一次测量调查，发放问卷600份，回收586份，加速度计回收有效问卷563份；2019年4月进行第二次测量调查，发放问卷563份，回收558份，加速度计回收有效问卷523份。将两次测查数据进行完整匹配后，获得有效问卷518份。

11.4.2.2 测量方法

采用GIS技术收集相关建成环境指标。它是由人员、数据、硬件、软件、过程五个部分组成的一种集采集、存储、管理、运算、分析、显示和描述为一体的计算机技术系统，目前在城市资源管理、发展规划、路线规划等领域已得到了广泛应用。本研究选用由美国环境系统研究所公司研发的ArcGIS 10.2软件。

将上海市的全要素数字地图、上海市中心城区矢量地图、上海市中心城区街道矢量地图（获取于上海市测绘院）导入ArcGIS 10.2软件中，获取上海市城市建成环境空间数据，主要包括各类休闲健身场所、公共场所、上海市域路网、轨道交通网等。根据上海市公共设施的服务半径（如公交站点、健身路径等）和蔡玉军提出的城市公共体育空间结构划分，其中乡镇街道级体育空间的服务半径为1500米，因此本研究将缓冲区半径定为1500米。以被试的住宅小区为中心生成1500米范围的缓冲区，然后对缓冲区做Clip处理，从中抽取本研究所需要的客观建成环境变量数据。根据我国学者何晓龙、宋彦李青等人[68][69]对建成环境的测量研究，本研究选取的建成环境变量包括密度、多样性设计、可达性3个维度9个指标。人口密度是指小区内持有正式户口的居住人口数与小区单位面积的比值；建筑密度指小区范围内建筑占地面积与小区总占地面积的比值；街道连通性是指缓冲区内单位面积超过3个节点交叉路口的数量；人均道路长度是指缓冲区内道路总长度与人口的比值;土地混合利用度是指目的地的数量,包括银行、便利店、快餐店、美容院、医院、图书馆、政府机构、药房等17种类型的目的地;至交通站点距离是指家庭住所至地铁站、公交车站、火车站的距离;交通站点数是指缓冲区内地铁站、公交车站、火车站的站点数量。至健身休闲场所距离是指家庭住所至健身休闲场所的距离,包括到健身场所、开敞空间、公园绿地、健身路径、社区活动中心等;至商业场所距离是指家庭住所至商业场所的距离,包括到超市、商店、酒店等。

随着体力活动的客观测量手段日臻完善,特别是加速度计的使用,对日常情境下青少年体力活动的准确监测,促进青少年体力活动的增加,实现青少年体质健康水平持续上升具有重要意义。[70]目前,国内外对加速度计的使用主要体现在型号选择、采样间隔时间、佩戴部位等方面的差异上。普拉斯基(Plasqui)等人[71]分析了42篇加速度计的效度研究文献发现,ActiGraph和Tracmor是被检验最多的两款加速度计,且只有ActiGraph被证实与双标水法测得的能量消耗有较强的相关性。尽管双标水法是测量体力活动能量消耗的"金标准",但由于测试成本极高,且只能获得机体总能量消耗的信息,致使双标水法仍不能被广泛应用于大范围体力活动监测研究中。弗里斯(Vries)等人[72]在儿童青少年的体力活动的监测中证实了ActiGraph型号加速度计的可靠性和易用性,且表现出了较高的准确性。由于青少年的主观能动性较强、体力活动较为活跃,因此其体力活动可能涉及多个轴向。已有研究验证了单轴、三轴加速度计与体力活动监测所得计数和心率的相关性($r=0.64$和$r=0.73$),而三轴加速度计表现出更强的相关性。因此,本研究选用三轴加速度计ActiGraphGT3X+,以确保青少年体力活动测量的准确性及与同类研究的可比性。在加速度计的采样间隔和佩戴方面,学者的研究结果较为一致:在青少年体力活动测量中,相对于较长采样间隔(10s、15s、20s、30s、60s),采用5s的采样间隔较为适宜,且其均方根误差最小[73];综合考虑青少年体力活动测量的准确性、佩戴的舒适性及被试的生活习惯等,被试连续7天佩戴加速度计于右侧髋部或腰后部正中,可对每日中高强度体力活动时间做出较好的评估(预测组内相关系数$r=0.76\sim 0.87$),被试也感觉较为舒适和易于接受。本研究采用ActiGraphGT3X+连续佩戴7天监测青少年体力活动,以确保青少年体力活动测量的准确性及与同类研究的可比性。测试前完成仪器初始化设置,并进行被试宣讲会,指导被试佩戴、摘除测试仪器,确认佩戴时间(7:00~21:00,除洗澡、游泳、睡觉外)和佩戴部位(右侧髋部)。7天测试结束后,将测试仪器统一交还于主试。采用 Actilife 6 下载原始数据,参数设置如表 11-8 所示。已有研究证实,和高强度体力活动相比,青少年的中高强度体力活动(moderate-to-vigorous physical activity,MVPA)与身心健康、体适能的关系更为密切[74][75],因此本研究重点考察建成环境对青少年中高强度体力活动的影响。

表 11-8 ActiGraph GT3X + 体力活动测量参数设置

序号	参数内容	参数设置
1	仪器型号	ActiGraph GT3X +
2	采样频率	30Hz
3	采样间隔	5s
4	佩戴时间	≥480 min/d
5	有效数据	≥3 个学习日和 1 个双休日
6	体力活动强度界值	100cpm≤低强度体力活动≤1680cpm 1680cpm≤中高强度体力活动≤3368cpm 高强度体力活动>3368cpm

11.4.2.3 测量程序

研究的主试均为经过专业培训的体育运动心理方向硕士/博士生。根据走访学校的合作意向,与合作学校的体育组长沟通。同期召开家长会,向合作教师、家长、学生介绍研究内容、研究目的、研究流程等,签署知情同意书,确保被试自愿参与。测查包括两个阶段,每一个阶段均包括问卷调查和加速度计佩戴两项测查内容,从被试获取问卷和加速度计的第二天开始,连续 7 天,每天佩戴加速度计。7 天结束后,问卷及加速度计一起交给体育教师,由主试统一收回。

11.4.2.4 统计方法

运用 SPSS 22.0 和 Amos 24.0 软件进行数据处理,对城市建成环境和青少年体力活动在时间和性别因素上的差异采用重复测量方差分析;对城市建成环境和青少年体力活动的相关关系从纵、横向两个方面进行相关分析;建立城市建成环境与青少年体力活动的交叉滞后模型,分析城市建成环境与青少年体力活动的相互预测路径。

交叉滞后模型被认为是检验纵向相关数据的因果关系的最恰当的方法。如图 11-7 所示,在这一模型中,变量的稳定性通过加入变量的自回归关系来进行控制(β_3 和 β_4),然后因果关系通过比较交叉滞后的标准化路径回归系数来获得。当时间点 T1 的变量一(X)指向时间点 T2 的变量二(Y)的标准化回归系数 β_1 强于时间点 T1 的变量二指向时间点 T2 的变量一的标准化回归系数 β_2 时，研究者倾向于支持变量一对变量二的预测要强于变量二对变量一的预测，从而推断变量一(X)是变量二(Y)的成因。

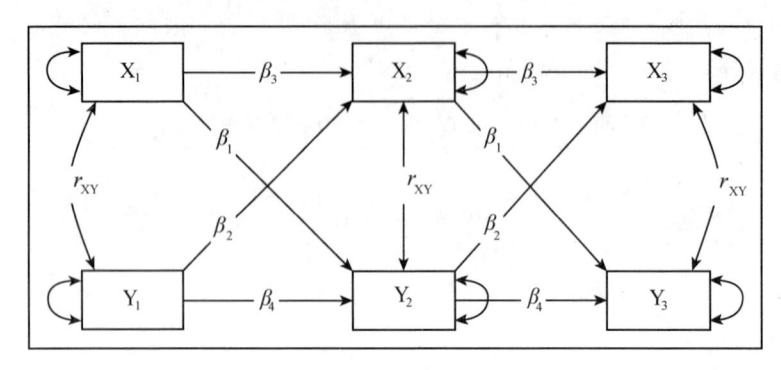

图 11-7　交叉滞后模型

11.4.3　研究结果

11.4.3.1　建成环境与青少年体力活动的重复测量方差分析

青少年体力活动变量指标分为青少年学习日中高强度体力活动时间和青少年双休日中高强度体力活动时间。城市建成环境变量包括密度、多样性设计、可达性 3 个维度，其中密度维度有人口密度和建筑密度 2 个指标，多样性设计有街道连通性、人均道路长度和土地混合利用度 3 个指标，可达性有交通站点数、至交通站点距离、至健身场所距离、至商业场所距离 4 个指标。

以测查时间和性别为原因变量，以城市建成环境各指标为结果变量，进行 2×2 重复测量方差分析。如表 11-10 所示，测查时间在城市建成环境各指标上的主效应均显著。从表 11-9 中也可以发现，后测的城市建成环境各指标明显好于前测，城市建成环境在前后测之间存在一定的发展变化。性别在城市建成环境各指标上的主效应均不显著，测查时间与性别之间的交互作用也不显著。

表 11-9　研究变量的描述性统计

研究变量			T1		T2	
			M	SD	M	SD
城市建成环境	密度	人口密度(人/km^2)	52346	20761	55748	21543
		建筑密度(%)	50	20	52	19

续表

研究变量			T1		T2	
			M	SD	M	SD
城市建成环境	多样性设计	街道连通性(个/km²)	20.33	7.41	25.73	6.87
		人均道路长度(m)	0.21	0.52	0.27	0.44
		土地混合利用度(个)	12	5	15	4
	可达性	交通站点数(个)	6	2	8	3
		至交通站点距离(m)	243.22	102.67	203.28	97.83
		至健身场所距离(m)	156.47	132.55	134.13	122.47
		至商业场所距离(m)	410.89	231.52	400.73	221.59
青少年中高强度体力活动		学习日 MVPA(min/d)	72.19	16.47	65.34	15.83
		双休日 MVPA(min/d)	74.78	22.2	68.18	18.56

表 11-10 城市建成环境各指标的重复测量方差分析

		主效应				交互效应	
		测查时间		性别		测查时间×性别	
		F	p	F	p	F	p
密度	人口密度	2.903	0.040*	1.453	0.446	1.127	0.364
	建筑密度	3.726	0.034*	0.357	0.190	0.998	0.449
多样性设计	街道连通性	2.394	0.021*	1.586	0.336	1.308	0.110
	人均道路长度	2.765	0.047*	0.549	0.134	0.896	0.524
	土地混合利用度	4.899	0.031*	0.183	0.165	0.513	0.127
可达性	交通站点数	3.093	0.024*	0.314	0.897	0.934	0.322
	至交通站点距离	2.873	0.046*	0.748	0.564	0.099	0.443
	至健身场所距离	10.462	0.036*	0.114	0.276	0.424	0.056
	至商业场所距离	3.223	0.021*	0.552	0.326	0.780	0.238

以测查时间和性别两个因素为原因变量，分别以青少年学习日中高强度体力活动和双休日中高强度体力活动为结果变量，进行 2×2 重复测量方差分析。如表 11-11 所示，测查时间的主效应均不显著。从表 11-9 中可以发现，两次测查时青少年学习日中高强度体力活动和双休日中高强度体力活动时间都比较相近。性别的主效应均不显著，测查时间与性别之间的交互作用也不显著。

表 11-11　青少年体力活动的重复测量方差分析

	主效应				交互效应	
	测查时间		性别		测查时间×性别	
	F	p	F	p	F	p
学习日 MVPA	1.736	0.254	0.785	0.077	0.897	0.514
双休日 MVPA	0.874	0.367	1.232	0.473	1.932	0.493

11.4.3.2　建成环境与青少年体力活动的相关分析

相关分析结果显示，前后测城市建成环境各指标间的 $r=0.54\sim0.65$，前后测青少年学习日、双休日中高强度体力活动的 $r=0.28\sim0.56$，均达到了显著性水平。前测时，城市建成环境各指标与青少年学习日、双休日中高强度体力活动间的 $r=0.34\sim0.55$（p 均小于 0.05）；后测时，城市建成环境各指标与青少年学习日、双休日中高强度体力活动间的 $r=0.29\sim0.65$（p 均小于 0.05）。研究提示，变量间关系的跨时间稳定性以及同步相关性适合进一步做交叉滞后分析。

11.4.3.3　建成环境与青少年体力活动的交叉滞后分析

以相关分析为基础，采用交叉滞后模型考察城市建成环境与青少年体力活动的关系。为进一步明确建成环境与不同时间段青少年体力活动的关系，分别建立城市建成环境与青少年学习日体力活动、青少年双休日体力活动两个指标的交叉滞后模型。采用极大似然法检验模型拟合情况，控制性别因素，同时允许同一时间不同变量的残差相关后，结果显示，城市建成环境与青少年学习日体力活动模型的拟合指标表现良好：$\chi^2/\mathrm{d}f=2.23$，$RMSEA=0.07$，$SRMR=0.04$，$GFI=0.95$，$NFI=0.89$，$CFI=0.91$，$IFI=0.92$。但 T1 城市建成环境对 T2 青少年学习日中高强度体力活动的预测作用不显著（$\beta=0.17$，$p>0.05$），同样 T1 青少年学习日中高强度体力活动对 T2 城市建成环境的预测作用也不显著（$\beta=0.08$，$p>0.05$），如图 11-8 所示。

城市建成环境与青少年双休日体力活动模型的拟合指标也表现良好：$\chi^2/\mathrm{d}f=2.07$，$RMSEA=0.06$，$SRMR=0.03$，$GFI=0.93$，$NFI=0.90$，$CFI=0.94$，$IFI=0.91$。T1 城市建成环境对 T2 青少年双休日中高强度体力活动的预测作用显著（$\beta=0.24$，$p<0.05$），但 T1 青少年学习日中高强度体力活动对 T2 城市建成环境的预测作用不显著（$\beta=0.18$，$p>0.05$），如图 11-9 所示。

图 11-8 城市建成环境与青少年学习日日中高强度体力活动之间的交叉滞后模型

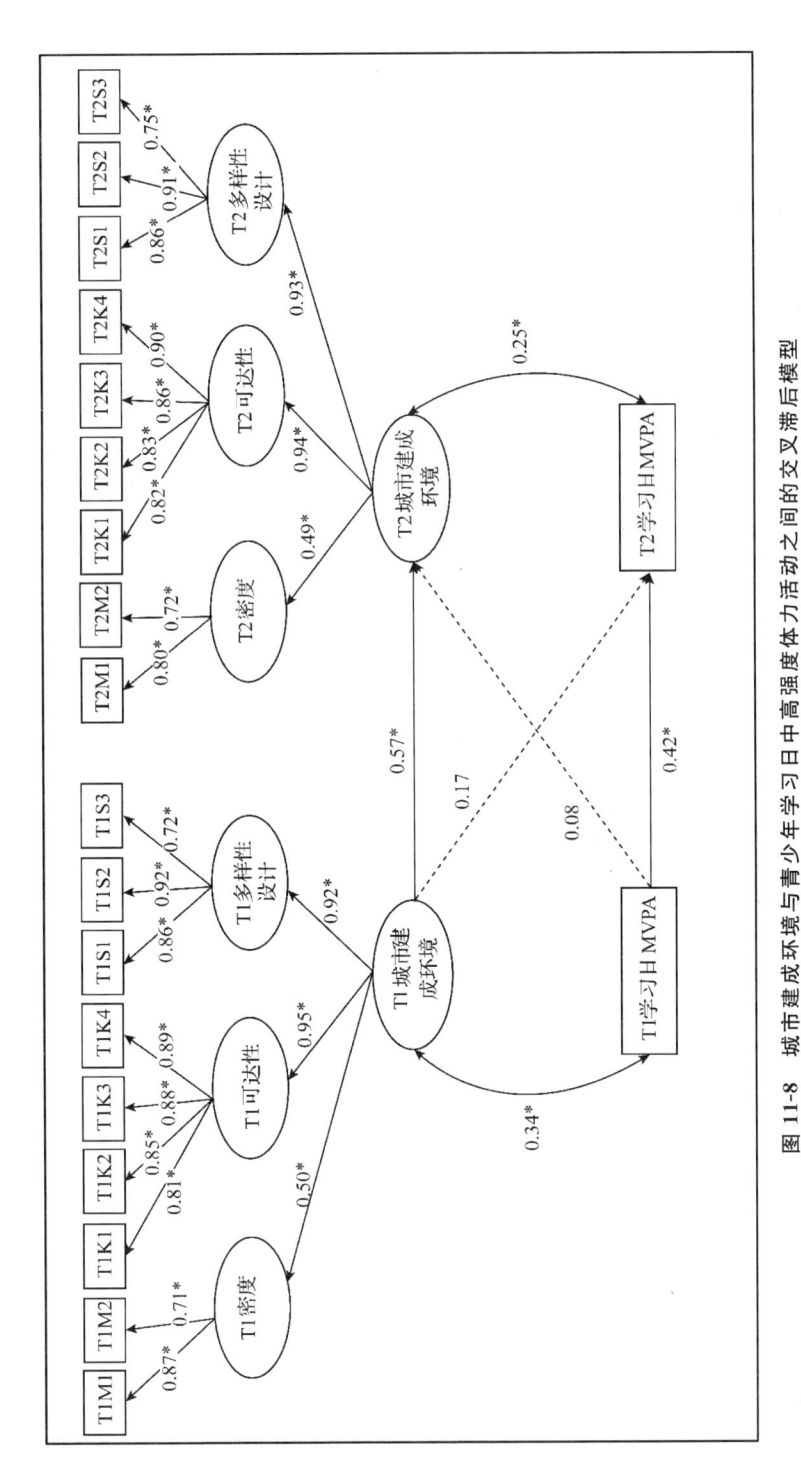

注：实线代表显著，虚线代表不显著。为使模型简洁，图中仅标出了具有显著预测关系路径的误差相关。下同。

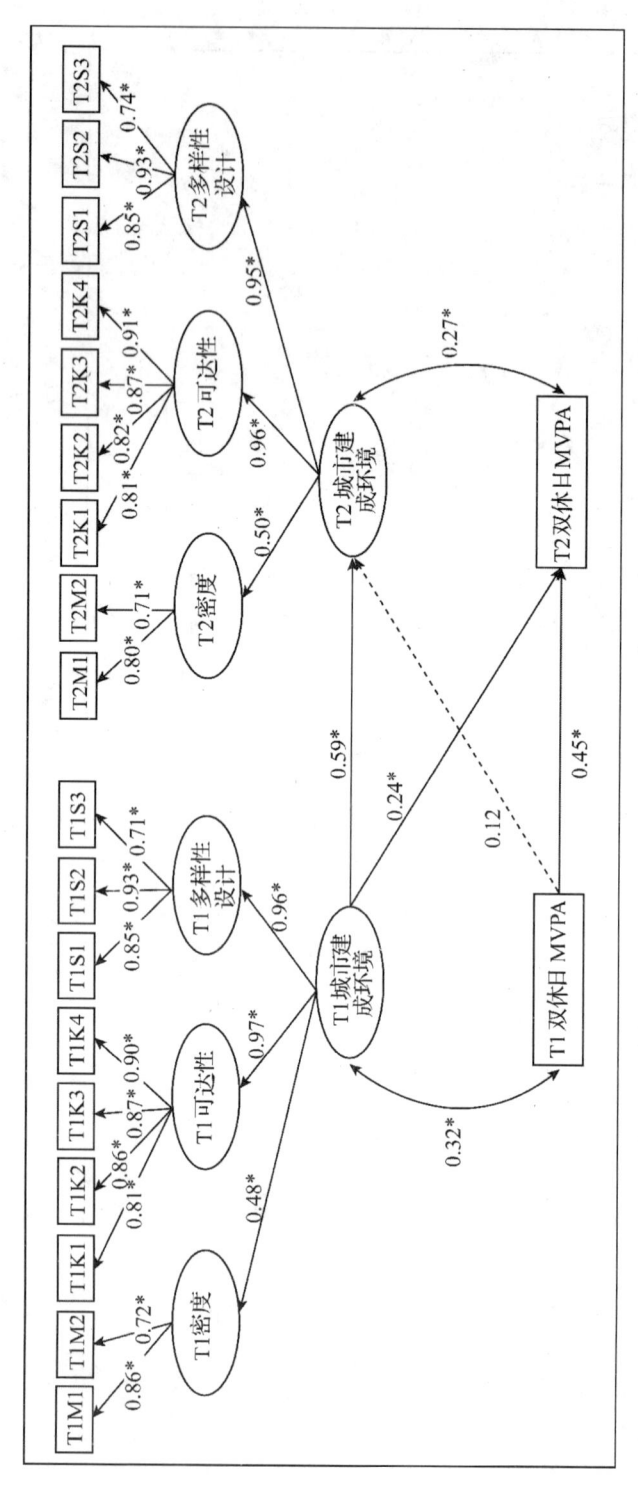

402　当代锻炼心理学理论建构与实践探索

图 11-9　城市建成环境与青少年双休日中高强度体力活动之间的交叉滞后模型

11.4.4 分析讨论

11.4.4.1 时间因素对城市建成环境各指标的影响

通过比较城市建成环境各指标前后测的得分发现，前测青少年居住区的人口密度、建筑密度、街道连通性、人均道路长度、土地混合利用度、交通站点数、至交通站点距离、至健身场所距离、至商业场所距离各指标与后测指标间存在一定的差异；相关分析发现，前后测城市建成环境各指标的相关较高；方差分析的结果发现，时间因素影响城市建成环境各指标的主效应显著。这一结果与上海近年来的城市整体规划建设目标相一致。根据《2017年市政府要完成的与人民生活密切相关的实事》，2017年上海市政府共安排了10件实事，包括环境治理、城市运行安全等。截至2017年12月底，建成绿道200千米，超过计划的12%；"绿色账户"新增覆盖200万户，超过计划的5%；新增40万平方米立体绿化，超过计划的2.3%；新建改建市民球场65个，超过计划的30%；新建改建益智健身苑点210个，超过计划的5%；健身步道竣工75条，超过计划的50%。2017年市民的总体满意度比2016年提高了1.8分，达到90.0分，同时健身步道、绿道项目的综合满意度评分名列前茅。上海市绿化和市容管理局的资料显示，2017年，上海市区绿化部门围绕黄浦江贯通、大型公园绿地建设等，构建黄浦滨江绿道、虹口北外滩滨江绿道、浦东东岸滨江绿道、杨浦区殷行路（政悦路）绿道、闵行郊野公园S32南核心区绿道、宝山友谊路北侧示范段等多个项目，全年完成绿道建设224千米，累计建成总量约447千米。在滨江绿道中，虹口滨江绿道绿化率高达67%。虹口滨江东起秦皇岛路，西至外白渡桥，绿道全长2.5千米，设置了漫步道、跑步道和骑行道，跑步爱好者还将虹口北外滩滨江绿道称为"上海最美跑道"。2018年1月，上海市政府又颁布了《上海市城市总体规划（2017—2035）》，国务院在批复中提到，优化城市空间布局，创造优良人居环境，要统筹安排关系人民群众切身利益的教育、文化、体育、医疗、养老等公共服务设施，提高生活性服务业品质，建设高品质、人性化的公共空间，构建宜居、宜业、宜学、宜游的社区服务圈。2018年，上海市重大工程建设基本建成19项，全年完成投资1418.9亿元，创世博会以来新高。城市更绿、更干净，新添绿道224千米，立体绿化40万平方米，人均绿地达8.2平方米。2019年，上海市在市政建设方面预计推进改善50处道路交通拥堵点，新建改建100条市民健身步道、60片市民球场、300个市民益智健身苑点。上海市城市建成环境的不断提升，为实现全民健身与全面健康奠定了坚实的物质基础。

11.4.4.2 时间因素对青少年中高强度体力活动的影响

通过比较分析发现，青少年学习日中高强度体力活动、青少年双休日中高强度体力活动在前后测的差异很小；相关分析结果发现，前后测青少年中高强度体力活动的相关较高；进一步方差分析也发现，测量时间因素影响青少年中高强度体力活动的主效应不显著。研究表明，青少年体力活动的稳定性较强，短期内的变化很小。这与社会生态学模型的部分观点一致，体力活动受多种因素的共同影响，如人际层面的同伴支持等因素。青少年体力活动的稳定性其实是体力活动习惯的结果，特别是体育锻炼习惯，需要个体在具体实践中不断深化运动健身认识体验，是对运动促进身心健康理念的确信与坚持。此外，重复测量方差分析的结果显示，性别因素对青少年中高强度体力活动没有显著影响。受传统文化的影响以及社会学思想的解读，现实生活中仍存在一定的性别角色观念，即女性强调文静、柔弱，而男性则更看重勇敢、强壮等特点，这种性别角色观念被正处于青春期的中学生认同、内化，进而导致体育参与的性别差异。但本研究发现，青少年中高强度体力活动并没有显著的性别差异。究其原因，可能是本研究被试的个人属性所致，本研究的被试均来自上海市中心城区，该区域的社会经济发展水平高，父母的受教育程度高，又集中了优质的教育资源，在当今开放的思想潮流中，显然削弱了"男强女弱""男主外、女主内"等传统思想的影响。

11.4.4.3 建成环境与青少年学习日中高强度体力活动的关系

纵、横向相关分析的结果均显示，城市建成环境各指标与青少年中高强度体力活动均呈显著的正相关关系，该结果与已有建成环境和青少年体力活动之间关系的横向实证研究的结果一致，说明城市建成环境与青少年中高强度体力活动之间存在密切的内在联系，城市建成环境越好，青少年中高强度体力活动水平就越高，反之亦然，这也是进行交叉滞后分析的基础。

以往研究更多关注建成环境对青少年整体体力活动的影响，而且多是横断研究设计和主观测量数据的证据，而本研究基于 GIS 技术和加速度计的客观数据，采用纵向研究设计——交叉滞后模型，分别考察城市建成环境与青少年学习日中高强度体力活动、城市建成环境与青少年双休日中高强度体力活动之间的关系。根据交叉滞后模型分析发现，前测城市建成环境与后测青少年学习日中高强度体力活动之间的标准化回归系数不显著，表明前测城市建成环境不能显著预测后测青少年学习日中高强度体力活动，即城市建成环境对青少年学习日中高强度体力活动的预测作用不显著。青少年学习日的大部分时间在学校，因此可以推断，青少年学习日体力活动的影响因素主要来自学校，特别是学校环境的影响，前面对青少年体力活动促进的社会生态学模型验证中也证实了学校环境对青少年体力活动的影响，包括学校体育制度环境和学校体育物质环境。国内学者代俊等人[37][56][57][76]均发现了学校层面的因素对青少年体力活动的重要作用。国外学者德米特里欧、巴戈特（Bagot）等人的研究也佐证了这一结果。[61][77]同时，本研究还发现前测青少年学习日中高强度体力活动与后测城市建成环境之间的标准化回归系数不显著，表明前测青少年学习日中高强度体力活动不能显著预测后测城市建成环境，即青少年学习日中高强度体力活动对城市建成环境的预测作用不显著。

11.4.4.4 建成环境与青少年双休日中高强度体力活动的关系

根据交叉滞后模型分析发现，前测城市建成环境与后测青少年双休日中高强度体力活动之间的标准化回归系数显著，表明前测城市建成环境对后测青少年双休日中高强度体力活动的正向预测作用显著，即城市建成环境对青少年双休日中高强度体力活动的正向预测作用显著。与此不同，前测青少年双休日中高强度体力活动与后测城市建成环境之间的标准化回归系数不显著，表明前测青少年双休日中高强度体力活动对后测城市建成环境的预测作用不显著，即青少年双休日中高强度体力活动对城市建成环境的预测作用不显著。综上，城市建成环境是原因变量、预测变量，而青少年双休日中高强度体力活动是结果变量、被预测变量，城市建成环境对青少年具有显著的正向预测作用，城市建成环境可以显著预测、影响青少年的双休日中高强度体力活动。

已有的关于建成环境与体力活动的理论构想和实证研究证据均显示，建成环境与体力活动两个变量之间存在的因果关系具有内在的必然性和合理性。从理论构想的角度讲，首先，根据环境心理学领域中的环境态度主题研究，环境态度是个体对环境问题或活动所持有的信念、情感和行为意图的集合。[79]近年来，环境态度与行为关系的研究，即人们对环境的看法和感受以及他们对环境态度之间的一致性水平，受到了学界的普遍关注。环境态度作为个体行为决策的重要的心理决定因素，能够直接影响个体的行为意图和驱动动机。其次，基于个体行为理论的研究范式，已有研究方法和手段难以建立建成环境与健康之间的直接联系，而行为研究工具和方法广泛使用为建成环境与健康关系的研究提供了可供观察和监测的中介手段。[79]社会生态学模型的出现为考察环境与行为的关系提供了重要契机。社会生态学模型不仅强调个体因素对行为的影响，而且认为人际关系、组织、社区、政策等会对行为产生重要影响，个体行为是多层面因素共同作用的结果。[80]学者萨利斯等人[18]基于社会生态学模型提出了体力活动生态模型，指出城市建成环境是促进体力活动的重要的支持性环境。最后，从城市生态系统学的研究框架出发，城市生态系统学从个体层面和外在层面综合考察居民健康的影响因素，其中个体层面主要探讨个人行为习惯、社会经济地位、家族遗传基因等因素对居民健康的影响，而外在层面则主要通过建成环境、自然条件、社会经济发展、社会资本等因素探讨居民的健康问题。来自美国的一项研究表明，社区环境是仅次于个体特征的第二大影响居民身体健康的因素。[81]因此，城市建成环境的改善能够在促进公共健康中发挥积极作用。基于此，目前基于城市生态系统学聚焦健康城市研究的主要影响路径为热量输出路径，即"建成环境→体力活动→居民健康"，该路径特别强调与体力活动相关的城市建成环境，希望通过改善城市建成环境，促进居民体力活动水平的提升，从而增加居民身体热量的消耗。[21]

在实证研究的内容方面，以往研究主要通过考察单一建成环境要素、建成环境综合特征以及建成环境感知要素三个方面对青少年体力活动的影响。①在单一建成环境要素方面，弗朗克（Frank）等人[82]发现青少年的步行比例与居住区域的人口密度高度相关。这与本研究结果较为一致，本研究也选取了青少年居住区域的人口密度作为城市建成环境的重要指标，而且人口密度作为城市建成环境密度维度可观测指标的贡献系数为0.86，高于同一维度建筑密度的贡献（0.72）。尤因等人[9]发现青少年体力活动与土地混合利用度具有高相关关系。这与本研究较为一致，本研究也选取了土地混合利用度作为城市建成环境的重要指标，研究中土地混合利用度作为城市建成环境多样性设计维度可观测指标的贡献系数为0.71。国内学者何晓龙[83]的研究也佐证了这一结果，即社区人口密度、十字路口密度与被试步行时间均呈正相关。本研究中选择的街道连通性指标与十字路口密度的含义类似，即单位面积内交叉路口的数量，而且本研究中街道连通性作为城市建成环境可达性维度可观测指标的贡献系数为0.81，也是城市建成环境评价的重要指标。国内外的研究还发现，高密度紧凑型土地发展模式可促进青少年步行、骑行等交通性体力活动。高密度紧凑型土地发展模式与本研究的建筑密度、交通站点数、至交通站点距离、至健身场所距离、至商业场所距离的含义相似，也证实了本研究中选用的测量指标的实用性以及与同类研究的可比性。②在建成环境综合特征方面，研究主要利用城市蔓延指数和可步行性指数两个建成环境的综合评价指标。其中城市蔓延指数主要强调土地利用的合理性,指数越高,代表城市建成环境的变迁越不合理,如机动车出行依赖性高、公共开放空间不足等。可步行性指数主要是居住密度、土地混合利用度、街道连通性等指标基本与本研究选用的测量指标保持一致,但可步行性指数主要评价社区建成环境能否促进交通性体力活动,特别是步行和骑行,而与其他方面体力活动的相关研究还不足,特别是休闲性体力活动。③在建成环境感知要素方面,美学感知和安全感知是建成环境评价要素研究较多的指标,美学感知主要包括自然景观、建筑风格等的吸引力,安全感知主要包括社区及周边犯罪率、社区及周边的交通隐患、夜晚灯光照明等。库尔卡等人[51]发现,社区犯罪率与青少年休闲性体力活动呈负相关,而父母对交通安全的感知与青少年交通性体力活动呈正相关。李(Lee)等人[84]发现,街道景观越优美,建筑设计越和谐,邻里关系越友好,越能促进青少年休闲性体力活动的发生,青少年体力活动也更容易达到促进健康的水平。建成环境感知要素的研究主要来自主观测量,本研究对建成环境的测量也采用了主观问卷测量的方式,测量内容包括个体对社区景观、交通安全、社区治安、绿化卫生、灯光等的感知因素。研究结果,发现基于个体感知的建成环境对青少年体力活动会产生显著影响,这与国内外的研究结果保持一致。

在实证研究的方法方面,以往研究主要通过横向比较、相关分析的方法来检验建成环境与青少年体力活动的关系,而纵向比较研究较少。横向比较需要选择建成环境要素高度类似的区域,对比考察建成环境要素对体力活动的影响,其研究内容包括单一建成环境要素指标、建成环境综合特征指标等。该类研究的特点明显:研究结果易得,可以解释不同建成环境要素对体力活动的影响,但研究样本难求,且研究中的其他干扰因素难以排除,研究结果不精确。相关分析是实证研究中采用最多的方法,研究者可通过线性皮尔逊相关分析、弹性系数预测法、Logistic回归分析等,考察建成环境与体力活动的相关系数并检验其显著性,同时可以兼顾人群、社会、经济特征等其他因素对体力活动的影响。相关分析的研究数据易得、易处理,但无法判定建成环境与体力活动的因果关系、准因果关系,无法揭示建成环境对体力活动的影响机制。纵向比较需要建成环境的变化数据,进而考察建成环境变化对体力活动的影响,可以分析建成环境影响体力活动的内在机制,如以建成环境为基点,连续追踪多年生活在同一区域的个体,分析建成环境的自然变迁对个体体力活动的影响;还可以以个体为基点,追踪个体本身及其生活的环境(如搬迁、移居），分析前后建成环境的改变对个体体力活动的影响。该法可提供直观的建成环境和身体活动变化的准因果关系的证据。

本研究采用纵向研究设计，通过交叉滞后模型分析城市建成环境与青少年体力活动的关系，并基于建成环境与体力活动研究的理论构想和实证探索的论证，检验了城市建成环境与青少年双休日中高强度体力活动间的准因果关系，即青少年双休日中高强度体力活动受到城市建成环境的影响和制约具有内在的逻辑性和现实的合理性。

11.4.5 研究小结

本研究通过深入探讨城市建成环境与青少年体力活动的关系发现：

评价城市建成环境包括密度、多样性设计以及可达性3个维度，其中密度维度有人口密度和建筑密度2个指标，多样性设计有街道连通性、人均道路长度和土地混合利用度3个指标，可达性有交通站点数、至交通站距离、至健身场所距离、至商业场所距离4个指标。

测查时间在城市建成环境各指标上的主效应均显著，后测的结果明显好于前测，但测查时间在青少年学习日、双休日中高强度体力活动时间上的主效应均不显著；性别在城市建成环境各指标以及青少年体力活动上的主效应均不显著；测查时间与性别的交互效应在城市建成环境各指标以及青少年体力活动上均不显著。

交叉滞后分析发现，前测城市建成环境不能显著预测后测青少年学习日中高强度体力活动的时间，同样前测青少年学习日中高强度体力活动也不能显著预测后测城市建成环境，即城市建成环境与青少年学习日中高强度体力活动不具有交叉滞后效应。

交叉滞后分析也发现，前测城市建成环境能显著预测后测青少年双休日中高强度体力活动时间，但前测青少年双休日中高强度体力活动不能显著预测后测城市建成环境，即城市建成环境与青少年双休日中高强度体力活动具有显著的交叉滞后效应。

11.5 研究总结

11.5.1 研究结论

构建的建成环境影响青少年体力活动的社会生态学模型验证了社会生态学理论系统性、整体性的工作原理，连续性、层次性的动力传导机制，揭示了建成环境影响青少年体力活动的作用路径。特别是建成环境能同时跨过组织层面和人际层面对个体层面的变量产生显著影响，进而间接影响青少年体力活动。这一跨层作用路径在社会生态学理论的工作原则中尚未被提及,这一发现对完善社会生态学理论的基本框架、干预青少体力活动促进具有重要价值。

建成环境与青少年双休日中高强度体力活动具有显著的交叉滞后效应,揭示了建成环境与青少年双休日中高强度体力活动的准因果关系,表明青少年双休日中高强度体力活动受建成环境的影响和制约具有内在的逻辑性和现实的合理性。

11.5.2 研究启示

社会生态学模型对青少年体力活动的影响是多层面的、整体性的。从社会生态学模型各层次影响因素的信息和能量的传递路径来看:首先,个体层面、人际层面、组织层面、社区层面各因素根据与个体的关系亲疏对青少年体力活动产生直接影响、间接影响、交互影响。其次,社会生态学模型中的每一层次的发展都是与该层次相关的上一层次与下一层次中各要素协调发展的结果,这个发展过程既保持着连续性,又体现着前进性,是一个有机整体。研究提示,在实践应用中,不能仅依靠单一层面的干预,应借鉴社会生态学模型的多层面、多视角、多部门综合干预体系促进青少年的体力活动,才能对青少年的身心健康产生持久而广泛的效果。

研究证实建成环境在促进体力活动、提高身心健康方面具有重要价值,那么如何在城乡规划层面正视人居环境对青少年身心健康的干预功能,已成为现代城市规划、公共健康等领域共同关注的前沿问题。未来,在城市规划与公共健康领域应开展更紧密的联系,将体力活动和健康促进理念纳入城市建设的宏观规划与微观设计中。在宏观规划方面,出台国家、省、市三级体力活动标准与体力活动建议导则,将体力活动和健康促进理念纳入城市规划的目标,完善健康促进评估机制,制定健康促进评估体系和方案。在微观设计方面,从建筑、土地、交通、道路等不同类型的建成环境及其空间组合与优化出发,引导青少年进行一定强度的体力活动。利用不同类型的土地开发对体力活动的潜在的影响机制,增加公园绿地、休闲广场、活动中心等,促进休闲性体力活动用地可达性,增加青少年休闲性体力活动;利用城市交通规划和路网设计,注重多模式交通系统的衔接关系,构建可达性高、步行友好的街道,提升绿色出行的可达性、便捷性和安全性,引导青少年采用步行和骑行的出行方式,增加青少年的交通性体力活动。

11.5.3 研究创新

在研究设计上,基于三角论证的研究思想,采用横断研究与纵向研究范式相结合，并通过问卷调查的主观数据与 GIS 技术和加速度计收集的客观数据相辅证，验证了建成环境与青少年体力活动的关系，为提高建成环境与青少年体力活动的研究效度提供了重要保障。

在研究内容上，首次构建并验证了建成环境影响青少年体力活动的社会生态学模型和交叉滞后模型，为促进青少年体力活动提供了新思路，也为将青少年健康发展纳入城市规划设计提供了一定的科学支撑。

11.5.4 研究展望

在本研究中，城市建成环境的客观数据虽然运用 GIS 技术基于城市全要素数字地图收集而来，但这一数据仍落后于城市规划建设的实况。未来可通过地理学研究中的遥感技术获取城市建成环境的实时数据，弥补建成环境客观数据收集滞后于城市规划建设的不足，促进体育学与地理学研究的深度融合。

在本研究中，基于 GIS 技术和加速度计的建成环境与青少年体力活动的交叉滞后分析工作量较大，且受制于追踪时间，只进行了一次追踪调查，未能在追踪研究中进行多次重复测量。研究将继续在第二次追踪调查后，间隔 15 个月进行第三次追踪调查，并考察建成环境变化对青少年体力活动的影响，以验证建成环境与体力活动关系的稳定性。

城市建成环境的改变涉及的因素较多，是多部门联合的结果。对建成环境改变的现实操作性不强，造成了该领域大多实证研究的瓶颈——缺少实验研究的证据。本研究的交叉滞后设计作为准实验设计的一种，可以在一定程度上提供变量间因果关系的信息，但仍缺乏真实验数据的支撑。未来希望利用虚拟现实技术，结合经典心理物理学方法，定量化操作虚拟空间中城市建成环境以及人类行为的各类变量，进行智能模拟实验，开展体育学、地理学、心理学与人因工效学的交叉研究。

参考文献

[1]张莹，翁锡全：《建成环境、体力活动与健康关系研究的过去、现在和将来》，《体育与科学》2014 年第 1 期。

[2]张延吉：《城市建成环境对慢性病影响的实证研究进展与启示》，《国际城市规划》2019 年第 1 期。

[3]沈晶，杨秋颖，郑家鲲等：《建成环境对中国儿童青少年体力活动与肥胖的影响：系统文献综述》，《中国运动医学杂志》2019 年第 4 期。

[4]李杰，陈超美：《CiteSpace：科技文本挖掘及可视化(第二版)》，

北京，首都经济贸易大学出版社，2017。

［5］Handy, S. L., Boarnet, M. G., Ewing, R., et al.: "How the built environment affects physical activity: Views from urban planning", *American Journal of Preventive Medicine*, 2002.

［6］Cervero, R., & Duncan, M.: "Walking, bicycling, and urban landscapes: Evidence from the San Francisco Bay area", *American Journal of Public Health*, 2003.

［7］Frank, L. D, Andresen, M. A., & Schmid, T. L.: "Obesity relationships with community design, physical activity, and time spent in cars", *American Journal of Preventive Medicine*, 2004.

［8］Gordon, L. P.: "Inequality in the built environment underlies key health disparities in physical activity and obesity", *Pediatrics*, 2006.

［9］Ewing, R., & Cervero, R.: "Travel and the built environment", *Journal of the American Planning Association*, 2010.

［10］Koohsari, M. J., Mavoa, S., Villanueva, K., et al.: "Public open space, physical activity, urban design and public health: concepts, methods and research agenda", *Health & Place*, 2015.

［11］Saelens, B. E., & Handy, S. L.: "Built environment correlates of walking: A review", *Medicine and Science in Sports and Exercise*, 2008.

［12］Saelens, B. E., Sallis, J. F., Black, J. B., et al.: "Neighborhood-based differences in physical activity: An environment scale evaluation", *American Journal of Public Health*, 2003.

［13］Mcdonald, K., Hearst, M., Farbakhsh, K., et al.: "Adolescent physical activity and the built environment: A latent class analysis approach", *Health & Place*, 2012.

［14］Christian, H., Zubrick, S. R., Foster, S., et al.: "The influence of the neighborhood physical environment on early child health and development: A review and call for research", *Health & Place*, 2015.

［15］吕和武，吴贻刚：《美国建成环境促进公共健康对健康中国建设的启示》，《体育科学》2017年第5期。

［16］Rutt, C., Dannenberg, A. L., & Kochtitzky, C.: "Using policy and built environment interventions to improve public health", *Journal of Public Health Management and Practice*, 2008.

[17]Harris, J. K., Lecy, J. A., Hipp, J., et al.: "Mapping the development of research on physical activity and the built environment", *Preventive Medicine*, 2013.

[18]Sallis, J., Bauman, A., & Pratt, M.: "Environmental and policy interventions to promote physical activity", *American Journal of Preventive Medicine*, 1998.

[19]Oakes, J. M., Forsyth, A., & Schmitz, K. H.: "The effects of neighborhood density and street connectivity on walking behavior: The twin cities walking study", *Epidemiologic Perspectives & Innovations*, 2007.

[20]Forsyth, A., Hearst, M., Oakes, J. M., et al.: "Design and destinations: Factors influencing walking and total physical activity", *Urban Studies*, 2014.

[21]Feng, J., Glass, T. A., Curriero, F. C., et al.: "The built environment and obesity: A systematic review of the epidemiologic evidence", *Health & Place*, 2010.

[22]Galvez, M. P., Hong, L., Choi, E., et al.: "Childhood obesity and neighborhood food-store availability in an inner-city community", *Academic Pediatrics*, 2009.

[23]Wen, L. M., Kite, J., & Rissel, C.: "Is there a role for workplaces in reducing employees' driving to work? Findings from a cross-sectional survey from inner-west Sydney, Australia", *BMC Public Health*, 2010.

[24]王开:《健康导向下城市公园建成环境特征对使用者体力活动影响的研究进展及启示》,《体育科学》2018年第1期。

[25]Brownson, R. C., Hoehner, C. M., Day, K., et al.: "Measuring the built environment for physical activity", *American Journal of Preventive Medicine*, 2009.

[26]Pikora, T. J., Giles-Corti, B., Bull, F. C., et al.: "Developing a framework for assessment of the environmental determinants of walking and cycling", *Social Science & Medicine*, 2003.

[27]Crawford, D., Cleland, V., Timperio, A., et al.: "The longitudinal influence of home and neighbourhood environments on children's body mass index and physical activity over 5 years: The CLAN

study", *International Journal of Obesity*, 2010.

[28]Wong, Y. M., Faulkner, G., & Buliung, R.: "GIS measured environmental correlates of active school transport: A systematic review of 14 studies", *International Journal of Behavioral Nutrition and Physical Activity*, 2011.

[29] Loureiro, N., Matos, M. G., Santos, M. M., et al.: "Neighborhood and physical activities of Portuguese adolescents", *International Journal of Behavioral Nutrition & Physical Activity*, 2010.

[30] Duncan, M. J., Badland, H. M., & Mummery, W. K.: "Applying GPS to enhance understanding of transport-related physical activity", *Journal of Science & Medicine in Sport*, 2009.

[31]Cerin, E., Saelens, B. E., Sallis, J. F., et al.: "Neighborhood environment walkability scale", *Medicine & Science in Sports & Exercise*, 2006.

[32]Frank, L. D., Sallis, J. F., Saelens, B. E., et al.: "The development of a walkability index: application to the neighborhood quality of life study", *British Journal of Sports Medicine*, 2010.

[33]杨剑,郭正茂,季浏:《锻炼行为理论模型发展述评》,《沈阳体育学院学报》2016年第1期。

[34]Ashford, S., Edmunds, J., & French, D. P.: "What is the best way to change self-efficacy to promote lifestyle and recreational physical activity? A systematic review with meta-analysis", *British Journal of Health Psychology*, 2010.

[35]Kołoło, H., Guszkowska, M., Mazur, J., et al.: "Self-efficacy, self-esteem and body image as psychological determinants of 15-year-old adolescents' physical activity levels", *Human Movement*, 2012.

[36]McLeroy, K. R., Bibeau, D., & Steckler, A.: "An ecological perspective on health promotion programs", *Health Education Quarterly*, 1988.

[37]司琦,苏传令,Kim Jeongsu:《青少年校内闲暇时间身体活动影响因素研究》,《首都体育学院学报》2015年第4期。

[38]Quarmby, T., & Dagkas, S.: "Children's engagement in leisure time physical activity: Exploring family structure as a determinant", *Leisure Studies*, 2010.

[39] Mulhall, P., Reis, J., & Egum, S.: "Early adolescent participation in physical activity: Correlates with individual and family characteristics", *Journal of Physical Activity and Health*, 2011.

[40] Dowda, M., Ainsworth, B. E., Addy, C. L., et al.: "Correlates of physical activity among U.S. young adults, 18 to 30 years of age, from NHANES III", *Annals of Behavioral Medicine*, 2003.

[41] Duncan, S. C., Duncan, T. E., & Strycker, L. A.: "Sources and types of social support in youth physical activity", *Health Psychology*, 2005.

[42] Vilhjalmsson, R., & Thorlindsson, T.: "Factors related to physical activity: A study of adolescents", *Social Science & Medicine*, 1998.

[43] Haye, K. D. L., Robins, G., Mohr, P., et al.: "How physical activity shapes, and is shaped by, adolescent friendships", *Social Science & Medicine*, 2011.

[44] 司琦, 汪霖之, Kim Jeongsu 等:《基于人际和组织生态子系统的青少年校内课外身体活动影响因素研究》,《首都体育学院学报》2017年第3期。

[45] Durant, N., Harris, S. K., Doyle, S., et al.: "Relation of school environment and policy to adolescent physical activity", *The Journal of School Health*, 2009.

[46] 陈作松, 周爱光:《环境、自我效能感与中学生锻炼态度的关系》,《武汉体育学院学报》2007年第4期。

[47] Langille, J. L., & Rodgers, W. M.: "Exploring the influence of a social ecological model on school-based physical activity", *Health Education & Behavior*, 2010.

[48] Bocarro, J. N., Kanters, M. A., Cerin, E., et al.: "School sport policy and school-based physical activity environments and their association with observed physical activity in middle school children", *Health & Place*, 2012.

[49] 韩会君, 陈建华:《生态系统理论视域下青少年体育参与的影响因素分析》,《广州体育学院学报》2010年第6期。

[50] Reis, R. S., Hallal, P. C., Parra, D. C., et al.: "Promoting physical activity through community-wide policies and planning: Findings from Curitiba, Brazil", *Journal of Physical Activity and*

Health，2010.

[51]Kurka, J. M., Adams, M. A., & Todd, M., et al.: "Patterns of neighborhood environment attributes in relation to children's physical activity", Health & Place，2015.

[52]Mecredy, G., Pickett, W., & Janssen, I.: "Street connectivity is negatively associated with physical activity in Canadian youth", International Journal of Environmental Research and Public Health，2011.

[53]Oreskovic, N. M., Perrin, J. M., Robinson, A. I., et al.: "Adolescents' use of the built environment for physical activity", BMC Public Health，2015.

[54]周热娜，傅华，李洋等：《上海市某两所中学初中生体力活动环境影响因素分析》，《复旦学报(医学版)》2013年第2期。

[55]贺刚，王香生，黄雅君：《建成环境影响儿童青少年体力活动研究进展》，《中国运动医学杂志》2018年第2期。

[56]代俊，陈瀚：《青少年校内身体活动行为促进的社会生态因素及路径》，《上海体育学院学报》2019年第3期。

[57]陈培友：《社会生态视域下我国青少年体力活动促进模式研究》，南京师范大学，2014。

[58]郭可雷：《学校体育环境、锻炼意向与初中生身体活动的关系研究》，上海体育学院，2019。

[59]苏传令：《社会生态学模型与青少年体力活动关系的研究综述》，《浙江体育科学》2012年第2期。

[60]章建成，张绍礼，罗炯等：《中国青少年课外体育锻炼现状及影响因素研究报告》，《体育科学》2012年第11期。

[61]Demetriou, Y., Sudeck, G., Thiel, A., et al.: "The effects of school-based physical activity interventions on student's health related fitness knowledge: A systematic review", Educational Research Review，2015.

[62]付道领：《初中生体育锻炼行为的影响因素及作用机制研究》，西南大学，2012。

[63]易军，冉清泉，付道领：《青少年体育锻炼行为及影响因素的实证分析》，《西南师范大学学报(自然科学版)》2014年第9期。

[64]Campbell, N., Gray, C., Foley, L., et al.: "A domain-specific approach for assessing physical activity efficacy in adolescents: From

scale conception to predictive validity", *Psychology of Sport and Exercise*, 2016.

[65]张勤，奚家文：《不同锻炼目标的影响及心理机制》，《体育文化导刊》2010 年第 7 期。

[66]Patnode, C. D., Lytle, L. A., Erickson, D. J., et al.: "The relative influence of demographic, individual, social, and environmental factors on physical activity among boys and girls", *International Journal of Behavioral Nutrition and Physical Activity*, 2010.

[67]宋俊辰，李红娟，王政淞：《时间使用流行病学在身体活动研究领域的应用》，《体育科学》2020 年第 1 期。

[68]何晓龙，庄洁，朱政等：《影响儿童青少年中高强度体力活动的建成环境因素——基于 GIS 客观测量的研究》，《体育与科学》2017 年第 1 期。

[69]宋彦李青，王竹影：《城市老年人户外体力活动、久坐时间与客观建成环境因素关系研究》，《成都体育学院学报》2019 年第 4 期。

[70]贺刚，黄雅君，王香生：《加速度计在儿童体力活动测量中的应用》，《体育科学》2011 年第 8 期。

[71]Plasqui, G., & Westerterp, K. R.: "Physical activity assessment with accelerometers: An evaluation against doubly labeled water", *Obesity*, 2012.

[72]Vries, S. I. D., Bakker, I., Hopman, R. M., et al.: "Clinimetric review of motion sensors in children and adolescents", *Journal of Clinical Epidemiology*, 2006.

[73]McClain, J. J., Abraham, T. L., Brusseau, T. A., et al.: "Epoch length and accelerometer outputs in children: comparison to direct observation", *Medicine and Science in Sports and Exercise*, 2008.

[74]Fang, H., Quan, M. H., Zhou, T., et al.: "Relationship between physical activity and physical fitness in preschool children: A cross-sectional study", *BioMed Research International*, 2017.

[75]Denton, S. J., Trenell, M. I., Plötz, T., et al.: "Cardiorespiratory fitness is associated with hard and light intensity physical activity but not time spent sedentary in 10-14-year-old schoolchildren: The happy study", *PLoS One*, 2013.

[76]邱茜：《上海市中学生体育锻炼行为生态学模型的研究》，华东

师范大学，2015。

［77］Bagot, K. L., Allen, F. C. L., & Toukhsati, S.: "Perceived restorativeness of children's school playground environments: Nature, playground features and play period experiences", *Journal of Environmental Psychology*, 2015.

［78］Schultz, P. W.: "The structure of environmental concern: Concern for self, other people, and the biosphere", *Journal of Environmental Psychology*, 2001.

［79］于一凡，胡玉婷：《社区建成环境健康影响的国际研究进展——基于体力活动研究视角的文献综述和思考》，《建筑学报》2017年第2期。

［80］Bronfenbrenner, U.: *The Ecology of Human Development: Experiments by Nature and Design*, Harvard University Press, Cambridge, 1979.

［81］Joshu, C. E., Boehmer, T. K., Brownson, R. C., et al.: "Personal, neighbourhood and urban factors associated with obesity in the United States", *Journal of Epidemiology and Community Health*, 2008.

［82］Frank, L. D., Kerr, J., Sallis, J. F., et al.: "A hierarchy of sociodemographic and environmental correlates of walking and obesity", *Preventive Medicine*, 2008.

［83］何晓龙：《影响儿童青少年中到大强度体力活动的建成环境因素研究——以杨浦区五角场、中原地带为例》，上海体育学院，2015。

［84］Lee, C., & Moudon, A. V.: "Physical activity and environment research in the health field: Implications for urban and transportation planning practice and research", *Journal of Planning Literature*, 2004.

12 久坐行为与身心健康：
基于对青少年久坐行为的特征识别与健康评估的研究

目前，身体活动不足、高久坐/屏坐时间已成为全球亟待解决的公共卫生问题，并逐渐成为青少年所面临的主要健康风险。近年来，诸多学者致力于厘清青少年久坐行为与健康的关系，但受久坐行为的独特性、偶发性、不易测量等特点的制约，久坐行为的特征及其本土化影响因素、内容结构、作用机制有待考察，久坐行为与个体健康的关系仍不确切。基于此，本研究以12～17岁青少年的久坐行为为核心立足点，从"识别久坐行为的特征"和"评估久坐行为的健康风险"两条路径出发，深入考察青少年久坐行为特征及其与身心健康的关系，为科学有效促进青少年的健康发展、推进全民健康与全民健身深度融合提供理论依据、证据支撑和实践指导。

12.1 背景与意义

随着信息化、智能化技术的迅速发展与普及，国民生活水平不断提高，人们的学习、工作、膳食结构、生活方式发生了巨大变化。然而以健康的视角审视这一变革可以发现，从2000年到2018年，以恶性肿瘤、心脏病、脑血管疾病为主的非传染性疾病的死亡率呈逐渐上升的态势。目前，身体活动不足、高久坐/屏坐时间已成为导致个体死亡的主要行为因素。行为流行病学研究发现，久坐行为与青少年肥胖、自尊等身心健康指标存在剂量—反应关系。[1]高久坐群体的死亡率明显高于低久坐群体，且在活跃群体及超重、肥胖群体中，久坐时间与死亡率的关系仍很明显。[2]尽管诸多学者致力于厘清青少年久坐行为与健康的关系，但受久坐行为的独特性、偶发性、不易测量等特点的制约，青少年久坐行为的变化特征有待进一步分析，久坐行为对青少年健康的影响仍不确切。因此，厘清青少年久坐行为的变化特征，明确久坐行为与健康的关系在青少年健康促进领域显得尤为重要。

在锻炼行为领域，诸多心理与行为理论均不同程度地强调了环境因素在影响个体行为、形成健康生活方式中的重要作用。因此，为进一步解释久坐行为的发生机制，诸多学者考察了不同的环境因素（如社区环境利用与设计、家人/同伴支持、居家设施等）对青少年久坐行为的影响。但当前研究大多借助中高强度身体活动环境影响因素的相关内容，围绕单一因素与青少年久坐行为的关系展开横向研究，对不同环境系统中的久坐行为影响因素缺少纵向整合和深入挖掘，对青少年久坐行为的影响因素及其作用机制有待利用系统、全面的指标体系做进一步梳理和评估。基于此，本研究采用横向与纵向相结合的研究设计、主观与客观相结合的测量方法，从"识别久坐行为的特征"和"评估久坐行为的健康风险"两条路径出发，考察青少年久坐行为的特征、影响因素及其对健康的影响，补充和完善不同强度的身体活动对个体健康影响的证据链，为科学有效地促进青少年的健康发展提供理论依据、证据支持和实践指导。

12.1.1 理论意义

通过对我国青少年久坐行为的变化特征及其与健康的准因果关系，为久坐行为领域提供了基于中国青少年群体的证据支持，补充和完善了当前久坐行为与健康领域关系的证据链，为青少年的健康促进理念提供了新视角。

采用主观与客观相结合的方式，综合考察了青少年久坐行为指标，并通过横向与纵向相结合的研究设计深入分析了青少年久坐行为与健康的关系，为久坐行为与健康的关系研究提供了参考。

12.1.2 实践意义

在实证研究的基础上，明确了青少年久坐行为与健康的关系，并提出了久坐时间的健康临界值，为相关部门提供了明确的青少年久坐时间参考标准，也为青少年久坐行为与健康的关系提供了证据基础和循证依据。

基于青少年久坐行为的健康结果及久坐行为的影响因素模型，提出了青少年久坐行为的行动建议，为各部门提供了具体、有针对性的行动路径，为全民健康与全民健身的深度融合提供了基于青少年久坐行为的决策建议。

基于扎根理论取向范式，构建并检验了青少年久坐行为的影响因素模型，为科学有效干预青少年久坐行为、提高身体活动水平提供了可参考的干预框架与干预方案。

12.2 文献综述

12.2.1 久坐行为的相关概念
12.2.1.1 身体活动
身体活动指任何骨骼肌收缩引起的高于基础代谢水平能量消耗的机体活动。[3]依据不同的分类方式，身体活动可分为不同的类型、公共卫生领域根据个体活动过程中能量消耗的多少，以代谢当量为基本测量单位，依据身体活动强度的高低将身体活动划分为低强度身体活动（1.0～3.0METs）、中等强度身体活动（3.0～6.0METs）、高强度身体活动（6.0METs及以上）。依据身体活动的类型，身体活动可分为有氧运动、无氧运动和抗阻训练。身体活动与健康领域常以身体活动时间、强度、频率来判定个体的活跃程度，并且世界诸多国家根据中高强度身体活动对个体健康带来的巨大效益，制定了国民身体活动指南，以普及相关身体活动知识，推动国民进行身体活动，增进健康。以世界卫生组织2010年颁布的身体活动指南为例，若个体满足身体活动指南在对应年龄中的身体活动推荐量，即被认为是活跃的，反之则被认为身体活动不足。

12.2.1.2 久坐行为
无论是在原始社会还是在现代社会，"坐姿"都是个体生活中必不可少的一部分。与以往以狩猎、采集等为主的生活方式相比，在信息化、智能化时代，科技的快速发展与普及为人们的生产与生活带来极大便利的同时，以每日长时间坐姿为主的生活方式（如坐姿娱乐、坐姿学习/办公、乘坐汽车/火车等）成为现代社会发展进程中的新现象。久坐行为由此进入了人们的视野。早期对久坐行为的研究从电视观看开始，认为电视观看是久坐行为的主要表现形式。随着研究的深入，围绕久坐行为的内涵，学界展开了广泛探讨。学者普遍认为，久坐行为是一种复杂的行为，电视观看是久坐行为的重要表现形式，但并不是唯一的表现形式，诸如电脑使用、学习工作等均应属于久坐行为。在此背景下，佩特从能量消耗的角度对久坐行为进行了定义，认为久坐行为是指能量消耗水平范围为1.0～1.5METs的低能量消耗活动。[4]该定义从能量消耗的角度对久坐行为进行了界定，使久坐行为与健康的相关研究有了较为清晰的范围。从词源的角度来看，久坐一词来自拉丁语sedere，意为"坐"，忽略了"姿势"这一主要特征，仅以能量消耗衡量久坐行为会使得"站立""平躺"等活动被纳入久坐行为当中，造成研究误差。随后，欧文等人[5]在以往久坐概念的基础上，将久坐行为定义为个体在清醒状态下进行的坐或斜躺的活动，其能量消耗范围为 1.0～1.5METs。该定义也是当前学者普遍认可的。在我国的久坐行为研究中，尽管不同学者对久坐行为的翻译不尽相同，久坐行为也被同时译作静态行为、静坐行为等，但对于这一术语的界定均涉及了能量消耗（1.0～1.5METs）和姿势（坐或斜躺）两个基本要素。鉴于此，本研究以久坐行为研究联盟—术语共识项目中对久坐行为的界定为依据，以《中国儿童青少年身体活动指南》《关于身体活动和久坐行为指南》中对久坐行为的翻译为参照，将久坐行为定义为个体在清醒状态下进行的能量消耗范围为 1.0～1.5METs 的坐或斜躺的活动。从这一概念出发，依据当前个体久坐行为的活动类型，久坐行为可分为以学习、会议、上课、办公等为主的教育/工作类久坐，以乘坐汽车、地铁、火车等被动交通为主的交通类久坐，以阅读、听音乐、绘画、演奏等为主的文化类久坐，以聊天、打电话、静坐等为主的社交类久坐，以坐姿使用电脑、手机、电视等电子设备进行娱乐为主的视频类久坐。具体见图 12-1。

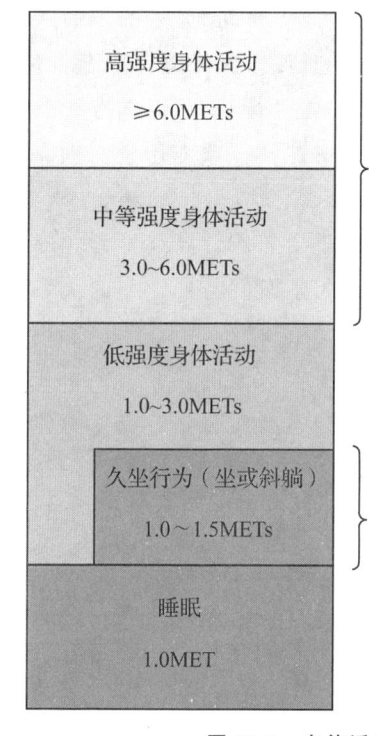

图 12-1　身体活动与久坐行为间的逻辑关系

12.2.1.3 身体活动不足与久坐行为

研究者关于身体活动不足与久坐行为的争论主要在于明确久坐行为是否作为独特的行为对个体健康产生独立影响。以往身体活动与健康的研究主要集中于探寻中高强度身体活动的健康效益,以及从身体活动流行病学的角度探讨身体活动不足可能会造成的健康结果。研究发现,身体活动不足能够提高诸多慢性疾病的发病率和死亡率,但现有研究结果的测量及实验设计多同时包含低强度身体活动或坐姿时间,且身体活动不足与久坐行为在研究过程中存在混用现象。因此,当前研究对造成个体不良健康结果"元凶"的探讨是不确切的。基于此,为明确身体活动不足与久坐行为的关系,学界展开了对身体活动不足与久坐行为关系的探讨,并重新审查了以往身体活动与健康的相关研究成果。

部分学者认为,久坐行为是区别于身体活动不足的独立行为,并对个体健康具有重要影响。首先,从概念的角度看,身体活动不足是相对于中高强度身体活动量及活动时间不足提出的,不单指能量消耗范围为1.0~1.5METs的坐或斜躺的低能量消耗活动。换言之,身体活动不足既涵盖以久坐为主的行为表现,也包含以"低久坐时间"为主的不活跃群体,如以站立时间长、久坐时间少为主的发型师、售货员等职业群体。其次,从已有的循证研究证据看,"活跃"与"久坐行为"可以共存。欧文等人发现,在活跃群体中,电视时间与个体的腰围、收缩压、血糖、甘油三酯等指标之间存在剂量—反应关系。卡兹马切克(Katzmarzyk)等人[2]发现,久坐行为对不良的心脏代谢具有重要影响,高久坐群体的死亡率明显高于低久坐群体,在活跃人群中,久坐时间与死亡率的关系同样明显,这一关系在肥胖个体间更为强烈。

由于目前久坐行为与健康的相关研究在无关因素的控制、因果关系以及测量误差三个层面存在局限,因此,部分学者对久坐行为与身体活动不足的关系仍抱以谨慎的态度。第一,对无关因素的控制而言,在目前久坐行为与个体死亡率关系的研究中,通常是对身体活动时间调整后,经数据分析发现久坐行为与个体死亡率之间仍存在关联,但多数研究仅调整了中高强度身体活动时间,并未明确区分低强度身体活动与久坐行为,因此不能充分说明久坐行为与个体死亡率之间存在关联。第二,对变量关系而言,受心肺健康状况、健康评价指标的全面性等因素的影响,尚不能完全确定久坐行为与个体不良健康结果之间的因果关系。第三,对测量误差而言,精确测量久坐行为是对两者进行明确区分的前提。目前久坐行为的主客观测量方法尚未被广泛用于人口研究,其准确性有待进一步探讨。基于此,久坐行为与身体活动不足的争论有待深入研究。

现有研究虽从定义上将久坐行为与不同强度的身体活动进行了区分,但尚不能将久坐行为看作影响个体健康的独立因素。可以预见的是,随着研究的不断深入,身体活动与健康的相关研究将会不断细化,进而更好地帮助人们制订精准化的身体活动指南及运动干预方式,增进健康。

12.2.2 久坐行为领域的研究进展

12.2.2.1 国内外研究的主要发展历程

(1)国外研究的主要发展历程

为更清晰、直观地了解国外久坐行为领域相关研究的发展脉络和热点演进趋势,以科学网核心合集为主要数据库,以("sedentary behavi*"或"sedentary"或"sedentary time"或"TV time"或"screen time") and (health* 或"health promot*"或"healthy life")为检索式,检索时间截至 2021 年 3 月 10 日,共计检索文献 19743 篇,选取期刊论文、综述及网络首发文献作为主要分析内容,剔除无关研究及重复研究后,共计纳入文献 18534 篇。采用 Citespace 5.7.R2 对纳入文献进行聚类分析,依据主题词、关键词及被引情况,选取时区视图以呈现久坐行为研究领域热点的演进过程(见图 12-2)。根据 Citespace 聚类分析结果可以看出,国外久坐行为领域的研究大致经历了三个时期,即萌芽期(1994 年之前,尚未形成核心热点词)、探索期(1995—2007 年,主要以身体活动促进为主)和发展期(2008 年至今,主要围绕个体健康、身体活动不足、久坐时间减少问题展开研究)。

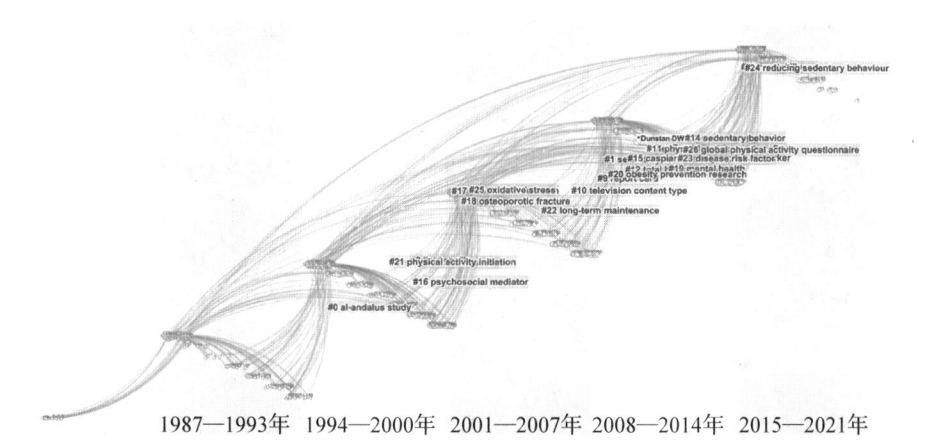

图 12-2 国外久坐行为领域研究热点的演进

①萌芽期(1994年之前)。

20世纪中后期,探寻健康决定因素成为人们关注的重点,此时一方面中高强度身体活动的健康效益受到研究者的广泛关注,另一方面随着发达国家科技的进步、社会生活水平的提高、电视等娱乐设备的普及,长期坐姿观看电视这一行为对个体健康的影响受到了研究者的关注。此时期出现了个体以电视观看为主要关注点的久坐行为相关研究。萌芽期的久坐行为研究主要具有以下特征:①将久坐行为与电视观看等同,着重探讨长期坐姿电视观看对个体健康造成的不良影响,多数研究结果发现长期坐姿电视观看是导致个体肥胖/超重或患代谢相关慢性疾病的重要因素;②所采用的研究以横断研究为主,调查工具较为简单,对久坐行为的探讨主要基于身体活动调查问卷,旨在探究不同群体的电视观看时间对个体健康水平的影响。

②探索期(1995—2007年)。

随着研究者对中高强度身体活动的健康效益的探讨以及久坐行为的普及率不断攀升,研究者逐渐认识到电视观看不再是久坐行为的唯一内涵,从能量消耗的角度探寻各个强度的身体活动以及久坐行为对个体健康的影响成为该阶段的主要内容。该时期久坐行为作为一个核心术语逐渐受到学者的关注,对久坐行为的内涵、类型的探讨逐渐增多,但主要研究内容仍然以身体活动、锻炼对不同群体(儿童青少年、女性、老年人)肥胖、心血管疾病等的影响为主。这一时期对于久坐行为的研究主要具有以下特征:①将每日电视观看时间、每日久坐时间、每日电脑使用时间作为身体活动相关研究的附属维度进行部分探讨。②受久坐行为的内涵不明确等因素的制约,多数研究对久坐行为的探讨较为片面。该时期久坐行为与身体活动不足、低强度身体活动等概念存在混用现象,且久坐行为能否成为影响个体健康的独立因素仍不明确。③部分基于客观数据的久坐行为的纵向研究出现,不同群体的久坐行为特征,特别是电视观看、视频游戏等对个体健康的影响有了较为明确和一致的观点。④鉴于久坐行为对个体健康的影响,有学者开始尝试通过横断研究探讨不同群体久坐行为的影响因素,并在此基础上制订减少久坐行为的相关策略。

③发展期(2008年至今)。

随着大量久坐行为相关研究的出现,久坐行为与健康的相关研究进入了快速发展时期。这一时期主要具有以下特征:①诸多研究者开始整理以往久坐行为的相关研究,并对久坐行为概念进行反思。研究者指出,以往有关久坐行为对个体健康的研究众多，但结果并不一致，研究存在无法重复的问题。造成这一问题的首要原因在于对久坐行为内涵的把握不一致。《美国预防医学杂志》于2007年和2011年分别发表了两篇评论，探讨了久坐行为概念的界定以及科学使用。佩特等人通过梳理久坐行为的概念及测量方法，从能量消耗的角度对久坐行为予以界定，并列举了部分久坐行为研究中的反例进行讨论。欧文等人在能量消耗的基础上将久坐行为的概念做了进一步界定，将"姿势"这一久坐行为中的必要条件加入其中，并对当前久坐行为的相关研究结果进行了梳理，提出了久坐行为未来研究的趋势。[5] 2012年，为更好地促进久坐行为研究领域的发展，由多国专家组成的久坐行为研究小组发表了《标准化使用"久坐"与"久坐行为"》一文，该文章不仅明确了久坐行为的概念，而且强调了久坐行为研究的规范性和严谨性。[6] 至此，久坐行为与健康领域研究有了很大的发展。②久坐行为与健康领域的研究方法逐步进入多元化阶段，研究者试图通过多种测量方法将久坐行为与低强度身体活动、睡眠以及身体活动不足进行明确区分，并在此基础上探寻身体活动测量工具在测量不同群体久坐行为上的效度。同时，大量随机对照实验的出现使久坐行为研究进入了高速发展时期。

（2）国内研究的主要发展历程

为更清晰直观地了解国内久坐行为领域相关研究发展脉络和热点演进趋势，以中国知网为主要数据库，以"久坐""静坐""久坐行为""静态行为"为主题词进行检索，以CSSCI、北大核心、CSCD收录的期刊论文为主要分析资料，检索时间截至2021年3月10日。剔除会议论文、报纸及重复研究后，共计纳入文献356篇。采用Citespace 5.7.R2对纳入文献进行聚类分析，依据主题词、关键词及被引情况，选取时间线视图以呈现久坐行为研究领域热点的演进过程（见图12-3）。与国外久坐行为的研究相比，我国久坐行为的研究偏少，近两年的研究数量逐渐增多但仍然处于起步阶段。根据Citespace聚类分析的结果可以看出，我国久坐行为领域的研究大致可以划分为两个阶段，即萌芽期（2004年之前，以身体活动、职业病为主）、探索期（2005年至今，主要围绕不同群体的身体活动水平、久坐行为现状及其对健康的影响展开）。

①萌芽期（2004年之前）。

受社会经济发展水平、人们生活方式等因素的影响，该时期久坐行为现象并未大范围流行，因此仅少量研究围绕"久坐""静坐""静态行为"进行了研究。该时期主要具有以下特征：①受中国传统文化的影响，该

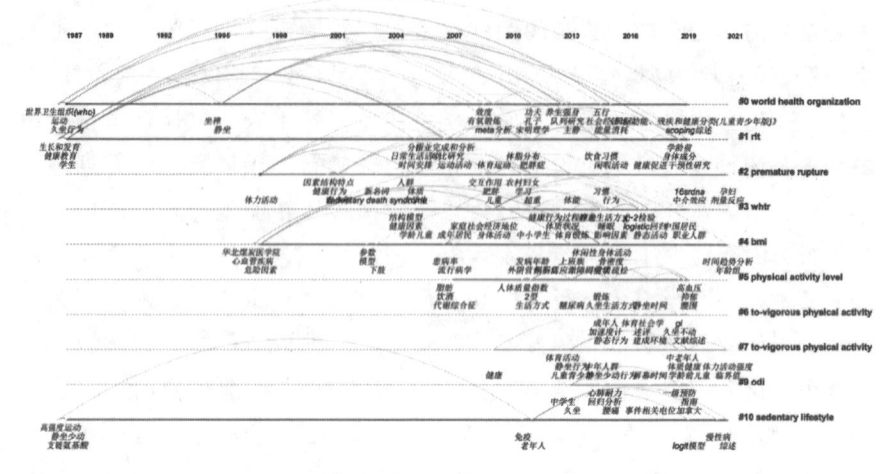

图 12-3　国内久坐行为领域研究热点的演进

时期对久坐行为的理解与国外对久坐行为的理解存在差异。"静坐""打坐"在我国民族传统体育中通常被视为修身养性的有效方式,如颜绍泸[7]从民族传统体育的角度,对"静坐"这一健身手段的历史演进过程进行了系统分析。此外,罗跃嘉等人[8]探讨了音乐静坐训练对青少年的听觉受匹配负波的影响。②公共卫生领域的研究者逐渐开始关注由长期坐姿办公所引起的"职业病"问题,并将关注焦点从体育锻炼的健康效益方面逐渐转向个体健康行为或身体活动特征方面。该时期所采用的研究方法以调查或综述性研究为主,公共卫生领域的部分研究者采用实验的方式探讨了与坐姿有关的"职业病"的生理变化。

②探索期(2005 年至今)。

随着我国国民经济的不断发展,交通、电子设备的普及,国民的生活方式发生了深刻转变。从我国国民疾病谱和死因谱的变化来看,统计显示,2015 年导致我国城市居民死亡的疾病以非传染性疾病为主,如恶性肿瘤、心脏病等,并且该类疾病的占比逐年提高。在身体活动方面,一方面针对学生的体质健康促进,国家围绕学校体育出台了诸多政策文件;另一方面为了提升全民的健康水平,我国实施了"健康中国""体育强国"等战略规划,促进了健康相关领域工作的开展。随着国家对国民健康和身体活动的重视,研究者逐渐关注到久坐行为这一领域。该时期相关研究的数量增长明显,主要具有以下特征。①研究较多涉及横断研究以及对国外已有研究的梳理,对我国不同群体久坐行为模式的探讨较少,青少年久坐时间的积累方式及其对健康的影响仍有很大空白。同时久坐行为作为一组独立行为影响健康,在中国文化背景下的特点尚不明确。②既有的实验研究旨在探寻久坐行为与个体慢性疾病的关系。③客观测评工具如加速度计等逐渐被运用在久坐行为与健康的相关研究中,并出现了对基于心理与行为理论模型的久坐行为减少策略的探析,但对基于中国文化背景的不同群体久坐行为干预策略的建构与评估仍待进一步探究。④不同年龄群体的身体活动指南的研制工作已陆续开展,但相关指南中有关久坐行为的建议有待进一步明确。

12.2.2.2 研究涉及的关键问题

在身体活动领域,身体活动不足已然成为个体罹患非传染性疾病的主要行为风险因素。因此,作为身体活动不足的"典型行为",久坐行为与健康的关系受到了社会各领域的广泛关注。目前,该领域的研究内容主要依照流行病学的研究框架展开,欧文等人[5]结合现阶段久坐行为的研究特点,提出了久坐行为流行病学的研究框架,即:①识别久坐行为与健康结果的关系;②发展久坐行为测量工具;③明确久坐行为的流行率与变化特征;④识别久坐行为的决定因素;⑤发展和检验影响久坐行为的干预措施;⑥使用相关证据来影响公共卫生指南和政策。[6]这一框架也是目前久坐行为与健康领域主要研究内容的具体体现。

(1)不同群体的久坐行为流行率研究

为探明久坐行为在不同群体中的流行率,世界各国展开了诸多全国范围内的普查,具体包括澳大利亚营养、肥胖与生活方式研究,美国劳工部进行的美国人时间使用调查,美国国民健康调查,加拿大国民健康程度调查等。世界各国研究者针对不同群体的久坐行为状况调查发现,在加拿大学龄前儿童群体中,仅有15%的3~4岁儿童和5%的5岁儿童同时符合身体活动和久坐行为指南中的要求。[9]郭强等人[10]发现,中国青少年的久坐行为在不同的年龄段呈现了不同的变化趋势,但整体的久坐时间较长,且教育相关的久坐时间最长且分别在14岁和13岁明显上升。美国调查数据显示,1960年至2008年间,久坐职业流行率增加了20%,而以中高强度身体活动为主的职业逐渐减少。[11]根据2008年到2012年美国劳工部的美国人时间使用调查显示,除睡觉以外,美国全日制大学生花费大部分时间进行休闲和运动(3.8h)、教育活动(3.4h)、工作相关活动(2.7h)。对休闲和运动进一步分析后发现,美国大学生在电视观看方面花费的时间最多,为1.84h/d。加拿大的相关统计资料显示,加拿大成年人平均每日久坐9.6h。[9]法国成年人工作日每天工作约10h,非工作日约7.58h/d,而法国成年人的久坐不动时间与工作内外的行为关联明显。[12]朱丽叶(Juliet)等人[13]发现,对于65岁及以上的老年人,67%的人每天久坐不动超过8.5h,且电子设备使用时间(如计算机、手机)在老年人中呈逐渐增加趋势。诸多研究结果均显示不同年龄阶段的人群久坐时间在一天生活中的占比普遍偏高,呈现出坐姿屏幕时间、教育/工作类久坐时间较长等情况。

(2)久坐行为对个体健康的影响

①久坐行为与慢性疾病。

围绕久坐行为与慢性疾病的研究主要基于18岁以上的成年人进行,特别是一些需要长期久坐的职业人群,如白领、IT从业人员等。从生理学的角度来看,长时间久坐与身体活动不足均对个体健康具有一定的负面影响。流行病学研究者致力于探究久坐行为与个体代谢等相关生理指标(如甘油三酯、空腹血糖、心率等)的关系或在动物模型中发现久坐行为对个体健康的独立影响。当前一些循证研究发现久坐行为与糖尿病、心血管疾病和全因死亡存在剂量—反应关系。艾玛(Emma)[14]指出,久坐行为增加了个体糖尿病、心血管疾病的发病率和死亡率。已有研究基于成年人的久坐行为流行率以及诸多循证研究证据,建议在工作场所尽可能打破久坐不动的时间,通过中断久坐时间获得健康效益或降低健康风险。[15]但从久坐行为能量消耗范围来看,有研究发现中断久坐时间未必能获得健康效益(如提高代谢、改善身体成分),同时也有研究指出常规休息与永久站立相比更能改善个体的健康状况。[16]为解释这一问题,陈(Chan)等人[17]指出,站立作为低强度身体活动的一种,虽然不会显著增加个体的心率和能量消耗,但对长期处于低强度身体活动的个体而言,由坐姿过渡到站立的过程中,其心率和能量消耗有所提高。贝利(Bailey)等人[18]在探讨了久坐中断的健康结果后认为,仅依靠站立无法提高个体的心脏代谢水平,但通过一些短时间低强度身体活动,诸如每坐20分钟后步行2分钟会有效改善员工心脏代谢的健康状况。

此外,电视观看作为久坐行为领域的重要组成部分,其与慢性疾病及死亡率的关系同样受到研究者的广泛关注。托尔普(Thorp)等人[19]通过多年追踪调查发现,个体的电视观看时间与心脏代谢、死亡率之间存在一定的关联,这种关联度呈现性别差异,并在后续研究中得到了复制。但由于电视观看不仅涉及久坐行为,而且受到高热量食物摄取、屏幕观看及个体身体指数等差异的影响,因此,研究结果受到了一些学者的质疑。美国一项为期21年的追踪研究围绕这一问题,分别探讨了交通类久坐行为、电视观看对个体心血管疾病死亡风险的影响。研究发现,每周在交通类久坐行为上花费10h的个体与每周在交通类久坐行为上花费少于4h的个体相比,其心血管疾病的死亡率增加了82%,而每周在复合行为上花费超过23h的个体与每周花费少于11h的个体相比,其心血管疾病的死亡率增加了64%。该项研究在一定程度上解释了久坐行为对个体慢性疾病及其死亡率的影响,这种影响并非完全受到高热量食物摄取、个体差异等因素的制约。[20]值得一提的是,研究者同样指出,"坐"作为一个自然行为对个体的健康并不是毫无益处的,只有长时间($>$7h/d)的坐或斜躺的活动才会对个体的健康造成潜在的威胁。

②久坐行为与肥胖。

肥胖被认为是将久坐行为与慢性病发展联系起来的中间变量,但其在久坐行为背景下的作用尚未得到解决。帕迪(Pardee)等人[21]对肥胖青少年的电视观看次数与高血压患病率进行了研究。研究发现,肥胖儿童和青少年患高血压的风险会随电视观看次数的增加而增加。该结果在一定程度上扩展了久坐行为领域对个体超重和肥胖的关注。目前已有研究主要针对青少年、成年人展开,所得的研究结果有待进一步探讨。克莱兰(Cleland)等人[22]通过采用主观与客观相结合的方法对1662名成人身体活动、总体久坐行为与肥胖的关联进行研究发现,相比于低久坐/高身体活动的个体,高久坐/低身体活动的个体的肥胖率增加了95%~168%。研究进一步围绕坐姿时间进行分析发现,无论个体的久坐情况如何,低身体活动(低步数)的男性的肥胖概率都会增加。

许多横断面研究、前瞻性研究和随机对照实验研究了儿童青少年长期久坐行为的潜在致肥效应,电视观看一直都是多数研究的焦点。然而,正如比德尔[23]在2007年发表的文章中指出,现有研究仍需要对久坐行为与肥胖之间的关系做进一步探讨,一方面不能将电视观看视作个体久坐行为的唯一表现形式,另一方面导致个体肥胖的因素是真正的长期久坐行为,还是身体活动不足,抑或是两者的复合作用,还有待进一步探讨。一项系统评价研究发现青少年的久坐时间与肥胖之间呈正相关,除此之外,久坐时间还与血压和总胆固醇、自尊、社会行为问题、身体素质和学业成绩存在中等程度的关联。[24]该研究结果一方面为久坐行为作为影响个体部分健康结果的重要决定因素提供了有力的证据,另一方面也指明了对于久坐行为的类型和研究群体的年龄段还有待进一步探讨。值得注意的是,目前的文献没有提供足够的证据证明久坐行为与成人的肥胖之间存在正相关关系。未来前瞻性研究和使用客观测量来监测久坐行为的随机对照实验需要阐明肥胖在久坐行为背景下的作用。

12.2.2.3 久坐行为的测量方法

(1) 主观测量方法

① 自我报告问卷。

目前用于个体久坐行为调查的自我报告问卷主要有：国际身体活动调查问卷（The International Physical Activity Questionnaire，IPAQ）、全球身体活动调查问卷（Global Physical Activity Questionnaire，GPAQ）以及哈迪（Hardy）等人编制、郭强翻译修订的青少年久坐行为调查问卷（Adolescent Sedentary Activity Questionnaire，ASAQ-CN）。自我报告式调查具有以下优点：①调查成本低且易于使用；②能够对身体活动或久坐行为方面的信息进行标准化、结构化收集；③能够识别行为类型及其发生环境，为后期的干预设计提供数据支持。目前研究者围绕这些测评工具在身体活动领域、久坐行为领域对不同群体、不同地域进行了信效度的检测，但上述问卷涉及久坐行为的部分十分有限，如 IPAQ 短问卷版和 GPAQ 中仅涉及一道有关久坐时间的问题（IPAQ 短问卷版："最近7天，你花了多少时间坐着？"GPAQ："一般来说，你一天中花多少时间坐着？"），ASAQ-CN 尽管将久坐行为划分为5种类型，但对于上学日和休息日特定久坐行为的题项设置不同，题项的表达可能会产生歧义。从久坐行为的概念出发，久坐行为作为日常随时都可能发生的、涉及类型广泛的行为，以问卷的形式使被试回忆久坐时间势必会产生一定的偏差。研究发现，相较于加速度计测量而言，久坐条目在 IPAQ 中呈现出较高的可靠性，但其效度偏低。[25]加之，自我报告问卷受限于文化规范的影响以及心智发育成熟且具备独立填答能力的被试（多为15~69周岁的青少年、成年群体），因此，久坐行为研究领域需要结构化并能专门用于调查个体久坐行为的测评工具。

② 久坐行为代理报告。

久坐行为代理报告主要用于调查特定群体的久坐行为，诸如心智未发育成熟的幼儿/儿童或不具备独立填答能力的老年人或残疾人群体。久坐行为代理报告同自我报告问卷一样，主要以时间为单位用于记录个体的身体活动情况。研究发现，久坐行为代理报告的信效度尚可，但在设计和调查过程中应注意报告方案的科学性以及代理报告过程中的心理学特点。

③ 久坐行为日志和瞬时生态评估。

久坐行为日志是可以记录个体在一天中特定时段的行为或行为特征（如活动的强度）的清单，以时间为单位获取个体久坐行为事件以及日常身体活动的时间、强度等信息。考虑到久坐行为的偶发性等特点,传统形式上的坐姿时间的调查并不能充分体现个体久坐行为的特征。例如,从传统问卷调查中,研究者虽能获取个体的总坐姿时间,并对个体久坐行为做结构化调查和分析,但无法获得个体久坐行为的时间积累方式、一天中久坐不动的总次数等具体数值。因此,基于这种局限,久坐行为日志和瞬时生态评估顺势而生。希夫曼(Shiffman)等人指出瞬时生态评估具有以下特征:①生态有效性,即在真实情景中收集相关数据;②即刻性,即能够评估当前或最近的行为;③灵活性,即能够根据研究需要随机选取特定行为、特定情境出现的时刻;④复合性,即能够根据研究需要进行多项评估。总体而言,久坐行为日志和瞬时生态评估为研究者探寻久坐行为提供了更为精确的方式。该方法不仅要求被试具有一定的自我约束能力以便能够坚持记录特定时间内的具体行为时间,而且要求相关研究人员具有相对严谨的数据处理能力以便面对负担较大的调研资料。

综上所述,主观测量工具以便携、灵活且被试及研究人员的负担较小等特点受到当前研究者的广泛使用。但受久坐行为的独特性、偶发性、不易测量等特点的制约,久坐行为主观测量工具在测量的广度和深度上均受到影响。

第一,主观测量工具受个体主观的影响较大。在多数情况下,由于坐姿过于常见而使得人们无法意识到它的发生,因此单独依靠个体主观回忆记录久坐行为的发生和持续时间势必会产生较大的偏差。第二,主观测量工具无法观察久坐行为的全貌。无论是自我报告式问卷还是久坐行为日志抑或是瞬时生态评估,都在对久坐行为进行结构化划分方面存在明显优势,但主观测量工具无法获得久坐行为的连续性数据,无法掌握不同群体的久坐行为在时间积累方式、久坐不动总频次等方面的具体信息,无法明确划分低强度身体活动与久坐行为之间的差异。因此,基于主观测量工具对久坐行为的测量与评估较为片面。第三,主观测量工具对干扰因素的控制较弱。久坐行为的发生往往伴随着多种行为,若无法将久坐行为从复合行为中剥离开来单独讨论,那么其对个体健康结果的影响将不可信,而基于主观测量工具的对久坐行为的评估无法将久坐行为与其他干扰因素进行明确区分和控制,进而使其调查所获得的数据存在偏差。

(2)客观测量方法

①加速度计。

加速度计是根据加速度测量身体活动随时间变化的运动强度的装置。

随着电子传感器的更新,加速度计可以评估多个平面的运动,评估生理和环境参数,并提高数据采集和存储的便捷性。目前使用的大多数加速度计是压电传感器,用于检测一到三个正交平面(前后、中间和垂直)的加速度,即三轴加速度计。加速度计处理后的数据可以由内部存储器记录,然后通过计算机端口下载。

由于加速度计能够连续监测个体身体活动的能量消耗水平,因此加速度计为久坐行为的测量提供了思路。个体通过佩戴加速度计能够获取其一天或一周内特定时间的身体活动能量消耗水平,将收集到的数据以一定的阈值进行划分,从而得到个体的低强度身体活动时间、久坐行为时间等数据。

对比主观测量方法,不难发现,以加速度计为代表的客观测量方法弥补了久坐行为主观测量方法的不足,能够更为全面、准确地对个体久坐行为的全貌进行测量和分析。同时随着科研技术的更新,加速度计的精度和存储量也有了进一步提高。与主观测量方法相同,单独使用加速度计测量久坐行为仍然存在局限性,主要表现在:①加速度计无法准确评估个体的姿势变化。尽管目前被广泛应用的 ActiGraph 三轴加速度计所附带的 x、y、z 三轴坐标能够监测到个体姿势的主要变化,但对于久坐行为来说仍然不够精准。当前研究并没有广泛的证据支持加速度计对个体姿势监测的准确度,同时将睡眠和清醒状态做区分也是加速度计的难点之一。②加速度计评估久坐行为的切割点的有效性仍待商榷。从能量消耗的角度来看,久坐行为的能量消耗为 1.0~1.5METs 的是低强度身体活动,采用加速度计对久坐行为进行测量主要基于能量消耗对身体活动的划分,目前多数研究将 100cpm(每分钟计数,counts per minute)作为久坐行为的切割点,但研究结果仍有待探讨。③加速度计无法获取个体久坐行为的结构化特征。与主观测量方法不同,加速度计作为客观测量方法,虽然能够连续获取个体特定时间内的身体活动能量消耗水平,但无法得知在该时间内个体所进行的确切活动或行为。因此,单独使用加速度计也会使研究存在偏差。

②姿势监测计。

姿势、能量消耗作为久坐行为中的重要因素决定了久坐行为能否作为独立行为因素对个体健康产生影响。姿势监测计(ActivPAL)是一种直接附着在大腿前部中线的皮肤上的小型电子设备,根据大腿加速度以确定姿势变化,并使用专有算法将不同姿势的持续时间分为坐/躺时间、站立或踩踏时间。同时,ActivPAL 还提供了关于节奏、步数、"坐—站"和

"站—坐"转换以及能量消耗的数据。当前 ActivPAL 已被广泛运用于成人身体活动水平的测量方面,其信效度已得到初步证明。[26]但姿势监测计用于评估久坐行为的有效性的研究仍然相对较少。拜罗姆(Byrom)等人[27]指出,在使用客观测量工具对久坐行为进行评估时,建议使用三轴加速度计或大腿穿戴式姿势监测计,以便在收集个体身体活动能量消耗数据之外获得稳健的姿势评估,并建议使用成人最小坐位/直立时间 10 秒来定义姿势变化。

③心率记录仪。

以心率评估身体活动强度的方法较为常见。采用心率记录仪对个体身体活动强度评估的研究多见于中高强度身体活动。采用心率记录仪评估久坐行为的思路主要是设定个体静息心率和运动心率的阈值,通过心率的变化以及持续时间来判定个体久坐行为的发生与总时长。总体来说,心率记录仪在久坐行为的测量方面较少作为单一的测评工具。为精准把握久坐行为的姿势、能量消耗等多方面的变化,研究者多将心率记录仪与直接观察法、主观测评问卷相结合,一方面对个体能量消耗进行全面评估,另一方面检验其他测评工具在久坐行为评估上的可靠性。随着加速度计、姿势监测计等更为便携的客观测评工具的发展,心率记录仪在久坐行为研究中的应用逐渐减少。

综上所述,相较于主观测量工具,以三轴加速度计、姿势监测计为主的久坐行为客观测评工具具有便携、小巧、花费和被试负担适中、能持续监测个体的活动能量消耗和姿势变化等优势。这些优势在一定程度上弥补了单一的主观测量工具测量久坐行为的缺陷,但客观测量工具在久坐行为研究中仍存在以下挑战。①久坐行为阈值设定的有效性有待进一步讨论。无论是加速度计、姿势监测计还是心率记录仪,其评估个体活动能量消耗的原始数值都是机械且"无约束"的,因此研究者需要根据已有研究和研究群体的特征将个体久坐行为能量消耗的阈值进行自主划分。在久坐行为客观测量工具使用过程中有必要对不同群体、不同设备阈值的划分进行信效度检验,从而得出学界一致认可的阈值。②同一能量消耗下的不同姿势的区分有待进一步调整。客观测量工具虽然能够评估个体能量消耗以及不同姿势发生和持续的时间,但是无法清楚地判断个体所处的具体状态,如无法将睡眠与清醒状态区分,无法完整纳入坐姿行为,无法有效识别复合行为,即干扰因素对久坐行为的影响。因此,在久坐行为研究测量过程中,有必要进行多层次、多方面的研究设计以有效控制冗余变量的影响。③基于客观测量工具的久坐行为评价指标在不同群体中的特征及其与健康的关系有待进一步研究。目前基于加速度计和姿势监测计的研究逐渐开始关注久坐行为的多个侧面，基于客观测量工具的久坐行为评价指标为研究者探寻个体久坐行为特征及其与个体健康的关系提供了新的思路，也为将久坐行为作为独立的健康影响因素提供了更为客观和深入的研究方向。

12.2.2.4 久坐行为的影响因素

现有计量研究发现久坐行为呈现人口学差异，如不同年龄、不同职业、不同地域、不同性别个体的久坐行为有不同特征。不同研究者围绕不同群体对久坐行为影响因素进行了调查和分析，现有研究结果发现影响个体久坐行为的因素大致包括两个方面——个体因素和环境因素。

从个体因素来看，认知和动机被认为是影响个体行为的关键因素，一项系统评价研究综合了25项研究对个体影响久坐行为的认知和动机因素进行分析发现，在与久坐行为相关的认知中，久坐不动时间的风险因素包括积极的久坐行为态度、久坐行为习惯及久坐意图、久坐行为的内部动机和外部动机。与低久坐时间相关的影响因素包括对久坐行为具有更强的自我效能/控制感、较强的久坐行为减少意图。在身体活动相关的认知中，低久坐行为的影响因素包括积极的身体活动态度、高身体活动自我效能/控制感、强身体活动意图和动机。[30]

从环境因素来看，诸多研究者探讨了不同层级的主观、客观环境对不同群体久坐行为的影响。朗厄恩(Langøien)等人[28]通过系统的绘图评估，探讨了欧洲的少数民族群体中与身体活动和久坐行为相关的因素。研究发现，影响个体身体活动和久坐行为的因素主要包括八个层面：社会文化环境、心理社会环境、物理环境与可达性、迁移背景、制度环境、社会和物质资源、健康与卫生交流、政治环境。舒瓦尔(Shuval)等人[29]调查了城市成年人对久坐行为的看法以及对身体活动的障碍和促进因素。研究发现，影响成年人参加身体活动的障碍因素包括缺乏时间、资金不足以及邻里犯罪，而促进其参与身体活动的因素包括减肥、社会支持以及有利的环境(如安全性、可达性等)。

12.2.2.5 久坐行为的干预研究

(1)基于个体因素的久坐行为干预研究

在基于计划行为理论的久坐行为干预方面，现有研究考察了不同情境下的久坐行为对意向—行为链的解释作用。例如，普拉韦西斯(Prapavessis)等人[31]对350多名成年人的久坐行为进行了调查。研究发现，五个模型(一般情况、工作日工作/学习、工作日休闲/娱乐、周末工作/学习、周末休闲/娱乐)分别解释了9%～58%与8%～43%的意向—行为方差。克雷默斯等人[32]发现，意向与行为习惯无关，并认为减少久坐行为的干预措施不应仅仅提供增加动力信息。因此，减少久坐行为应将个体的生活环境因素纳入其中。

在基于社会认知理论的久坐行为干预方面，希达安蒂(Hidayanty)等人[33]基于社会认知理论设计了一个减少超重青少年的吃零食行为和久坐行为的方案，研究采用开设教育宣讲课和教育宣传单等方法对青少年进行干预。研究发现，该方案对青少年体重的控制起到了一定的促进作用，但对于久坐行为的影响并不大。普罗特尼科夫(Plotnikoff)等人[34]认为对学校和家庭环境的看法并不能调节自我效能与身体活动或久坐行为之间的关系。

在基于自我决定理论的久坐行为干预方面，由于该理论是由诸多理论整合发展而来的，因此，该理论对计算机使用、电视观看等一系列休闲久坐行为具有一定的解释力。伽斯顿(Gaston)等人[35]在有机整合理论的框架内检查了由久坐衍生的自主和受控动机因素，并探讨了这些动机与整体久坐时间、工作久坐行为、娱乐久坐行为的关系。研究发现，动机结构对不同组别久坐行为的方差解释力分别为：周末工作/学习久坐为10%，周末休闲/娱乐久坐行为9%，工作日工作/学习久坐行为4%和工作日休闲/娱乐久坐行为3%，但一般久坐行为与动机结构无关。

(2)基于环境因素的久坐行为干预研究

基于个体因素的久坐行为干预研究虽然对久坐行为的解释力有限，且现有研究并未过多对此部分进行探讨，但是基于环境因素的久坐行为干预方案及其有效性检验的研究正不断增加，特别是在家中、学校或工作场所的久坐行为干预研究。基于环境因素的久坐行为干预主要通过改变物理环境，进行立法、监管或创设积极、活跃的环境以减少久坐行为。

①家庭环境干预研究。

两项系统评价研究探究了家庭环境对屏幕时间的干预策略，并指出，目前多数研究采用行为矫正技术，如目标设定、自我监控、解决问题和积极强化，部分研究包含电子设备监控等，但干预策略的长期有效性仍待探讨。[36]同时在对随机对照实验的系统评价中发现，基于家庭环境的久坐行为干预的结果不一致。[37]家庭环境的干预可能会受到家庭设施以及家庭成员主观的影响。

②学校和工作环境干预研究。

通过学校和工作环境减少久坐行为的干预策略是目前研究者关注的

重点内容之一。研究以在学校和工作场所设立站立式办公环境为主要干预手段。明奇斯(Minges)等人[38]对以学校为基础的站立式工作台干预措施的影响进行了系统评价。研究发现，在引入站立式桌子后，青少年的站立时间增加且呈现中到大的效应量(0.38～0.71)，但多数研究仅是进行可行性探讨。该结果与辛克森(Hinckson)等人[39]的研究较为一致。这些研究仅改变了学校物理环境，并没有其他干预策略。因此，目前尚不清楚增加行为改变技术是否会使干预措施更加有效。

工作环境的改变对成人久坐行为影响的有效性同样得到了研究者的认可。本杰明(Benjamin)等人[40]认为将环境纳入久坐行为干预措施可能会取得较丰硕的成果。站立式办公、安装便携式踏板或踏步装置、更换办公座椅、工作场所设置运动休闲区域等是较为常见的减少久坐行为的干预策略，对这些干预策略的检验主要围绕久坐时间的减少进行。研究发现，在增加了相关设施之后，每日8小时工作中的久坐时间减少了2小时17分钟。[16]仅基于增加相关设施以减少个体的久坐行为是否是最为有效的干预策略引起了研究者的思考。一旦撤除相关设施，是否就会使个体的久坐时间回到基线水平？因此仍需要以系统化措施对个体施加影响。

12.2.3 青少年久坐行为与健康促进

12.2.3.1 青少年的主要健康风险与健康的决定因素

(1)青少年的主要健康风险

目前，儿童青少年健康风险主要包括疾病、主观健康状态、残疾、伤害四个方面。此外，儿童青少年的身体活动不足呈现全球流行趋势。在心理健康方面，行为障碍、焦虑症、抑郁症是儿童青少年所面临的主要心理健康问题。有学者[41]指出，上海市儿童青少年的身体活动时间较少，强度较低，久坐时间较长。

(2)青少年健康的决定因素

20世纪前叶，造成个体疾病和死亡的主要原因与不良的生活环境有关。卫生条件简陋，传染性疾病盛行，成为人们死亡的主要因素。因此，各个国家为了降低死亡率，提高国民健康水平，重点将关注点放在了改善环境、控制传染性疾病的传播方面。20世纪中叶，在一些发达国家，心脏病和癌症等疾病已经成为个体主要的死亡原因。因此，部分国家开始逐渐将健康干预的重点转向卫生保健服务。例如，美国开始提供疾病预防服务——儿童疾病疫苗接种、孕产妇产前护理等。此阶段，世界各国开始逐渐建立自己的卫生保健系统。卫生保健系统的建立，有效改善了人们的健康状况，但仅仅是解决了个体健康的疾病层面，对造成个体疾病、死亡等不健康状态的成因并未充分解释。因此，20世纪中后期，公共卫生研究者开始把研究重点放在确定引起非传染性疾病的原因上。之后的研究开始探究慢性疾病的主要原因，发现了吸烟、饮食、身体活动、高血压等导致个体死亡的主要风险因素。

了解青少年健康的决定因素，并针对这些因素采取合理行动，是促进青少年健康发展的重要途径。世界卫生组织在健康影响评估中指出，人们健康与否，是多因素作用的结果，包括个人、经济、社会和环境等。这些因素作为健康的决定因素主要包括四个层面：生物医学和遗传因素、健康行为因素、社会经济因素、环境因素。生物医学和遗传因素决定了个体寿命、健康和发展某些疾病的可能性，基因、遗传性疾病决定了青少年的健康基础，性别等其他因素又决定了其所面临的不同的健康挑战。健康行为因素是个体维持健康、恢复健康和改善健康的行为模式和行为习惯，包括健康促进行为（如运动、健康食品摄入、安全性行为）和健康危害行为（如吸烟、过量饮酒等）。社会经济因素与环境因素构成了决定个体健康的外部环境。在社会经济因素层面，家庭收入和社会状态、教育、社会支持网络、文化等因素都对青少年的健康有不同程度的影响。在环境因素层面，全球气候改变所带来的极端天气、城市空气污染、铅暴露、水污染所造成的一系列疾病都会对青少年的健康产生影响。

12.2.3.2 青少年久坐行为的特征与影响因素

(1) 青少年久坐行为的特征

由于青少年久坐行为在不同年龄阶段的变化很大，因此，现有国家层面的身体活动普查和相关研究很难有关于青少年久坐行为的确切报告。理查德(Richard)等人[42]通过总结国家青少年体育活动和营养的相关研究发现，约28%的青少年超过了建议的电视观看水平，24%的青少年超过了计算机使用的推荐水平。法库里(Fakhouri)等人[43]评估了美国学龄儿童身体活动、屏幕时间(即计算机使用、视频游戏和电视观看的总和)的流行率。研究发现，总体而言，约70%和50%的美国儿童分别符合身体活动指南的推荐量和屏幕时间推荐量。李培红等人[44]调查了北京市青少年久坐行为的状况。研究发现，青少年上学日和周末久坐行为的总时间分别为3.75小时和8.03小时，久坐行为总时间随年龄的增长呈上升趋势。

现有的围绕青少年久坐行为的流行率及其特征的研究主要围绕电视观看、视频游戏、计算机使用等久坐行为进行。多数研究均报告了现阶段青少年较长的久坐时间,且这种久坐时间随年龄的增长不断增加。基于现有研究的局限,仅对电视观看、视频游戏等久坐行为进行调查,并不能充分探明青少年久坐行为模式。

(2)青少年久坐行为的影响因素

采用scoping review分析方法,以"久坐""静坐""静态生活""久坐时间""sedentary behavior""sitting time""sedentary time"等为关键词,通过检索中国知网数据库、万方数据库和科学网核心合集数据库,共计检索中文931篇,英文2292篇,以《国际功能、残疾和健康分类(儿童和青少年版)》(International Classification of Functioning, Disability and Health for Children and Youth, ICF-CY)环境类目为参照,对文献进行筛选,纳入标准包括:①年龄为12~18岁;②研究所涉及的内容应符合ICF-CY中环境因素的内涵界定——构成人们生活的自然、社会和态度环境;③环境因素对青少年久坐行为的影响至少应在"结果"部分予以呈现;④研究应将环境及其他因素(如人口学变量、心理因素)等对久坐行为的影响独立区分出来;⑤与"电视观看""屏幕时间"有关的研究应明确指出其与久坐行为有关;⑥纳入文献的语言为英文或中文。最终纳入文献21篇。具体研究结果见表12-1。

表12-1 青少年久坐行为影响因素的相关研究汇总[44]

研究	国家	期刊	研究目的	被试数/年龄	数据收集/研究工具	久坐影响因素(ICF-CY code)
Kariippanon, 2019	AU	J Sci Med Sport	比较学生在灵活学习空间和传统教室中的SB模式。	$N=191$, $M_{age}=13.2$	交叉实验加速度计	F:与传统教学手段和教学空间相比,灵活学习空间[a]能够显著减少学生ST。
Viciana, 2019	ES	Cien Saude Colet	比较青少年在高污染空气日与非高污染空气日时的课间SB。	$N=15$, $M_{age}=13.4$	客观测量加速度计SB length>10min SB<100cpm	N/S:不同空气污染状况对青少年SB的影响不显著。

续表

研究	国家	期刊	研究目的	被试数/年龄	数据收集/研究工具	久坐影响因素(ICF-CY code)
Sudholz, 2016	AU	Aims Public Health	探讨可调节高度桌子对中学课堂教学中坐/站时间的影响及其可行性。	$N=43$, $M_{age}=13.7$	被试内设计，客观测量，问卷加速度计，青少年/教师感知问卷 SB<100cpm	F：与传统教室相比，可调节高度课桌能显著减少ST。在干预过程中，青少年短坐姿出现的频率更高。
Ramirez, 2011	US	J Adolescent Health	调查青少年屏幕时间，屏幕时间规则和青少年卧室中电子媒体的关系。	$N=160$, $M_{age}=14.6$	问卷ST/屏幕时间/屏幕规则/媒体设备环境问卷	B：卧室视频游戏系统与青少年玩视频游戏所花费的时间呈正相关。N/S：青少年电视观看、电脑使用不显著。
Da Costa, 2019	BR	J School Health	确定青少年在学校进行的SB与人口统计学，生物学和社会心理因素的关系。	$N=567$, $M_{age}=12.9$	客观测量加速度计 SB<100cpm	F：同伴PA的支持程度与SB呈负相关。N/S：父母PA支持程度与SB的影响不显著。
Garcia, 2016	US	J Phys Act Health	使用混合方法设计，检查心理和朋友因素对青少年SB和屏幕时间的影响。	$N=108$, $M_{age}=14.5$	客观测量，问卷加速度计，屏幕时间自我效能量表，屏幕时间享受程度量表	B：朋友屏幕时间与个体屏幕时间呈正相关。N/S：朋友屏幕时间对客观测量的SB影响未达显著性。

续表

研究	国家	期刊	研究目的	被试数/年龄	数据收集/研究工具	久坐影响因素(ICF-CY code)
Bejarano, 2019	US	Health Place	调查青少年感知和客观邻里环境与电视时间、总屏幕时间、总ST、居家ST及居家总时间的关系。	$N=524$, $M_{age}=14.1$	问卷，客观测量邻里环境步行量表，屏幕时间问卷，加速度计	F：土地混合使用权和步行设施与青少年居家ST呈负相关。感知邻里美学与青少年每日电视时间、每日总屏幕时间和青少年在家时间呈负相关。死胡同密度与青少年总ST呈负相关。B：街道连通性与青少年总ST呈正相关，混合使用与青少年家庭ST呈正相关。
马成亮	CN	当代体育科技	考察太原市初中生的静态生活状况及其与社会支持的关系。	$N=528$, 未报告年龄均值	问卷、客观测量	学生体质健康监测调查问卷，CLASS-C问卷，Sense Wear Pro Armband运动传感器
Parker, 2019	AU	BMC Public Health	确定青少年PA与SB类型的生态相关性。	$N=473$, $M_{age}=15.0$	问卷，客观测量自编问卷，加速度计	F：父母屏幕时间规则和对PA支持、兄弟姐妹共同参与的屏幕时间降低"不活跃—久坐"比率。

续表

研究	国家	期刊	研究目的	被试数/年龄	数据收集/研究工具	久坐影响因素（ICF-CY code）
Parker, 2019	AU	BMC Public Health	确定青少年PA与SB类型的生态相关性。	$N=473$, $M_{age}=15.0$	问卷，客观测量 自编问卷，加速度计	B：与"不活跃—久坐"相比，朋友一起参加屏幕时间增加"中等活跃—高屏幕时间"比率。N/S：感知邻里行人/交通安全增加了"活跃—久坐"比率。
Ridgers, 2013	US	PLoS One	考察个人、行为、社会和政策/组织等因素与学校休息时间PA和ST的横向、纵向联系。	$N=146$, $M_{age}=14.1$	问卷，客观测量 加速度计，自编问卷，SB<100cpm	N/S：家庭、同伴支持对青少年ST的影响未达到显著性。
Zheng, 2019	CN	Appl Physiol Nutr Me	研究天气状况与PA、ST和睡眠时间的关系。	$N=561$, $M_{age}=14.7$	客观测量，问卷 加速度计，记录起床/入睡时间。	B：上学日，高湿度水平、高降雨量、日照时间短与较长ST相关，温度不显著（工作日）；温度能够显著正向预测ST。N/S：周末，湿度、降雨量、日照时间对青少年ST的影响不显著。

续表

研究	国家	期刊	研究目的	被试数/年龄	数据收集/研究工具	久坐影响因素(ICF-CY code)
Wang, 2015	CN	BMC Public Health	研究不同类型的家庭影响力与 MV-PA、SB 的关联。	$N=7286$, 未报告年龄均值	问卷自编问卷(PA、SB、家庭支持、性别、年级等)	F：口头鼓励与较少的休闲 SB 有关；家庭参与孩子活动与较少的休闲 SB 相关。
Sirard, 2010	US	Int J Behav Nutr Phy	考察家庭环境与 PA、ST、屏幕时间的关系。	$N=613$, $M_{age}=14.5$	问卷，客观测量身体活动及媒体使用报告，加速度计	F：男生家庭活动/媒体比率[b]越高，ST 越短。活动/媒体比率越高，屏幕时间越短。N/S：媒体密度、电视数量、卧室电视数量均不显著。
Rosenberg, 2010	US	Int J Behav Nutr Phy	检验家庭电子设备与身体活动量表的信效度，考察量表与 PA、SB、体重的关系。	$N_{青少年}=360$, $M_{age}=14.6$	问卷 PA 与久坐设备量表，电视观看、SB、PA、BMI 调查问卷	F：运动设备与电视收看时间呈反比。B：家庭电视数量与电视收看呈正比，卧室电子设备、便携式电子设备与 SB 呈正比。N/S：家用电子设备不显著。

续表

研究	国家	期刊	研究目的	被试数/年龄	数据收集/研究工具	久坐影响因素（ICF-CY code）
Hinckson, 2017	NZ	Int J Behav Nutr Phy	评估单个居住缓冲区中的步行性成分与青少年 MVPA 和 ST 的关系。	$N=527$, $M_{age}=15.8$	客观测量，问卷 加速度计，GIS，青少年邻里环境步行量表	F：客观测量的 GIS 感知土地使用组合—多样性，街道连通性，美观性和行人/汽车交通安全与 ST 负相关。B：感知步行障碍与 ST 正相关。N/S：未发现久坐时间客观环境因素。
Guedes, 2012	BR	Percept Motor Skill	分析巴西青少年 PA 和 SB 的决定因素。	$N=1268$, 未报告年龄	问卷 国际身体活动问卷、自编问卷	F：步行或骑自行车上学减少青少年 ST。B：每天抽烟数量和每周饮酒量与久坐风险呈正比，全职工作增加了 ST。
Gracia-Marco, 2013	UK	J Sport Sci	研究季节性和 PA、SB 的关系，分析地理位置对其的影响。	$N=2173$, $M_{age}=15.0$	客观测量，问卷 加速度计、家庭富裕量表	B：与春季相比，冬季女孩 ST 较长。N/S：欧洲中北部与南部女生 SB 表现无差异，男生 ST 在不同季节间没有变化。

续表

研究	国家	期刊	研究目的	被试数/年龄	数据收集/研究工具	久坐影响因素(ICF-CY code)
Lee, 2017	CA	Glob Health Promot	比较加拿大和危地马拉青少年 PA 和 SB 水平，考察社会人口统计学变量与 PA 和屏幕时间的关系。	$N_{CA}=$ 39817, $M_{age}=15.6$ $N_{GT}=1221$, $M_{age}=15.1$	问卷身体活动和久坐行为问卷，社会人口因素调查	F：每周 ≥ 6 \$ 比每周 0 \$ ～ 5 \$ 的加拿大青少年屏幕时间更少。N/S：零花钱对危地马拉青少年屏幕时间的影响不显著。
Berge, 2013	US	J Adolescent Health	考察家庭功能与青少年体重状况及相关饮食、PA 间的关系。	$N_{男}=1307$, $M_{age}=14.5$ $N_{女}=1486$, $M_{age}=14.4$	问卷家庭功能量表、戈丁休闲时间运动问卷、自编 SB 问卷	F：青少年家庭功能水平越高，其 ST 越少。
Coombes, 2017	UK	Int J Behav Nutr Phy	考察家庭邻居对 PA 的支持作用。	$N=995$ $M_{age}=13.5$	客观测量加速度计、GIS	B：家庭邻居支持度低的青少年其 ST 较长。
方明珠, 2015	CN	中华预防医学杂志	分析武汉市青少年健康的相关行为及家庭、同伴支持情况。	$N=1052$ $M_{age}=14.6$	问卷人口学调查，青少年健康相关行为调查问卷	N/S：家庭、同伴支持在 SB 各阶段差异不显著。

注：①本表仅列出第一作者的姓名；②国家采用国际域名缩写，期刊名采用 JCR 缩写。③ª 表示灵活学习空间采用以学生为中心分组教学，由站立式工作点、组合桌椅等教学工具构成；ᵇ 表示家庭身体活动设施得分与媒体设备得分的比值。④SB：久坐行为；PA：身体活动；ST：久坐时间；MVPA：中高强度身体活动。⑤F：促进因素；B：障碍因素；N/S：影响不显著。

通过整合青少年久坐行为的环境影响因素可以得出，当前青少年久坐行为的环境影响因素包括 5 个层面，即由气候、日照时长构成的自然环境，由社区居所与锻炼场所设计、街道/土地利用构成的建成环境，由家用娱乐/运动设备和家人支持构成的家庭环境，由灵活的学习空间和学习设施构成的学校环境，由朋友、同伴活动的参与和支持构成的人际环境。

第一，由气候、日照时长构成的自然环境。研究发现，不同气候（如温度、湿度、季节、降雨量等）、日照长短会对青少年久坐行为产生不同程度的影响。适宜的温度、环境能够促进青少年的锻炼参与，而不良的自然环境会使青少年久坐行为增加。研究指出，湿度、降雨量越高，日照时长越短，青少年久坐时间越长，冬季青少年久坐时间比春季更长。需要指出的是，自然环境对青少年久坐行为的影响是有限的。研究发现，湿度、降雨量、日照时长仅在上学日影响青少年久坐时长，在双休日，青少年久坐行为仅受温度的影响。相对而言，交通类久坐行为受自然环境的影响较大，低温、降雨等在一定程度上增加了个体选择步行或骑自行车等积极交通的障碍，进而增加了久坐时长。同时，地域差异、空气质量对青少年久坐行为的影响不显著，这也从另一方面验证了自然环境对青少年久坐行为影响的有限性。

第二，由社区居所/锻炼场所设计、街道/土地利用构成的建成环境。建成环境是人为建设改造的各种建筑物和场所，包括住所、学校相关建筑的选址与设计，街道、土地等交通和城市系统的利用、选址与设计。本研究涉及建成环境的因素包括主客观测量的土地混合使用权、社区步行设施、感知邻里美学、街道连通性等，所涉及的久坐行为多以居家久坐等为主。本研究发现，土地混合利用度越高、步行设施越完善、感知邻里美学程度越高、行人/汽车交通安全程度越高，青少年久坐时间或每日屏幕时间则越少。值得一提的是，死胡同密度与青少年久坐行为呈负相关，即死胡同密度越高，青少年久坐时间越短，研究指出，在锻炼场所较少的地方，"死胡同"为青少年提供了一个暂时的活动场所，进而减少了久坐时间。建成环境在影响青少年久坐行为的环境因素中构成了重要的一环，但当前横断研究难以深入分析建成环境诸多潜在因素对青少年久坐行为的影响及两者的因果关系。例如，现有结果多基于主观问卷调查，研究发现，客观测量的邻里环境对青少年久坐行为具有一定的影响，但辛克森等人[46]并未发现客观测量的建成环境对久坐行为的关系。因此，未来研究仍需进一步检验和挖掘建成环境的潜在因素对青少年久坐行为的影响。

第三，由家用娱乐/运动设备和家人支持构成的家庭环境。当前围绕家庭环境因素的研究包括客观和主观两个层面。客观层面主要围绕家庭娱乐或运动设施的数量进行。家庭娱乐/运动设备的数量均直接影响了其久坐时间或坐姿屏幕时间,家庭运动设备(如健身器材、便携运动电子设备)越多,青少年久坐时间越少,而家庭娱乐设备(如视频游戏、电视、电脑等)越多,青少年久坐时间越长。此外,研究发现,娱乐设施的摆放同样会对青少年久坐行为产生不良影响,卧室摆放电视、视频游戏设备的青少年更倾向于进行长时间久坐。主观层面主要围绕父母及家庭成员的生活习惯、对子女参与身体活动/久坐行为的支持度展开。研究发现,家庭成员屏幕时间与青少年久坐时间呈正相关,父母身体活动支持度与久坐时间呈负相关。这些研究结果提示了可通过提高家庭成员锻炼认知、增加家庭运动设备、减少家庭娱乐设备来营造积极的家庭环境,进而减少青少年久坐行为。诚然,受研究工具、研究对象的影响,仍有部分研究并未发现家庭主客观环境与青少年久坐行为的关联,未来仍需围绕家庭环境对青少年久坐行为的影响进行深入探讨。

第四,由灵活的学习空间和学习设施构成的学校环境。学校环境与青少年学习相关的久坐行为密不可分,本研究与学校环境相关的内容多采用实验法,检验了灵活行为的学习空间、可调节高度课桌对学生久坐行为的积极影响。其中灵活的学习空间通过改变教室桌椅设施及其摆放,采用合作教学方法,充分发挥学生的主观能动性,进而减少其久坐时间。尽管研究结果呈现出对青少年久坐行为的积极影响,提示了教学设计、课程组织形式及教室客观环境对青少年久坐行为的可能作用,但现有研究对学校环境的探讨仍然不足。首先,对学校环境中的客观因素的探讨较为单一,多以桌椅摆放和设施为主,学校建筑设计及相关资源的利用对青少年久坐行为的影响有待考察;其次,不同课程的教学目标,其教学方法、教学组织手段不同,以学生为中心的合作教学方法能否适用于多个课程且仍呈现出对青少年久坐行为的积极影响有待检验;最后,其他因素如教师对学生参与身体活动的支持程度、教师态度等对青少年久坐行为的影响有待探讨。

第五,由朋友、同伴活动的参与和支持构成的人际环境。韦尔克(Welk)[47]认为,重要他人的社会支持是影响青少年身体活动参与的重要因素,而朋友或同伴的支持作为青少年日常生活、交往中最常见的变量在其中起到了重要作用。诸多研究指出,朋友、同伴支持对青少年身体活动具有正向预测作用。研究发现,朋友或同伴的屏幕时间、身体活动支持度均会对青少年久坐行为产生不同程度的影响——朋友或同伴的屏幕时间越长,身体活动支持度越低,青少年久坐时间则越长。可见,以朋友、同伴活动的参与构成的人际环境在青少年久坐行为中形成了一种外部驱动力,而这种外部驱动力主要表现在屏幕时间、活动参与支持度上,当朋友或同伴形成了"高屏幕时间—低身体活动"的状态时,会在无形中增加青少年久坐时长,特别是屏幕时间。诚然,部分研究并未发现朋友或同伴支持对青少年久坐行为的影响。因此,未来研究仍需围绕人际环境展开深入探讨。

12.2.4 文献小结

12.2.4.1 久坐行为对个体健康的影响有待进一步验证

目前,久坐行为对个体慢性疾病与死亡率的影响仍不能获得一致性结论。主要存在以下原因:第一,不同群体(如地域、种族、年龄等)的久坐行为对健康影响的研究仍不充分,相关证据的质量有待提高,研究指标有待扩充;第二,针对久坐行为、身体活动不足对个体健康影响的研究较多,且诸多研究无法对两者进行明确区分,致使在久坐行为对个体健康的研究中出现结果矛盾、无法复制等问题;第三,现有研究围绕个体总久坐时长或某一特定久坐行为展开,仍无法充分回答影响个体健康的行为是久坐行为中的某一组特定行为还是久坐总累计时长;第四,横断面研究是现有研究的主要基调,该类型的研究仅能解释两者的相关关系,仍不能充分说明久坐行为与健康之间的因果关系。

12.2.4.2 久坐行为测评工具的适用性有待进一步开发

基于现有的测量工具,研究者无法仅依靠单一的工具从而获取全面、准确、连续的久坐行为数据。因此,未来久坐行为研究在测评工具方面仍存在诸多挑战。第一,规范主观与客观相结合的研究范式,开发标准化的久坐行为测量问卷,进一步检验客观测量工具在久坐行为研究中的信效度,规范两种工具相结合的研究设计、数据收集、数据整理和分析的全过程。第二,探寻不同类型的久坐行为对个体健康的影响,以主观测量工具的结构式调查为基础,探究不同群体的久坐行为客观测量指标对其身心健康的影响,进一步完善、深化不同的身体活动强度对个体健康的特定影响,为更精准地制订身体活动指南提供支撑。第三,借助先进的科技,探寻更为有效的客观测量工具,从而通过不同算法或设备对久坐行为测量过程中的干扰因素进行有效剔除,为久坐行为与健康研究提供技术保障。

12.2.4.3 久坐行为本土化特征及其影响因素有待探讨

不同文化、不同群体的久坐行为特征及其影响因素不尽相同。久坐行为的流行率与社会经济的发展水平、交通和电子设备等普及方式密切相关。近几年，我国国民久坐行为的流行率逐渐攀升，并受到了国家和社会的广泛关注。然而，当前我国有关久坐行为的研究大多围绕青少年或成人的屏幕时间或久坐整体时间进行特征描述，基于我国本土文化的久坐行为特征、影响因素及有效干预方式有待深入探讨。

12.3 基于主客观测评的青少年久坐行为的特征识别

由久坐、身体活动不足而引发的肥胖、心血管疾病、内分泌系统疾病等健康问题在很大程度上增加了全球健康风险和疾病负担，且已然成为全球亟待解决的公共卫生问题。相关行为流行病学研究发现，久坐行为与青少年肥胖、自尊等身心健康指标存在剂量—反应关系。[2]高久坐群体的死亡率明显高于低久坐群体，并且在活跃群体以及肥胖群体中，久坐时间与死亡率的关系仍很明显。[3]鉴于此，发达国家通过探索与实践颁布了一系列儿童青少年身体活动与健康促进的政策，并取得了显著的社会效益。[48]近年来，我国陆续颁布了《"健康中国2030"规划纲要》《全民健身计划(2021—2025)》《体育强国建设纲要》等政策文件，形成了以预防、治疗、康复、健康促进为主体的健康服务连续体，构建了基于"健康中国"的国民身体活动促进策略。政策均强调，要将提高儿童青少年身体素养和养成健康生活方式作为重要的发展方向，将制订并落实儿童青少年健康干预计划作为重要的发展内容。因此，考察青少年久坐行为的特征及变化规律，培养青少年健康的生活方式，提高其身体活动水平，减少久坐时间，消除不良的健康行为，对于建立有效的干预计划，促进青少年身心功能状态的全面发展，降低儿童青少年阶段乃至全生命周期非传染疾病发病率、死亡率具有重要意义，更是当前健康服务体系的重要组成部分。受久坐行为复杂性及难以测量等因素的制约，青少年久坐行为的特征有待深入分析。基于此，本研究以12~17岁青少年为研究对象，通过主观与客观相结合的方法来考察青少年久坐行为的特征，从而识别目前青少年久坐行为的主要类型及其随时间变化的特征，为有效评估及规避青少年由久坐行为而引发的健康问题提供支持。

12.3.1 研究目的

研究采用主观与客观相结合的测量方法，对青少年久坐行为进行横向与纵向调查，从总体特征入手考察青少年久坐行为的主要类型，为青少年的健康促进提供科学依据。

12.3.2 研究方法
12.3.2.1 被试

以我国中部某省市为例,在兼顾城乡差异、走读/住宿差异的基础上,对6所中学440名青少年进行调查。主观测量与客观测量针对的是同一批被试。第一阶段的测试时间为2020年5~7月,第二阶段的测试时间为9~11月,追踪间隔14周。

主观测量采用青少年久坐行为调查问卷,以班级为单位进行调查,第一阶段发放问卷440份,有效回收416份(有效回收率94.55%),第二阶段除去因客观原因(如请假、转学、生病等)未完成调查问卷及无法匹配的样本,有效回收352份。

客观测量在主观测量填写的基础上,每班随机选取50名青少年佩戴加速度计,以监测其一周的身体活动水平,共计测量400名青少年,剔除无效数据后,剩余有效样本370人,第二阶段除去因客观原因(如请假、转学、生病等)未完成测试及无法匹配的样本,有效回收样本331人。被试的总体情况见表12-2,样本纳入、排除及脱落标准见表12-3。

表12-2　被试的总体情况

方法	性别	年龄(岁)	第一阶段(人)					第二阶段(人)				
			七年级	八年级	高一	高二	合计	七年级	八年级	高一	高二	合计
客观测量	男	15.40±1.38	39	53	55	62	209	34	48	47	60	189
	女	14.99±1.42	56	33	36	36	161	47	29	30	36	142
	合计	15.22±1.41	95	86	91	98	370	81	77	77	96	331
主观测量	男	15.00±1.67	47	55	72	64	238	40	51	58	53	202
	女	14.75±1.38	57	34	46	41	178	48	28	41	33	150
	合计	14.89±1.55	104	89	118	105	416	88	79	99	86	352

注:由于两次调查间隔14周,基线阶段的被试均升入新的学段,为清晰呈现前后样本的变化情况,表中第二阶段的年级仍以被试的初始年级进行标注,年龄为第一阶段施测时的年龄。

表12-3　样本纳入、排除及脱落标准

标准	内容
纳入标准	①年龄为12~18岁;②无精神病史和脑部损伤史;③无认知障碍;④听力、视力(或矫正视力)正常;⑤母语为汉语。

续表

标准	内容
排除标准	①年龄在 12 岁以下的儿童；②18 岁以上的成年人；③有精神病史或脑损伤史；④有认知障碍；⑤存在听力缺陷；⑥存在视力（或矫正视力）缺陷；⑦无法用汉语进行交流。
脱落标准	①因个人原因终止测量；②问卷填答缺失；③客观测量有效数据低于 3 天（含 2 个上学日、1 个休息日）；④客观测量每天佩戴的时间<480 分钟。

为考察流失样本与有效样本是否存在差异，采用第一阶段的测量数据对主观测量与客观测量所收集到的数据进行检验。

在主观测量方面，对第一阶段的数据进行卡方检验后发现，流失样本与有效样本在性别$[\chi^2(df=1)=0.029,p=0.866>0.05]$上的差异不显著；对第一阶段的数据进行独立样本 t 检验后发现，流失样本与有效样本在教育类久坐行为（$t=-0.247,p=0.805>0.05$）、交通类久坐行为（$t=-0.361,p=0.718>0.05$）、文化类久坐行为（$t=1.795,p=0.073>0.05$）、社交类久坐行为（$t=-0.325,p=0.746>0.05$）、视频类久坐行为（$t=-0.737,p=0.462>0.05$）上的差异不显著。结果表明，在主观测量两阶段中，被试的流失为非结构性流失。

在客观测量方面，对第一阶段的数据进行卡方检验后发现，流失样本与有效样本在性别$[\chi^2(df=1)=0.480,p=0.488>0.05]$上的差异不显著；对第一阶段的数据进行独立样本 t 检验后发现，流失样本与有效样本在日均久坐时间（$t=1.058,p=0.291>0.05$）、日均低强度身体活动（$t=0.405,p=0.686>0.05$）、日均中高强度身体活动（$t=0.749,p=0.454>0.05$）上的差异不显著。结果表明，在客观测量两阶段中，被试的流失为非结构性流失。

12.3.2.2　测量方法

（1）客观测量

采用 wGT3X-BT 三轴加速度计（ActiGraph，USA）作为青少年久坐行为的客观测量工具。测试前将被试的基本信息（身高、体重、出生年月日、是否为右利手）录入加速度计，指导被试佩戴仪器，确认佩戴时间（7：00～21：00，除洗澡、游泳、睡觉外）与佩戴部位（右侧髋部）。采样频率 30Hz，采样间隔 5s。

加速度计主要获取以下指标：

①监测时间（单位：min）与监测天数（单位：天），即每日佩戴加速度

计的总时间与有效佩戴加速度计的天数。

②上学日/休息日久坐行为(sedentary behavior，SB，单位：min)，即上学日/休息日被试在久坐行为上所花费的时间。

③上学日/休息日低强度身体活动(light physical activity，LPA，单位：min)，即上学日/休息日被试在低强度身体活动上所花费的时间。

④上学日/休息日中高强度身体活动(MVPA，单位：min)，即上学日/休息日被试在中高强度身体活动上所花费的时间。

采用 Evenson 算法规定青少年身体活动临界值，SB＝0～100 counts/min，LPA＝101～2295 counts/min，MVPA≥2296 counts/min。本研究中客观指标采用日均活动时间表示，计算公式为活动时间(min)/监测天数(天)。

(2)主观测量

为考察青少年在不同类型的久坐行为上所花费的时间，本研究根据哈迪等人编制、郭强翻译修订的青少年久坐行为调查问卷进行改编，最终形成青少年久坐行为调查问卷。修订后的问卷包括上学日(周一至周五)久坐行为与休息日(周六至周日)久坐行为两个部分，每个部分包含12道题，用于调查被试每天在相应久坐活动上所花费的时间。

问卷共包括5个维度，即视频类久坐、交通类久坐、文化类久坐、社交类久坐、教育类久坐。为了解青少年久坐时间在每日清醒时间中的占比，调查中增设每日入睡和起床时间题项。本研究的视频类久坐指以娱乐为目的的电子设备使用时间，将教育性质的视频类久坐纳入教育类久坐行为计算。各题项的克朗巴赫α系数为0.57～0.95(见表12-4)，表明该量表具有良好的内部一致性。

表 12-4　青少年久坐行为调查问卷的一致性检验结果

题项	克朗巴赫α系数	题项	克朗巴赫α系数
SB1 上课(不含体育课)	0.84	SB7 课外阅读	0.88
SB2 看电视	0.66	SB8 家教辅导	0.67
SB3 看电影	0.57	SB9 交通出行	0.76
SB4 玩电脑或手机	0.59	SB10 手工等静止性活动	0.93
SB5 用电脑做功课	0.88	SB11 静坐	0.93
SB6 不用电脑做功课	0.95	SB12 演奏乐器或绘画等	0.83

为检验青少年久坐行为调查问卷的一致性、有效性，选用久坐行为日记，以瞬时生态评估方法为参照，在向被试充分介绍研究内容、调查

方法、填写规范后，对 100 名青少年进行为期 7 天的调查。测量流程与脱落标准见表 12-5。最终获得有效样本 89 人(其中:男生 48 人,女生 41 人;寄宿生 55 人,走读生 34 人)。

表 12-5　青少年久坐行为日记的测量流程与脱落标准

流程与标准	内容
测量流程	①以天为单位进行发放并填写久坐行为日记,每天的发放时间为 17:00;②被试需回想并填写当天所有的活动内容及时间;③于第二天早晨 7:30 收回久坐行为日记。
脱落标准	①因个人原因终止测量;②问卷填答缺失;③有效数据低于 3 天(含 2 个上学日、1 个休息日)。

在计算久坐行为日记不同维度的久坐时间的基础上,选择组内相关系数(intraocular correlation coefficient,ICC)对两种主观测评工具的上学日/休息日教育类、交通类、文化类、社交类、视频类日均久坐时间进行检验(见表 12-6)。结果显示,上学日/休息日教育类、交通类、文化类、社交类、视频类日均久坐时间的 ICC 为 0.526～0.860。本研究中所有维度的 ICC 均达到了可接受的范围,表明青少年久坐行为调查问卷能够较好地观测青少年的久坐时间。

表 12-6　两种久坐行为主观测量方法的 ICC 检验结果

时间类型	教育类久坐	交通类久坐	文化类久坐	社交类久坐	视频类久坐
上学日 ICC(1,1)	0.665***	0.746***	0.792***	0.526***	0.673***
休息日 ICC(1,1)	0.767***	0.721***	0.860***	0.587***	0.665***

注:对上学日/休息日日均久坐时间进行 ICC 计算,根据统计要求及研究需要,ICC 模型选择为双向随机,类型选择绝对一致,释义选择单个测量。

为考察主客观测量工具的一致性,在正式测试前对 100 名被试(其中:男生 60 人,女生 40 人;寄宿生 73 人,走读生 19 人,缺失 8 人)进行测量,首先计算主观测量的久坐时间在每日清醒时间中的占比,对青少年主客观测量的久坐时间占比进行 ICC 检验。上学日主客观测量的久坐时间占比的 ICC(1,1)=0.497,$p<0.001$,休息日主客观测量的久坐时间占比的 ICC(1,1)=0.784,$p<0.001$。这表明主客观测量工具在测量青少年久坐时间上的一致性尚可。

12.3.2.3　数据处理

对所收集到的数据采用 IBM SPSS Statistics 21.0 进行统计分析。采用卡方检验、独立样本 t 检验分析样本流失情况；采用内部一致性系数、ICC 检验测量工具的一致性；采用描述统计及交叉表分析第一阶段不同性别、学段青少年久坐行为的总体特征；采用 Excel 2010 绘制折线图以观测主客观测量的身体活动时间、久坐时间的变化特点；采用重复测量方差分析考察青少年久坐行为在两次测量中的差异。

12.3.3 研究结果

12.3.3.1 青少年久坐行为的总体特征分析

(1)客观测量结果

采用第一阶段的测量数据对青少年不同强度的身体活动进行性别、学段分析。

①不同性别青少年久坐时间分析。

统计结果显示(见表 12-7、图 12-4)，在久坐时间方面，青少年上学日日均久坐时间均值为 626.169 分钟，青少年休息日日均久坐时间均值为 656.745 分钟，青少年上学日、休息日日均久坐时间均超过 10 小时，青少年休息日日均久坐时间多于青少年上学日日均久坐时间。具体而言，男生上学日日均久坐时间均值为 605.752 分钟，女生上学日日均久坐时间均值为 653.344 分钟，男生休息日日均久坐时间为 641.969 分钟，女生休息日日均久坐时间为 676.412 分钟，上学日和休息日女生日均久坐时间均多于男生。

在低强度身体活动时间方面，青少年上学日日均低强度身体活动时间均值为 116.564 分钟，青少年休息日日均低强度身体活动时间均值为 112.081 分钟，青少年上学日、休息日日均低强度身体活动时间相差不大。具体而言，男生上学日日均低强度身体活动时间均值为 123.048 分钟，女生上学日日均低强度身体活动时间均值为 107.934 分钟，男生休息日日均低强度身体活动时间均值为 115.956 分钟，女生休息日日均低强度身体活动时间均值为 106.923 分钟，男生日均低强度身体活动时间略多于女生。

在中高强度身体活动时间方面，青少年上学日日均中高强度身体活动时间均值为 28.740 分钟，青少年休息日日均中高强度身体活动时间均值为 24.148 分钟，上学日中高强度身体活动时间略多于休息日中高强度身体活动时间。具体而言，男生上学日日均中高强度身体活动时间均值为 31.350 分钟，女生上学日中高强度身体活动时间均值为 25.280 分钟，男生休息日日均中高强度身体活动时间为 27.140 分钟，女生休息日日均中高强度身体活动时间为 20.165 分钟，男生日均中高强度身体活动时间在上学日、休息日均多于女生。根据《中国儿童青少年身体活动指南》，对基线数据分析后发现，上学日仅 7 人(4 名男生，3 名女生)达到了中高强度身体活动时间推荐量，达标率为 2.11%。在休息日，仅 12 人（10 名男生，2 名女生）达到了中高强度身体活动推荐量，达标率为 3.63%。

表 12-7　不同性别青少年身体活动时间统计（单位：分钟）

时间类型	变量	男生 M	男生 SD	女生 M	女生 SD	合计 M	合计 SD
上学日	日均 SB	605.752	120.922	653.344	143.913	626.169	133.176
上学日	日均 LPA	123.048	55.983	107.934	49.046	116.564	53.567
上学日	日均 MVPA	31.350	13.422	25.280	13.538	28.740	13.784
休息日	日均 SB	641.969	138.864	676.412	168.871	656.745	153.172
休息日	日均 LPA	115.956	64.301	106.923	49.761	112.081	58.596
休息日	日均 MVPA	27.140	17.293	20.165	11.361	24.148	15.410

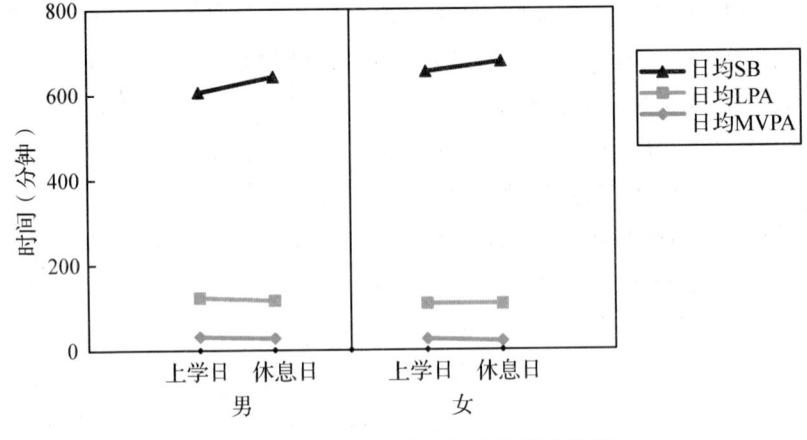

图 12-4　不同性别青少年身体活动时间

②不同学段青少年久坐时间分析。

统计结果显示（见表 12-8、图 12-5），在久坐时间方面，七年级、八年级、高一、高二学生上学日日均久坐时间均值依次为 635.463 分钟、565.800 分钟、720.881 分钟、590.781 分钟，高一学生上学日日均久坐时间最多。七年级、八年级、高一、高二学生休息日日均久坐时间均值依次为 580.701 分钟、606.965 分钟、658.552 分钟、759.386 分钟，高二学生休息日日均久坐时间最多。在低强度身体活动方面，七年级、八年级、高一、高二学生上学日日均低强度身体活动时间均值依次为 152.727 分钟、120.880 分钟、107.374 分钟、89.962 分钟。高二学生上学日日均低强度身体活动时间最少。七年级、八年级、高一、高二学生休息日日均低强度身体活动时间均值依次为 133.356 分钟、100.539 分钟、104.586 分钟、

109.399分钟，八年级学生休息日日均低强度身体活动时间最少。在中高强度身体活动方面，七年级、八年级、高一、高二学生上学日日均中高强度身体活动时间均值依次为31.440分钟、32.430分钟、28.610分钟、23.620分钟，高二学生上学日日均中高强度身体活动时间最少。七年级、八年级、高一、高二学生休息日日均中高强度身体活动时间均值依次为24.230分钟、20.467分钟、23.679分钟、27.407分钟，高二学生休息日日均中高强度时间最多。总体而言，客观测量结果显示，久坐时间、中高强度身体活动时间随学段的变化而变化，高中学生久坐时间多于初中学生。

表12-8 不同年级青少年身体活动时间统计（单位：分钟）

时间类型	变量	七年级 M	七年级 SD	八年级 M	八年级 SD	高一 M	高一 SD	高二 M	高二 SD
上学日	日均SB	635.463	112.029	565.800	116.606	720.881	173.629	590.781	66.938
	日均LPA	152.727	67.149	120.880	42.620	107.374	41.120	89.962	38.089
	日均MVPA	31.440	13.950	32.430	15.609	28.610	13.339	23.620	10.731
休息日	日均SB	580.701	154.601	606.965	130.482	658.552	167.019	759.386	88.583
	日均LPA	133.356	61.609	100.539	61.276	104.586	49.655	109.399	56.635
	日均MVPA	24.230	15.784	20.467	16.435	23.679	13.790	27.407	14.999

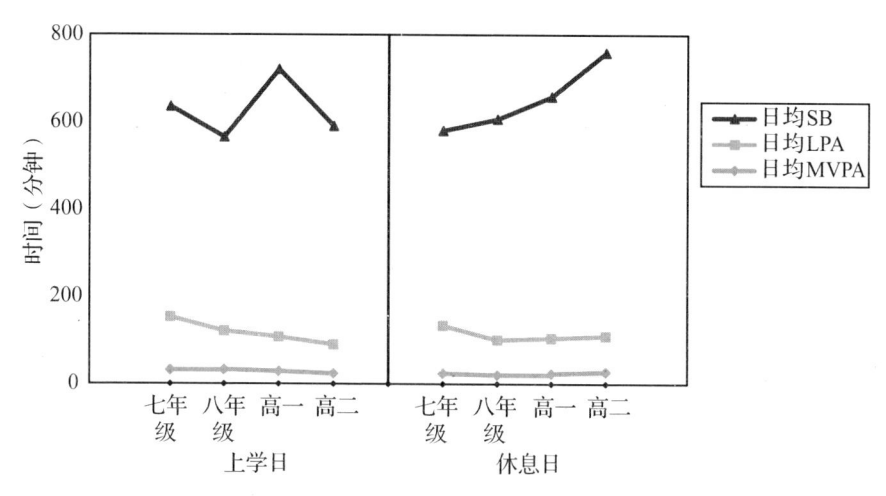

图12-5 不同年级青少年身体活动时间

（2）主观测量结果

①不同性别青少年久坐时间分析。

统计结果显示（见表12-9、图12-6），在教育类久坐方面，上学日青少年教育类久坐时间均值为3117.510分钟，女生教育类久坐时间多于男生；休息日教育类久坐时间均值为 847.720 分钟，男生教育类久坐时间多于女生。在交通类久坐方面，青少年总体交通类久坐时间普遍不多，上学日交通类久坐时间均值为 37.780 分钟，男女生交通类久坐时间相差不大；休息日交通类久坐均值为 27.880 分钟，女生交通类久坐时间略多于男生。在文化类久坐方面，上学日青少年文化类久坐时间均值为 155.020 分钟，男生文化类久坐时间多于女生；休息日青少年文化类久坐时间均值为 89.740 分钟，女生文化类久坐时间多于男生。在社交类久坐方面，上学日青少年社交类久坐时间均值为 325.930 分钟，男女生社交类久坐时间相差不大；休息日青少年社交类久坐时间均值为 141.050 分钟，男生社交类久坐时间多于女生。在视频类久坐方面，上学日青少年视频类久坐时间均值为 101.452 分钟，男女生视频类久坐时间大致相同；休息日青少年视频类久坐时间均值为 255.145 分钟，女生视频类久坐时间多于男生。根据《中国儿童青少年身体活动指南》中屏幕时间推荐量，对基线数据进一步分析发现，上学日共 342 人（男生 197 人，女生 145 人）日均视频类久坐时间少于 2 小时/天，占总调查人数的 97.16%；休息日共 222 人（男生 125 人，女生 97 人）日均视频类久坐时间少于 2 小时/天，占总调查人数的 63.07%。休息日满足屏幕时间推荐的人数占比明显减小。

表 12-9　不同性别青少年久坐时间（单位：分钟）

时间类型	变量	男生 M	男生 SD	女生 M	女生 SD	合计 M	合计 SD
上学日	教育类久坐	3101.890	676.262	3138.540	733.244	3117.510	700.322
	交通类久坐	38.030	65.896	37.430	64.425	37.780	65.181
	文化类久坐	162.600	190.659	144.810	143.573	155.020	172.175
	社交类久坐	326.390	244.052	325.320	188.120	325.930	221.655
	视频类久坐	102.089	181.187	100.593	202.905	101.452	190.465
休息日	教育类久坐	858.130	405.423	833.710	380.565	847.720	394.654
	交通类久坐	25.790	39.896	30.690	43.975	27.880	41.692
	文化类久坐	85.150	95.244	95.930	93.902	89.740	94.691
	社交类久坐	142.030	124.927	139.730	127.756	141.050	125.964
	视频类久坐	251.787	281.213	259.667	290.421	255.145	284.790

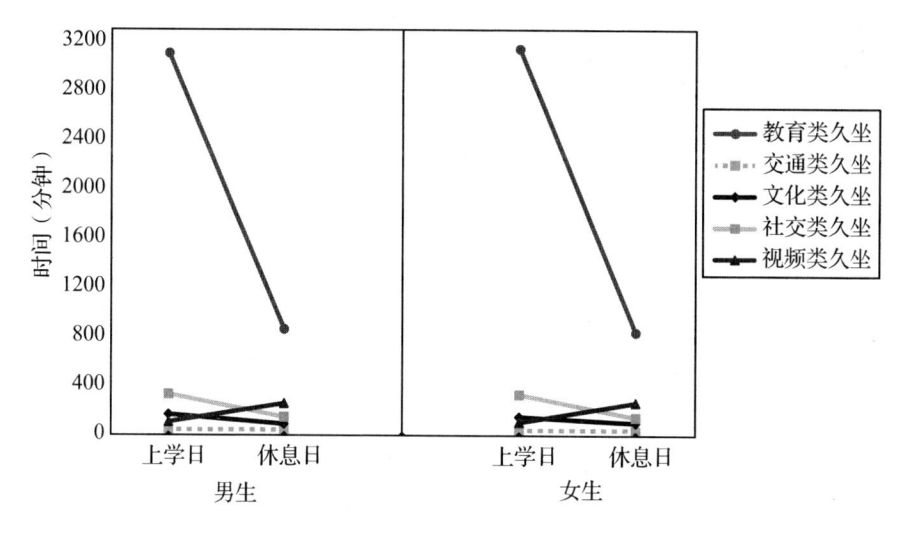

图 12-6　不同性别青少年上学日/休息日久坐时间

②不同学段青少年久坐时间分析。

统计结果显示(见表 12-10、图 12-7),在教育类久坐方面,七年级、八年级、高一、高二学生上学日教育类久坐时间均值依次为 2892.730 分钟、3133.440 分钟、3271.540 分钟、3155.570 分钟。其中高一学生教育类久坐时间最多,七年级学生教育类久坐时间最少。四个年级学生休息日教育类久坐时间均值依次为 550.170 分钟、708.460 分钟、1040.560 分钟、1058.150 分钟。其中高二学生教育类久坐时间最多,七年级学生教育类久坐时间最少。在上学日和休息日,教育类久坐时间整体呈现出随学段的提高而提高的趋势。

在交通类久坐方面,七年级、八年级、高一、高二学生上学日交通类久坐时间均值依次为 71.230 分钟、0.950 分钟、55.300 分钟、17.210 分钟。其中七年级学生交通类久坐时间最多,八年级学生交通类久坐时间最少。上学日交通类久坐时间随学段变化出现波动,但总体交通类久坐时间呈现出随学段提高而减少的趋势。七年级、八年级、高一、高二学生休息日交通类久坐时间均值依次为 53.170 分钟、22.530 分钟、19.550 分钟、16.510 分钟。其中七年级学生交通类久坐时间最多,高二学生交通类久坐时间最少。休息日交通类久坐时间呈现出随学段提高而减少的趋势。

在文化类久坐方面,七年级、八年级、高一、高二学生上学日文化类久坐时间均值依次为 172.700 分钟、213.330 分钟、125.940 分钟、116.840 分钟。其中八年级学生文化类久坐时间最多,高二学生文化类久坐时间最少。上学日文化类久坐时间随学段的变化出现波动，但总体呈现出随学段的提高而逐渐减少的趋势。四个年级学生休息日文化类久坐时间均值依次为 121.020 分钟、93.910 分钟、84.770 分钟、59.640 分钟。其中七年级学生休息日文化类久坐时间最多，高二学生休息日文化类久坐时间最少。休息日文化类久坐时间随学段的增加而减少。

在社交类久坐方面，七年级、八年级、高一、高二学生上学日社交类久坐时间均值依次为 282.330 分钟、357.160 分钟、351.060 分钟、312.940 分钟。其中八年级学生社交类久坐时间最多，七年级学生社交类久坐时间最少。上学日不同学段的社交类久坐时间大致相同。七年级、八年级、高一、高二学生休息日社交类久坐时间均值依次为 128.570 分钟、131.660 分钟、154.340 分钟、147.160 分钟。其中高一学生社交类久坐时间最多，七年级学生社交类久坐时间最少。休息日社交类久坐时间随学段的提高呈现出逐渐增加的趋势。

在视频类久坐方面，七年级、八年级、高一、高二学生上学日视频类久坐时间均值依次为 111.273 分钟、158.690 分钟、147.676 分钟、42.547 分钟。其中八年级学生视频类久坐时间最多、高二学生视频类久坐时间最少。上学日视频类久坐时间在学生进入高中后逐渐减少，在高二阶段明显减少。四个年级学生休息日视频类久坐时间均值依次为 324.125 分钟、396.658 分钟、200.303 分钟、117.698 分钟。其中八年级学生视频类久坐时间最多，高二学生视频类久坐时间最少。休息日初中学生视频类久坐时间普遍多于高中生。

表 12-10 不同年级青少年久坐时间(单位：分钟)

时间类型	变量	七年级 M	七年级 SD	八年级 M	八年级 SD	高一 M	高一 SD	高二 M	高二 SD
上学日	教育类久坐	2892.730	684.628	3133.440	722.608	3271.540	661.600	3155.570	692.871
	交通类久坐	71.230	69.426	0.950	6.257	55.300	79.114	17.210	46.410
	文化类久坐	172.700	201.699	213.330	176.700	125.940	156.122	116.840	134.448
	社交类久坐	282.330	198.309	357.160	222.640	351.060	258.939	312.940	189.889
	视频类久坐	111.273	158.688	158.690	223.657	147.676	244.110	42.547	57.457
休息日	教育类久坐	550.170	300.499	708.460	380.414	1040.560	282.314	1058.150	358.124
	交通类久坐	53.170	50.371	22.530	40.015	19.550	30.914	16.510	33.308
	文化类久坐	121.020	115.453	93.910	83.491	84.770	97.624	59.640	63.427
	社交类久坐	128.570	130.244	131.660	107.232	154.340	136.493	147.160	125.061
	视频类久坐	324.125	265.808	396.658	388.123	200.303	173.588	117.698	208.492

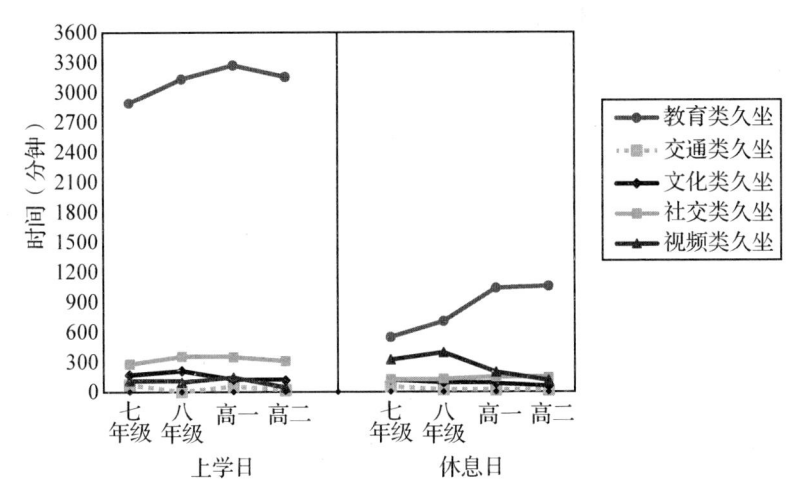

图 12-7　不同年级青少年上学日/休息日久坐时间

12.3.3.2　青少年久坐时间的变化特征

(1) 客观测量结果

① 不同性别青少年久坐时间的变化特征。

重复测量方差分析结果显示(见表 12-11、表 12-12),时间在上学日/休息日日均久坐行为、上学日日均低强度身体活动、上学日/休息日日均中高强度身体活动上的差异显著。由图 12-8、图 12-9 可以看出,第二阶段(T2)测量的久坐时间多于第一阶段(T1),第二阶段测量的上学日低强度身体活动时间少于第一阶段。性别在上学日/休息日久坐行为及中高强度身体活动时间上的差异显著,女生日均久坐时间均多于男生,男生日均中高强度身体活动时间均多于女生。性别和时间的交互效应在日均久坐时间、日均中高强度身体活动时间上不显著。上学日日均低强度身体活动的交互效应显著,对其进行单独主效果检验,结果发现,性别仅在第一阶段日均低强度身体活动时间上的差异显著[$F(1,329)=6.564$,$p=0.011$],男生日均低强度身体活动时间多于女生。对第二阶段的数据进行分析发现,在上学日达到中国儿童青少年中高强度身体活动推荐量的人数有 17 人(男生 11 名,女生 6 名),达标率为 5.14%,在休息日达到中高强度身体活动推荐量的人数共 44 人(男生 42 名,女生 2 名),达标率为 13.29%。

表 12-11 不同性别青少年两阶段身体活动时间的总体情况（单位：分钟）

变量	性别	上学日 M	上学日 SD	休息日 M	休息日 SD
日均 SB-T1	男	605.752	120.922	641.969	138.864
	女	653.344	143.913	676.412	168.871
	合计	626.169	133.176	656.745	153.172
日均 SB-T2	男	643.938	138.573	654.261	135.702
	女	686.283	164.038	708.346	152.607
	合计	662.104	151.253	677.464	145.466
日均 LPA-T1	男	123.048	55.983	115.956	64.301
	女	107.934	49.046	106.923	49.761
	合计	116.564	53.567	112.081	58.596
日均 LPA-T2	男	104.946	52.172	115.721	65.842
	女	103.687	54.483	107.582	53.888
	合计	104.406	53.097	112.229	61.047
日均 MVPA-T1	男	31.350	13.422	27.140	17.293
	女	25.280	13.538	20.165	11.361
	合计	28.740	13.784	24.148	15.410
日均 MVPA-T2	男	33.497	15.646	40.179	25.872
	女	28.768	14.016	28.286	14.296
	合计	31.468	15.129	35.077	22.436

表 12-12 不同性别青少年两阶段身体活动时间变化的重复测量方差分析

时间类型	变量	主效应 时间类型 F	主效应 时间类型 p	主效应 性别 F	主效应 性别 p	交互效应 时间类型×性别 F	交互效应 时间类型×性别 p
上学日	日均 SB	16.948	0.000	11.866	0.001	0.092	0.762
	日均 LPA	14.683	0.000	2.545	0.112	5.643	0.018
	日均 MVPA	9.175	0.003	17.850	0.000	0.521	0.471
休息日	日均 SB	5.836	0.016	10.535	0.001	1.151	0.284
	日均 LPA	0.003	0.954	2.415	0.121	0.015	0.903
	日均 MVPA	71.616	0.000	32.593	0.000	3.867	0.050

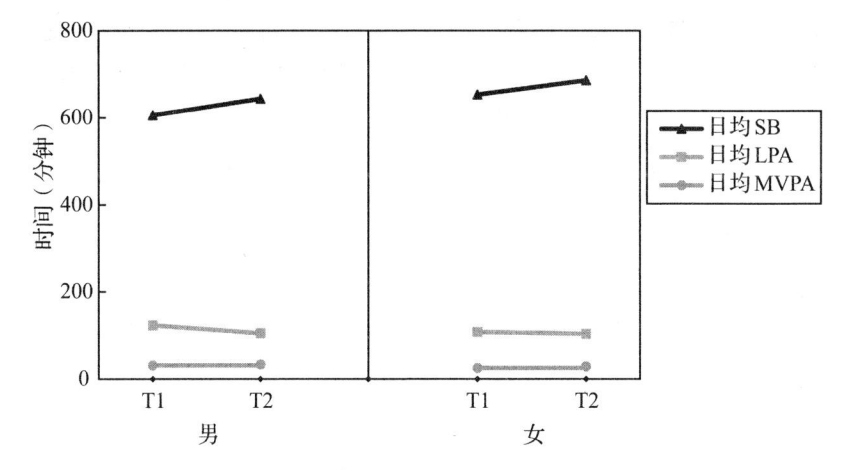

图 12-8　上学日青少年身体活动时间两阶段的变化

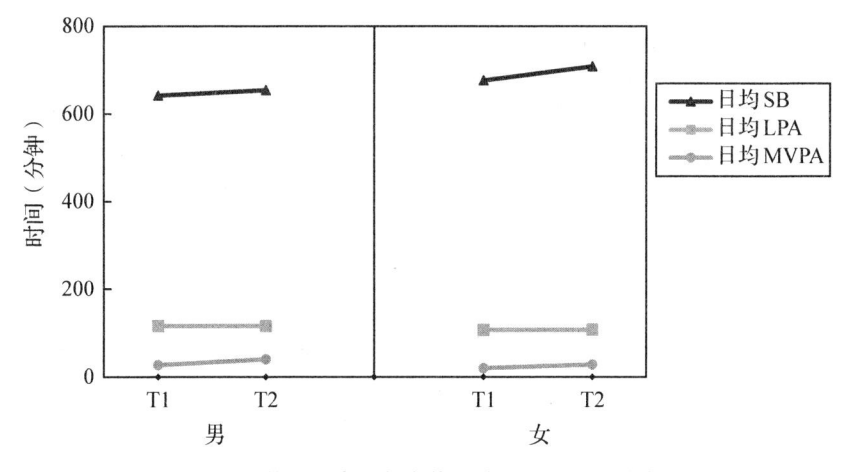

图 12-9　休息日青少年身体活动时间两阶段的变化

②不同学段青少年久坐时间的变化特征。

将七年级、八年级学生作为初中组，将高一、高二年级学生作为高中组，进行重复测量方差分析，结果显示（见表12-13、表12-14），上学日/休息日日均久坐行为时间、上学日日均低强度身体活动时间、上学日/休息日日均中高强度身体活动时间在时间类型上的差异显著。上学日/休息日日均久坐行为时间、上学日/休息日日均低强度身体活动时间、上学日/休息日日均中高强度身体活动时间在学段上的差异显著。除休息日日均低强度身体活动时间、休息日日均中高强度身体活动时间外，学段和时间类型的交互效应均达到了显著性水平。由图12-10、图12-11可知，初中、高中组上学日日均久坐时间、日均中高强度时间大致相同，高中组上学日日均久坐时间增加明显，初中组第二阶段日均低强度身体活动时间少于第一阶段,初中、高中组休息日日均低强度身体活动时间、日均中高强度时间大致相同,初中组休息日日均久坐时间增加明显,高中组休息日日均久坐时间减少明显。

表 12-13　不同学段青少年两阶段身体活动时间的总体情况(单位:分钟)

变量	学段	上学日 M	上学日 SD	休息日 M	休息日 SD
日均 SB—T1	初中	601.513	119.153	593.500	143.506
	高中	648.687	141.423	714.506	138.512
	合计	626.169	133.176	656.745	153.172
日均 SB—T2	初中	614.177	162.084	664.972	149.121
	高中	705.876	125.997	688.873	141.514
	合计	662.104	151.253	677.464	145.466
日均 LPA—T1	初中	137.207	58.583	117.363	63.423
	高中	97.712	40.296	107.257	53.542
	合计	116.564	53.567	112.081	58.596
日均 LPA—T2	初中	116.204	62.226	119.672	69.011
	高中	93.631	40.375	105.432	52.016
	合计	104.406	53.097	112.229	61.047
日均 MVPA—T1	初中	31.920	14.743	22.396	16.163
	高中	25.840	12.182	25.748	14.551
	合计	28.740	13.784	24.148	15.410
日均 MVPA—T2	初中	30.965	15.442	33.575	20.441
	高中	31.928	14.867	36.449	24.093
	合计	31.468	15.129	35.077	22.436

表 12-14　不同学段青少年两阶段身体活动时间变化的重复测量方差分析

时间类型	变量	主效应 时间类型 F	主效应 时间类型 p	主效应 学段 F	主效应 学段 p	交互效应 时间类型×学段 F	交互效应 时间类型×学段 p
上学日	日均 SB	16.994	0.000	30.380	0.000	6.905	0.009
	日均 LPA	19.006	0.000	41.644	0.000	8.650	0.004
	日均 MVPA	8.076	0.005	3.919	0.049	15.236	0.000

续表

时间类型	变量	主效应				交互效应	
		时间类型		学段		时间类型×学段	
		F	p	F	p	F	p
休息日	日均 SB	6.968	0.009	30.434	0.000	31.271	0.000
	日均 LPA	0.004	0.974	4.981	0.026	0.322	0.571
	日均 MVPA	77.089	0.000	3.321	0.010	0.037	0.848

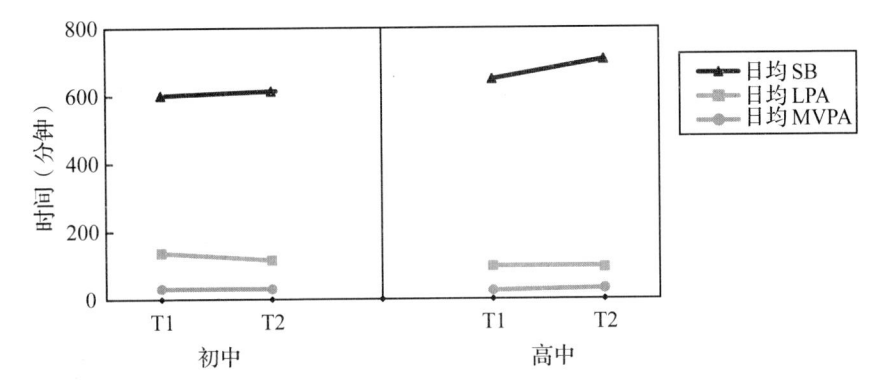

图 12-10 上学日不同学段青少年身体活动时间的前后对比

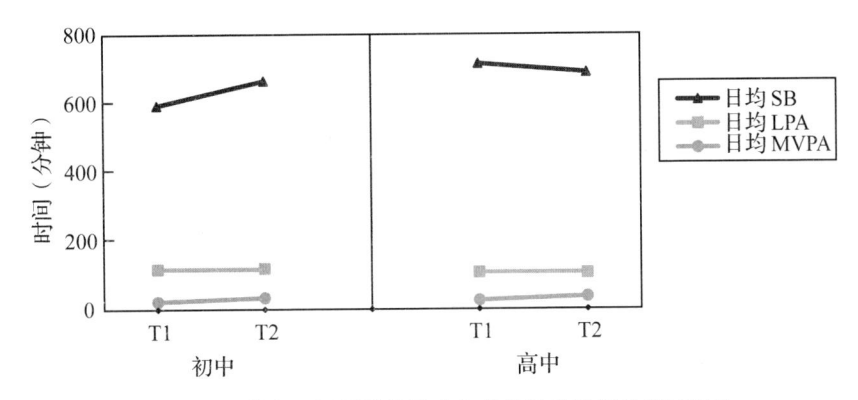

图 12-11 休息日不同学段青少年身体活动时间的前后对比

(2) 主观测量结果

① 不同性别青少年久坐时间的变化特征。

重复测量方差分析结果显示（见表 12-15、表 12-16），上学日/休息日社交类久坐时间、上学日/休息日文化类久坐时间、休息日教育类久坐时间在两阶段上的差异显著，时间类型和性别的交互作用均不显著。对第二阶段的数据进行分析发现，上学日日均屏幕时间不超过 2 小时的人数有348人（男生200名，女生148名），达标率为98.96%。休息日日均屏幕时间不超过2小时的人数有229人（男生136名，女生93名），达标率为65.06%。由图12-12、图12-13可知，男女生交通类久坐、文化类久坐、社交类久坐、视频类久坐时间在两阶段的测量结果大致相同，女生第二阶段的上学日久坐时间少于第一阶段，男女生第二阶段的休息日教育类久坐时间多于第一阶段。

表12-15 不同性别青少年两阶段久坐时间的总体情况（单位：分钟）

变量	性别	上学日 M	上学日 SD	休息日 M	休息日 SD
教育类久坐－T1	男	3101.890	676.262	858.130	405.423
	女	3138.540	733.244	833.710	380.565
	合计	3117.510	700.322	847.720	394.654
教育类久坐－T2	男	3128.396	707.480	928.510	413.998
	女	3074.927	662.008	899.507	399.130
	合计	3105.611	688.017	916.151	407.407
交通类久坐－T1	男	38.030	65.896	25.790	39.896
	女	37.430	64.425	30.690	43.975
	合计	37.780	65.181	27.880	41.692
交通类久坐－T2	男	37.470	78.429	23.080	36.636
	女	34.630	64.376	32.130	43.359
	合计	36.260	72.689	26.940	39.835
文化类久坐－T1	男	162.600	190.659	85.150	95.244
	女	144.810	143.573	95.930	93.902
	合计	155.020	172.175	89.740	94.691
文化类久坐－T2	男	138.629	218.375	80.337	93.679
	女	101.047	120.952	73.453	83.287
	合计	122.614	184.024	77.403	89.340
社交类久坐－T1	男	326.390	244.052	142.030	124.927
	女	325.320	188.120	139.730	127.756
	合计	325.930	221.655	141.050	125.964

续表

变量	性别	上学日 M	上学日 SD	休息日 M	休息日 SD
社交类久坐－T2	男	303.090	234.941	128.420	112.069
	女	286.230	233.387	116.770	104.408
	合计	295.900	234.096	123.450	108.872
视频类久坐－T1	男	102.089	181.187	251.787	281.213
	女	100.593	202.905	259.667	290.421
	合计	101.452	190.465	255.145	284.790
视频类久坐－T2	男	100.040	145.053	258.109	304.951
	女	87.900	162.518	269.167	272.258
	合计	94.867	152.633	262.821	291.118

表 12-16　不同性别青少年两阶段久坐时间变化的重复测量方差分析

时间类型	变量	主效应 时间类型 F	主效应 时间类型 p	主效应 性别 F	主效应 性别 p	交互效应 时间类型×性别 F	交互效应 时间类型×性别 p
上学日	教育类久坐	0.171	0.679	0.020	0.889	1.010	0.316
	交通类久坐	0.175	0.676	0.075	0.784	0.077	0.781
	文化类久坐	0.859	0.003	3.201	0.074	0.765	0.382
	社交类久坐	4.572	0.033	0.205	0.651	0.293	0.589
	视频类久坐	0.763	0.383	0.169	0.682	0.398	0.529
休息日	教育类久坐	10.330	0.001	0.501	0.479	0.012	0.914
	交通类久坐	0.065	0.798	3.738	0.054	0.696	0.405
	文化类久坐	5.411	0.021	0.059	0.808	2.268	0.133
	社交类久坐	5.328	0.022	0.494	0.482	0.348	0.555
	视频类久坐	0.353	0.553	0.114	0.736	0.014	0.905

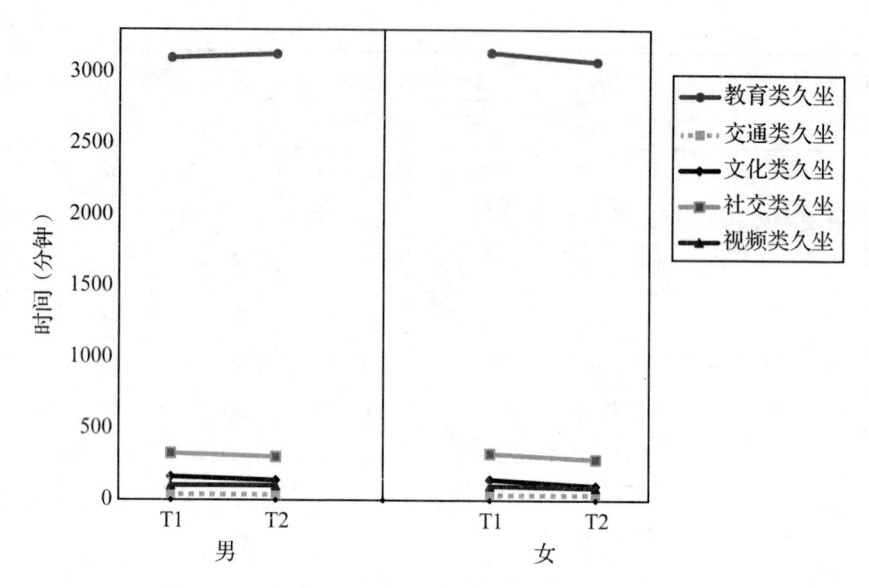

图 12-12　上学日不同性别青少年久坐时间的前后对比

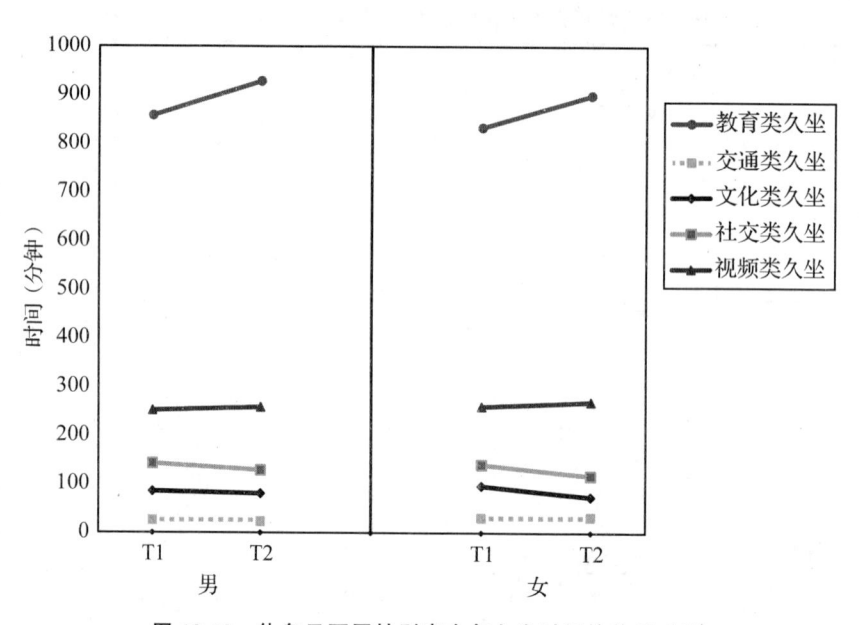

图 12-13　休息日不同性别青少年久坐时间的前后对比

②不同学段青少年久坐时间的变化特征。

将七年级、八年级学生作为初中组，将高一、高二年级学生作为高中组，采用重复测量方差分析，考察初中组、高中组青少年久坐行为在两次测量中的变化差异。重复测量方差分析结果显示（见表 12-17、表 12-18），两次测量结果在上学日/休息日社交类久坐、上学日/休息日文化类久坐、休息日教育类久坐上的差异显著。除上学日社交类久坐和上学日视频类久坐外，其余变量的学段差异显著。时间类型和学段的交互作用在上学日教育类久坐、休息日视频类久坐上的差异显著。由图12-14、图12-15可知，初中组和高中组的上学日/休息日交通类久坐、文化类久坐、社交类久坐时间的两次测量结果大致相同。初中组第二阶段的上学日教育类久坐时间少于第一阶段，第二阶段的休息日教育类久坐时间多于第一阶段。高中组第二阶段的上学日/休息日教育类久坐时间均多于第一阶段。

表12-17 不同学段青少年两阶段久坐时间的总体情况（单位：分钟）

变量	学段	上学日 M	上学日 SD	休息日 M	休息日 SD
教育类久坐－T1	初中	3006.600	711.010	625.050	348.722
	高中	3217.630	676.953	1048.740	319.021
	合计	3117.510	700.322	847.720	394.654
教育类久坐－T2	初中	2875.371	638.810	670.150	379.650
	高中	3313.449	665.808	1138.216	286.505
	合计	3105.611	688.017	916.151	407.407
交通类久坐－T1	初中	37.980	61.507	38.680	48.141
	高中	37.590	68.495	18.140	31.997
	合计	37.780	65.181	27.880	41.692
交通类久坐－T2	初中	39.280	72.940	35.570	46.298
	高中	33.540	72.551	19.150	31.056
	合计	36.260	72.689	26.940	39.835
文化类久坐－T1	初中	191.920	190.805	108.200	102.204
	高中	121.710	146.127	73.090	84.216
	合计	155.020	172.175	89.740	94.691
文化类久坐－T2	初中	147.671	218.415	89.587	98.335
	高中	99.995	143.103	66.405	79.029
	合计	122.614	184.024	77.403	89.340
社交类久坐－T1	初中	317.730	212.853	130.030	119.566
	高中	333.340	229.634	151.010	130.999
	合计	325.930	221.655	141.050	125.964

续表

变量	学段	上学日 M	上学日 SD	休息日 M	休息日 SD
社交类久坐-T2	初中	282.070	258.478	109.760	120.426
	高中	308.390	209.603	135.820	95.935
	合计	295.900	234.096	123.450	108.872
视频类久坐-T1	初中	104.383	191.7171	358.437	330.350
	高中	98.805	189.8090	161.903	194.516
	合计	101.452	190.465	255.145	284.790
视频类久坐-T2	初中	82.144	154.117	394.749	351.207
	高中	106.351	150.775	143.730	142.593
	合计	94.867	152.633	262.821	291.118

表 12-18　不同学段青少年两阶段久坐时间变化的重复测量方差分析

时间类型	变量	主效应 时间类型 F	主效应 时间类型 p	主效应 学段 F	主效应 学段 p	交互效应 时间类型×学段 F	交互效应 时间类型×学段 p
上学日	教育类久坐	0.161	0.688	32.636	0.000	6.640	0.010
	交通类久坐	0.120	0.729	0.622	0.001	0.452	0.502
	文化类久坐	8.670	0.003	15.302	0.000	1.012	0.315
	社交类久坐	4.397	0.037	1.146	0.285	0.137	0.711
	视频类久坐	0.779	0.378	0.321	0.571	3.203	0.074
休息日	教育类久坐	10.321	0.001	239.559	0.000	1.122	0.290
	交通类久坐	0.181	0.671	28.618	0.000	0.698	0.404
	文化类久坐	4.722	0.030	14.058	0.000	1.051	0.306
	社交类久坐	5.101	0.025	5.812	0.016	0.105	0.746
	视频类久坐	0.478	0.490	79.436	0.000	4.316	0.038

12.3.4　分析讨论

12.3.4.1　青少年久坐行为的总体特征分析

客观测量结果显示，青少年久坐行为主要有两个特征：第一，在久坐时间和低强度身体活动方面，基线数据显示，无论是上学日还是休息日，青少年久坐时间都占总佩戴时间的80%以上，低强度身体活动时间

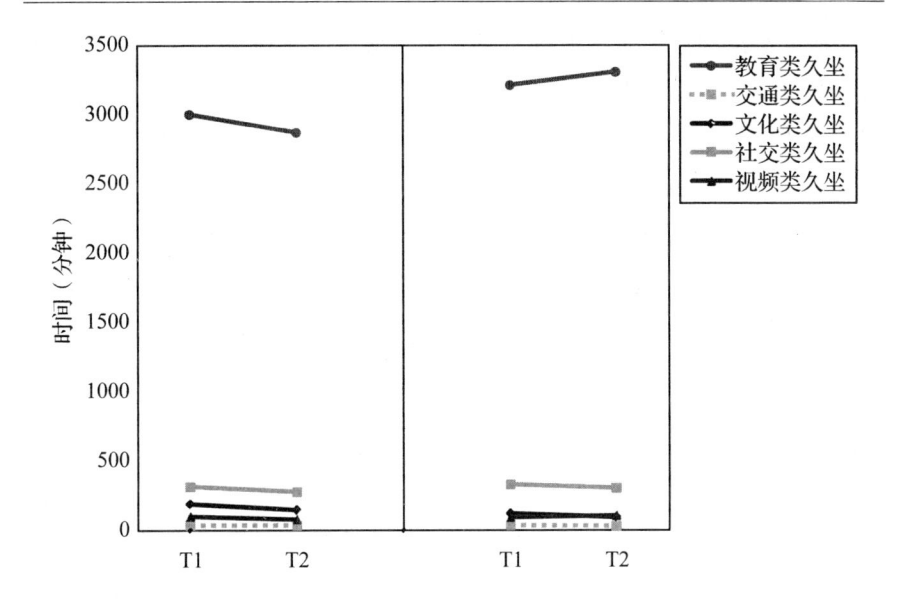

图 12-14　上学日不同学段青少年久坐行为的前后对比

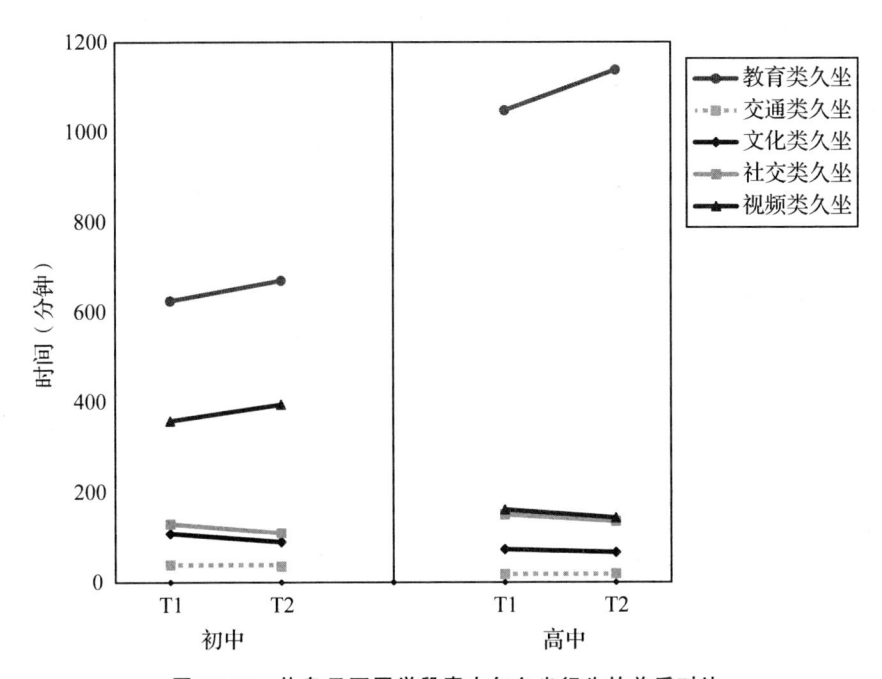

图 12-15　休息日不同学段青少年久坐行为的前后对比

占比不足 20%，并呈现出性别和学段差异，即女生久坐时间多于男生，男生低强度活动时间多于女生。本研究中青少年日均久坐时间超过 10 小时，研究结果与以往研究大致相同。相对而言，本研究中青少年日均久坐时间偏多。佩特等人[49]综述了当前青少年久坐行为的相关研究，指出加拿大国家健康和营养检查调查报告了青少年平均久坐时间 8.0 小时/天，且年龄较大的儿童的久坐行为水平略高。阿尔贝托（Alberto）等人[50]采用加速度计和问卷调查的方法考察了欧洲青少年久坐时间，研究发现女生的久坐时间较长。第二，在中高强度身体活动方面，上学日和休息日达到身体活动指南推荐量的比率分别为 5.14% 和 13.29%，男生的达标人数高于女生，但青少年的身体活动普遍不足。该结果与以往研究大致相同，但中高强度身体活动水平的达标率甚至更低。造成以上结果的原因主要有三点。①本研究基线调查期间正处于新冠疫情防控期，在复工复学与疫情防控并举的情况下，为了减少不必要的聚集，学生体育活动时间、强度被适度缩减和降低。②学校文化课、体育课等课程安排固化，并未形成积极、活跃的身体活动氛围。虽然体育课、大课间及课外活动时间满足了每天运动 1 小时的时间要求，但是从能量消耗的角度来看，其活动并未达到中高强度水平，从而导致青少年中高强度身体活动时间偏少，并在一定程度上增加了其久坐时间。③调查临近期末，部分学校的体育课已接近尾声，为了使青少年更好地复习文化课，体育课及其他副课被适度缩减，相关体育活动逐渐减少，青少年久坐时间增加的同时，可供青少年进行中高强度身体活动的时间不多。此外，客观测量本身也存在一定的局限，如加速度计无法监测到青少年游泳时的身体活动水平，因此，中高强度身体活动水平可能会被低估。本研究结果提示中高强度身体活动水平严重不足的同时，青少年久坐时间也随着年级的增长而增加，逐渐成为不容忽视的又一健康风险因素，并从另一视角说明了为提高青少年身体活动水平，进行身体活动干预的必要性。

主观测量结果显示，青少年久坐行为主要有两个特征。第一，教育类久坐是当前青少年久坐行为的主要构成部分。毋庸置疑，学习是青少年时期的首要任务，教育类久坐行为必然是当前青少年久坐行为的主要构成部分。值得一提的是，本研究中教育类久坐行为既包括青少年在上课、写作业、家教辅导等行为，也包括其在上网课、使用电子设备进行学习等行为。随着新冠疫情期间大规模线上教学及网络辅导课程的兴起，以视频类为主的教育类久坐成为时下广受追捧的形式，因此，本研究将教育类久坐的范围进行了适当延展，包括以视频为主的教育久坐。总体而言，在教育类久坐方面，随着学段的增长，教育类久坐时间也随之增加，高中教育类久坐时间普遍多于初中，但在性别方面相差不大。第二，视频类久坐是当前青少年休息日的主要内容。研究发现，上学日青少年视频类久坐平均时间少于社交类久坐平均时间，但休息日青少年视频类久坐时间普遍多于上学日。该研究结果与以往研究相一致。阿尔贝托等人对青少年久坐行为模式进行考察发现，在视频类久坐时间上，男生花更多时间玩电子游戏以及手机游戏，而女生花更多时间学习和使用计算机、手机进行通信。总体而言，随着互联网及电子设备的普及，智能化与生活化使人们的生活更加便利的同时，也极大程度地增加了屏幕使用时间。如前文所提到的，网课的兴起与普及，以及其在特殊时期的大范围使用均提高了青少年视频类久坐时间。此外，受校规校纪、寄宿学校的影响，上学日视频类久坐时间在很大程度上减少了。然而在休息日，由于缺少了学校的约束，加之家庭的健康意识薄弱，青少年视频类久坐时间逐渐增加。

12.3.4.2 青少年久坐行为的时间特征分析

通过重复测量方差分析发现，青少年久坐时间呈现出随学段的变化而变化的特征。随着学段的增长，教育类久坐时间逐渐增加，视频类久坐时间、社交类久坐时间相对减少。初中生教育类久坐时间相对较少，视频类久坐时间相对较多；高中生教育类久坐时间相对较多，视频类久坐时间相对较少，该结果与以往研究结果一致。总体而言，在教育类久坐方面，随着升学与考试压力的增加，无论是学校、家长还是学生自身，均在一定程度上增加了青少年教育类久坐时间。国外部分研究者同样采用了纵向追踪的方式对青少年久坐时间或身体活动水平进行了考察，哈迪[51]进行了一项为期2.5年的前瞻性研究，考察了12～15岁女生闲暇久坐行为的纵向变化。研究发现，12.8岁的女孩在久坐行为上花费了自由决定时间的45%，在14.9岁时增加到63%。其中，观看电视、视频和玩视频游戏是主要的久坐消遣方式，占久坐时间的33%，其次是家庭作业和阅读(25%)。在身体活动方面，奥特加(Ortega)等人[52]发现，从青春期到成年，男孩的中度到剧烈运动量每天减少2.2分钟/天，女孩减少0.8分钟/天。此外，通过对主客观测量工具下的久坐时间进行相关分析发现，主客观测量工具所测得的久坐时间呈显著正相关，但相关系数不高，造成这一结果的原因主要是客观测量工具在测评久坐时间过程中主要监测持续性久坐时间，而主观测量工具会将碎片化的久坐时间纳入其中。因此，鉴于久坐行为的复杂性及主客观测量工具的优劣势，未来久坐行为领域研究仍应采用主客观相结合的测量方法对久坐行为进行深入分析。

12.3.5 研究小结

通过对青少年久坐行为及不同强度身体活动时间进行调查发现：

①青少年久坐时间普遍偏多，中高强度身体活动时间不足1小时/天。

②教育类久坐是青少年阶段的主要久坐类型，休息日视频类久坐时间成为青少年久坐行为的另一主要组成部分，且青少年休息日满足身体活动指南屏幕时间推荐值的人数明显少于上学日。

③青少年久坐时间呈现出随学段的变化而变化的特征，随着学段的增长，教育类久坐时间逐渐增加，视频类久坐、社交类久坐的时间相对减少。初中生教育类久坐时间相对较少，视频类久坐时间相对较长；高中生教育类久坐时间相对较长，视频类久坐时间相对较少。

12.4 青少年久坐行为对其视力、肥胖的影响研究

青少年时期是个体发展的关键阶段，良好的健康状态不仅能够促进其现阶段的身心发展，而且对个体的整个生命周期都有深远影响。然而，当前儿童青少年面临诸多健康问题，《中国学生体质与健康调研报告》《2018年国家义务教育质量监测——体育与健康监测结果报告》均显示，我国儿童青少年的整体发育较好，但肥胖、视力不良的检出率居高不下，高血压、高血糖等代谢综合征流行率逐年提高。

帕迪等人[21]通过对肥胖儿童青少年电视观看次数与高血压患病率进行研究发现，肥胖儿童青少年患高血压的风险会随电视观看次数的增加而增加，该结果在一定程度上扩展了久坐行为领域对个体超重/肥胖的关注。张雪平等人[53]通过对比静坐与运动时间视网膜的血管管径发现，静坐时间是视网膜动脉狭窄的更危险因素。多数研究支持了久坐行为对个体超重/肥胖、视力不良的正向影响。作为影响青少年身心健康的可能因素，基于主客观测量方法的久坐行为与青少年视力不良、超重/肥胖的关系有待考察。为此，本研究通过主观与客观相结合的方法来分析久坐行为与青少年视力不良、身体质量指数的关系，从而为有效评估及规避青少年由久坐行为引发的健康问题，促进青少年的健康发展提供实证支持。

12.4.1 研究目的

以肥胖、视力不良为主要健康观测指标，采用横向与纵向相结合的研究设计，通过交叉滞后模型考察青少年久坐行为与健康的准因果关系，评估青少年久坐行为对健康的影响，并在此基础上确定青少年久坐时间健康推荐值。

12.4.2 研究方法

12.4.2.1 被试

采用主观与客观测量相结合、横向与纵向相辅证的方法对6所中学440名青少年进行调查。

12.4.2.2 测量方法

(1)久坐行为

在客观测量方面,采用wGT3X-BT三轴加速度计(ActiGraph, USA)作为青少年久坐行为客观测量工具。在主观测量方面,采用青少年久坐行为调查问卷对青少年久坐行为进行调查。

(2)身体活动时间

采用国际身体活动测量工作组所编制的国际身体活动调查问卷(短问卷版)中的低强度身体活动、中等强度身体活动、高强度身体活动题项对青少年不同强度身体活动时间进行测量。该量表经过中文译订,具有良好的信效度。本研究间隔两周对50名青少年进行重测,重测系数为0.761。中高强度身体活动时间采用每日活动时间(min)×每周活动天数来计算。

(3)视力水平

研究采用视力不良程度作为青少年视力水平的判定指标。根据《标准对数视力表》GB 11533—2011和《2014年中国学生体质与健康调研检测细则》,采用5米标准对数视力表,测量青少年的裸眼远视力。所有测量人员均经过标准培训。对青少年视力不良的判定标准依照国家卫生健康委员会颁布的《儿童青少年近视防控适宜技术指南》,视力≥5.0为视力正常,单眼视力<5.0为视力不良(其中,视力=4.9为轻度视力不良,4.6≤视力≤4.8为中度视力不良,视力≤4.5为重度视力不良。若两眼的视力不良水平不同,则以视力较高者为准)。在本研究中,视力正常记为4分,轻度视力不良记为3分,中度视力不良记为2分,重度视力不良记为1分。

(4)肥胖程度

采用同一型号器材对被试的身高、体重进行测量,要求被试着轻薄服装、赤脚,处于放松状态,连续测试两次后取均值。根据身高、体重相关数据计算身体质量指数(BMI)=体重/身高^2(kg/m^2)。所有测量人员均经过体格测量标准培训。根据《WS/T 586—2018学龄儿童青少年超重与肥胖筛查标准》,被试被划分为标准、超重、肥胖三组,用于分析不同肥胖程度的青少年久坐行为之间的差异。

12.4.2.3 数据处理

研究对所收集到的数据采用 Excel 2010 进行整理、求和,采用 IBM SPSS Statistics 21.0 和 IBM Amos 22.0 进行统计分析。首先计算各研究变量的总分,采用相关分析、线性回归分析考察久坐行为与青少年视力、肥胖各指标之间的内在联系,采用交叉滞后模型考察久坐行为与青少年视力、肥胖的准因果关系,并在此基础上采用被试工作特征(Receiver Operating Characteristic,ROC)曲线和约登指数(Youden index)考察久坐行为健康临界值。

12.4.3 研究结果

12.4.3.1 青少年视力水平、肥胖状况的描述性统计

采用客观测量第一阶段的调查数据进行分析发现,肥胖青少年有19人,占5.7%,超重青少年有16人,占4.8%,超重/肥胖的检出率为10.6%。轻度视力不良有76人,占23.0%,中度视力不良有35人,占10.6%,重度视力不良有111人,占33.5%,青少年视力不良的检出率为67.1%。分别对第一阶段和第二阶段的视力水平、肥胖状况各维度进行性别、学段的独立样本 t 检验,结果发现(见表12-19),男女生在视力水平、肥胖状况上的差异不显著,初中、高中在视力水平两阶段测试中的差异均达到显著性($p<0.001$),初中生视力水平的得分高于高中生。

表12-19 两阶段的视力水平与肥胖者的性别、学段的独立样本 t 检验

分组变量	因变量	分组	M±SD	方差齐性检验 F	方差齐性检验 Sig	t 检验 t	t 检验 Sig	95%CI 下限	95%CI 上限
性别	视力水平—T1	男	2.413±1.284	0.193	−0.574	−0.574	0.566	−0.355	0.195
		女	2.493±1.225						
	视力水平—T2	男	2.143±1.160	0.273	0.405	0.405	0.686	−0.198	0.301
		女	2.092±1.117						
	肥胖状况—T1	男	1.222±0.559	5.288	0.022	1.194	0.234	−0.044	0.178
		女	1.155±0.466						
	肥胖状况—T2	男	1.249±0.580	3.255	0.072	0.950	0.343	−0.063	0.180
		女	1.190±0.518						

续表

分组变量	因变量	分组	$M \pm SD$	方差齐性检验 F	方差齐性检验 Sig	t 检验 t	t 检验 Sig	95%CI 下限	95%CI 上限
学段	视力水平—T1	初中	2.949±1.177	3.146	0.077	7.504	0.000	0.709	1.213
		高中	1.988±1.151						
	视力水平—T2	初中	2.576±1.147	16.378	0.000	7.438	0.000	0.640	1.101
		高中	1.705±0.964						
	肥胖状况—T1	初中	1.234±0.555	6.196	0.013	1.356	0.176	−0.035	0.192
		高中	1.156±0.487						
	肥胖状况—T2	初中	1.272±0.604	8.403	0.004	1.514	0.131	−0.028	0.214
		高中	1.179±0.503						

12.4.3.2 主客观测量的久坐行为与青少年视力水平、肥胖状况的相关分析

对客观测量的久坐行为、视力水平、肥胖状况进行皮尔逊相关分析，结果显示（见表12-20），在稳定相关性检验中，日均久坐时间—T1与日均久坐时间—T2（$r=0.516$，$p<0.01$）、视力水平—T1与视力水平—T2（$r=0.657$，$p<0.01$）、肥胖状况—T1与肥胖状况—T2（$r=0.647$，$p<0.01$）均呈显著正相关。在同步相关性检验中，日均久坐时间—T1与视力水平—T1（$r=-0.176$，$p<0.01$）呈显著负相关。数据表明，在14周内，客观测量的久坐行为与视力水平基本满足跨时间稳定性和同步相关性。

表12-20 客观测量久坐行为与视力水平、肥胖状况的相关分析

变量	(1)	(2)	(3)	(4)	(5)
日均久坐时间—T1(1)	1				
视力水平—T1(2)	−0.176**	1			
肥胖状况—T1(3)	−0.026	0.011			
日均久坐时间—T2(4)	0.516**	−0.168**	−0.039	1	
视力水平—T2(5)	−0.154**	0.657**	−0.040	−0.157**	1
肥胖状况—T2(3)	0.009	−0.053	0.647**	−0.007	−0.081

对主观测量的久坐行为、视力水平、肥胖状况进行皮尔逊相关分析，结果显示（见表12-21），在稳定相关性检验中，教育类久坐—T1与教育

表 12-21　主观测量的久坐行为与青少年视力水平的相关分析

变量	(1)	(2)	(3)	(4)	(5)	(6)	(7)	(8)	(9)	(10)	(11)	(12)	(13)
教育类久坐—T1(1)	1												
交通类久坐—T1(2)	−0.077	1											
文化类久坐—T1(3)	−0.115*	0.106*	1										
社交类久坐—T1(4)	0.005	−0.034	−0.006	1									
视频类久坐—T1(5)	−0.068	0.120*	0.140**	0.020	1								
视力水平—T1(6)	−0.188**	−0.020	−0.036	0.009	0.006	1							
肥胖状况—T1(7)	−0.130*	−0.092	−0.009	0.071	0.060	0.034	1						
教育类久坐—T2(8)	0.346**	−0.003	−0.119*	0.033	−0.254**	−0.149**	−0.023	1					
交通类久坐—T2(9)	−0.134**	0.394**	0.116*	−0.022	0.031	0.102	−0.108*	−0.092	1				
文化类久坐—T2(10)	−0.153**	0.038	0.344**	−0.068	−0.080	0.026	0.052	−0.007	0.129*	1			
社交类久坐—T2(11)	0.027	−0.085	−0.047	0.302**	0.041	−0.056	0.071	0.029	−0.127*	−0.091	1		
视频类久坐—T2(12)	−0.121*	0.069	0.090	0.008	0.691**	0.065	0.024	−0.223**	0.069	−0.052	0.090	1	
视力水平—T2(13)	−0.189**	−0.052	−0.032	0.021	−0.029	0.795**	0.023	−0.141**	0.102	0.064	−0.051	0.058	1
肥胖状况—T2(14)	−0.089	−0.083	−0.013	0.025	0.115*	0.004	0.757**	−0.050	−0.098	0.048	0.077	0.044	−0.003

类久坐-T2($r=0.346$,$p<0.01$),交通类久坐-T1与交通类久坐-T2($r=0.394$,$p<0.01$),文化类久坐-T1与文化类久坐-T2($r=0.344$,$p<0.01$),社交类久坐-T1与社交类久坐-T2($r=0.302$,$p<0.01$),视频类久坐-T1与视频类久坐-T2($r=0.691$,$p<0.01$),肥胖状况-T1与肥胖状况-T2($r=0.757$,$p<0.01$),视力水平-T1与视力水平-T2($r=0.795$,$p<0.01$)均呈显著正相关。在同步相关性检验中,教育类久坐-T1与视力水平-T1($r=-0.188$,$p<0.05$),教育类久坐-T1与肥胖状况-T1($r=-0.130$,$p<0.05$)、教育类久坐-T2与视力水平-T2($r=-0.141$,$p<0.01$)呈显著负相关。数据表明,在14周内,主观测量的教育类久坐行为与视力水平基本满足跨时间稳定性和同步相关性。

12.4.3.3 主客观测量的久坐行为对青少年视力水平、肥胖状况的阶层回归分析

(1)久坐行为对青少年视力水平的阶层回归分析

共线性诊断结果显示(见表12-22),变量之间不存在严重的共线性问题。客观测量的日均久坐时间对视力水平影响的回归分析结果显示(见表12-23),三模型能够有效解释视力水平15.1%的变异量[$F(4,326)=14.550$,$p=0.000$],调整后的R^2具有14.1%的解释力,但日均久坐时间对视力水平的影响并未达到显著性水平,表明客观测量的日均久坐时间对视力水平的预测作用不显著。

表12-22 共线性诊断结果(一)

模型		第一层		第二层		第三层	
		容差	VIF	容差	VIF	容差	VIF
I	性别	0.990	1.010	0.913	1.095	0.883	1.133
	学段	0.990	1.010	0.951	1.052	0.874	1.144
II	MVPA-T1			0.897	1.115	0.889	1.125
III	SB-T1					0.870	1.149

表12-23 客观测量的日均久坐时间对青少年视力水平影响的回归分析

模型		第一层			第二层			第三层		
		Beta	t	p	Beta	t	p	Beta	t	p
I	性别	-0.007	-0.133	0.894	0.000	-0.006	0.995	0.013	0.241	0.809
	学段	-0.383	-7.468	0.000	-0.378	-7.223	0.000	-0.357	-6.546	0.000

续表

模型		第一层			第二层			第三层		
		Beta	t	p	Beta	t	p	Beta	t	p
Ⅱ	MVPA－T1				0.024	0.436	0.663	0.016	0.304	0.762
Ⅲ	SB－T1							−0.074	−1.360	0.175
模型摘要	R^2			0.146			0.147			0.151
	F			28.077			18.735			14.550
	p			0.000			0.000			0.000
	ΔR^2			0.146			0.000			0.005
	ΔF			28.077			0.190			1.851
	Δp			0.000			0.663			0.175

注：表中为标准化回归系数，下同。

共线性诊断结果显示（见表12-24），变量间不存在严重的共线性问题。主观测量的教育类久坐时间对视力水平影响的回归分析结果显示（见表12-25），三模型能够有效解释视力水平6.6%的变异量[$F(4, 345)=6.139$，$p=0.000$]，调整后的R^2具有5.6%的解释力，教育类久坐时间对视力水平的预测力显著，表明教育类久坐时间能够显著负向预测视力水平。

表12-24 共线性诊断结果（二）

模型		第一层		第二层		第三层	
		容差	VIF	容差	VIF	容差	VIF
Ⅰ	性别	0.998	1.002	0.969	1.032	0.969	1.032
	学段	0.998	1.002	0.931	1.074	0.831	1.203
Ⅱ	MVPA－T1			0.912	1.097	0.909	1.100
Ⅲ	教育类久坐－T1					0.876	1.141

表12-25 主观测量的教育类久坐时间对青少年视力水平影响的回归分析

模型		第一层			第二层			第三层		
		Beta	t	p	Beta	t	p	Beta	t	p
Ⅰ	性别	0.021	0.408	0.684	0.028	0.519	0.604	0.029	0.554	0.580
	学段	−0.225	−4.299	0.000	−0.215	−3.97	0.000	−0.174	−3.042	0.003
Ⅱ	MVPA－T1				0.038	0.694	0.488	0.032	0.581	0.562

续表

模型		第一层			第二层			第三层		
		Beta	t	p	Beta	t	p	Beta	t	p
Ⅲ	教育类久坐-T1							−0.124	−2.240	0.026
模型摘要	R^2		0.052			0.053			0.066	
	F		9.431			6.439			6.139	
	p		0.000			0.000			0.000	
	ΔR^2		0.052			0.001			0.014	
	ΔF		9.431			0.482			5.017	
	Δp		0.000			0.448			0.026	

(2)久坐行为对青少年肥胖状况的阶层回归分析

鉴于教育类久坐与青少年肥胖状况的相关关系,采用基线数据分析教育类久坐对青少年肥胖状况的影响,结果显示,三模型仅能够有效解释视力水平2.6%的变异量[$F(4,345)=2.329,p=0.056$],调整后的R^2具有1.5%的解释力,表明教育类久坐对青少年肥胖情况的预测解释作用不显著。

12.4.3.4 青少年久坐行为与视力水平的交叉滞后模型

由上述分析得出,主客观测量的久坐行为对青少年肥胖的预测力不显著,客观测量的日均久坐时间对青少年视力水平的预测力不显著,主观测量的教育类久坐对青少年视力水平的预测达到显著性水平。因此,为进一步考察教育类久坐与青少年视力水平的纵向关系,采用交叉滞后模型对两者进行检验。结果显示,教育类久坐与视力水平之间不存在交叉滞后效应(见图12-16)。

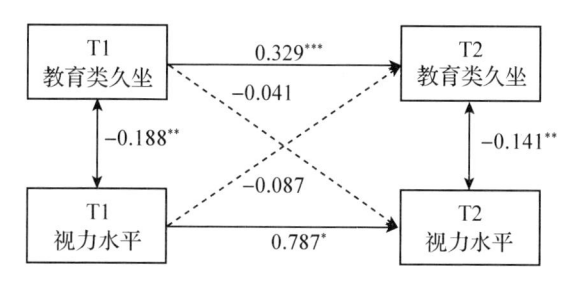

图12-16 青少年久坐行为与视力水平的交叉滞后回归分析图

12.4.3.5 基于约登指数的青少年久坐行为健康临界值分析

ROC 曲线和约登指数目前被广泛用于流行病学领域，用于确定最佳临界值的一种方法。根据 ROC 曲线的灵敏度和特异性，在 ROC 曲线上选取约登指数最大的切点作为最佳临界值。约登指数计算公式如下：

$$约登指数 = 敏感度 + 特异性 - 1$$

研究将重度视力不良、中度视力不良、轻度视力不良设为1，将视力正常设为2，ROC 曲线状态变量值设为1，以检验教育类久坐时间在对青少年视力水平影响上的健康临界值。

由图12-17、表12-26可以看出，约登指数的最大值为0.206，对应的每周教育类久坐时间为3445分钟，灵敏度为0.738，特异性为0.467，可以理解为，当青少年的每周教育类久坐时间高于3445分钟时，视力不良的检出率较高。以3445分钟为临界值，对本研究中的样本进行筛查，有241人的教育类久坐时间长于3445分钟，其中视力不良的检出率为79.7%。

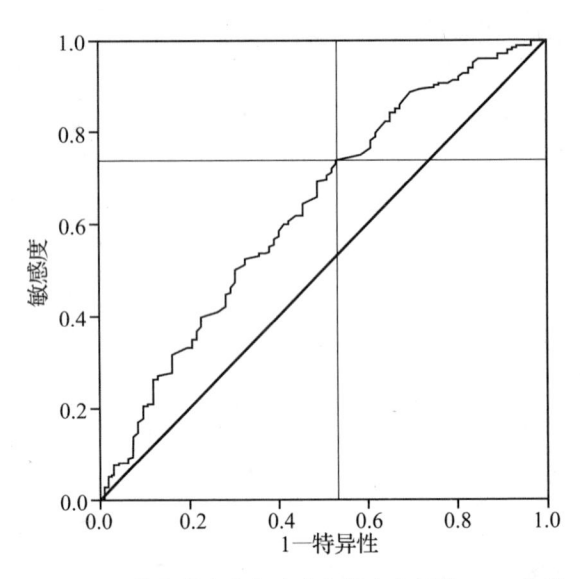

图 12-17 教育类久坐与青少年视力水平的 ROC 曲线

表 12-26 教育类久坐的约登指数(部分)

每周教育类久坐时间(分钟)	敏感度	1－特异性	约登指数
3390	0.765	0.609	0.157
3405	0.758	0.598	0.160
3415	0.750	0.587	0.163

续表

每周教育类久坐时间(分钟)	敏感度	1-特异性	约登指数
3430	0.746	0.565	0.181
3445	0.738	0.533	0.206
3455	0.735	0.533	0.202
3465	0.731	0.533	0.198
3475	0.719	0.522	0.197

12.4.4　分析讨论

12.4.4.1　青少年久坐行为对视力水平的预测作用

在视力水平方面，研究发现随着教育类久坐时间的增加，青少年的视力水平呈下降趋势。交叉滞后模型显示，教育类久坐与视力水平之间不具备跨时间的交叉滞后效应。该研究结果与以往的研究结果部分一致。在教育类久坐方面，阶层回归模型结果显示，教育类久坐对青少年视力水平的解释力仅5.6%。第一，屈光不正、近视、远视均可导致视力模糊，未经矫正的屈光不正是最为常见的视力障碍，诸多研究已经证实了遗传因素在个体屈光发育中的影响。沃伊切霍夫斯基(Wojciechowski)[54]指出，尽管环境和个体行为因素在近视易感性中具有重要作用，但总体屈光不正的差异是由遗传因素造成的。第二，本研究结果在一定程度上支持了高鑫等人的观点。高鑫等人[55]认为，教育因素对青少年近视的影响存在诸多干扰因素，具体包括读写姿势、光环境、户外活动、用眼习惯等因素。本研究结果提示了教育类久坐与青少年视力水平之间可能的关系，随着学段的增加，视力不良的检出率在增加的同时，教育类久坐时间也在不断攀升。教育类久坐时间是影响青少年视力水平的因素之一，但仅用时间长短预测青少年视力水平的解释力不高，未来可结合用眼习惯、读写姿势、用眼环境等共同考察教育类久坐对青少年视力水平的影响。

本研究并未发现视频类久坐时间与青少年视力水平的关联。该结果与以往的部分研究结果不一致。造成结果不一致的主要原因来自测量方式的差异，以往研究对屏幕使用时间多采用问卷且以选项的形式衡量不同屏幕使用时间段对视力水平的影响。

本研究采用近似于瞬时生态评估的方式，通过计算并填写当天视频类久坐时间以获得青少年连续一周的久坐时间数据。此外，青少年上学日视频类久坐时间较短也是影响视频类久坐与视力水平关系不显著的一个因素。根据前面的研究，上学日视频类久坐时间均值为101.452分钟，尽管休息日视频类久坐时间均值高达255.145分钟，但短时间视频类久坐时间的增加所伴随的视疲劳等症状会随着上学日视频类久坐时间的减少而逐渐消失，从而减小视频类久坐对视力水平的影响。此外，社交类久坐、文化类久坐、交通类久坐在每周久坐时间的占比不高，且在进行上述三类久坐活动时的用眼强度较低，因此三者与青少年视力水平的相关不显著。

12.4.4.2 青少年久坐行为对肥胖的预测作用

研究发现，客观测量的久坐行为与青少年肥胖情况的相关未达显著性水平，主观测量的教育类久坐－T1与肥胖状况－T1存在显著负相关，其余主观测量的久坐行为各维度与肥胖状况的相关系数均未达到显著性水平。该研究结果与以往的研究结果一致。研究证实了以教育类为主的久坐行为与青少年肥胖的负向相关关系，部分支持了以往研究中久坐行为与超重、肥胖之间的关联。通过回归分析发现，教育类久坐时间对肥胖状况的预测作用未达到显著性水平，结合客观测量结果可以得出久坐行为对青少年的肥胖状况不存在显著的预测作用，该结果与以往的研究结果不一致。造成这一结果的原因主要有以下几个方面。①基线数据调查期间正值复工复学初期，经过长期的居家学习，青少年的身体活动水平和饮食平衡均在一定程度上影响了体重，加之临近期末，课业任务的增加致使教育类久坐与青少年的肥胖状况呈显著负相关。②2018年，我国颁布了以身体质量指数为主的学龄儿童超重与肥胖筛查标准，为更好地确定久坐行为临界值，本研究对青少年肥胖状况的判断标准主要依据身体质量指数进行。但总体而言，身体质量指数对个体肥胖的判断并不全面。刘媛[56]指出，身体质量指数主要用来衡量个体的全身脂肪状况，对不同肥胖类型（如中心型肥胖）的判断容易出现偏差。李红娟等人[57]采用身体质量指数对我国成年人肥胖判定标准进行检验，结果发现，身体质量指数在肥胖筛查标准中的约登指数较低，诊断性能中等，因此建议在健康干预中采用身体质量指数筛查应以提高灵敏度、降低特异度为前提。③久坐行为作为日常生活中必不可少的一部分，横断研究及短期追踪研究难以深入考察其与肥胖状况的内在关系，有学者[58]采用两年追踪干预方法考察了身体活动与久坐行为对青少年体重影响的有效性。研究发现，经过两年的干预，随着身体活动的增加与久坐时间的降低，青少年的体重呈下降趋势。未来研究可从扩大研究样本、延长追踪时间及采用多元化指标如腰围、甘油三酯等进一步考察久坐行为与青少年肥胖状况之间的内在关联。

12.4.4.3 基于视力水平的青少年久坐行为健康临界值分析

2020年世界卫生组织所颁布的《关于身体活动与久坐行为指南》详细列举了近年来久坐行为的相关健康效益的研究,多数研究发现了久坐行为与代谢相关指标之间的关联,但目前证据仍十分有限。对于久坐行为与代谢指标以外的健康关联研究仍然较为欠缺,尽管更新版的《关于身体活动与久坐行为指南》久坐时间的建议较2010年的身体活动指南有了很大改进,但仍然缺少明确的久坐时间建议值。其主要原因在于久坐行为与健康关联的证据仍然存在测量工具不统一、研究结果难以重复等问题。目前对于久坐行为健康临界值的建议主要围绕屏幕时间展开,如《中国儿童青少年身体活动指南》指出,建议儿童青少年每日屏幕时间小于2小时,但多数指南中并未对此进行明确界定。本研究在纵向调查的基础上,采用ROC曲线和约登指数考察了青少年久坐行为健康临界值。研究发现,当青少年的每周教育类久坐时间多于3445分钟时,青少年视力不良的检出率较高。以3445分钟为临界值,对本研究中的样本进行筛查,有241人的教育类久坐时间高于3445分钟,其中视力不良的检出率为79.7%。这一研究成果为久坐行为指南的制订提供了明确的时间建议值。需要指出的是,鉴于教育类久坐对视力水平的模型的解释力较低。尽管教育类久坐对视力水平的负向预测作用是显著的,但并不能完全否定它在其他方面的促进作用。本研究在某种程度上为预防我国青少年视力不良的发生及转变教育方式提供了思路。在教育类久坐时间方面,学校、教师及家长应转变以往时间导向的教育观念,即由一味以增加学习时间、增加重复性学习内容为导向的教育观念,转变为以注重学习质量、提高学习效率为导向的教育观念。青少年应逐步提高学习效率,减少学业拖延情况以减少在教育类久坐上所花费的时间。总体而言,本研究所确定的青少年教育类久坐行为健康临界值是基于横断研究得出的。由于尚未发现教育类久坐与视力水平的纵向关联,因此,未来研究仍需深入考察教育类久坐对视力影响的内在因素,从而更为精准地确定久坐时间的推荐值。

12.4.5 研究小结

通过分析久坐行为对青少年视力不良、肥胖的影响发现:

第一,男女生在视力水平、肥胖状况上的差异不显著,初中生、高中生在视力水平两阶段测试中的差异均达到显著性水平,初中生的视力水平得分高于高中生。

第二,第一阶段客观测量的日均久坐时间与视力水平呈显著负相关,教育类久坐与视力水平、肥胖状况呈显著负相关。

第三，在控制了中高强度的身体活动时间后，教育类久坐对视力水平具有显著的负向预测作用，但两者不存在交叉滞后效应。

第四，当青少年的每周教育类久坐时间多于3445分钟时时，视力不良的检出率较高。

12.5 研究总结

12.5.1 研究结论

第一，青少年久坐时间普遍偏多，中高强度身体活动时间普遍少于60分钟/天。教育类久坐和视频类久坐是青少年主要的久坐类型。教育类久坐随学段的增加而增加，视频类久坐和社交类久坐随学段的增加而相对减少。初中生久坐行为呈现低教育类久坐、高视频类久坐的特点，高中生久坐行为呈现高教育类久坐、低视频类久坐的特点。

第二，第一阶段客观测量的日均久坐时间与视力水平呈显著负相关，教育类久坐与视力水平、肥胖状况呈显著负相关。教育类久坐对视力水平具有显著的负向预测作用，但不具有交叉滞后效应。当青少年每周教育类久坐时间多于3445分钟时，视力不良的检出率较高。

12.5.2 研究启示

第一，科学、辩证地对待久坐行为与健康的关系。坐姿生活是人们日常生活中必不可少的一部分，因此否定坐姿生活、久坐行为在人们日常学习、工作中的价值和优势，一味减少绝对久坐时间是十分片面的。一方面，学习是青少年阶段的主要任务，因此不能否定将时间投入在青少年知识积累、能力提升、兴趣发展、技能拓展等方面所发挥的关键作用，应该重新审视大量时间投入下青少年的学习效率和学习质量，进而让时间的价值最大化；另一方面，久坐行为是由诸多坐姿行为构成的，不同的活动内容、对象等对健康产生的影响不同。因此，在久坐行为与健康促进领域，应全面、理性、辩证地对待久坐行为与健康的关系，既要关注绝对久坐时间对健康的影响，又要重视不同的久坐类型在青少年健康发展中的作用，进而科学合理地确定久坐时间健康临界值。

第二，形成与信息化、智能化新时代相适应的生活方式与健康观念，是提高青少年健康水平的根本途径。新一轮技术革命的到来使信息化、智能化技术飞速发展，在智能化机器人与人的关系、科学技术的价值在人的发展中的作用等一系列问题尚待解决的前提下，如何重新认识人与健康的关系，值得学者深思。因此，为有效提高青少年的健康水平，研究者应致力于转变人们的健康观念,形成与信息化、智能化新时代相适应的健康生活方式,即形成以合理膳食、科学作息为前提条件、以适度久坐为基础保障,以强度适宜且有规律的身体活动为重要手段的健康生活方式,从而进一步推动全民健康与全民健身的深入融合和发展。

12.5.3 研究创新

第一,采用久坐行为主客观测量方法,明确了我国青少年久坐行为在时间和群体上的变化特征,验证了青少年久坐行为与其视力水平和肥胖状况的内在关系,补充和完善了我国以及国际久坐行为与健康研究领域的证据链,为青少年身体活动与久坐行为指南的研制提供了丰富的证据支撑。

第二,在考察了久坐行为与健康关系的基础上,确定了我国青少年教育类久坐时间和视频类久坐时间的健康临界值,进一步发展了当前身体活动与久坐行为指南中久坐时间的推荐量指标和范畴,为青少年的健康促进提供了新的参考标准。

12.5.4 研究展望

第一,本研究选取了身体质量指数、视力水平、个体指标,从生理方面分析了青少年久坐行为与健康的内在联系。由于不同指标衡量个体健康的维度不同,因此,未来研究需通过多维度、多水平的方式(特别是心理健康的指标),结合特殊群体(如残疾青少年等)深入考察久坐行为与青少年生理、心理健康的关系,为青少年久坐行为与健康关系的研究提供更为全面的证据支撑。

第二,由于在调研期间受突发公共卫生事件的影响,研究仅对青少年久坐行为及其健康水平进行了间隔14周的1次追踪调查。由于久坐行为对个体健康的影响可能存在长期累加效应,因此,后续研究在扩大研究样本的基础上,需要进行长时间多点追踪调查,从而更全面地分析久坐行为对个体健康的影响。

第三,对于久坐行为的考察应紧跟科技发展的步伐。随着电子产品的不断革新、电子设备功能的日臻丰富,久坐行为在个体生活中所扮演的角色逐渐多元化。因此,未来研究不仅需要在现有久坐行为类型的基础上,进一步深入分析久坐行为与个体健康的关系,而且需要结合"新产品""新功能""新现象",发现和提炼久坐行为的新特点,并全面审视久坐行为的健康风险。

参考文献

[1]Carson, V., Hunter, S., Kuzik, N., et al.: "Systematic re-

view of sedentary behaviour and health indicators in school-aged children and youth: An update", *Applied Physiology Nutrition and Metabolism*, 2016.

[2]Katzmarzyk, P. T., Church, T. S., Craig, C. L., et al.: "Sitting time and mortality from all causes, cardiovascular disease, and cancer", *Medicine and Science in Sports and Exercise*, 2009.

[3]张云婷, 马生霞, 陈畅等:《中国儿童青少年身体活动指南》,《中国循证儿科杂志》2017年第6期。

[4]Pate, R. R., O'Neill, J. R., & Lobelo, F.: "The evolving definition of 'sedentary'", *Exercise and Sport Sciences Reviews*, 2008.

[5]Owen, N., Healy, G. N., Matthews, C. E., et al.: "Too much sitting: The population health science of sedentary behavior", *Exercise & Sport Sciences Reviews*, 2010.

[6]Barnes, J., Behrens, T. K., Benden, M. E., et al.: "Letter to the Editor: Standardized use of the terms 'sedentary' and 'sedentary behaviours'", *Mental Health and Physical Activity*, 2013.

[7]颜绍泸:《静坐初探》,《成都体育学院学报》1995年第4期。

[8]罗跃嘉, 魏景汉, 范基公等:《少年儿童音乐静坐训练对听觉失匹配负波与P300的影响及其意义》,《心理科学》1999年第6期。

[9]Public Health Agency of Canada: *A common vision for increasing physical activity and reducing sedentary living in Canada: Let's Get Moving*, Canada: Public Health Agency of Canada, 2018.

[10]郭强, 汪晓赞, 蒋健保:《我国儿童青少年身体活动与久坐行为模式特征的研究》,《体育科学》2017年第7期。

[11]Church, T. S., Thomas, D. M., Catrine, T. L., et al.: "Trends over 5 decades in U.S. occupation-related physical activity and their associations with obesity", *PLoS One*, 2011.

[12]Saidj, M., Menai, M., Charreire, H., et al.: "Descriptive study of sedentary behaviours in 35,444 French working adults: cross-sectional findings from the ACTI-Cites study", *BMC Public Health*, 2015.

[13]Juliet, H., Sebastien, C., & Dawn, S.: "Prevalence of sedentary behavior in older adults: A systematic review", *International Journal of Environmental Research and Public Health*, 2013.

[14]Emma, W.: "Type 2 diabetes in younger adults", University

of Leicester, 2013.

[15]Thivel, D., Tremblay, A., Genin, P. M., et al.: "Physicalactivity, inactivity, and sedentary behaviors: Definitions and implications in occupational health", *Frontiers in Public Health*, 2018.

[16]Alkhajah, T. A., Reeves, M. M., Eakin, E. G., et al.: "Sit-stand workstations: A pilot intervention to reduce office sitting time", *American Journal of Preventive Medicine*, 2012.

[17]Miles-Chan, J. L., & Dulloo, A. G.: "Posture allocation revisited: Breaking the sedentary threshold of energy expenditure for obesity management", *Frontiers in Physiology*, 2017.

[18]Bailey, D. P., & Locke, C. D.: "Breaking up prolonged sitting with light-intensity walking improves postprandial glycemia, but breaking up sitting with standing does not", *Journal of Science and Medicine in Sport*, 2015.

[19]Thorp, A. A., Healy, G. N., Owen, N., et al.: "Deleteriousassociations of sitting time and television viewing time with cardiometabolic risk biomarkers: Australian diabetes, obesity and lifestyle (AusDiab) study 2004-2005", *Diabetes Care*, 2010.

[20]Warren, T. Y., Barry, V., Hooker, S. P., et al.: "Sedentary behaviors increase risk of cardiovascular disease mortality in men", *Medicine & Science in Sports & Exercise*, 2010.

[21]Pardee, P. E., Norman, G. J., Lustig, R. H., et al.: "Television viewing and hypertension in obese children", *American Journal of Preventive Medicine*, 2007.

[22]Cleland, V., Schmidt, M., Salmon, J., et al.: "Combinedassociations of sitting time and physical activity with obesity in young adults", *Journal of Physical Activity and Health*, 2014.

[23]Biddle, S. J. H.: "Editorials and commentary: Sedentary behavior", *American Journal of Preventive Medicine*, 2007.

[24]de Rezende, L.F., Rodrigues Lopes, M., Rey-López, J. P., et al.: "Sedentary behavior and health outcomes: An overview of systematic reviews", *PLoS One*, 2013.

[25]Craig, C., Marshall, A., Sjostrom, M., et al.: "International physical activity questionnaire: 12-country reliability and validity",

Medicine & Science in Sports & Exercise, 2003.

[26]Busse, M. E., van, Deursen, R. W., & Wiles, C. M.: "Real-life step and activity measurement: Reliability and validity", *Journal of Medical Engineering & Technology*, 2009.

[27]Byrom, B., Stratton, G., Carthy, M. M., et al.: "Objective measurement of sedentary behaviour using accelerometers", *International Journal of Obesity*, 2016.

[28]Langøien, L. J., Terragni, L., Rugseth, G., et al.: "Systematic mapping review of the factors influencing physical activity and sedentary behaviour in ethnic minority groups in Europe: A DEDIPAC study", *International Journal of Behavioral Nutrition and Physical Activity*, 2017.

[29]Shuval, K., Emily, T., Hébert, et al.: "Impediments andfacilitators to physical activity and perceptions of sedentary behavior among urban community residents: The fair park study", *Preventing Chronic Disease*, 2013.

[30]Rollo, S., Gaston, A., & Prapavessis, H.: "Cognitive andmotivational factors associated with sedentary behavior: A systematic review", *AIMS Public Health*, 2016.

[31]Prapavessis, H., Gaston, A., & Dejesus, S.: "The theory of planned behavior as a model for understanding sedentary behavior", *Psychology of Sport and Exercise*, 2015.

[32]Kremers, S. P., & Brug, J.: "Habit strength of physical activity and sedentary behavior among children and adolescents", *Pediatric Exercise Science*, 2008.

[33]Hidayanty, H., Bardosono, S., Khusun, H., et al.: "A social cognitive theory-based programme for eating patterns and sedentary activity among overweight adolescents in Makassar, South Sulawesi: A cluster randomised controlled trial", *Asia Pacific Journal of Clinical Nutrition*, 2016.

[34]Plotnikoff, R. C., Klaus, G., & Revalds. L. D.: "Self-efficacy, physical activity, and sedentary behavior in adolescent girls: Testing mediating effects of the perceived school and home environment", *Journal of Physical Activity & Health*, 2014.

［35］Gaston, A. , Jesus, S. , Markland, D. , et al. : "I sit because I have fun when I do so! Using self-determination theory to understand sedentary behavior motivation among university students and staff", *Health Psychology and Behavioral Medicine*, 2016.

［36］Schmidt, M. E. , Haines. J. , O'Brien, A. , et al. : "Systematic review of effective strategies for reducing screen time among young children", *Obesity*, 2012.

［37］Marsh, S. , Foley, L. S. , Wilks, D. C. , et al. : "Family-based interventions for reducing sedentary time in youth: A systematic review of randomized controlled trials", *Obesity Reviews*, 2014.

［38］Minges, K. E. , Chao, A. M. , Irwin, M. L. , et al. : "Classroom standing desks and sedentary behavior: A systematic review", *Pediatrics*, 2016.

［39］Hinckson, E. , Salmon, J. , Benden, M. , et al. : "Erratum to: Standing classrooms: Research and lessons learned from around the world", *Sports Medicine*, 2016.

［40］Benjamin, G. , Lee, S. , Fabiana, L. , et al. : "How to reduce sitting time? A review of behaviour change strategies used in sedentary behaviour reduction interventions among adults", *Health Psychology Review*, 2015.

［41］Yang, L. , Yan T. , & Zhen-Bo, C. , et al. : "Results from Shanghai's (China) 2016report card on physical activity for children and youth", *Journal of Physical Activity and Health*, 2016.

［42］Richard, L. , Lee, S. M. , Fulton, J. E. , et al. : "Obesity and other correlates of physical activity and sedentary behaviors among US high school students", *Journal of Obesity*, 2013.

［43］Fakhouri, T. H. I. , Hughes, J. P. , Brody, D. , et al. : "Physicalactivity and screen-time viewing among elementary school-Aged children in the United States from 2009 to 2010", *JAMA Pediatrics*, 2013.

［44］李培红，吕燕，王梅：《北京市儿童青少年静坐行为现状》，《中国学校卫生》2016年第10期。

［45］吴铭，杨剑，王国祥等：《基于ICF-CY影响青少年久坐行为相关环境因素Scoping综述》，《中国康复理论与实践》2020年第6期。

［46］Hinckson, E. , Cerin, E. , Mavoa, S. , et al. : "Associations of the perceived and objective neighborhood environment with physical activity and sedentary time in New Zealand adolescents", *International Journal of Behavioral Nutrition and Physical Activity*, 2017.

[47]Welk, G. J.: "The youth physical activity promotion model: A conceptual bridge between theory and practice", *Quest*, 1999.

[48]吴铭,杨剑,袁媛等:《〈加拿大增加身体活动、减少久坐生活的共同愿景:让我们运动起来〉的解读与启示》,《天津体育学院学报》2020年第4期。

[49]Pate, R. R., Mitchell, J. A., Byun, W., et al.: "Sedentary behaviour in youth", *British Journal of Sports Medicine*, 2011.

[50] Alberto, A. S., Bois Julien, E., Javier, Z., et al: "Adolescents' sedentary behaviors in two European cities", *Research Quarterly for Exercise and Sport*, 2015.

[51] Hardy, L. L., Bass, S. L., & Booth, M. L.: "Changes insedentary behavior among adolescent girls: A 2.5-year prospective cohort study", *Journal of Adolescent Health*, 2007.

[52]Ortega, F. B., Konstabel, K., Pasquali, E., et al.: "Objectivelymeasured physical activity and sedentary time during childhood, adolescence and young adulthood: A cohort study", *PLoS One*, 2013.

[53]张雪平,廖炽媚,张威等:《静坐和运动时间与视网膜血管管径的相关性》,《中华眼视光学与视觉科学杂志》2017年第11期。

[54]Wojciechowski, R.: "Nature and nurture: The complex genetics of myopia and refractive error", *Clinical Genetics*, 2011.

[55]高鑫,万宇辉,曹秀菁:《教育因素与儿童青少年近视关系的研究进展》,《中国学校卫生》2020年第11期。

[56]刘媛:《儿童青少年BMI和腰围与体能指数的相关性研究》,华东师范大学,2019。

[57]李红娟,杨柳,张楠:《身体质量指数作为肥胖筛查标准的判别准确性评价》,《中国预防医学杂志》2014年第6期。

[58] Omorou Abdou, Y., Johanne, L., Edith, L., et al.: "Adolescents' physical activity and sedentary behavior: A pathway in reducing overweight and obesity: The PRALIMAP 2-year cluster randomized controlled trial", *Journal of Physical Activity and Health*, 2015.

第四部分
聚焦前沿

13 体育锻炼与药物依赖

近年来,在党和国家的高度重视和指导下,司法部开始部署建立全国统一的司法行政戒毒工作基本模式,旨在推动司法行政戒毒工作的高水平提升。2018年6月26日,司法部提出了以"运动戒毒为引领,构建中国的戒毒体系"的核心目标。同年,司法部戒毒管理局也正式下发了《司法行政戒毒系统运动戒毒试点工作实施方案》。2019年6月,司法部戒毒管理局与中国体育科学学会签订了运动戒毒战略合作框架协议。由此,我国的运动戒毒实践工作进入快速发展的新阶段。与运动戒毒的实践领域相比,该领域的理论研究呈现出前所未有的突破。药物成瘾、药物依赖、运动戒毒等已成为当前体育科学研究的重要主题。

大多研究中对药物成瘾、药物依赖以及隔离戒毒提及较多的就是甲基苯丙胺(methamphetamine,MA)。已有研究发现,MA滥用能够损伤人类的大脑神经元[1]和认知功能[2]。即使在药物戒断期,认知损伤也仍然存在。[3]因此,本研究将药物成瘾者、药物依赖者以及隔离戒毒者统称为MA依赖者。目前关于体育锻炼与MA依赖者的研究主要集中于不同的体育锻炼方式对MA依赖者身体健康的影响、不同的体育锻炼方式对MA依赖者心理健康的影响、不同的体育锻炼方式影响MA依赖者的潜在机制以及MA依赖者的运动干预模型构建。

在身体健康方面,研究表明MA类药品对人体的神经系统、呼吸系统、心血管系统、内分泌系统和运动系统均会造成严重损害[4],尤其是在心肺功能和肌力方面[5],而运动干预能够使戒毒者的体质得到有效控制,体脂率得到较大改善[6][7]。实验研究表明,3周的有氧运动(跑轮)可以显著改善大鼠因MA造成的纹状体多巴胺能神经元和5-羟色胺能神经元损伤[8],而12周的中等强度的有氧运动干预可明显减少MA依赖者的多巴胺能神经损伤。此外,还有学者通过16周的高强度间歇训练干预MA依赖者,发现长期高强度间歇训练能够有效改善MA依赖者的身体健康状况,提高其身体素质和机能状态,增强机体的抗氧化能力,促进神经生物学机能的良性改变。[9]

在心理健康方面,研究表明MA依赖者对成瘾性物质的依赖程度和自身的负性情绪状态有着紧密联系,会促使MA依赖者对成瘾性物质的依赖程度进一步加深，尤其是在戒断初期会有诸多戒断症状侵袭 MA 依赖者，如焦躁不安、快感缺失以及焦虑症状、抑郁症状和心理渴求明显增强。[10] 已有研究证实，运动锻炼通过降低强戒人员的毒品渴求度改善其心理健康问题。[11] 研究发现，12 周中等强度的有氧运动干预可明显改善 MA 依赖者的焦虑和抑郁症状。[12] 相反，也有研究质疑运动疗法改善强戒人员心理健康水平的效果，如一项随机对照试验证明，40 小时中等强度的有氧运动并不能有效改善强戒人员的敌对、恐怖等心理指标维度[13]，一项 16 周中低强度的柔韧拉伸训练也没有降低强戒人员的抑郁水平[14]。

在作用机制方面，研究认为体育锻炼主要通过促使机体产生内源性的阿片肽[15][16]、提高机体脑源性神经营养因子的释放水平[17][18]、增强内源性阿片肽类的神经性营养因子的基因转录[19][20] 等方式，达到重塑神经通路、改进大脑奖赏机制的目的，进而逐渐修复药物依赖者受损的认知控制能力，减少药物依赖者的负性情绪（如降低焦虑和减少抑郁），改善其心境状态，使其心理健康水平得到有效提升，最终达到抑制成瘾性物质渴求和预防重复用药的目的[21][22]。如图 13-1 所示，冯俊鹏等人[23] 根据前人的研究成果，结合运动对吸毒成瘾的影响，梳理了吸毒成瘾及运动干预的神经生物机制。

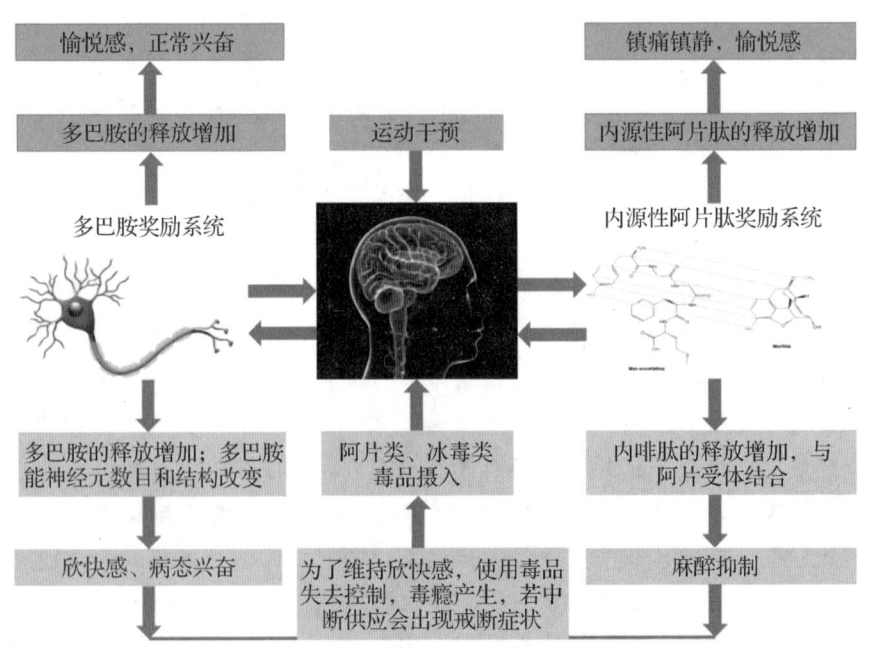

图 13-1　吸毒成瘾及运动干预的神经生物机制

在运动干预模型方面，研究发现，相对于有氧运动的临床效果，瑜伽运动对女性强戒人员心理健康状况的影响显现较慢，延长训练时间后可呈现运动的干预效果。[24]姚慧等人[25]的研究发现，12周的瑜伽、冥想和体能训练均能显著降低女性戒毒人员的血清犬尿氨酸含量，提高犬尿酸含量，实现对大脑奖赏功能的改善，有效降低复吸风险，其中瑜伽组的改善效果最为明显。刘佳宁等人[26]的研究发现，相比于舞蹈运动，功率自行车运动干预能够有效提升MA依赖者前额叶皮层的激活水平，从而有利于恢复其对食物等自然奖赏物的敏感性。因此，运动对强戒人员的干预效果到底如何，运动强度、干预时长、性别等因素对干预效果是否有影响都需要进一步分析与探讨。

目前体育锻炼对药物依赖者身心健康的影响效益已基本达成共识，但在体育锻炼影响药物依赖者身体健康的作用机制方面仍不一致。此外，何种运动方式、运动强度、运动时长等对药物依赖者的身体健康效益最佳仍需进一步探讨。未来应进一步加强对药物依赖者运动处方的制订以及在运动干预过程中对药物依赖者身心健康的监控。

参考文献

[1]Barrett, T., Xie, T., Piao, Y. L., et al.: "A murine dopamine neuron-specific cDNA library and microarray: Increased COXI expression during methamphetamine neurotoxicity", *Neurobiology of Disease*, 2001.

[2]Kamei, H., Nagai, T. K., Nakano, H., et al.: "Repeated methamphetamine treatment impairs recognition memory through a failure of novelty-induced ERK1/2 activation in the prefrontal cortex of mice", *Biological Psychiatry*, 2006.

[3]Zhou, Y., Lu, Y., Jin, X., et al.: "Effects of moderate-and high-intensity acute aerobic exercise on food reward and appetite in individuals with methamphetamine dependence", *Physiology & Behavior*, 2019.

[4]刘昭强，张爱民，陈建明等：《运动戒毒理论与实践研究进展》，《体育科学研究》2020年第2期。

[5]范琪：《体能训练对女子戒毒人员干预实验研究》，内蒙古师范大学，2019。

[6]张建磊，王航平，杨青等：《8周递增负荷跑台训练对女性强制隔离戒毒人员身体成分变化及影响因素研究》，《体育科技文献通报》

2020年第6期。

[7] Dolezal, B. A., Chudzynski, J., Storer, T. W., et al.: "Eight weeks of exercise training improves fitness measures in meth-amphetamine-dependent individuals in residential treatment", *Journal of Addiction Medicine*, 2013.

[8] O'Dell, S. J., Galvez, B. A., Ball, A. J., et al.: "Running wheel exercise ameliorates methamphetamine-induced damage to dopamine and serotonin terminals", *Synapse*, 2012.

[9] 刘杨子纯, 韩雨梅, 孟林盛等：《16周高强度间歇训练对强制隔离戒毒人员身体健康的有益影响》,《中国体育科技》2021年第6期。

[10] Darke, S., Kaye, S., & McKetin, R.: "Major physical and psychological harms of methamphetamine use", *Drug and Alcohol Review*, 2010.

[11] 张明珍：《太极康复操对女性甲基苯丙胺依赖者心率变异性及相关指标影响的实证研究》, 上海体育学院, 2018。

[12] 王东石, 朱婷：《有氧运动对甲基苯丙胺类依赖者体适能、渴求度及情绪状态的作用》,《体育科学》2017年第7期。

[13] 范丽萍：《运动干预对甲基苯丙胺成瘾人员戒毒康复效果的影响》, 广州体育学院, 2012。

[14] 陈明铭, 李爽, 梁贵灵等：《运动干预对强制隔离戒毒人员抑郁水平的影响》,《体育科技文献通报》2019年第10期。

[15] 周成林, 施大庆, 李彬等：《有氧运动在药物滥用康复治疗中的应用》,《中国药物依赖性杂志》2014年第6期。

[16] Gomez-pinilla, F., & Hillman, C.: "The influence of exercise on cognitive abilities", *Comprehensive Physiology*, 2013.

[17] 董进霞：《体育锻炼对大脑影响的研究动向——Burce. Wexler教授学术访谈录》,《体育与科学》2017年第5期。

[18] Grimm, J. W., Lu, L., Hayashi, T., et al.: "Time-dependent in-creases in brain-derived neurotrophic factor protein levels within themesolimbic dopamine system after withdrawal from cocaine: Implications for incubation of cocaine craving", *Journal of Neuroscience*, 2003.

[19] de Melo Coelho, F. G., Gobbi, S., Almeida Andreatto, C. A., et al.: "Physical exercise modulates peripheral levels of brain-derived neurotrophic factor (BDNF): A systematic review of experimental

studies in the elderly", *Archives of Gerontology and Geriatrics*, 2013.

［20］Heyman, E., Gamelin, F. X., Goekint, M., et al.: "Intense exercise increases circulating endocannabinoid and BDNF levels in humans—Possible implications for reward and depression", *Psychoneuroendocrinology*, 2012.

［21］赵非一，周成林，刘天择：《运动锻炼抑制药物成瘾者心理渴求及复吸行为的神经生物学机制：基于运动对神经递质、激素和肽类物质的调节作用》，《体育科学》2018年第7期。

［22］Carek, P. J., Laibstain, S. E., & Carek, S. M.: "Exercise for the treatment of depression and anxiety", *International Journal of Psychiatry in Medicine*, 2011.

［23］冯俊鹏，严翊，路瑛丽等：《运动戒毒研究进展》，《中国体育科技》2019年第11期。

［24］庄淑梅：《运动疗法对女性海洛因戒毒者心理健康状况干预效果的研究》，天津医科大学，2013。

［25］姚慧，陈艳梅：《不同运动方式对女性戒毒人员犬尿氨酸代谢通路的影响研究》，《体育科学》2020年第10期。

［26］刘佳宁，王莹莹，周宇等：《不同运动方式对甲基苯丙胺依赖者食物奖赏功能的改善作用：一项近红外功能成像研究》，《中国体育科技》2020年第11期。

14　青少年户外运动与近视防治

视力不良、近视等问题已成为我国青少年面临的突出的健康问题，《2018年国家义务教育质量监测——体育与健康监测结果报告》等文件均显示，我国儿童青少年的整体发育较好，但肥胖、视力不良的检出率居高不下。[1][2]我国教育部、国家体育总局、国家卫生健康委员会等部门高度重视青少年的视力问题，相继出台的《综合防控儿童青少年近视实施方案》《近视防治指南》《斜视诊治指南》《弱视诊治指南》等文件致力于通过多途径、多手段共同防控青少年近视，确保青少年健康发展。

为进一步提高青少年近视防控的有效性，有学者基于当前我国青少年的学习和生活环境分析了青少年近视的成因。研究指出，除去遗传因素对青少年视力的影响，用眼行为、用眼负荷（如久坐时长、运动时长、电子设备使用时长、用眼卫生、用眼姿势等）已成为当前导致青少年近视的主要原因。[3]在身体活动领域，户外运动被认为是减少青少年电子设备使用时间、缓解视疲劳的有效途径。[4][5]但现有研究大多以横断调查为主，对户外运动与青少年近视的关系分析不足，所得的研究结果存在差异，基于现有研究结果仍难以制订精准的干预方案。究其原因，主要有四个方面。第一，不同研究对于活动时间的调查方式不一致。例如，董晓鹏等人[6]在考察小学生电子产品使用对视力不良的影响时，分别测量了每日计算机、手机和平板的使用时长，主要将使用时长划分为<0.5h/d、0.5~0.9h/d、≥1.0h/d。而罗春燕等人[7]则将电子设备使用时长划分为0h/d、<1h/d、≥1h/d，0h/d、<1h/d、1~2h/d、≥2h/d。该划分方式并没有明确的划分依据，容易产生较大误差的同时，也无法准确获得以坐姿为主的视频类久坐时间。第二，户外运动与青少年近视关系的分析较为粗糙。例如，尽管部分研究得出了户外活动与近视的关联性[5]，但郭寅等人[8]的研究发现，一年级小学生中近视与非近视儿童的每日户外活动时间存在显著差异，但这一差异在四年级学生中并不显著。赵晶等人[9]发现，上学日近视与非近视学生的户外活动水平存在显著差异，但在休息日该差异并未达到显著性水平。可见，户外运动与青少年近视的关系呈现出学段差异，抑或受到其他因素，如课业任务、教学方式等的干扰。第三，既有研究对青少年近视的判定标准较为粗糙。尽管国家

相关部门颁布了具体的视力不良、近视的诊断标准，但受研究工具等的局限，既有研究中存在将视力不良与近视混用的情况，或仅仅依靠对数视力表判定青少年的近视程度，对于核心术语理解的偏差制约了户外运动与青少年近视关系的研究。第四，基于不同学习和生活背景下的青少年的近视预防与改善的运动干预研究较为缺乏。现有研究针对户外运动进行了干预，但研究质量较低，对混杂因素的控制不足。对户外运动而言，探究其与青少年近视关系的主要目的是制订行之有效的干预方案或防治指南。因此，以何种方式进行多大强度的户外运动才能达到预防、改善青少年视力水平的目的，是目前仍未解决的关键问题，需要针对不同群体长时间的追踪与干预研究进行验证。

综上所述，为更好地推进和落实青少年近视防控工作，在户外运动与青少年近视领域，应从以下几个方面进行深入研究。第一，进一步规范调查工具和近视诊断标准，开发有效的测评工具，为研究结果的可重复奠定基础。第二，进一步提高横断研究的深度，深入挖掘青少年近视的影响因素，分析户外运动对不同近视阶段、不同学段、不同性别青少年的作用，为干预研究提供高质量的实证支撑。第三，进一步扩展可能的干预方式，厘清户外运动在近视预防与改善中的作用机制，并在此基础上建立我国青少年近视干预指南。第四，在高质量循证研究的基础上，为我国教育及公共卫生部门提供可复制、可推广且行之有效的干预方案。

参考文献

[1]中国学生体质与健康研究组：《2014 年中国学生体质与健康调研报告》，北京，高等教育出版社，2016。

[2]教育部基础教育质量监测中心：《2018 年国家义务教育质量监测——体育与健康监测结果报告》，2019。

[3]刘映海：《"用眼负荷管理"是近视防控的关键》，《人民教育》2021 年第 9 期。

[4]罗怡雯：《户外运动不足是近视率上升的更重要原因》，《人民教育》2018 年第 17 期。

[5]李骁君，费云芸，王斌：《户外活动对小学生视力的影响及对策研究》，《山东体育学院学报》2013 年第 5 期。

[6]董晓鹏，刘盛鑫，王奇凡等：《天津市小学生使用电子产品对视力不良的影响》，《中国学校卫生》2018 年第 1 期。

[7]罗春燕,齐文娟,何鲜桂等:《上海市中小学生近视相关因素分析》,《中国学校卫生》2021年第2期。

[8]郭寅,刘丽娟,徐亮等:《北京市城乡681名小学生户外活动时间及与近视的关系》,《中华医学杂志》2014年第3期。

[9]赵晶,赵建国,李长富等:《近视发生敏感期小学生户外活动时间及与近视关系》,《中国公共卫生》2021年第5期。

15 体育锻炼与脑科学技术应用

脑科学(神经科学)是生命科学研究的前言、热点领域之一。为大力推进神经科学的发展，美、欧、日等国家先后启动"脑计划"，我国也将"脑科学与类脑研究"纳入《"十三五"国家科技创新规划》，围绕脑认知、脑疾病、类脑极端与脑机智能研究，搭建关键技术平台，推动脑科学与类脑智能的发展迈向新阶段。[1]借助经颅磁刺激、功能性核磁共振和结构性核磁共振等现代研究技术，体育运动对人脑功能和结构的作用逐渐被揭示开来。

经颅磁刺激技术(transcranial magnetic stimulation，TMS)作为一种无创的、干扰特定脑区活动的技术，可以在特定皮层对应的头皮位置施加具有一定强度和持续时间的单个或多个磁脉冲，在脑内产生反向感应电流就能暂时地干扰该皮层的功能活动，检验特定脑区在完成特定实验任务中的神经反应。利用单脉冲可以引起初级运动皮层所对应的靶肌肉的外周活动，形成运动诱发电位。动作电位可以用于勘测运动技能练习唤醒的脑皮层面积，诱发运动诱发电位的最低刺激强度(运动阈值)。研究显示，长期从事运动技能练习者的单位动作电位所唤醒的脑皮层面积更大，引起动作电位的阈值更低，运动诱发电位的振幅更大，表明长期技能学习可以优化运动中的脑神经反应，优化运动技能的学习和表现。此外，也有学者利用TMS检验运动干预对脑功能的影响。辛格(Singh)等人[2]考察了20分钟适度持续运动对运动技能学习的影响，同单脉冲TMS测量被试的桡侧腕伸肌和双手运动任务中的表现。结果显示，经过一次性耐力运动的被试在双手实验任务中的表现更为出色，并且相关脑区的运动诱发电位的波幅显著提升，表明一次性短时运动可以促进个体在后续学习和认知执行中的大脑神经反应。

核磁共振(magnetic resonance imaging，MRI)是一种神经影像学技术，其原理是利用磁振造影来测量神经元活动所引发的血液动力的改变，通过衡量体内脱氧血红蛋白的相对含量，对大脑区域的形状和大小进行无创评估。有学者利用MRI检验不同身体活动水平的人群的脑形态差异性。研究发现，55~79岁的老年人近10年的身体活动水平和大脑形态之间存在联系，身体活动水平高的老年人，其大脑内侧颞叶萎缩的体积较小。[3] 此外，长期追踪研究也表明，相较于身体活动不足者，高水平身体活动者的内侧颞叶、前额叶皮层、额叶、顶叶和颞叶皮层的组织密度下降较少。长期的规律锻炼会引起脑形态的适应性变化，埃里克森(Erickson)等人[4]利用12个月的中等强度的有氧运动干预发现，老年人在坚持规律运动后大脑海马的体积萎缩减少2%，并且记忆功能也有所改善。科尔科姆(Colcombe)等人[5,6]分别利用6个月的快步走健身和低强度的有氧运动(拉伸和放松)，证实了有氧运动可以减缓老年人前额叶和扣带回皮层灰质体积的萎缩。随着MRI技术在运动干预研究中的不断探索，脑萎缩等脑退行性病变与体育锻炼之间的关系逐渐被揭开。进一步考察不同类型和强度的体育锻炼与大脑结构的关系是未来研究的重点。

弥散张量成像技术(diffusion tensor imaging, DTI)是一种描述大脑结构的方法，是核磁共振成像的特殊形式，其利用水分子的扩散特性以推断微观结构白质的变化，通过纤维束的走行、方向、排列、紧密度等信息，评价脑组织结构的完整性、病理改变、组织结构与功能之间的关系。脑白质由髓鞘和施万细胞构成，髓鞘基本为同心环状缠绕的双层单位膜。髓鞘具有保护和营养脑白质的作用，任何原因的髓鞘异常均可引起临床疾病。有学者考察了长期耐力运动与脑白质病变之间的关系，发现长期耐力运动可以预防脑白质的病变。德贝特(Debette)等人[7]通过比较耐力运动员(15年以上)与久坐人群的脑白质的差异，发现耐力运动员脑白质的右冠上束、上纵束、右额下枕叶束和左侧下纵束的脑白质的完整性更高；在全脑容积标准化后，相较于久坐不动的人群，耐力运动员的白质疏松体积减小83%，而脑白质疏松体积的减少，可以减小老年人群中风、认知障碍和痴呆的罹患风险。在干预研究中，长期规律的有氧运动可以有效改善老年人群和青年人群脑白质的微观结构。塞弗特(Seifert)等人[8]对老年人群进行了长达一年的步行锻炼或柔韧性、平衡训练(每周进行三次40分钟的锻炼)。结果表明，两组被试在脑白质上并未出现明显时差，但有被试的有氧势能水平与大脑额叶、颞叶中白质的完整性呈正相关，并且运动干预组被试的短期记忆力有明显改善。

综上所述，凭借TMS、核磁共振等技术，体育运动与脑皮层兴奋性、脑灰质与脑皮层的形态以及脑白质的功能性之间的关系不断被揭开。随着人类联结技术、类脑技术的不断开发，研究者将更进一步探究运动与脑变化之间的机制作用。首先，未来需要进一步厘清不同锻炼与脑结构和脑功能的关联及背后的机制，更好地发挥体育锻炼促进脑健康的效益。其次，需要通过长期追踪与干预研究验证体育运动与大脑适应性变化的因果关系。最后,随着不断吸收新兴技术,脑科学技术日新月异,脑细胞测序技术、新型显微成像技术、脑机融合技术等不断发展,目前体育学研究用到的 TMS、核磁共振等技术还停留于脑监测层面,未来更多新兴技术的使用会对运动与脑干预产生更为深入的影响。

参考文献

[1]张学博,阮梅花,袁天蔚等:《神经科学和类脑人工智能发展:新进展、新趋势》,《生命科学》2020 年第 10 期。

[2]Singh, A. M., Neva, J. L., & Staines, W. R.: "Aerobic exercise enhances neural correlates of motor skill learning", *Behavioural Brain Research*, 2016.

[3]Bugg, J. M., & Head, D.: "Exercise moderates age-related atrophy of the medial temporal lobe", *Neurobiology of Aging*, 2011.

[4]Erickson, M. A., & Banks, W. A.: "Neuroimmune axes of the blood-brain barriers and blood-brain interfaces: Bases for physiological regulation, disease states, and pharmacological interventions", *Pharmacological Reviews*, 2018.

[5]Colcombe, S. J., Erickson, K. I., Scalf, P. E., et al.: "Aerobic exercise training increases brain volume in aging humans", *The Journals of Gerontology. Series A: Biological Sciences and Medical Sciences*, 2006.

[6]Ruscheweyh, R., Deppe, M., Lohmann, H., et al.: "Pain is associated with regional grey matter reduction in the general population", *Pain (Amsterdam)*, 2011.

[7]Debette, S., Beiser, A., Decarli, C., et al.: "Association of MRI markers of vascular brain injury with incident stroke, mild cognitive impairment, dementia, and mortality: The framingham offspring study", *Stroke (1970)*, 2010.

[8]Seifert, A. W., & Voss, S. R.: "Revisiting the relationship between regenerative ability and aging", *BMC Biology*, 2013.

16 人格特质与基因的关系

  人格特征是可以遗传的,这一点已经在学术界达成了普遍共识。[1]随着研究的推进,脑成像研究开始揭示特征的生理相关性,如外向性[2]、宜人性[3]和神经质[4];分子遗传学研究已经证明了特定的遗传标记和人格特征之间的联系。[5]大多数对人格特征遗传率的估计徘徊在50%左右。[6]也有学者认为50%的估计是保守的,真正的遗传率不仅更高,而且高到足以排除环境对人格特征的影响。[7]在不同动物模型中的实验研究和在人类中的观察结果表明,怀孕、出生或青春期的压力暴露可以遗传给后代(代际)和隔代(跨代),从而影响与性别相关的神经内分泌和行为反应,如同卵双胞胎之间的微小差异等。[8][9]这种不依赖DNA序列变异的基因表达变化被称为表观遗传效应。[10][11]这也证明了DNA序列不是典型生物人格模型中描述的简单、不变的因果机制。[12]因此,从社会基因组的角度来看,环境和等位基因变异之间的协同作用是综合考量人格特质的必要条件。[13]

  人格是生物学和行为表现之间的管道。[14]此外,人格特征受到生物功能的直接影响——孩子天生就有某种气质,然后由环境塑造。性状不会直接影响生物结构,而是通过持续状态效应间接影响生物结构。只有通过对瞬间想法、感觉和行为的长期影响,神经解剖结构或基因表达才会发生足够的变化,从而改变系统的模型水平,进而改变人格特征。[15]

  关于人格特质与基因的关系,已有研究发现,在人格的气质类型方面,研究者[14]认为线粒体DNA C5178A和A10398G的多态性可能是气质的遗传因素。在人格的稳定性方面,对于人格随着个体的成长而变得稳定这一点几乎没有争议,在不同的年龄阶段针对不同人格的个体进行的反复验证都已经证实了这一点。[16]在人格的跨情境一致性方面,观点略有改变,已有研究在不同的情境中展示了具有理论意义和统计学意义的人格跨情境的相关性水平。[17]在人格的外在行为方面,被证实人格特质可以预测多个领域中众多具体而重要的行为表现、行为结果。[18][19]

  此外,更多相关研究关注人格障碍与基因之间的关系,如边缘型人格障碍的生理机制是近来研究的热点,其中基因方面又是相关研究的重点。研究者[20]认为血清素3A受体(5-HT3AR)基因在遗传和表观遗传水平上与多种精神疾病相关,这可能是判断成年后的双相型人格、边缘型人格的依据。又如,反社会人格障碍是一种B类人格障碍,其特征是具有犯罪行为倾向,人类血清素转运蛋白基因(SLC6A4)被认为是与这种疾病相关的两个血清素基因之一。有研究[21]揭示了反社会人格障碍与SLC6A4基因表达水平相关。

社会基因组生物学家通过他们的工作为人格心理学家详细说明了进化、基因、生理系统和环境是如何相互作用的。[21]未来人格心理学(sociogenomic personality psychology)将是人格特质与基因紧密结合的重要研究领域。未来研究可能会关注:①个体如何显化人格特质,如当一个人经历创伤性事件时,有哪些基因被表达出来,等位基因的差异如何导致个体间对这种事件的反应不同。环境干预导致的认知和情绪的改变是否会通过其他途径来抵消这些生物过程,并可能改变相关的人格特征。②人格特质的测量。未来人格特质的测量将包含对人格特质结构的详细理解和区分,如关于血清素功能与冲动型人格之间联系的研究[22],可以帮助我们更好地捕捉人格特质在生理上的反馈。③人格发展或解释人格对行为影响的机制。通过基因的相关研究,深度剖析人格特征,结合传统的心理学和生物学概念,整合和发展新的人格理论与模型,对人格特质影响行为的机制做出合理解释,将有助于生物人格心理学未来的发展。

总的来说,在未来研究中,人格与基因的相关研究将面临的挑战是基因可能会通过漫长的、非线性的、相互作用的因果链与人格特质联系在一起,解开这些链需要与个人基因组合作,利用大样本量,并采用传统的流行病学研究方法。

参考文献

[1] Turkheimer, E.: "Three laws of behavior genetics and what they mean", *Current Directions in Psychological Science*, 2000.

[2] Canli, T.: "Functional brain mapping of extraversion and neuroticism: Learning from individual differences in emotion processing", *Journal of Personality*, 2004.

[3] Haas, B. W., Omura, K., Constable, R. T., et al.: "Is automatic emotion regulation associated with agreeableness? A perspective using a social neuroscience approach", *Psychological Science*, 2007.

[4] Hariri, A. R., Mattay, V. S., Tessitore, A., et al.: "Seroto-

nin transporter genetic variation and the response of the human amygdala", *Science*, 2002.

[5]Sen, S., Villafuerte, S., Nesse, R., et al.: "Serotonin transporter and GABA(A) alpha 6 receptor variants are associated with neuroticism", *Biological Psychiatry*, 2004.

[6]Krueger, R. F., & Johnson, W.: "Behavioral genetics and personality: A new look at the integration of nature and nurture". In O. P. John, R. W. Robins, Roberts & Jackson & L. A Pervin, *Handbook of personality: Theory and Research*, New York: Guilford, 2009.

[7]McCrae, R. R., Costa, P. T., Ostendorf, F., et al.: "Nature over nurture: Temperament, personality, and life span development", *Journal of Personality and Social Psychology*, 2000.

[8]Chabris, C. F., Lee, J. J., Benjamin, D. J., et al.: "Why it is hard to find genes associated with social science traits: Theoretical and empirical considerations", *American Journal of Public Health*, 2013.

[9]Roberts, B. W., & Jackson, J. J.: "Sociogenomic personality psychology", *Journal of Personality*, 2008.

[10]Feinberg, A. P: "Epigentics at the epicenter of modern medicine", *Journal of the American Medical Association*, 2008.

[11]Whitelaw, N. C., & Whitelaw, E.: "How lifetimes shape epigenotype within and across generations", *Human molecular genetics*, 2006.

[12]Perroud, N., Zewdie, S., Stenz, L., et al.: "Methylation of serotonin receptor 3A in ADHD, borderline personality, and bipolar disorders: Link with severity of the disorders and childhood maltreatment", *Depression and Anxiety*, 2015.

[13]Ridley, M.: *Nature via Nurture*, New York: Harper Collins, 2003.

[14]Kishida, K., Tominaga, M., Matsubara, K., et al.: "An association analysis between mitochondrial DNA A10398G polymorphism and temperament in Japanese young adults", *PLoS One*, 2009.

[15]McEwen, B. S., Liston, C., & Morrison, J. H.: "Stress-induced structural plasticity in prefrontal cortex, amygdala and hippocampus", *Neuropsychopharmacology*, 2006.

[16]Block, J., & Block, J. H.: "Nursery school personality and

political orientation two decades later", *Journal of Research in Personality*, 2006.

[17]Borkenau, P. , Mauer, N. , Rirmann, R. , et al. : "Thin slices of behavior as cues of personality and intelligence", *Journal of Personality and Social Psychology*, 2004.

[18]Caspi, A. , Roberts, B. W. , & Shiner, R. : "Personality development: Stability and change", *Annual Review of Psychology*, 2005.

[19]Ozer, D. J. , & Benet-Martínez, V. : "Personality and the prediction of consequential outcomes", *Annual Review of Psychology*, 2006.

[20]Perroud, N. , Zewdie, S. , Stenz, L. , et al. : "Methylation of serotonin receptor 3A in ADHD, borderline personality, and bipolar disorders: Link with severity of the disorders and childhood maltreatment", *Depression and Anxiety*, 2016.

[21]Sah, I. , Yukseloglu, E. H. , Kocabasoglu, N. , et al. : "The effects of 5-HTTLPR/Rs25531 serotonin transporter gene polymorphisms on antisocial personality disorder among criminals in a sample of the Turkish population", *Molecular Biology Reports*, 2021.

[22]Carver, C. S. , & Miller, C. J. : "Relations of serotonin function to personality: Current views and a key methodological issue", *Psychiatry Research*, 2006.

后　记

　　国家社科后期资助项目结项成果《当代锻炼心理学理论建构与实践探索》一书，从课题规划申请，到获批立项，再到课题研究顺利完成，直至最终确定出版，前后耗时 4 年之久。对于本著作的出版，首先要特别感谢华东师范大学体育与健康学院院长季浏教授、副院长刘微娜教授给予的关心和支持，要感谢参与课题评审、开题、结项专家学者的指导和帮助，还要感谢北京师范大学出版社编辑们卓有成效的工作，更要感谢先后加入本课题组的老师、学生们，感谢他们多年来的辛苦付出。感谢郑州大学吴铭博士，上海师范大学郭彤彤博士，华东师范大学在读博士袁媛、张园、梁艳，华东理工大学戴圣婷博士，许昌学院邱茜博士，台州学院王宝明博士，南京师范大学陈福亮博士，苏州市职业大学李良桃博士，以及所有课题组成员。本著作的撰写历经数年，几易其稿，凝结了课题组全体老师、学生的智慧和心血。围绕著作内容，包括沿革、核心领域、实践探索、聚焦前沿，以及整体结构的编写，如何更为科学、系统、准确地呈现，一直都是课题组成员讨论的重中之重，在此过程中我们深刻体会到了艰辛与快乐、困苦与希望。

　　本著作较为系统、完整地呈现了当代锻炼心理学研究的核心议题，初步形成了具有中国特色的锻炼心理学核心理论和研究框架，对丰富我国锻炼心理学理论体系具有一定的学术价值。此外，本著作还聚焦国际锻炼心理学热点研究议题，在关注研究主体特异性的同时，兼顾研究内容的深度与广度，对全民健身与全民健康深度融合提供了一定的实践支撑。本著作在体系、内容、体例方面都会给读者耳目一新的感觉，但这也还仅仅是一次尝试，加之编写水平有限，能否起到预期的社会效果仍有待实践检验，我们也期待专家同行及读者批评指正，"路漫漫其修远兮，吾将上下而求索"。

杨剑研究团队
2023 年 10 月 18 日

图书在版编目（CIP）数据

当代锻炼心理学理论建构与实践探索／杨剑，季泰，郭正茂著 .—北京：北京师范大学出版社，2023.11

（国家社科基金后期资助项目）

ISBN 978-7-303-29381-0

Ⅰ.①当⋯ Ⅱ.①杨⋯ ②季⋯ ③郭⋯ Ⅲ.①体育锻炼－体育心理学－研究 Ⅳ.①G806 ②G804.8

中国国家版本馆 CIP 数据核字（2023）第 156282 号

图书意见反馈 gaozhifk@bnupg.com 010-58805079

DANGDAI DUANLIAN XINLIXUE LILUN JIANGOU YU SHIJIAN TANSUO

出版发行：	北京师范大学出版社　www.bnupg.com
	北京市西城区新街口外大街 12-3 号
	邮政编码：100088
印　　刷：	三河市兴达印务有限公司
经　　销：	全国新华书店
开　　本：	710 mm×1000 mm　1/16
印　　张：	32.25
字　　数：	556 千字
版　　次：	2023 年 11 月第 1 版
印　　次：	2023 年 11 月第 1 次印刷
定　　价：	128.00 元

策划编辑：周益群　李司月		责任编辑：宋　星	
美术编辑：王齐云		装帧设计：毛　淳　王齐云	
责任校对：陈　荟		责任印制：马　洁	

版权所有　侵权必究

反盗版、侵权举报电话：010-58800697
北京读者服务部电话：010-58808104
外埠邮购电话：010-58808083
本书如有印装质量问题，请与印制管理部联系调换
印制管理部电话：010-58805079

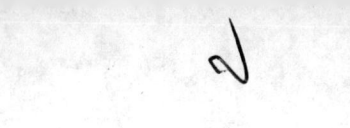